# 福建宗教碑銘彙編

漳州府分册 二

[中] 鄭振滿
[美] 丁荷生
編纂

海峡出版发行集团
THE STRAITS PUBLISHING & DISTRIBUTING GROUP
福建人民出版社

## 四〇三　謝倉蔡氏獻地碑記

蓋窮源溯本，推祖考欲報之情；廣孝尊親，隆孫子當伸之義。故展不匱之孝思者，應酬以馨香之黍稷。我始祖汝達公，墳葬南邊山麓，歷年久遠，漸即傾圮。族人公議修封，而墳之前後左右，實係潁庵公孫子世掌。衆方議貇，而公之孫子慨然曰：『祀等有志久矣。若能修之，願獻所掌業地，聽從族衆捐金開做。』於是，祖墳始得方完，而向之傾圮者，今且煥然矣。爰廣基址，東至公山界，西至埕下，南至北四丈餘地，仍歸潁庵公孫子世掌。夫繼述先人，孝之大也；讓善於親，禮之常也。前此建置祠堂，公之孫子曾獻地以拓其基，茲則修封祖墳，公之孫子復能獻地以拓其土，東龕之享禮宜加隆焉。是以族人謀所以待公之孫子者，歸功於潁庵公，僉議辨席追薦，以光顯之。後凡值前廳大年，每於春祭加席一隻、秋祭加席一隻，付公孫子自行祭祀，以爲後之有功於祖者勸。是以不可不誌，爰立石以垂不朽云。

嘉慶二十四年季冬月吉旦。闔族裔孫：長房士道，次房在，三房潭，四房本立，五房總，六房泥，七房鵬飛，八房振邦、承昌，九房公，等，仝立。

**按：**此碑現存海澄鎮前厝村謝倉蔡氏崇報堂，碑名爲編者加擬。

## 四〇四　南山寺重脩佛像碑記

大三寶佛一身，羅漢十身，汀漳龍道邵門李氏敬妝。大三寶佛一身，庠生陳廷璣敬妝。大三寶佛一身，監生孫義和、庠生孫郎□、監生黄光達三人仝敬妝。

大韋馱尊天一身，東舖街衆弟子敬妝。□□尊天一身，國學生陳達覺敬雕。

羅漢二身，信士林乃昌敬妝。羅漢一身，舉人黄存志敬妝。羅漢一身，貢生陳英才敬妝。羅漢一身，職員林薾

敬妝。羅漢一身，職員鄭佣勳敬妝。羅漢一身，太學生謝鵬飛敬妝。羅漢一身，國學生鄭元鈴敬妝。羅漢一身，國學生戴初□敬妝。羅漢一身，國學生林志丹敬妝。羅漢一身，佛弟子竺岩師敬妝。彌陀一身，信士陳隆壽敬妝。大萬歲爺一座，信士陳隆德敬妝。羅漢一身，信士陳江河敬妝。地藏王一身，芳瑞號敬妝。聖牢地一身，陳尚亦號敬妝。羅漢一身，貢生莊際□、職員孫應元仝敬妝。羅漢一身，職員陳德□、職員吴家修仝敬妝。羅漢一身，信士胡蘊輝、信士□大成仝敬妝。羅漢一身，監生劉文□、監生施長照、監生盧開基仝敬妝。羅漢一身，碩盧舖、鼎山舖仝敬妝。速報司、功德司，金興舖、鼎英居仝敬妝。

接引彌陀、副爺，董國海敬妝。天醫真人，看世堂敬妝。二萬歲爺，太學生陳廷賀敬妝。南山旨牌，太和號敬修。

漳州中營副總府海、職員陳光邦、典吏林利賓、信士陳應川各捐銀四元。貢生陳中士、太學生陳標相、有容號各捐銀三元。職員孫廷鐶、太學生何吉□、太學生吴銘□、職員王太平、太學生陳耀、太學生王振緒、篤慶堂修文富、信士董士芳、源茂號、啟泰號、胡德升、胡范石、芳泰號、瑞德號、郭合順、吴合順、源盛號、協利號、集成號、碧雲號、瑞成號、蘅嵋號、福安號、長春號、宜可號、鄭良是、廣隆號、廣成號、廣益號、振盛號、德瑞號、長發號、加陶號、植茂號、吉茂號、元隆號、廣源號、建安號、金發號、怡和號、廣德號、聯發號、廣盛號、□豐號、廣德號、裕源號、捷成號、曾德信、陳茶莊各捐銀二元。生員莊晋錫、生員陳德新、太學生游田先、太學生周達瀾、太學生陳梓枚、信士張跨舍、吴苦海、江士滔、江華爵、陳欽、吴指揮、徐文坤、陳元興、華華□、不奪齋、弗□齋、南陽齋、江聚金、長茂號、興盛號、興茂號、選春號、吴順榮、德亨號、協江號、連鳴棧、萬發棧、陳名芳、林元興、振發號、春山號、滿漢號、東泰號、同善堂、□成號、益□號、協茂號、恆隆號、蘇莊號、陳榮德、□德號、和成號、黃良正、王順□、董九官、隆盛號、蔡瑞源、錦隆號、許乾坤、春林號、向茂號、顏料選、□春號、張□章、信記號、方□□、□源號、南□號、李永木、李永□、李永景、陳振順、林榮芳、□發號、□天□、徐廷雲、勝和號、寶源號、昌盛號、□達號、振南號、勝隆號、林等鳴、金盛棧、龍泰棧、生員黃世□、王□□、

廣源號、升泰號、□茂號、泰山號、泰岩號、振春號、金泰號、榮源號、和盛號、大興號、重興號、珍源號、隆昌號、崇安號、捷記號各捐銀一元。

嘉慶己卯年臘月穀旦。董事：員外郎鄭啟祥、歲貢生葉文英、生員陳一謨、生員陳廷璣、職員林蘅、監生石紹華、監生黃□□、信士林乃昌；主持僧：一機、湫滿；仝立石。

**按：**此碑現存薌城區南山寺。

## 四〇五　同俥港水憲示碑

署漳州府龍溪縣事、即用州正堂加十級記録十次黃，爲稟請立石等事：

嘉慶二十五年四月二十三日，據胡内社社長黃孔，洋坪社社長吴壽千、吴澤顔，偹山尾社社長黄宝林，林内社社長吴闕，等，赴縣呈称：『孔等各社每逢曠旱，即協力千百工，從五六里外溪中坛岸引水入港，定日同俥，均分播穫。究因港道從康山社入港，被康山社人截决強俥，使水不得下注。經社長吴壽千等于上月初一日叩，蒙出示禁止，詎林姓抗示不遵，有林真等再行強截；又蒙單差諭止，真等又抗諭不止，截决如故。致吴續等田被槁曝，情迫扭扯林藏等稟究。而康山社家長林文通等，乃始行具遵，且揑詞謂孔等港道無涉，以詭訴「蒙委衙主陳詣勘，其上流港道已通，其下流之港尚無水」。經繪圖取具，康山社家長林文通等仝洋坪社家長吴壽千等兩造情愿定日同俥，各依結在案。伏思下流港道即孔等各社數百頃田種之被槁曝，此皆康山社人截决之遺殃也，不亦毒哉！切孔等遭旱，各社衆相幫，施千百之工力於數里外而不足；而康山人逸視，施俄頃之截决於目前而有餘。自非立石嚴禁截决於先，莫望救旱杜患於後。亟抄田被槁曝、莫下田條仝勘圖註説坛溪情形，僉懇叩乞電惡負嵎抗示、叠次截决釀殃，恩准立石嚴禁截决港道，定日同俥。』等情到縣。

據此，案查先據洋坪社家長吴壽千等赴縣呈称『鳩仝各社，僱工填築溪中坛岸，引水入港灌田，被康山社人截

决港水』等情，業經出示嚴禁、飭差諭止、帶同兩造質訊，並委員詣勘繪圖取具，各該家長約束依結在案。兹據前情，除批示外，合行勒石示禁：『爲此示仰康山社及附近上流水港各社居民人等知悉：嗣後爾等務須遵照結約，定期同俾港水，一體均分灌溉；各自約束子侄，毋許争競，以敦睦鄰之誼。倘敢故違不遵，一經告發，定即差拘赴縣究懲，决不寬貸。其各凛遵毋違！特示。』

嘉慶貳拾伍年伍月拾捌日。

**按**：此碑現存薌城區通北街道西洋坪村武興宫，碑名爲編者加擬。

## 四〇六　林氏義莊規約碑記

林氏義莊。道光元年春正月。

福建臺灣府北路淡防廳徐，爲置立義田叩懇詳咨立案等事：

嘉慶二十四年七月二十二日，據原籍漳州府龍溪縣童生林國棟呈稱：『竊棟父林平侯弱冠来臺，寓居治下興直保新莊街，克勤克儉，積置田業。迨强仕之年，力圖報効，遵例捐納同知，分發廣西候補，歷署来賓縣知縣、桂林府同知、柳州府知府，嘉慶二十年解組回籍。伏讀廣訓有曰：「篤宗族以昭雍睦，置義田以贍貧乏。」欽遵化民劝俗之至意，願將在淡水自置海山保水田四十三甲八分四厘二毫，充爲原籍本族義田。年收佃租，除完供耗穀外，實收穀壹仟陸百石，按年寄回内地龍溪縣白石保吉上村、潭頭村，贍給同宗族人貧乏之用，延請族中誠實公正兩人經理其事。第是自己之業，充爲本族義田，則属公産。欲垂久遠，應禀請地方官，將所充義田另立永澤堂户名註册，俾得永遠充糧，以杜族人、外人侵欺、私行典買，而棟世世子孫亦毋許藉詞祖産擅典私售。爲此，謹遵父命，備陳下情，叩懇俯賜，據情分别詳咨臺灣道府憲、原籍漳州府暨龍溪縣，出示立案，併請飭房照契註册。伏查臺地田業應完錢糧，向由原報陞科之業户管收，赴櫃交納。今棟父所充義田，立永澤堂户名完糧，懇請諭飭管收錢糧之各業户吴敬義、

吴際盛、張必榮、張瑞裕、鍾興稚、隆恩莊管事李錦文、龜崙社番土司成元等遵照，凡推收永澤堂户下之糧，毋許更换户名，串謀滋弊。所有每年應給族人貧乏口糧及延請司事經理各規條，另開清單，同各田印契呈送鑒察，俯准所請，分别施行，俾得永遠遵循。棟闔族世世子孫共沾鴻仁，曷其有極！再各田印契，請俟飭房註册之後，咸移送漳州府存案，或仍發交棟收貯，并請裁奪示遵。』等情。計繳承買田業印契十四紙，并粘規條清單壹紙。

據此，查該員將自置田租一千六百石捐作合族義田，以贍貧乏，殊属仗義可嘉，未便壅於上聞，自應詳請立案，以彰義舉。所有契紙，亦當繳貯道庫，以杜交賣、侵欺之弊。除將印契十四紙申送台灣道憲收貯，并牒台灣府轉咨藩憲立案轉詳外，理合照抄規條并抄承買田畝處所、姓名、價數，具文牒送貴府電察轉詳，并行龍溪縣出示曉諭，實爲德便。爲此，備由具牒，須至牒呈者。今牒送照抄義田規條壹紙，義田處所、姓名、價數單壹紙。

右牒。福建漳州府正堂加五級紀録十次□，嘉慶二十四年八月　日。

永澤堂規條：

一，義田置在台灣淡水海山保，共計四十三甲八分四厘二毫，每甲比内地十一畝三分有奇，統計可比内地五百畝。每年除完業户大租（臺例田園輸賦歸於業户，謂之大租）、扣佃人工本外，可實收租數一千六百石。其田皆常稔之田，罕遭旱澇之患。然古人畊九餘三，以備不虞，此法不可不師。兹定義田每年所收租穀有一千六百石，内中只准動用一千三百石，當暫留以蓄積。如此而處常，則義田寬餘，設而遇變，亦灾患不侵，無致倉卒待哺之苦。俟積有千石，會衆商議變價，將銀在籍置買田産，可爲生齒日繁之用。

一，義田每年所收租穀，即在淡水依時變價。除開費外實存銀元，定於秋八月、冬十一月，分作兩次會票到内地，交司事人收管，即隨時買米，積貯永澤堂内，以便按月給發口粮。

一，逐房計口給米，每日糙米一升，用公正斗量給。每斗十升，升應斗計。一口每月逢大建應給米三斗，逢小建應給米二斗九升。定於每月初一日，在永澤堂内發給。

一，男女過十七歲元旦以上者，始准作成丁一口，日給米一升；十一歲至十六歲者，日給米五合；五歲至十歲者，日給米三合；四歲以下者，不給。女於出嫁之日停給。

一，哭葬之費：尊長有喪，先支銀四兩，至葬事又支銀三兩；次長有喪，先支銀三兩，至葬事又支銀二兩；卑幼及二十歲以下與未婚娶者，不論行輩，喪葬通支銀四兩；十五歲至八歲者，通支銀三兩；七歲以下不給。

一，按范莊條例，於日給食米及喪費之外，另有給男女冬衣及嫁娶之費。今本族初置義田，爲數無多，若欲依范莊規矩，於力恐難遍及。茲定族中凡與父石潭公有服之親者，不論男女，於日給食米外，先行加給布疋、棉花及婚嫁銀兩，以篤親親之誼。統俟日後義田寬裕，或有能再增益者，然後遍及族中。其給冬衣之規，每年定於冬至日，男給棉布三丈；每年定於春分日，女給棉花三斤，令其親自紡績，至初冬亦可成衣。男十一歲至十六歲者，給布尺寸十分之五；五歲至十歲者，給布尺寸十分之三。女十一歲至十六歲者，給棉花斤兩十分之五；五歲至十歲者，給棉花斤兩十分之三。男女四歲以下者不給，女於出嫁之日停給。其無服者，現未能議給。

一，凡與父石潭公有服之親者，嫁女給銀壹拾兩；無服者，現未能議給。

一，凡與父石潭公有服之親者，娶婦給銀貳拾兩，再娶者不給；無服者，現未能議給。

一，外姻親戚，凡與父石潭公有服之人不能自給，不論男女，皆准與族人一體，支給食米、冬衣，以終其身。至哭葬爲送死大事，亦當依例支給。凡無服者不與，未成丁者不給。

一，族人家有田地可供一家衣食者，固不得請支口粮。若家有十口，而所有田畝僅可供七八人者，准請二三人口粮；可供三四人者，准請支六七人口粮。如有爲人耕種，可供一人衣食者，即當少請一人口粮。須知義田原爲贍族之貧乏而設，實有不敷方可請支，不可貪圖肥己，無讓惠族人之意。若不能照寔自白、多請妄領者，或經宗族舉報，或司事察出，按數扣除前米。

一，族人雖有田地，爲數未敷一人食用者，仍准請支，不必扣除。

一，族人力能置婢妾者，自然衣食充足，其家不得妄請支給、先富後貧。正嫡無出而賴婢妾有男女者，准一體支給。

一，族人力能自給之家，不請支口粮者，仍准請喪葬銀兩。

一，族人家雖不足而其人志在特立，情願讓惠於貧乏，不請支給者聽。

一，族人有取外姓以爲己子己女者，惟從前尊長所取、有居過喪服者，念其歷年已久，情誼亦深，按其家大小口給米粮之半，并量給喪葬費，以全舊誼。至歷年未久及未居過喪服者，不准支給口粮等費，庶於本族有所分別。

一，族人不得以異姓之人承祧。如有違例繼立異姓者，不准支給口粮等費，亦不得援從前尊長繼立年久居喪之條。

一，族人有將己子過房與人，破蕩他人家業，却欲歸宗請米者，勿給。

一，族人原有田地，少請口粮，既而無端花費，賣去田産，欲請增口粮者，勿給。

一，族人如有不肖，入於賭博、打降、匪類，甚至涉入確實命盗案内及賣身與人、一切不可言之事，爲鄉黨所不齒者，義當擯棄出族、除籍，勿給。（出族者及其妻、子、孫，除籍者只除本身之籍。勿給者暫停，俟改悔，族人保明，仍給。）

一，義田雖爲贍族而設，但須在籍，方准支請口粮等項。若族人有在淡水娶妻生子者，便爲離鄉出籍，不得違規支請。候歸籍後，仍准一體給發。

一，凡出外不住家者，其米物停給。

一，凡出外截支月米，其歸在初五日以前，取宗族保明，聽給當月米。

一，義田原爲睦族而設，雖父石潭公五世而下服盡之孫，均與族人相等。倘有貧乏不能謀生者，亦同族人一體支請，不得於規條之外妄乞加支。司事人執持定規，不可多給合米。

一，義田按月給米，係要貧人粒米入腹，無以米賣錢别用之意。人生需用莫急於米，以米易錢取用，即當亦已失計，况未有當乎？倘有不肖族人領米賣錢别用者，或經司事人察出，或經宗族舉報，初犯罰後次少給一個月口粮，

再犯罰兩個月口粮，三犯以後俱罰四個月口粮。其以棉布不做衣而賣錢者，罰停給下次棉布；以棉花不紡績而賣錢者，罰停給下次棉花。

一，義田原爲贍族之貧乏而設，既有條規，務須恪遵。倘有一種無志之徒，不顧禮義廉恥、貪得無厭，向司事人告窮訴苦、喋喋不休，或欲強行先借，此等紊亂成規之人，須扣其應給之數以示罰。初犯罰兩個月口粮，再犯罰四個月口粮，三犯以下罰六個月口粮。

一，各房人支領時，各持經摺一通，前書應給口數，後開每期所給米物數目。書滿易摺之日，將前摺所領總數抄於後摺，即將前摺繳存永澤堂。如遺失經摺者，不給。

一，定期：族人於每月朔，各持請米摺，於司事處支領本月米，不許預支跨月分。若先期預支米物者，不給。或有應支未支，託經管人留倉，積多以待他日并支者，不准；如強留倉者，後勿給。總之先後日期、升合不可假借，所以永杜出入不清之弊。

一，凡支請米物，男口必赴永澤堂親領，違者不給。如果係衰老幼弱，以及疾病死喪不能出門之人，准其託人聲明代領。至於女口有未便出門者，准其家之男丁持摺按口報明支領。

一，族人如有吉凶增減口數，隨即赴永澤堂報明月日，司事人據報開條註册。

一，族人生男女，限彌月後即以某人於某年某月某日生男女、其所生母姓氏及男女行第書一單，赴永澤堂報明。司事於給米日再問族衆□所生男女的實，即時眼同註籍，以便他日及年支粮。若違規不報、過時補報者，不給。

一，凡已報註籍之男女，未至領米之年，或有夭殤，於每月領米之日報明除籍。如有隱瞞，希圖他日冒領米物，司事人察出或宗族人舉出，不但領過者追加虛冒之數，即未領者亦議罰現支之米。

一，義田之事，當聽掌管人依規處置，其族人雖係尊長，不得侵擾干預。倘掌管人有欺弊處，族人俱可鳴衆，同具實跡，同伸永澤堂石潭公後，會同各房理斷，衆宜静聽。

一，族人不得租佃義田（僞立名字同），不得借居義田房屋，不得借用義田物件。其非司事人之人，不得擅管租務，違者議罰，經管司事人不阻止者同罰。又義田佃户所當優恤，使之樂畊，不得挾宗族之勢欺侮之，違者亦議罰。

一，義田當設司事兩人，一在淡水，一在原籍。在淡水者專管收租、糶租、會銀到内地交收及淡水一切田務，在原籍者專管買米、給米、存銀置業及族中一切事務。此兩人責任綦重，當宗族中公舉有德有才或殷實可託者出當其任。現草創之始，急切未得其人，楝其暫管，以待公舉。

一，司事之人或家道殷實，自甘爲族衆效力，不願領酬勞米粟者，聽。

一，淡水司事一人，每年支票六十石；原籍司事一人，每年支米十六石。按月請給，不得預支。如原籍司事之人原有本分應得口粮等項，仍舊發給，不與司事米交涉。

一，淡水田業招佃耕種，原係田主起蓋房屋，付佃人居住。其義田逐年所收租穀，但可就佃户居住之房屋各留間收貯，不用另設倉厫。至田業、坡岸、溝洫及佃人居住房屋，歷年如有損壞應行脩築，以及斗斛、篾墊等物應需物價工力，淡司事人當將動用款項登載清晰，每年寄交在籍司事，以便申請永澤堂，會齊各房公同查核，當給米日出簿與宗族人共見共聞。

一，在籍司事之人，凡米物錢銀出入，每逢月朔必以前月出入、現存之數報明永澤堂核實。至新陳米交界總算核實，備造四柱清冊，申請永澤堂，會同各房公同查核，給米日出簿與宗族人共見共聞。

一，義田蓄積之銀，如有新典田産，若期限滿，聽原主贖回，其價銀不得支費分厘。原銀封貯，暫寄殷實妥當族人收存，限兩月内以原銀典買田畝補數，每年仍當備造清冊，申請永澤堂，仍會各房查核，給米日出冊與宗族共見共聞。

一，潭頭、吉上兩村，俱係本族，近来因貧苦太甚，子弟不能就學者居多。玆每村各先設養正義學一所，延請端正之士訓蒙，使諸子弟皆得就學。每年就此義田内租穀變價撥出銀壹百兩，以爲兩學脩金、膳金之用。至於培賢

毓才，當有膏火、試費等項，應別設書田生息，方足敷用。此節尚當稍緩，以待後人之增益。

一，義田係於嘉慶二十四年己卯秋議置，經父石潭公命棟備陳情由，叩請淡分憲據情分別詳咨台灣道府憲、原籍漳州府暨龍溪縣出示立案，應以嘉慶二十五年庚辰歲所收租穀變價將銀對回原籍，俟明年正月爲始，依規舉行。

右與吉上村、潭頭村族人依此規約，尤願後之子孫光而廣焉。

道光元年正月　日立。

**按：**此碑現存角美鎮楊厝村林氏義莊，碑名爲編者加擬。

## 四〇七　仁和宮重修牌記

太學生陳興滔捐銀拾弍大元。蔡長荣、金鰲社楊天浩公捐銀六大元。陳克誦、庠生陳瑶林、陳時仰、陳玉容、張有材、太學陳大亨、曹琛公、陳協德、潘運香、庠生陳大觀、甘合發各捐銀弍元。庠生陳金鐸、隆興舖、陳振選、陳大倫、陳廷欽、潘運□、陳日蘭、吴基寅、陳光鏗、茂春舖、陳芳廷、陳益三、楊殖珍、蘇錫侯、源美舖、沈延業、陳益清、陳丹桂、陳月观、陳三合、陳探观、陳桂观、陳藍观、陳宗聖、陳咸萬、聯慶舖、源春堂、福源舖、蔡正吉、連登援、陳金隆、陳瑞成、瑞德舖、黄待观、陳振、林得芳、林得禄、陳源興、新平安、舊平安、陳描川、陳豐泰、陳鳴河、陳時先、林順吉、金恒興、蔡等观、許修智、陳怌观、許大禹、蔡坦智、蔡長提、蔡邦光、蔡長貴、蔡長吉、許錦川、黄合興、潘運爵各捐銀一元。

董事：太學生陳光王、庠生陳暹、登仕郎陳啟容、許修智、陳時先、陳光遠、張有材、陳世華。

道光元年端月吉旦立。

**按：**此碑現存白水鎮許厝村仁和宮。

# 四〇八　重興鳳山嶽題捐碑

鳳山嶽廟凡歲幾興，迨戊寅春傾塌難堪，都人士見而惻然，爰醵眾金重新，盖築廟之前後暨廟右媽宮、廟左禪室，焕然一新。距今辛巳，四載于兹，而工告竣。是皆善男信女之輸誠樂助，厥功甚偉，宜銘諸石，以垂不朽。

賜進士出身、誥授朝議大夫，吏部考功、稽勳司員外郎加二級鄭開禧捐銀肆拾大元。郭秋波捐銀叁拾弍大元。郭特鎮捐銀叁拾大元。陳升观捐銀弍拾柒大元。太學生劉科元捐銀弍拾肆大元。眾煙司阜捐銀弍拾大元。黄九五观捐銀弍拾大元。楊都观捐銀弍拾大元。高國禮捐銀弍拾大元。江世德捐銀弍拾大元。聚芳行捐銀拾捌大元。眾春藟舖捐銀拾柒大元。林孚吉捐銀拾陸大元。歐陽元捐中梁陸大枝。柯嘉謨捐銀拾伍大元。謝文炳捐銀拾肆大元。洪廷琦捐銀拾肆大元。黄廬观捐銀拾弍大元。黄六观捐銀拾弍大元。高益三捐銀拾弍大元。眾杉行捐銀拾弍大元。金義㒷捐銀拾弍大元。陳奇瑞捐銀拾弍大元。林宗功捐銀拾弍大元。楊俊和捐銀拾弍大元。孫志義捐銀拾弍大元。錢光澤捐銀拾弍大元。許宜龍捐銀拾壹大元。江俊成捐銀拾大元。錦榮号捐銀拾大元。何立鴻捐銀拾大元。黄坑社捐銀拾大元。鄧志連捐銀拾大元。吴世澤堂捐銀拾大元。

林緩郎、崇源号、崇㒷号、酒蓆舖、郭順隆、黄發号、吴明遠、江啟東、趙熙載、趙如珪、鄭衍观、潘時清、鄭大彬、榜山社各捐銀八大元。

蘇昂观、朱炭水、高甲观各捐銀七大元。

方外观、謝芳城、林捷中、高澤村、葉揚聲、郭妙算、聚㒷号、王墀衡、葉毓秀、高田观、東盛号、時泰号、南山社、永志堂、登第社、隆盛行、金取号、金絲号、陳時甫、架桩舖、戴修德、蘇世忠、林長观、征頭社各捐銀六大元。西面社捐銀六大元。

尚亦号、廣㒷号、協安号、振成号、和茂号、合成号、協合号、合順号、崇㒷号、允盛号、周茂号、萬成号、

周振文公、成吉号、王添观、林如標、太學生蘇騫观、高京江、蘇德明、隆發号、梁海观、高文運、黄旺号、莊益号、陳兆行、洪懷琇、長盛号、四⾙号、萬隆号、四吉号、飛虎号、合義号各捐銀伍大元。

黄九五、周運潭、周臧英、柯騧观、林心观、黄祥观、林儼观、鄭益源、林春源、和順号、協成号、孔雀号、鼎春号、五美号、林元号、眾鮮魚舖、許碧峰、林元卿、林開观、劉□秀、葉參坤、阮學義、林惠達、竹舖户、吴三及、許國毫、吴潤達、黄廷圭、鄭順德、盧德⾙、劉輦观、黄成友、黄士傑、李帝莊各捐銀四大元。

高儼然、柯榜观、蘇東山、張光健、林良謨、劉廷瑞、有年堂、柯獻奇、恒美号、廣勝号、咸泰号、鄭益源、朱仁祥、黄廷鋒、黄崇孝、朱中庸、周際燦、洪登先、周敦朴各捐銀叁大元。

**按：**此碑現存嶽嶺鳳山嶽廟。

## 四〇九　重興鳳山嶽題捐碑（二）

汀漳龍道廠官捐杉拾枝。分府大老祥捐銀拾元。

高扶祥、高扶廷、潘寧观、鼎⾙号、潘養观、潘港观、潘池观、潘各英、徐啟陽、郭崇傑、林光林、林擁观、黄波观各捐銀弍大元。

潘世総、高郁观、易⾙号、許化麟、高春風、黄四海、徐黎观、蔡文機、陳烏奇、黄秉達、高世亨、吴三桂、盧世昌、蔡和观各捐銀弍大元。

黄咬观、林尚川、黄騰蛟、吴思才、王登佐、陳建侯、江長波、江長浪、郭國观、郭紫云、郭勒观、陳東⾙、曾春观、曾學观、尼擾忍、姚貫观、曾廷耀各捐銀弍大元。

王茂青、洪仕良、王有量、王蟬观、張馬观、廖西湖、廖五福、黄享观、郭三里、許海观、尼祖生、郭妙宗、廣隆号、庠生歐漢观、方顯明、方托观各捐銀弍大元。

黃厚協、方齊观、方斐然、鄭時通、鄭輔廷、陳尚川、鼎豐号、陳苞观、洪恰观、高位观、黃金观、心耕号、豐盛号、鼎茂号、尚絅号、黃夏观各捐銀弌大元。

郭荼香、洪珍源、李月和、金㕦号、芳春号、方文英、李茂發、石麟号、駿發号、德安号、張順号、協利号、振成号、鼎豐号、雙美号、大廣号各捐銀弌元。

黃如容、新㕦号、鼎成号、悦㕦号、鄭時湖、潘石观、黃啟信、沈天成、光升号、順安号、洪奇英、香林号、曾彩肅、高儒家、大南号各捐銀弌大元。

黃清岩、許鼎聯、許輔观、洪文達、鄭啟徵、方開源、魏樹成、羅廷謙、尼九錢、陳長隆、洪毛楚、鄭金盒、鄭正淩、换振利号、徐玉瑞各捐銀弌大元。

鄭其禮、黃昭致、黃東焕、蘇胡观、庠生鄭東溪、沈其焕、曾岷江、黃謝先、黃隆盛、振利号、黃世賓、張計观、楊文芳、黃樹華、李耀振各捐銀弌大元。

陳國晃、李南池、葉佰忍、鄭加謨、楊鑽㕦、蔡三光、吴連發、植盛号、吴應彬、林中岩、寧景居、黃麗泉、王文長、張煓观、蘇九五各捐銀弌大元。

以下三行，各捐銀亦弌大元：

鄭飲水、徐俊哲、高丙观、周文書、盧盛观、蔡門林妹娘、何孝观、甘垣木公、莊錦生、侯再生、高鑾娘、錢惟成、郭光憲、葉紀週、翠林社鄭良公；

林大榮、盧牛观、高九观、潘仁傑、沈開業、陳名昭、陳兆緒、劉國理、鄭開基、辛世瀚、黃腆水、高孟孫、歐陽翁水、陳萬珍、陳萬藻、成㕦号；

大川号、周登俊、周如松、周薛海、周薛治、周仙观、周國鏡、周潭錫、周國鉉、周振宗、周達五、周水生、周朱瑞、周文蘭、劉巍观、柯武佐。

道光辛巳元年荔月吉旦。

總理：黄士勤、劉先致、田邊劉訟观、柯坑柯騶观、徑口吴井观、後塘高九观、劉坑劉世超、征頭歐登观，西面李程观、陳逮观、劉巍观、潘陳观、柯象观、劉科元、劉文晏。住持僧珠愷。

**按**：此碑現存嶽嶺鳳山嶽廟。

## 四一〇　重修玄靈宮碑記

信士江世德捐艮壹百柒拾元。誥封奉政大夫歲進士曹世芬捐艮弍拾四大元。信士江元訓、甘元廷各捐艮六大元。職員江乃嘉捐艮四大元。鄉大賓甘坦木公捨下埕地數尺。

董事：陳士元捐艮拾弍大元，江媽鞍捐艮四大元。

道光辛巳年桂月　日立石。

民國乙卯年梅月，劉北海緣銀壹佰大元。諸弟子立石。

**按**：此碑現存海澄鎮珠浦村珠浦社玄靈宮。

## 四一一　重修觀音亭捐銀碑記

廟宇之建，所以妥神靈、庇士女也。吾鄉觀音亭，基自前朝，代□□□。乾隆己亥歲，本鄉太學生吴□□、高傑□、高□□捐金三百六十□□□士而重修之，可謂□□之舉矣。再歷年所，又爲風雨〈下缺〉踵前徽，增其舊制，以安神居。詢謀僉同，闔鄉人士〈下缺〉志右，亦踴躍倡捐。於是，董事矢公任理，大興土木，不數月□□□告成。嘻！何其速哉！是殆神靈所佑，而吾鄉人□□□□『莫爲之前，雖美弗彰；莫爲之後，雖盛弗傳。』今之□□□□□□人□□之力□□□□□□尤難没也。謹勒貞珉，以垂不朽。

苑里歲進士黄元嘉、本社太學生黄亭傑各捐銀捌拾大元。

蔡□、蔡□□各捐銀□□□大元。□□□捐銀□□□大元。鄉大賓郭□□捐銀弍拾大元。黄□□、黄□□、郭□□各捐銀拾弍大元。太學生李國琪、江志道各捐銀拾大員。太學生邱黄□、庠生邱元、陳紹棠各捐銀捌大元。太學生李文璋、庠生蔡啟□、郭永福、黄長□、鄭文□各捐銀陸大元。鄭□□、鄭仕通、□□□、□□□、蔡□□、許□文、許宗遠各捐銀肆大元。李天喜、陳元□各捐銀叁大元。□□仕、□□□、□清江、蘇文規、許同洵、許仕翹、許正文、許聯珠、郭□□、許□□、許佳寶、□□□、許光理、蔣尚觀、鄭高宗、許定水、許宗學、陳□文、王綿興、陳文明、林宗培、鄭錦竹、林榮洲各捐銀弍大元。庠生邱貢峯、李登元、胡國恩、蘇元□、蘇天后、蘇元南、郭□□、□□□、□光□、蘇天□、李國瑞、郭振海、郭振邦、黄錫璜、朱元鶴、甘□寶、曾大倫、□呈瑞、□兩觀、朱登科、高□□、鄭□□、蘇鴻意、柯賈觀、許尼觀、許□□、許迎□、許滿觀、許赤觀〈下缺〉許□觀、吴福□、吴陳□、吴再杏、鄭文禮、曾金河、邱瑞玲、邱雙慶、蔣金水、林先榮、林衍秩、許上現、曾達觀、沈長茂各捐銀壹大元。

董事蔡在東增銀肆拾大元、蔡源泉增銀叁拾弍大元。

職員：蔡啟□、許光相、連發和、蔡振端。

董事：許光永、黄開觀、蔡曇觀、吴北維、吴西湖、李大觀、吴溯源、江清觀、蔡在東、鄭紅觀、郭傳觀、蘇樹觀、蔡源泉、許宗渙。

道光元年吉月穀旦，重修廟宇捐銀碑記。

**按**：此碑現存海澄鎮港口社觀音亭，碑文模糊不清，碑名爲編者加擬。

## 四一二 重修上碼武廟碑記

總捐店主税銀開列：

敕授儒林郎陳崇□銀貳拾肆員。鄭荣隆銀貳拾伍員。鄭四美銀捌拾叁員。太學生黄仕豪銀捌拾貳員。洪世琛銀柒拾貳員。黄振升銀陸拾伍員。鄭旌統銀陸拾肆員。李尚珍銀陸拾員。黄鳴鳳銀陸拾員。張順興銀伍拾玖員。楊文芳銀伍拾貳員。朱坎水銀伍拾員。合隆號銀肆拾五員。李瑞麟銀肆拾捌員。林掌觀銀肆拾伍員。沈懷士銀肆拾員。江金福銀肆拾員。陳輝山銀肆拾員。洪邦進銀叁拾捌員。沈四表銀叁拾玖員。洪聚春銀叁拾陸員。沈陶觀銀叁拾陸員。郭芳沛銀叁拾肆員。鄭良順銀叁拾肆員。鄭承祐銀叁拾叁員。謝桂哲銀叁拾叁員。洪馬舍銀叁拾叁員。嚴大信叁拾貳員。庠生高亦福銀叁拾員。太學生王國楝銀叁拾員。黄仕超銀叁拾員。高位观銀叁拾員。黄坤布銀叁拾員。方利用銀叁拾員。沈四美銀叁拾員。楊世球銀叁拾員。蔡有慶銀叁拾員。盧坤山銀叁拾員。張聚昌銀叁拾員。鄭載耀銀叁拾員。郭榜观銀叁拾員。蔡志誠銀叁拾員。郭日親銀貳拾捌員。庠生高仕縉銀貳拾柒員。洪茂興銀貳拾柒員。庠生曾杰銀貳拾陸員。陳活源銀貳拾陸員。黄金取銀貳拾員半。郭嬰观銀貳拾伍員。姚竹观銀貳拾肆員。洪五麟銀貳拾肆員。西湖境福德爺銀貳拾員。太學生林應文銀貳拾員。黄仕傑銀貳拾員。曾献徵銀貳拾員。沈仕哲銀貳拾員。宋榮观銀貳拾員。趙九观銀貳拾員。莊共成銀貳拾員。洪質軒銀貳拾員。黄志智銀貳拾員。歐允成銀貳拾員。陳光昌銀壹拾捌員。庠生洪寿水銀壹拾柒員。黄運观銀壹拾柒員。洪深池銀壹拾柒員。廩生王國□銀壹拾陸員。王成聯銀壹拾陸員。洪元仁銀壹拾陸員。郭海观銀壹拾陸員。黄漏观銀壹拾陸員。李德聖銀壹拾陸員。盧献□銀壹拾陸員。洪聚興銀壹拾伍員。鄭尚观銀壹拾伍員。姚光崇銀壹拾肆員。曾雨水銀壹拾肆員。黄歳謝銀壹拾肆員。曾玉其銀壹拾肆員。庠生陳成渠銀壹拾貳員。黄因可銀壹拾貳員。洪□安銀壹拾貳員。黄斌观銀壹拾貳員。錦榮號銀壹拾貳員。許和里銀壹拾貳員。郭清南銀壹拾貳員。庠生李森銀壹拾員。楊建昌銀壹拾員。洪長發銀壹拾員。姚肅將銀壹拾員。

恒泉號銀壹拾員。楊澹□銀壹拾員。康□观銀壹拾員。王錦尚銀壹拾員。黄瑞正銀壹拾員。郭潮□銀□□角。王繩沛銀□□角。黄天元銀□□角。洪秋石銀□□角。黄克宗銀捌拾角。莊汝録銀捌拾角。鄭迪吉銀柒拾角。陳郁观銀柒拾角。充美號銀柒拾角。林非百銀陸拾角。林創詒銀伍拾角。鄭雲水錢三百。

董事：太學生黄聯繼、陳輝山號、張順興號、康源隆號仝立石。

**按**：此碑現存石碼街道上碼武廟，碑名爲編者加擬，原碑數字爲蘇州碼。

## 四一三　重修上碼武廟碑記（二）

上碼武廟帝君捐來公銀弍佰零壹員六角。劉□□□□□銀伍拾員零七角。□□王□□□銀叁拾員玖角。□大弟子捐銀□拾大員。□□□捐銀六拾大員。國學生□□卿捐銀拾大員。庠生鄭□□捐銀拾大員。黄金□號捐銀拾大員。□□號捐銀拾大員。□□號捐銀拾大員。□□號捐銀拾大員。□利號捐銀捌大員。□□號捐銀肆大員。□山號捐銀肆大員。匯川號捐銀弍大員。鴻興號捐銀弍大員。隆盛號捐銀弍大員。收悦興號店税銀己、庚、辛三年税銀弍拾捌員。總合共捐銀□□□。另悦興號之店税，丁、戊弍年的税銀拾六員。丁、戊年埔庙埕築金銀庫、立石牌費用，雜條合五，重興武廟列賬榜明。

買過盧家店一間，即去佛銀叁佰六拾四大員，又□費去佛銀六大員。店在文衡殿前左邊第四間，壹座叁進，坐西向東，其契白四至登記在公簿内爲界，契在帝君殿前燒化。此店公議以爲本廟演戲枰内。其店前一進，每年税銀拾六員，交鼎主於六月演戲弍臺，奉祀帝君千歲爺聖誕諸用；内抽出佛銀六大員，貼和尚香資，祀奉千歲爺王駕。

文衡殿前右邊店一間，每年的税銀拾弍大員，交鼎主行例積公。

又收理烛檯、欄杆、香炉，共去銀肆員叁角弍錢；又收理盧家店庙口築盖覆亭，共去銀七拾六大員八角玖錢，□雜條列賬榜明。辛巳年立石牌、打柱珠，共去銀弍拾弍大員；立石牌之日演戲、設席及諸費，共去佛銀拾肆大

員；文衡殿前右邊店，乙年至辛年完店米及契差，共去佛銀叁大員□角□錢五只，再批明。前創置店屋肆間，及今又置店屋弍間，共六間，具交鼎主收税，以爲恭祝之費。

總合共用去銀肆佰玖拾大員零六角六錢五只。對除捐來外，尚不敷銀捌員壹角壹錢五只。

董事：鄭雨爆、康邦棟。住持僧普香。

道光元年十一月吉旦，闔境勒石牌，合境平安。

**按**：此碑現存石碼街道上碼武廟，碑名爲編者加擬。

## 四一四　重建霞東書院碑記

郡東文昌宫，故金浦藍總戎館地，太傅蔡文勤公塑帝像祀焉，即邑志所載霞東書院也。年久傾廢，居民佔築房屋。歲壬申，黄君步蟾過其地，顧見頹垣斷瓦，不蔽雨暘，獨像猶新，詢知爲帝示夢，重塑未久。歸謀諸同志，僉議移祀或别營，先後箬請不許，則稍稍修葺，謹奉明禋以俟時。丁丑復月，鄉大夫復謀重建，適施君照願以所居室數楹爲帝殿基，衆異之，相與往觀，其居去祠可百步，亦書院館舍地，施君價購而有者。面山負市，溪流遶其前，峰巒朝拱，林木映帶，洵勝區也。因卜之帝，一珓得吉，即日募金營建。浹旬之間，踴躍輸誠者已累千百。乃價贖民居，拓地培田，用宏厥制。時余適尹兹土，聞而韙之，捐俸爲勸。落成之日，詣廟展禮，六工既良，八材斯飭，制作備矣。士夫等復囑余爲記，余曰：『記者，紀實也。』爰書其廢興本末，勒兹貞珉，以告後之尚義者。其捐金姓氏，另碑鐫列，永垂久遠。

道光元年臘月穀旦，前知龍溪縣事桐城姚瑩撰。

總理紳士：黄步蟾、鄭啟祥、歐陽山、黄千齡、林蘅、黄存志；分理紳士：黄世俊、林翰、陳宗任、陳謨、黄拱辰、鄭宗濂、黄珪璋、黄彦、施穎源、黄存心；督工紳士：歐陽琦、謝恩、翁懋昌、蔡國樑；勸捐紳士：林廣顯、

柳廷爵、蘇廷耀、林如蘭、陳淬鋒、翁自超、黃鴻緒、王先登、錢經炯、黃國英、唐際虞、鄭開陽、陳連茹、陳璧、黃存謙、徐國偉、劉維楨、黃瀛、黃存宜；等，仝勒石。

按：此碑現存薌城區浦頭港霞東書院。作者姚瑩，安徽桐城人，嘉慶十三年進士，二十一至二十二年知平和，二十二至二十四年知龍溪，官至廣西、湖南按察使。

## 四一五　重建霞東書院題捐碑

福建水師提督、世襲子爵王得禄壹百元。福建汀漳龍兵備道方傳穟壹百元。福建漳州府龍溪縣知縣姚瑩壹百元。福建水師中軍參府楊繼勳叁拾元。山西遼州直隸州知州黃步蟾叁百元。兵部職方司員外郎鄭啟祥、庠生黃拱辰各壹百貳拾元。信士陳合成號壹百元。庠生黃珪璋、黃鼎金，信士周仁□，各陸拾元。中憲大夫蔡元洪、建安學訓導蔡承禧、貢生陳中士、職員陳祖純、監生黃朝榮、信士周明雲各肆拾元。庠生陳廷璣叁拾貳元。舉人吳光瑞，庠生顏□賓、黃國英，各叁拾元。庠生黃存□貳拾陸元。賜進士、吏部稽勳司員外郎鄭開禧，舉人黃存志、歐陽琦、蘇廷耀，通政司經歷黃彥，庠生鄭宗濂、黃陽春、陳常，監生陳洪、郭時鎮、黃鼎昌、黃光廷、邵利仲、□志尹，各貳拾柒元。廩生黃琮瑚貳拾貳元。原任廣西柳州府知府林平侯，恩蔭通判孫雲鴻，庠生蔡光邦，監生蔡褒功、陳國佐，信士張邁南、黃爲讓、黃爲遜，各貳拾元。監生施頓源拾捌元。貢生陳天福，庠生黃祥宜、錢寅、蔡鴻謨，各拾陸元。庠生莊敬、信士黃存中各拾肆元。

進士歐陽山、舉人林偕澤，職員鄭開勳、陳德陞、林蘅，貢生許書紳、蔡祥雲、李承豫、黃世雄，庠生蔡邦坊、鄭樂圭、錢經炯、金鳴玉、陳□□、陳日肅、唐禮琥、陳士從、林飛鶴、黃英、蔡振魁，監生葉士模、葉開秀、曹建琛、王□恕、陳學寬、鄭廷祐、鄭開陽、黃屏藩、蔡國樑、陳大猷、陳國輔、孫義和，信士鄭宗□、林應文、陳□、蔡清時、黃屏□，各拾貳元。舉人施賑、上八旗官學教習蔡雲、職員黃潁新、庠生黃文炯，監生戴□森、施潁

濤、謝鵬飛、黄以嘉、楊捷中、黄國揚，信士何藩、石永祚、黄肯堂、黄肯構，各拾元。職員陳大華、錢經綸，同安學訓導陳天爵、安溪學訓導陳向榮，庠生陳禮耕、陳德新、陳德成、蔡正本、陳大訓、錢芹，監生陳廉植、鄭元□、錢國祚、蔡正美、陳廷贊、吴家祥，信士黄以敬，各捌元。

舉人陳際春、柳廷熙，泉州府學教授黄□□、福清學訓導鄭鶴翔、晋江學訓導施在田、職員李元志，庠生黄子齡、鄭□漳、楊如蘭、王世光、蔡進、施鶴鳴、施長耀、鄭際昌，監生黄存心、蘇傅香、蔡昇、方紹衢、向珝、郭志□、□錦□、□甲先、□□□、施永□、李玉音、陳承恩、□成、石昌泗、謝應嘉、張國鈞、徐國偉、介賓鄭光澤，信士黄光讚、周三勝、許世英、葉暉、石廷瑶、周登科、黄汝嘉、郭特鍾、柯邦彦、陳挺鋒、施淮江、楊德文、嚴和鳴，廣盛號、吉茂號、怡和號、如陶號、全發號、駿發號、振盛號、建安號、長美號、捷豐號、建昌號、慶德號、捷成號、廣隆號、廣源號、德春號、廣成號、廣益號、義盛號、裕源號、捷源號、茂盛號、裕隆號、瑞成號、合成號、震豐號、植茂號、茂豐號、正誠號，各陸元。

欽賜國子監學正蔡飛鵬，舉人蔡雨、蔡國洽、鄭崇禮，職員謝世遠、鄭攀龍，貢生陳泰安、黄鼎吉，庠生翁逢春、陳謨、王國樑、陳聲仁、陳逢泰、黄震初、陳璧、楊元音、鄭東溪、蔡鶴、林禄縉、鄭徽興、陳成、黄對揚、洪啟猷、洪亮、蔡光華、陳光耀、陳震、鄭吉、陳開泰、陳景、孫應運、黄崇禮、施汀、謝恩，監生黄以雅、楊錦文、周傅奎、盧闕基、王友直、鄭荆璧、李承吉、林榮春、劉文梧、黄世材、歐陽興、石紹華、周遠潤、鄭亮録、方向上、陳鸞和、陳學簧，信士鄭夢喬、江□、闕舜文、蘇運揚、吴應聘、陳標相、黄光漢、陳廷萍、梁學山、戴利川、吴敦讓、黄光明、蔡德才、洪樹福、賴一賢、□士□、馮士璋、歐陽燧、陳爲霖、許舜時、蔡源潮、鄭振耀、連式焕、何元芝、黄向榮、陳臣□、翁懋昌、林英華，芳美號、茂珍號、崇文堂、曾華堂，各肆元。庠生楊旁招、施遜和，信士楊德文、王汶水、方元亨、梁樹祜、陳敦、錢国璣，各叁元。

舉人張金校、黄世俊、黄璣、張琯，貢生林象、陳樹滋、高湘、盧長澐、陳玠、陳良謨、許遷喬、許夢渭，職

員陳大綸、謝振謨、謝世逵，庠生王敬賢、陳宗任、黃瀾、石崧、林榮、蔡金波、鄭鴻□、鄭汝諧、楊必捷、蔡若虛、鄭國棟、鄭錫朋、□□鈞、林□、邱譚、高奇、劉維禎、王建福、楊森、葉春魁、周春霖、吳騰、唐際盧、翁自越、陳猷、陳□鋒、□□昌、黃文寬、林利見、吳華朝、陳世榮、翁應昌、柯志亨、黃金華、陳連茹、黃天爵、石世勳、莊□庸、陳簡、謝太章、鄭鴻業、王司直、林翰、陳祖望、黃南金，監生黃明揚、林元吉、歐陽漢、王國棟、施□□、蔡寅、歐陽珍、方元吉、王先登，信士陳志霖、黃存智、黃存實、王捷南、蔡光賓、鄭振玉、蘇捷登、□秀清、王青嵐、黃瀛、周徽哲、鄭啟心、黃耀日、鄭時雨、黃在中、鄭鴻苞、蔡光森、黃佐三、吳士綺、陸其桴、鄭寶書、林金□、韓文郁、許檀官、蘇耀詩、蔡鳳梧、盧仲寬、黃文翰、施禮、向鰲、鄭雲卿、顏方穀、董儼然、洪怡豐、陳心源、王炳文、鄭之良、林書溪、江崇貴、黃廷湖、胡翰翀、李邦佐、陳名昭、黃世炳、陳州、陳文芳、張大吉、江聚金，聯安號、桑遠號、源茂號、東泰號、建春號、興南號、萬豐號、瑞興號、滿漢號、協興德儀號，各貳元。

舉人吳世安，貢生蘇嶽東、林健章、鄭泰交、倪懋第、倪元罷，庠生林銳、李超、吳南溟、蔡芹、□□彪、黃鴻緒、王載道、王象賢、黃達材、高墉、林璉、周鄭材、郭梓材、高□□，監生洪玉成、唐樹璋、高振祥，信士吳錫閑、唐克友、陳立德、黃長美、歐陽彰、胡記泰、楊應斗、鄭崧嶽、江捷三、柯彤雲、林鳴鶴、戴承恩、戴光天、蘇東齡，永發號、源美號、永成號、德侯號、榮德號、永順號、永□號、泰成號，各壹元。

續捐：童生蔡躍鯤陸元。舉人郭羨官貳元。庠生王裕春貳元。童生蔡啟疇拾貳元。

道光元年十二月二十日，董事等仝勒石。

按：此碑現存薌城區浦頭港霞東書院，碑名爲編者加擬。

## 四一六　重修龍應寺碑記

國學生陳敬施公捐銀壹佰陸拾員。國學生陳紹綸公捐銀四拾四大員。□德即陳怡亭公捐佛銀四拾大員。陳祖德

公捐佛銀四拾大員。陳日茂公捐佛銀叁拾弍員。陳光偉公捐佛銀叁拾大員。陳開宗公捐銀弍拾四大員。陳敬持公捐銀弍拾四大員。鄉飲賓陳日英公捐銀弍拾弍大員。陳世傑公捐佛銀弍拾大員。國學生陳玉容公捐佛銀弍拾大員。陳逸叟公捐佛銀拾陸大員。蔣其柳公捐佛銀拾四大員。庠生陳□雲公捐佛銀四大員。登仕郎陳仁壽公、陳敦侃公、陳進孝公、陳遺達公，國學生陳奇俊公、陳振業公、陳日躋公、陳文仍公、陳維和公，國學生陳敬推公、陳質彬公，各捐銀拾弍員。德士郎陳永昌公捐銀拾大員。文林郎陳文鍾公、陳遵盟公、國學生陳璹公，國學生陳嘉禮公、陳呈亶公、陳自立公，各捐銀捌大員。陳士胡公、陳登墀公、陳會友公、陳兑公、陳齊一公、陳兆佺公、陳天祥公、陳奇勳公，國學生陳東煌公，國學生陳毓波公、陳有葉公，各捐銀陸大員。文林郎陳耆德公、陳户輯公、陳華石公、陳伯懷公、陳永素公、陳義正公，國學生陳逢時公、陳樸誠公，鄉飲賓陳發魁公，國學生陳鳴鸞公、陳恂侃公、陳文益公、陳德剛公，鄉飲賓陳鳳起公、陳元壇公、陳元址公、陳亦睿公、陳光煜公、陳錫昌公、陳茂材公、陳世典公，國學生陳興汝公、陳乘泰公，歲進士陳應森公、陳與眉公，各捐銀四大員。陳□智公、陳清儀公、陳謨猷公、陳宣昭公、陳組昌公、陳登陛公各捐銀叁大員。庠生陳甲開公、陳諒野公、陳耀三公、陳琠元公，庠生陳南英公、陳奇彦公、陳世棫公、陳世祚公、陳章硃公、陳英仁公、蔣□居公、陳汝漢公、陳永最公、陳有忠公、陳會書公、陳會元公、陳敬璋公、陳惠德公、陳邦倫公、陳廷越公、陳嘉寅公、陳淑根公、陳統昌公、陳茂和公、陳克禮公、陳里駿公、陳衍道公、陳嚴格公、陳紹宗公，國學生陳行義公、國學生陳文奇公、歲進士陳嵩喬公，各捐銀弍大員。

道光元年歲次辛巳年臘月吉置。和尚應超昇公。

**按：**此碑現存東園鎮過田村俊美社龍應寺。

## 四一七　重興蓮堂廟題捐碑

重興蓮堂廟捐金名次：

登仕郎甘維熤捐銀叁拾大員。甘梧在祖捐銀弍拾大員。甘應模祖捐銀弍拾大員。甘元鳳捐銀弍拾大員。甘維爌祖捐銀拾陸大員。甘威揚祖捐銀拾弍大員。甘世梅捐銀拾伍中員。甘有成、甘唐地、甘麟趾、甘港水、甘天順各捐銀陸大員。庠生甘棠祖捐銀拾壹中員。甘光弼捐銀伍大員。甘信胡祖、甘燭紅、甘安邦各捐銀肆大員。甘宗淄祖、甘雙奇各捐銀叁大員。甘馬成、甘赤郎祖各捐銀伍中員。太學生甘文聲祖、甘勤惠祖、甘宗渠、甘宗泰、廩生甘穎祖、甘天相、甘壽昌、甘高陞、甘國香、甘吾國、甘天信、甘港川、甘妙順、甘振興、甘佛才、甘志燈、甘西胡、甘國陳、甘岱山、甘康曁、甘瑱生、甘添生各捐銀弍大員。甘宗鬆、甘瑞進、甘玉麟、甘維幬、甘孔令、甘吾興各捐銀叁中員。甘文山祖、甘宗章、甘宗籃、甘宗詠、甘宗每、甘宗祄、甘五員、甘宗令、甘惟勸、甘維鳳、甘維江、甘惟竹、甘惟岸、甘開水、甘國炎、甘爐生、甘烏白、甘窮生、甘串生、甘國銀、甘國蔡、甘國益、甘雙降、甘光在、甘佛生各捐銀壹大員。信士甘宗鍾、甘涌東、甘五招、甘錢、甘亞、甘節、甘務、甘艷、甘苑、甘條、甘吾誰、甘三六、甘天愲、甘文秀、甘宿夜、甘永昌、甘羿、甘禾、甘蘇地、甘每、甘受、甘申、甘角、甘員、甘輝龍、甘甦、甘金蓮、甘學士、甘五郎、甘雙興、甘拐衬、甘察、甘錢、甘厚、甘河水、甘香、甘學易、甘天水、甘碧圭、甘蓮、甘光招、甘扑、甘稍各捐銀壹中員。

董事：甘宗渠、甘世霖、庠生甘國楨、甘康曁。理賬：庠生甘鳳儀、甘國炎、甘國珍。

道光弍年孟春穀旦立石。

**按**：此碑現存海澄鎮南邊村蓮堂廟，碑名爲編者加擬。

## 四一八　河福張氏祭田碑記（二）

我始祖伯肇公，至五世而開四葉，東軒公其長也。歷世既多，子姓繁衍，祀事間或不給。其十四世孫鄉進士恭心念之，歲丙子以草洲己所應得之額分爲四，而以其一充祭費，報本追遠至意也。越癸未，太學生國選亦以私田一

石種，爲東軒公蒸焉。數年之間，恭倡於前，選繼於後，先後不同，其於報本追遠之意則一也。因喜而誌之，且以望諸後者。

一，田一坵，在赤草洋，受種子九斗，配田畝六畝二分正。

一，田一坵，在劉厝洋，受種子一斗，配田畝八分正。

道光三年歲次癸未梅月吉旦。

**按：**此碑現存海澄鎮河福村張氏宗祠，碑名爲編者加擬。

## 四一九　重修新垵威惠廟碑記

蓋聞廟貌巍峩，觀瞻斯肅；神靈赫濯，閭里以安。我族威惠廟，祀唐開漳聖王暨馬、李二將軍，創自有宋，以迄前明。黝堊凝霞，詎淪烽炬於倭寇；飛翬焕彩，未没播越於海氛。洎乎本朝，楹丹桷刻，美極壯麗之觀；宇峻墻雕，機奪公輸之巧。湖山獻秀，門排翠黛千重；江水瀠洄，背枕琉璃萬頃。歲時禱祀，來遊於此者，莫不羨山水之鍾靈，而明禋之永奠也。兹者歷年久遠，官頭非復昔日彰施，輪奂漸失曩時藻繪。里人向義，咸欲重新。鳩匠經營，宏觀於兹再峙；隨捐樂助，俎豆共慶千秋。所有捐金若干，題名勒石，共垂不朽。是爲記。

信士：林東棣捐艮一佰二十元。林墀策捐艮四十二元。林美厚捐艮四十二元。林思信捐艮三十八元。林慎言捐艮三十八元。林宗近捐艮三十三元。林銘結捐艮三十大元。林銘法捐艮三十大元。林活水捐艮三十大元。林亨利捐艮三十大元。林明艷捐艮二十四元。林墀聞捐艮二十一元。林墀尾捐艮二十大元。林奇適捐艮二十大元。林思鑒捐艮十九大元。林銘忍捐艮十九元。林泮領捐艮十八元。林雙飄捐艮十七元。林白露捐艮十五元。林秋音捐艮十三元。林仕滚捐艮十二元。林心在捐艮十二元。林墀郡捐艮十二元。林泮盧捐艮十一元。林美造捐艮十大元。林銘坎捐艮十大元。林光前捐艮十大元。林聯登捐艮九大元。林鴻信捐艮九大元。林貞素捐艮九大元。林光瑶捐艮八元。林閃

湅捐艮七元。林思終捐艮六元半。林應願捐艮六元。林啟邁捐艮六元。林四海捐艮六元。林朝選捐艮六元。林懷鎮捐艮六元。林志高捐艮五元。林再生捐艮四元。林光汀捐艮四元。林光培捐艮四元。林媽成捐艮三元。林寬惟捐艮三元。林景奉捐艮三元。林光由捐艮三大元。林傳淑捐艮三大元。林清姜捐艮二元半。林宋奇捐艮二元半。林光即捐艮二元半。林光完捐艮二元半。林泮雪捐艮二大元。林雙去捐艮二大元。林光悦捐艮一元半。林媽武捐艮一元半。林宗保捐艮一元半。林珠降捐艮一元半。林光遠捐艮一元半。林日章捐艮一元半。林扶提捐艮一元半。林鴻仗捐艮一元。林光坪捐艮一元。林雙會捐艮一元。林聯足捐艮一元。林光逆捐艮一元。林光棲捐艮一元。林焕良捐艮半元。

董事：林美厚、林泮領。道光叁年歲次癸未陽月吉旦。

按：此碑現存厦門市海滄區新垵村東社威惠廟。

## 四二〇　重修鳳霞宫碑記

郡城東里許左折而南百步，有鳳霞宫，祀元天上帝，神靈赫濯。自武當分鎮以來，福曜清漳，祈禱之人雲集響應，迄今百有餘載矣。無何，甲寅之歲，洪水爲災，棟宇塌壞。延至辛酉，明經黄君鼎吉乃捐金百餘，重修黝堊。今歲癸未春，當事者以廟久滲漏，將鳩金重葺，一時向義諸公協力更新帝廟。彩鳳呈祥，胥受生成於宇下；紫霞獻瑞，永歌覆載乎神庥云爾。

歲進士黄鼎吉捐銀拾大員。鄭應哲捐銀陸大員。楊耀祖捐銀陸大員。翁沛蒼捐銀肆員。李振興捐銀肆員。羅談觀捐銀肆員。陳向義捐銀叁員。太學生蔡文耀，職員謝振謨、李文誥、梁利民、洪寶興、曾金泉、李妙雨、蔡同心、方天六、葉正上、龔元傑、葉尚德、龔元彭、鼎成號、觀音堂、陳棟林、陳石水、吴兩盛、蔡國禮、蔡雨順、盧茂山、廣益號、林崑崗、林麗水、振川號、金字號、胡湧川、蔡聖觀，各捐銀貳員。

蘇焕彩、顔明光、劉光彩、陳其中、許時芳、李俊觀、李開雲、鄭應瑞、黄清湖、余瑞豐、林金波、謝芳麟、

徐爲政、蔡作哲、徐以德、徐長观、張汾陽、郭廷榜、陳礜观、德隆號、翁觀瑞、廉日焕、嚴心田、陳有明、陳勝金、蔡惠然、李世德、李佛養、鄭潤瑞、林金水、陳順德、鄭獻禮、陳國楨、陳景仕、陳光典、龔静观、嚴清泉、蔡生泉、馮搽疇、林雅山、洪溢端、詹紅观、永瑞號、蔡景山共捐銀陸大員。

三字號、龔嘉興、合發號、陳五福、源順號、正東號、楊懷益、陳向榮、阮乞观、陳楝禎、高補智、洪渭濱、爲政春、蘇世和、陳乾坤、李自然、鄭應龍、大興號、興隆號、黄文芳、李世榮、劉捷春、李登观、李百音、李長生，以上各捐銀壹員。

太學生孫義和捐銀肆大員。鄭獻禮喜捨拜亭左邊牆外滴水地弍尺。李應麟捐銀肆員。莊天清捐銀肆員。庠生蔡薰捐銀貳員、游新水捐銀叁員。陳在中捐銀陸員。許必捷逐日賠工。

董事：李應麟，莊天清，庠生蔡薰、游新水，住持僧揮英、茂盛，等，仝勒石。

大清道光叁年歲次癸未陽月穀旦。

**按：**此碑現存薌城區文化街鳳霞祖宮。

## 四二一 重修鳳霞宫碑記（二）

奉直大夫林嘉仲捐銀肆拾大員。洪長春捐銀肆拾大員。例授中憲大夫署山西終代保德遼陽直隸州加二級黄步蟾捐銀式拾肆員。鄭傳經堂捐銀拾陸大員。漳州城守都閫府潘捐銀陸員。漳鎮左營副總府常捐銀式員。護詔安營副總府陳捐銀式員。三官堂諸弟子捐銀捌員。郭坑水尾庵、林崇德堂、庠生鄭玉章、上珍齋、顔文儀，庠生黄振辰、鄭合桔、劉協利，信官董國海，各捐銀陸大員。開成號捐銀〈空缺〉。戴源德、陳秉政、署安溪學教諭陳向榮、吴順榮、鄉進士鄭錫明、太學生謝飛鵬、鄉進士吴光瑞、太學生周嘉禄、店上和善宫、後山太和宫、太學生鄭元齡、太學生陳振琮、太學生陳永楠，庠生黄對揚、黄珍和、楊明哲、張雲观、盧登榜、江清龍、陳活水、林和篤、黄咸观、

陳應順、蔡長盛、蕭永福、蔣大成、楊烏观、邱三观，太學生施輝西，各捐銀肆大員。

信官湯澄漳、太學生唐資灌、太學生黃以嘉、太學生施經倫、太學生蔡國梁、太學生佘維翰、太學生黃光廷、廪生鄭國棟、庠生黃國英、庠生黃珪璋、職員陳夢松、太學生林澄海、信官洪國珍、信官黃朝珠，信官巫登科、方向道、陳名芳、王淮德、吴長雄、陳文芳、黃淵观、榮振號、王紅观、許源記、張逢春、陳崇雅、謝存義、吴廣舍、鄭宗观、南陽齋、林恩观、不奪齋、吴宜昌、洪敦观、吴文科、林發观、郭贊观、蘇朝观、葉萬茂、蔡晃观、隱珠號、侯四观、有源號、嚴盾观、贊盛號、歐德成、實安號、黃有朋、郭金盛、趙華林、黃泰成、鄭東陵、鄭長順、趙戊己、沈利珍、陳應川、王寬量、江永祐，石間諸弟子，各捐銀弍員。

太學生吴家祥、太學生方向上、廪生錢齡、廪生吴騰、廪生黃金華、信官許清漣、信官許瀛洲、鹽捕揮課館、陳隆盛、洪泰興、蘇雙發、林開倉、向善堂、林詣春、蔡承慶、黃起元、蘇集輝、許長樂、鄭映辰、許元爔、李亨观、林潭观、梁學山、吴得采、傅陶源、王嫣生、王士化、王國相、王元亨、王福珍、陳利用、陳初弼、陳淼观、陳碩廣、陳發魁、陳大輝、陳永興、陳振明、萃香齋、明德號、悦成號、沈利春、瑞興號、湧興號、崇興號、陶興號、大川號、富春號、春林號、致誠號、廣茂號、廣昌號、謝光彩、沈元龍、蔣能竭、潘玉樹、石平魁、鄭世仰、遊德隆、魏光彩、邱開毓、楊振翼、莊尚敕、王南川、胡德升、江百寧、謝高明、謝敬修、泉發號、邱士源、徐芳元、林兆恒、西河亭、隱漳號、永發號、張經綸、上珍齋、生員謝恩各捐銀壹員。

信女陳門黃静娘、黃門陳静娘捐銀叁員。

所捐緣銀費用銀額開數粘明，餘所捐金中併式錢，記載梁籤。

旹道光三年歲次癸未陽月吉日穀旦。董事總理：陳在中、許必捷仝立石。

**按**：此碑現存薌城區文化街鳳霞祖宮。

## 四二二　石碼天后宫祀業碑記

從來欲興其利者先除其害，未有害不除而利能興者也。我祖宫津頭左邊，舊有樓屋高昂冲傷，謀欲折之，因乏銀承坐，累次不果。且逐年鼎主往往互推，莫肯承當，以費不周須當墊賠也。兹蒲月闔境齋醮，總理國學生黄科等裁抑冗費，除該用外剩佛銀伍拾大員有奇。爰謀諸衿耆，向諸行鋪捐題白金，計共弍佰柒拾餘員。公置津頭樓屋，折而低之，冲傷之害已除矣。其厝税銀，議貼該年鼎主資費，使共安受而不辭，利莫大焉。尚存餘金，租地、自倫工料，築屋兩間於田中路，税銀議給住持沙門香資。此一舉也，害消於一朝，利溥於百世，闔境莫不欣然。爰勒姓氏併店屋税及前有諸税列後，以垂不朽。是爲記。

吴雲观捐銀壹佰弍拾員。咸盛號捐銀弍拾肆員。春記號捐銀弍拾肆員。福成號捐銀弍拾員。泰源號捐銀拾陸員。森茂號捐銀拾弍員。向榮號捐銀捌大員。玉成號捐銀捌大員。吴金象观捐銀肆員。林光孕观捐銀肆員。盧開湖观捐銀叁員。吴長興號、林大振观、德昌號、怡成號、合發號、拱興號、廣成號、合成號、隆茂號、吉豐號、永發號、應隆號各捐銀弍大員。大振號、高禄观、協同號、登興號、隆成號、黄得禄观、吴□丁观、張周□观、益源號、陳長興號各捐銀弍大員。

一，新置本宫前津頭拆卸樓屋尚存一間，併左邊曠地一所，用銀弍佰大員。全年税銀拾陸大員，作二季交納本宫鼎主。公議：水仙尊王十月初十千秋，應用牲醴祭祀，演戲一臺，不許請傀儡，違者罰銀陸員。

一，田中路新築厝貳間，用銀壹佰員。每間全年税銀陸員，共拾弍員，作二季交該年鼎主，内抽出弍員給地租，餘拾員給住持僧作香資。

一，承前玉簪街屋一間，全年税銀陸員。又本宫前路頭全年税錢壹千弍佰文。兹公議：將此二税錢銀，逢正月三官大帝聖誕、六月观音佛祖壽誕，各演戲壹臺爲費用之資，住持僧宜辦理。

一，承前本宫埕左右税錢共叁千捌佰文，仍交住持僧爲本宫費用。

道光叁年十月　日，董事：庠生林晴、黄焕文、黄卷卷，鄉耆吴澄清、吴鴻炳、方仕銀、黄仕國、鄭對揚；總理：國學生黄科；仝立石。住持僧蓮池。

按：此碑現存石碼街道天后宫，碑名爲編者加擬。

## 四二三　三房小宗内公置祀業碑記

聞之祖宗雖遠，祭祀不可不誠。吾族肇居鴻團，再傳二世則評士格立公建祠飨祭，是爲三房小宗。今宗祠立矣，最重者祭。凡我裔派獻地獻屋，公置祀業，均屬祭祀之用，理宜勒石垂諸久遠。日後子孫不得擅自典賣，庶本支百世藉以不墜也云耳。

一，八世竹溪公裔派振祖獻過店屋一間，址在石鎮外市街，坐山向溪，蝦米巷東平算起第一間店，米配洪泰户内，全年完納官銀八分四厘正。

一，公置店屋一間，址在石鎮龍樹王，坐南向北，從打石街隘門算起第五間店，米配曾勇户内，全年完納官銀一分四厘正。

一，公置厝屋一間，址在石鎮相連巷，坐北向南，從巷口隘門脚街路算起東平第一間。

道光癸未年　月　日，本房家長公置。

按：此碑未見，碑文見於石碼街道内社村鴻團志（洪氏族譜）。

## 四二四　白雲山紫陽書院建置祭田記

天生聖賢，蓋將以其道公之天下萬世，而非一鄉之人所得而私。然而天下萬世皆被聖賢之澤，則皆仰之若斗

山；而其生平所嘗莅止之區，愛慕尤切，溯遺風，談逸事，往往誇示於人，若將引以爲私者，亦人心所同也。宋徽國朱文公嘗守吾漳，以政暇解經於白雲山，故先生之祀，在郡若丹霞、芝山，訖於各鄉所在多有，而兹山尤著。稽年譜，先生在漳刻五經、四書於郡，則知其戾止兹山，匪伊朝夕。而當日之窮探力索，默契真傳，精神炯炯髣髴於巖石泉澗之間。楊子雲有言：『去之五百載，其人若存。』信乎！

山故有兩處渡税供祭，爲康熙間偕藻唐公所捐。歲久額遞縮輸，每後祭不以二仲，非禮也。嘉慶戊辰，玉振以擴費謀之宗弟贈君元鏄，慨然曰諾，并告直隸分州顔君朝宗，各以白金百元倡。玉振與上舍洪君廷遵如數輸，都人士復咸醵分，計得金爲百者七有奇。属洪君購田徵穀，而鳳浦孝廉黄君存志又以田一畝佽焉。於是祭以時，典禮視昔有加。

竊惟先生之道，天下萬世之道也，誠非吾鄉所得私。而是役之興，首義諸君裒然爲倡，若順風而呼，山鳴谷應，蓋都人士不待勸勉，如赴日中之市，凡以私於先生者若此。昔子瞻蘇氏爲韓公潮州廟碑，稱『公之神在天下，如水在地中無往不在，而潮獨信之深，思之至』，則亦以見潮之人之私於公也。而况先生道甚大，化被吾鄉更神，而鄉之致其私，視潮更切也固宜。雖然，猶有説古者釋菜之典非徒不忘所自也，蓋以爲篤高山景行之義。都人士歲時習禮廟堂，展瞻遺像，追念昔日解經嘉惠來者之意，講明誦習，鼓其邁征，庶幾治河入海，無憂絶溝斷潢，是則公先生天下萬世之道也私云乎哉！

後數年，贈君殁，其子進士吏部副郎開禧，復與舅氏分州顔君合貲修百草亭。亭在祠之前，即先生解經處，脩之以復勝跡，盛舉也。吏部謂余前修先生祠有記，今當并記置田。余謂亭之修亦宜及也，於是乎書其捐金姓氏、田井疆界、祀事章程，别泐如左。

誥授奉直大夫、賜進士、延平府教授、前和順縣知縣鄭玉振謹撰。

道光三年歲在癸未冬十月穀旦立。

**按**：此碑現存顔厝鎮洪坂村白雲岩寺。

## 四二五　重修白雲山紫陽書院建置祭田記

捐金姓氏：

誥授奉直大夫、延平府儒學教授、前和順縣知縣、進士鄭玉振，誥贈朝議大夫、吏部考功司員外郎、貢生鄭元鏄，例授奉直大夫、直隸州分州顏朝宗，監生洪廷遵，各捐銀壹佰員。長泰舉人黄存志捐田壹斗貳升種。例贈文林郎、監生鄭玉斗捐銀陸拾員。監生鄭芳囿捐銀叁拾員。監生鄭玉帛捐銀貳拾肆員。監生黄建滁捐銀貳拾員。鳳苑楊質岩捐銀拾伍員。監生王國材、監生李仰山、監生黄輝、職員謝世達、生員黄河、馬洲莊而璞各捐銀拾貳員。監生鄭元芬、監生鄭元亨、馬洲莊庶脩各捐銀拾員。副舉人洪大器、生員鄭河星、生員陳善治、馬洲莊登第各捐銀陸員。舉人李清標、舉人王士俠、貢生洪範、貢生黄存心、職員謝世遠、職員謝世逵、生員黄襄、生員林國柱、生員黄達可、生員謝國英、監生黄載楊各捐銀肆員。

續捐姓氏（甲申年）：

貢生顧位仁、生員顏位賓各捐銀拾貳員。貤封朝議大夫、吏部考功司員外郎、貢生鄭開勳、監生鄭開陽各捐銀捌員。生員鄭宏苞、監生顏錫祉、監生顏錫金各捐銀陸員。生員劉陽春、監生鄭元鈐、監生鄭啟心、職員鄭慶期、監生顏必秩各捐銀肆員。生員蔡景南捐銀肆員。

田畝粮額：

一，置劉西果、劉甘棠等田壹坵，種壹斗伍升，址林墩橋頭，配上則田畝壹畝叁分伍厘。又田壹坵，種陸升，址港口，配上則柒分貳厘。又田壹坵，種陸升，址港西門前洋，配中則伍分柒厘柒毫。又田壹坵，種壹斗陸升，址後壁洋，配中則壹畝肆分貳厘。又田壹坵，種壹斗伍升，址洪坂西面港仔尾洋，配中則壹畝叁分捌厘。以上田伍坵，共種伍斗捌升，每冬税穀拾壹石陸斗。

一，置郭天恩田壹坵，種玖升，址洪坂社祠堂前清圳潭下，配粮銀壹錢柒分叁厘叁絲，每冬税穀壹石捌斗。

一，置楊黄氏田壹坵，種捌升，址洪坂社，土名庵前洋大路墘，配粮銀壹錢伍分，每冬税穀壹石陸斗。

一，置鄭榔觀田壹坵，種壹斗貳升，址蘭庄社，土名墩頂洋，帶□門前潭，應分潭面水至石碯爲界灌溉，配下則壹畝，每冬税穀貳石肆斗。

一，置劉奇榮、劉宙老等田壹坵，種壹斗，址西港橋頭，配粮銀壹錢柒分叁厘貳毫陸絲，每冬税穀貳石。

一，鳳浦舉人黄君存志充田壹坵，種壹斗貳升（今作壹斗），址蘭庄社後，土名下窰埕，配中則壹畝壹分捌厘叁毫，每冬税穀貳石。

道光歲次甲申年　月　日公立。

**按**：此碑現存顔厝鎮洪坂村白雲岩寺，係近年翻刻。

## 四二六　海門巡司示禁碑

特授漳州府海澄縣正堂加五級紀録五次景，爲示諭事：

照得海門巡司本有稽察之責，大小商漁船隻應聽查驗，以别奸良，而杜濟匪之弊，久經奉憲飭禁在案。兹據船户童荣合呈控弓役截留勒索等情，據此，除批示外，合行示諭：『爲此示仰弓役及船户人等知悉：尔等查驗泰字號糞水船，在于内港往來貿易，並無别項情弊，隨照放行，毋許留難阻滯需索。該船户不許夹帶違禁貨物出洋，致干提究。倘該弓役等抗違，許即指名禀究。各宜凛遵毋違！特示。』

道光肆年叁月廿三日給。

**按**：此碑現存雲霄縣博物館（將軍山陳政紀念館），碑名爲編者加擬。

## 四二七　重修增福祠碑記

霞浦擇建增福祠，市廛境主而祈福庇者也。始自建造，中又修葺，各勒石以誌。兹值傾頽，妥謀修善，各誠心向捐，興工擴成，協力告竣，奂然一新。倫舉倡募捐資，介爾景福，勒石久垂，以誌永遠云。

信士陳成興號捐銀弍拾陆大員。太學生董兆鳳捐銀拾肆大員。廣隆號捐銀拾弍大員。榮陶號捐銀陆拾大員。陳文次观、雙興號、陳德豐號、陳四正观各捐銀捌員。嚴文观、源豐號、林發育號各捐銀伍員。嚴順景、雙茂號、李錦源號各捐銀肆員。太學生陳承恩、蔡心正观、王三江观、林殿綺、盧尚志、榮美號、榮興號、萃豐號、源茂號各捐銀叁員。陳柏林观、盛德號、吉茂號、恒隆號、謝上達、蔡元美、陳日新、錢徑英、蘇邦定、陳知观、和利號、明德號、恒茂號、李養观、孫慶新观各捐銀弍員。

蘇廣興號捐銀叁元玖角。嚴江寧观捐銀叁元伍角。許檀观捐銀弍元捌角。歐有观捐銀壹員捌角。陳三滔观捐銀壹員陆角。張詒添观捐銀壹員弍角。嚴碧郎观、翁四海观、嚴九观、王協观、蘇在倫、楊璉观、長發观、游藜焕、莊和老各捐銀壹員。餘捐中銀，登記録籤。

旹道光肆年歲次甲申蒲月　日立。

董事：陳大澤、吴名時、曾世節、陳大器、陳日新、鄭□□、黄俊水、蘇邦定仝立石。

按：此碑現存薌城區浦頭港增福祠。

## 四二八　重興蘭徑廟石碑記

是廟傾圮待興，余久有志也。癸酉歲，諸鄰君咸向議於余，余喜斯志之同，而知事之克有濟也，亟首捐緣口勸之，得金近二百。甫閲月，而棟宇巍焕，快落成焉。旁叔祖啟燦有獻田地一所，堪築禅舍，出而倡之，井里中之踴

躍者如初，各續捐而盛事舉焉。余志之成，匪能自成，寔眾志成之而神□□有以成之也。其可無弁數語以誌始末哉？至公之保障睢陽，隆偉烈而□志□，都人士咸能道焉，固無庸余復贅矣。

庠生高言甫撰，男庠生之□書。

庠生高言甫捐銀壹佰四十元。信士許提振捐銀二十元。陳盡寮捐銀十四元。庠生許□□，信士高德观、高□□、林佳观、陳連观、高浩然，各捐銀十元。庠生林毓樅，信士曾貞觀、洪乾元、陳聯瑞、李咔观，各捐銀八元。陳馬观、高五力各捐銀七元。高天□、許良泉、高應□、高光□各捐銀□元。庠生許青藜，信士許提蕙、陳強觀、洪卜觀、陳遠觀，各捐銀四元。許協觀、洪媽蔭、高源江、高應池、洪溪觀、江倦觀各捐銀三元。高溪观、陳喬观、洪承惠、陳超观、許卜观、高宗仁、洪沛林、許佛蔭、陳性观、陳令尹、高妙奪各捐銀二元。

太學生高百□喜捨案棹一座。信士陳中□、許牙观、洪文观、高如柏、陳江海、許得露、郭叔亱、許九观、高七十、江〈下缺〉。

道光四年歲次甲申菊月下浣吉旦。総理：高甫；董事：陳達觀、許港松、□□□、□□□、高光〈下缺〉。

**按：**此碑現存海澄鎮河福村南徑社蘭徑廟。

## 四二九　石碼文祠碑記

距石碼里許，有村曰平林。其地故有書院，宋儒蔡汝作所建以教學者也。歷元而明，太傅鄭深道重脩之，巡按御史陳仲述爲之記。其後徙於南坡之文山，平林之址墟焉。道光三年二月，舉人鍾南請于薩、塔二別駕，請復舊址，庀材而新之。既蕆事，使里人開禧爲記石之文。

開禧竊謂書院之名雖昉于唐之廉正，實古者黨庠術序之遺，其關於人材綦重。邇來直省大吏，多以脩復書院入告，乞賜匾額。如中州之大梁、楚南之嶽麓、吾閩之鳳池，屢見于邸抄。而鍾君等復有斯舉，亦以見國家太平無事，

文治昌明，自通都大邑以至僻壤遐陬，無不知以養育人才爲要務也。吾邑誌載書院有四：丹霞、芝山、霞北皆在郡治，獨錦江在石碼。石碼，漳南一鎮市耳。嚮者錦江之設，脯脩、膏火之贏，以濟丹霞、芝山之不足。今又舉四百餘年已廢者而興之，則其人之好義何如耶？書院落成，移錦江所祀魁星像祀於其中；後數楹以祀蔡、鄭二先生，誌書院所由始；并及林登洲弼，則平林之賢也，所謂歿而祭於其社也；又以薩、塔二别駕有造于是役，爲位尸祝之。凡所區畫，悉合于禮焉。

嗚呼！墜而勿墜，廢而勿廢，因者之功與創者等，意將有神焉默相之，則由兹而往，其不至復墜而終廢也，審矣。然開禧所極致念者，閩學自宋以來與關、洛相埒，而吾鄉北溪、東湖尤爲晦翁高弟，後而王益厽、陳剩夫、蔡鶴峯，類能志於聖賢之學，不墜薪傳。士之執簡策請業於斯者，苟能本鄉先生所教，砥行礪名，以身追前軌，平林雖僻處海隅，豈不與大梁、嶽麓、鳳池同爲國家育才之地哉！遂不辭而爲之記，以繼仲述之後。

道光四年　月　日。

**按**：此碑未見，碑文見於民國石碼鎮志·藝文。作者鄭開禧，龍溪人，嘉慶十九年進士，官至吏部郎中、山東鹽運使。

## 四三〇　興建石碼文祠題捐碑

道光四年興建文祠捐金姓氏：

誥封奉直大夫、□□州知州黄天□捐銀肆佰員。覃恩累贈中憲大夫陳光惠捐銀叁佰員。覃恩貤贈中憲大夫鄖陽知府王維宗貳佰肆拾員。監生鄭啟哲、瀛洲郭文炘各捐貳佰員。敕贈儒林郎方感新、貢生高錦花、監生陳爾德各捐佰廿員。監生李坤衙、監生高時章各捐壹佰員。修職郎蔡榮蘭、蔡湛、楊復隆各捐捌拾員。

覃恩修職郎蔡瑩、貢生□纘、監生周名維、武生鄭際昌、監生黄有儉、監生柯大揮、監生林廷瑯、監生廖乾學、監生郭特鎮、紫泥謝芳城、福岸黄握三、童生曾肖峰各捐陸拾員。

累贈通議大夫都察院右副都御史□□□、監生鄭天□、監生曾□□、監生劉志遠、監生許□□、監生林釜□、監生周□進、監生洪廷□、福滸方□□、福滸□□□、紫泥□聯隆、鄉賓孫卿真，以上各捐肆拾員。欽賜副貢生蔡鳳翔、修職郎曾學化、登仕郎陳永和、貢生鄭元□、監生鄭爾□、監生姚鵬、鄉賓林中登，以上各捐叁拾員。生員翁應昌、監生鄭□宰、監生洪克仁、文苑鄭坡西、鄉賓許□龍、鄉賓許畝林，以上各捐廿肆員。貢生陳維翰、監生康國經、鄉賓康啟健、鄉賓康傑□、長洲黃且隆、鄉賓黃□□、碧江黃國昌、鄉賓徐殿才、監生康珍益，以上各捐貳拾員。監生林國睿、石溪紫文堂、鄉賓康凝芝、鄉賓謝文炳，以上各捐拾陸員。舉人鍾儀鴻、修職郎方國金、登仕郎林清芳、生員鄭蒸、生員陳蓮如、生員林聯芳、監生洪秉欽、監生方振城、監生鄭成泰、監生張仕□、監生林元□、監生林兆□、武生曹正□、鄉賓黃德記、鄉賓陳□耀、鄉賓邱元山、鄉賓洪文□、鄉賓洪世□、鄉賓陳瑞□、鄉賓黃尚賓、紫泥吴志□、□□林振萬，以上各捐拾貳員。生員謝登峯、貢生謝啟銓、廪生林□、鄉賓邱仕□、□□鄭仲□、鄉賓周際陽、鄉賓康家聲、□門顔仕紹，以上各捐銀陸員。武生□□□、恩貢生鄭懋□、貢生洪用□、生員許□發、生員□□□、生員黃□□、生員黃錫□、監生高□瑞、生員黃照來，以上各捐銀肆員。登仕郎李□□、職員林□昌、監生謝啟聰、生員謝□□、生員許□洲、生員黃中、生員楊豐玉、生員鄭□、生員黃□文、生員林□、生員蔡鳳騰、廪生王國樑、生員黃□昭、生員黃□清、生員許□明〈下缺〉。

按：此碑現存榜山鎮文祠，碑名爲編者加擬。

## 四三一　楓林蔡氏祠堂重修碑記

萬物本天，而人本祖。緬我始祖卜居楓林，建置祠宇，由來久矣。今因風雨毀壞，各派孫裔念切尊崇之心，鳩集公議，興築起蓋。我士隆公派下孫裔捐銀弍拾大員。國賢公派下孫裔捐銀肆拾大員。國華公派下孫裔捐銀肆拾大

員。儼叟公、毅軒公、正篤公三主派下孫裔共捐銀弍拾大員。

本欲依舊補葺而已，因欲易向改築二進，其費浩大。玉等向各房招募入主，既成告竣，所有捐題入主諸公名次再列於左。

彦福公、肅齋公、侃素公、國藻公、朴直公、仕俊公、敦翁公、芝馨公、敦禮公、克讓公、敦厚公、國安公、保極公、源德公、景参公、子謙公，以上每對主各捐銀肆拾大員。侃毅公、允亨公捐銀拾弍大元。各人自理私席。唯有敦厚、景参公弍對主再捐出銀壹佰肆拾大員，付公合置公業，春、秋二祭每次議配祭席各壹隻，付其孫子敬祀。歷久維新，所以報也。勒石以垂不朽。

董事裔孫良玉等謹誌。長房楓林、次房嶺脚、三房謝倉諸家長仝立。

道光五年孟春之月穀旦。

**按：**此碑現存東園鎮楓林村蔡氏一心堂，碑名爲編者加擬。

## 四三二　嚴禁船户攬載憲示碑

署漳州府龍溪縣正堂加十級紀録十次蔡，爲出示嚴禁事：

道光五年四月十九日，據東廂棉花鋪户瑞豐號等呈稱：『瑞等鳩集東廂迎恩保，開張棉花鋪，往厦採買花包，傭船運儎抵漳，向係由客擇船，未嘗聽船包儎，歷例已久。道光元年，突有無賴船户，不思貨須由主，乃敢就船分貨，擅設條規，按額分儎。經瑞等以逆例難依聽從，勸處每包加貼儎工錢六文，眾舵約解，依舊相安。越今五載，地棍包攬溪門，平地起波，復生故態，膽敢議會：「凡漳鋪所有往厦採買棉花，歸伊各船配搭，不許貨客私倩。如有不從，名爲私儎，通船議罰。」伏思溪爲官溪，貨爲客貨，採買自客，豈容私設分配，強横混儎？此例不除，不特漳、厦各貨終歸毒手，而且内外溪港定被截塞。情迫相率匍跪，叩乞恩准出示嚴禁。』等情到縣。

據此，除批示外，合行示禁：『爲此示仰該處船户人等知悉：嗣後遇有貨客採買棉花，聽其自行雇船運儎，毋許恃強包攬、分船配搭、藉端阻擾。倘敢不遵，許該商客、澳保指名具稟赴縣，以憑拘究。該商客人等應給船錢，亦須查照前價給發，不得稍有短少，致滋事端。各宜凛遵毋違！特示。』

道光伍年肆月　日，給衆棉鋪遵示勒石。

**按**：此碑現存薌城區浦頭港定潮樓，碑名爲編者加擬。

## 四三三　重修浯嶼宫碑記

〈上缺〉廟前石碑〈下缺〉修將欲諏吉時〈下缺〉仰藉同人茲□縉紳〈下缺〉廟貌重新〈下缺〉。

提督福建全省水師〈下缺〉水陸官兵〈下缺〉。鎮守福建金門總鎮府陳化成、福建泉州府廈門海防分府□□□各捐銀伍拾元〈下缺〉。福建水師提標中營守府林志忠捐銀肆拾元。左營遊府□□陞捐銀□拾元〈下缺〉。福建水師提標中左右前後五營中軍府陳□□、何有詩、曾南英、陳廷俊〈下缺〉。福建水師提標中營守府林振國、左營守府謝漢生、右營守府陳〈下缺〉。福建水師提標中左右前後五營嵩防廳李□熊、蘇□□、王□□、□漢清〈下缺〉。廈門漁行户林合興號、陳茂祥號、連長盛號各捐銀肆元〈下缺〉。

道光伍年陸月。

**按**：此碑現存港尾鎮浯嶼島天后宫，風化嚴重。

## 四三四　重脩仙堂本族姻門題捐碑

原夫食居八政之首，農厠四民之中。由夏以上，惟桂是隆；自殷以下，惟棄是崇。要未若帝之神乎其技，首開厥功，靈推獨擅，恩普大同，所以姻親、戚屬懷想望風，咸助一臂之力，以成千載之宫，宜乎神降之福，錫類無窮。

謹將本族姻門捐題姓氏銀額開列于左：

江德观捐銀拾弍員。曾成观捐銀陸大員。太學江天球捐銀肆大員。顔淺观捐銀叁大員。太學高肇聡捐銀弍大員。江居中捐銀弍大員。朱尖观捐銀弍大員。

庠生曾三義、庠生江大傑、庠生江人傑、太學高宗琚、江火观、江銅观、江柳煌、蔡作圖、江瑶观、江埤观、陳岸观、江樹观、郭仲夏、王漳欵、郭宙观、黄謙遜、郭訖观、郭伯观、江光榮、洪長观、吴玉成、葉添观、蔡奮观、江登观、林粒观、黄就观、王勅观、黄日观、蔡羔观、黄石蘭、王江山、蔡郊观、黄光輝、陳璉娘、許殺观、黄化观、江光輅、曾秋观、江虎观、鄭萬家、黄泥观、江應昌、蔡降观、江卷观、江來观、林志观、陳沱濟、江豹观、黄槐观、趙寅观、黄東观、陳添訓、郭秋霖、許悻观、黄雄观、江□观、江□成、江□观、江翰观、黄交籃、江大躍、蔡咸观、陳象观、黄能致、王飲水、林應仲、蔡悉观，以上各捐銀壹大員。

道光伍年坤月穀旦，董事：太學蘇振揚、庠生蘇清瀾等仝立。

**按**：此碑現存港尾鎮格林村福林宫，碑名爲編者加擬。

## 四三五　慈安宫題捐碑

陳應諧謝厝地壹間。蔡松溪捐艮四大員。陳紅光、郭千乘、陳應鍾各捐艮三大員。郭光位、陳應鳳、陳應瑞各捐艮二大員。陳金科、蔡聰明、陳重珠、陳應求、陳深恩、蔡其英各捐艮一大員。陳啟基、蔡淵葉、蔡德官、郭月林、蔡孟珠、陳系竹、陳啟珍、陳應心、郭金波各捐艮一中員。

道光伍年葭月立石。

**按**：此碑現存海澄鎮珠浦村内田社慈安宫，碑名爲編者加擬。

## 四三六　重興輔信將軍廟宇捐金姓氏碑記

勅授儒林郎盧若江捐銀十二大員。信士玉成鋪捐銀八大員。萃成鋪捐銀六大員。歲進士黄福捐銀四大員。庠生黄陽春捐銀四大員。太學生黄仕科捐銀四大員。信士怡成鋪、黄選魁各捐銀四大員。歲進士盧若洙、盧若蘭、陳延泮各捐銀二大員。庠生黄離、盧興國，太學生林延琅、黄良偉，國學生王憲，各捐銀二大員。信士李錫爵、黄德祥、蘇波观、李元安、吴雲观、康西恩各捐銀二大員。鄉進士盧應魁、登仕郎黄良侃、太學生柯天輝、國學生黄登標、鄉飲賓黄而榮、信士歐陽源光各捐銀壹大員。信士鍾海水、黄登科、沈三月、陳心观、陳豐桃、康永泉、陳大學、蔡松香、王潤德、鍾初實、諸茂鋪、鍾興漳、黄寅濂、黄抵观、黄世观、黄正志、曾科搜、謝漢惟、鍾若柳、鍾興瑞、鍾媽意、鍾牛观、莊元登各捐銀壹大員。

董事：黄輝謙、黄耀興、陳標萌、陳在观、陳深淵。

道光六年荔月立石。

**按：**此碑現存海澄鎮嶼上村嶼上社輔信將軍廟。

## 四三七　往臺族人私置蒸田碑記

敬梓恭桑，生人所愿；報本追遠，孫子之情。佈憶往臺延今四十餘載，回唐于道光丙戌之冬。詩曰：『無念爾祖，聿修厥德。』佈竊念之矣。用是敢向該房親助叔等參議，私置蒸田，買過水田壹坵，址在東門外，鄉科伍担，存爲十世經線公至十四世嘉珍公春秋享祀，逐年交九世祖次齋公派下三房輪流耕作祭費。庶孝心爲之稍慰，而列祖之明禋可以丕振也。

道光陸年丙戌拾月，裔孫佈立石。

按：此碑現存白水鎮磁美村吴氏祖厝，碑名爲編者加擬。

## 四三八　重新安山宫題捐碑

重新安山宫，棣益社捐金姓氏：

太學生李中位捐銀貳拾肆大員。太學生李安禟捐銀叁拾大員。太學生李中健捐銀壹佰肆拾員。李安□捐銀叁拾貳員。李中倬捐銀壹拾員。李安礽捐銀叁佰大員。李中信捐銀壹拾貳大員。李安福捐銀叁拾員。邑庠生李懷忠捐銀陸拾員。李安禔捐銀壹拾陸員。邑庠生李中儼捐銀陸拾員。李國禮捐銀壹拾陸員。李中僖捐銀壹拾員。李安□捐銀壹拾貳員。李中僄捐銀壹拾員。李安祇捐銀貳拾肆員。李中俸捐銀貳拾肆大員。李安□捐銀貳拾大員。李中俵捐銀壹拾貳大員。李安渠捐銀壹拾大員。李仲昌捐銀壹拾貳大員。李世勝捐銀壹拾陸員。李安禮捐銀貳拾肆大員。李世耕捐銀壹拾大員。李安祥捐銀壹拾大員。李繼亨、繼昌捐銀貳拾大員。舉人李吕時捐銀壹拾肆大員。李繼忠捐銀貳拾肆員。李安禔捐銀壹拾貳大員。

道光丙戌年拾月穀旦，董事李中儼書碑。

按：此碑現存角美鎮吴宅村安山宫，碑名爲編者加擬。

## 四三九　重新安山宫題捐碑（二）

重新安山宫，下吴宅、上下坑園社捐金姓氏：

下吴宅社捐金姓氏：國學生郭步蟾公捐銀伍佰陸拾員。郭泰觀捐銀肆拾捌大員。郭略觀捐銀肆拾貳大員。郭基觀捐銀肆拾大員。郭井觀捐銀叁拾肆大員。郭耀觀捐銀貳拾陸大員。郭麒麟捐銀貳拾肆大員。郭隆英捐銀壹拾捌大員。郭涀觀捐銀壹拾陸大員。郭茂樹捐銀壹拾肆大員。郭潮觀捐銀壹拾肆大員。郭伯觀捐銀壹拾肆大員。郭永觀捐

銀壹拾貳大員。郭文旦捐銀壹拾貳大員。郭良弼捐銀壹拾貳大員。郭文章捐銀壹拾貳大員。郭得觀捐銀壹拾員。郭碧觀捐銀壹拾員。郭營觀捐銀壹拾員。郭黎觀捐銀壹拾員。郭沃觀捐銀壹拾員。郭斐然捐銀壹拾員。郭銓觀捐銀壹拾員。郭汶觀捐銀壹拾員。董事郭茂樹勒石。

上坑園社捐金姓氏：郭整觀捐銀叁拾陸大員。郭祐觀捐銀貳拾大員。郭胡觀捐銀壹拾捌大員。鄭角觀捐銀壹拾陸大員。太學生郭文旭捐銀壹拾貳大員。郭雄觀捐銀壹拾貳大員。太學生郭文昶捐銀壹拾貳大員。郭樹觀捐銀壹拾貳大員。方郁觀捐銀壹拾貳大員。郭註觀捐銀壹拾壹大員。謝順觀捐銀壹拾壹大員。謝安觀捐銀壹拾壹大員。郭居觀捐銀壹拾大員。郭混觀捐銀壹拾大員。鄭盛觀捐銀壹拾大員。董事郭整觀勒石。

下坑園社捐金姓氏：楊六觀捐銀壹拾貳大員。

道光丙戌歲拾月穀旦仝立石。

**按：**此碑現存角美鎮吴宅村安山宫，碑名爲編者加擬。

## 四四〇　重新安山宫題捐碑（三）

重新安山宫，頂吴宅、西隴邊、卓厝三社捐金姓氏：

弟子林掌觀捐銀貳佰大員。歲進士林廷瑯捐銀貳佰大員。林九如捐銀貳佰大員。林俊觀捐銀貳佰大員。

林祈添捐銀壹佰大員。林張生捐銀捌拾大員。林粹觀捐銀柒拾大員。林閩密捐銀柒拾大員。林文旦捐銀陸拾大員。

林奉嶺捐銀肆拾大員。林閒觀捐銀肆拾大員。徐取觀捐銀肆拾大員。林文淵捐銀肆拾大員。林國水捐銀肆拾大員。

林媽招捐銀叁拾大員。卓猛觀捐銀貳拾大員。卓益宗捐銀貳拾大員。林騰龍捐銀貳拾大員。林杷觀捐銀貳拾大員。

林簡觀捐銀拾貳大員。林課觀捐銀拾貳大員。林策觀捐銀拾貳大員。林江本捐銀拾貳大員。林慎觀捐銀拾貳大員。

林儀郎捐銀拾貳大員。林牒觀捐銀拾貳大員。林橧觀捐銀拾貳大員。林財觀捐銀拾貳大員。林真觀捐銀拾貳大員。

林斟觀捐銀拾貳大員。林進觀捐銀拾貳大員。林沃觀捐銀拾貳大員。魏根觀捐銀拾貳大員。陳琳觀捐銀拾貳大員。
林闞觀捐銀拾貳大員。林光藝捐銀拾貳大員。林媽意捐銀拾貳大員。林順觀捐銀拾貳大員。林竿觀捐銀拾貳大員。
林宇觀捐銀壹拾大員。林天觀捐銀壹拾大員。林驅觀捐銀壹拾大員。林閣觀捐銀壹拾大員。林光成捐銀壹拾大員。
林仁觀捐銀壹拾大員。林錢觀捐銀壹拾大員。林壹觀捐銀壹拾大員。林光占捐銀壹拾大員。林道觀捐銀壹拾大員。
林白觀捐銀壹拾大員。林福安捐銀壹拾大員。魏華觀捐銀壹拾大員。魏□觀捐銀壹拾大員。徐杭洲捐銀壹拾大員。
林源觀捐銀壹拾大員。林籃觀捐銀壹拾大員。林廣川捐銀壹拾大員。林歡觀捐銀壹拾大員。林晚觀捐銀壹拾大員。
林潹觀捐銀壹拾大員。林然觀捐銀壹拾大員。林助觀捐銀壹拾大員。林蛋觀捐銀壹拾大員。林茂觀捐銀壹拾大員。
林澤觀捐銀壹拾大員。林□觀捐銀壹拾大員。林塏觀捐銀拾貳大員。林淺水捐銀壹拾大員。

道光丙戌年拾月穀旦，董事林張生、總理林九如勒石。

**按：**此碑現存角美鎮吴宅村安山宮，碑名爲編者加擬。

## 四四一　重興福安宮題名記

奉直大夫黄天培捐銀肆拾元。歲進士盧文煜捐銀弍拾肆元。中憲大夫曹世芬、大夫第洪廷瑞、歲進士鄭元泰各捐銀弍拾元。信士林心止捐銀拾肆元。歲進士黄福、太學生劉志遠、太學生蘇廷彦、太學生黄登標、鄉祭酒盧遠圭、鄉飲賓鄭文斌、信士江雲巧各捐銀拾弍元。太學生蘇文蘊、登仕郎鍾士達公各捐銀捌元。太學生蘇廷英公、太學生黄科、太學生江俊成、登仕郎蔡光德、吏員曾珪卿、信士蘇本明各捐銀陸元。庠生陳廷揚、太學生林秉忠、太學生蘇士振、太學生王光坎公、登仕郎方文英、鄉飲賓曾貞、吏員何忠，信士李篤周、陳五成、黄寅濂、甘祈和、邱仲文、蘭馨社劉，各捐銀肆元。庠生甘堯封、庠生林皋、太學生王士佶、太學生王廷佐、登仕郎林進哲、職員林進逵、鄉大賓王楚山、鄉飲賓陳維桂、鄉飲賓鍾三元、鄉飲賓林德俊、吏員李茂觀，信士蘇世藩、林世篤、林進彩、林福

興、甘潔观、蘇必科、王潤澤、王潤德、柯登標、王時若、曾福基、吴咸國、江唱观，各捐銀弍元。庠生劉登雲、庠生王國泰、庠生劉光涵、登仕郎邱天民、鄉飲賓蘇登甲、鄉飲賓王佐墀，信士蘇莊嚴公、王超智、莊元登、池瑞雲、鍾兆祥、陳伯亮、蘇捷元、蔡宜春、鄭正忠、黄成功、蘇振瀚、陳揚观、瑞茂號林，各捐銀壹元。蘇登芹公捐銀壹中元。

月邊社：紫山黄捐銀壹佰大元。廸功郎鍾天順公捐銀捌元。信士陳述栢捐銀伍元。陳章使、陳苞观、陳井观各捐銀弍元。陳維聰、陳大鵬、陳連春、陳虎观、歐陽銘、鍾士啟、鍾士哲、陳志舉各捐銀壹元。

嶼上社：信士鍾若都、鍾嫣意、蔡庇观、蘇山观、鍾微观、鍾初實、蘇簡观、陳在观、陳光臨、鍾富港、鍾妙誦、鍾茂观、鍾牛观、鍾壬水、鍾武淑、鍾海水各捐銀壹元。鍾其盛、鍾昆观各捐壹中元。

溪尾社：信士王宗仕捐銀叁元。王文蘭、王領观各捐銀弍元。溪尾社公、王元享、陳國珍、王玉观、王根遜各捐銀壹元。

月邊社募捐並董事人：太學生黄國楊，庠生黄國安，百總鍾必得，鄉飲賓陳述佰、陳苞竹。

道光陸年丙戌葭月置。

**按**：此碑現存海澄鎮嶼上村新橋社福安宫，碑額爲『福緣善慶』。

## 四四二　重興黄氏大宗祖祠序

木有本，水有源，孰不思尊祖而敬宗？祠宇之建，所由來〔久〕矣。我賢舍黄氏大宗原建制度，后落坐甲向庚兼寅申，中落坐甲向庚兼□酉，前面坐甲向庚兼甲申。乾隆初，易基改作，將地築高。面前及左邊四十餘丈水溝，或鋪作埕，或填成路；左邊私祠隨而起，前落巷尾厝六間因而侵公界。廟貌雖存，制度盡失。生員錫珪心有不安，親筆特志曰：『祖祠舊志：高二丈七尺，邊無巷門，前面馬寮，后二落起天井，上雙层砱堦，頂有拜庭，點金控起基

在底，挨過南勢牆一个，后面進前牆一个，前面月窓、三川門，磚仔埕在底，天井出水磘空在底。記之以遺孫子，此舊制所賴以不湮也。』迨嘉靖丁丑年，適遭火災，瓦木石器悉皆毁壞。公議重興，咸曰舊制良。特基址隱藏，無從窺尋處，請詹林聖王看經定準，恰與錫珪所志在在相符，足徵明神之佑相焉。

於是福倡首題金，更出財爲其祖父作題，且愿捐田一石種，以周祭費。諸董事因同心募勸，使富裕者捐銀，强壯者助工。道光二年三月初六卯時基地，閏三月初一子時下四刻上樑、卯時安門，十月二十七日寅時中入主。嗣後陸續右邊折私祠一落，勿使昂臨巷尾；折私厝六間，勿致侵迫前面；修削各埕墘，左邊掘清原溝址，使一帶水道圓抱流通。至本年本月初三日卯時，建醮安祠，扁器齊備，油漆告畢。我族人聿觀厥成，共燕飲以落，欣忭相告曰：『按之舊制度，庶乎其不差矣。』蓋惟所僉總理，坎生獨任賢勞于一身，卷備歷辛勤於五載，照乘盡心參贊，獲光竭力佐助，乃得堂構聿新，『寢成孔安』有如斯也。夫人本乎祖，屬在孫子，即輸財效力，誰不謂分所應爾哉！然存此孝敬之心，何必隱而弗彰？爰勒題捐及董事各字，以示獎勸。至踴躍赴功者人極繁多，名難悉登，而其爲尊祖敬宗，則同歸於一致焉。

道光六年十一月　日，霞苑黃氏族人仝立。董事：生員焕文、生員錫三、耆老坎生、生員中、增生卷、監生樹績、仕載、典吏如竹、貢生福、生員照乘、獲光。

**按：**此碑現存海澄鎮黎明村田厝社黃氏大宗祠。

## 四四三　重興黃氏大宗祠題捐碑

題銀名字開列：

肇基祖：龍岩尉致政黃府君壹百元。尚朴壹百拾元。梅塢拾弍元。果忠三百元。雲軒、月軒各拾弍元。

十一世：盤逸壹百元。十二世：碧川肆拾元。十三世：帶河肆元。

十四世：祐之拾弍元，志吾肆元。十五世：鄉賓伯冲叁百肆拾元。
十六世：茂敦、冲宇、耀台各肆元，保泗弍元。
十七世：州司馬肅誼弍拾陸元。庠生友夏、與仁各拾弍元。周賢、仲昭、以成各弍元。
十八世：監生篤猷弍拾陸元。禹玉柒元。伯謙陸元。耆懋肆元。子車、明畧各弍元。
十九世：德祥壹百肆拾元。丹五柒拾元。質訥陸拾元。剛直肆拾捌元。會嘉、君五各肆拾元。克德弍拾捌元。情輝、鄉賓宏策、永泰、生員錫三、增廣生圖各拾弍元。國成捌元。守正肆元。鄉賓乾一弍元。
二十世：鄉賓麗其、贊周各壹百陸拾元。監生良偉壹百弍拾肆元。鄉賓金山、登仕郎芳世各壹百元。鄉賓其老、登仕郎良侃各捌拾元。坤勢柒拾元。如川、登仕郎而容、登仕郎坎水各肆拾元。而蕙叁拾元。登仕郎仕勤弍拾元。時中、登仕郎日賓、朝賢、在中、良儻、增廣生卷、豁然各拾弍元。江有、光晋、光賨、良僑、井源各捌元。宗懿柒元。仕傑、元豫、登村、南金、從鳳、梓老各陸元。奇儀肆元。衛守府萬年、生員道、振彦各叁元。孝老、生員際昇各弍元。
二十一世：貢生福肆百元。登仕郎志誠叁拾陸元。正志叁拾元。平章弍拾肆元。惠全拾陸元。天注拾肆元。端敏、孝老、結成、有石、生員照乘、青岩、監生開櫞、監生科各拾弍元。樹仁拾壹元。應文拾元。九源、貞倬、贊旺各捌元。應基、萃英、良慶各陸元。生員懋昭肆元。光喜叁元。光爵、濟老各弍元。
二十二世：必達陸拾元。生員洲弍拾肆元。必先拾元。盈全、武舉人登元各陸元。生員石書弍元。嘉功肆元。金帶弍元。
二十一世貢生福再題來田壹石種，典價銀弍百弍拾大元，以充祀事。
道光陸年拾壹月　日，霞苑族人仝立。

**按**：此碑現存海澄鎮黎明村田厝社黄氏大宗祠，碑名爲編者加擬。

## 四四四　重修崇興院捐金芳名碑

粵稽崇興之院，前人亦屢經營矣。繼自今塈茨丹艧弗若千古，于是勤樸斵迪前光，庶神聖綏厥位，永底蒸民之生。謹將捐金名次勒石，以克永世。

信士曾登金捐銀捌拾大元。曾懋狀捐銀叁拾弍大元。曾喬松捐銀壹拾肆大元。曾聯甲捐銀捌大元。曾天禄捐銀柒大元。登仕郎曾肇興、曾馬观、曾清鞭、曾有亮、庠生曾奇，已上各捐銀陸大元。曾其理、曾鬆观、佾庠生曾廷獻、曾光淪、曾大湖、曾大玉、太學生曾先昇、曾提观、曾登向，已上各捐銀肆大元。曾懋水、曾寮观、曾棹观、曾呼观、曾昭观、曾清風，已上各捐銀叁大元。

曾赫观、曾淮山、曾真宗、黄波观、曾熊羆、曾朝耀、曾朝綱、曾朝瑞、曾朝洸、曾純观、登仕郎曾德義、曾偕观、曾佛助、曾永观、曾智观、曾存观、曾牛观、曾池观、曾昴观、曾正端、曾先灼、曾命良、曾浦观、曾泰山、曾知观、曾懋德、曾嚴盛、曾雙棋、曾江观、曾海瑞、曾高性、曾崇德、曾本观、曾朝观、曾福還、曾志观、曾燦观、曾先寡、曾媽期、曾先前、曾熊掌、曾光滢、曾光遠、曾光漳、曾最善、曾光仲、曾水观、曾根观、曾令观、曾印观、曾其全、曾旭观、曾科观、曾大漳、曾宣德、曾滿德、曾贊興、曾堂观、曾增壽、曾對观、曾再杰、曾進观、曾薦观，已上各捐銀弍大元。

曾夢观、曾天遜、曾文漏、曾恒观、林彭观、黄創观、黄蔭观、曾玉衡、曾高歷、曾開观、曾澤观、曾亮观、曾賴观、曾咸观、曾永泰、曾壇观、曾上观、曾森观、曾灶观、曾啟观、曾登观、曾琳光、曾廷錬、曾濟潔、曾礦观、曾昌观、曾夙夏、曾追观、曾有容、曾江水、曾丙午、曾新旹、曾嘉观、曾孟观、曾照观、曾良記、曾淮南、曾汝漢、曾來臨、曾慶观、曾沛然、曾菊水、曾政观、曾曆观、曾青春、曾四寬、曾長惠、曾樣观、曾乃右、曾國水、曾卜昌、曾尹观、曾儼然、曾汝挺、曾宗淋、曾聯登、曾尚观、曾剪戒、曾菊观、曾定观、曾裕观、曾耀興、

曾光湛、曾俊德、曾從善、曾吾純、曾暢观、曾彭观、曾大湘、曾欽观、曾夙夜、曾節观、曾修善、曾博學、曾等言、曾周观、曾輝观、曾好善、曾先庸、曾長水、曾方昇、曾緑水、曾花观、曾金聲、曾光諒、曾光輝、曾郭观、曾如鼓、曾清萍、曾渭珍、曾引田、曾公安、曾光洙、曾光泗、曾光深、曾光賞、曾斟观、曾古金、曾降观、曾從政、曾嘉興、曾敢观、曾楚观、曾光彩、曾光郁、曾嫣受、曾慶观、曾振昌、曾全观、曾蒲观、曾碧水、曾先庚、曾先推、曾達观、曾端观、曾聯观、曾正观、曾聯芳、曾皇都、曾峩观、曾磽观、曾其興、曾江肥、曾沂水、曾萬水、曾三伯、曾湧观、曾滂沱、曾啟性、曾壽山、曾爵观、曾玉振、曾光茂、曾光水、曾寶春、曾水观、曾水良、曾賢观、曾圭观、曾雪观、曾這观、曾饌观、曾教观、曾長月、曾雨水、曾寵观、曾沈观、曾卿观、曾百畝、曾郡昭、曾註观、曾大悦、曾順益、曾作相、曾貫观、曾拔水、曾稟观、曾煥光、曾壽观、曾純观、曾建观、曾財观、曾良观、曾甲寅，已上各捐銀一大元。

董事：登仕郎曾德義、曾赫观、曾懋水、曾其理、曾登科、曾賴观、曾懋狀、曾宗观、曾富观、曾寮观、曾暢茂、曾登观、曾佛助、曾先庚、曾懋德、曾先推、曾大玉、曾光□、曾金榜。

今將前年番邦捐項存寄生息，共銀三十七元六角。

道光六年十一月　日立。

**按：** 此碑現存東園鎮厚境村崇興院，碑名爲編者加擬。

## 四四五　鄭氏致和堂示禁碑

立石爲記：有建宗祠，名曰致和堂。式落及前埕、壙地、過水、後园，一切俱是我遥上祖公項銀兩私置。大舍祖、昕之祖共帖來銀三十八大元，以併立載。與建飛祖無干，派下子孫日后不得混衍相争。仝立石碑，永世爲憑。

道光六年十二月　日仝立石。

按：此碑現存九湖鎮林前村鄭氏致和堂，碑名爲編者加擬。

## 四四六　鳳山嶽祀田碑記

鳳山嶽之建，由來久矣。厥後凡幾經重修，越兹歷多載，而圮毁難堪。然規模宏敞，工費浩繁，欲興斯役，不無艱辛之患。幸五社家長既四方紳士皆踴躍趨事，或募勸緣資，或董督工役，不數月而廟宇輪奂，神靈奠安，厥功偉矣！兹于慶成後計開外，尚置糧田貳丘，共受種子肆斗伍升，其文契共柒紙，經已印税，隨於大帝爐前，仝眼見火銷，免致後日糊混生端。其坐址、四至及田畝、糧户，俱開載于左，明白爲據。仍議抽出壹坵叁斗種逐年田税，每逢大帝聖誕，囑當事之人向佃取出，虔備禮物詣嶽亭祀，使有勞者世世偕來燕會，庶廟無至再壞，而功賴以不忘也；餘存壹坵壹斗伍升種亦逐年田税，錢議配五社值大爐者收用。二者永爲定規，以至於綿綿延延，則神人共適，而福禄修同矣。爰爲之記。

一，用番銀壹百零叁大員，明買過黄永好水田壹坵，受種子叁斗，址在後塘社尾，土名汴仔頭，東至黄家田、西至水汴溝、南至溝、北至劉家田，四至明白爲界。糧帶黄光温官銀貳錢陸分零伍厘，批炤。

一，用番銀陸拾大員，明買過李紫薇、惠溪、朝源、德塹等水田壹坵，受種子壹斗伍升，址在西面前洋，東西南北俱至本家田，四至明白爲界。糧帶純素户内田畝陸分柒厘捌毫，批炤。

道光陸年。總理：登仕郎〈以下姓名經鑿底重刻〉黄仕勤、劉先致、陳訟觀、柯駒觀、高九觀、劉巍元、歐登觀、李程觀、潘陳觀、劉世超、陳逮觀、柯象观、吴井觀、劉科元、劉晏觀。

按：此碑現存嶽嶺鳳山嶽廟，碑名爲編者加擬。

## 四四七　樹德里福德祠重興碑記

祠之建也，所以屏籓祖廟、聯洽衆情焉。乃自傾圮以來，欲修未果，而寄神像於祖廟隅者，幾五十年矣。奚可哉？丁亥，余授徒於此，始與兄鴻文集族人謀而重興之，族孫壽山踴躍共董厥事。是役也，經始於九月廿五日，落成於十月十三日，計費白金拾員。其分金、坐向一仍舊制，而分理督工則從遊者大原、興樹、滋與有勞焉。蓋由此祖廟永固，而歲時伏臘，里之人親疎老少於杯酒盡歡之餘，相與揚先德、訓子孫而篤比閭之好，則孝弟愛敬之心油然以生，而余此舉不爲無裨也。於是乎書。

里人曹□文謹誌。道光柒年拾月穀旦勒。

按：此碑現存海澄鎮崎溝村樹德社土地廟。

## 四四八　重修蔡氏三房祖厝碑記

我族肇世祖考諱師長蔡公，分派四房，我房行三。此祠係九世祖員峰公祀堂，被水倒壞，廢延日久，寔屬辜恩。本年四月來春祭，見地基、庭砌依然無恙，而楹柱、屏栦遺存，雖有毀壞，可用尚多，比先人始建之費，拾省其七。與十五代孫智同心矢志，擬議起蓋，崇祀二世祖郎士公，充作同派子孫公業。先捐本房，富裕協助，俱各雀躍。乃興工於七月下澣，落成於十一月初旬，共費銀〈空缺〉員，祠宇煥然一新。又另蓋護厝三間，以爲四時祭祀子孫更衣、聚宿之所。方員堅固，可以永久。合將題捐名次及公議條規勒石，以垂不朽。

開列：

員峰公派下子孫共捐銀叁百陸拾大員，又祀田弍坵，受種子弍斗。一址本社東園尾石路墘，一址東墩社后，每冬稅粟叁石八斗。

十七代孫玉山捐銀弍百員，入主肆付。
十七代孫列捐銀伍拾員，入主壹付。
著思公元孫女全官捐銀陸拾肆員，入其生父母主壹付。
共捐來銀〈空缺〉。共用去銀〈空缺〉。
一議：自此以後，欲入主配享者，每付納銀肆拾員，以充祀田。
一議：祠内除讀書以外，不得私借寄貯器具、物件并聚集閒雜人等，違者公罰。
道光柒年葭月吉旦，十五代孫智華、十六代孫貞明仝識。
按：此碑現存龍文區藍田街道蔡坂村蔡氏三房祖厝，碑名爲編者加擬。

## 四四九　慈德宫題捐碑

國學生張爲貴、生員陳光先、職員吴朝寧，信士陳全興、刘暹观、□□，信士謝鳳观、施容观、胡山观、陳其充、榮生芳、林雲錦、沈孟水、陳應時、陳方翰、楊□明、楊光彩，各一兩。國學生徐宗德、張時英、曾洪佑、裴家明、鄭亦仲、侯金、陳大漳、孫子隆、祝世澤、林清殲，生員陳紹堡、陳續修、蔡瑩、何栽培、許廷植、陳開蔡，登仕郎李大標、蔭生徐瀚，信士李榮观、林四季、邱一輝、黄耕观、許華观、顔景观、顔朝观、陳合观、陳秀賓、宋仕卜、宋門棠、楊悠遠、林乃貞、蔡焕章、張秀□、林士龍、林世雄、張克德、汪士壬、宝尚□、王若賓、□傑、邱文炳、游登祚、陳捷貴、刘如意、吴邦球、林世艶、陳光遠、陳廷川、張志超、林秀潭、陳玉嫣、張廷□、林光祖、盧玄观、甘正義、黄一才、郭翰文、□蘭堂、林水輝、何龍威、康光遠、康光泰、林騰飛、李翰观、張尚观、李阜观、李廣观、祝岩观、余潭观、黄團观、李潭观、李頂观、魏裴观、李元山、林芹香、林元井、陳大受、陳大公、顔宗龍、王福观、吴天祖、洪文士、何學周、蔡籃观、楊志榮、張庭文、林俊德，各一員。

生員曾文林弍元。許廷□□□□一員。節婦蔡門王氏捐銀弍拾弍元，男克成、克騰。□媽蔡門王氏捐銀拾元。信婦蔡門林氏捐銀弍元，男鵬騰。張門陳氏捐銀弍元。

署漳鎮左營中軍府陳北□捐銀拾弍元。

丁亥年□□立。

按：此碑現存薌城區西院村慈德宫，碑名爲編者加擬。

## 四五〇　重修郡城隍廟碑記

城隍者，守土之神，古八蜡水庸是也。詩曰『崇庸言言，崇庸仡仡』，庸即城也。易曰『城復於隍，勿用師，自邑告命』，告命者何？將出征而有祀以告神也。然則城隍之祀，自三代以來久矣。唐宋後祀神禮，衆傳記所載往往以人爲之，經生謂其誣誕而莫信焉。夫稷之神爲周先后，郊禖之神爲周先妣，獨非六經之文乎？月令、五帝、五神、太皡、勾芒者，皆古帝王、人官，甚章章也。世儒莫能通幽明之故、究死生之説，妄謂人死則盡，舉凡鬼神之事悉以爲誣，又或疑别有其義，曲説迂固，一何足道！獨悲夫上帝、先王治世設教之大用深心，汩没於世俗談經之士，爲可歎也。國家功令，天下府州縣咸祀城隍，立之廟以安其神，錫之王侯伯以崇其爵。而世傳京師都城隍爲楊忠愍，廣東都城隍爲劉忠宣，其他府縣時亦稱爲某人；大抵有功德於民者，生盡其義，殁享其報，理則然矣。然受其爵者共其職，守其土者祐其民。聖天子以方伯守令治天下都邑之人，即城隍治天下都邑之鬼，輔相地宜，陰翊王度。故莅斯土者神與吏，其責均焉。政事之不舉、教化之不行、倫理失序、盜賊不靖，若此者吏失其職，天子則黜陟之；鬼魅之爲厲、風雨之不時、有善弗彰、有惡弗癉，若此者神失其職，上帝豈無權衡哉！且吏有賢否，神則無不聰明正直，治鬼矣而則以治人，亦以察吏，是神之職有重於吏者，烏可不敬？此廟貌之脩所當亟也。

漳州府城隍廟在學宫之東，歲久頹敗。嘉慶二十四年，郡守方君慨然倡，邦人士捐萬有千金，大工克舉。在籍

兵部職方員外鄭啟祥等，實董其役。道光七年，君以觀察再至，尚有未竣，復倡邦人士捐數百金畢之。然後垣楹榱桷丹碧焕然，有司春秋將事有以致虔，而萬民觀者罔不肅然。臨之在上，非僻邪慝之心於焉以戢。其再期年秋八月，漳州方旱，君以守令禱焉，禮甫行而雨大至，邦人咸謂神之靈果昭昭也。工成，未有立石，屬瑩爲文，乃推原城隍之所爲神者，俾邦人觀焉，信乎其不誣也如此。方君名傳穟，桐城人，所至能樹其績，蓋神之相君久矣。

**按**：此碑未見，碑文見於光緒漳州府志卷四十五。作者姚瑩。

## 四五一　靈嶼宫天上聖母碑記

海門，漳之門户也。兩山對峙，潮汐於兹吐納，船舶於兹停泊，而□□□巡□□公□□□□□鎮焉。其南山之麓建立靈嶼宫，崇祀天上聖母，環山帶水，尋龍家以爲蝌穴。前後兩進，寬廠堂皇。迄今日久，風雨剥蝕，榱桷傾頽。今興建既成，所涓守官、紳衿及善男信女倡議謀築，擊鼓以鳩其工□□□輸□九月而氣象聿新，且俾爾熾、俾爾昌，億千年而福祉永錫矣。今將所捐題之姓名，開列於左。

國孝生王茂榮捐銀弍拾肆大元。歲進士黄陽奇、監生郭大有、登仕郎邱榮瓚、信士郭大忠、黄諸蘭號各捐銀拾弍元。信士陳光艷捐銀拾大元。直隸分州楊良琛、國孝生郭光輝各捐銀捌大元。歲進士郭宰元捐銀陸大元。信士温麗观捐銀壹百零叁大元、温茶花捐銀肆拾肆大元、温縱容捐銀肆拾肆大元、温德興捐銀弍拾弍大元、温養漏捐銀拾肆大元。歲進士林挺瑯、主事曹光邦、鄉賓鄭文斌，信士郭良彬、郭國佛、郭珠緣、邱元象、曾亨遠、鄭廣昌、施恒遠、鄭士儼、鄭橋观，各捐銀陸元。温光聲捐銀拾弍大元半。張莡竹捐銀拾弍大元。楊明球捐銀捌大元半。何大忠捐銀捌大元。張江油捐銀捌大元。林明月捐銀陸大員。□門分祠田□畝。内閣中書潘正昌、□錦興、太封□鄭德□、太孝生陳華嶽、鄉賓康□樞、鄉賓康文彬，信士康鍾豪、□力行、郭肇禄、葉巢獅、姚肇甲、鄭朝貴、陳權观、李錦興、甘謀观、温萬殿、陳□建、陳杏□、錢朝榮，各捐銀肆大元。温清泉捐銀陸大元。温見憐捐銀肆大元。楊

蘭香、温盛光、楊天時、温真观、葉茶观各捐銀肆大元。

道光捌年瓜月吉置。董事：貢生郭宰元、庠生康□□、鄉賓鄭百福、鄉賓温養漏、楊天時、張箓竹、何光遠仝立。

**按**：此碑現存浮宮鎮海門島南山社靈嶼宮。

## 四五二　萬壽宮題捐碑

吕宋信士：王添助捐銀弍十元。王峻岩捐銀十弍元。王漢寧捐銀十元。王尚全、王楚生、王光託、王網观、王蟳观、王兆雄、王妙定，以上七人每銀六元。王紫雲、王嬌观、王允平、王媽仲、王光念、王南生、王漸观，以上七人每銀四元。王媽沓、王文立、王攵观、王九观，以上四人每銀三元。王海观、王東暘、王批首、王倩观、王九綢、王艷光、王怡德、王綿迄、王綿墨、王百用、王長禄、楊應观、王魁观、王綿观、林春观，以上十五人每銀弍元。王必李、王若水、王光若、王佳氣、王滔观、王秀观、王鐘观、王國泰，以上八人每銀壹元。王西池、王獅官，以上弍人每銀中元。

蘇禄信士：王奇全、王瑞瓊、王媽卿、王蔭观、王純圖、王鎮观、王映澄，以上七人攤銀伍元柒角伍分弍厘。王自富、王嗹观、王央观、王聯康、王習观、王惟藝、佘門王氏熈荖娘、陳門王氏羅邑娘、謝門王氏嗄厘咻、李門王氏闇陸娘、武門王氏荷砌娘，以上十一人攤銀弍元捌角柒分陸厘。王景祥、王瑞敏，以上弍人攤銀壹元柒角弍分陸厘。王光詩、王勇全、王麟观、王等观、王郡观、王清苑、王世观、王秦观、王光胤，以上九人攤銀壹元肆角叁分捌厘。王舉观捐銀壹元半。王光川、王天袍、王純露、王純耀、王興观、王官生、王長發、王鍼观、王挑观、王宗親、王江自、王澤观，以上十二人，每銀捌角陸分叁厘。王难惟、王抄观、王斉观、王寛柔、王舉禄、王墩观、王文雁、王帶观、王蒲观、王景叡、王陜观，以上十一人攤銀伍角柒分陸厘。王逢观、王兩观，以上弍人攤銀肆角叁分。

吕宋、蘇禄共銀弍百七十元。

大清道光戊子年葭月，信士王大評、楚生、光託、添成仝題敬奉。

買過和尚橋洋崎溪港田，弍坵相連，種二斗，東至本家田，西至港，南至灰磘，北至本家田；又崎溪港田壹坵，種六斗，東至小路，西至潭，南至林家田，北至邊路。共佛面銀弍百元，四至明白爲界。爲中人王萬春、王俊懷。

按：此碑現存角美鎮田裡村萬壽宮，碑額『飛天聖君』，碑名爲編者加擬。

## 四五三　林家祖厝修造碑

林家祖厝修造前進、清溝，今將收項費用計開于后：

一，收公項銀卅員二角三。一，收柴片銀壹員五角二。一，買杉料銀拾肆員六角七。一，買瓦磚料銀捌員七角。一，買灰磚料銀叁員五角二。一，木泥石師銀拾員八角五。一，付費神福銀七員伍角二。一，勒石字工銀一員四角九。

除收外不敷銀一十五員。

明察公派下孫助工一百卅七工。十七世孫德俊捐銀五大員。十八世孫中青捐銀五大員。明宇公派下孫長興捐銀一大員。明守公派下孫助小工三十七工。十七世孫如松捐銀一大員。十七世孫德興捐銀一大員。十七世孫崇仁捐銀一大員。十八世孫成文捐銀一大員。

理事：德俊、德興、德芳、德基。道光八年戊子年季冬吉旦立石。

按：此碑現存海澄鎮珠浦村謝前社林氏祖厝，碑名爲編者加擬。

## 四五四　重修南浦亭碑記

粵自周昭王始占宝氣，漢明帝之夢金人，遂令善慈□□説法大千世界，迄乎梁、唐愈加敬信，□於今日倍覺欽崇。是以設廟觀而薦馨香者，由來久矣。况我南浦坊沙明水凈之區，實爲慈航所眷恋乎！鄉之有識者，經於乾隆丙

戊始建厥亭，而於嘉慶三年爰爲修葺。第歲月寖久，而棟宇漸荒，閱今三十餘載，不無飄搖傾缺之患。閤社遂謀重修之舉，願諸同志隨緣樂助，更新斯亭。俾華構巍然，寶珞之莊嚴憑焉有赫；垣墉整潔，旃檀之香氣藉以時聞。由是鳳林□□，西方之翠木依然；石竹呈青，咒鉢之青蓮宛在。無非此亭之勝概也，而不可修乎哉！是爲序。

元德行捐艮十一元。聯德行捐艮十一元。廣利行捐艮八元。吉安行捐艮八元。周宝厚、李志合、泰岩行、泰源行、泰成行、聯和行、恒和行各艮六元。茂春行、和成行各艮五元。瑞荣行、水枋竹客、長枋竹客、張協源各艮四元。王泉庫捐艮三元。萬春号捐艮三元。茂成号捐艮二兩。廣成棧、廣盛号、怡泉号、建興号、萬利号、合興号、林樟观、謝發观、謝茂春、蘇炉观、松茂号、永成号、林德茂、金振興、芳合号、林古月各艮二元。蔡東观、隆興号、合發号、協茂号、捷興号、東興号、杞興号、瑞蘭軒、合茂号、楊合号、瑞隆号、合春号、賢合號、宝源号、長發号、升興号、陳四言、徐祥观、劉有观、黄乞观、徐江观、九文观、林榮發、陳天節、黄標观、大興号、林灶观、林天九、黄待观、李□司、小興司、洪才故、林□司、曾果司、溪宝場、張源春、有福观、柯赤观、林好諒、近悦号、林躍观、雷琛司、王花观、王大源、魏見□、鄭仲号、林興观、林繼观各捐艮壹元。全茂号、泉興号各艮一兩。西興号、翁湖观、楊翁□、黄鼎燦、林波江、東川号、陳太山、楊烏司各艮一元。張福观、柯宗观、吴松山、金振泰、楊宋弁、遠來号、合和号、魏祖观、謝騰司各艮一中元。

董事：謝茂春、蔡泰□捐艮六大元，蘇炉观、林水观捐艮□元，林得才、鄭開盛捐艮□元，陳四吉、王南川捐艮□元，仝立。

道光十年瓜月　日置。

**按**：此碑現存薌城區厦門路南浦亭。

## 四五五　西峰廟緣田碑記

圳美保炉内社陳萬碧，于道光玖年弍月憑中契買過楊鐵等山田壹所，計共壹拾叁坵，科田叁担，址在西峯斑鳩飛山脚，糧配蔡家户内蔡轉名下，折官銀玖分陸厘。兹經塋墓妻坟壹首，方圓餘外所剩之田，甘愿喜捨在西峯廟，以爲觀音佛祖、開漳聖王逐年香資，永付在廟住持前去管業，收租納糧，斷無後悔。此係碧甘願喜捨，日後住持僧亦不得變賣更易。以誌不忘云。

至陳萬碧官風水後，有楊伯利所捨緣田，以凑方圓，將陳安塋外約略田貳担，併付□官耕作納税，以報所求，使上下水泉易爲灌注，他人不得互争。再誌。

信士楊伯利喜捨田拾貳坵，貳担，址斑鳩山脚，糧配蔡轉捌分壹厘。前因□□無耦，未有立碑。兹遇因便，並附於後。

道光拾年庚寅歲葭月吉旦立。

按：此碑現存白水鎮金鰲村西峰廟，碑名爲編者加擬。

## 四五六　重造樹德橋并橋南浮泊砌石捐金碑記

奉政大夫曹世芬捐銀陸拾大元。庠生黄陽春、甘文祀公各捐銀叁拾大元。貢生鄭元泰公、太學生洪國選、庠生曹有典公各捐銀拾肆大元。庠生宋得春、陳光緒公、黄成章公、蔡德興、金義興各捐銀拾貳大元。李喬公、金慶和各捐銀壹拾大元。歲進士高錦花、登仕郎林德佼、登仕郎高遜齊、太學生周咨諏、袁温勤公、甘綿振公、金大經各捐銀捌大元。庠生高錦澤捐銀柒大元。登仕郎甘維煜、太學生黄登標、太學生甘樹滋、庠生劉光涵公、甘容川公、黄伯冲公、鄭子忠公、鄭祚坤公、鄭和齋公、莊元登公、蘇文燦公、黄金取、邱元象、金恒發、金永發各捐銀陸大

元。職員陳發輝、太學生甘恩銓公、太學生陳世法公、太學生陳興滔公、太學生陳玉容、太學生許化麟、太學生甘大櫝、太學生陳廷傑、太學生陳大亨、庠生陳大猷、甘朴庵公、鄭星如公、林狷庵公、楊天浩公、甘梧在、蘇振定、甘車和、德榮舖、雙合舖、盧國棟、慶瀾堂、甘兆清、甘國燦、吴桂馨、陳高春、陳五成各捐銀肆大元。邱直侃公、高耀蒼各捐銀叁大元。

登仕郎陳登庸、貢生陳永錫、太學生陳如浦公、太學生曾恒□、庠生曹廷珍公、庠生陳大觀、庠生陳大欽、鄉賓甘青岩、鄉賓許鍾崗、鄉賓陳登魁、鄭得宣公、甘信胡公、鄭秉鈞公、陳耀文公、甘文山公、甘威揚公、甘維熿公、鄭直任公、甘合元公、陳政公、甘拱公、劉安記、高啟儀、甘紹和、林岩泉、陳廷英、甘綏成、高崇德、蔡震耀、鄭光遠、高崇代、鄭日升、劉芳菊、柔遠舖、黄錫琳、嚴石龍、潘明宜、高春奪、甘應模、林得芳、陳清潤、黄允棟、蔡超陞、高曰綏、高温坦、陳清洛、陳如玉、高曰猶、鍾兆麟、霞芳舖、陳鳴球、黄成功、陳以文、甘世材、高石松、甘世茅、高啟理各捐銀弍大元。

登仕郎陳啟蜜、太學生陳廷欽、太學生陳登選、庠生陳暹、鄉賓陳清選、甘次源公、甘必梓公、林寬裕公、陳文潔公、高維宦、甘世梅、陳錫球、陳元善、泰昌舖、陳金隆、陳懋興、李興邦、陳如用、陳招興、莊金山、黄聯盛、高啟芳、高啟知、高法葉、甘北盛、甘麟趾、陳萬源、林天澤、陳希仁、甘時顯、陳崑玉、陳協美、陳咸美、陳開律、陳礎瑛、曹有容、殖盛舖、張光玉、陳開新、邱培材、茂盛舖、林得禄、陳益清、陳雲烈、許協昌、郭登遜、陳協興、合吉舖、陳協源各捐銀壹大元。

董事：鄉進士郭齊崧、貢生林廷珋、太學生蔡温信、庠生陳珪、太學生陳朝英，鄉賓高世倍、高威禮，太學生周咨諏，庠生蔡此篇、蔡瑞雲，甘時顯、曹大金、許用吾、蔡若思。

道光拾年桂月。

舊例：鹿石陂水利税銀每年原抽銀弍兩，貼本橋積息修理，按年春季向取，有董事收单爲炤。并勒。

按：此碑現存海澄鎮崎溝村樹德社樹兜橋。

## 四五七　重修浯嶼天后宫功德碑

浯嶼自昔崇祀聖母，立廟三進，年久荒頹。乙酉年水□□議捐□倡首鼎新前殿，因緣資□□中〈下缺〉。兹承諸紳士捐資樂助，重修中、後兩進，凡諸圣像並塑金身〈下缺〉神靈報應，恩澤寔以及人，而眾志成城，功德尤難泯滅。爰勒諸石，以誌不朽。

福建水師提督軍門劉起龍捐銀陸拾元。子爵、軍門王得禄捐銀弍拾元。中軍參府楊紹勳捐銀弍拾元。左營游府曾傳捐銀拾弍元。右前後遊府楊□芳〈下缺〉捐銀弍元。前營中軍府陳喜峰捐銀四元。前營守府張益捐銀六元。〈下缺〉王昌，各捐銀弍元。駐防浯嶼汛守府蔡瀾澤捐銀拾弍元。浯嶼課館蔡文□捐銀八元。〈下缺〉

林合兴、傅茂安、連長盛共捐銀叁拾元。鄉耆蔡馬壬捐銀六元。林開〈下缺〉銀四元。陳延廷、鍾問□各捐銀弍元。細户郭江壘、林見文、方□、林□水〈下缺〉蔡榜、陳□□、郭烏番各捐銀三元。寮户林振發、金兴號、蔡合發、□□順〈下缺〉湖裡哨、蔡淵、林天□、林天堂、蔡化、林文必、蔡追華、蔡□慶、林〈下缺〉陳四□、林天仲、郭泗川、陳泰、楊富、郭烏添、方春、王小□、蔡〈下缺〉吴佛、江桃市、林世、陳尾、郭佛生、王蒲、蔡長安、林子張、林〈下缺〉林光發、蔡敢、王秋水、林碩膚、陳鉄、郭大□、林財宝、蔡芳、郭江海各捐銀一元。

厦港傅朝宗捐銀拾弍大元。

道光十年十月　日，董事蔡□卿、住持僧大□立。

按：此碑現存港尾鎮浯嶼島天后宫，碑名爲編者加擬。

## 四五八　重興英濟廟暨蓮堂寺捐金姓氏功德碑記

信士林國美捐銀拾弍元。信士鍾興瑞捐銀陸元。鄉祭酒盧逵圭公、吏員何大忠、信士蘇克和、信士林必培各捐銀肆元。信士鍾興璋捐銀肆元。信士鍾興禮捐銀叁元。中憲大夫曹世芬、歲進士鄭元奉公、庠生盧其璋、庠生林臯、國學生陳於瀛公、國學生周咨諏、國學生黄登標、登仕郎林進哲、鄉賓黄志義公、鄉賓黄伯冲公、鄉賓陳逑松公、廸功郎鍾天順公、登仕郎鍾士達公、鄉賓王志遂，信士陳廷瑞、黄福成號、林雙合號，各捐銀弍元。信士鍾興盛、鍾興瑞各捐銀弍大元。庠生劉用舟、監生王如璧、鄉賓陳應盛，信士王作楨、王作柱、陳永山、甘元廷、甘泰記、鄭登科、陳瑶公、陳章使、陳維明、陳毓波、蔡宜春、許神助、蔡芳蘭、江紫嚴、林霜江、陳德義、陳深淵、劉開基、黄文孝、何澄清、蔡源觀、黄聯觀、陳斟觀、黄進業、吴克晃、吴克昌，各捐銀壹大元。鍾興智、鍾興琤、鍾興文、鍾興朝、鍾海水各捐銀壹大元。劉初發、郭茶香各捐銀壹中元。鍾興德、鍾興起、鍾興璉、鍾興琦、鍾興班、鍾興會、鍾開清、鍾開榜、鍾開茂、鍾開期各捐銀壹中元。信士黄選魁助瓦壹仟個。

董事：百総鍾必得、鍾卓峯。道光拾壹年辛卯孟月勒石。

按：此碑現存海澄鎮黎明村山尾社英濟廟。

## 四五九　嚴禁牛灶窩匪憲示碑

署漳州府龍溪縣正堂加三級記録五次陳，爲抗示藐禁僉懇勒石永禁事：

道光十一年二月初八日，據浦頭保武生謝恩、陳標，街長蘇克成、盧獻、陳光沛、顔九、楊漢瑞、高孟興、陳節、蘇漢臣、楊天喜、柯惠、張國明、王淵、蘇景、陳信仁、蘇應甲、顔添籌、陳開盛、蘇尚、陳福凝、謝上達、李溪、林順德、蘇光厚、鄭紅光等呈稱：『切浦頭保什姓鳩居，商民、鋪户守分安業。緣有案棍黄店在保内聚集窩穴，

名開牛灶，而寔鳩匪類，結黨成群，逞兇滋擾，街鄰孱弱畏威，任其踐辱，商旅不安。幸蒙仁臺暨府憲、都閫府各出示嚴禁，并飭封牛灶、匪巢，札諭設立更圖條規禁約，查巡數日，保內稍安。詎料棍夥仍在浦頭保內肆行搭廠，再開牛灶，窩集匪類。誠恐再釀禍端，叩乞示禁立碑，以垂久遠，以靖地方。』等情到縣。

據此，除勒差查拏外，合行出示曉諭：『爲此示仰該處軍民人等知悉：爾等務各自安生業，切勿貪圖微利，開設牛灶，私宰耕牛，以及窩集匪類，擾害鄉民，滋生事端。倘敢故違，許該社長等協仝地保指稟赴縣，以憑按名拏辦，決不寬貸。該社長、地保如敢狥私容隱，察出一併懲治。各宜凜遵毋違！特示。』

道光拾壹年叁月十三日，給發浦頭保勒石。

**按**：此碑現存薌城區浦頭港浦頭大廟，碑名爲編者加擬。

## 四六〇　嚴禁阻葬勒索憲示碑

署漳州府海澄縣正堂加十級記録十次尹，爲乞禁惡俗等事：

本年三月二十三日，據生員吳一經等呈称：『澄有惡棍□結数十，每遇人家出葬，勒索花紅酒食，稍不飽慾，則奪去□銿，阻擋棺柩，毀壞墓碑，種種難言，慘辱孰甚！合亟呈乞出示嚴禁。』等情。據此，除批示外，合行示禁：『爲此示仰闔邑軍民等知悉：嗣後凡遇民間喪葬，毋許再行藉端勒索花紅酒食，以及阻葬毀墳。如敢故違，經被害之家指名具稟赴縣，立即嚴拏究辦，絶不姑寬。各宜凜遵毋違！特示。』

道光拾壹年肆月十四日給告示，立石曉諭。

**按**：此碑現存海澄鎮外樓村慈雲寺，碑名爲編者加擬。

## 四六一　林坑社重興開漳聖王廟碑記

林坑社重興開漳聖王，自前年始建廟宇以崇祀。其英靈赫奕，香煙不絶，由來舊矣。弟子沐其默佑斯孔多，迄於今又頽壞，合社遂招募而重興，喜捐不吝，廟貌豁輪奂。玆工力告成，爰勒石以垂誌姓名，歷久常新，併列其金于左：

甘純樸公捐銀叁拾大元。甘敦樸公捐銀叁拾大元。甘質樸公捐銀拾陸大元。澄鎮龍岩營左司廳程得生捐銀拾肆大元。信士甘長安捐銀肆大元。信士程文芳、信士甘士瓊各捐銀叁大元。信士甘世芳、信士甘長萌、信士程文萬捐銀各貳大員。信士王振國、蘇仰觀各捐銀壹員半。信士甘世貴、甘世田、甘士珩、甘士琛、甘世瀟、程文禮、王振芳、甘樟仲、甘士盛、甘長涪、甘長瀼、甘長涫、甘長雲、甘士珪公、程長春、程正金、□乾全、甘伯發各捐銀壹大員。信士甘世欣、甘世參、甘招明、甘長福、甘長富、甘永言、甘聯生、王積三、甘□禄各捐銀壹中員。

甘應美公、甘慮諾公、甘敦臺公、甘世榮公各喜捐田園地壹所。

道光拾壹年葭月。董事：甘世貴、王報國、甘士璜、甘長江、甘長萌。

**按：**此碑現存海澄鎮珠浦村林坑社八鳳堂，碑名爲編者加擬。

## 四六二　厦關税行公啟

嘗謂利不避害，私不蔽公，古今定理也。惟我税鋪創置各港渡船，募僱出海舵水駕駛，往來運儎客貨。自道光二年間，原有成約，立定章程，各船出海舵水以及幫捕俱遵約束，不敢犯禁。邇來人心不古，法久弊生，所有行郊貨客寄搭銀貨批單，倘遇不虞，輒爾將船格交灣甲，糾纏圖賴。甚有奸猾之徒，私典駕船人等交通營利，而長短欠項亦欲就船跟討，殊屬無理。獨不思船係税鋪之船，攬信各貨，赴關征税，上供國課，下通民商，關係匪輕。駕船人等，不過日給工資，於本船毫無干涉。所有寄搭交關，並非本船自行經手保認，奈何以各營利起見，而利則欲私

收，稍有短欠以及不虞，則欲使該船坐受其害乎？且行郊鋪户既與出海人等交關，必素信其人之忠誠可托，方敢交付，更不應累及局外之餉渡。茲我同人議革弊，重申舊約。自今以往，凡行郊貨客鋪户寄搭銀項以及交關，必須慎自審擇，人品端正，方可付托，不可任意亂交，臨時恃強拖累本船。倘有故犯，我同人鳩眾聞官究治。抑或各船舵水私自交關，亦因相信之人方肯賒欠，倘有拖欠不明，亦不得與本船出海取討。一併遵守勿替，謹此告白。

道光十弍年十弍月　日，廈關税行公啟。

按：此碑現存薌城區浦頭港浦頭大廟。

## 四六三　重修靈應宫碑記

靈應宫重修，於今十年矣。自癸未興工，越乙酉廼竣事。雖舊貫是仍，未嘗改作；而丹楹刻桷，備極匠氏之經營；畫棟□撓，曲盡人間之□□。制度則雄壯巍峩，不讓甘泉太乙；屋瓦則輝煌金碧，無殊寶珞莊嚴。其所以肅瞻廟貌、昭示來茲者，洵足焜耀都人之耳目矣。第斯役之興，端賴西洋善信踴躍捐銀，共襄盛舉；又得家雙鸞昆仲首先加捐，爲諸人倡。因宜勒諸貞珉，以垂久遠。時因葛廚捐銀之名未齊，稽遲日久，余又公車北上，秉鐸延津，未遑舉行。是秋，余奉大部選授連江司訓，來春當往涖任，諸董事以石碑未立，終屬缺典，乃礱石以待。爰題數語於碑端，於以見神靈之感應不爽，亦以誌西洋信士之樂善好施云。所有捐題芳名，序次開列於左。

特授福州府連江縣儒學、鄉進士、揀選知縣加三級、里人施聚上敬題。

施雙鳳、施雙鸞、施雙鷂捐銀壹仟弍佰員。施強生捐銀壹佰叁拾弍員。施宗每捐銀壹佰弍拾員。施懷濱捐銀壹佰員。施文蔚捐銀壹佰員。施江水捐銀陸拾員。施嘉箓捐銀陸拾員。施元生捐銀陸拾壹員。施光等捐銀伍拾肆員。施祖箴捐銀伍拾員。施遜歲捐銀肆拾肆員。施純良捐銀肆拾員。施懷静捐銀肆拾員。鄭門施玉娘捐銀肆拾員。施福禄捐銀叁拾員。施盆觀捐銀叁拾員。施綿春捐銀叁拾員。施嘉歲捐銀叁拾員。施光併捐銀弍拾伍員。曾修觀、施泰

山、施文晏、施心光、施天迎、施英源、施天智、施嘉鎮、施汶禮，以上各捐銀式拾肆員。魏益郎、施元捷、施奕祥、施大勃、施嘉端、施嘉美、施興宗、施光歆、施謨生，以上各捐銀式拾員。施陳觀捐銀拾陸員。施政文、鄭添觀、魏天養、施掌漏、施光耀、施清源、施光廷、施茂喜、陳門施金娘、施汝舊，以上各捐銀拾弍員。施寬敏、施布才、施德義、施便視、施石觀、施珎生、施淼觀、施秀茂、施懷碧、施祖□、魏體觀、施嘉熊、施長福，以上各捐銀拾員。施快山捐銀玖員。施長福、施两全、施轉觀、施先使、施榮春，以上各捐銀捌員。

道光十二年歲次壬辰穀旦。董事：太學施嘉平、施祖飲，舉人施聚上、施祖昌、魏隆觀、施□依，等，仝敬題。

**按：** 此碑現存角美鎮洪岱村靈應宫，碑名爲編者加擬。

## 四六四　重修靈應宫碑記（二）

施宗聰捐銀拾弍員。施泗淵捐銀拾弍員。施友同捐銀拾弍員。施玉灃捐銀拾弍員。紹德堂捐銀壹佰弍拾員。監生施思九、施兆慶共捐銀壹佰員。施顯祖捐銀肆拾員。監生施□瑞捐銀肆拾員。施絲咸捐銀肆拾員。施□觀捐銀拾伍員。監生施嘉平捐銀拾肆員。施正文捐銀拾肆員。施順發捐銀捌大員。施繞生、施祖友、施罕郎、施主張、施瓊琪、施仕觀、施淑帶、施建團、施謨玉、施文倚、施榮華、施祖純、施長春、施明田、施添綢、施元旦、施三政、施德記，以上各捐銀陸員。施爵觀、施謨石、施宗凛、施九觀、施光覩、施嫦娥、施共觀、施榜觀，以上各捐銀伍員。施自強、施祖隆、施光彩、施勇使、施仰使、施媽教、施媽喜、施良珍、施漢淇、施海觀、施謨香、施嘉筆、施光炎、施登祐、施謨勇，以上各捐銀肆員。施神廣、施桃觀、施都觀、施璜瑶、施欉觀、施光鶴、施祖北、施飄風，郭門施益娘、施攀娘，郭門施順娘、黄門施柵吖娘、鄭門施團娘，以上各捐銀肆員。施祖應捐銀叁員。上嶼甲共捐銀叁員。施嘉恪、施奇旭、施慨然、施瓊玉、施屋觀、施盛娘、施新禧、陳門施修娘、施嘉參、施祖賀、施宗林、施謨虎、施嘉宣、施宗斗、施嘉審、施謨□、施謨□，以上各捐銀式員。施如寧捐田、大方銀式佃。施謨意捐

銀壹員半。施嘉眉、施謨賞、施嘉皿、施謨茶、施嘉典、施謨夜、施嘉情、施謨□、施嘉生、施謨□、施嘉□、施謨□、施世□、施謨□、施世佑、施謨聞、施世□、施謨傑、施世銅、施子樹、施世賢、施□兩、施世烈、施□□、施嘉□、施□□、施嘉典、施嘉□、施嘉□、施嘉□、施嘉□、施謨艷、施□觀、施九□、施□開、施嘉俊、施□星、施維琛、施□湘、魏山喜、施□質、施文聘、施光炮、施瓊□、施祖□、施光□、施嫣子、施光□、施嘉占、施嘉珍，以上各捐銀三員。

本庵右畔于道光肆年有買過施寬碩舊厝地壹坎，弍間相連，土名黃厝，東至庵巷門，從庵巷通行，西至□脚□水，南至岩，北至祖福厝，四至明白爲界。又買過施維咸厠池壹口，又買過施光□、施謨□厠池貳口相連。合應□□勒石，以垂永遠，以示周知掌管。

道光十二年歲次壬辰穀旦。

同治十三年，霞□許□徽捐英銀四佰員。

**按：**此碑現存角美鎮洪岱村靈應宮，碑名爲編者加擬。

## 四六五　重修關帝廟功德碑

雍進士陳玉容捐銀五十大員。黃待官捐銀四十大員。庠生陳大欽捐銀二十四員。黃坑官捐銀二十四員。太學生陳大亨捐銀十六員。蘇應梅捐銀十二員。庠生陳大观捐銀十二員。國學生陳興滔捐銀十二員。貢生陳瓊林捐銀六大員。貢生陳永錫捐銀六大員。貢生陳應選捐銀六大員。楊宗契捐銀六大員。

庠生陳邦威、監生鄭日超、陳遺達、陳振鳳、陳嘉誥、潘三江、陳時敏、林重筆、桂長馥、陳梓賢各捐銀四大員。

湧泰鋪、國學生陳廷珪、太學生陳士昌、陳毅穆公各捐銀三大員。

庠生陳敬秩、庠生陳暹、庠生陳蓬萊、庠生陳羽儀、監生陳秉敬、監生陳秉鈞、太學生陳敬推、太學生陳知濟、

太學生陳大振、登仕郎陳元仕、鄉飲賓陳協宏各捐銀二大員。

茂春号、陳如用、陳清浴、陳清潤、陳如玉、陳欣然、鄭春高、得芳号、得泰鋪、合吉鋪、陳祖德、瑞泰鋪、陳必位、新泰鋪、福成鋪、協德鋪、陳必達、陳廷欽、陳元選、陳元良、陳肇熺、萬盛鋪、陳雲降、陳有信、沈淵官、陳知官、陳逢春、陳齊官、曹有容、陳鳳起、黄晁隆、張世謨、黄和尚、蔡惟禮、陳文菁、陳玉潤，以上各捐銀二大員。

董事並募捐銀：歲進士陳紹薪。

大清道光拾弍年臘月立。

按：此碑現存白水鎮方田村市尾社全德宫。

## 四六六　重修永興宫捐金姓氏功德碑

蔡斐趂捐銀拾伍大員。劉吾占捐銀拾弍大員。蔡斐怨捐銀玖大員。葉松改捐銀陸大員。蔡其昌、蔡猴觀、蔡斐帛、蔡紅佑各捐銀伍大員。蔡其諒、蔡斐栖、蔡元福各捐銀肆大員。劉待觀、蔡如松各捐銀叁大員。林英觀、劉夏觀、李全觀、李禄觀、劉釀泉、張霜言、劉得水、蔡登科、蔡斐楚、蔡斐點、蔡斐包、蔡斐鳳、蔡石觀、蔡滿堂各捐銀弍大員。張戴觀、陳灶觀、徐聯觀、徐政觀、程鍪觀、陳長觀、李光威、陳路觀、李光妙、劉焕觀、李源觀、林詠觀、林犂觀、李三省、蔡猪觀、蔡順水、蔡斐誦、蔡斐茂、蔡光心、蔡元喜、蔡妙算各捐銀壹大員。蔡碩珍半元。

蔡逸使助室仔地四尺。蔡坦觀助室仔地四尺。

合社公議：不准廟内、廟前、廟後堆積農具雜物。如故違者，究办責罰，勒石批明。

道光拾叁年拾月吉旦。董事：蔡斐趂、劉夏觀、李禄觀、蔡斐點、蔡斐帛、蔡汀觀、陳長觀、李光威、蔡其昌、蔡登科、蔡紅佑、張戴觀等。

按：此碑現存海澄鎮下寮村下寮社永興宮。

## 四六七　謝倉蔡氏士章派題捐碑記

竊謂敦宗睦族，人所恒有；繼志述事，世極罕聞。□□謝倉九派諸孫裔，能毅然振力、功德於祖，祖廟中得配其私親。前人立石，經已有證詳明。茲因始祖汝達公祠廟棟桷毀壞，爲孫裔者詎忍坐視而勿重興乎？於是，九派諸孫裔爰舉番築，功費浩大，難酬其願。幸得長房士章公派下延齡等諸昆仲，切尊崇之志，慕追遠之情，捐題白鏹弍佰大員，增益祖廟番築，輪奐濟美；又再捐題白鏹玖佰大員，建置祀田；愈增彥崇公蒸嘗諸費。其功殆亦肖於親祖士章公者矣。闔族僉論，俱皆欣悦，准許延齡等奉其伊父懷保公暨妣恒潤陳氏配祀大祖西龕，每春、冬及大祖考、妣二忌四次配享祭席，議供□隻。值年每次各備席，付懷保公之孫子親自敬祀，歷久靡廢，所以報也。至於族中併同姓貴人□□□者，費公理明，不與肆對立之事。回想齡等親□□士章公，前既有捐題之事，是謂光前也；茲孫後又有捐題之志，是謂裕後也。真繼志述事、接踵天倫□□□也。此不可多得，不可不誌，故勒石以誌，□□□□□也夫？

七房十四世裔孫廷瑶敬誌。

一，置買田壹坵，受種子五斗，址在洪嶼社□□□，價銀弍佰肆拾大員。

一，置買田壹坵，受種子捌斗，址在洪嶼社□□□，價銀叁佰玖拾弍員。

一，置典田壹坵，受種子叁斗柒升，址在南邊社□□銅河，價銀弍佰零柒大員。

道光拾叁年季冬□立。裔孫：長房周監、大禎、秉正、成夫、隆盛、文英、聯昌、簡生、蓮茹、汾水、衛生、即□，次房奕堦、文華，三房端甫、坐生，四房光騰、象生、□□，五房川生，六房□生，七房聯槐、振隆，八房□□、克□，九房全禄，仝立。

按：此碑現存海澄鎮前厝村謝倉蔡氏崇報堂，碑名爲編者加擬。

## 四六八　重修城隍廟捐金姓氏碑記

捐金姓氏：

刑科捐銀六十八元。户科捐銀四十六元。禮科捐銀十六元。官科捐銀十二元。兵科捐銀十二元。工科捐銀十二元。庫科捐銀十一元半。倉科郭科捐銀三元。総政科捐銀二元。值堂科劉修捐銀二元。門印王殿臣、屠慶齊、聶育建、田茂挺、劉旭和、陳慶雲、鄭克紹、黄士安共捐銀四十二元。皂班捐銀十三元。総頭劉春、陳榮各捐銀十元。総頭蔡音、劉皆、陳瑞、民壯各捐銀六元。門房総頭柯琪，頭役蔡存、馬快，各捐銀四元。総頭林珠、許盛，把衙，各捐銀三元。総頭曾葵、何添、蔡西、蔡成、王忠、高祥、曾信、黄文，頭役林豪、劉川，散役蔡振、黄擁、甘淑、許德，各捐銀二元。総頭劉彩、黄男、張旺、陳烈、陳明、蔡仕，頭役蔡端、陳錦、黄淵、蔡溪、陳德、洪信、李春、蔡陳、甘坤、林成、陳炳、潘祥、許友、蔡烈、甘沈、蔡莊、蘇貴、蔡劍、許茂、許港、陳球、曾昌、張寅、蘇金、蘇宗、洪本、蘇安、林山、陳漳、蔡忠、郭由、曾明、蘇川、葉蔭、鄭英、蔡標、曾興、陳奇、周吉、陳沛、鄭陽、郭順、陳柯、蔡美、蘇文、蘇洪、雍成、張蔡、蔡水、蔡香，散役甘忠、蔡來、陳鄭、甘仰、蔡清、陳發、洪金、洪超、楊捷、郭謨、潘遒、李印、甘盛、陳深、阮葉、林李、許言、林澤、許美、洪玉、李向、郭諒、蔡崴、陳□、陳□、陳富、蘇仲、曾芳、吴南、莊旺、蔡德、蔡永、蔣忠、陳清、蘇合、潘親、甘遜、甘永、蔡珠、潘光珠、曾先、曾茂、林獅、阮定、林萍、潘福、陳溪、陳治、林□、林祐、林福、吴□、徐英，各捐銀一元。

道光十三年桐月穀旦。

総理：書吏洪春、差役蔡吉、蔡丹、劉春、桂陽、林珠、蔡聯、高仁，募緣僧常滿，仝敬立。

按：此碑現存海澄鎮海澄城隍廟。

## 四六九　增置鄉會賓興産業碑記

增置鄉會、賓興産業捐金姓氏：

中憲大夫蔡朝瀛捐七十四兩三錢七分，國學生蔡天衢捐七十二兩，各折百二十員。例封修職郎高錦花捐六十二兩，折壹百員。國學生劉志遠、國學生陳爾德、文苑社鄭履亨各捐三十七兩八錢。國學生洪廷琦捐三十七兩七錢四分。副貢生黄陽春、修職郎蔡榮蘭、歲貢生林廷瑯、邑庠生林文昭、國學生許化鱗各捐三十七兩二錢。瀛洲社郭文炘捐三十六兩。鄉賓康學哲捐田三斗三升。紫泥社吴世澤捐二十五兩二錢，折四十員。邑庠生陳大猷、國學生徐廷琛、登仕郎林清芳各捐十五兩一錢一分，國學生鄭啟哲、國學生曾照各捐十四兩八錢七分，歲貢生鄭文振捐十四兩八錢，登仕郎許宜龍捐十四兩三錢四分，登仕郎姚文陞捐十四兩三錢四分，以上各折二十四員。

公議：捐金至六十員以上者，逐年春秋二祭，加頒神胙有差。

一，買港仔尾洋田伍斗，又三斗半。一，買平林社洋田三斗。一，買高厝社洋田三斗三升。一，典沈溪頭洋田七斗。一，典福壽街店壹間。一，典上碼廟街店壹間。

総計捐項壹仟壹佰玖拾陸員，置産合中費共壹仟伍拾陸員，餘另給公用。

公立規約：

書院中舊存産業，計歲入之數，以供一切禮事。苟非大荒歉慮不給，茲所募捐專爲添助鄉會、賓興之資。宜將捐項所新置田、店若干，别録爲一册，僉擇廉正之士二人專司，此項不在逐年董事輪流數内。每至秋成後，総計歲入之數，登記明白貯存，妥處生息。俟三年大比，取出中分，半給鄉闈，半給會闈。如本科無人會試，仍留貯積漸生息，再置産業，不得無事妄費，亦不許值年董事藉端移用。惟值賓興之歲，董事多此一費，其祭大魁費用，許從此項取出。若西圍洲田之租税復舊，則又無須藉此矣。

西圍洲田塌陷自庚寅年，委佃包築壩岸，立約減税十二年滿限。

募捐董事：鍾南，庠生蔡鳳騰、林晴、李超、黄儀一、鄭尚友、翁長安、陳翔雲、洪擇元，監生蔡温信。

道光十三年季冬立石。

**按**：此碑現存榜山鎮文祠，碑名爲編者加擬。

## 四七〇　重修清安岩碑記

道光庚寅春，超掃封先茔，登清安岩小憩。里人所謂青山頂岩者，蓋吾澄名勝之區，而象教焚修之福地也。岩僧崇派禪師治茗留客，見殿宇蟻蛀剥落，慨然詢其何年蓋築，而岌岌至斯。師曰：『嘉靖時，吾祖雲溪和尚始居此地。國朝雍正間，師祖愧山公重築，且拓舊規。今已百餘年矣，日即頹廢，勢所必然。派欲亟修，有志而力未逮焉。他時獲如所願，凂君灑筆，爲茲岩作記，君其許哉否乎？』余曰：『師具大願力，鳩工庀材，可立而待，愧無五色筆頭耳。』流光弹指，倏爾五載。甲午清明後，重理舊遊，則已百廢俱興，金碧奪目。余戲謂師曰：『天從善願。師患力不能勝，曩非欺人語歟？』師曰：『妄言，佛所戒。山僧何敢欺人？是役也，耗費白金壹千有奇，派之侄行僧普寶蓋捐銀陸佰員，崇派實捐銀肆佰捌拾員。道光十三年二月經始，即落成于是歲之秋。自雲溪禪師開山，至派十三世，至寶十四世矣，尚掌先業不荒，後人継起嗣葺，則禅堂不與名山並壽不朽哉？乃者擬煩作記一言，竟成預兆。先生倘吝珠玉，恐寂寂令山靈笑人矣。』余嘉師與寶公上人克振先緒，使一邑名區不致漸倫于荒烟蔓草。爰敘其創承興修之梗概，俾勒貞珉，與師結一段翰墨缘也。至若山水明秀，樹石離奇，則登臨者任自領之，無庸余贅云。

道光十四年歲次甲午春三月穀旦，邑人李超記。裔孫崇派、普寶仝勒石。

**按**：此碑現存雙第農場新碑村清安岩寺。

# 四七一　重修清寶殿碑記

道光甲午年陽月重修清寶殿碑記：

直隸州知州黄碩璧捐龍柱壹對，又銀肆拾員。太學生黄培和捐八角柱壹對，雌虎石窓壹對，又銀肆拾員。黄其成捐花矸石弍堵，又銀陸員。陳源碩捐福禄石弍堵。林致祥捐花矸石弍堵。太學生黄錫齡捐大門簽壹對，又銀弍員。太學生林宗傑捐石龍堵壹堵。黄承德堂捐石龍虎堵壹堵。黄希拱公、黄春記、太學生黄祝南、黄德明、王昌行各捐銀拾弍員。黄其書捐門簽壹對。黄其性捐門簽壹對。顔媽吉捐佛銀捌員。黄添弘公、塘源社、岑兜社、黄其通、黄其榮各捐銀六員。太學生黄碩琚、黄碩昭、生員黄初博、黄彩霞、後進塘各捐銀肆員。林文龍、德豐號、協源號、德安號、怡源號、長茂號、合茂號、協德号、黄炳良、黄天賜、黄天恩、黄金吉、黄海雁、新樓社、黄元標公各捐銀弍員。裕源號、益和號、丹霞齋、恒德堂、清遠號、黄樵元、黄妙山、黄文恬、黄水泉、黄光端、黄珠蓄、黄仕仍、黄專奇、黄榮吟、黄開解各捐銀壹員。曾尾社銀陸員。顔城覌銀肆員。

清寶殿存來公銀叁佰叁拾員。

按：此碑現存角美鎮錦宅村新街社清寶殿。

# 四七二　重興光裕堂記

我祖始自福寧發祥，後移居於黄榜。歷數傳至本朝順治間，始建廟宇，以昭祀明禋。經幾風雨而墻屋傾頹，一二稍長之輩僉議重興，將祀田壹石九斗八升種每冬税粟銀，公議交裔孫光壘每年生息，每年每佰員貼利息銀壹拾伍大員。壘果念祖情重，秉正無私，每年正月十五日結算，以母生利，以利爲母，而堂構聿新焉。渠等恐事遠年湮，莫知光壘之力，聊以誌不忘焉。

一，乙酉五年起，至甲午十四年止，共收税粟銀陸佰壹拾陸大員零壹角。

一，每年貼小佛銀捌員，并祠内雜共費銀壹佰四拾五大員壹角，對除外尚該銀肆佰柒拾壹大員，又唑□利息銀叁佰壹拾壹大員壹角。

一，收祭祀銀壹佰大員正。

一，收入主銀叁佰陸拾四大員。

四條総共銀壹仟弍佰四拾六員八角。

道光拾肆甲午十二月二十四日入少止，共費銀壹仟弍佰四十六員八角。

捐銀開列於左：

應讀捐銀柒拾弍大員，入主叁对。西佰捐銀拾弍大員，入主壹对。文隆捐銀拾弍大員，入主壹对。福壽捐銀弍拾四員，入主壹对。光壘捐銀弍佰零四員，入主八対壹身，又捐銀壹百大員正。會溪捐銀弍拾四大員，入主壹对。淑姪捐銀弍拾四大員，入主壹对。

十三世裔孫庠生成渠，十四世裔孫文隆、西佰、光壘，十五世裔孫宗、衍。

道光十四年十二月　日。

按：此碑現存榜山鎮園仔頭村陳氏宗祠。

## 四七三　蔡氏熾昌堂合約碑

仝立約字人：宗孫蔡禎祥，長房家長蔡報祐、報捷，次房家長蔡分水、尚發，三房家長蔡牛郎、秩生，四房家長蔡元和、肯生，五房家長蔡純周、清江，等。

緣恒正公祖祠前有瓦屋弍間，傷碍祖祠：一，厝壹間，經已長房蔡報忠之子崧江等收買，聽從拆卸，僉議立石

紀功；一，厝壹間，係長房家長蔡報衛物業，亦愿從公議拆，但住屋較狹，無力再建，公議另置交易。今因長房蔡報禄之孫日新、鵬騰有厝一間，愿獻充公，聽各房家長處置，咸稱好義樂施，均與蔡報忠俱題石在祠，爲後來急公者勸。兹將日新等之厝付與報衛居住，議將恒正公存銀弍拾大元，又五房頭捐銀拾大元，共銀叁拾大元，貼報衛修理瓦屋。僉議已定，擇吉拆卸，厝地仍還各業主報衛、崧江等掌管。日後祖祠前東西两堋只作園地栽種，永不得變賣起盖、積草圍牆，再傷祖祠滋弊。但日新等此厝係轉典物業，倘原業主若要討典之時，報衛應付取討，將銀收入另建，不得刁難。此係培養祖脉，共成義舉，子孫世世永無異言。合立約字勒石，永垂不朽爲炤。

董事：蔡位南、蔡元建、蔡振仁。道光十四年　月　日公立。

按：此碑現存海澄鎮埭新村錦埭社蔡氏熾昌堂，碑名爲編者加擬。

## 四七四　重修五社廟題捐碑

修築鴻岱廟並建净室，捐金各弟子開列于左：

太學生陳大亨捐銀捌元。庠生陳大欽、林門蔡氏各捐銀陸元。甘伋观、甘月观、甘元观、林榮观、林對观、蔣和观、林珊观、林道观、林五使、鄭孔观、林蔡祥、潘明儀公各捐銀四元。潘運砱公、蔡漏观各捐銀叁元。貢生陳紹薪、太學生周咨諏、庠生陳大觀、甘金川、陳登選、福記舖、陳蘭观、陳光玉、陳八观、甘守观、蔡春观、甘道观、甘全观、林欣观、潘冷观、潘宏勤、潘□光、潘乾鐘、潘運簡各捐弍元。登仕郎陳登庸、太學生黄登標、蔡永成、王炉观、林良观、蔣仲观、蔣彩观、甘宗观、詹全观、詹宛观、林花观、潘乾侯、潘乾碧、潘乾音、林塔观、林光明、甘養观、甘燕观、蔡火观、甘虎观、甘妙養、陳統观、陳朝聘、甘令观、甘贊观、甘伯怡观、甘得蘭、甘調音、甘却观、陳甲观、甘水观、甘戳观、甘池观、甘力观各捐銀壹元。廪生林文熙、甘棣观、蔣柳观、鄭敏观、潘乾荣、潘乾南、潘乾勃、潘乾鍵、甘萬清、吴沛观、蔣罕观、甘安吉、甘擴观、甘仕观、甘看观、甘唠观、甘光

彩、甘隗观、甘獅观、甘求观、甘武丁、蘇連观各捐銀中元。甘進兄弟喜捨浄室地叁尺。

董事：林蔡祥、潘□观、甘道观、甘燕观、甘元观。

浄室係本廟弟子自行捐建。住持僧人或有非爲及不勤香火者，會議另易。又凡遇收穫，附近之人不得堆稻，並不許畜鴨廟内。違者鳴衆議罰。

道光拾伍年端月　日穀旦。

**按**：此碑現存東園鎮楓林村洪埭社五社廟，碑名爲編者加擬。

## 四七五　重修清溪廟捐金名次碑記

我王姓自忠懿祖開閩以後，支分派别，本本源源，按譜可稽也。清溪祖廟建於明季，時因鼎革兵燹，子孫星散，或徙臺澎海島，或遷浦邑衡山，即在本族，亦多遠邇襍處，要皆尚賢祖之苗裔焉。舊制，廟只兩進，至康熙五十五年始修，易爲三進，惜無碑記，不知董自何人。兹因廟貌猶存，棟宇將墜，爲人子孫，常恐黍離茂草之思。於是爰集各房公議，許以入主，勸以傾囊，擇吉興工，勉力修葺。幸前後兩進一時重新，其中進尚未修葺，將以有待也。所用工資各科，約金伍佰大元有奇，併所捐之銀元、名次及重修某者，俱勒於石，以垂永遠，仍開禁約於後。

同譜姪孫化拜撰。

開宗公捐金壹佰元。文蘭捐金玖拾弍元。乾原捐金捌拾捌元。錦僯捐金伍拾肆元。恭生捐金肆拾壹元。逸喪公捐金叁拾捌元。開盛公捐金叁拾肆元。敦毅公捐金弍拾肆元。正直公捐金弍拾肆元。善有公捐金弍拾肆元。侃吾公捐金弍拾肆元。興隆公捐金拾伍元。國柱公捐金拾肆元。少千公捐金拾叁元。宅中公捐金拾弍元。懷釗捐金陸元。高生捐金肆元。忘傑公捐金弍元。

計共捐金陸佰零玖大元。計開修費併謝土共佛銀伍佰大元。

禁約條規：

一，廟中朔望香燭，照門輪當，不許推諉。一，棹椅公器等件，不許私行借用。一，水車、農器、私粟，俱不許收貯。一，廟前矴埕，不許堆積。一，廟後簷壁，不許架搭。一，兩邊公巷，不許擁塞。一，週圍地基、壁路、門窗，俱不許損壞。

以上禁約如違，公議罰戲壹臺。

董事裔孫：吾定、桓生、乾原、竹根。道光拾伍年乙未月穀旦仝立石。

**按**：此碑現存海澄鎮嶼上村溪尾社王氏槐蔭堂。

## 四七六　喜捨三官大帝緣田碑記

從來廟宇鮮新，悉本神靈之赫濯；香煙燦爛，俱見享祀之輝煌。故興寺貴先增益緣田。緣田者，正神靈富裕所資，實享祀取攜之便。此菜堂中三官大帝聖神，我母親陳氏自上年虔念祈禱，闔家人等康泰，願爲贊助香資費。茲鋒敬備銀元，建置水田弍坵，受種三斗六升，址在東門外槐浦社路下洋村，付佃許呈官耕作。早季該税粟七石二斗，允季該税粟六石四斗八升。爰獻此田爲三官大帝緣田，其税粟逐冬交菜堂内阮佛恩官收存，開費每年香資並四時祀事。糧推入八都四圖五堂緣名下，田畝弍畝伍分玖厘柒毫，係佛恩官到櫃完納，不干鋒之事。其買契書印税布字九千四百弍拾捌號，後諸菜友不得擅專典賣及胎借等情。此係千古神物，長存永垂不朽，勒石爲記。

喜捨緣田人石鎮太學生黄鋒立。道光十五年九月穀旦。

**按**：此碑現存海澄鎮五社村三官堂後殿，碑名爲編者加擬。

## 四七七　重修田霞正順祖廟碑記

田霞社之有正順廟也，由來舊矣。崇祀廣惠聖王，赫聲濯靈，萬古維新，罔有替失。第年久時更，廟貌不無頹圮，神靈將難居歆，于是社人起而議修。雖不在境内，垂佑之所能及者，莫不樂捐資共襄斯舉。一旦粲然一新，廟貌居然可覩，神靈益壯觀瞻，馨香于以永遠矣。是用記之，爰列姓氏于左。

永安縣學正堂林偕澤捐銀六大元。試用訓導施長耀捐銀六大元。貢生許時俊捐銀六大元。貢生陳大通捐銀六大元。國學篆陳登甲捐銀六大元。德昌棧、和春棧、潮盛棧、遠茂棧捐銀六大元。荣盛棧、源成號、高振禎、廣順號、仁盛號、振芳號、盈義號、東茂號、源德號、劉天喜、合春號、恒安號、益興號、馨茂號、新三英、勝興棧、芳泰號、同春號、永順號、和義號、瑞美號、裕益號、天生號、恒春號，以上各捐銀四大員。瑞成號、泉春號、蔣大成、同昌號、和興號、金山棧、林泰興、吉記棧、新典棧、興茂號、隆美號、馨遠號、聯茂號、聚益號、謙德號、中和號、嘉泰號、採芸號、芳茂號、瑞茂號、吴正和、金記棧，以上各捐銀三大元。萬昌棧、泉盛棧、懷勝號、成文齋、榮美號、森林號、瑞英號、協德號、松盛號、源益號、聚源號、和盛號、江聚金、吴源茂，以上各捐銀二大元。

太學生周徽德捐銀二十大元。

道光十五年葭月　日立石。

**按：**此碑現存薌城區新橋街道前鋒社區頂田霞社正順祖廟，碑名爲編者加擬。

## 四七八　重修田霞正順祖廟題捐碑

太學生王懋昭捐銀五十二大元。太學生林長春捐銀三十二大元。信士蔡文憲捐銀三十二大元。信士余本林捐銀二十二大元。信士徐英盛捐銀十九大元。信士鄭登選捐銀十八大元。信士林珠椿捐銀十八大元。信士余昆高捐銀十

七大元。鄉大賓汪日成捐銀十六大元。信士林長悅捐銀十三大元。信士向茂號捐銀十二大元。信士蔡奐盛捐銀十二大元。信士豐瑞號捐銀十二大元。信士如春號捐銀十二大元。信士馨瑞號捐銀十二大元。信士泰奐號捐銀十二大元。信士和春號捐銀十一大元。信士德隆號捐銀十一大元。信士合春號捐銀十一大元。信士泰茂號捐銀十大元。信士泉順號捐銀八大元。信士汪葉观捐銀七大元。信士廣順號捐銀六大元半。信士吕掌春捐銀六大元。信士向盛號捐銀六大元。

協茂號、黄玉池、長發號、源發號、合奐號、太和號、黄招瑞、吴欽观、李如川、顧旺生，以上各捐銀五大元。太學生張滄海、新奐號、劉浩观、林均旺、泉瑞號，以上各捐銀四大元半。隆茂號、王廷猷、順奐號，以上各捐銀四大元。合茂號、許存仁、永奐號、長盛號、朱水观、陳和順、黄開盛，以上各捐銀三大元半。謝喬良、黄天成、張文彬、汪慶观，以上各捐銀三大元。□奐號、茂記號、江夏號、長泰號、合成號、協盛號、勝源號、醇利號、陳潤澤、邱振英、蕭孔概、王紅观、周老生、王攀茂、歐四清、甘琳殿、姚清俊、甘坤玉、甘天求、蘓金德、葉開瑞、黄妙安、楊寧愛、林閏司、何永福，以上各捐銀二大元半。元成號、奐成號、泉發號、萬奐號、楊攀桂、汪九观、汪長观、鄭大振、林姜观、汪舜觀、莊槌观、陳傳章、湯創观、曾蔭观、莊湧川、張光明、大巡姆、汪來司，以上各捐銀二大元。恒春號、瑞芳號、福盛號、長發號、合順號、林雲漢、莊水观、王光拱、王妹观、陳新發、甘陽春、甘壬淮、賴英求、邹隆水、吴金山、郭南山、陳媽求、郭隆观，以上各捐銀一大元半。萬春號、振奐號、成泰號、程三梧、顧天賜、曾厚观、陳雪观、陳成观、姚慶淑、曾淇浦、謝蒼明、賴瑞观、甘寿观、林彬观、林和成、章江观、鄭讶观、鄭東观、汪旺观、徐成奐、徐知观、霍裕观、李金生、李福生、林忠观、王簡观、黄川观、蕭順司、韓曾观、陳都观、柳性观、黄川生，以上各捐銀一大元。邱蘭亭捐銀一大元。

道光十五年葭月　日。董事：太學生林長春、太學生王懋昭，信士蔡文憲、徐英盛、余本林、鄭登選，鄉大賓林長悅、汪日成、林珠椿、吕掌春、王明玉、鄭玉山，等，仝立碑記。

**按：**此碑現存薌城區新橋街道前鋒社區頂田霞社正順祖廟，碑名爲編者加擬。

## 四七九　重修祈保亭碑記

附貢生顔天策捐銀貳拾肆員。鄉大賓劉榮冠捐銀拾肆員。貢生歐陽源捐銀拾貳員。庠生施初蓉捐銀拾員。信官巫登科、豐德居各捐銀捌員。顔天□、太學生陳登甲、陳有澤、黄夢苑、李應桂、王甫麟、蔣隆成各捐銀陸員。副舉人黄雨辰、貢生黄登彦、洪□林、庠生謝恩、金益安、鄭潤瑞、鄭火观、蔣儼然、福星菴各捐銀肆員。洪逢春捐銀叁員。貢生許時□、庠生鄭宗淮、鄭宗浩、黄拱辰、黄淳、太學生李順益、方萬鎰、林志威、鄭宗淵、洪焕□、洪聚美、瑞和號、陳春源、陳陞美、黄綿泰、孫蒼順、楊隆成、西河亭、林勝成、林榮昌、陳錦隆、黄源盛、黄源利、蕭金興、馬德成、方永昌、黄惇記、黄禮記、源美號、合美號、瑞成號、源茂號、南陽齋、知懼齋、嚴火焰、蘇□观、林炳順、鄭克成、洪悦昌、洪長豐、和春棧、林長順、陳隆美、方材观、郭科生、曾振茂、林碧山、林東和、長興號、朱順昌、謝光彩、陳懷观、黄國成、李仁興各捐銀貳員。

徐□□、蘇長發、泰興號、鍾厚全、陳賓源、徐鴻川、王崙水、陳章观、益昌號、高沛泉、王佛求、黄協發、紅光、楊水观、柯惠观、黄永發各捐銀壹兩壹錢。孫文耀、張枕文、張貫观、林文耀各捐銀壹兩。貢生□秋超、陳嵩嶽、德隆號、莊錦隆、陳逢山、陳會友、瑞英號、和春號、楊協山、辜進观、莊沈观、陳蒼賜、□壬寅、李葫芦、徐江观、文成號、捷興號、王天澤、曾聚益、游昇興、爲政春、鄭隆昌、協吉號、王□昌、郭賛观、張寅观、顔花观、成興號、源益號、大來號、隆豐號、源成號、聚寶號、裕益號、晋源號、鄭德司、黄暢司、陳簍司、陳金波、陳牛观、陳茂德、謝佛送、蘇三吉、洪文勇、勝興號、啟盛號、齊□□、順美號、源興號、鼎成號、蘇東寧、黄爲棟、蔡佛賜、蘇應葵、林順德、隆茂號、德豐號各捐銀壹員。職員謝振謨、馬光表、李尚观、陳流观、邱華观、蓬源號、蔡加助、集茂號、高文硯、陳成興、陳九溪、謝招賢、金盛號、雲錦號、張猛強、黄猛观、榮記、蔡岳观、森發號、長興號、台春號、黄三讓、王□發、黄紅光、張志道、吉利號、金雀號、蘇允成、黄三奇、陳帶观、黄合

發、石深言、林沙观、洪知光、游漢司、金順隆、陳培茂、張乾波、王武松、合隆號、柯泰安、黄保春、陳恭喜、協春號、盈茂號、利□號、黄稿公、陳福寧各捐銀伍錢零分。世襲恩騎尉張奎斗、金同發、林振泗、德發號、楊尚观、邱添貴、蘇求观、柯張氏各捐銀伍錢。其餘中錢俱載樑籤。

續捐：庠生陳道庸捐銀貳員。

董事：庠生謝恩；分理：副舉人謝大章；勸捐：職員黄彦、劉榮冠、張志道，庠生黄淳、鍾厚全、林炳順，監生林殿懿、柯青龍、黄金榜；主持僧清泰；仝勒石。

道光十六年丙申葭月穀旦立。

**按**：此碑現存薌城區修文西路漳州文廟，已斷爲兩截。

## 四八〇　祠堂後公地碑記

祠後舊有壙地一片，附近孫子侵冒築圍，致傷祖祠。茲各房家長再行定界：自花臺直上至南，計二十二丈；中心至東，上計二丈五尺，下計五丈五尺；中心至西，上計六丈六尺，下計七丈六尺。各立石界，昭垂永久。如有仍前侵佔、栽插、冲傷者，定即呈官究治。

道光十八年正月，各房家長仝立石。

**按**：此碑現存白水鎮西鳳村祠堂社陳氏石室堂。

## 四八一　鄴山講堂嚴禁砍伐樹木告示

特授漳州府龍溪縣正堂□□□□□□王，爲僉懇示禁伐木事：

□□□□初六日，據廪生翁長安、□□、陳翔雲、黄宗慶、方玉水、前防□□□、□□黄謝連、監生□天祖呈

稱：『竊□□江東鄴侯山，爲先賢石齋黄公講學之所。原構祠學舍數椽，中祀宋朱文公暨歷代名儒，所以□□□學□。其奈學舍年久傾圮，修而復壞，惟有遺基石跡鋪木猶存。此□□□水清流澈湍，勁竹蒼松映帶左右，實藏修之勝地，爲遊息之名區，學子交往接踵，所謂地以人傳，洵足尚也。上□嵎惡貪心，同法□□山□漁舟□。蒙前碼分憲諸示禁，賴以中止。嗣有人焉，修理祠宇三所，砍伐樹木甚多，以供工料之資。玆祠宇告成，工資已竣，既往之事，免議莫提。誠恐此後土棍藉口效尤，冀圖盗砍肥私，致毁先賢名勝，靡特山川失色，而且先賢祠宇乏蔭，潛修無所。因思周氏遺愛，戒剪召伯之棠；秦法尊賢，禁入□□之地；豈可後進遜諸前人？幸逢仁政，興修名教，末學□光，合呈僉懇，□□□□示諭嚴禁。』等情到縣。

據此，除諭飭管理祠宇連光評小心看守外，合行出示曉諭：『爲此示仰該處軍民人等知悉：嗣後毋許在于鄴山地方挖□山□□□□□害□□。儻敢故違，許該管理祠宇連光評指稟赴縣，以憑□□□□□□□□毋違！特示。』

道光十八年閏四月廿一日。

**按**：此碑現存龍文區石刻博物館，斷爲兩截。

## 四八二　文昌帝君春秋祀金題捐碑

鎮海義學捐題文昌帝君春秋祀金姓氏碑記：

生員李廷標捐銀拾弍大元。監生藍汝南捐銀一拾大員。監生盧成珠、鄉耆楊長毓、藍克明，以上各捐銀六員。廩生蔡允臧、貢生王德馨、衛守府陳星輝、生員朱啟疆、鄉耆王允懷、朱有功、陳才窩、監生李廷猷、監生李廷恩、監生李廷元，以上捐銀四大員。汛官朱丹桂、鄉耆朱醇厚、童生藍田玉，以上捐銀三大員。舉人黄開泰、生員王經邦、生員朱夢元、生員朱芾、監生黄克播、鄉耆藍青川、藍求概、楊桃覌、鄉耆藍九龍、藍邦傑、藍德發、王同武、鄉耆藍錦文、王珠菜、徐升堂、藍鳳翔、生員藍鵬飛、生員李有陞、藍自然、王鳳苞、童生藍威揚、蔡布三，以上

捐銀式大員。

大清道光拾捌年仲秋月穀旦立。

**按：**此碑現存隆教鄉鎮海村鎮海衛文昌閣，碑名爲編者加擬。

## 四八三　重修代天府碑記

許述慈捐艮九員。楊長春公捐艮八員。陳大亨捐艮六員。鄭發財捐艮五員。陳三良捐艮四員。義興舖、太學藍春禧、李組瑜、蕭奇文、鄭雲水、蔡俊藍、鄭德观、潘運衍、林博厚、厦門諸同人各捐艮二員。洪□观、熊其祥公、鄭長文合捐艮五員。鄉飲賓林恒禄公、三合發合捐艮三員。蔡美玉、李清□、鄭得所、鄭錠观、吴沛观合捐艮六員。

庠生鄭亮卿公、登仕郎鄭少鴻公、鄭孔观、鄭賜生、蔡鼎观、鄭太簇、鄭□□、鄭寮观、楊國观、李光彩、鄭新旺、鄭學士、鄭耀观、鄭局观、鄭乾服、鄭場观、鄭咏观、鄭少观、鄭賓观、鄭□观、鄭庇观、鄭水盛、發興船、四合發船、鄭查观、寶諸同人、嵐諸同人、廣諸同人、武諸同人、尚諸同人、示諸同人、祥光諸同人、林長發、安溪葉巢观各捐艮一員。陳坑观、郭香观、郭通观合捐艮二員。

鄭三及、鄭愿观、鄭噴點、蔡琴观、鄭石榮、鄭媽佑、鄭蔭观、鄭國禎、鄭山水、鄭四發、鄭照观、鄭際泰公、鄭從龍公、鄭秀容、鄭滾观、鄭金陳、鄭蘭观、鄭敬祖、鄭意观、鄭文观、鄭乳观、鄭金□、鄭金果、鄭鉼观、吴鍾观、吴謙观、鄭武观、鄭河蓮、鄭讓观、鄭求观、鄭石塗、鄭親观、鄭鏞观、鄭王□、鄭七正、鄭若观、鄭等观、鄭旦观、鄭厭观、鄭伏观、鄭胡观、鄭初學、鄭載观、鄭明平、鄭清观、鄭紀和、鄭崴观、柯儼然、王鎮观、鄭沈士、鄭逸观、鄭攬观、鄭昂栽、陳午观、聯興舖、鄭智观、邱衆观、林昔观、鄭水源、鄭雄尚、鄭勇元各捐艮一中員。

董事：鄭炳文。協理：鄭時暹、鄭得所、林開观、鄭太簇、鄭日□、蔡美玉、鄭勇□。

公禁：庙内不許閒人□屯積安宿，違者重罰。

道光拾捌年歲次戊戌陽月穀旦。

**按**：此碑現存白水鎮山美村三保社保安宫。

## 四八四　豐樂社流丐禁約碑

署漳州府龍溪縣正堂加十級紀録十次程，爲示禁革除事：

照得本縣訪聞，漳郡每有不法棍徒，藉稱丐首名色，每遇民間婚喪、入泮、科第諸事，往往邀集多人，勒索花紅酒食，及包收鋪户月結，並包招花轎、包領孤貧口粮，以及勒索滋事，實爲地方之害。業經查出假冒丐首之韋金、吴獅、蔡各舊、李岸等到案，訊供管押，尚有未獲之棍徒曹沛、曹尚、陳嗣、陳芳等，除勒嚴拏、分别究办外，合行示禁：『爲此示仰闔邑居民鋪户人等知悉：自示之後，如遇民間婚喪、入泮、科第諸事，倘有棍徒藉冒丐首，仍前勒索花紅、强乞詐擾等事，許該鋪户居民協同該保拏解赴縣，以憑嚴究。該差保等如敢狗縱不報，一併究办。各宜凛遵毋違！特示。』

道光拾捌年捌月初六日給。

甘愿立賣字北關埔頭人曹排姆，有承祖父管理龍溪縣北關等處埔頭地方。兹奉本縣主程示禁，毋許仍前勒索花紅諸事在案。因恐流丐强乞滋事，愿將廿六都田□保豐樂社什□埔頭所有登科進中、賀壽築立、聯婚嫁娶招簥、移柩出莖花紅等事，任從經管，自行料理，不敢異言生端阻當。今豐樂社人議貼番銀捌大員。此埔頭地係民自己承祖父管理事業，與房親及□□姓人等無干，並無重張交加、典借他人財物及流丐餬口。如有狡獺强乞、勒索花紅、不遵管理滋事，氏自出頭抵當，不干買主之事。此豐樂社埔頭地，日後不敢找索取贖，永爲該社人管理。如有房親人等及外人揑詞争論，公仝執此呈官究治。此係二比甘愿，各無抑勒反悔，恐口無憑，立甘愿賣字壹紙送執爲炤。

賣字内佛面銀捌大員足。再炤。

道光拾捌年拾月　日立。

經管□公陳□□号，知見銀人黄□經号，甘愿賣字人曹排姆，爲中人鄭簡号，□書吴□□憑。

**按：**此碑現存薌城區石亭鎮豐樂村豐樂庵。

## 四八五　德雲宫禁約碑記

竊謂廟宇切宜肅静，門庭亦忌參差。東隅德雲宫崇祀保生大帝，闔社仰庇。緣前東邊侵入店屋一座，廟前迫窄，傾斜不正，甚非雅觀。閤社公議，就本廟公費叁佰員，收買東邊店屋明白。於道光己亥歲，拆開四面平垣，又以東邊巷道所衝，因築照墻遮蔽。此係閤社公置，務期永遠潔净，嗣後不許積穢及排設賭具、食物等項雜沓喧鬧。如有此等，地保登時趕逐，違者呈究。合勒禁約，以垂久遠。

道光十九年二月　日立。

**按：**此碑現存薌城區修文西路漳州文廟，碑名爲編者加擬。

## 四八六　沈氏墳山示禁碑

特調漳州府龍溪縣正堂議敘加三級記功六次又記大功三次曹，爲勒碑示諭以杜争端事：

案據沈助、沈振盛呈稱『二十七都鳳山麓柯坑社地方，有祖墳一座，被蔡霽等佔滅戕害，不容祭掃』等情，並據蔡其所、林岳呈稱『□等柯坑社屬有土地祠一座，旋因倒壞，用石搭蓋，令神棲止，被沈三省、沈沛等冒佔祭掃』等情，各到縣。

業經前縣勘明，沈助等祖墳左臂有施姓新墳一穴，訊據沈助等供稱『被蔡霽等串同監生黄光彩，賣與施大觀造墳』等語，差傳沈振盛、武生施大觀等查訊，施大觀情願將山地退還沈姓掌管，取具兩造依結完案；嗣沈、蔡兩姓

復因争執該處山地，疊次滋事。玆經本縣親臨細查該處山地，沈姓並無管業契據，蔡姓所稱係柯坑社土地祠舊基，亦難憑信。現據公親黄蘭馨、王開瑞、鄭催、林歪闖、吴尊賢等調處，議請『該處山地，除沈姓現葬祖墳仍歸沈姓掌管外，其兩造所争墳旁壙地作爲官山，並請給示勒碑，以杜事端』等情。

除取具兩造切結附卷外，合行給示勒碑遵照：『爲此示仰蔡坂、柯坑等社沈、蔡兩姓人等知悉：立碑之後，爾等務須遵照。所有柯坑社前原埔沈姓現葬祖墳，仍歸沈姓掌管；其餘墳旁壙地，均不得在於該處開掘、培墩以及盗賣盗葬；該處樹木，亦不得砍伐，致啟争端。如敢不遵，許即指稟赴縣，以憑拏究，决不寬貸。其各凛遵毋違！須碑。』

道光拾玖年拾月　日碑示。

**按**：此碑現存龍文區石刻博物館，碑名爲編者加擬。

## 四八七　重修古縣大廟記（二）

謝太傅廟之建，里中凢幾脩葺矣。其近而足述者，嘉慶庚申歲先考訥軒公捐貲首倡，復爲重脩。先從伯愚亭公立碑以紀，廟之顛末備載焉。迄今四十年，榱椽蛀壞，西南角又爲樹木傾圮，雨痕滲漉，日光穿漏。錫疇長兄復謀葺治，立緣簿以募外洋，族叔伸觀、木觀等咸歡欣踴躍，樂輸千金。余遂諏吉啟基，鳩工庀材。第昔年之脩，楹桷未甚剥落，結構亦從簡樸，大槩聚誠敬，妥神靈而已，無侈習也。玆則仍其舊制，焕其新模，鏤楶雕欒，桁梧複疊，自柱跋櫺扉以及闕庭階級，瓦木者俱易以石；圖雲鳥、琢仙靈，螭盤虬繞，燦然改觀，而千金不贍焉。余與族之父老就里中好義者，再捐六百餘金以成之。是役也，經始於戊戌季冬，越歲己亥十月而蕆厥事，共縻白金一千六百圓有奇。其捐金姓氏，則别書於版。董其事者，六弟錫中、從弟秉義也。爰宜勒諸石，以敘脩作之由云。

大清道光十九年己亥歲葭月，前任福州府儒學教授、里人鄭錫三記。

**按**：此碑現存顔厝鎮庵前村古縣社謝太傅廟（又名積蒼廟）。

## 四八八　太陽宗祠重申示禁條規

萬物本乎天，人本乎祖。祖也者，人之本也；人不知敬祖，則謂之忘本。故古人必隆建廟之制，重黝堊之文，嚴整掃之義，所以致潔也，亦以告虔也。我祖建廟，於茲多年所，念昔先人致潔告虔，春秋匪懈；越至於今，叔兄弟姪多有藉祖廟以貯農具，甚而歲登之時，直以爲納稼之場，穢惡不堪，不敬莫甚。茲公議：嗣後不許再貯農具等物及堆積禾稻，如有故蹈前愆，公罰不貸。合告，演戲壹臺示禁。

一，不許祠堂内收藏水車、糞桶、土礱及農具等物。違者，就其本房長會值年之人，聚眾罰戲壹臺。

一，不許祠堂内堆積禾稻屑稻及張圍□□貯谷。違者，就其本房長會值年之人，聚眾罰戲壹臺。

一，不許祠堂外堆積禾稻，逼近祠壁，以防火灾。違者，就其本房長會值年之人，炤丁罰餅。

一，公議：凡值朔望日在族居住者，各房子孫炤籤輪流詣祠焚香點燭，併着令其洒掃内外庭除及上下節棁椽楹、寢室内神櫝神主。凡案柴椅等物，有舊染塵污者，務必逐件涮潔整楚。違者，就其本房長會值年之人，炤丁罰餅。

一，公議：設籤一大枝，前寫輪流點香燭，後寫輪流洒掃。每房定持理一個月爲限，將籤轉交下手。如忘記失交者，致誤公事，即就其本房長會值年之人，炤丁罰餅。

一，公議：除春祭、冬祭外，及有公祭之日，許開祠門。無事將大小門鎖固，不許越墻擅開。如違，就其本房長會值年之人，炤丁罰餅。

銀弍佰大員，銀壹佰六〈下缺〉。

道光十九年十二月，勒石〈下缺〉。

**按：** 此碑現存榜山鎮榜山村洋内社林氏太陽祠。

## 四八九　重修鎮北宫碑記

芝山之東鄉，有宫曰鎮北，奉保生大帝神像。建前明，我朝康熙年間衆善紳修之。迄今百有餘年，楹桷皆傾，基址亦將坍塌焉。神之□□年遠不可考，然尊之曰大帝，戴之曰保生，其必有深仁厚澤遍及於斯民者。記曰：『法施于民則祀之，能禦大災則祀之，能捍大患則祀之。』其立廟也固宜。况鎮門爲全郡之扼要，廟之建於斯土，顔之曰鎮北，其殆取鎮撫之意乎？則修理更在所急。公祖郡伯趙公、父臺邑侯曹公、營主闔府琳公，慨捐清俸，首創興修。但鳩工庀材，厥費甚鉅，所望善信諸君子，或隨意樂輸，或誠心施助。行見積銖累黍，可充塑繪之資；因而畫棟雕梁，建□□□□□。神所憑依其在斯乎？隸艸幪者，其保合太和、生生而未有艾乎？是爲序。

漳州府正堂趙捐銀叁拾兩正。龍溪縣正堂曹捐銀拾捌兩正。城守營都闔府琳捐銀拾弍兩正。石碼海防分府鈕捐銀玖兩陸錢正。石碼驗掣關正堂高捐銀陸兩正。詔安營副總府伊捐銀陸兩正。詔安營紅花嶺游府王捐銀叁兩正。閩海關石碼口捐銀陸兩正。軍工炮廠委員駱捐銀弍兩肆錢正。溪靖兩幫總館捐銀拾弍兩正。軍工廠委員徐捐□杉木拾支。軍工廠委員李捐□杉木拾支。防堵鎮北委員許捐銀肆大元。茂德號銀炉捐銀柒兩弍錢正。龍岩幫捐銀陸兩正。平寧幫捐銀陸兩正。溪邑許禮敦捐銀陸兩正。軍工炮廠匠首林我、黄取、黄三捐銀陸兩正。軍工炮廠匠首黄盛、黄和、黄宏捐銀弍兩肆錢正。陳四川捐銀叁兩陸錢正。水潮各鹽船捐銀叁兩正。游際昌鉄炉户捐銀弍兩肆錢正。三合號捐銀壹兩〈下缺〉金順泰鑠郊捐銀〈下缺〉浙紹邱鋲庚、賀渭堂各捐錢壹□□。東墩、東湖社合同敬助小工壹佰工。水頭社蔡太宗捐銀肆大元。

道光二十年蒲月穀旦。董事鎮北社陳艾、住持僧維質勒石。

按：此碑現存榜山鎮梧浦村鎮頭社鎮北宫。

## 四九〇　廉明恩主太老爺王革除包納屯米奸弊功德碑記

青天太老爺王批：據海澄縣閤邑屯户等呈：『□□欣沐仁恩，乞准立碑，永定世規，俾遵徵納事。切屯户等冊承附徵衛所鹽浸屯田糧米，通澄共計六百餘石。原係按照值早冬完早谷、值允冬完允谷，隨徵屯丁税銀等費，無幾竟遭屯舖户量蓋□弊，仍每石米增添屯丁費錢二百文。利剥多方，屯民大慘。茲幸逢爺臺龍圖再世，莅任澄邑，洞察奸情，枷號責革包屯示衆。出示嚴禁外，仍諭令各屯民值早冬完早谷、值允冬完允谷，赴倉交納。遵照部頒官□每斗米折谷二斗，加一二耗平量，宜蓋鐵木□□，併定每石米屯丁費錢六十五文。嗣後不許胥役量蓋多索病民。閤邑屯民，莫不歡欣鼓舞，謳歌大德，頌神者而稱召父也。伏思天臺文章政績，聲譽無邊，不日高陞臺垣，竊恐將來舊弊復生，民慘如故，合情相率匍懇恩准立碑，永定良規，以絶後患。叩乞太老爺金恩批准立石示禁，則閤邑屯户等世世子孫，長沐鴻仁，未靡既矣。』等情。蒙此，准立石永禁。

乾隆二十六年十二月　日，蔡岳、陳佛、蘇化、曾沙、蔡攀、程昌、許熟等仝立石。

道光二十一年十一月，縣主來太爺重整□規。陳父、蘇養、潘言、許龍、蘇欣、鄭點、王心、鄭端。

**按**：此碑現存海澄鎮月港公園，已斷爲兩截。

## 四九一　南浦亭規約碑記

打石路頭旧有石碼頭，擺渡費每日銅錢壹佰弍拾文。因南浦亭值年賠費，社人合議充公。此有縻費，除前開支明白外，自　年　月起交付值年頭家，每日另僱一工收錢，照例二八均分。其逓年廟宇應費向刻于左，得值年按節遵办，神光得以普照矣。爰勒于石，以垂久誌云。

一，每月自擺渡錢定伍百文，貼本庙住持伙食。

一，每年迎神安座，下南戲一台。

一，每年六月十九日神誕，演唱江南班一台。

以上三条按節匀辦，不得詐稱錢額短欠，互相推委。抑有贏餘，付本社家長核算，交下年頭家，貼迎神零費。

道光弍拾壹年臘月勒石。

按：此碑現存薌城區厦門路南浦亭，碑名爲編者加擬。

## 四九二　郭氏祀業示禁碑

漳州府龍溪縣正堂加十級〈下缺〉給照事。案拠溪民郭宗等呈称：『有〈下缺〉一都王平保芦洲社，土名安豐亭〈下缺〉家田，西至港，南至鄭家厝地，北至〈下缺〉土名下河洋，一斗四升種。東西南〈下缺〉粮配上則，應完官銀伍錢，一斗四〈下缺〉陸厘，均收郭吟户内二段，每年該〈下缺〉段柒斗，宗等置爲先父因篤祀業〈下缺〉之資。不幸二宗契券輪交宗收〈下缺〉等兄弟相議，亟拠情瀝懇批准勒〈下缺〉』等情到縣。

拠呈前來，察核情詞，事属孝義〈下缺〉業，而垂久遠。嗣後倘有不法棍徒〈下缺〉不得憑用。如敢恃強刁訴，一經指〈下缺〉何房子侄，及異日孫裔胆敢私〈下缺〉皆罪，按律究處，毋稍寬宥。各宜凛〈下缺〉。

道光二十二年拾月〈下缺〉。

按：此碑現存榜山鎮蘆州村玉瀛宫，缺下半，碑名爲編者加擬。

## 四九三　重修科山祖廟碑記

神之爲靈，昭昭也。廣恩濟眾，首推淝水；休光錫福，資生共享。科山廟，祀我等之尊崇於歷代者，盖越久而彌隆。茲緣棟宇剥蝕，僉議重脩。已而家長唱率，眾竟勇往圖功。故或親身效力，或喜樂捐資，經之營之，不日成

之。罔非神人之共慶也，可不勒石以誌不忘哉？是用書。

監生林路水捐銀壹百員。職員柯維藩捐銀捌拾員。柯秋香捐銀弍拾員。宋道南捐銀弍拾員。林崇德捐銀拾肆員。柯金殿捐銀拾叁員。林福順捐銀拾弍員。陳治官捐銀拾弍員。高湧泉捐銀拾弍員。庠生宋光煜捐銀拾員。林福寿捐銀拾員。劉宝官捐銀拾員。保和堂捐銀拾員。劉蚶官捐銀柒員。柯朝宗捐銀柒員。職員許禮敦捐銀陸員。楊就官捐銀陸員。柯璉甚捐銀伍員。職員王家仁捐銀肆員。林紹嘉捐銀肆員。潘太長捐銀肆員。宣派柯公捐銀弍員。劉白观、陳明观各捐銀弍員。蘇珠官、陳建寧、林荣石、劉豆腐各捐銀弍員。陳明官、潘進傳、劉白官、王小慶、黄吉静、潘媽炎各捐銀壹員。

本社弟子捐銀肆佰貳大員。

道光壬寅年臘月吉置。董事：劉瞰官、柯尾官、柯攀敬、柯仁珪、楊景臣、柯媽陣仝立石。

**按：**此碑現存榜山鎮柯坑村科山祖廟，碑名爲編者加擬。

## 四九四　重興東興宫捐題姓氏碑記

葉陶光、聯芳捐銀壹佰大員。同邑石兆社中憲大夫黄錫瞻公捐銀叁拾大員。登瀛林利貞捐銀弍拾陸大員。鴻漸美梁元芳捐銀拾肆大員。領兆社蔡七官捐銀拾叁員陸角。流傳社歲貢郭輝光捐銀拾弍大員。北岸社郭科鍾捐銀拾弍大員。庠生林溥泉捐銀拾弍大員。林向观捐銀拾弍大員。林雲從捐銀拾弍大員。林光田捐銀拾弍大員。許雨露捐銀拾弍大員。林士秀捐銀拾弍大員。林利观捐銀拾弍大員。王白观捐銀拾大員。

陳興观、林今观、林居观、林漏得、林永祥各捐銀捌大員。林能琴捐銀柒大員。林錫仁、陳象观、林章观、歐民观、錢齊观、林起川、林益观、陳滙濱、蔡塹观、林意观、林胡观、林佰光、林惜观、林春观各捐銀陸大員。楊天昇、王啟佑、許蔡林、林浥茲、林金观、林突观、林軒观、歐陽珏、林上观、林照观、林合观、楊寶興、林玹观、

林位观、林闇观、林能世、郭畦登、林萊观、林忠敬、林忠諿、郭壬观各捐銀肆大員。李恰園、林能智、林四吉、林泠观、歐榮观、林奂观、林馮观、林遜观、林英观、陳嫣□、林造观、林張观各捐銀叁大員。

陳慶真、賴方佃、宋亭威、林亦观、林拱观、林聯珠、林西遠、葉好观、林改观、連經观、林新观、林朱厘、林廳观、陳大波、林啟观、郭唱观、郭敖观、林紫薇、林宛然、林達观、李廷威、陳和隆、林宙观、林埭观、林桓观、林光聘、林誦观、王福观、陳眾观、周光明、莊潭观、林美观、林果观、林存观、林甫观、林宿夜、林習观、尤振模、陳黎观、林吾□、鄭知□、林能交、林竹观、曾談观、王見观、王錫霓、李長水、李恭观、林遠观、林貢观、梁英观、黃寧观各捐銀弍大員。錢放观、楊順观各捐銀一元五角。連日暉、張代廉各捐銀一元二角。林列观、鄭是观各捐銀一元一角。魏釵观、賴裕观、林貪观、林劍观、林章慶、林霜观、林子夏、歐仁观、陳沉观、刘馮观、周水观、陳海龍、王長純、王保安、王和尚、王友观、林相观、林宅观、林顏淵、林三老、林可观、葉上观、王芽观、徐春观、李禄观、林清泉、林恒观、莊汶观、林勇观、林光彩、梁丈观、林和观、黃玖观、梁光观、黃报观、蔡發观、林遊观、錢祝观、林興观、林海观、林□观、林換观、林廩观、林選观、林滿观、林布观、林怡先、李強观、林猜观、陳真观、鄭鉗观、曾德愜、林坎水、林鳥定、林欽观、李玉璋、葉廷观、郭可观、錢簡观、郭就观、郭待观、林這良、林全观、林光观、陳冷观、林裕观、周蛇观、林元亨、陳漏观、林川留、林泰观、王貴观、王童观、郭春观、林苞观、錢陳观、林孝观、林魁观、吴樣观、林井观、林澤观、林陣观、蘇清观、葉佛观、林月德、林鼎观、歐草观、歐和观、林獻观、周麻观、周榮观、李廣盛、李孝观、林祀观、錢全观、葉安郎、郭正观、林居观、曾會川、李菜观、曾華观、林榜观、連遠观、陳權观、陳搵观、李玉观、連吹观、林雲騰、郭港观、郭寧观、錢傑观、郭赤观、錢忠观、錢信观、林髦观、林應观、林全观、林進观、吴有观、周諱观各捐銀壹大員。

總理、八甲社家長仝立。道光壬寅年臘月吉置立石。

**按**：此碑現存紫泥島溪洲村東興宮。

## 四九五　金沙天后宫重新捐銀条目碑記

正順庙上海存銀伍拾員。周啟元廿二員。魏蹄二十員。周致十六員。周秋十二員。周潮十二員。陳翁十二員。陳贊成拾員。周祥十二員。陳老八員。周懷德六員。周爻六員。梁托六員。周根六員。周遠六員。周要六員。周調榕六員。周夏五員。周文燕五員。周長、周陀、周定、梁顔、陳騰、周現、周錠、周走、周天生、傅珍各捐銀四大員。周瑞、周英、周象、周斗各捐銀三大員。周文東、周贊、周成、陳振美、陳華、周通、周拾、江籠、周包、周虎、周貫、周爲政、周立、黄真、周式、周金湯、周营、楊得生、周碧蘭、梁極、黄溥、周看、周朝猛、魏烈、魏滄凛、魏潤、魏芳假、趙蛋、周利生、周創、周招短、周五福、周清香、周定着各捐銀二大員。

共捐四百餘金，共用四百餘金。

道光廿三年仲春吉旦。董事：周毛、周諉、周文東、周贊、魏烈、陳老、周啟、陳成，立。

按：此碑現存厦門市海滄區後井村金沙天后宫。

## 四九六　重興慈濟宫捐金姓氏功德碑記

和合號捐銀肆拾大元。庠生劉光涵公捐銀式拾大元。盧仁記捐銀肆拾陸大元。黄恒和、邱振成各捐銀叁拾大元。劉石麟號、恒昌號捐銀一拾捌大元。德興號捐銀拾肆大元。鹽運使司知事周咨諏，金聯興公、金永和公、源隆號、盧東川、杉郊德茂號，布政使司理問許理敦，以上各捐銀拾二大元。洪文盛捐銀拾壹大元。甘元廷、其安堂各捐銀拾大元。太學生宋登雲、職員吴登梯、金同福公、南陽齋、金慶和公、金大經公、鄉賓林錫梓公、吏員蘇捷元、金義興公、宏盛號、成美號、建德號，以上各捐銀陸大元。

例贈修職郎庠生黄璋公捐石柱壹對。貢生黄福公捐銀伍大元。太學生曾恒忻公、莊士儼公、種春號、林碩膚、

洪長美、萃合隆、陳隆興、蘇文燦公、源東軒，以上各捐銀四大元。鄉賓劉松軒公、陳易珍、陳國成、協隆號、德隆號、順成號、劉天用、太學生宋光□、張心鏡、吴一壺、劉益芳、崇安號、芳春號、蘇聚隆、職員宋國欽、劉國柱、莊金山、劉天成、蔡燕觀、烏籠軒，以上各捐銀三大元。職庠生黄榜、林永熠、蘇既虞、佳興號、蔡源興、王光地、林美觀、庠生林毓從、懷春號、漳利號、劉益源、金裕興、劉仕蔭、劉值豐、庠生蔡瑞雲公、劉金壽、劉三貴、永美號、劉球觀、莊湧泉、鄉賓□光鳳、許順成、程濡觀、新王財、金長發、陳九觀、陳國香公、吏員陳時敏，以上各捐銀弍大元。

怡成號、諸邊茂、廣成號、永成號、林瑞茂、秀芳號、會恒利、劉克晃，以上各捐銀壹元伍角。太學生王光坎公、太學生曹允敏、關保和、協珍號、陳利川、源發號、職員曾以言、惟有號、邱有成、黄登球、蔡鳳觀、果興號、劉振盆、長發號、彬雅號、劉成興、陳初九、洪文國、瑞發號、聚豐號、玉成號、合成號、源利號、李奎垣、洪月桂、合發號、汗綿昌、協安號、盆成號、王江觀、徐石松、黄田記、劉豐泰、新興號、劉協山、雙源號、泉德號、合盛號、蘇曾哥、江聯記、順利號、秦姬輩、瑞美號、劉瑞隆、程樹德、劉諒觀、劉瑞川、蔡秋和、陳文信、劉益觀、張海觀、萬合號、王陽號、浩川號、洪彦司、劉松碧、劉光瑞、楊振盛、萬和號、沛川號、振隆號、敏記號、蔡先進、泉成號、洪焕觀、協盛號、順德號、王德修、劉綿燉公、蔡合興，以上各捐銀壹大元。

董事：鹽運使司周咨諏、關斌、蔡尚賢，太學生劉心嘉，庠生陳瑞、劉用舟、劉廷疆、邱文濬，職員黄逢時、黄利川，恩耆劉心奏、盧東川、劉長瑶、蔡登元，效用劉士超。

道光弍拾叁年歲次癸卯仲夏之月穀旦勒石。

**按：**此碑現存海澄鎮内樓村南門真君庵。

## 四九七　重興瑞青宮碑記

祀有典，何？古聖人神道設教，凡有功德於民，與夫爲民禦灾捍患者，咸享春秋、增爵秩，所以培風化而昭神庥，典至鉅焉。吾閩保生大帝，發跡白礁，自宋咸平，以丹藥濟人，得道飛升。歷宋、元、明訖國朝，其保國佑民諸顯蹟，彪炳典冊，以故徽號叠加，尊崇備至。滄江瑞青宮，前明崇祀大帝尊神，興構初基，碑缺有間。迨嘉慶庚申，里人周鎮、林長華、林元良、周六倡義重脩，更闢前宇，左爲四室，住持者居之，以司香火，甚盛舉也。顧規模少隘，復多歷年所，漂摇雨風，蠹蝕蟲螘。歲時祈報者愳榱椽坍塌，無以奠定神居，而勇於爲義、振衰起廢者復苦無人。於是里人林以鳳者，子紹亨航海貿遷，與其同儕李妙卿等鳩金若干，議興神祠。以貲不給，羣禱于神，神果降之福，獲息衆倍。遂相與筮日改造，而以鳳爲之植。費猶不供，乃益傾私槖。里中諸同志得心居等，亦雀躍共事，募醵更新，眾義而應之。用廓其基址，崇其檐棟。始於道光庚子四月，成於十一月，縻白金一千三百二十餘兩。由是廟貌巍峩，神靈赫濯，里沐休祥，家膺多祜，享太平而躋仁壽。於古聖人神道設教，適然有合，豈不懿哉！

同安吕世宜謹記并書。

捐銀題名：

鄉飲賓林以鳳四百員。監生李妙卿二百二十五員七角。林世威二百員。以上初捐。

馬維馨二百員。監生周宗貴四十六員四角。林廷焕二十三員。金榮發十九員二角。林元喜、周普山各十六員一角。林金波、林伏生各十二員。林松葉十一員五角。林鎮九員二角八分。楊占鼇六員九角六分。陳維六員四角五分。林文法六員。顔台、林光羅各三員二角。黄響老三員。以上續捐。

水師提標後營副総府張然二十二員七角。貢生楊文遠四十員。錦記號三十員。林協芳、金大興各二十四員。鄉飲賓施文傑、楊敦厚各十六員。陳思亭十四員。林夙夜十員。生員林希肅、合茂號、仁利號、吴蕙圃各八員。監生

許怡園、泉發號、仁和號、怡春號、楊榮俊、林其源、温貴各六員。一真號五員。恒順號、盈順號、建隆號、林開勳、林伯恭、林□□、瑞興號、蘇有恭、林滄州、周尚、余滾泉、林英標、林英和、王心、源興號、金桃號、振發號、振豐號、五美號、德記號各四員。源成號二員五角。監生林敦芹、則發號、得利號、錦興號、源德號、林財、允生居、開興號、吴光習、源盛號、吴開宗、阜陽號、合成號、泉興號、振榮號、金和昌、福成號各三員。以上再續捐。

道光二十三年十月穀旦。董事：林以鳳、得心居、林瓊筵、林宗哲、協芳號、林静侯、李應㳽、周尚、允生居、邱佛抱、余凉露、黄糸、陳龍可仝立。

按：此碑現存厦門市海滄區海滄村大路頭瑞青宫。

## 四九八　重修清惠宫碑記

漳之清惠宫，崇祀玉封掌法仙妃丁八夫人，雄鎮霞南，歷傳已久。自乾隆乙未□□□□□□□□□赫濯，馨香永垂弗替焉。歲道光壬辰，溪水爲災，水浸神像及半，而住持僧璧師晨夕不離，誠心□□□□□□□□□□之靈□。維廟宇經水患，墻壁傾頽，上雨旁風，幾無棲神之所，何以肅觀瞻而妥神靈邪？爰集諸同人□□□□□修葺。自乙未興工，至庚子告竣。鳩工庀材，前後經營六載，并購地二十餘丈，濬溝築樓，歲輸府租，而廟貌焕然聿新。兹將董事及捐金姓氏勒之貞珉，以垂永遠，而邀神佑歟！是爲記。

戊子科副元、候選直隸州知州黄雨辰敬撰。

總理：副舉人黄雨辰。董事：副舉人□□、太學生黄上達、太學生□□元、太學生李整綱、林振輝。

金順安號捐佛銀叁佰大元。冶□堂號捐佛銀壹佰弍拾壹大元。大德號捐佛銀陸拾大元。榮德號捐佛銀肆拾捌元。億瑞號捐佛銀肆拾伍大元。榮□號捐佛銀肆拾伍大元。新□□□捐佛銀肆拾伍大元。廣成號捐佛銀肆拾伍大元。升泰號捐佛銀叁拾捌大元。義和號捐佛銀叁拾陸大元。□□□捐佛銀叁拾陸大元。藏成號捐佛銀叁拾陸大元。源順號

捐佛銀叁拾大元。□□□捐佛銀叁拾大元。□□□捐佛銀弍拾柒大元。萬順號捐佛銀弍拾陸大元。隆興號捐佛銀弍拾肆大元。裕和號捐佛銀弍拾肆大元。□□□捐佛銀弍拾肆大元。正興號捐佛銀弍拾肆大元。龍泰號捐佛銀弍拾肆大元。□□號捐佛銀弍拾大元。□□□捐佛銀拾捌大元。總盛號捐佛銀拾捌大元。振成號捐佛銀拾捌大元。□□號捐佛銀拾弍大元。□□□捐佛銀拾弍大元。元興號捐佛銀拾弍大元。職員李彤青捐佛銀拾弍大元。永□號捐佛銀拾弍大元。□□□捐佛銀玖大元。協茂號捐佛銀玖大元。錦成號捐佛銀捌大元。□□號捐佛銀捌大元。

太學生林□□、恆興號、源盛號，以上各捐佛銀陸大元。□長春、□蔡號、便興號、協蘭號、順□號、□□號、利□號，以上各捐佛銀肆大元。署□□府學施長耀、舉人□□□、庠生□□珍、太學生□□□、太學生□士章、太學生陳宜壽、信士林振旭、吴光滔，以上各捐佛銀叁大元。

一，公議抽捐□□□税銀十分之弍，爲開溝築堤之貲，始得□□□登□□□□□柒錢玖分，每元陸錢行，合折銀陸佰零肆元陸角。

一，大宗捐徵福户，每户逐日徵錢弍拾文，自戊戌年九月□□□□□□□十三日終止，共徵得錢陸佰弍拾肆仟伍佰玖拾弍文，每元陸錢□行□錢玖佰陸拾文，合折佛銀陸佰伍拾元零陸角。

福户開列於左：

天懋捐三福户。源順、柒美、億瑞、時春、新□成、□興、裕□、新隆興、□興、□奮、源茂、綿成、德豐、崑山、□泰、協順、崑源、元興，以上各捐弍福户。瑞德、若順、□豐、□□、□隆、綿隆、綿□、端發、協泰、振順、協茂、協興，以上各捐壹福户。翁日春觀、張敬觀、盧順興、協蘭、□興發、□□、順興，以上各捐半福户。

計共伍拾伍福户半，總共合計捐得佛銀貳仟伍佰捌拾伍元弍角正。

一，重修本廟并置地造樓、開溝築堤、開用工料諸費各款，另登木牌，以備工資。

職員黄開治敬書。旹道光二十三年歲次癸卯孟冬穀旦，闔鄉仝敬立。

按：此碑現存龍文區石刻博物館。

## 四九九　重修靈惠宫題捐碑

靈惠宫重脩，里人捐題緣金開列于左：

例授朝議大夫布政司經歷加四級黄鳳鳴捐銀弍佰大員。中憲大夫黄寶齋公捐銀壹佰大員。黄義記捐銀肆拾大員。太學生黄碩昭捐八角石柱壹对。太學生黄正品捐銀弍拾肆大員。黄其通公捐銀拾弍大員。黄其深捐銀拾弍大員。黄其榮捐大碇石壹付。林文興捐大門籤壹对。曾月吉捐小門籤壹对。楊奇齡捐小門籤壹对。黄德壽捐亭仔石柱壹对。

黄添弘公、黄希穆公、黄德映，以上各捐銀陸大員。黄彩霞、黄炳良、黄光典、吴玉樹、黄開端，以上各捐銀肆大員。黄御公、黄希拱公、黄希伯公、黄迪育公、黄願使、黄天賜、黄溪光、黄正元、黄大匏、黄專記、黄天命、黄水泉、黄長興、黄以續、黄德輝、黄光守、黄光端、黄榮吟、黄路強、黄珠雷、黄淡通、黄文珠、黄尚緩、黄光菜、黄陳標、黄讀老、黄欽懷、黄永悦、黄開泰、黄在老、黄佰勳、黄啟芳、黄敬記、黄光算、黄江面，以上各捐銀弍大員。黄金殿、黄文讚、黄变成、黄光清、黄天恩、黄萬誥、黄文蘭、黄鳳麟、黄瑞印、黄大氣、黄水波、黄妙基、黄汪洋、黄其彼、黄承仕、黄大來、黄光斟、黄天智、黄百馨、黄東喜、黄水振、黄有壬、黄淑汝、黄淑齊、黄烏老、黄墻老、黄欌使、黄凛生、黄珠道、黄心鮮、黄媽量、黄大榛、黄恭使、黄狗老、黄漏結、黄光笛、黄媽甲、黄有轉、黄聯鷂、黄毓裕、黄媽馮、黄有添、黄先朝、黄謙讓、黄永讓、黄光畏、黄錦香、黄鍾義、黄鍾和、黄在彩、黄廷攀、黄榮貌、黄承活、黄龍水、陳悦珍、吴光賓、吴抱振、吴喜報、吴清周、黄永秋、黄光籍、黄瓊瑶、黄極律、黄光七、黄仕仍，以上各捐銀壹大員。

道光弍拾叁年嘉平月，董事：黄炳輔、炳良、其榮、光溪、光七、君謨、水泉仝立石。

按：此碑現存角美鎮錦宅村五恩宫，碑名爲編者加擬。

## 五〇〇　重興百回宮碑記

重興百回宮，今已告竣。所有緣主捐金姓名，理應勒石，以垂永久。

鄉大賓黄伯冲公捐銀拾弍大元。國學生林威揚公捐銀拾壹大元。信士陳光位捐銀拾大元。庠生黄錫三公、信士曾光河、曾猴观各捐銀肆大元。林瑶仲捐銀叁大元。林大茂、長水观、曾盛观各捐銀弍大元。曾尚璣、陳錐观、長甫观、林清標、曾開動各捐銀壹元半。黄百谷、黄應生、林天党、林双輝、曾赤观、曾陣观各捐銀壹大元。林景美、林套观、林振榮、林蹦观、蔡天厚、盧亨观、林首編、曾榮观、曾長經、曾初雍、曾永終、曾光哲、曾笈簏、曾求观、曾讟观各捐銀壹中元。

道光弍拾肆年叁月吉旦，董事：林瑶仲、曾盛、曾放、曾動仝立。

**按**：此碑現存海澄鎮珠浦村前曾社百回宮，碑名爲編者加擬。

## 五〇一　蔡氏崇本堂建立祀田碑記

且夫建祠立廟，崇祀祖先神牌，敬奉香煙及春祀秋嘗，庶不失追遠報本之心。我河濱祖祠供祀碧川公暨列祖配享，惟恐祀費有缺，公議置田收納租谷，足以供祭祀要需，永垂不泯。爲孫子者，少盡仁孝之微忱云爾。謹將置買祀田坐址勒列于左：

一，道光廿四年，裔孫温信仝各房人等明買宋好音田捌斗種，配宋炎記户粮銀捌錢壹分捌厘，址本社前洋港仔尾王厝墓，東西至李、蔡家田，南北俱至港中。爲中人宋虎、蔡沛，即仝中付買價銀弍佰玖拾陸大元，即來契券五帋，印契司单在内税契用銀弍拾弍大元。其契抛交石碼裔孫温信等當舖内收存。一，此田粮銀原配宋炎記户，應推入蔡世顯户内，以便完粮掣串。

道光廿五年二月　日，河濱祖祠裔孫仝勒石。

**按：** 此碑現存海澄鎮崎溝村河邊社蔡氏崇本堂，碑名爲編者加擬。

## 五〇二　内樓劉氏大宗祠祔主碑記

祖廟之重興也，集卿公獨肩其任，捐銀千有百元，又建祀田肆斗，而廟堂禮器，春秋享祀，氣象一新，其功誠有開先難継者。族眾所由進公及大孺人，於嘉慶二年祔主配享焉。道光二十五年，五房各家長因有納銀四百祔主一對之舉，感懷於公之功德，欲表異以崇報，乃議公之考妣亦得祔主配享，約納銀弍佰元。蓋德盛愛深，功多報厚，爲追敘而酬勳，以昭公允。夫祔主與享，義係崇德報功，嗣後未便輕議。茲特爲計功優奬，非可依例。爰勒石紀之，爲立功於廟者勸。

道光二十五年十一月，家長：長房心平、次房焕文、三房國生、四房有石、五房光喜立。

**按：** 此碑現存海澄鎮内樓村劉氏大宗祠。

## 五〇三　内樓劉氏大宗祠祔主碑記（二）

《禮》曰『祔于祖禰』，《書》曰『爾祖其從與享』，此配享所由昉歟？祖廟自集卿公捐金配享以後，廟貌雖巍然，而蒸業未腆，矧歲比不登，公費乏項，非我孫子咎乎？爰是僉議：此際有能入主捐資充公費者，每對酌定價銀四百元。幸有長房用賓公、振江公、履安公派下，願獻蒸田、蒸業，估價足數，又每對再估充佛銀一百元，以爲享祀蒸資，合共充銀伍百元。嗣後公費獲充，利及奕世，皆其義不可忘者也。直從祀中龕，以勸向義，仝立貞珉，永垂不朽云。

謹將諸業列左：

一，用賓公派下充來蒸田六斗種，配官粮徵銀陸錢叁分叁厘，址泥寨橋頭第弍坵，照時價估銀弍佰弍拾元。又

充來蒸店壹座，址溪頭街蔡媽廟後南邊，照時價估銀弍佰元。又充來長寮河河份半口，照時價估銀伍拾元。又充來現銀叁拾元。合共田店河價、銀湊足伍佰元。

一，振江公派下充來蒸田七斗種，址石路垙打鉄河邊，配官粮徵銀陸錢零陸厘，照時價估銀伍佰元。

一，履安公派下充來南壇前邊及洲仔洋田叁坵柒斗半，今作玖斗種收税，配官糧徵銀柒錢柒分玖厘。又充來後港洋田壹斗伍升種，配官粮徵銀壹錢肆分玖厘，照時價共估銀肆佰捌拾元。又貼現銀弍拾元。合共田價、銀湊足伍佰元。

以上官粮俱推入南坊劉世昌户劉蒸名下完納。

道光二十五年十二月　日，長房家長心平、次房家長焕文、三房家長國生、四房家長有石、五房家長光喜仝立。

按：此碑現存海澄鎮内樓村劉氏大宗祠。

## 五〇四　重修岱洲慈濟宫題捐碑

重修慈濟宫，岱洲府諸弟子捐題緣銀開列于左。

許泗□、許泗漳官捐來艮壹□□拾元。

石悦通官捐來佛艮壹佰大元。石漢水官捐來艮弍拾陸大元。職員楊興捐來艮弍拾肆大元。林錫敏官捐來艮弍拾肆大元。林雀光官捐來艮弍拾肆大元。林遇□官捐來艮壹拾弍大元。石安然官捐來艮壹拾弍大元。余光炳官捐來艮壹拾弍大元。王遠官捐來佛艮壹拾弍大元。余光庇官捐來艮捌大元。林開邦官捐來艮肆大元。□救生官、李光儉官、林光□官、林天□官、林渭水官、林金□官、林光□官、楊尚職官、王笑□官，以上每名各捐來艮陸大元。余大府官、余菜□官、林三□官、林光□官、楊挺□官、林□□官、□子□官、陳□□官、陳□□官、林□□官、黄金□官、林□水官、余□官，以上每名各捐來艮弍大元。

陳玉郎官捐來艮壹佰弍拾元。陳□官捐來佛艮玖拾伍大元。陳繼盛官捐來佛艮陸拾大元。李其香官捐來艮弍拾

肆大元。陳啟□官捐來佛艮弍拾大元。陳四□官捐來佛艮弍拾大元。陳□水官捐來佛艮弍拾大元。陳□□官捐來艮壹拾弍大元。陳□慶官捐來艮壹拾弍大元。陳泰□官捐來艮壹拾弍大元。陳□□官捐來艮壹拾弍大元。陳九龍官捐來艮壹拾弍大元。陳己米官捐來佛艮壹拾大元。陳□官捐來佛艮壹拾□大元。陳珠來官捐來佛艮壹拾大元。黃□德官捐來佛艮捌大元。張鴻□官、陳□勇官、陳彩珍官、陳光□官、余傳夢官、陳露水官、李仕□官、林三□官、余英□官，以上每名各捐來艮陸大元。

□□□官、陳煥采官、陳瓊水官、陳秀□官、陳□□官，以上每名各捐來艮五大元。陳□□官、陳泰□官、陳□□官、余光春官、黃□□官、陳□□官、陳連□官、林國歐官、陳光□官、陳□水官、□光□官、陳聯□官、陳三箬官、陳神□官、陳□□官、陳□□官、陳淑□官、陳忠□官、王媽向官、陳□□官，以上每名各捐來艮肆大元。陳□□官、黃□鈞官、黃□登官、陳□合官、黃□□官、陳□□官、陳余珞官、陳□□官、林志□官、陳□□官、李□□官、陳新發官、陳仁□官、陳國珍官、陳□□官、陳□□官、陳發強官、陳□全官、陳洪泥官、陳□□官、陳□□官、陳□露官、陳咸宗官、陳□天官、王□□官、陳□□官，以上每名各捐來艮弍大元。王□□官、陳金□官、陳□□官、王三□官、陳□□官、李□□官、陳□□官、蔡□官、陳兩□官、□□□官、陳□□官、□□生官、陳永安官、陳年□官、陳□石官、陳□名官、陳江發官，陳□余媽□兄弟充來店二坎，以上每名各捐來艮壹大元。

四美寶號捐來佛艮壹佰大元。石□鰩官捐來艮叁拾陸大元。石同興號捐來佛艮叁拾大元。職員石時榮捐來艮弍拾大元。石莊勝號捐來佛艮弍拾大元。庠生石江彩捐來艮拾陸大元。太學生陳□馨捐來艮拾肆大元。石振夔官捐來艮壹拾弍大元。余朝及官捐來艮壹拾弍大元。石如興官捐來佛艮壹拾大元。石伴友官捐來佛艮壹拾大元。□豐號捐來佛艮陸大元。庠生石□□捐來艮陸大元。陳東山號捐來佛艮陸大元。新榮源號捐來佛艮陸大元。石錦添官捐來佛艮叁元半。陳欽□、余□□、石美成、楊崇和、陳英□、□□□、王邦保、泰合號、石光□、李□山、石福源、□興號、石文□、石□□、陳□璧，以上每名各捐來艮四大元。石文濤、陳碧水、石泰出、石□源，以上每名各捐來艮弍大元。

大清道光二十六年吉旦。

東門董事：余光眼、余阿江、石藕水、石蓮科；南門董事：李明月、李清茶、李大位、李光朋；西門董事：王尾奇、王海奇、王真榮、黄占鰲；北門董事：陳萬益、陳光意、陳應前、陳德福；仝立。

**按：**此碑現存角美鎮石厝村宫邊社岱洲慈濟宫，曾斷爲四截，碑名爲編者加擬。

## 五〇五　重修廟宇建室仔捐金碑記

登仕郎邱元耀喜捨地壹區，石叁拾丈。信士陳龍興捐銀陸兩叁錢。職員周吉諏、許印观各捐銀弍大員。職員林中慶捐銀壹員半。職員林崇隆公、庠生林元勳、楊榮銓、陸勘法、張猷观各捐銀壹大員。鄭毛观捐銀陸大員。歲進士鄭元春公捐銀廿大員。林壬建捐銀弍大員。蔡和尚、陳底观、蘇屋观各捐銀壹大員。蘇海公、方春观、陳振江、蘇德观、蘇斗观、方宗經、蔡仕观、黄保順、蘇宗沛、方漢招、莊傑观、林逢時、沈圃观、陳清池、黄漢观、陳輝音、許傑观、蔡霜客、曾熙观、蔡福观、陳瑞侯、許佑观、方錢号、李港观、黄花观、鄭合成、許祖應各捐銀壹中員。

董事：蘇宗面捐銀拾大員，陳吴生捐銀肆大員，庠生方楚材捐銀弍大員，陳夏观捐銀壹中員，仝勒石。

大清道光二十七年桐月立。

**按：**此碑現存海澄鎮華瑶村天池宫。

## 五〇六　重建樹德橋捐金姓氏碑

奉政大夫曹世芬公、石□号、敦誼堂各捐銀拾弍兩。甘文祀公捐銀拾兩。太夅生洪國選公捐銀捌兩肆錢。金聯興、金和順、金同福、太夅生陳天亨各捐銀柒兩弍錢。鄉賓邱士英捐銀伍兩肆錢。金義興、鄉賓楊宗契各捐銀肆兩捌錢。金慶和、登仕郎甘維煜公、鄉賓黄伯沖公、庠生潘錫三公、李喬公、庠生陳大欽公、甘綿振公、太夅生黄敏

德、鄉賓黄流水各捐銀叁兩陸錢。登仕郎陳登庸公、太庠生許少元公、劉山輝公、太庠生陳清潤、鄉賓楊其從、貢生黄殿邦、曹□三、蘇聚興、邱□卿各捐銀弍兩肆錢。太庠生黄登標公、太庠生黄登杰公、高温厚公、高永福公、職員郭大珩各捐銀壹兩捌錢。鄉賓甘讓德公、甘合元公、甘容川公、庠生陳□公、甘赴應公、曹懷碧公、黄呈祥公、高錦公、高台公、高耀倉公、高素朴公、鄭光遠公、鄭子忠公、鄭基慶公、鄭惠和公、鄭百泉公、鄭子徽公、鄉賓邱培栽、陳世傑、高恩沛、高光煐、鍾惟各捐銀壹兩弍錢。高維□公、高字公各捐銀玖錢。甘維□公、甘維爌公、甘世茅公、陳錫球公、高栖公、甘信胡公、高繼公、甘全、鄭德璉、高健、高黨各捐銀陸錢。

道光二十七年二月，經董：舉人林□□、貢生甘槐音、職庠生黄榜、庠生劉用舟、職員周咨諏、庠生吴斌、庠生蔡尚賢、監生蔡温信、庠生陳滙、職員黄利川。

**按：**此碑現存海澄鎮崎溝村樹德社樹兜橋。

## 五〇七　謝倉蔡氏草洲碑記

竊謂木本水源，祖先之本源宜重；創業垂統，子孫之繼述當遵。我謝倉始祖汝達公，克勤克儉，誕生四子，長彦崇、次彦良、三彦爵、四彦福。派分四房，次、三兩房出祖，惟長、四守祖。彦崇公裔孫克晃、彦福公裔孫錫侯追念汝達公祭祀乏費，晃等議將草洲壹片，號蔡厝洲，址在玉枕洲尾，土名垄泥洲，自乾隆肆拾壹年充爲祖蒸祭祀，栽草佃税，每年晃納銀弍拾元，以爲春秋祭費。至乾隆伍拾年，收歸捌都肆圖，完蔡信義户内蔡關祖花户折完粮銀壹兩肆錢叁分叁厘。

後因此洲高埠，草利漸減，長房魁元、四房承昌會議，裔孫偕益、建勳、尚賢、耕九，招募墾主林意、蔡企南、蔡瑞霖、蔡池水等認墾，出本填築成田，議限至玖年豐滿獲利，充還墾主本銀。限滿，業主與墾主對半均分，就地拈鬮管業。此草洲東至新垄泥坪，西至本洲田外弍拾丈爲界，南至新下坪，北至新垄泥園岸外叁丈仔坪，與協興洲

交界，四至界明。議約自道光弍拾捌年晚冬起，抽出田壹石伍斗種爲汝達公祭費，任從招佃耕作，餘歸墾主耕種；俟道光叁拾柒年早冬止限滿分田之日，當抽出伍斗種，仍歸墾、業主均分。

其壹石種，係意等懇求魁元、承昌等爲該田流通水路，永爲汝達公之業。其田伍斗種，西陡門頭算起第弍坵，南横闊柒丈，北横闊叁丈叁尺；又田壹石第叁坵，東至裔孫廷珠第肆坵田，西至第弍坵田，南横闊拾柒丈叁尺伍寸，北横闊肆丈壹尺，隨付招佃耕作，收税納粮。其粮墾主蔡企南等每年貼銀弍元，重壹兩弍錢正，交值祭之房彙完，不得互推，致廢公事。限滿，汝達公與墾主另行計畝照份均分，所得田額再爲立石。

至新下坔泥，係長房裔孫廷珠出本填築，議作拾分，料得汝達公永得叁分、珠永得柒分。其汝達公叁分，現佃與珠栽草，議定每年叁元，自本年起按年增税，不得議減。如是天氣不順、早冬失收，或坪地高埠議減，珠先行通知，當事酌定銀價，不得私受讓減。如是以多報少，查出鳴衆起佃，不得辭責。

此係至公無私，我各房子孫遵照舊章，共体厥志，毋得争競，傷及親誼，庶宗廟享而子孫保焉。爰勒石爲誌，以垂永遠云爾。

道光弍拾捌年桂月　日，裔孫：長房魁元、四房承昌仝立石。

**按**：此碑現存海澄鎮前厝村謝倉蔡氏崇報堂，碑名爲編者加擬。

## 五〇八　鄭氏祖祠禁約碑記

闔族佃户公仝會禁：窃謂農以耕作爲業。我族素沐先人遺禁，凡在同宗共祖，自有安享之樂，久無篡佃之虞。苟不伸明約束，則習染性成，易至爲争篡之端。茲我佃産，公仝嚴約，各安其分，各掌其世。倘不遵約束、賄賂篡佃仝禁佃户出頭，互相協力，以衆攻之。不得袒縱，爲親而屈□□以保厥好。爰將禁條開列于後：

一禁：税粟務要乾净，不許少欠。

一禁：不許向田主用賂，篡他人之田以爲己佃。

一禁：年冬荒捐，務向田主陳明，以定減税。

道光二十八年蒲月穀旦，闔族佃户公禁。

按：此碑現存白水鎮山美村鄭氏宗祠，碑名爲編者加擬。

## 五〇九　重修大橋碑記

壺嶼直東里許有大橋焉，壘址翼欄咸砌以石，長二十丈，東西跨惠民港，通潮汐，龍、同二邑交界，亦舟車輻輳之地也。攷之縣志，與迤西小橋均爲元僧德霖募建，其功德惠民與港俱深矣。迄今傾頹甚，待脩孔亟。石村監生黄碩昭，素懷利濟，倡捐重脩，生員黄源清協募，落成請記。余思此橋扼龍、同之衝，攬山水之勝，横亘長流似虹霓變現，對峙小橋如胡蝶双飛。昔人謂地靈者人必傑，前此名人輩出，光增里閭。今雖風流稍歇，然當修葺振興之會，亦地靈旋轉之機也。敢爲吾鄉頌焉，豈特功德惠民之深哉！於是乎記。

黄其顯捐銀五十大員。黄承恩樓捐銀三十大員。黄寶齋捐銀二十大員。黄德書捐銀一十四大員。莊文榜、張怡慶堂、潘湛園、吴合茂、黄其儀各捐銀十二大員。烏嶼社捐銀八大員。顔機志、曾潤堂、新發春、王毓蘭堂、林若夫、黄其書、黄德如、怡源號各捐銀六大員。林順智、林利貞、林恒德、吴汝爲、歐夢元、合和祥號、陳恭得、吟兜社、下圍社、黄起瀾、黄德成、黄德緝、黄錦豐、黄錦源、黄信昌、黄在敦各捐銀四元。碼隆興、碼源美、方朝春、余和遠、余新發、梁然記、陳源濟、郭次其、潘溪圃、吴光盾、歐來舵、金合和、陳萃英、陳源振、歐懊观、曾尾社、和義號、歐太滄、黄懷鎮、黄六鰲、黄六海、黄碩甫、黄香谷、黄啓基、黄忍慎、黄嫣溪、黄敘倫、黄登拔、黄其源、上圍社、黄朝鳳、黄其援、黄其選、黄德映、黄德考各捐銀二大員。王滿水、王文爪、余佛緣、余光炳、李利鋭、郭含英、梁崇德、陳拔桂、陳渺鳳、陳玉翰、陳文炳、陳德盛、陳貴垂、陳妙松、陳繼盛、陳連慶、

陳花橋、陳安邦、陳奇山、恒德號、陳肇金、歐領观、歐圓观、歐猪观、歐雄观、歐鉗观、陳源益、黄源美、綿源號、金得興號、角源成、黄追遠、黄媽條、國課館、黄茂盛、黄宏基、黄延四、黄純博、黄萬誥、黄節观、黄德楨、黄永刊、黄問吉各捐銀壹大員。

大清國道光二十九年歲次己酉梅月　日。里人、候補儒學訓導吴日章謹記并書。

董事：黄炳輔，監生黄元盛，廪生黄元采、黄其書、陳調和、黄文邊、黄德發、黄其選，仝勒石。

**按：**此碑現存角美鎮橋頭村。

## 五一〇　定山宫仙姑媽牌記

窃謂神恩默庇無窮，爰是弟子各宜欣題。茲將名次開列于左：

謝源發捐佛艮貳拾肆元。謝吉观捐佛艮拾肆元。謝雄观捐佛艮拾肆元。馬趂观捐佛艮拾大元。馮錢观捐佛艮拾大元。陳振陶捐佛艮玖大元。謝甲辰捐佛艮柒大元。謝龐观捐佛艮陸大元。謝逸观捐佛艮陸大元。謝波观捐佛艮肆大元。謝堪观捐佛艮肆大元。馬省观捐佛艮肆大元。謝汝观捐佛艮肆大元。謝奕德捐佛艮肆大元。謝奏观捐佛艮叁大元。陳建观捐佛艮叁大元。謝侯观捐佛艮叁大元。謝振芳捐佛艮叁大元。馮郭观捐佛艮叁大元。謝分观捐佛艮叁大元。馮臨观捐佛艮叁大元。謝課观捐佛艮叁大元。謝沉观捐佛艮叁大元。馬會观捐佛艮貳大元。謝紈观捐佛艮貳大元。謝坂观捐佛艮貳大元。謝奢观捐佛艮貳大元。謝株观捐佛艮貳大元。葉崇禧捐佛艮貳大元。王景观捐佛艮貳大元。謝錫圭捐佛艮貳大元。馮定观捐佛艮貳大元。謝錫爵捐佛艮貳大元。馮子張捐佛艮壹大元。謝左观捐佛艮壹大元。謝徑观捐佛艮壹大元。陳祥观捐佛艮壹大元。馮夏观捐佛艮壹大元。謝錫歛捐佛艮壹大元。謝水观捐佛艮壹大元。謝素观捐佛艮壹大元。馬爛观捐佛艮壹大元。謝鍇观捐佛艮壹大元。謝野观捐佛艮壹大元。謝紅桃捐佛艮壹大元。謝照观捐佛艮壹大元。謝振观捐佛艮壹大元。謝葉观捐佛艮壹大元。謝盤观捐佛艮壹大元。謝兜观捐佛艮壹

大元。謝七观捐佛艮壹大元。李妙观捐佛艮壹大元。謝蘇观捐佛艮壹大元。謝錫連捐佛艮壹大元。

此条乃三次總録條目。到新收存，可將名次敬刊牌扁，流傳萬代，慶祝千秋，是荷。

道光廿九年吉置。

按：此碑現存角美鎮坂美村定山宫。

## 五一一　篁津宫碑記

篁津宫募費緣金置亭邊厝壹進，拆卸造埕，并修□墻，完成告竣。聯篁亭、篁慶堂仝私置貳進，同愿每年佃租銀充入本宫謁祖香資。

黄金弁捐銀六兩。聯篁亭社、林廷福、財子堂社、康添雪、蔡嘉治、陳聯發（另捨石井欄）、周起南、鄭光直、康沃泉、洪招穆、連拱杖、吴延賞、鄭對陽、盧紫雲、鄭會光、蘇慶聰、蘇慶爵、郭延光、曾文瑞、劉開福、黄國樑、鄭振美、鄭文章、黄順澤、蔡建庚、曾金生、劉科南，以上合共捐銀陸兩。莊梓仲、鄭永裕、郭仕政、宋世瑶、鄭嘉謨、慶堂社、林天福、曾奪標、莊追慎、李欣而、張仕毅、蘇大由、蔡温潤、鄭天耀、曾時安，以上共捐庫秤銀陸兩。陳濟川、蔡會觀、吴延賞、劉綿萃、忠興堂、鄭丙坤捌拾肆錢，鄭用光九錢，以上各捐銀貳兩。黄金弁、黄長愿、陳葉傳、黄炉生、盧兩謙、吴良□、黄大寬、黄有泉各陸拾陸錢，黄春叁錢，共銀四兩八。張天潤、高國梓、蔡己巳、鄭長吉、蔡武東、鄭□信、黄瑞興、許長慶、黄崧蔭、章殷成，以上各捐銀陸錢。林佛寶、林傳生、篁君堂、吴長沛、陳文欽、陳壬成、黄俊嵩、陳朝慶、温恭仁、鄭清松共捐銀陸兩。黄大洪、陳朝陽各捐銀陸錢。黄開慶、林勝約各捐銀叁錢。張其尚、葉丙□、黄福□共捐銀陸錢。

總合共捐庫駝銀伍拾貳兩捌錢足。

一，買黄家厝壹進，帶天井壹所，折造亭用銀拾四兩四錢正。一，塗大小工并料，用銀拾柒兩四錢。一，買灰

硒什物，用去銀陸兩正。一，木工并松料，用銀玖兩陸錢正。一，買石碑蓋油，用銀四兩八錢。

道光貳拾玖年己酉仲冬月，當事人鄭光直、吴長沛暨諸弟子仝勒碑。

**按**：此碑現存石碼街道打索街篁津宫。

## 五一二　謝倉蔡氏祠堂題捐碑

蔡求信捐英銀壹佰肆拾大元。直水捐時銀壹佰陸拾大元。延慶捐英銀肆拾大元。清記捐英銀肆拾大元。振義捐英銀弍拾肆大元。紫微捐英銀拾弍大元。正道捐英銀拾弍大元。東井捐英銀拾弍大元。貢生登階捐時銀拾弍大元。慶雲捐英銀捌大元。國泰捐時銀捌大元。善猷捐時銀捌大元。揖讓捐英銀陸大元。清池捐英銀陸大元。康廉捐英銀陸大元。江龍、泗長、楷生、柿生、長茂、其萬、復礼、晚唱、恒信、宿生、芳源、泉生、奇雄、牛生、墻生、長源、慶泉、誥生、康亮、番薯、應逢、文珍、茂生、成通，以上各捐英銀弍大元。天從捐英銀壹大元。

董事：副舉人蔡廷鵠、生員世昌，生員夢蓮、建章、魁元、許生、榮、奉三、尚賢、奠邦，太學生清隉、慎修、瑞鴻，把總捷標。

家長：蔡士材、超茹、管观、廷蘭、顒观、天助、皆观、池水、開祖、妙容、諒观、老生、粽观、飽观。

**按**：此碑現存海澄鎮前厝村謝倉蔡氏崇報堂，碑名爲編者加擬。

## 五一三　陳氏大宗燕昌堂記

嘗聞將營宫室，宗廟爲先。誠以宗尊廟貌，百世瞻依，典至重而禮至隆也。溯自肇世祖宗友公由岐山而開基果堂，越二世分爲三房：長仕一公、次仕齊公、三仕平公。仕齊公移居烏仔埔，而仕一公與仕平公俱私建小宗，春霜秋露，各奉祭祀。惟大宗未創立，罔得妥先靈於一堂，子孫之心竊有所未安焉。馨累年就職京師，王事鞅掌，他務

未遑。丁未春，給假還里，又慮吉地難求，幸而延堪輿林松先生，相得江園舊學地。蕭山擁秀，澳水環流，以此下築廟堂，異日孫支鵲起，甲第蟬聯，豈可量乎？爰是集族人而議之，闔族無不踴躍歡欣、捐資興築。即辛亥年二月經始，五月落成。顔其堂曰『燕昌』，取燕天昌後之説也。夫報本反始，人有同情；勤墉墍茨，心惟致敬。登其堂而僾見愾聞，宗祖之形聲若接；踐其位而左昭右穆，子孫之倫序以明。矧濟美則岐嶷挺生，觀光則英賢輩出，其所以受國恩而餘家慶者，方興未艾。我先祖九京可作，應有顧之而神怡者矣。

十五代孫尚馨謹誌。

按：此碑原在角美鎮課堂村陳氏燕昌堂，現存陳氏燕翼堂。

## 五一四　陳氏燕昌堂條規祀業費用碑記

燕昌堂條規、祀業、費用開列于左：

一，本祠春秋二祭，公議有前程年長者主祭，違約議罰。一，春秋享祀，務要嚴整，各人當備衣冠，到祠行禮。如無衣冠，不許入祠。一，祭祀子姪，昭穆宜分明，不可上下混雜，違者不許入祠。一，祠内不許子姪窩藏匪類、開設賭博，違者呈官。一，早晚二冬，祠内不許收粟貯草及引火之物，違者議罰。一，祠内不許戲班外人借宿并收貯物件，違者議罰。一，祠内物件倘有失落，各房家長務宜查明，呈官究治。一，本族子姪倘有角口，當預先稟明家長議論是非，違者議罰。一，本族各房家長宜約束子姪，以和爲貴，毋使强弱分明，違者議罰。

一，置後埔洋田一坵三斗。一，置前山南平田一坵一斗。一，置洪林牛路下田一坵六升。一，置内埭洋田一坵六斗半。一，置洋洲庙前田一坵四斗。一，置大椗洋田一坵二斗半。一，置馬裡洋田一坵三斗。一，置亭滿籬洋田一坵五斗六升。一，置洪林埔洋田一坵二斗半。一，置小北岑田一坵二斗七升。一，置官柴硇田一坵四斗。一，置洪林埔前田一坵二斗八升。一，置江園孛後園一坵。一，置洋洲庙後店屋一座。一，另置禄位田五斗。一，另置書

田四斗。一，入主計共三十一付，來佛叁仟壹佰元。一，芳記墊充来佛伍佰伍拾叁元玖角。共佛叁仟陸佰伍拾叁元壹角玖。

一，開泥水、油漆，計去佛肆佰零肆元貳角陸分。一，開石、杉、甓，計去佛壹仟貳佰伍拾肆元伍角叁分。一，開什費，計去佛陸佰玖拾捌元壹角伍分。一，置祀田叁石捌斗貳升，計去佛玖佰伍拾叁元陸角。一，置厝地店屋、龍眼、石�，共去佛貳佰肆拾玖元玖角捌分伍厘。共佛叁仟陸佰伍拾叁元壹角玖。

咸豐元年歲次辛亥瓜月穀旦。

按：此碑原在角美鎮課堂村陳氏燕昌堂，現存陳氏燕翼堂，碑名爲編者加擬。

## 五一五　太師碑記

署漳州府龍溪縣正堂加十級紀録十次信，爲叠遭戕毁等事：

咸豐元年五月二十九日，據訓導蔡淵涵呈稱：『切涵高祖太傅文勤公于雍正年間建置横渡二處，一在南河千里溝溪（俗名官口渡），一在南河千里溝溪（俗名小浦南仔渡），以渡往來商旅。歷佃溪頭社蔡姓撑駛，年徵租税，議給各房輪值子孫考試紙筆之資，歷掌至今一百餘載無異。慘因時風不古，漳俗惡習動輒械鬥，遽即貽累同姓。詎有兇悍之徒，不思横渡物主係在漳浦隔屬，風馬無涉，每欲妄就佃渡之人雪怨，將渡搶去，毁碎焚燒，殃及無辜，已非一次。兹緣吴、蔡兩家互鬥，該渡後遭搶踞，情迫呈控，蒙批准飭差查明押還等因。事幸處息，船經撑還。慮恐後來無知村遇必藉此渡口爲報怨根源；據佃報知，亦要遠涉漳郡，以啟訟端，實處兩難。故敢瀝情呈請恩准，嚴示速禁，使各鄉周知該渡乃蔡太傅世業，與佃渡者無干。俾得無人侵犯，永杜後患，寔爲德便，涵匍叩乞。』等情到縣。

據此，除批示外，合行示禁：『爲此示仰溪頭等社各鄉人等知悉：自示之後，毋許兇悍之徒以及無知村愚，因與該處蔡姓挾嫌，波累佃渡之人，横將渡船蹧蹋。如敢故違，許該地保並業主呈禀赴縣，以憑嚴拏究辦，决不姑寬。

各宜凛遵毋違！特示。』

咸豐元年柒月　日給。

按：此碑現存龍文區步文街道下洲社區溪頭社小浦南古渡口。

## 五一六　林旺生增置祀田碑記

蓋聞繼志述事，乃尊祖之情；崇德報功，亦睦族之義。爲孫子者而能念篤祖宗，思紹百世之基，以聯一脉之誼，斯亦宗族所藉爲光寵也。我族自始祖璧晃公肇基立祀以來，俎豆常新，烝嘗勿替，迄於今，蓋數百年矣。以似以續，雖未大振乎前光；寖熾寖昌，亦尚克承夫後嗣：未始非祖德之所留貽焉。兹有裔孫旺生者，在垠營積，切念祖之思，懷亢宗之志，願出佛銀弍仟肆佰捌拾兩以充公費。蓋亦尊祖睦族之盛事也。諸族親嘉其慕義急公，僉議許立禄位五座入廟配享，以爲後之光宗者勸焉。並現置祀田的銀肆佰兩，以爲祭業。自是春秋匪懈，用錫類以無疆；還欣德澤孔長，庶垂光於不朽。爰是而爲之誌云。

咸豐元年九月初十日，慕春堂衆家長仝立石。

按：此碑現存角美鎮東山村林氏祖祠，碑名爲編者加擬。

## 五一七　重修崇真堂碑記

総理事：黄大器捐銀捌大員，黄歲翁捐銀肆大員，黄文水捐銀肆大員，黄大斜捐銀肆大員，黄船西捐銀肆大員，共銀弍拾肆大員。

林峰觀捐銀捌大員。林自餘捐銀柒大員。黄敢水、林自根、葉士觀，以上銀陸大員。職婦黄門鄭氏、黄兆欣、黄廷列，以上銀肆大員。黄光彩、黄正立、黄金沙、黄見心、黄半觀、林光茂，以上銀叁大員。黄六全、黄三川、

黃登貴、林楊周、林角観、黃森観、黃協観、黃探郎、黃作梅、黃長順、黃長奇、黃賀水、黃塗観、黃道観，以上銀式大員。黃登彥、黃自佳、黃少観、黃汱観、林鴻雁、林允恭、黃登康、黃清重、黃安詳、黃得三、黃淀観、黃斧観、黃果□、黃讚水、黃丏粒、黃倆観、黃漏夫、黃丏観、黃世年、黃陝西、林疊溪、林鴻昌、黃胞観、黃赤観、黃南観、黃大観、黃瑞観，以上銀壹大員。

咸豐元年十月勒石。

**按**：此碑現存龍文區藍田街道藍田村崇真堂。

## 五一八　清安岩陳氏墳地碑記

竊以輪金盖寺，原證菩提之心；覓地塟親，共躋孝子之行。奉佛廣福田，塟親求吉地。至若山寺弗修，神明減色，僧寮被坯，沙彌無顏。香廚未積，仰仗四方之樂輪；寺宇傾頹，必効鳩金以修葺。山猿献菓，佛案塵生，天女散花，方丈萬發。法轉娑婆世界，石能点頭；魚游放生池裡，水亦知春。若方不費募捐之力，將煥寺宇之新，夫豈偶然哉？自順清安禅寺始于前明嘉靖，我祖雲溪和尚開創山門，岌岌于今，歷修皆自揭措，非藉四方之輪。迨至于今，世態炎凉，寺宇蕭條，欲効捐修之力，恐非向來本色。是以欲增山門之光，須用謀資妙力。逢施主陳茅覓地塟親，適本寺山場隙地，爰商寺中僧眾，奉陳茅興坟地一穴，安塟其親，得陳茅輸金四十，以偹修葺，則寺中之顛覆煥然鼎新。是奉親所以供佛，而敬神適足敬親。其謂亲遇，豈虚語哉？睽厥由來，寔本寺之香廚少積，亦陳茅之求地心誠。既有亲遇，須當爰序以紀之，俾後之人得以觸目釋然，始故寫之序，以立石于寺中，神人其尚鑒茲哉！

咸豐二年葭月　日，青山清安岩住持僧芳順、陳平社弟子陳玉茅仝勒石。

**按**：此碑現存雙第農場新碑村清安岩寺，碑名爲編者加擬。

## 五一九 重修美江許氏祖廟題捐碑

美江大宗祖廟之建，由來舊矣。近因風雨飄摇，日見損壞。至庚戌年，各房裔孫鳩金成數，土木之費有資；燕賀旋新，規模之制不易。謹將各房捐充名額勒諸貞珉，以垂永久。後之人，尚其世德作求，毋忘木本水源之念焉。

長房溪尾派：

十五世孫：永秀捐銀壹兩陸錢。日新捐銀壹兩弍錢。

十六世孫：秦□捐銀弍兩肆錢。有貴、漏全、南陽、九尾各捐銀壹兩弍錢。東菊、合傳各捐銀陸錢。

十七世孫：正文捐銀拾捌兩。宗璜捐銀叁兩。景天、結漏、漢清、再軒、毛□各捐銀壹兩弍錢。聖者、山□各捐銀陸錢。

十八世孫：如栢捐銀叁兩陸錢。潭光捐銀弍兩肆錢。黎甫、滿治各捐銀壹兩弍錢。如蘭、忠佶、武西、鐘、悦溪、隆興、草生各捐銀陸錢。

十九世孫：庠生澄元捐銀壹兩弍錢。

次房溝濱派：

八世孫：質直捐銀捌兩。

十五世孫：登仕郎光傑捐銀弍拾兩。長其捐銀柒兩弍錢。遜楊捐銀叁兩陸錢。貢生亮清捐銀弍兩弍錢。允吉捐銀壹兩捌錢。例贈儒林郎天偉、長江各捐銀壹兩弍錢。歲進士鍾深、闢第、湧川各捐銀陸錢。

十六世孫：渥捐銀拾兩。深水捐銀肆兩捌錢。而瑞捐銀叁兩。華隆捐銀弍兩弍錢。光華捐銀壹兩陸錢。庠生立本、月港聯昌各捐銀壹兩弍錢。詒謀、而六各捐銀壹兩弍錢。漠洲捐銀玖錢。承績、金郎、浩水、丁酉各捐銀陸錢。

十七世孫：登仕郎利嚴捐銀□兩。天利、第观各捐銀弍兩肆錢。舉第捐銀壹兩捌錢。和東、天進各捐銀壹兩肆

錢。元銑、光秀、虞、讚國、利是、□□各捐銀壹兩弍錢。若盛、雨露各捐銀壹兩。文林、□禄各捐銀柒錢。振□、明欵、是、利愿、利情、文郁、新廉各捐銀陸錢。

十八世孫：呈楷、時萱各捐銀拾弍兩。□□捐銀叁兩陸錢。時在捐銀壹兩捌錢。光來捐銀壹兩陸錢。六〈下缺〉根定、更朝、庚木各捐銀壹兩弍錢。呈□、□祥各捐銀柒錢。時勞、理自、經音、領奉各捐銀陸錢。□□捐銀〈下缺〉。

十九世孫：安順捐銀壹兩捌錢。安在捐銀壹兩弍錢。安然、佛助各捐銀陸錢。

次房文山派：

八世孫恒南捐銀柒兩弍錢。十世孫若敬捐銀拾肆兩捌錢。十三世孫宗德捐銀陸兩肆錢，樂〈下缺〉。十四世孫企芳捐銀弍兩肆錢，汝豐捐銀壹兩弍錢。十五世孫心捌捐銀弍兩伍錢。

十六世孫：仕□捐銀〈下缺〉。東昇捐銀叁兩陸錢。其真捐銀弍兩□錢。其賀捐銀壹兩捌錢。其華捐銀壹兩肆錢。□叁〈下缺〉兩弍錢。其健捐銀陸錢。

十七世孫：德捌捐銀陸錢。□慈捐銀弍兩肆錢。陽合捐銀壹兩伍錢。德□捐銀□錢。

十八世孫□□捐銀□錢。

咸豐貳年拾壹月　日穀旦，闔族公立。

**按**：此碑現存海澄鎮豆巷村溪尾社許氏宗祠，碑名爲編者加擬。

## 五二〇　建置嘗田碑記

我美江建祠崇祀始祖直齋公，由來舊矣。翬飛鳥革之美，不無摧於風雨。庚戌族人復議重修，踴躍捐金，不日告成。因念祭烝有缺，裔孫光浴出銀弍佰員，裔孫鳴功出銀弍佰四拾柒員，合置水田壹石陸斗柒升種，以充烝田。銀肆佰四拾柒員，按值年輪收租税，永薦馨香，及孫子登科豎旗掛匾諸費。族人高其行誼，且光浴經董其事，尤有

勞績。因公議將光浴之考妣氏、鳴功之考妣氏恭請入龕，每逢春冬二祭，加備兩席以祀之。其田永爲烝業，印契二紙交值年輪收，不得變曲，亦不得盜典盜賣、將契私借等情。如有此情，各房前程、家長僉名呈究。茲不事雕飾，勒諸貞珉，以垂久遠焉。

一，載明許坑保崎圳洋郊内底田上下二坵，受種子一石二斗柒升。于咸豐二年推過柒都二圖許永隆户内許直齋公名下，官銀壹兩壹錢式分陸厘，經赴縣投稅，給契尾布字一千四百廿二号。

一，載明許坑保限内崎圳洋田一坵，受種子肆斗。于咸豐二年推收七都二圖許永隆户内許直齋公名下，官銀三錢三分陸厘，經赴縣投稅，給契尾布字一千四百廿三号。

一，公約議定：始祖祭費有餘，每年存積以待，酌給孫子文場鄉會試及登科諸費，兼炤。

咸豐二年十二月　日，闔族仝立。

按：此碑現存海澄鎮豆巷村溪尾社許氏宗祠。

## 五二一　重修鳳林宫題捐碑記

同邑□石誥授中憲大夫黄錫瞻公捐銀式拾式員。石鎮議敘直隸州州同黄吉士捐銀式拾式員。瑪江鄭三莊堂捐銀式拾肆大員。石鎮林壇金觀捐銀壹拾陸大員。金義禧捐銀□□員。石鎮林鎊仁觀捐銀壹拾式大員。同邑錦埕誥授朝議大夫黄懷亭公捐銀壹拾大員。漳□候選縣丞郭輝光捐銀拾員。玉江户部主政陳尚馨捐銀拾員。吴宅港奉直大夫陳士頴捐銀拾員。过井林本源捐銀拾員。鄭恩施堂捐銀拾大員。登洋林兆鵬捐銀捌大員。登洋林位觀捐銀陸大員。上店陳光裕捐銀肆員。瑪江鄭知守齋捐銀肆大員。海澄貢生林霜恩捐銀肆員。石鎮增廣生員林雲程捐銀肆員。鎮内林考觀捐銀式大員。北圍葉忠基捐銀式拾陸員。

林長石捐銀柒拾式大員。林榮華捐銀陸拾大員。吉貝林時甫捐銀式拾肆員。林樣觀捐銀式拾肆大員。林漏溽捐

銀式拾大員。林鶴鳴捐銀拾陸大員。林清亮捐銀拾肆大員。林現觀捐銀拾式大員。林諒觀捐銀拾式大員。林宗禮觀捐銀拾大員。林茂威觀捐銀拾大員。林善半觀捐銀拾大員。林萃觀捐銀玖大員。北圍林膳觀捐銀捌員。新洋林合觀捐銀捌員。林漏這觀捐銀捌大員。南洲陳典觀捐銀陸大員。南洲林雞觀捐銀陸大員。南洲林生觀捐銀陸大員。新洋林忠益捐銀陸員。関武刀林新觀捐銀陸員。林吾佑捐銀陸大員。林哲觀捐銀陸大員。林錦琚捐銀陸大員。林甘霜捐銀陸大員。林親觀捐銀陸大員。林壬午捐銀陸員。林昌觀捐銀五員。林文喜捐銀五員。林進觀捐銀五員。林庇觀捐銀五員。南洲林錢觀捐銀五員。新洋林鄉觀捐銀五員。

北圍林田觀、葉妙相、南洲林佛觀、新洋錢齊觀、洲魏林孝生、會魁林財觀、関武刀林□征、林建哥、林萃英、林誦觀、南洲林新觀、林毛觀、合興林純邑、林美觀、林麻觀、林霜隆、林尚觀、林頂新，以上各捐銀肆大員。

林逢觀、林夫佑、林建觀、林籃觀、林捌觀、林速觀、林清水、林茂觀、林茂填、林承余，以上各捐銀叁員。

登洋林伍爺捐銀肆大員。南洲林合觀捐銀叁大員。會魁林粿觀捐銀叁大員。巽玉林照觀捐銀叁大員。下溪港連京觀捐銀式大員半。北圍林榮觀、南洲林愛觀、新洋林向觀、草洪林川流、洲魏林宛然、巽玉林忠敬、吉貝林太極、合興林春觀、林甲奇、林厚觀、林彭水、林長北、周連水、林光領、林泗汲、林清廉、林洲鑒、林廣觀、林心在、林清泉、王同觀、邱新助、林啟觀、林果觀、林永古、林天命、林放觀、林清典、林朝元、林長安、林媽皆、李深觀、林啟輝、林三角、林冬觀、林瓊觀、林子攀、許茂蘊館，以上各捐銀式大員。

新洋林立春、會魁林登觀、草洪林遠觀、陳高荅、林杉奇、下溪港連淑觀、林拾觀、林脛觀、林水觀、林地觀、林起觀，以上各捐銀壹大員半。新洋林雨水捐銀壹兩。林公鄉捐銀壹兩。

北圍林清珠、南洲林元諒、南洲林敢觀、新洋林世奇、會魁林隆觀、合興林綿觀、草洪林珠觀、関武刀林慮觀、仁和林盛觀、仁和林登觀、林和水、林炎觀、林蜂觀、林甘甜、林鑾觀、林寬裕、林子貢、林媽梧、林壽觀、林歷觀、林英奇、林共觀、林連碧、林子夏、林蘇坑、林存觀、林孔已、林漢昇、林秧觀、林潭觀、陳白觀、周俊觀、

林芳觀、林天佑、林領觀、林勇觀、林井觀、林明觀、林苞觀、林養觀、林地水、林逢觀、林光彩、林謹觀、林連珠、林銀從、林現隆、林媽歷、林啟旺、林奪觀、林粒觀、林聰明、林國宣、林員觀、林榮老、林途觀、林崇觀、林珍觀、林兆輪、林公長、林抱觀、郭旦觀、魏錦舜、林夏觀、林根觀、林烏龜、林岸觀、林樣觀、林水觀、林貢觀、林漏水、林捷坤、陳見兩、林武觀、林登水、林吾侍、林藝觀、林門觀、林朝觀、林老觀、林古觀、林九蹄、林祝觀、林好觀、林乳觀、林媽兟、林烏沓、林珍觀、李竿觀、陳聯觀、黄及觀，以上各捐銀壹大員。

林長旭捐銀一元四。林大旭捐銀一元二。漳州鄭宗淵捐銀肆元。下溪港陳蓋觀捐銀弍元。

董事：林吾佑、時甫、佰對、甘霜、春問、子琴、漏得、首觀、諒觀、晼香、強觀、榮秩、清陽、椋觀立。

道光三十庚戌年季冬重修。

咸豐二壬子年臘月置石碑。

**按**：此碑現存紫泥島城内村庵前社鳳林宮，碑名爲編者加擬。

## 五二二　重修萬壽宮記

吾鄉之有萬壽宫以祀保生大帝，不知所始。攷後殿佛座石刻，係宋理宗紹定辛卯九月許，億同室郭小十娘施資砌建。紹定迄今六百二十餘年，其間興廢無所攷。國初海氛未靖，遷界流離，鄉人有懷萬壽宫詩云：『天風來鼓角，佛地亦干戈。馬蟻緣芳徑，山蜂結小窠。』則廟自明末已燬，其後之巍然廟貌者，復界始重脩也。復界迄今復一百數十年矣，風雨剝蝕，殿屋坍塌。道光己亥，鄉長人等捐諸鄉人在外洋者，重爲鼎建。甫落成，適有紅人之變，復燬於火。旋鳩金再建前殿，而後殿因資罄輟工。庚戌夏，吾叔開榮爲粤揭陽丞，特寄百金爲倡，復捐於鄰鄉紳士，於是飭工庀材，而後殿工竣。嗚乎！廟之廢興，時也。苟時有其人，則廟之廢者可以重興，廟之興者可永不廢。保生大帝自宋代超升，護國庇民，靈異素著，則自兹以往，默佑我鄉，時有其人，顯榮閭里。則斯廟之輪奂，且歷千百

年而長新也，豈不懿哉！是爲記。

大清咸豐三年春二月，里人黄若松撰，弟慶銓書。

按：此碑現存角美鎮西邊村萬壽宫，係近年翻刻。

## 五二三　許述慈緣田碑記

信士許述慈己置喜謝緣田壹担，址在三保圩尾内埭洋，横岸算起第伍坵，配與大庙佛祖油香之用。原佃耕作，將稅谷完納，批炤。癸丑年菊月叩謝。

按：此碑現存白水鎮山美村鶯山寺，碑名爲編者加擬。

## 五二四　許述慈緣田碑記（二）

信士許述慈己置喜謝緣田壹担，址在三保圩尾内埭洋，横岸算起第伍坵，配與王爺庙香烛之費。原佃耕作，將稅谷完納，批炤。癸丑年菊月叩謝。

按：此碑現存白水鎮山美村三保社保安宫，碑名爲編者加擬。

## 五二五　重修保安宫碑誌

我鳳窠社自本朝建有保安宫，崇祀代天巡狩尊神，于茲百有餘年。去歲擾攘，禱求神應，本社共叨靈顯保佑獲安，沐恩靡涯。爰是公議修築廟宇，加增高廣。凡遇收獲，不得堆稻庙埕，并不許蓄貯私物庙内，違者公罰。今將樂捐弟子列明于左：

六品軍功陳贊觀同周盆觀捐送庙前埕地壹丈弍尺。

總理家長林山观捐送北堋庙地壹尺六寸。

甘信侯公捐送庙后河地四尺壹、南堋壹尺六寸。

甘鑾观、林門紀氏、六品軍功林英观各捐六大元。蔡瑱观捐銀四大元。林柯观、甘杞观、林暢观各捐銀三元。林坤观、林爲观、甘長福、蔣江泉各捐弍大元。甘武丁、甘禄观、甘謹观、林發观、甘菊观、林潘水、林流观、林長安各捐銀一大元。林長茂、林長老、蔡碗观、甘番观、林待观、林登雲、林開興、林丕顯各捐一大元。林道观、林定观、林烏記、林百怡、林銅观、林惠观、林厚观、林蒲观、林井泉各捐一中元。

大清咸豐四年甲寅仲春穀旦。董事：甘菊文、林潘水、蔡碗观、林欣持。

**按**：此碑現存東園鎮埭美村後柯社保安宫。

## 五二六　蔡氏祖厝禁約碑

公議修理祖厝，不許穢積私物及家器。遇者家長言約罰，公白。

咸豐四年十一月　日公白。

**按**：此碑現存海澄鎮崎溝村蔡氏慎德堂，碑名爲編者加擬。

## 五二七　重修城隍廟題捐碑

咸豐四年重修城隍庙，捐題縁艮名次開列于左：

歲進士曾萬□捐艮拾陸員。職員江天恩捐艮四元。生員江上观捐艮四元。太學藍汝南捐艮四元。職員李英俊、楊清振、桂陽各捐艮叁元。武生江飛龍、李象、藍艷明、鄉耆藍克明、江□想、□進才、李楊□、王國舊、楊高放、太孝生江鎮義、太孝生黄克播、江突、江硯、江燒、江鑒、黄懷齊、黄能治，以上二元。山坪社、王天河、黄文爵、江清

和、江汝□、油車前，以上二元。江机謨一元二角。徐隆盛、□□、湖前社、塘長社，以上二元。江光、江鑽、江菜、江深淵二元。湖前社江政，以上一元四角。江湖龍、江□趙、蔡月、蔡再奎、曾咸百、江信然、泉南李日，以上一元。李德□、楊允永、蔡連捷、李福、江清和、江鴻儀、王初見〈下缺〉。

按：此碑現存隆教鄉鎮海村鎮海衛城隍廟，殘缺不全，碑名爲編者加擬。

## 五二八　重興北斗廟牌記

北斗有廟，由來久矣。自乾隆壬寅年間重修，至今七十有餘載，樑桷磚瓦頹毀已甚，耆佬咸思更新。乃募衆緣，卜築興工，不數月而廟貌告成，美輪美奂，斯革斯飛，鏤金錯采，燦然可观矣。自是而人樂年豐，共慶神靈之有應，永享錫福之綿長，是爾闔社與諸信緣者之厚幸也。

嵗叙賞戴藍翎、五品軍功黄贊水捐銀柒拾大員。東街緞店瑞英號捐銀拾弍大員。東鋪兵職監藍有容捐銀拾弍大員。馬坪街太學生曾世紀捐銀拾弍大員。黄思情捐銀肆大員。黄亨官捐銀肆大員。新厝黄彦官捐銀肆大員。黄紅雞捐銀壹大員。黄永官、黄誦官、黄金藻、黄朝官、黄朴官，五名各捐銀捌大員。黄萃珍、黄讓和、黄純合各捐銀陸大員。黄東官、黄于輝、黄八佾、黄于逸、黄進祥、黄粈官、黄屁官、黄金水、黄暹官、黄尚官，十名各捐銀肆大員。

花園後職員黄長春捐銀陸大員。新厝黄怵官捐銀陸拾大員。新厝黄知官捐銀拾肆大員。本社黄四籥捐銀弍拾肆大員。黄鐘官捐銀弍拾肆大員。黄□官捐銀拾弍大員。黄知官捐銀壹拾大員。黄岩山捐銀伍大員。黄大深、黄謙官、黄玉瑶、黄布箴各捐銀叁大員。庠生黄達材、黄躂官、黄大舜、黄理旦、黄梧官、黄寮水、黄砱官、黄長官、黄意官、黄勝翁、黄步肅、黄步孚、黄允恭、黄文哲、黄溪官、黄長波、黄府官、黄董郎、黄官、黄布官、黄賛官、黄溗官、黄净官、黄久官、黄有朋、黄侃官、黄崇德各捐銀弍大員。黄鏢官、黄寬官、黄浦官、黄凱官、黄錚官、黄□水、黄邊水、黄虎官各捐銀壹大員。黄川官、黄濕官、黄海山、黄侚官、黄德睦、黄厚官、黄金官各捐銀壹大員。

紀在官、紀管官、紀拔桂、黄劇水、黄監生、黄杏官、黄座上、黄英宗、黄艮山、黄九二、黄長安、黄簡章、黄六一、黄册官、黄葉官、黄陳官、黄老成、黄江官、黄金官、黄鏗官、黄横官、黄箜官、黄楣官、黄新科、黄大任、黄採官、黄文官、黄藕官、黄沾露、黄香官、黄恒吉、黄學而、黄殿官、黄泗官、黄天恩、黄淺木、黄温順、黄按官、黄双波、黄火官、黄崇帝、黄佛送、黄玉麟、黄柱官、黄悦官、黄番官、黄大葉、黄耀官，以上各捐銀壹大員。黄存官、黄伯官、黄巷官、黄喰官、黄極官、黄榜官、黄迓官、黄晏官、黄怵官、黄用官、黄秀官、黄種官、黄狀官、黄生財、黄庚官、黄和尚、黄遇官、黄麥官、黄欵官、陳斧官各捐銀壹中元。黄可官、黄壇官、黄罩官、黄良官、黄雹官、黄椏官、黄菊官、黄宗基、黄剪官、黄折衷、黄簸官各捐銀壹中元。黄廉官捐銀叁大員。

咸豐伍年桐月重修置。董事：黄四篙、黄□官。

**按：**此碑現存薌城區石亭鎮北斗村輔順將軍廟。

## 五二九　鳳霞祖宫重修碑記

本境鳳霞祖宫崇祀玄天上帝，歷有年所。近緣廟宇頹敝，於戊申歲募捐重修，中遭匪擾，所有簿記悉被毁滅。兹續行興修，工程告竣，而從前捐名、銀數無從稽查。欲就目前所知之名次紀載，則未免挂一漏萬之嫌。伏念善信樂捐，必邀神鑒，雖芳名或缺於金石，而福報定及於雲礽。若有嚅昧之私，亦豈能逃陰譴？以玄天上帝赫濯聲靈，鑒察當不遺毫髪也。爰敘其捐修本末，泐之石，以垂於後焉。

咸豐伍年乙卯拾月穀旦，董事等仝立石。

**按：**此碑現存薌城區文化街鳳霞祖宫。

## 五三〇　陳氏燕翼堂書租碑記

嘗讀朱子家訓云：『祖宗雖遠，祭祀不可不誠。子孫雖愚，經書不可不讀。』旨哉斯言！所當佩服弗忘者也。吾於祖宗祠宇創建既有成規，而於子孫之詒謀尤當亟亟也。竊以士習爲風俗所由端，則詩書之澤爲甚遠，斯非有以培植之，則士氣不振。謹將自己禄位田二石九斗種内，抽出大沙洲寮前洋田二石種，以爲書租，俾孫子遊庠者藉爲膏火之資。于焉人才鵲起，甲第蟬聯，是所深望也。嗣後如族中倘與左右鄰鄉鬬訟以及各等事務需費，當就殷户田種、丁均攤，不得將所建書租、祀業與禄位田擅自變廢，以垂久遠。爰立石而爲之序。

一，大宗前諸田，凡耕種之人，不許以泥覆田。

咸豐伍年歲次乙卯冬，十五代裔孫尚馨謹誌。

按：此碑現存角美鎮課堂村陳氏燕翼堂，碑名爲編者加擬。

## 五三一　重修西崑慈濟宫題捐碑

重修西崑慈濟宫捐緣名次：

山坂社吕宋捐題：陳福水捐銀壹佰四拾員。陳暹水捐銀叁拾六大員。陳雄水捐銀叁拾弍大員。陳玉紳捐銀叁拾大員。陳預观捐銀弍拾六員。陳若溪捐銀弍拾六員。黄佳時捐銀弍拾肆員。陳吕观捐銀弍拾四員。陳大川捐銀弍拾□員。陳主聯捐銀壹拾六員。陳□溪捐銀壹拾弍員。陳媽朝捐銀壹拾弍員。陳川扑捐銀壹拾大員。陳友观捐銀壹拾大員。陳和尚捐銀壹拾大員。下洲府陳爺观捐銀六大員。陳泉观捐銀六大員。陳賓观捐銀六大員。陳掌水捐銀四大員。陳國番捐銀四大員。陳益歸捐銀四大員。吴香生捐銀四大員。陳秧观捐銀四大員。林自明捐銀叁大員。陳報水捐銀叁大員。陳雁典、陳講水、陳益士、陳藏珍、施禎观、陳慶恩、陳曲观、陳雪观、陳瑞隆、陳定观、陳粈观、

陳銀观、陳媽兜、陳塹观、陳福友，以上各捐銀弍大員。陳象观、陳鴳令、陳榜观，以上各捐銀壹大員。

白石文峰社、青田社吕宋題：丁媽待捐銀玖拾弍員。丁朝水捐銀柒拾弍員。丁瑞珍捐銀壹拾陸員。丁媽英捐銀壹拾肆員。丁倚儉捐銀壹拾叁員。丁媽向捐銀壹拾弍員。丁心煜捐銀壹拾弍員。丁媽兜捐銀壹拾弍員。丁直观捐銀壹拾弍員。丁石江捐銀壹拾弍員。丁梓琴捐銀玖大員。丁妙軒捐銀捌大員。丁振源捐銀柒大員。丁西河捐銀柒大員。丁媽沓捐銀陆大員。丁德性捐銀陸大員。丁媽籃捐銀陆大員。丁傳水捐銀陆大員。丁考生捐銀陆大員。丁陽观捐銀肆大員。丁夢生捐銀四大員。丁淀观捐銀肆大員。丁心茂捐銀四大員。丁勒文捐銀肆大員。丁溪观捐銀四大員。丁紗观捐銀叁大員。丁匏观捐銀叁大員。丁自日、丁矮观、丁便水、丁文錦、丁富观、丁拱文、丁宙观、何伴观、丁庭鎮，以上各捐銀弍大員。下洲府丁文騫捐銀陆大員、丁恭噯捐銀弍員、丁□雲捐銀弍員、丁文□捐銀弍員。丁及观、丁神庇、丁鑽观、丁九兑、丁可文、丁醋水、丁自簽、丁伯秀，以上各捐銀壹大員。

□□社吕宋題：林□□捐銀五拾大員。林□山捐銀肆拾大員。林□合捐銀壹拾捌員。林□山捐銀壹拾陆員。林□記捐銀壹拾陸員。林篤瑶捐銀拾四員。林應什捐銀壹拾肆員。林文開捐銀壹拾四員。林宗水捐銀壹拾弍員。林媽造捐銀壹拾弍員。林應□捐銀壹拾弍員。林□裁捐銀壹拾弍員。林東興捐銀壹拾大員。林文□捐銀捌大員。林聯清捐銀捌大員。林文□捐銀陆大員。林伯□捐銀陆大員。林□观捐銀六大員。林清賓捐銀肆大員。林潭水捐銀四大員。林玉曲捐銀肆大員。林榮昌捐銀四大員。林國美捐銀叁大員。林開艷捐銀叁大員。林抱□、林德观、林美观、林永□、林恭□、林媽鎮、林忠帆、林紫□、林恩科、林基根、林振練、林恩宏、林文澳、林應真、林聯正、林佛厚、林林寬標、林聯捷、林促观、林惟惴、林清流、林應熊，以上各捐銀弍大員。林永塔、林鐘观、林文龍、林生鏞、林寬厚、林幼使，以上各捐銀壹大員。

蔡店社吕宋題：蔡纘緒捐銀叁拾六大員。蔡係用捐銀弍拾陸大員。蔡騎鯨捐銀弍拾四大員。蔡泰湖捐銀弍拾肆大員。蔡連生捐銀弍拾大員。蔡時助捐銀拾弍大員。蔡可祥捐銀拾弍大員。蔡聰敏捐銀六大員。蔡文筆捐銀陆大員。

蔡面赤捐銀六大員。蔡迪標捐銀四大員。蔡明遠捐銀肆大員。蔡明磚捐銀四大員。蔡錫祺捐銀肆大員。蔡懷助捐銀四大員。蔡鴻儒捐銀四大員。蔡昆角捐銀叁大員。

蔡鼎山、蔡竹八、蔡碧鎮、蔡景源、蔡源水、蔡媽悦、蔡亨愛、蔡允劍、蔡于便、蔡漳復、蔡景行、蔡新守、蔡以祭、蔡彰服，以上各捐銀弍大員。蔡彩畫捐銀弍大員。蔡秉陽捐銀十□員。蔡竭力、蔡以諧，以上各捐銀壹大員。

蒼裡社吕宋題：莊光梏捐銀拾弍大員。莊陶观捐銀捌大員。莊恒观捐銀肆大員。蔡雪观捐銀壹大員。

白石楊厝社吕宋題：楊快才捐銀拾肆大員。楊祝三捐銀拾弍大員。楊振桃捐銀拾大員。楊眉观捐銀拾大員。楊敷錫捐銀玖大員。楊奇威捐銀八大員。楊富陽捐銀五大員。楊尚材捐銀伍大員。楊奇生捐銀四大員。楊寅观捐銀肆大員。楊恭观捐銀四大員。楊慎观捐銀肆大員。楊世遲捐銀四大員。楊奇瑞捐銀肆大員。楊儉观捐銀叁大員。楊六賽捐銀叁大員。楊漢政、楊象观、楊果珍、楊高追、楊照观、楊聚观、楊梅观、楊文观、楊建都、楊鬌观、楊塔观、楊迪观、楊霞观、楊天成、楊紅柿，以上各捐銀弍大員。楊上知、楊蟯观、楊春观、楊就獅、楊□□、楊瑞珍、楊金生、楊世观、楊天成、楊顔观、楊清观、楊喜观、楊文龍、楊光晏、楊就石、楊五湖、楊德強、楊富观、楊成观、楊位观、楊清州、楊巾观，以上各捐銀壹大員。下洲府黄金莊捐銀六元、黄金帶捐銀四元。楊清观添銀五元。

錦宅社：黄光凛捐銀弍拾大員。黄光□捐銀陸大員。黄文芓捐銀肆大員。黄敘改捐銀四大員。黄正發捐銀肆大員。黄以俗捐銀四大員。黄仕迎、黄媽都、黄德篇，以上各捐銀弍大員。黄萬賨、黄贊立、黄獅观、黄開得，以上各捐銀壹大員。頂圍吴鳳□捐銀六員。

壺嶼社：吴敏員捐銀肆大員。吴忠流捐銀四大員。吴香生、吴惠观，以上各捐銀弍員。吴岸观、吴安然，以上各捐銀壹員。

壺嶼社：黄錫錕、黄上□、黄淵比，以上各捐銀弍員。

田裡社：王開榜捐銀陸大員。王玉遠捐銀肆大員。王聰叠捐銀四大員。王儒官捐銀肆大員。王龍簽、王自強、

王鑚後、王恒慮、王鑚福，以上各捐銀弍大員。王泰記、王爲观，以上各捐銀壹大員。上井地王淇竹捐銀拾弍員、王榬官捐銀六大員、王嗎檢捐銀弍大員。

流傳社：郭雙圈捐銀叁拾大員。郭開甲捐銀肆大員。郭上圈捐銀弍大員。郭建观捐銀壹大員。李根和捐銀壹大員。

玉江社：郭心從、郭代光、郭殿观、郭蒼观，以上各捐銀弍大員。郭牛观捐銀壹大員。王建成捐銀六大元。

石厝社：石□□捐銀拾弍大員。石□祥捐銀肆大員。石永樂捐銀四大員。石正观、石振泰、石□遜，以上各捐銀弍大員。石泰山捐銀壹大員。

霞岸社：余偕观捐銀肆大員。余初熊、余光炳、余怡吉，以上各捐銀弍大員。余聰观、余光晚、余初虎，以上各捐銀壹大員。

文江社：魏忍观捐銀弍大員。魏泗英捐銀弍大員。魏開心捐銀壹大員。

坂尾社：陳振陶、謝錫諒、謝助观、謝天降、謝以观、徐尼姑，以上各捐銀弍大員。謝素观、馮振乾、馮定观，以上各捐銀壹大員。

潘厝社：潘嗎朝捐銀捌大員。潘世南、潘聡安、潘克最、潘休悠、潘石八、潘守漸，以上各捐銀壹大員。蘇店潘百寬捐銀弍員。後潘厝潘耳观捐銀肆員。

長泰戴健观捐銀捌員。天一堂蘇浩然捐銀壹員。海澄温茂草捐銀拾大員、顔允生捐銀陸大員、雍香郎捐銀壹大員。塘邊徐什根捐銀弍拾員。地益李祝观捐銀壹員。西京李長庚、李翰墨、李暹观，以上各捐銀弍員；李竹观捐銀壹員。康厝籃康永潛捐銀弍員。文甲社陳菜观捐銀弍員。岐山周珠美捐銀四大員。

旹咸豐六年孟夏之月。

**按**：此碑現存角美鎮石美村西門社西崑慈濟宫，碑名爲編者加擬。

## 五三二 定山宮題捐碑

定山宮各弟子捐題答謝神恩：

謝吉观捐佛銀三十大員。謝元發捐佛銀二十大員。陳振陶捐佛銀十六大員。馮錢观捐佛銀十六大員。謝葉观捐佛銀十六大員。謝奏观捐佛銀十六大員。謝尉观捐佛銀十六大員。謝浦观捐佛銀十六大員。謝沉观捐佛銀十二大員。謝素观捐佛銀十二大員。謝礒观捐佛銀十二大員。謝會試捐佛銀十二大員。謝求观捐佛銀十二大員。謝經观捐佛銀八大員。謝龍观捐佛銀八大員。謝□观捐佛銀六大員。謝茂观捐佛銀六大員。謝雅观捐佛銀六大員。謝石蛋捐佛銀六大員。謝磚观捐佛銀六大員。李壘观捐佛銀六大員。葉洪观捐佛銀六大員。謝福观、謝逸观、謝入观、謝賓观、謝跰观、馮達观、馮振乾、馮定观、馬曲观、陳從周、陳從建、陳學观、鄭□龍、李妙观、馮振榦、葉淡观、葉如竹、謝良獅，以上各捐佛銀四大員。謝□□、馮琳观、謝光註，以上各捐佛銀三大員。謝曾观、謝廚观、謝變观、謝□观、謝泰观、謝邱穆、謝合观、謝鋪观、謝廉观、謝棍观、謝丕观、謝尞观、謝奢观、謝兜观、謝甲寅、謝烏嚴、謝□□、謝糞观、謝膽观、謝戇观、謝錫爵、謝錫斂、謝錫連、謝錫量、謝錫威、謝愷观、謝良奎、王景观、李讀观、李俊金、馬好观、馬荖观、馬薦观、馮坤观、馬廣观、馮井观、馮振朝、葉陆观、葉奎观、葉宗興、葉毓秀、詹意观，以上各捐佛銀二大員。謝照观、謝康寧、謝定观、謝俊观、謝招观、謝倩衣、謝紅箸、謝沾箸、謝煖观、謝烏番、謝績观、謝穄观、謝振观、謝丕賽、謝□观、謝勇观、李琳观、李俊澤、李俊嚴、李尼姑、馮赤观、馮柳观、葉泉观、陳壽观、謝松茂各捐銀一大員。

咸豐六年九月捐題，至七年止。董事謝會試、謝錫量勒石。

**按**：此碑現存角美鎮坂美村定山宮，碑名爲編者加擬。

## 五三三　重修輔信將軍廟碑記

蓋聞神人有相依之理，神本庇乎人，人亦當報乎神者也。我族自宋肇基以來，崇奉李將軍，後因兵燹，基趾悉壞。我八世祖侃朴，願獻吉地壹所，立廟祀之，由來舊矣。自此聲靈赫濯，遐邇均受其庇，凡在殊方異域，莫不咸被其澤。茲和生等念神明之護德，向募倡捐。我霞井社諸弟子外出梹榔嶼、蓬仔等處及外地信女，共捐英銀壹佰捌拾陸員捌角，暨後坑頂房社在外諸弟子，亦樂助緣金，共捐英銀叁拾捌員，計共弍佰弍拾肆員捌角。建置祀田，以充李將軍並夫人逐年壽旦及廟門□□諸費，外此不得擬議混争。聊彰敬意，爰立石以誌焉。

咸豐七年桂月立石。捐金名次開列于左：

甘秋波捐英銀弍拾弍員。甘金榜捐英銀弍拾員。甘廷登、明健各捐英銀拾弍員。甘光旦、九二各捐英銀拾員。甘双吉捐英銀七員。甘建德捐英銀陸員。甘烈火、清潮、石观各捐英銀伍員。甘協順捐英銀肆員叁角。甘金观、江漢各捐英銀肆員。甘和生、肥观、文舉各捐英銀叁員。甘玉泉捐英銀弍員伍角。甘光花、明哲、武烈、先慶、碧河、明讃、則要、輕露、進財、樹观、敬忠、百忍、烏定各捐英銀弍員。甘啟賢、傍观、碧緩、金諒、瑞球、瑞珠各捐英銀壹元。

信女甘門郭氏英娘捐銀拾肆員。甘門林氏箓娘捐英銀拾弍員。甘氏簾娘、進娘、碧娘各捐英銀肆員。甘氏瑞娘捐英銀叁員。甘氏湛娘、圓娘、提娘、捷娘、□娘、甘門宋氏玉鳳各捐英銀弍員。甘門林氏春娘、甘氏金枝娘各捐英銀壹員。

一，置上厝後洋田三坵，受種子四斗種，價銀弍佰壹拾弍員，庫重壹佰弍拾七兩弍錢正。粮配甘樹父完納，叁錢捌分正。又開立石諸費，計合銀重壹佰叁拾七兩零陸分伍厘正。

勸捐庠生：甘和生、乃脩。協理：甘冉友、金榜、啟聖。

按：此碑現存東園鎮東園村下井社輔信將軍廟，碑名爲編者加擬。

## 五三四　重修龍應寺陰德碑記

歲進士陳大亨公捐銀四拾大員。歲進士陳大觀公捐銀叁拾大員。庠生陳大欽公、太學生陳振聲公、太學生陳秉標公各捐銀式拾員。登仕郎蔣篤隆公、陳謙遜公各捐銀拾陸員。庠生陳應標公捐銀拾四大員。蔣世壬公、陳瀠萱公、陳希仁公、歲進士陳瓊苑公、太學生陳興滔公、庠生陳秉純公、太學生陳清洛公各捐銀拾式員。陳昌言公捐銀壹拾大員。登仕郎陳逸叟公、陳光偉公、陳永素公、陳遺達公，庠生陳啟輝公、陳登垡公，各捐銀捌大員。蔣廷榜公、陳瑞昇公，太學生陳兆南公、陳象公，各捐銀陸大員。陳祖德公、鄉飲賓陳鳴球公、庠生陳珪公，庠生陳文芳公、陳文兑公、陳萬臺公、陳國楨公，太學生陳大宜公、太學生陳兆慶公，各捐銀四大員。陳時恐公，太學生陳大宛公、陳文箪公，各捐銀叁大員。登仕郎陳時灶公、太學生陳怡亭公、太學生陳敬推公、太學生陳秉敬公，歲進士陳嵩公、陳國義公、陳清選公，庠生陳超公，太學生陳東煌公、陳衍琛公、陳汝漢公，各捐銀式大員。

咸豐丁巳年臘月吉置。

按：此碑現存東園鎮過田村俊美社龍應寺。

## 五三五　重修龍應寺陽德碑記

三寶壠甲必丹大陳源泰捐烏銀式佰四十大員。信士陳金鍾捐烏銀壹佰式拾大員。董事陳沉生捐烏銀壹佰大員。陳開榜捐烏銀陸拾大員。董事陳太自、太學生陳尚賓、振美號各捐銀式四員。太學生陳應榜捐銀式壹員。信士陳定琚、陳天宝、陳用久、陳三才各捐銀式拾員。信士蔣江泉、陳德松、陳威，庠生陳振模、太學生陳訐評、庠生陳日華，各捐銀拾式員。信士陳待、職員陳扶各捐銀拾大員。信士陳福榮、太學生陳清潤、信士陳玉貌、職員陳振哲、

庠生陳訏諒各捐銀捌大員。太學生陳司勳，信士陳達道、陳興旺、陳坡水，各捐銀陸大員。鄉進士蔣楊春、修職郎陳騰飛、太學生陳青松、太學生陳援秀，信士陳廷圭、陳應樞、陳乾德、陳香、陳雲烈、陳如琢、陳龙田，庠生陳魁，各捐銀四大員。登仕郎陳必升、太學生陳兆海、庠生陳經、太學生陳光策，信士陳必果、陳得陞、陳士慶、陳活、陳聯鼎、陳国桂、陳国志、陳百步、陳光鏗，庠生陳秉文，各捐銀叁大員。信士蔣邦俊、蔣挺奇，增生陳超鰲、庠生陳光禮、歲進士陳登選、增生陳士超、廩生陳步南、庠生陳□、庠生陳忠、軍□陳雲隆，信士陳家基、陳衍言、陳邦集、陳衍德、陳喬養、陳大玉、陳長發、陳古瑟、陳光第、陳青錢、陳雨露、陳漢水、陳步雲、陳秉智、裕興號，各捐銀弍大員。

董事：鄉進士陳士英、邑庠生陳夢熊、太學生陳超元、鄉進士陳玉瓚、廩膳生陳鳳翔、邑庠生陳立中、邑庠生陳振興、廩膳生陳國熙、邑庠生陳有煇、信士陳思道。

大清咸豐七年季冬勒。住持僧自謙，徒文涛、文鮮、文緒。

**按：**此碑現存東園鎮過田村俊美社龍應寺。

## 五三六　鳳霞祖宫重修神座儀仗碑記

漳州城守都閫府林捐哖掌扇壹枝。木匠余家錦願助工弍十四工。舉人陳捷陞、舉人陳宗器、林有容，以上各捐銀拾弍員。即補郎中蔡親仁捐銀捌員。寶光社捐硃哖簥褥柒條。太學生唐盧昌捐銀陸員。庠生張吉麟捐修案棹壹隻。候補守備陳春暉捐簥大槓三付。庠生楊開勳、職員王國顯，以上各捐銀四員。職員吴文華捐銀弍兩弍錢。職員曾昌泰、本境三合號，以上各捐七二佛弍員。直隸州分州許時俊捐銀叁員。信官林長源、董事信官謝郭生，以上各捐銀壹兩。成文號捐銀弍員。董事職員龔永齡，文美號、陳嘉猷，以上各捐銀壹員。歐陽煜焜修簥壹頂。本境社長盧長桂捐石碑一枝。職員黄鎮圭捐修坐机壹隻。

董事廣東巡司洪登榜捐銀拾弍員。訓導黄存錫募緣捐資。

公議：本廟所有神座、儀仗等件，不許外借；恐有借用者，察出公罰。

咸豐捌年三月十二日，董事立石告白。

**按**：此碑現存薌城區文化街鳳霞祖宫。

## 五三七　重修龍山宫題捐碑

重脩龍山宫，捐題佛銀名次開列于左：

葉武六捐英銀弍拾伍員。葉清冬捐新銀弍拾弍員。葉進寶捐英銀壹拾叁員。葉良情捐新銀壹拾弍員。葉安七捐銀壹拾壹員。葉計斷捐銀壹拾壹員。葉九使捐新銀捌員。葉媽巡捐英銀柒員。葉振田捐銀柒大員。葉晛生捐銀柒大員。葉精壹捐銀陆大員。葉長榮捐銀陆大員。葉媽蔭捐英銀五員。葉媽改捐銀肆員陆角。北溪頭葉媽錢捐英銀肆員。葉媽批捐英銀肆員。葉明送捐銀叁員。葉明汀捐銀叁員。葉紫經捐銀弍員陆角。葉文詠捐銀弍員。葉東駕捐銀弍員。葉清貴捐銀弍員。葉光造捐銀弍員。葉光帶捐銀弍員。葉家和捐銀弍員。葉東入捐銀弍員。葉振動捐銀弍員。余媽賜捐銀拾弍員。劉初耽、葉又見、葉漏添、劉應皆、葉國咸、葉錦傑、余桃观、葉國田、葉猪腰、郭清建、葉世曜、葉蜜生、葉媽椰、葉明著、葉仲突、葉媽開、葉景潤、葉烏畨、葉石配、葉陽春、葉協力、葉東檜、葉永昌、葉匏生、葉衆生、葉永吉、葉紫薇、葉宗鐃、葉明獅、葉良珍、葉吉成、葉明趂、葉良盡、葉海連、葉添榜、葉良八、葉光断、葉交生、葉光丕，以上各捐銀壹員。

咸豐捌年歲次戊午荔月　日。家長：葉讚淵、葉媽甚、葉吉成、葉光造；董事：葉家和、葉振動；仝立。

**按**：此碑現存角美鎮金山村充龍社龍山宫，碑名爲編者加擬。

## 五三八　河福張氏祭田碑記（三）

竊謂水木之思，誼所難已；霜露之感，情不可忘。我長房五世東軒祖，蒸産無多，祀事難以成禮。前經裔孫孝廉恭暨太學生國選，捐充草洲□□及苗田，以資蘋藻之需。咸謂孝思義舉，勒石以勸後者。兹裔孫士順兄弟亦知禮義，愴然有感，愿以自置洲田六斗種，充爲東軒祖蒸；又四斗種，分爲八世德庵祖蒸。善哉！永言孝思，孝思維則；有倡於先，必繼於後。然則士順此舉，不特有以媲美前轍，更以詔奕世尊祖敬宗於靡既也。是爲誌。

咸豐八年十月，長房派下仝立。

按：此碑現存海澄鎮河福村張氏宗祠，碑名爲編者加擬。

## 五三九　重修霞坡橋碑

西街廖振發觀捐碑石。西街陳灶觀捐銀肆大員。上墩社助工伍拾壹工。西磘社助工、院内社助工共壹萬陸千壹佰工、灰□司□□。聯芳號捐銀叁兩。霞坡社助工壹仟壹佰工。霞坡社衆田主捐助每斗種粟一斗。

咸豐玖年己未叁月　日吉置。董事陳□□。

按：此碑現存薌城區芝山鎮下碑村王爺廟，原碑數字爲蘇州碼。

## 五四〇　霞陂橋路功德碑記

□七□助銀四十八大員。信士□林昭兄弟助銀十大員。信士李正建助銀八大員。李門信女□嗎助石四十丈。信士楊樞觀、信士吴克銓、蔡青堂各助銀四大員。歲進士蔡國安助銀三大員。信士柯□觀、□春堂、陳橘然各助銀二大員。太學生林□璋、信士陳國選、信士李天觀、信士李乞觀、信士李□觀、信士李燕觀、信士李烏觀、信士李□

观、信士蔡□观、信士楊閩观、信士楊高观、信士楊助观各助銀一大員。

信士□天□、□□各助銀二大員。信士鄭助观、信士曾□观、信士王播观、信士吴天祥、信士吴天祚、信士吴天□、信士楊賜观、信士楊□福、信士陳裕观、信士王六观、信士蔡文□、信士陳帶观各助銀一大員。

歲進士李□金、信士吴一蟾、信士王釼观、信士□□稷、信士李□孝、信士□源□、信士李送禾、信士楊□观、信士楊習观、信士楊源水、信士楊寔□、信士林壽□、信士王秀升、信士王爾父、信士林□生、信士何□、劉六各助銀一中員。

信士吴允順、信士李□观、信士吴□观各助銀四大員。信士楊苑观、信士楊登观、信士楊柳观各助銀三大員。信士□□观、信士吴明德、信士李□观、信士李陽观、信士李禄观、信士楊達观各助銀二大員。信士楊柴观、信士魏□輝各助銀□□□。

信士楊□观助銀一大員。信士陳□观、信士楊□观、信士楊典观、信士陳華观、信士陳榜观、信士陳元□、信士洪朝观、信士□翕观、信士□□观各助銀□□□。

**按**：此碑現存薌城區芝山鎮下碑村王爺廟。

## 五四一　重修西崑慈濟宫題捐碑（二）

重修西昆宫捐緣名次：

祝□頭社：王光前捐艮陆拾四大元。

東門社：□敬堂捐艮二十六元。董立央捐艮二十元。王君禧捐艮二十元。王順德捐艮十二元。王德傑捐艮十二元。王清篤捐艮十二元。曾三江捐艮十大元。金振昌捐艮八大元。隆泰号捐艮八大元。王清遜捐艮八大元。王順田捐艮六大元。林蘭圃捐艮六大元。黄玉樹、黄百年、王永昌、黄端观、金昇美、王聯根、榮美号、金德隆、黄□观，

以上各捐艮四大元。萬發观捐艮三大元。黄寿眉捐艮三大元。王鼎峙、王守言、王初□、王□观、黄孟忠、王東齋、王玉泉、金湧源、□永萃、黄成□、金振美、□成玉、協財号、晋發号、□安居、王□泗、□梁号、王成珍，以上各捐艮二元。黄調惟、德成号、和義号、黄恒古、正珍号、隆興号、恒昌堂、金振源、叶盛号、叶美号、榮興号、和茂号、黄上記、仙鶴号、湧泉号、怡發号、洪瑞興、金允利、濟和堂、和成号、源興号、協□号、王寬□、成金号、濟生□、□□观、黄茲生、黄春喜、合茂号、黄傳詩、王正義、黄健陽、黄紅記、李驄观、黄和美、黄伯寧、林尼姑、王漢溪、黄□观，以上各捐艮壹大元。

下嶼社：許光□捐艮四十大元。

□□□社：謝大川捐艮三十六元。黄義吉捐艮十八大元。黄景塔捐艮十二大元。謝月观捐艮十二大元。黄朝瓊捐艮十大元。黄光鶴捐艮□大元。黄光柳捐艮四大元。黄崇基捐艮四大元。黄秀三捐艮四大元。黄維昌捐艮三大元。黄孟章捐□三大元。黄天池、林世澤、黄江貞、黄景田、黄景沛、黄讚波、黄和忠、黄六杭、黄□友、謝平旦、鄭長江，以上各捐艮二元。翁泉观、黄舉观、黄大偃、黄海水、王六观、謝開泰、黄如亮、黄嫣□、黄倩生、黄義信、黄□观、黄□德、黄維誼、黄瓜生，以上各捐艮一元。

南川社：陳傾文捐艮三十二元。陳伯龍捐艮三十二元。陳德局捐艮二十大元。陳阿魁捐艮二十大元。陳糖玉捐艮八大元。陳盛昆捐艮六大元。陳忠□捐艮四大元。陳忠標捐艮四大元。陳丙寅捐艮四大元。陳建興捐艮四大元。陳信雄捐艮二元。陳秉宜捐艮一元。

石美泥：李澄潭捐艮三元。陳永建捐艮十二元。□□□捐艮十二元。林成記捐艮六元。

山厚社：陳泗梅捐艮二十四元。陳永豐捐艮十六大元。陳瑞芳捐艮十六大元。陳静山捐艮十六大元。陳允才捐艮十二大元。陳本招艮十二大元。陳瑞奇捐艮八大元。陳儼水捐艮四大元。陳治观捐艮四大元。陳綿□捐艮二元。陳綿崇捐艮一元。陳□□捐艮一元。

北門社：何光田捐艮十二元。何光領捐艮十二大元。徐聯益捐艮十大元。陳□春捐艮六大元。黄開果捐艮五大元。何朝陽捐艮四大元。劉兩儀捐艮四大元。陳定建、何清江、何清淮、何清遜、何清源、何春生、何三□、徐得观、徐光詞、徐福壽、王如切、陳和尚、黄連克、徐光角，以上各捐艮二大元。

埭頭社：黄光岑捐艮六元。黄田观捐艮二十四元。□泰号捐艮二十六元。黄玉琴捐艮二元。黄嚴观捐艮一元。黄永日捐艮一元。

阮厝社：阮天賜捐艮六元。阮仲突捐艮四元。阮堂观捐艮四元。阮新賴捐艮二元。

田裡社：王六賽捐艮二元。王楨球捐艮十二元。王錫榮捐艮二元。王兆倫捐艮二元。王恭相捐艮一元。王文舉捐艮一元。林榮總、林禄观、郭光□、林□宜、黄自观，以上捐艮四元。

合和林安观捐艮二十元。港内魏安蘭捐艮十大元、魏則安捐艮五大元。□陽賴宗□捐艮□大元、□若夫捐艮六大元。

南安：陳□軍捐艮六元。徐申生捐艮四元。洪楝助捐艮二元。洪靖□捐艮二元。

厦門：金協成捐艮四元。金恒隆捐艮四元。金可行捐艮二元。□睿智捐艮二元。黄中和捐艮二元。陳五山捐艮二元。

洲頭：黄石生捐艮十元。林百川捐艮二元。鄭振基捐艮二元。

蒼前：陳嫣石捐艮四元。陳助观捐艮一元。

新岱宫邊：黄夙載捐艮二元。黄六鰲捐艮二元。

埔尾社：林衛观捐艮四元。林好日捐艮四元。林康观捐艮二元。林□观捐艮二元。林景興捐艮一元。

上□社：陳開張捐艮四元。陳金吉捐艮二元。陳自斟捐艮二元。陳自酌捐艮二元。

洪岱社：施雙鷂捐艮四元。施奇造捐艮二元。施學陶捐艮二元。

□江社：陳士□捐艮八元。陳日□捐艮八元。王果在捐艮十二元。陳紹坤捐艮六元。

東□社：黄錦世捐艮四元。黄而萬捐艮二元。黄招喜捐艮二元。

石美社：陳金喜捐艮十二元。吴促观捐艮四元。黄允成捐艮一元。黄康观捐艮一元。黄慎修捐艮一元。張慶堂捐艮一元。

施坑社：施嫣品捐艮二元。施坤岸捐艮二元。

北溪頭：林豆油捐艮四元。黄鍚鍚捐艮二元。

文圍社：吴金芸捐艮四元。吴翰墨捐艮二元。

田裡社：王必連捐艮四元。王長和捐艮二元。王崇林捐艮一元。

新村社：林萱曉捐艮四元。林芊观捐艮二元。

虞路楊達观捐艮一元、楊明傳捐艮一元。竹林陳玉兔捐艮十二元。

陳林社陳乙观捐艮二元、陳隆观捐艮二元。岩後社郭文爲捐艮十元。

湖西社：郭春奉捐艮二元，沈溪頭、沈石观捐艮二元。

許坂社林連笑捐艮一元。坂尾社林謙泰捐艮一元。鴻漸尾許和金捐艮一元。竹仔脚施佳生捐艮一元。福保寮施心性捐艮二元。蔡店社蔡恩從捐艮六元、蔡鼎連捐艮二元。

林海观、吴尺观、黄嫣垂、黄金争、黄坤生、黄藝成、黄奇观、郭不观、周仙童、石礼元、汪德成、徐如宝、陳向高、陳碖观、葉奇祥、葉得观、葉□观、葉平观，以上捐艮二元。

和邑鄭立光捐艮二元、陳登國捐艮二元。東埔張忠榭捐艮八元。吴宅林應昌捐艮八元。汀水李宣修捐艮六元。金定陳政观捐艮四元。岑兜尤西奮捐艮四元。安溪沈外观捐艮四元。過塘韓浩池捐艮四元。果堂陳佛在捐艮三元。銀同方廷瑞捐艮二元。蓮花陳江芭捐艮二元。亭頭林吾寿捐艮二元。桂林陳光典捐艮二元。永春鄭友心捐艮二元。山邊李焕純捐艮二元。朱山葛天澤捐艮二元。□盛观捐艮一元。下尾林謅观捐艮一元。福井林淀水捐艮一元。糖岸謝經观捐一元。鋪兜王如物捐艮一元。西邊黄安然捐艮一元。上房李禎善捐艮一元。天竺寺僧純陀捐艮八元。崎巷

庵僧化然捐艮四元。

西崑本社：張贛观捐艮十二元。張胡泰捐艮十二元。張咸池捐艮六元。張石獅捐艮六元。張信就捐艮六元。張清湖捐艮四元。張科生捐艮二元。張榮華捐艮四元。張國深捐艮二十四元。張岩观捐艮二元。林□順捐艮二十四元。膠□李三元、石遥和、楊光棒、黄易观、葉遥丁、黄永添、丁心燦，以上捐艮六元。

滄裡社蔡有和答謝□三百元。漳州城弟子楊開疆敬謝大龍銀叁佰元。北門社諸弟子謝小工二百工。東門社諸弟子謝小工一百廿二工。西崑本社衆弟子謝小工□□。

旹咸豐玖年孟夏之月，董事諸弟子仝立。

按：此碑現存角美鎮石美村西門社西崑慈濟宫，碑名爲編者加擬。

## 五四二　龍應寺功德併緣田碑記

太學生陳懋脩捐銀壹佰大員（六十八兩）。太學生陳仕安捐銀弍拾大員（十四兩）。

一，田壹坵，受種子叁斗，科田陸担，址在石路尾亭砭洋，東至陳家田，西南俱至官河，北至陳家田。

一，田壹坵，受種子弍斗，科田肆担，址在横隴后，東至溪，西至港，南北俱至蔣家田。

一，田大小玖坵，受種子叁斗，科田陸担，址在塔口嶺内。其伍坵，肆担半，土名壠仔，内大坔坵；又弍坵，壹担，土名樓仔厝前門棖仔脚；又壹坵，壹籮，土名坔仔坵。

一，園壹坵，受種子肆斗，址在鳳翔山脚，土名樓后，東西南北俱至陳家園。

此田園所以奉祀本寺觀音佛祖香火及佛誕日慶祝諸費，該住持僧不得擅専典賣，族中子弟亦不得冒指公田，異言生端。惟願神靈庇佑，闔族昌熾，永祀勿替焉耳。共配粮五錢叁分伍厘正，完納。

咸豐玖年重脩，諸董事立。

按：此碑現存東園鎮過田村俊美社龍應寺，原碑夾註數字爲蘇州碼。

## 五四三　清寶殿吕宋題緣碑記

咸豐玖年往吕宋題緣條目列左：

黄光凛捐銀伍拾柒大員。吴美舍捐銀弍拾四大員，黄正發捐銀弍拾四大員。黄光録捐銀壹拾六大員。黄媽都捐銀壹拾弍大員，黄文芋捐銀壹拾弍大員，黄光巷捐銀壹拾弍大員。周美官捐銀捌大員，黄仕改捐銀捌大員，黄妙蘊捐銀捌大員，黄高安捐銀捌大員。黄光丑、黄主脾、尤西有、黄清松、黄獅使、黄仙調、黄光普、黄什記、黄媽桂，以上各捐銀陸大員。黄國述、黄讚立、許尚褒、黄高琴、黄所雪、李媽壹、黄永泉、黄篆交、黄振克、黄春恒、黄詢良、黄永享，以上各捐銀四大員。黄光亨銀叁元。黄銀盾、黄存敬、鄭美虞、黄媽汀、尤棟使、尤茂炎、黄沁朝、黄傳壽、黄坤信、黄光蛋、黄伯侯、黄和尚、黄天乞、黄欽懷、黄讚訓、黄生使、黄方佳、黄禎使、黄仙智各捐銀弍大員。黄正雹、黄可夆、黄仙同、黄浩使、黄闖使、黄振沛、黄登教、黄万宝、黄代使、吴愛使、黄有本、黄光扶、黄一金、黄澤科、黄助福、黄江使、黄坑使、黄光彩、黄仙德、楊仙名、黄媽順、黄光寅、黄怡猛、黄彩儀、黄達使、黄大再、黄連具、黄馮使、黄瑞使、李端盛、黄烏番、黄永福，以上各捐銀壹大元。黄江委壹元伍角。黄翰錦、黄怡党、黄媽弍、李濺使、黄文使捐銀半元。

出頭捐題黄光録官，主事德懋。

按：此碑現存角美鎮錦宅村新街社清寶殿，碑名爲編者加擬。

## 五四四　重起石厝威惠廟題捐碑

重起廟宇，開漳聖王各州府諸弟子捐題緣銀開列於左：

許泗漳捐銀弍佰弍拾大員。陳松栢田弍斗、磚埕，共銀一佰十員。黄試观捐銀伍拾大員。石悦通捐銀肆拾大員。余新前捐銀肆拾大員。王笑观捐銀叁拾大員。王国祥捐銀弍拾大員。王奮㒷捐銀弍拾大員。王静盛捐銀弍拾大員。許漸观捐銀弍拾大員。陳彩珍捐銀弍拾大員。黄六海捐銀拾弍大員。黄敕準捐銀拾弍大員。黄貴陽□貴記捐銀拾弍大員。許清和捐銀拾大員。余古養捐銀拾大員。王媽向捐銀拾大員。

陳泰陽、余光炳、石金萍、石怡謀、余佛緣、余新□、高吟观、黄澎輝、陳連慶、陳自斟、陳金吉、陳自酌，以上每名各捐銀六大員。

余孫聰、石文盧、石□碩、石□愛、□□水、黄光真、黄懷爐、吴光惜、陳□□、陳□霞、源盛□，以上每名各捐銀四員。陳渭水捐銀三大員。許拋观捐銀三大員。

余君□、余君會、余□观、余妹观、余□观、余戒观、余□观、余榮珠、余順齊、余仕斗、余廣蒲、余初熊、余媽鑽、陳□業、陳□□、陳□微、陳□奇、陳夜行、陳文顯、陳清柑、陳石蛋、陳詰观、陳紫霧、黄□載、許烏观、李昂生，以上每名各捐銀弍大員。

王武科、王□观、王嵩观、王蒲观、王□□、王荣□、石如玉、石永□、石正端、石振泰、石獅观、石金全、石見和、石獨發、陳健章、陳奇成、陳媽□、石玉观、石和順、王想观，以上每名各捐銀一大員。

許□林芸做先生謝金。東山林文敬謝利銀。王国祥敬謝石料。雙成豐余能司捐石碑、添工，求平安則子壽。

咸豐拾年歲次庚申桂月。東門、西門、南門、北門董事家長：余光眼、余少慶、石簡观、石肅廳、石光□、王□海、黄澎輝、黄錦祥、黄六海、王国祥、王真金、李元观、王□好、王謹观、李將观、李□□、□□生、陳思齊、陳郎观、□□建、陳文□、陳□□、陳□□仝立石碑。

**按：**此碑現存角美鎮石厝村下邊社威惠廟，碑名爲編者加擬。

## 五四五　清寶殿下州府題捐碑

清寶殿下州府捐銀條目開列于左：

黄金旺捐銀壹百員。黄金帶捐銀叁拾員。吴促捐銀弍拾肆員。黄光串捐銀弍拾員。黄肇升捐銀拾陸員。黄永羡捐銀拾弍員。黄金盛捐銀拾員，黄九老捐銀拾員。黄玉沙、黄金華各捐銀捌員。黄九婆、黄金匏、黄聯榜、黄啟献各捐銀陸員。黄天發、尤扶沛、林種本、黄榮祥、曾允陞、劉媽尚、黄周官、黄心助、黄既雲、黄清及、黄永郎、黄忠良、黄忠輝、黄有朋、黄肇有、黄恒義、黄光琳各捐銀肆員。黄振好捐銀叁員。黄濟川、黄挺宗、黄燕芳、黄珠默、黄強惟、黄清朗、黄六教、黄生滔、黄百勳、黄遁田、黄秉深、黄光扶、黄瓊瑶、黄慶芳、黄正信、黄肇根、黄英畏、黄汝梗、黄有芳、黄生便、黄碩珍、黄德茅、黄厚皮、吴允恭、吴允朝、黄振和、黄劉世各捐銀弍員。黄信義、黄濟川、黄邊官、黄荣相、黄壽極、黄金傳、黄菜观、黄攀观、黄琪生、黄珠池、黄登嘉、黄荣葵、黄敏欣、黄其保、黄瑞聆、黄長財、黄檜观、黄光好、黄正恭、黄添丁、黄篆荣、黄光礒、黄德成、黄餘慶各捐銀一員。黄順观、黄中山、黄欲貴、黄月領、吴南懷捐銀一中員。

咸豐十一年桂月。題緣：黄德煮、黄清審；董事：上、下房家長。

按：此碑現存角美鎮錦宅村新街社清寶殿，碑名爲編者加擬。

## 五四六　西林蔡氏祠堂碑記

竊聞祖功宗德，錫類肇自先人；立廟報本，明禋隆于後嗣。凡我子孫，苟能深體此意，則其有功於列祖者，俾得追配其私親也。我謝倉開基始祖汝達公，傳至侃素公，九世矣。住居西林，孫裔寖盛，但小宗祠宇未建，祀事莫定，非尊崇之至意也。玆者三房孫裔共深孺慕，用切宗功，合派題捐，仍於社中公地營立祠堂，置龕其中，崇祀列

祖，以及樂輸捐貲者，各許私置神牌崇奉其中。今因初建乏費，每對主的銀庫它秤柒両式。厥後祠堂落成，進主明白，倘有孫裔欲立私主者，議定佛銀壹佰弍拾大員，以置祭田，以充祭費，重勒石誌之，不得視此爲例。至于祠內，務宜潔静，值年者朔望焚香燃燭。除年節、忌祭以及春光慶祝之外，屬在閒事者不得入祠喧閙，不許鳩集匪類賭蕩，而堂内砱上亦不准舂粇以及堆積水車、田器、稻杷、草杷、什物等件，恐褻祖靈，且妨磚石、屏枋。違者議罰，亦爲祖靈譴責。所有捐貲置主名次列誌于左；如無題捐，石無勒名。擅入私主者，雖奕世孫裔，尚容推出，庶免乱規。是用勒石，以垂鑒于不朽云。

十二世：君略公、妣淑恭，君常公、妣仁肅，佰容公、妣遜順。

十三世：得佰公，妣坤柔；擢宗公，妣和淑、閑順；擢國公，妣恭儉、栥順、懿德；秋染公，妣淑薇；遜周公，妣柔順；擢開公，妣温淑、柔淑。

十四世：志英公、妣莊政，敦厚公、妣純慈，智置公、妣慈儉，光輝公、妣先治。

十五世：文汎公、妣純荊，仁智公、妣徽晋。

十六世：孫生世昌、妣俗節，胡漢、妣肅勤。

以上惟君略公、君常公共議各减佛銀壹千。諸銀俱已建祠、作龕、置器、油漆、入主，費用明白。

咸豐十一年辛酉十二月。同庠生世昌，董事裔孫永定、魚生、清濤，仝立石。

**按：**此碑現存海澄鎮倉頭村西林社蔡氏崇德堂，碑名爲編者加擬。

## 五四七　重修鴻江書院碑

重脩鴻江書院，謹將捐金姓氏勒石，以示宏奬。其名序次如左：

鄉賓李逢諟公捐銀叁拾元。監生李崇賢公捐銀式拾大元。

監生藍汝南公、監生王韞玉各捐銀拾弍元。武生王登榜，監生李穗修、林鳴玉、陳聰謀，以上捐銀拾元。王世豪捐銀捌元伍角。鄉賓藍克明、藍艷明各捐銀陸元。王河洲、陳兆燕、陳景肅、朱和尚，以上捐銀肆元。鄉賓藍崥、朱應、朱邦彦、王席珍、黄虎，以上捐銀叁元。王錫韓、陳東、王勤誦、王天河、王正、藍南極、藍虎班、藍玉匣、周永發、郭毛、黄克播，以上捐銀弍元。朱天球、朱藍天、朱開盛、王錫圭、周賜、李楊柳、李潤、戴委、桂陽、桂付，以上捐銀壹元。

同治元年桂月　日，董事：貢生蔡允臧、武生李英傑仝立。協力黄虎。

**按**：此碑現存隆教鄉鎮海村鎮海衛文昌閣。

## 五四八　重修金興宫頭家角題捐碑

大清同治元年陽月吉置，列位弟子仝立石。

林界观捐銀叁拾貳大員。林古观捐銀拾貳大員。林某观捐銀拾大員。林納观捐銀拾大員。林母观、林賽观、林螳观、林標观，以上各捐銀捌大員。林迭观、林添观、林滲观、林惟观，以上各捐銀陸大員。宋□观陸員。林雄观陸員。林意观、林正观、林小飽、林疋观、林侃观、林助观、林帶观、宋顯观、宋蔴观，以上各捐銀肆大員。林葉观捐銀叁大員。正發號捐錢貳大員。林池观、林於來、林成观、林旦观、林權观、林大观、林羅观、林筆观、林凱观、林鐘观、林坛观、林雲觀、林命观、林水观、林傑观、林密观、林隆观、宋聞观，以上各捐銀貳大員。林應观捐銀壹大員貳角。林畧观、林愁观、林鵬观、林蘭观、林□观、林頂观、林友观、林臺观、林籼观、林本观、林薯观、林助观、林斷观、林仲观、林北观，以上各捐銀壹大員。

頭家角該佛銀弍百□□□大員。

家長林尚觀，董事林賽观、侃觀。

按：此碑現存紫泥島金定村金興宮，碑名爲編者加擬。

## 五四九　重修金興宮中寮甲題捐碑

大清同治元年陽月吉置，列位弟子仝立石。

后美廣興號捐銀捌大員。連恩观捐銀伍拾肆員。連著观捐銀叁拾員。連民观捐銀拾貳員。連間观捐銀拾貳員。連□观捐銀玖員陸角。林連慶捐銀玖員。連劍观捐銀柒員叁角。連鑑观捐銀陸員。連宁观捐銀陸員。連蜂观捐銀肆員柒角。連江观捐銀肆員。連侑观捐銀叁員捌角。連炳观捐銀叁員陸角。連友观捐銀叁員肆角。連味观捐銀叁員肆角。林連和捐銀叁員叁角。連輵观捐銀叁員。連郎观捐銀叁員。連妙观捐銀貳員肆角。連嬰九捐銀貳員叁角。連生观捐銀貳員叁角。連突观捐銀貳員叁角。連景观捐銀貳員。連皮观捐銀貳員。連焜观捐銀壹員捌角。連振观捐銀壹員陸角。連科观捐銀壹員肆角。連壹观捐銀壹員肆角。連軒观捐銀壹員肆角。連我观捐銀壹員肆角。連可观捐銀壹員肆角。連延观捐銀壹員叁角。連譄观捐銀壹員叁角。連表观捐銀壹員叁角。連歐观捐銀壹員貳角。連諄观捐銀壹員貳角。吴連坛捐銀壹員貳角。連讀观捐銀壹員貳角。連昧观捐銀壹員貳角。連年观捐銀壹員貳角。林連意捐銀壹員。連芋观捐銀壹員。連膪观捐銀壹員。連瓶观捐銀壹員。連作观捐銀陸角。連汶观捐銀半員。

中寮甲合該佛銀貳佰貳拾陸大員。

總理連恩观，董事連民观、間观。

按：此碑現存紫泥島金定村金興宮，碑名爲編者加擬。

## 五五〇　重修金興宮新寮甲題捐碑

大清同治元年陽月吉置，列位弟子仝立石。

后美隆泰號捐銀捌大員。陳梅观捐銀貳拾大員。陳愽观捐銀貳拾大員。陳儼观捐銀貳拾大員。陳曹观捐銀拾大員。陳柱观捐銀拾大員。陳標观捐銀拾大員。陳□观捐銀拾大員。陳信观捐銀拾大員。

陳乾观捐銀捌大員。陳雪观捐銀柒大員。陳滮观捐銀柒大員。陳薙观捐銀陸大員。陳啐观捐銀陸大員。林稗观捐銀伍大員。林江观捐銀叁大員。陳在观捐銀叁大員。陳亦观捐銀貳大員。陳專观捐銀貳大員。陳霜观捐銀貳大員。林姜观捐銀貳大員。林爐观捐銀壹員伍角。林樹观捐銀壹大員。林同观捐銀壹大員。林夕观捐銀壹大員。林飽观捐銀壹大員。林熊观捐銀壹大員。陳六观捐銀壹大員。陳黎观捐銀壹大員。陳改观捐銀壹大員。陳竹观捐銀壹大員。陳龍观捐銀壹大員。陳財观捐銀壹大員。陳鬃观捐銀壹大員。陳鑽观捐銀壹大員。陳鋏观捐銀壹大員。陳□观捐銀壹大員。□畏观捐銀壹大員。張恆观捐銀壹大員。張佳音捐銀壹大員。

新寮甲福成号捐銀貳拾陸大員，合共佛銀貳佰貳拾陸大員。

家長、董事：陳□观、愽观。

**按**：此碑現存紫泥島金定村金興宫，碑名爲編者加擬。

## 五五一　重修陳氏宗祠題捐碑

裔孫鄉賓應昌公捐艮二十員。勤宏公捐艮十八員。宇仁公捐艮十四員半。監生清洛公捐艮十三員。質恪公、監生登鳳公捐艮十二員。克令公捐艮十員。得堦公、鄉賓鳴球公、載卿公捐艮八員。正情公、國培公、國義公、國禎公捐艮七員。侃朴公、鄉賓得尊公捐艮六員。文深公捐艮四員半。裕齋公、庠生爾亮公、雅朴公、振科公、爰和公、監生詩可公、監生世泱公、國栄公、庠生□公、監生清澗公捐艮四員。受火公、□賨公捐艮三員。賜進士石卿公、大享公、副舉人銘輅公、賜進士士璇公、文林郎昆潛公、峩魁公、懷珍公、参將援公、温良公、舉人憲猷公、于九公、大綸公、廩生日光公、職員啟忠公、世珍公、鳴琦公、監生秉敬公、監生秉釣公、清洙公、鄉賓登庸公、國賓

公、職員仕志公、舉人士英公、庠生啟煇公捐艮二員。庠生鵬公、仲生公、庠生寿南公、監生國仁公捐艮一員。

按：此碑現存東園鎮過田村俊美社陳氏大宗祠，碑名爲編者加擬。

## 五五二　重修陳氏宗祠題捐碑（二）

裔孫監生如琢捐艮十六元。廷圭捐艮十員。喬松捐艮七員。汝霖捐艮六員。尼姑、庠生步璋、管生、志我、宗近、國猷、步雲各捐艮四員。志甲、職員步極、國謨、聯登、助官、廩生國熙各捐艮三元。吴邊、荣華、監生朝英、傳富、謂珍、大貴、庠生得科、庠生王衡、榜權、如固、職員玉瑛、庠生士蔚、廩生鳳翔、聯祥、德盛、德性、庠生金邦、世成、福登、樣官、恭惠、庠生日忠、西江、堅位、深仲、清飲、庠生仰崧各捐二元。普官、東海、瑞霓、宇宙、庠生國昌、萃官、如潮、開維、君俟、宗賓、庠生夢持、廣官、瑞儒、庠生殿邦、紹北、乞培各捐艮一元。

同治元年冬月　日。董事：監生朝英、庠生得科、庠生士蔚、廩生國熙、庠生蜚聲、庠生□焜，立。

按：此碑現存東園鎮過田村俊美社陳氏大宗祠，碑名爲編者加擬。

## 五五三　齊天宫敬獻公業碑

立石碑人廿八都流傳保玉洲上社信女陳門潘氏辰，念下沙天上聖母神光赫濯、普濟慈帆、聖德聰明，胥沾多福，兹于本年四月初四日，用置厝屋，敬獻宫中，許爲公業。其契同中齊到爐前焚化，其厝交貸空厝，任從出税。所有原由、條議明列于後，但願永遠有據，無滋蒙混，俾共知該厝爲我聖母逐年四月十六日、五月十五日安吉位之物業也。爰立石碑，臨在宫壁，聊存不朽微意焉。

一，此厝係林茂擁托中鄭榮尚、陳天基、方香山、柳財觀行契交銀明買物業，與别人無干。其來歷清白，無交加情弊。

一，此厝一座二進，内廳一、房一、埕一，其門檻、户扇、浮沉磚石瓦木全備。

一，此厝址在上沙保榕樹脚潭仔墘，坐西向東。

一，此厝價銀壹拾肆員，庫平重捌兩肆錢正。又修理再出銀□□員，庫平捌拾肆兩捌錢正。

一，此厝逐年税銀存積，配支修理。

同治弍年癸亥四月　日，潘氏立石碑。

按：此碑現存薌城區下沙路齊天宫，碑名爲編者加擬。

## 五五四　重修謝倉祖廟碑記

我謝倉自建立祖廟以來，歷幾百年矣。□□□□孔長，孫子林立，户口□衍，歲□祀□□□濟濟□凡錢□豆□，報功者于斯，崇德者于斯，典□□也。迨咸豐九年正月□□□出爲災，火光爍地，廟失□□□。于同治元年合力脩□，捐銀弍千餘兩，□在天之□庇□立地以成功，較之曩時□□□□□□何如也？然棲神□□□□入□乃可昭虔。自兹以往，凡我合族人□□□相□飴。毋或于廟廷内外□□□□滋□□。庶幾□□式□，□彰靈爽，□□百世共保，雲礽延綿，□□□昌盛，螽斯□□，□□慶□□□壯哉！爰勒僉議條規于左：

一，廟中若非公事，不許擅開各門。

一，廟中不許藏積水俥田□及鴨□大□。

一，廟前廟後不許堆積稻把稻草，□上不許舂粇。

一，廟中□□不許□□私□，違者一概罰戲一臺。

三世孫：長房居政公、次房居德公、三房居省公、四房居敦公、五房居□公、六房居載公、七房居質公、八房居遜公、九房居齊公各捐銀柒兩弍錢正。

四世孫：杰□公捐銀柒兩式錢正，□軒公捐銀捌兩肆錢正。
七世孫：□□公捐銀壹拾式兩正。
十一世孫：□□公捐銀柒兩式錢正，子□公捐銀柒兩式錢正。
同治二年八月穀旦，各房紳士、家長仝立。

**按：**此碑未見，拓片圖見於海澄鎮前厝村謝倉蔡氏崇報堂族譜，碑名爲編者加擬。

## 五五五　重修鎮南宮碑記

捐題吕宋緣銀名次：

黄順風捐英銀拾式員。謝芳日捐英銀捌員。黄義結捐英銀捌員。黄光鶴、黄培養、黄克張、黄讚波、黄延朋、黄金盛、陳亞魁，以上各捐英銀陆員。謝開泰捐英銀伍員。黄景塔捐英銀伍員。黄文斗捐英銀肆員半。黄名玉、謝振敬、謝清流，以上各捐英銀肆員。黄子硯捐英銀叁員半。黄如旺、黄北观、黄高登、黄子霞、黄性观、謝振鳥，以上各捐英銀叁員。謝奇士捐英銀式員半。謝開在捐英銀式員半。黄琮瓊、黄柱观、黄妙盛、黄延翕、黄江貞、黄梧生、黄勸生、黄振仁、黄榮泉、黄景沛、黄子桶、黄天爲、謝諒瑞，以上各捐英銀式員。黄印观、黄子□、黄麥观、謝其上，以上各捐英銀壹員。黄蠷观、黄長池、黄媽賓、黄贑观、黄世泠、黄紫薇、黄登波、黄登面、黄金观、黄味盛、黄媽隨、黄恒裕、黄媽改、黄子焕、黄各观、黄文亥、黄欽观、黄可观、方可观，以上各捐英銀壹員。董事：黄如簡、黄光鶴、黄義結、黄讚波。

同治式年癸亥拾二月立。

**按：**此碑現存角美鎮南門村玄天上帝廟。

## 五五六　重修鄭氏祖廟題捐碑

同治三年脩理祖廟，捐銀牌記：

博藝祖捐艮三十元。鄉賓愧人捐艮十五元。啟宇公捐艮十元。廉公捐艮二十四元。夜公捐艮四十二元。元伸捐艮十二元。白石捐艮六元。以文捐艮十六元。葛捐艮四元。入捐艮四元。秋山捐新艮三百元。秋冬捐新艮二百元。欵捐艮四十六元。竭力捐艮十二元。香捐英艮六十元。降捐新艮四十元。在捐艮五元。四端捐艮六元。維春捐艮四元。得興艮四元。

董事：武生元理、在、竭、悪，仝理吉置。

按：此碑現存浮宫鎮美山村青美社鄭氏世德堂，碑名爲編者加擬。

## 五五七　石坑山示禁碑

此石坑山係開漳聖王廟地，亦寨裡社行龍過脈之處，不許塋葬開剥，違者共繫之。

同治三年冬月，各社鄉耆會共立示。

按：此碑現存白水鎮磁美村隆壽宫，碑名爲編者加擬。

## 五五八　重修輔信將軍廟題捐碑

同治伍年，在槟榔嶼、高吧、篷仔等處諸弟子喜助缘金，共捐英銀伍拾壹員，庫重叁拾陸兩玖錢七分伍厘正，修理霞井壁埕及諸費。捐金名次：

甘双吉捐英銀肆員。甘和坤、連登、烈火、建德、明德、泉观各捐英銀弍員。甘和生、角观各捐銀壹員伍角。甘

發观、脱□、金榜、伯嘉、如源、光旦、潤观、金諒、萬盛、代魚、秋波、嬴波、明哲、明鑽、瑞鑾、九二、□奕、春衣、光嘮、祈達、合利、李旦、棠观、朝陽、聯昌、俗池、清炎、烏定、新盛、合观、午观、鳳陽各捐英銀壹大員。

一，開買磚砛、□沙應修理霞井廟壁埕及立石諸費，計合共銀重弍拾八兩柒錢正。

勸捐：甘和生。董事：庠生甘乃脩。協理：甘冉友、啟聖。同治伍年陽月重修立石。

按：此碑現存東園鎮東園村下井社輔信將軍廟，碑名爲編者加擬。

## 五五九　重修懷安宫題捐碑

重修懷安宫捐金芳名：

怡隆舖捐銀四兩二。順盛舖捐銀三兩。怡祥舖捐銀二兩四。泰祥舖捐銀一兩八。順發舖捐銀一兩八。振盛舖捐銀一兩半。新發舖捐銀一兩半。黄和義、益昌舖、順昌舖、福春舖、怡昌舖、桑順舖各捐銀一兩二。聯昌舖捐銀一兩。振豐舖捐銀一兩。怡吉舖、大茂舖、新㒷舖、隆茂舖、益記舖、永泰舖、永瑞舖、福㒷舖各捐英銀一大元。順成舖、吉利舖、荣茂舖、協德舖、源春舖、永盛舖各捐銀六錢。林鳳观、順德舖、林定观、林水獭观、寿世堂、林新育观、福成舖、振有舖、成利舖、和盛舖、林順章观、林夏山观、林金煉观各捐銀六錢。

董事：太學生林生果、林立静、林良珠。

同治六年桂月，大埔墟諸弟子仝立石。

按：此碑現存白水鎮大霞村大埔社大埔圩懷安宫，碑名爲編者加擬。

## 五六〇　重修龍鶩堂西洋題捐碑

龍鶩堂重修，西洋捐題名次開列于左：

黃錦祥公司捐英銀弍佰大員。黃松得捐英銀捌拾大員。黃肇根捐英銀陸拾大員。黃瓊瑶捐英銀肆拾大員。黃肇升、黃恒義各捐英銀弍拾肆大員。黃有芳、黃清俊、黃金旺各捐英新銀弍拾大員。黃有明捐銀拾弍大員。黃忠輝捐銀拾大員。黃聯傍捐英銀捌大員。

黃既雲、黃忠良、黃開鋭、曾一品、黃金帶、黃聯傍，以上各捐英銀陆大員。黃新語、黃振泰、黃建忠、黃燕芳、黃啟献，以上各捐英銀肆大員。黃英畏、黃長才、黃添丁、黃秋毫、黃肇若、黃基福、黃永瑞、黃漏乾、黃源秀、黃萬百、黃開嘉、黃永利、黃兩全、黃振開、黃益扶、黃伯勳、黃玉琴、黃伯景、黃開祚、黃開振、吴抱振、黃扶使、黃西庚、黃金華，以上各捐英銀弍大員。黃松娥、黃正奎、黃席珍、黃江淮、黃珠垂、黃三莅、黃和尚、黃笑使、黃榮泰、黃東水、黃信義、黃開鎮、黃益扶、黃玉琴、黃伯勳、黃伯年、黃清捷，以上各捐英銀壹大員。黃五世、黃盛德、黃餘慶、黃荣耀、黃琪生，以上各捐英銀壹中員。

黃永富帶銀漲銀水銀柒拾大員。

同治陸年丁卯臘月，董事：黃淑齊、禎佳、鐩使、開老、光箘、開裕、光菜、振耀、全記、朱畜、慎老、松剪、光七、九川、汝添、長石，立。

按：此碑現存角美鎮錦宅村龍鷲堂，碑名爲編者加擬。

## 五六一　騰鯉廟功德碑記

丁卯冬十月，連爲營葺先慈于許林頭之京仔山。工竣，閒遊騰鯉廟，見其廟貌焕然一新，佛像莊嚴，左右虚設神座，未奉神像，鐘鼓空懸。里之父老語連曰：『此二座即韋陀尊天二神座也。』募連捐金樂助，贊成神像、造置鐘鼓。連欣然應命，聊表微忱，俾得將來祭掃徃來廟中便宜行事，因而爲誌云。

福岸社宣德郎郭登瑞男太學生科連等捐銀肆拾大員。職員郭陳四捐銀陸大員。

同治七年三月　日，騰鯉社家長許董事等仝立石。

按：此碑現存榜山鎮雩林村許林頭社騰鯉廟，碑名爲編者加擬。

## 五六二　重興海澄縣城隍廟題捐碑

重興本廟大殿並兩廊及油漆，捐金姓氏開列于左：

貢生邱瑞芳、太學生謝國勤各捐銀叁拾元。李芓官捐銀弍拾六元。貢生黄敏德、葉英源、黄伯冲公各捐銀弍拾四元。奉政大夫周呈芳、奉政大夫楊朝儀、奉直大夫蔡其忠、長成當鋪、蔡師汝公各捐銀弍拾元。高樣官捐銀拾九元。太學生江鎮義捐銀拾八元。許建官捐銀拾六元。黄篤官捐英銀拾叁元。鷺田次房捐銀拾兩。蔡有文捐銀拾四元。庠生徐鴻吉、庠生黄克諧各捐英銀拾元。庠生曾春三、太學生陳福頗、嚴若時、許瑞陣、三合號、蘇永發號、翁振發號各捐銀拾弍元。邱瀛石、黄紹默各捐銀拾元。貢生盧維亮、貢生周朝英、五品軍功陳定國、太學生楊樹明、蕭有成、蔡吾恩各捐銀八元。茂得萬鵤、金振發鵤、金順泰鵤、金振裕鵤各捐英銀六元。太學生黄紹蒸、校尉洪時春、太學生洪朝儀、蘇金蘭、許玉章、蔡絹熙、温發應、劉萬隆號、蔡揖讓、劉志和、陳家銘、陳如秀各捐銀六元。蔡静軒、蔡捷標、合昌號各捐英銀四元。太學生陳超元、太學生曹錫恩、太學生鄭常春、潘河漢、陳耀光、李浦官、洪秋河、源合號、協成號、蔡尚志、瑞成號、東興號、甘芳茂號、兼山號、許清機、江榛水、濟盈盛號、邱照官、林孔備各捐銀四元。鷺田三房捐銀叁元伍角。許清誥、邱開興、鍾祥號、鼎成號、連義信號、洪木貫、李淇官、洪英桂、洪榮貴各捐銀叁元。李靄庭、源茂號、蘇九如、協源號各捐銀貳元四角。前督捕廳于捐銀六元。户科捐銀弍佰元。吏科捐銀弍拾四元。倉科捐銀弍拾元。庫書黄志祥、林得輝、黄蔡崧各捐銀拾元。禮科、工科各捐銀七元。衙書劉元捐銀弍元。兵書劉佳、林恩、方德、黄克昌、洪泰、李茂森、陳親賢，刑書蔡吉、潘經邦、王振昌、黄志珪、甘彩、庫書王鵬飛、江如玉、黄雲從，值堂書黄端、陳守誠，各捐銀壹元。民壯捐銀四拾元。皂班捐銀叁拾弍

元。捕快捐銀拾六元。號房捐銀拾式元。快十班総頭役劉冕等、蔡泰等、劉勤等、陳進等、蔡喜等、王美等、蔡鄭等、蔡玉等各捐銀拾元，蔡鏘等、蔡宜等各捐英銀五元。巡司書役捐銀八元。捕茶房周魁、王榮，捕役蔡興、高福、甘芳、黄曾、阮合，各捐銀壹元。

另收緣櫃銀壹兩正，又錢壹仟四拾文。

同治八年元月吉旦，董事貢生蔡登階立石。

**按：**此碑現存海澄鎮海澄城隍廟，分爲兩塊，碑名爲編者加擬。

## 五六三　霞園黄氏祖祠祀田碑記

竊巨彬自少外出，得蒙祖澤，幸獲微利，不敢私肥，因割己田共陸石肆斗壹升種，爰請列位家長紳士商定章程，以垂奕祀。溯自始祖暨彬之分支祖至祖考，各配田祭祀，田条另列碑陰。至於田租，與佃户議明：每冬每斗種議結硬租納乾白净粟伍斗，計全年得租粟陸拾肆担有奇，交值頭之人收發納糧，永爲祭祀公業。言議彬自己派下向值頭者每年每斗種領出佛銀壹大員，庫它重陸錢，以爲永遠祭祀私祖之費。如日後倘有事務，妄議將此田濫行典借，自始祖以下靈爽必厭棄之，使其不昌。

同治捌年歲次己巳花月穀旦，彬仝家長紳士立。

一，議抽出水田捌斗種，配在里仁祖派下六份公春冬祭費。

一，議抽出水田捌斗種，配在恪軒祖忌辰祭費。

一，議抽出水田捌斗種，配在敦方祖忌辰祭費。

一，議抽出水田捌斗種，配在用滔祖忌辰祭費。

除此四條以外，尚存叁石貳斗種，配在霞園始祖春冬祭費，永遠各房輪流值頭，收發照上章程。漁水陡門埭份

附，每年每甲向佃户收埭税銀柒錢弍分。

田壹坵，壹石貳斗貳，址滸茂洲巽玉圍尾邊下坪圍，西至王家田，東、南、北俱至水。

田壹坵，叁斗玖升種，址滸茂洲巽玉圍尾邊下坪圍，北至薛家田，東、西、南俱至水。

田壹坵，壹石肆斗種，址滸茂洲巽玉圍尾邊下坪圍，東至王家田，西至本家田，南北俱至水。

田壹坵，陸斗種，址滸茂洲巽玉圍下北坪上節，東西俱至林家田，南北俱至埭。

上肆坵計叁石陸斗種。總圍漁水陡門埭份肆拾肆甲，本田應得玖甲之額。

田壹坵，柒斗種，址滸茂洲下洪圍尾節，東西俱至水，南至林家田，北至陳家田，粮〈蘇州碼〉錢。

田壹坵，肆斗伍升種，址滸茂洲下洪圍北插，東至王家田，西至陳家田，南北俱至水，粮〈蘇州碼〉錢。

田壹坵，壹石種，址滸茂洲楊厝圍内，東之本家田，西至本家田，南北俱至水，粮〈蘇州碼〉錢。

田壹坵，肆斗伍升種，址滸茂洲楊厝圍内，東至本家田，西至林家田，南至岸，北至水，粮〈蘇州碼〉錢。

田壹坵，貳斗種，址滸茂洲上洪圍中洲尾第貳坵，東至本家田，西至官田，南北至水，粮〈蘇州碼〉分。

計伍坵，貳石捌斗種。合上玖坵，共陸石肆斗種。

**按：**此碑現存角美鎮南門村黄氏宗祠，碑名爲編者加擬。原碑糧額爲蘇州碼，模糊不清。

## 五六四　嚴禁勒索米船鎮道憲示碑

欽命簡放提督軍門鎮守福建漳州等處地方總鎮擢勇巴圖魯孫、欽命福建分巡汀漳龍等處地方海防兵備道兼管驛傳事務文，爲出示嚴禁事：

照得本年六月初一日，准興泉永道曾移据米船户金永發、金和發等赴道呈稱：『切厦島原非産米之區，向賴漳屬艚運流通。如漳屬米穀贍足，則賴臺米轉運，以資接濟。緣發等米艚户，素由漳浦縣轄大浦圩裝載米穀，赴厦消售，

就厦兑换肥糞，回籍灌田。前因棍徒串通衙蠹，藉端需索，即經船户金和順等于同治三年間僉請示禁在案。詎本年二月間，又有湖南遊勇藉稱巡河，截留需索，又經發等僉呈，仰蒙轉移漳州鎮、道憲示禁，並飭海澄營、縣一体禁止，幸米穀得以流通。刻下漳屬早米將□收成，該棍徒等故智復萌，仍行串通文武衙蠹藉端勒索陋規，忿忤百般哄嚇，使發等驚惶裹足，實於商艘民食兩有關碍。合亟僉叩恩迅移會漳洲鎮、道憲，轉飭營、縣一体重申嚴禁，俾艚運米穀得以流通。』等情，移請嚴行申禁等因到本道。

准此，查此案前准㒷泉永道移，据該船户等以『漳郡遊勇藉稱查河爲名，私行截留米船，希圖詐索』，業經本鎮、道示禁，並飭嚴行拿办在案。玆准來移轉，据該船户呈稱，仍有棍徒串通衙蠹索詐陋規情事。如果屬實，殊屬胆玩，亟應再行出示嚴禁，以重民食。除飭海澄縣一体查办外，合行出示嚴禁：『爲此示仰軍民人等知悉：自示之後，如遇金永發、金和發等船運載米穀經過，准其照常流通。倘有棍徒以及兵役、衙蠹敢再仍前需索陋規，多方刁難，許即指名赴本鎮、道衙門具稟，定即拿究，從嚴懲办，決不寬貸。其各凛遵毋違！特示。』

同治捌年陸月　日給告示，實貼曉諭。

**按**：此碑現存白水鎮大霞村大埔社大埔圩北門，碑名爲編者加擬。

## 五六五　嚴禁勒索米船府憲示碑

欽加道銜、特授福建漳州府正堂隨帶加二級軍功加三級尋常加二級紀録四次楊，爲出示嚴禁事：

本年陸月二十三日，据漳浦縣大埔墟米船户金永發、金和發等僉呈稱：『緣發等米艚船户，向來在漳浦縣轄大埔圩裝運米穀，赴厦兑换肥糞回籍灌田。該處地瘠民貧，止有山田産米，田無肥糞，不能不用米兑换。而厦地不能産米，亦賴該處米穀以濟民食，歷來已久。前因棍徒串通衙蠹藉端需索，同治三年經僉請前府憲示禁在案。本年二月間，遊勇藉稱巡河截留需索，又經僉呈㒷泉永道憲曾，轉移鎮、道憲示禁。前月間早稻收成，仍有棍徒串蠹欲索陋

規，致米船畏懼，貿易不通。再呈懇曾道憲，移准鎮憲孫、道憲文會銜示禁，併飭海澄营、縣查办在案。惟該處地本浦轄，而水道必由澄轄之留田汛海門司經過，誠恐澄屬文武未能一視同仁，倘遇憲臺或有禁止郡城米船出口，則棍蠹仍又藉口勒索；不知大埔圩與他處不同，除米之外更無他貨可以貿易，除赴厦門更無他處可以銷售。若聽棍蠹藉索，則米穀不通，糞田無策，貧民愈見窮窘。不得不再僉呈叩乞恩准一体示禁，併行縣存案；遇發等米船，勿許棍蠹需索，商民两益。切叩。』等情。

据此，除呈批示並檄行海澄縣查照办理外，合出示曉諭嚴禁：『爲此示仰軍民人等知悉：自示之後，如遇金永發、金和發等船運俑米穀經過，准其照常流通。倘有棍徒以及兵役、衙蠹敢再仍前需索陋規，多方刁難，許其指名稟控赴府，定即嚴拏究办，决不姑寬。各宜凛遵毋違！特示。』

同治捌年柒月　日給告示實貼。

**按**：此碑現存白水鎮大霞村大埔社大埔圩北門，碑名爲編者加擬。

## 五六六　林光合增置祀田碑記

嘗思脩祠造屋，用克紹夫前徽；置業榮宗，乃能垂諸後裔。盖欲妥先靈，在天還歸在廟；而思揚大烈，有用終屬有財。我族自璧晃公立廟肇祀以來，傳二十餘世迄於今，重脩再築不知幾經矣。鳥革翬飛，雖非大啓爾宇；竹苞松茂，實可畧壯厥觀。斯亦先祖、先公之英爽實式凴焉。玆有裔孫光合者，在坭營積，追遠念切，報本情殷，願出佛面銀壹仟肆佰捌拾捌兩，以充公用；並現置祀田的銀貳佰肆拾兩，以爲祭費。諸族親嘉其向義，僉議許立禄位三座入廟配享，所以奬勸後人也。從此春霜秋露，感念孔長；因而玉瓚金罍，駿奔匪懈。是爲序。

同治捌年拾月，慕春堂各家長仝勒石。

**按**：此碑現存角美鎮東山村林氏祖祠，碑名爲編者加擬。

## 五六七　沿海鹽浸地免配犯示禁碑

欽加同知銜調補漳州府龍溪縣事、海澄縣正堂加十級記録十次章，爲給示曉諭事：案拠生員曾春三、曾秀升、曾同、曾春鴻、曾和聲，武生曾鑾鳳、曾克家、曾泰山、曾兆鳳、曾高陞、曾超選，監生曾以言、曾允清、曾文瑞、曾□光，家長曾春芳、曾晋禄、曾乾文、曾江清僉録：『伊等厚境保一帶，俱係沿海鹽浸之區。若配海岸，向無配犯。道光二十年，保差朱登帶犯沈一芳到地派配，經故生員曾奇等呈官批准，改配別保在案。無如現在又有保者黄張帶仝犯人劉春良到地，欲將該犯配在厚境。生等限令□細查□□□無分配軍流人犯等情。當經檄飭捕衙確查詳覆去後，茲從捕衙以□□確保沿海鹽浸向無配犯屬寔等情謹覆，並拠生員曾春三等僉請，給示曉諭，以便勒石垂久。』等情，具呈各前來。

除分別批示外，合行出示曉諭：『爲此示仰地保、保差人等知悉：爾等當知厚境保係鹽浸之區，防修海岸甚屬困苦，自應俯如所請，准其免配軍流各犯，以免擾累而□□里。自示之後，□保差等倘敢仍將軍流人犯分配該保，一經訪明，或被指稟，定當從重究懲，決不寬容。其各凛遵毋違！特示。』

同治玖年柒月　日。

**按**：此碑現存東園鎮厚境村崇興院，碑名爲編者加擬。

## 五六八　五社廟緣田碑記

洪埭廟弟子在安南捐來英銀共壹佰員，置買緣田壹坵，受種子壹斗，址在洪埭社口，土名牛車洋，東至甘家水路田，西、北俱至港，南至甘家田，粮銀配甘如材捌分完納。此緣田係是與供廟公或是僧人與奉輔信爺香煙。若是不勤于火烛及洒掃，立即移易。其捐題之人名次開列于左：

蔡寮观捐英銀弍拾員。甘立观、甘明寧各捐英銀拾弍員。甘吉观捐英銀拾員。甘心观、甘允恭各捐英銀陸員。甘良法、甘新科各捐英銀四員。甘亮观、甘應观、甘坛观、林啥观、陳安观、甘已未、蔡長論、甘無齒、甘我观各捐英銀弍員。甘拱生、甘井泉各捐英銀壹元半。甘烏仙、甘洪露、甘忠观、甘陽观、蔡末观各捐英銀壹員。

同治九年陽月　日穀旦。董事：甘極观、甘造观、甘鴻任、甘明寧。

按：此碑現存東園鎮楓林村洪埭社五社廟，碑名爲編者加擬。

## 五六九　重修萬壽宮題捐碑

欽命两江督標、儘先補授協鎮王榮和捐英銀壹佰弍拾員。同知銜王嬀圈捐英銀壹佰員，王全取捐佛銀壹佰員。太孝生王川笙捐英銀四拾員，王協美舖捐英銀四拾員。王紹伯捐英銀三拾員，王啟成捐英銀三拾員。太孝生王開榜捐英銀弍拾四員，王赫宣捐英銀弍拾四員。王曰脩捐新銀弍拾四員。太孝生王清篤捐英銀弍拾員，太孝生王德鴻捐英銀弍拾員，太孝生王兆珪捐英銀弍拾員，太孝生王應松捐英銀弍拾員，王恒慮捐英銀弍拾員，王長力捐英銀弍拾員，王守才捐英銀弍拾員，王振錬捐英銀弍拾員，王振六捐英銀弍拾員，王振定捐英銀弍拾員。王和尚捐英銀拾捌員。林添观、林焕观、林庵勿、葉嬰观、王天乞、王炉香六人捐英銀捌拾員。太孝生王開郁捐英銀拾六員，王錫正公派捐英銀拾六員，王義和舖捐英銀拾六員，王宗美舖捐英銀拾六員。陳光爺捐英銀拾弍員，王聡禧捐英銀拾弍員，王汝能捐英銀拾弍員，王加富捐英銀拾弍員，王汝双捐英銀拾弍員，王時通捐英銀拾弍員，王烏番捐英銀拾弍員，王九分捐英銀拾弍員，王双雁捐英銀拾弍員，王建朝捐英銀拾弍員，王妙勇捐英銀拾弍員，王永和捐英銀拾弍員，王在明捐英銀拾弍員，王位抱捐英銀拾弍員，王紅观捐英銀拾弍員，王九川捐英銀拾弍員，王金蘭舖捐英銀拾弍員。太孝生王清箴捐英銀拾員，王太聡捐英銀拾員，王石观捐英銀拾員，王贊福捐英銀拾員，王江漢捐英銀拾員。王菜頭捐英銀八員，王景秀捐英銀八員，王加生捐英銀八員，王嬀羨捐英銀八員。王秋景捐英銀七員。王淇竹捐英銀六

員，王嫣志捐英銀六員，王庸修捐英銀六員，王添自捐英銀六員，王焕彬捐英銀六員，王富春捐英銀六員，王玉寢捐英銀六員，王漢炳捐英銀六員，王菜甲捐英銀六員，王理秀捐英銀六員，太斈生王紫陽捐英銀六員，太斈生王耀東捐英銀六員，王新仕捐英銀六員，王源昌舖捐英六員。王天受捐英銀伍員。王守吉捐英銀四員，王正吉捐英銀四員，王江山捐英銀四員，王江允捐英銀四員。

邑庠生王德榮、太斈生王紫盖、太斈生王瑱珠、王淡杰、王瓊观、王應琳、王獻文、王義观、王長河、王允程、王和廣、王彩观、王標錢、王仙傳、王德朗、王文簡、王帶观、王賀年、王媽福、王潼溪、王文观、王有諒、王汝藝、王丕石、王錦春、王文筆，以上廿六人各捐英銀四員。王開賜、王馿观、王玉倫、王川观、王其能、王宝石、王宗惟、王文烏、王有珍、王武畏、王清溪、協成舖、順義舖，上拾叁人各捐英三員。蔡文藝、侯万吉、王西黽、王朝音、王朝吉、王元旦、王次观、王抱養、王玉廣、王慶观、王兊親、王文沛、王瑞珍、王皆浔、王景通、王春潮、王寅宾、王過观、王其陽、王其援、王濺观、王鐘傳、王汝舟、邑庠生王紹興、太斈生王志選、王賞科、王浄領、王元坤、王斈尔、王芳葵、王定求、王言观、王英观、王碧倫、王景报、王首澤、王文成、王光好、王正端、王建興、王誰怨、王自强、王真奢、王媽記、王祥迎、承源堂、王徐審、王媽定、王元寅、王日生、王福元、王阿泙、王瑞盛、王長寿、王西观、王文旦、王初彦、王淑福，以上五十八人各英銀弍員。王甲观、王玉旦、王媽然、王應求、王正開、王開瑞、王祖列、王淡月、王媽興、王訓观、王其慮、王弈观、王大朋、游良观、游有观、王宗炎、王燦观、王位正、王佛保、王秉芳、王紅毛、王自興、王敏泉、王文挺、邑庠生王育观、王待生、王東观、王振齊、王顯观、王光緣、王開川、王枝厚、蔡權观、和春堂、源遠舖、順興舖、新福安、福順舖、懷德居、文遠舖、崑德舖、新順興、益豐舖、義德舖、万興舖、怡美舖、新燦成、隆盛舖、崇源舖、金長瑞、金茶峰、泉發舖、泉盛舖、義發舖、文山舖、泉勝舖、泉美舖、源珍舖，以上五十九名各英佛壹員。

総共捐英佛銀壹仟五佰柒拾員，重壹仟壹佰弍拾兩。

同治玖年庚午拾月穀旦，董事：太斈生王長生、太斈生王應松、太斈生王川筌、庠生王人傑、庠生王際時、王正端、瓜觀、祥迎、嵘觀、西鑽、天祝、光衍、長吟、寿堯、舜觀、宇春、文成、添変、乘觀、所育、助生、兆祥、和尚、長欣、洛書、香蘭，諸弟子薰沐敬奉。

按：此碑現存角美鎮田裡村萬壽宮，碑名爲編者加擬。

## 五七〇　嚴禁丐首勒索憲示碑

欽加同知銜、署漳州府海澄縣正堂加五級記録五次朱，爲嚴禁事：

本年十一月初十日，蒙本道憲文札開：『同治十年十一月初二日准大荷囒國駐厦巴領事照會，內開：「據敝國民人李康澤禀稱：「伊祖籍澄邑龍店社，族小丁稀，居多外出生活，鄉中唯有婦女幼穉。凡諸婚姻、喪葬、登科、祝壽等項俗事，每遭該處丐首藉充夫頭包管地界，名曰埔頭，横勒向伊該管僱用夫簥，佔界霸抬，擇肥肆噬，不得越界别僱，任聽詐索多資。即如婚娶花簥、吹手一切等費，常時三五元之數，而丐首多則索銀五六十元，少則三四十員。間有鄉民貧苦莫應，懇諸女家步行護嫁，輒被該管埔頭之丐首率同丐夥攔途阻撓，肆擾難堪。或偵女定聘，搶先勒借男家婚娶簥價，臨期易脱，丐首居奇重索；或家養苗媳長成冠笄，亦當折給簥費、丐禮，百般荼毒。恃其勾結棍蠹，相濟爲惡，詐稱充當官夫，賠累差費，欺騙鄉愚，定遭擾索弊害，置各鄉民不啻釜魚籠鳥，情慘曷極？兹澤弟李康傑係由貴國回鄉定聘、娶婦，佳期在即，被該丐首食髓知味，居奇多索簥價，定要數十元以遂慾壑。忿忤吵擾，抗不預備夫簥應用，莫奈他何，勢必貽誤匪輕。竟致在外鄉族子侄聞風裹足，視爲畏途，不敢回家婚娶，鄉族幾廢。于是鄉老咸謂積弊蔓延，相率僉赴地方官，呈請禁革在案。念澤與弟李康傑同係貴國生長，而今回籍娶婦，此係風俗人倫之大關節，豈容丐首假藉夫頭，包僱夫簥，勒索厚禮，又不能听便别僱，殊屬罔法已極！懇請照飭禁革。」等情。

『當查澄邑丐首如此横行，擾索采禮，甚至藉充夫頭，霸管鄉村地界、民間婚娶，迫勒向伊包僱夫簥，多詐銀

錢，最爲地方之害。伏查李康澤世居龍店社，係屬孱弱小鄉，屢受凌勒荼毒。此次伊弟李康傑回鄉娶婦，乃人倫之正道，該丐首胆敢欺視外國初回，人地生疎，定欲多索籥費，從其包僱。此等刁風，殊深憤恨。以致通鄉子侄有在敝國營生，聞風裹足，不敢回來婚娶，情寔可憫。亟應照例禁革，未便任聽擾害，合亟相應照請。爲此照會，請煩查照，希即檄飭海澄縣出示禁革。凡遇龍店社鄉民婚娶情事，准予自行擇便別僱夫籥，毋須丐首藉充夫頭、霸佔地界、恃強包雇、勒索擾害，俾便鄉民，勒石永禁，以垂久遠。仍將飭辦緣由賜覆，是所切禱望，切望速。」等因。『准此，除照覆巴領事知照外，合亟札飭。札到該縣，立即遵照出示嚴禁。嗣後遇有鄉民婚娶情事，毋許該丐首藉充夫頭，霸佔地界，恃強包僱勒索，以免扰害。仍將遵辦緣由具文報查，毋稍延縱。火速，此札。』等因。蒙此，除將呈控各案另行究辦外，合行示禁：『爲此示仰合邑各丐首等知悉：如遇民間婚娶一切事件，應否僱籥及僱用何處籥夫，悉聽自便，毋許把持地界，勒索籥價、花紅各目。如敢故縱羣丐臨門吵索酒食，許被擾之家即行呈控，從重嚴辦。凛之毋違！特示。』

同治拾年拾壹月　日給告示。

**按**：此碑現存厦門市海滄區温厝村寧店社龍山宮，碑名爲編者加擬。

## 五七一　重修鳳霞宫碑記（三）

漳州總鎮府楊捐銀肆拾兩正。城守營都閫府楊、中協守府陳廷魁捐銀陸員。陳總爺捂舍捐銀拾壹大員。馮揚春捐銀式拾肆大員。糖房金順發捐銀式拾肆大員。厦益成號捐銀貳拾肆大員。厦啟祥號捐銀拾陸大員。李志達捐銀拾肆大員。金泉協捐銀拾式大員。速報中堂捐銀拾式大員。粤陽堂捐銀拾式大員。厦慶元號捐銀拾大員。厦德順號捐銀拾大員。洪益豐號捐銀拾大員。盧惕若捐銀拾大員。瑞泰號捐銀伍大員。謙益號捐銀伍大員。萬興號捐英銀叁大員。

同彰號、天瑞號、耀豐號、豐盛號、金成號、許春嚴、李春盛、怡珍號、林嚴澄、王顯中、怡豐號、厦宜隆、

厦協豐、厦漳盛，以上各捐銀陸大員。慶雲號、崑美號、餘慶堂、篤誠仲紀、廣順號、協豐號、興茂號、大發號、榮元興、裕益號、裕和號、裕興號、源順號、韓南山、張黃及、厦榮茂、厦源發、厦仁德、厦慶春、源美號，以上各捐銀肆大員。榮順號、瑞美號、雙泰號、捷源號、合德號、懷勝號、慶發號、蔡僊成、孫大成、泰發號、部合成、源發號、新興號、儒學蔡琦、協和號、振興號、通裕號、廖泰記、金長興、江聚金、榮茂號、陽谷堂、成文齋、蔡振成、聯豐發、和源泉、陸綿福、石間諸弟子，以上各捐銀叁大員。

光昌號、合吉號、黃合茂、協成號、茂德號、怡德號、林芳柔、隆昌號、和豐號、順記號、源發號、和合號、慶成號、源昌號、源豐號、源成號、泰源號、正成號、協和號、裕泰號、歐陽琨、長安號、英茂號、瑞成號、同裕號、義茂號、聚成號、合興號、裕昌號、如春號、和茂號、瑞興號、部源盛、隆春號、協昌號、協記號、順德號、蔡夏觀、慶順號、戴紹芳、何錦迪、林漏观、馬應霖、董合隆、謝同順、蔡永安、芳嚴號、東興號、榮瑞號、陳庚观、德豐號、源來號、振春號、張仁德、蕭金彩、高番薯、錦山號、協瑞號、保盛號、德興號、勝發號、德隆號、王大吉、瑞芳居、逢裕號、長源號、林合奇、泰茂號、順興號、源順號、順利號、成興號、德裕號、蔡得章、曾焕周、任紹榮、曾祥山、恒源號、寅盛號、嘉豐號、唐興陸、莊燦煌、洪賓興、嘉泰號、陳新山、正全號、正人號、萬利號、新寶隆、林文榜、蘇慶興、海澄元盛，以上各捐銀弍大員。

曾玉衡、莊尚賢、柯聯慶、瑞益號、裕茂號、金祥美、成吉號、盧正春、全聯盛、陳德成、黃瑞源、謝成泰、昌順號、綿豐號、翁漳吉、太興號、慶瑞號、義成號、源安號、燦泰號、振昌號、德隆號、游崇禮、源銘號、鍾仁術、隆茂號、益豐號、李旺观、葉振厚、合茂號、王寶源、成美號、錦盛號、徐纘盛、萬彰號、德成號、泉德號、定南堂、義泰號、泰美號、慶隆號、隆川號、林合泰、太源號、通源號、啟記號、林紅观、德茂號、錦興號、施朝儀、施翔墀、錦成號、篤誠號、豐順號、王水觀、長興號、和成號、綿美號、恒泰號、榮美號、鄭德和、怡成號、陳蜂观、福興號、源記號、吴森利、永成號、余東長、光裕號、振成號、泰興號、方文興、李尚观、金興號、祥吉

號、張德成、開成號、南興號、曾詩观、石潮海、人安號、啟祥號、協和號、廣泰號、志成號、三字號、謝添泉、李典謨、德興號、曾瑶池、隆泰號、振昌號、榮昌號、陳瓜生、復興號、謝順發、滋培堂、李建春、慶成號、慶源號、柳日隆、陳番薯、新仁成、楊振芳、吴志仁、協豐號、源興號、林合興、蘇紅观、王阿容、綿記號、許兆麟、李溪观、張大嘉、黄濬海、林冷观、林元合、大振號、陳成奇、協順號、盧伯達、蔡榮裕、成美號、陳添籌、許九如、政春號、黄真观、簡勇官、方壽观、李壽山、陳漢澤、順安號、龔清彩、李福永、楊番官、蔡存司、王朝宗、林有观、陳青松、楊連登、陳福成、方基生、成發號、蕭逢彩、盧仁和、林黄井、鄭留观、李和尚、劉神助、連合興、魯美观、楊波观、捷成號、張汾陽、林勇瑞、李秋香、余悦水、曾甘瓜、陳公長、三合興、新三合、張源茂、陳運陞，以上各捐銀壹大員。

大清同治辛未年臘月穀旦立。董事：蘇陳范、辛秉芳、謝郭生；募緣：許兆麟、鄭如好、陳汝恭；總理：林雅山、曾觀瀾；住持僧經文；仝立勒石。

**按**：此碑現存薌城區文化街鳳霞祖宫。

## 五七二　重修海澄縣城隍廟題捐碑

重修後殿佛堂及儀門、茶廳等處工程，捐金姓名開列于左：

楊隆公捐英叁拾元。廪生馬廷琨捐英式拾元。鄭秋山捐英拾柒元。州判銜訓導曹惠菴公捐銀拾式兩。職庠生曾省三公、太學生林一枝、林蕉公各捐英拾式元。貢生謝成章捐銀柒兩式錢。貢生蔡朝陽、邱緝明各捐英捌元。職員林職修、蔡江發、蔡紫初、錦安號、錦德號各捐英陸元。庠生陳向雲、楊松益各捐英伍元。庠生邱榮光、職員林逢癸、職員林職昌、職員邱登貴、佾生邱慕東、户書蔡禮、邱磊嵒、鄭振南、合泰號各捐英肆元。庠生林國良、太學生楊珠文、職員楊作霖、楊升南、林文德各捐英叁元。庠生邱青選、林合茂號、林利川號、萬泰號、啟泰號、協利

號、和春號、聯盛號、林熙良、蘇在官、黄蚕官、陳考官、鄭永昌各捐英弍元。至德堂婁、王芝銘、薛景熙、楊爵官各捐銀壹兩弍錢。陶源號捐銀玖錢。庠生邱曾琛、庠生邱振乾、庠生邱元福、庠生邱冠三、林協興號、施裕昆堂、朱隆盛號、長裕號、陞源號、泉發號、發興號、源豐號、志和堂、廣興號、協興號、源合號、瑞興號、蓮豐號、協德號、崑成號、義利號、振記號、裕源號、振榮號、和盛號、和興號、仁和號、春記號、和發號、晋記號、自發號、豐興號、慶漳號、雍秀中、邱歡心、陳武二、黄長泰、張挌國、邱如疆、鄭猴生、新順成各捐英壹元。袁秀榮、高添壽、黄神庇各捐銀陸錢。

同治拾年腊月　日，董事階再立石。

**按**：此碑現存海澄鎮海澄城隍廟，碑名爲編者加擬。

## 五七三　南山寺放生池示禁碑

即用清軍府、署理漳州府龍溪縣正堂加十級記録十次李，爲特□示禁事：

鑒得南山寺前魚池，原係放生之所。前因棍徒□□漁利，業據紳士林廣邁等禀，經本縣出示嚴禁，並諭飭各□家長一體約束在案。□查近來善信放生，常被土棍恣意偷捕，甚至用葯毒取，言之實堪痛恨。除着令該處地保嚴加看□外，今再嚴切示禁：『爲此示仰合邑保長、軍民人等知悉：自示之後，爾等務須父戒其子、兄勉其弟，勿得再往該處魚池下網盜捕、用葯毒取。倘敢似前玩違，一經察出，或被告發，定行嚴加究懲，决不姑寬。各宜凛遵毋違！特示。』

同治拾壹年伍月拾肆日給。

**按**：此碑現存薌城區南山寺，碑名爲編者加擬。

## 五七四　重修楓林蔡氏祠堂入主碑記

竊謂物本乎天，人本乎祖。緬我始祖士隆公、國賢公、國華公卜居楓林，建置祠宇，由來舊矣。迨道光十五年廟堂毀壞，集鳩各房公議重興，易向改築二進。延今堂屋圍墻傾圮，各派孫裔念切尊崇之心，遂鳩集公議，再向各房招募入主，每主各仍舊例捐貲四十員。惟前秉嘉公既經入主，尚留存銀二十員未交。玆各房向其孫子催收此項，其諸主名次開列于左。

三房秉嘉公捐銀二十員。郁素公捐銀四十員。故朴公捐銀四十員。心慈公捐銀四十員。□我公捐銀四十員。計共銀一百八十員。

一，重修廟堂圍墻泥木料，大小工俱雇德□共去銀一百零五員。

一，周禎祖入主聖廟諸費仝堂面具共去銀二十員。

一，長房和尚覌□廷□去銀七員。

一，另做大門二付、制石碑一個，共去銀七員。

一，完竣敬謝福神、道士祭席諸費，共去銀十三元。

一，討園圍埕，共銀七元二角。

一，存秉嘉祖孫子家銀二十元，每冬貼利谷□□以共費銀一百七十八員二角，登記公簿。再置公業，增添祭物，合即勒石，以垂永遠不朽矣。

董事：貢生廷鵠，家長朝皆、士林、廷閑，家長輯□、老生，生員乙鰲。

長房楓林、次房嶺脚、三房謝倉仝立。同治十一年季秋之月穀旦。

**按：**此碑現存東園鎮楓林村蔡氏一心堂，碑名爲編者加擬。

## 五七五　翠嶺岩禁約碑

翠嶺岩廟東面，歷年堆積泥糞，污穢難堪。經玄天上帝出乩，敕修廟宇，掃清污穢。無論該社、外社人等，不許堆積泥糞。如違，定行重責，且遭神譴！特此立石。

同治十二年八月初四日立。

按：此碑現存榜山鎮翠林村翠嶺岩寺，碑名爲編者加擬。

## 五七六　重興雲塔寺碑記

大岩寺，古名刹也。面江背麓，地靈磅礴，海若朝宗，氣象萬千。粤稽宋人樂其山川之美，建寺崇祀三寶觀世音香像。人之登斯岩也，如到彼岸而托慈帆。越元大德四年更修，復顔曰『雲塔』，以岩石似塔，高薄雲霄也。寺前建講堂，柯、周二公勤肄其間，皆擢高第、膺厚秩，以勳名氣節垂光史冊。他如葉、謝、楊、林、李，登高科者亦代不乏人。詎非觀世音式靈豐其效耶？洎乎國朝，棟宇圮毁，間有里人募葺焉。第更修既久，漂摇雨風，堂盡蕩然邱墟矣。庶寺雖尚存乎，而宗廇屋梒、榱梠樠柯悉被蟲螘蠹蝕，日就頽泐，甚非崇祀之意也。

故我諸仝人目擊神傷，遂相與踴躍勸捐，庀材授事，撤而重建，廓其規模，更辟前宇，左增翼丈室、經樓，寺前講堂仍舊址重建，左右加翼四室。堂哉皇哉，美矣備矣！始于同治九年庚午十一月，成于癸酉四月，縻白金三千餘員。由是岩寺巍峨，聲靈赫濯，遠近男女捧瓣香而至者益盛于前。而其救災救厄，捷如影響，可知佛力廣大，故感應若斯之昭著也。至若講堂重構，習静有所，凡都人士之有志雲路者，登斯堂而潛心考稽，優遊涵泳，養成大器，無難遠紹前徽于今日，豈徒岩寺經鼎新之足壯觀瞻哉！今〈下缺〉

謝國勤捐銀肆佰陸拾員。楊作霖捐英銀壹佰員。李琢齋捐英銀玖拾員。邱正忠捐英銀陸拾大員。邱泗漳捐英銀

叁佰大員。邱家公司捐銀壹佰員。林忠誠捐英銀捌拾員。林長華捐英銀伍拾大員。邱忠波捐銀貳佰陸拾員。楊家公司捐銀壹佰員。邱誥官捐英銀陸拾員。馬立本捐英銀伍拾大員。邱曾瑩捐銀貳佰肆拾員。謝家公司捐銀壹佰員。林振超捐英銀陸拾員。李媽賽捐英銀伍拾大員。顔宗賢捐銀壹佰肆拾員。林家公司捐銀肆拾員。陳福頤捐英銀陸拾員。周玉成捐英銀肆拾捌員。

**按：**此碑現存厦門市海滄區大岩山雲塔寺。

## 五七七　重興雲塔寺碑記（二）

陳星輝捐銀捌拾員。吴義吉捐銀捌拾員。源發號捐肆拾肆員。邱吉根捐肆拾貳員。長春號捐肆拾貳員。林文貞捐肆拾大員。楊加禄捐肆拾大員。邱思禧捐肆拾大員。楊珠文捐肆拾大員。林鳴鈞捐肆拾大員。林識修捐肆拾大員。林文德捐肆拾大員。周呈芳捐肆拾大員。顔應麟捐叁拾陸員。瑞春號捐叁拾陸員。協振棧捐叁拾伍員。吴新科捐叁拾大員。陳金殿捐叁拾大員。謝安詳捐叁拾大員。振和號捐叁拾大員。新裕振捐叁拾大員。新集成捐叁拾大員。邱益順捐叁拾大員。謝允協捐貳拾肆員。李僅□捐貳拾肆員。

楊仁泰、林文舉、義昌號、邱馬英、洪文舉、源通號、邱元緒、楊克復各貳拾員。邱敦厚、楊朝儀、邱聯登、邱高槐、楊寶德、謝同生、顔秦標、邱浩孕、邱益之各貳肆員。謝啟對、邱華官、謝田生各拾捌員。邱曾棋、邱曾楫、林職承、邱水錦、邱孟宗、林□□、林長水、邱曾國、順吉號、邱特峰、温桂林、林正川、謝兆祥、何宗珪〈下缺〉各拾陸員。〈下缺〉各拾肆員。〈下缺〉，以上各捐英銀壹拾大員。

**按：**此碑現存厦門市海滄區大岩山雲塔寺。

# 五七八　紫雲岩神像題捐碑

紫雲岩神像重□捐緣名次：

國學生高鏡潭捐銀伍拾叁員。國學生高國俊、高雲潛各捐銀四大員。國學生高世鈐、六品軍功高邱山各捐銀叁員陸角。高定時捐銀叁大員。高壬癸、高克長、高克俊各捐銀弍大員。六品軍功高文惟捐銀壹員。國學生高陞吉、高大胆、高有禄、高滄洲、高益春、高恒遠各捐銀壹大員。

董事：庠生高向藻、高奎星，高德修、高大胆、高勻士、高良志，同治拾弍年仲夏穀旦立石。

按：此碑現存石碼街道高坑村紫雲岩寺，碑名爲編者加擬。

# 五七九　重修禹王廟碑記

源成號、□益號、裕泰號、茂德號、光昌號、裕益號，以上各捐銀拾貳大員。光裕棧、廣昌棧、保順棧、裕興棧、逢昌棧、益隆棧、成文號、成記號、廣順號、合茂號、聚金號、裕源號、隆昌號、源豐號、成泰號、協昌號、和茂號、以成號、長泰號、協和號，以上各捐銀陸大員。迪吉齋辛、源銘棧、萬豐棧、瑞記棧、廣瑞號、協和號、順德號、南陽號、振德號、協成號、源發號、宜美號、源順號、瑞林號，以上各捐銀肆大員。合春號、富有號、裕昌號、義昌號、俊德號、啟明號、成興號、建茂號、泰源號、德裕號、長茂號、長慶號，以上捐銀貳員肆角。

歲同治癸酉年荔月重修吉置。

按：此碑現存薌城區新橋街道前鋒社區頂田霞社禹王廟，碑名爲編者加擬。

## 五八〇　鄒岱社憲示碑

署海澄縣正堂王公爲批准永遠免配事：同治十二年十月初四日，准典史程廷淦申覆，據舉人鄭捷亨、家長鄭尊賢、星官章概等僉呈『伊邹岱社地近海濱，秋潮塭浸，洪水冲崩崖岸，逐年填補，民人勞苦，不堪配犯』等因，荷批：『檄飭遵照，永遠免配可也。』誠恐日久被該保差帶犯到配，滋擾鄉里，亨等是以鳩資勒碑銘記，以杜後患，感沐鴻慈。特示。

同治十三年正月　日，邹岱社公仝立碑。

按：此碑現存東園鎮茶斜村鄒岱社鹿陽宫，碑名爲編者加擬。

## 五八一　岱洲慈濟宫題捐碑

新埭許泗漳捐來佛艮壹仟大元。蓮花社陳玉淡捐來英艮貳佰元。南山社陳威儀捐英艮壹佰陆十元。上店社陳尚教捐來英艮陆十大元。霞嶼社陳歆立捐英艮四十大元。上店社陳心未捐英艮四十大元。南山社陳元亨捐英艮弍十四元。坂尾社林仁休捐英艮弍十四元。埔兜社陳昭□捐英艮弍十四元。霞嶼社陳瑞力捐英艮弍十大元。柯井社張協安捐英艮十六大元。錦宅社黄造官捐英艮十六大元。南山社陳皆老捐英艮十二大元。下岸社許藏瑞捐英艮十二大元。山坂社陳奇□捐英艮十二大元。霞嶼社陳昭□捐英艮十二大元。東埔社張元歆捐英艮十二大元。巷井社陳錦□捐英艮十二大元。上店社陳祥通捐來英艮十大元。下岸社余敢儼捐來英艮十大元。石厝社許清泉捐來英艮八大元。霞嶼社陳爾乾捐來英艮八大元。上店社陳完官捐來英艮六大元。振盛社頭許坤官捐來英艮六大元。石厝社石克儔捐來英艮六大元。東坑社謝日新捐來英艮六大元。盧坑社謝晋官捐來英艮六大元。霞嶼社陳昭□捐來英艮四大元。上店社陳馨捷捐來英艮四大元。石厝社石恒吉捐來英艮四大元。石厝社石祥符捐來英艮四大元。石厝社石稚□捐來英艮四

大元。上窑社楊益□捐來英艮四大元。東埔社張倉廩捐來英艮四大元。田裡社王速官捐來英艮四大元。石正社許助官捐來英艮四大元。厦山語后社陳仕元捐英艮四大元。德祥許葱生捐來英艮四大元。振昌號捐來英艮四大元。許允時捐來英艮四大元。林泗爻捐來英艮四大元。振義工頭艮三元。振盛揚帯官捐艮三元。

陳碧鰲、陳自□、陳達立，以上三名捐來艮二大元。石世論、陳茗官、陳菜華、尤蠢官、陳愛屋、施石步、吴雁官、陳尤石、許朔官、鄭秋金、許亞四、林喜朋、陳齊官、翁有珍、興茂號、鄭添財、陳滔記、張潭官、許屋官、蔡雪官、許賀官、許猴生、陳文官、鄭盤官、許伯元、許莫士、李叠官、林合官、陳盾官、陳騰芳、傅猴官、許傳官，以上每名捐艮二元。王□官、吴因官、林紅□、許□官、蔡□□、許白官、葉□官、張合仕、□□□、李蓬官、陳傳官、丁宰官、楊嚴官、許賜官、許有德、許□官、□□官、陳□官、許□官、蔡□□、□□□、□玉□、許□官、許金鈔、陳□官、許□官、陳豆油、王□包、許□官、吴富官、□王記、張歡官、許□大、蔡□官、□□□、蔡相官、鄭啟沃、陳模官、張□官、許□治、許才官、許□官、許□官、陳□□、張□官、陳□官、□□□、黄□水、陳□□、林□官、蔡興官、蔡□官、許偏官、黄坂官、蔡狹翠、許□官、黄□官、蔡□奮、張□福、許璟官、王井官、許知母、江袍官、許堯官、許卯官、陳亞頭、許長卿，以上每名捐來艮一大元。

買過江東司衙門壹座，英銀貳佰大員。

清同治拾叁年捐來檳榔嶼緣銀。

**按**：此碑現存角美鎮石厝村宫邊社岱洲慈濟宫，曾斷爲二截，碑名爲編者加擬。

## 五八二　重興黄氏祠堂碑記

蓋聞木有本、水有源，而人則本乎祖。祖宗之建，非徒以妥先靈、隆祀事也，亦以孫子食德難酹，聊以報深恩于萬一耳。況我碧川祖抱負不凡，既精儒業，尤明地理，其所以營風水、建陽居者，誠爲萬世之賴乎！明嘉靖年間，

建祠于霞東仁里社，坐甲向庚兼寅申分金，内外兩向以合水神，深淺得宜，高低合度，極廟宇之雅觀矣。吴進士懸匾以慶，曰『碧川黄先生祠』，可見我祖真能保我子孫矣。但年深日久，不無風雨所壞，有日就傾頽者。祖派恩舉人禧光、生員群英、廩生金甌，目擊奮發，倡始重興。爰集各房家長公議，或捐金以成美，或坐地而免租，或資費而入主，加以剩積公項，有一千番之左，又僉應酷、開鎮諸人等協理勤勞。光等欣然相慶曰：『事可成矣。』於是擇吉於三月初十日卯時興工，至十一月十七日子時下四刻建醮安祠，油漆告竣。其高下深淺悉仍舊章，而輪奐之美有踰於前建者矣。夫孫子於祖宗事，即辛苦勤勞，亦爲分所應爾。然有此孝敬之心，又何可隱而不彰乎？爰勒諸董芳名於石，以垂不朽，以勸後之有作者云耳。是爲序。

一，帶河祖捐來銀壹百大元。

一，裔孫紹發坐過碧川祖祠後遺地，起蓋家居完成，出銀貳百大元，庫坨重壹百貳拾兩正。將此遺地付與紹發守掌，公議以下免其納租。

對廷祖、居二祖、崇恪祖、篤信祖、性真祖、金山祖、日進祖、業明祖，各捐銀伍拾元，各入主壹對。

同治十三年十月　日。董事：恩舉人禧光、生員克開、生員群英、廩生金甌、貢生元貞；家長：應酷、德若、小棧、金成、垂惟、開鎮；仝勒石。裔孫金甌撰句。

按：此碑現存海澄鎮黎明村田仔社黄氏碧川堂，碑名爲編者加擬。

## 五八三　重修祖聖宫題捐碑

郭番官捐艮五十二元。郭調乾、郭咏圭各捐艮五十元。公司茂泰捐艮廿二元。文章捐艮廿一元。永灼捐艮廿大元。高評、思齊各捐艮十四元。黎杖、楚卿、高宗、從生、清潭、敦暢、媽良、甘沱、廷格、添藝、助官各捐艮十二元。隆慶、添汪捐艮十一元。心婦捐艮十大元。振德、安周、大語各捐艮八元。朝字、振官、傳祖、石生、媽注、

高奉、瑞隆、奕后、媽瑗、佛言各捐艮六元。心弁捐艮五大元。永勘、万福、宗支、汪火、再汀、塗水、吾埭、火炭、文通、畓薯、春井、錫圭、廣才、再圭、降官、福全、九官、爲成、東帶、春江、允生、双鶴、雷姑各捐艮四元。黎官、瑞昌、明士、戎宝、循仰、坑生各捐艮三元。質詩、立科、杳遜、逢源、宇宙、朱樹、長柏、文教、文相、文福、瞰官、和傑、經琳、鳳官、建雨、進利、捷魁、珍官、松古、必達、允棟、虎司、千鎰、同官、紹怡、運筹、炎潤、敢官、文彬、建邦、森林、宇官、聯榜、光香、聿修、琴官、石蛋、肺官、四賤、清江、朝郎、浩生、傳生、戊波、啓道、車生、班官、宣車、柔遠、灼火各捐艮二元。羅生、大楼、近官、本洋、元強、春隆、墨官、报任、順官、江代、成俊、明官、允官、朱添、三岳、開陣、開寿、篡生、烏雞、在田、荣生、鎮生、順生、吹生、朱力、鑾年、長和、宗献、雍生、熊生、經官、吾拳、允心各捐艮一元。招財、其僯各捐艮一元。

光緒元年元月重修。董事人：庠生郭慎、郭太倉、郭王宿、郭西仰，太學生郭清江、郭楚卿，仝理。

**按：**此碑現存浮宮鎮埔裡村霞穀祖聖宮，碑名爲編者加擬。

## 五八四　廣慶宮石牌記

漳之北南浦，承公爵捐建廣慶宮，崇祀帝君。其赫赫奕奕，勝誇泥山鍾靈者也。珠江川媚，允協和平，石鼓山輝遠萃，地靈人傑，峰連天宝，水接蓬萊，氣象萬千。自是一方保障之觀者矣，惟是宮也。建自乾隆己亥，至同治紀元百載，漏濕漸滋。甲子秋，髮逆盡滅，僅存基址，蕩平閭墟，傾頹之患，紳董捐建，缺乏中止。幸汎主王君全生，重逢斯土，率仝書目，首先倡捐，邀請紳董、家長等僉議，謀舉重脩。幸諸好善踴躍，樂從興工，逾月完成告竣。謹誌捐金題名于左：

信官王全生捐銀叁拾員。北溪厘局梅、浦南課館，以上各捐英銀四元。茶厘局委員高慶銓、余邦偉、黃錫鈴，共捐銀叁元。軍功六品梁萬生捐銀拾四元。

金德發、新萬金、金恒盛、萬甯居、金協隆，以上各捐英十二元。金慶和捐銀十二元。太斈生梁萬里捐銀六元。怡瑞捐英銀七元。金文和、大旗林天捐銀四元。

新合興、金德春、拾伍號、金興隆、萬源號、金順發、楊振發、協榮號、金逢吉、益春號、隆成、瑞隆號、聯美，以上捐英銀六元。祥鳳青蝴蝶、金長和，以上捐英五元。金泰發、仁記號、新五常何協成、協發何振盛、成興何協福，以上捐英銀四元。汎兵宋鍊、梁能、高尚、趙敬、黄墨、江溪，共捐銀十二元。

陳六安堂、金成興、金協利、乾元號、金東和、裕隆號、芳美號、東發號、萬七號、奇盛號、瑞和、源德號、合陞號、廣美號、陸號、隆盛號、德發號、虎號、何源德、德瑞號、慶官、蘭桂號、恆春號、金長興、萬成號、泰美號、新同興、梁彰观、金益合、五香號、慶興、金成發、源興號，以上各捐英銀二元。勝美號捐英一元六角。

福興林臨叁號、振春恒安弍號、富春黄選合記、同發、隆成、瑞春、隆源、合發、松興、文興、吉成、常興、永成、振美、合興、仁順、德源、昇茂、豐泰、和茂、隆成、瑞源、振隆、雙鳳、榮盛、源春、怡勝、東瑞、瑞興、福興、黄集官、宋和观、梁燦官、梁載观、林合順、金長美、新捷成、新景隆、新義美、延寿堂、金豐茂、楊捷成、長元堂、新樂安、德安堂、金常成，以上各捐英銀一元。

濟元堂梓舵、新壹號柒號拾柒號甘舵、姚善舵、琶舵、合利、正才、伍號捐英一元四角。

□益合捐英銀弍元。職員余錦章捐銀□元。瑞源、德隆、同昌，以上各捐英二元。

光緒元年六月　日。董事：庠生林嘉謨、太斈生梁萬里、信官王全生、庠生何捷春、太斈生黄德成，總理何光瓢、宋長□、李簡章、何三緘。

**按**：此碑現存薌城區浦南鎮廣慶宫。

## 五八五　重修安山宫题捐碑

重修安山宫，頂吴宅卓厝社捐金姓氏：

國學生林仕元捐英銀貳百肆拾員。林應熊捐英銀壹百貳拾員。林依正捐英銀陸拾大員。林應蟒捐英銀陸拾大員。林應金捐英銀肆拾大員。林應玉捐英銀貳拾肆員。林振超捐英銀貳拾肆員。陳文榮捐英銀貳拾肆員。林衍沛捐英銀貳拾大員。林紫雲捐英銀拾貳員。林仕顯捐英銀拾貳員。林晏平捐英銀陸大員。

卓厝社林蓮浦捐英銀肆拾捌員。翰林院待詔林仕賢捐英銀貳拾肆員。林朝宗捐英銀貳拾肆員。林福安捐英銀拾貳大員。林龍觀捐英銀拾大員。林水啚捐英銀拾貳員。林宗茁捐英銀拾貳員。林推觀捐英銀拾貳員。林道觀捐英銀陸大員。林金仕捐英銀陸大員。林貴松捐英銀陸大員。林泥觀捐英銀陸大員。

重修安山宫，下吴宅頂坑園社捐金姓氏：

郭奇相捐英銀貳百大員。郭此觀捐英銀叁拾陸員。郭屋觀捐英銀拾貳大員。郭秦時捐英銀拾貳大員。邑庠生郭耀川捐英銀陸大員。郭文典捐英銀拾貳大員。郭嫣陽捐英銀拾貳大員。頂坑園郭湖觀捐英銀拾貳大員、郭聞觀捐英銀捌大員。郭野觀捐英銀陸大員。郭德安捐英銀陸大員。郭添來捐英銀陸大員。郭志觀捐英銀陸大員。郭斗觀捐英銀陸大員。郭添觀捐英銀陸大員。郭再觀捐英銀陸大員。郭眼觀捐英銀拾大員。郭泰觀捐英銀捌大員。郭阮觀捐英銀陸大員。

大清光緒元年歲次乙亥桂月　日穀旦。董事：國學生林仕元，邑庠生郭耀川、郭屋觀、林瓦觀，仝立石。

**按：**此碑現存角美鎮吴宅村安山宫，碑名爲編者加擬。

## 五八六　重脩三合宫題捐碑

重脩理三合宫王公庙併佐嵩捐金名次：

蔡耀生捐英銀肆大員。蔡士輦捐英銀叁大員。蔡公会、蔡河溝、蔡朴根、蔡朴亨、蔡可及、蔡深礼、蔡松寿各捐英銀弍大員。蔡士財、蔡讃生、蔡甲午、蔡吾習各英銀壹員陆角。蔡玉貴、蔡西光各英銀壹員叁角。蔡梓露捐英銀壹員壹角。蔡丕承、蔡孰礼捐英壹員。蔡士捷、蔡鎮江、蔡士畓、蔡捷標、蔡士陸、蔡欉生、蔡新洲、蔡三耳、蔡改潤、蔡泉生、蔡小獅、蔡福生、蔡承考各捐英銀壹大員。蔡孔超、蔡玉流、蔡古老、蔡鳥舉、蔡受萬、蔡赤狗、蔡龍秋、蔡揖生、蔡松栢、蔡□表、蔡振笨、蔡師哲各英銀壹中員。蔡吾月捐英銀叁角。

光緒元年中秋之月穀旦，功德牌記立石。董事：蔡士財、士捷、玉貴、可及。

**按**：此碑現存海澄鎮前厝村東謝社三合宫，碑名爲編者加擬。

## 五八七　邱氏崇本堂家廟記

子朱子曰：『君子將營宫室，必先立祠堂於正寢之東。』非以其盡報本反始之心、尊祖敬宗之意乎？是故家廟之設，實名分首務，開業傳世之本也，安可置諸膜外也哉！

吾族住漳州龍溪十一都津南社，爲鄭黄高保。原建廟堂兩座：一南向，名曰世澤堂，其派衍自曾橋，其源實祖於南爐也。一西向，名爲崇本堂，坐護山，朝馬峯，乃回龍顧祖之地，流出自南詔火田村。兩源實祖於河南□，即我本派之廟堂也。我本派廟堂，先是宗岷公與孝子光和公倡募，通族公建，一座兩進，坐向卯酉兼乙辛，時康熙四十七年戊子也。

厥後堪輿家以兩進爲不合式。越二十有四年，中梁撓折，鳩衆改建，一進一庭。庭深□丈□尺，廣丈有□尺，三面圍牆，中闢大門；堂深□丈□尺，廣如庭之數。近簷東西旁各立一小門相對。正寢左右，房深與寢齊，坐向卯酉甲庚。倡首者乃宗岷公，而贊襄則孝子之子倚煌公也。

積月累歲，瓦磚棟梁不免復壞。迨甲午冬，東甯諸族人共爲捐題，鳩白金三百兩有奇，交董事徵公庀材，廟貌

堂式仍舊貫。若崇林公之董役，乃在同治甲子年，靡白金亦約三百兩有奇，仍東甯諸族人鳩捐。經始於秋七月，落成於冬十一月，法制如初改，由是堂宇又焕然一新矣。

獨是堂何以名曰崇本？固欲使我子孫顧名思義也。崇者重也，本者即木有本之意也。蓋我族之蕃昌，皆出自始祖，始祖視我輩子孫皆其子孫，我輩子孫可不視一族即始祖之一家乎？即使源遠流長，勢不得不由親而疏，萬不可以疏視之也。患難相恤，貧困相周，以情義維時勢，務使親者不至漸疏，疏者一如至親。苟或族中有一二好争氣者流，亦當念及同祖、始祖，容以大量，恕以平心，勿與彼同陷愚蠢，致怨恫於在天之靈也。自己精神與祖宗精神相接，若其不能和諧宗族，是先不能盡弟之本，又何能盡祭祀之誠乎？縱庶品極其豐盛，亦不過奉行故典而已，則所謂報本追遠之意安在也？殊非尊祖敬宗者矣。此余獨詳睦族，正所以溯報本追遠之原也。崇本之取義，其在斯乎？君以余言爲何如？

旹光緒丙子二年元月，三房□十世錫馨香苑氏迪侯謹識於漳南丹霞山麓之慎脩齋。

**按**：此碑未見，碑文見於榜山鎮洋西村渡頭社馬麓鎮南社東邱崇本堂小譜，光緒八年編修。

## 五八八　倉嶺亭碑記（二）

倉嶺界浦、澄之間，道通南北，往來夥焉。舊有佛寺，近爲風雨飄毁，過客無憩足之區。諸士人因募捐銀員，移建禪室于寺右，堂前增置凉亭一所。兹工竣，爰勒石紀各捐銀姓名于左。

番邦梹榔嶼寧和鋪信士陳瑞結捐英銀十二大員。佛曇分縣主丁捐銀四員。陳名瑞公項捐銀弍拾四員。赤湖陳萃豐鋪捐銀拾弍員。白水營油店公捐銀拾員。武生陳恩光兄弟捐銀六員。武舉人陳瑞英、太孝生陳秉鋭、信士黄標□各捐銀四員。道巡捕趙國澤捐英銀弍員。

積美汛林吉茂、洋藥局陳錫藩、鄉飲賓楊道貫，例貢生楊道南、李清俊，太學生陳禎祥、陳崇勳、楊紹徽，信

士黄宗標，以上各捐英銀弍元。歲貢生陳浩源、武舉人陳鎮藩、生員陳慶麟、武生楊紹勳，例貢生黄濟源、黄經邦，太學生楊孝銘、黄濟月，以上各捐佛銀弍元。鄉進士陳世發，歲貢生陳鍾祥、陳國熙，廩生陳錫生，生員陳文登、陳鳳池、楊萬皐，例貢生陳春華、楊紹祖、楊嶺英，太學生陳家□、陳家端、陳清華、陳藍玉、陳文芝、楊福榮、戴如泰，道書潘富有、陳焕章，外委兵丁陳連成、陳金鍊，信士劉得福、陳地、陳篤、陳取、陳涉、楊拜、楊癸、許楷、阮培、黄甫、芳林堂、陳陟惹、陳延祖，信士陳宗榮、陳翔鴻、陳如意、陳鍊明、陳北南、陳占吉、陳□泰、陳德興、陳生傳、陳坤布、楊紹堯，協和鋪、勝隆鋪、武生陳崇禮、隆成鋪、閩海關陳荳包，以上各捐英銀一員。

副舉黄右蘭、職廩楊際清、增生陳夢南，生員陳直方、陳天定、楊鏡蓉、楊守謙，武生楊崇禮、黄開春，監生陳松年、楊淵培、楊虔瀾、王連宗、林廷留、林中鳳，信士黄甲禾、陳英，信士陳□茹、楊際合、陳瑞仙、陳喬松、陳聖水、陳□江、陳光宗、陳宗□、林□名、林□，□成鋪、□誠鋪、□昌鋪、恒成鋪、源成鋪、□□鋪、□益鋪，以上各捐佛銀一員。

信女陳門林氏捐英銀弍員、陳門李氏捐英銀一員。

大清光緒二年丙子夏重修。

董事：浦廩生陳錫圭、澄廩貢陳国熙、信士陳芎、生員陳春華，信士陳陟惹、陳古色，少董陳毛、甘□，立。

按：此碑現存白水鎮郊邊村龍雲岩寺。

## 五八九　福興廟功德碑記

本社黄瑞觀、黄江觀合捐佛銀叁拾两。石鎮和尚自傑、自静合捐英銀拾柒两肆錢柒分。文山社鄭聯珍、鄭聯照合捐英銀拾两貳錢。山後社黄光薦捐英銀陸两玖錢貳分。石鎮庠生劉垂官捐佛銀拾大圓陸两、謝堪觀捐英銀伍两柒錢陸分。山後社黄宴觀捐英銀陸大圓。戴厝碼林漲觀謝中樑壹支。石鎮劉石麟號捐英銀肆大圓、黄港觀捐英銀叁大

圓、高崑美號捐英銀貳大圓、黃瑞和號捐英銀貳大圓。山後社過港黃振、黃陸合捐英銀貳大圓。石鎮黃光清捐英銀貳大圓、郭捷芳捐英銀貳大圓、高觀捐英銀貳大圓。溪墘社康和觀捐英銀貳大圓。山後社黃誥觀捐英銀貳大圓。海澄郭啟東捐英銀貳大圓，戴厝碼堵興號捐英銀貳大圓、合利號捐英銀壹大圓。

石鎮戴恭喜號捐英銀壹大圓、周健興號捐英銀壹大圓、尤協春號捐英銀貳大圓。林下社鄭福觀捐英銀貳大圓。内社洪金寧捐英銀壹大圓。石鎮高黃藍捐英銀壹大圓，米店黃官捐英銀壹大圓，浦角店合泰號捐英銀壹大圓、黃金娘捐英銀壹大圓。海澄郭聯陞捐英銀壹大圓。東山社楊辛觀捐英銀壹大圓。戴厝碼協興號捐英銀壹大圓。石鎮鞋店黃盛觀捐英銀壹大圓。港岸大寅號鞋店捐英銀壹大圓。英埭楊蒲官捐銀叁两陸錢。英埭社諸弟子捐銀陸两。内社洪允順捐佛銀壹圓柒錢。

本社名次開列：黃時敏捐佛銀肆大圓。黃時艾捐佛銀肆大圓。黃其竹捐佛銀肆大圓。黃答官捐佛銀貳大圓。黃高旺捐佛銀貳大圓。黃登雲捐佛銀貳大圓。黃帆官捐佛銀貳大圓。黃糊漿捐佛銀貳大圓。黃文稻捐佛銀貳大圓。黃文勇捐佛銀貳大圓。黃文德捐佛銀貳大圓。黃從官捐佛銀貳大圓。張謝波捐佛銀玖錢重。黃壬官捐佛銀玖錢重。張章官捐佛銀壹大圓。黃意官捐佛銀壹大圓。朱生官捐佛銀壹大圓。黃振鑑捐佛銀壹大圓。黃振宗、黃振坤、黃振妙、黃振遠、黃照官、黃蛙官、黃水官、黃添官、黃性官、黃順官、黃倫官、黃芋官、黃楊水、黃求官、黃孝官、黃進官、黃仲官、黃可官、黃隆官、黃端官、黃國讓、黃照官、黃陳腔、黃吾麟、黃文旦、張謝秧、朱萬官、朱厚官、黃芳官、錢炎官、黃經序、黃如蹉、黃發官、黃命官、黃細官、黃茅官各捐佛銀壹大圓。

大清光緒丙子年桂月吉置。本社總理：黃時敏、時艾、其竹；協理：張章、黃意、朱生；仝立。

**按**：此碑現存海澄鎮山後村仕兜村福興廟。

## 五九〇　敕建漳州忠義祠碑記

同治三年秋九月，粤寇陷漳州，屬邑多不守。惟時湘陰左公以全勝之師建瓴南下，三道進軍，合長圍以蹙之，賊勢窮，潰而遁。明年夏四月，漳州平，蓋於是賊之蹂躪者八閱其月矣。漳故閩奥徼，山海環抱，雄傑魁壘之氣率於人發之。生其地者類尚意氣，敦節概，喜爲嶔琦堅苦逴絶之行，傑然有鄒魯風烈。一旦遭大變，臨大節，則相率蹈白刃、填溝壑，舍生取義，以遂其志。或且嚼齦裂眥，詆斥逆醜，飲兇鏑而不悔者，項踵相望。烏虖！夫生者人所甚樂，而死者人之所甚惡也，若無所利而自捐其生、無所怨而甘就於死者，豈有他哉，毋亦得氣者正而素所樹立然也！巽時賊平，有司檄延郡士，開局採訪，甄綜澄敘，前後彙報，計紳衿自簡公逢泰而下二百零二人，士民自戴天澤而下一千七百一十三人，又自林焕朝而下二百三十二人，婦人自楊郭氏而下一百三十八人，其湮没而不彰者又不知凡幾焉。吏以籍上，天子哀濱海之人明大義、爲國家殉烈，詔所司差次卹贈，優與襲蔭，復頒國帑封樹其墳壟，立祠建坊，置田供祀，並設義塾以教其遺孑之孤。蓋所以報忠義之士者，其典不可爲不備，其澤不可爲不優矣。

嗚呼！賊自金田煽亂，跐我疆宇，梟啄獍噬，痡歷多稔。天悔其虐，獮薙而薅夷之。殘醜獸困，竄海南竄，息喘於漳，鋌無復之，則噴毒發瘈，而漳以一隅獨受其窮途之骶，故被害尤劇。然諸君子之殺身成仁，與諸淑媛之捐軀完節，則惟行其心所安，上以報列聖深仁厚澤之恩，下以全一己見危授命之志，金石未泐，山川長貞。其視含垢忍辱、延須臾之死而退千古之名，相去胡可以逕庭計哉！

祠在郡城東北隅霞井里，前建石坊，後置義塾。經始於光緒元年十一月，訖工於二年十二月。職其事者，郡人吴舍人聯薫、周廣文慶豐、施孝廉開昌、吴廣文芳、吴訓導金榜、林訓導芬，例得書。

**按**：此碑未見，碑文見於光緒五年增補《龍溪縣志·藝文》。作者陳棨仁，晋江人，同治十三年進士，編有《閩中金石略》等。

## 五九一　重修儒山廟前後殿功德牌

王碧峰捐英陸拾員。王尚奎捐英叁拾壹員。琳坑社捐英拾柒員半。謝前社捐英拾伍員。廩生馬廷琨捐英拾肆員。蘇四春捐英拾弍員。户房科、太學謝國勤、蘇林庵各捐拾員。職員林識修、太學蘇世雄、太學蘇榮國、蘇敦侃、蘇勤樸、林清雅、邱思禧、合浦社、王應揺、蘇瑞各捐捌員。朝議大夫劉景淵、貢生曾萬寳、黄效政、林黄圳、鍾允讓、楊寳德號、金自傑號、聚寳軒各捐陸員。訓導曾林士、貢生曾根鷺、後寳曾太房公各捐伍員。登仕郎王超類、林心敬堂、林清保、廩生蔡照乘、吏員黄志祥、太學蘇本超、佰隊林棟標、潘萍、曾福記、劉美、蘇淵標、□□□、□□□、蘇□□、吴□□、□□蘇陸林、□□劉金邦、蘇棟道各捐叁員。王光玉、王聆、王□、王錦上、蘇淑其、蘇光篤、蘇振昌、蘇倉廩、蘇如立、蘇楊興、蘇懷恒、蘇□□、張□、宋□□、陳□、蘇□□、楊□□、黄□□、□□□、□金□、潘□、蔡□各捐弍員。

光緒貳年　月穀旦。董事：庠生蘇榮輝、庠生王蘇鼎、王錫申。

按：此碑現存海澄鎮嶼上村古坑社儒山廟。

## 五九二　重修儒山廟前後殿功德牌（二）

刘□河捐英□拾□員。張□□捐英拾□員。王□泉捐英拾弍員。□□□、□□□、□□□、□□□、□□□、王錫□各捐四員。林元鄉、甘峩浦、黄佰神、職員陳開貞、貢生黄湛、廩生黄金歐、庠生林重華、庠生蘇學雍、庠生曾德新、庠生曾提魁、庠生陳向雲、庠生陳選鋒、太學高鏡潭、太學鄭廷輝、職員黄壽鵬、淳養堂、正直堂各捐弍員。王桃□、王強標、王□□、王俊□、王泰生、外委王成興、王滿斗、王燕圃、林玉龍、庠生李得珠、庠生陳慶麟、貢生李清俊、劉石杉、佰隊陳定國、鍾兆麟、洪春、邱輝、蘇艷、洪蓮、陳花、江勃、□□□、江□三、

□□蘇文□、洪發□、占蕃堂、登□□、蘇□□、登魁堂、敬修堂、社登□堂、聯登堂各捐壹元。

一，廟内有緣田陸斗種，因住持借掛俗家財物，兹備銀拾弍兩陸錢贖回，後不得再擅典借貽掛。違者神人共責，受授俱不利。

一，廟内以後不得收貯龍船、擁積稻穀，違者不利。

光緒貳年　月穀旦。董事：庠生蘇榮輝、庠生王蘇鼎、王錫申。

**按**：此碑現存海澄鎮嶼上村古坑社儒山廟。

## 五九三　重修劉氏家廟碑記

兹我祖廟重修，全賴劉載往番鼎力捐□，鳩集銀項。在唐再科田種、人丁，以勷此舉。今已庙貌一新，不准人家居住，不准家器填塞祠中，並不准開設賭塲，違者重罰。謹將在番所捐名次列左：

劉願水捐銀肆拾員。太學生劉元培捐銀叁拾員。劉烏畨捐銀弍拾員。劉真捐銀拾伍員。劉二吉、劉春观、劉界观、劉西竹、劉傍勳各捐銀陸員。劉火犀、劉合观、劉丙观、劉萬立、劉松梨、劉麒麟、劉其詢、劉順忠、劉瑞观、劉受玉各捐銀肆員。劉井观、劉蜂观、劉德盛、劉大观各捐銀弍員。劉松喜、劉學書、劉榮隆、劉秉观、劉傍滚各捐銀壹員。

光緒三年丁丑花月。董事人太學生劉振豐立石。

一，學後厝地三間，礐地柒口，係長房之業。

**按**：此碑現存白水鎮方田村下方蘇社劉氏家廟，碑名爲編者加擬。

## 五九四　重修祖廟番邦捐資芳名碑記

龍山堂捐英壹百弍拾大元。太學文明捐英壹百四拾元。振訓捐英叁拾元。鋭觀捐英弍拾四元。武觀捐英弍拾元。如淑捐英拾陸元。大道捐英拾弍大元。甜觀捐英陸元。貌觀捐英陸大元。待炎捐英陸大元。

字濱、勃海、天助、瑞影，以上各捐英四元。瑞南捐英叁元。

長生、紹則、孝觀、自成、后溝、瑞生、艮寶、增觀、秋結、仁淺、平分、光高、餘脊、有成、振貳、固觀、汝遜、猴觀、踹舊、禄觀、其寔、江池、鶴觀、埔仔、瑞生、武西、妙鐘、朝彭、佛疆、光願、有拙、桃觀、春智、墩觀、登陸、白圭、毛蠏，以上各捐英弍元。

以上番邦所捐之項，本爲修理祖廟之費。因各房孫子踴躍，議將田種、丁科銀。興修已竣，合將所伸番銀另置租田捌斗種。僉議：冬祭六旬家長給予胙肉，曁生、監及七旬家長均有加增，以垂久遠。如税田取贖，應將原銀再置，仍舊辦理，世承勿替，所厚望焉。

光緒三年桐月　日，董事各房家長立。

**按：**此碑現存東園鎮厚境村曾氏孝思堂。

## 五九五　重修福林宫碑

福鼎之陽而建是宫也，其聳特而朝者則道山，其瀠迴而流者則澗水，王公□□所以鎮鄉閭而安士庶也。同治十二年六月，風雨大作，壇壝圮毁。經一二年，蘇□□目睹难安，鳩聚集腋，鼓舞而重修之，奂輪美而堂構新。寅□□日，禄位榮陞，□哉神□赫濯，而得是地之英灵。則來朝之道山，髣髴昔日之東山；英鍾秀毓，會稽之勝或是□。宫成，名曰『福林』，蓋以神之降福瓊林，比户皆然。謹將捐題士庶列名勒石，以垂不朽云。

傳信捐新銀拾陸元。鳩能捐新銀拾弍元。總水捐英銀拾元。静坐捐英銀拾元。監生清高捐英銀七元。研观捐英銀四元。補鏡捐英銀三元。烏前捐英銀三元。

種權、温下、益盛、貢元海、增生漢、監生活源、川佐、監生績、原徐、原沙、紹統、石降，以上各英銀弍元。張錬、荷連各英銀一元半。族長祝三、廩生國香、庠生濟清、監生長庚、貢生崇德、庠生其亨、會观、宗□、有共、執观、人僕、君子、安弼、舟滿、朝用、清俊、水性、以補、田納、澗观、峻□、問观、承澤、茂格、振芳、淵三、□观、朝□，以上各英銀一元。彭陵、上敢、嘉元、深冷、遜讓、簡昌、定成、樹枝、典观、象三、應元、漳泉、以粟、甘□、八霞、笑观、鎮观、坑观、依山、武六、任先、西湖、廣陵、上宗、花山、□□、石頭、生□、□□、□□、上□、膠□、上□、□生陳萬里〈下缺〉。

光緒叁年仲夏榖旦，董事：增生蘇漢、監生蘇績等仝立。

按：此碑現存港尾鎮格林村福林宫。

## 五九六　重脩龍山宫石碑記

〈太極圖〉捐修龍山宫亭及座宫前路，捐題名次開列于左：

保生大帝宫宇始建於我社之東，緣風雨凴陵，瓦桷頽崩。兹集眾議，謀爲重□，僉曰可。埏尤體仁官出請，黄光凜、黄禎嘉、余廣祐、黄聰謁同相出頭勸捐，眾皆樂從。俾得重新，獲福無疆，名勒於碑，永垂不朽矣。捐名于左：

錦宅社黄光凜官捐來英艮壹佰大員，本社尤裕垂堂捐來英艮壹佰大員，本社尤萬語官捐來英艮壹佰大員。本社尤扶沛官捐來英艮四拾大員。許泗漳官捐來英艮叁拾壹大員。曾尾社曾祐官捐來英艮叁拾大員。本社尤坤福官捐來英艮弍拾四大員。本社尤糞官捐來英艮弍拾弍大員。新嶺后康媽忍官捐來英艮拾六大員，石尾社黄讃波官捐來英艮拾六大員。錦宅社黄媽汀官捐來英艮拾弍大員，東山社林忘清官捐來英艮拾弍大員，東山社林應什官捐來英艮拾弍

大員，東山社林荣華官捐來英艮拾式大員，潘厝社潘媽斗官捐來英艮拾式大員，霞岸社余廣祐官捐來英艮拾式大員，本社尤礒官捐來英艮拾式大員。本社尤孔修官捐來英艮拾大員，本社謝清全官捐來英艮拾大員。

金門社黃會信官捐來英艮八員，錦宅黃交芋官捐來英艮八大員，錦宅黃招悦官捐來英艮八大員，錦宅黃先祥官捐來英艮八大員。湯岸社謝文清官捐來英艮六大員，霞岸社余普二官捐來英艮六大員，澄邑社王家彬官捐來英艮六大員，石尾王德鴻官捐來英艮六大員，倉洲莊光長官捐來英艮六大員，東山林太和官捐來英艮六大員，義成号捐來英艮六大員。本社尤奕賀捐來英艮五大員，本社尤成恵捐來英艮五大員。黃均朝官捐來英艮四大員，黃生細官捐來英艮四大員，□□□官捐來英艮四大員，蔡承守官捐來英艮四大員，曾昌官捐來英艮四大員，黃媽欽官捐來英艮四大員，陳福水官捐來英艮四大員，黃禎嘉官捐來英艮四大員，黃元琪官捐來英艮四大員，黃春恒官捐來英艮四大員，黃聰傑官捐來英艮四大員，黃江紅官捐來英艮四大員，黃來玉官捐來英艮四大員，黃石璋官捐來英艮四大員，黃耀蘊官捐來英艮四大員，黃所親官捐來英艮四大員，曾長群官捐來英艮四大員，李長亨官捐來英艮四大員，余夢吉官捐來英艮四大員，莊永傳官捐來英艮四大員。

曾振善官捐英四員，福成号捐英四員，王東官捐英四員，王開榜官捐英四員，林光株官捐英四員，李正芳官捐英四員，林克恭官捐英四員，黃琮琼官捐英四員，王贊福官捐英四員，李敏聽官捐英四員。尤世苗官捐英三員，尤基算官捐英三員，尤仕志官捐英三員。黃振沛官、黃禎蚶官、黃双橋官、葉景山官、黃長憲官、義昌号、義德号、謝文藝官、温媽荐官、李永芳官、黃二使官、林恩慶官、潘卓明官、李連官、林進寶官、余耀樞官、林吉洋官、郭春桃官、陳九洲官、尤基旺官、尤衍慶官、尤茂欲官、尤奕兜官、歐陽振芳，以上各捐英二員。尤管官一元，尤□□一元，尤湅官一元，尤世官一元，尤梄官一元，尤席官一元，尤好官一元，尤□水官一元，尤园官一元，尤不官一元，尤論官一元，尤烈官一元，尤紀官一元，尤抨官一元，尤種官一元，尤宗官一元，尤馬官一元，尤猛官一元，尤壽官一元，尤拳官一元。

光緒叁年歲次丁丑桂月吉旦　日，董事尤基怨、尤基旺、尤茂芹、尤茂璜仝立。

按：此碑現存角美鎮社頭村吟兜社龍山宫。

## 五九七　鯉魚寺廣澤尊王功德碑記

鄭蒜頭、劉德隆各捐艮五元。蔡隆飽捐艮三元。太李黄啟澄、蔡吾發、洪珠溪、蔡百忍、蔡科聯、蔡德博、吴泗濵、曾位鼎各捐英艮二元。曹烏仙捐艮二元。蔡媽庫捐艮一元五角。蔡有才、蔡科超、蔡咸力、蔡春續、蔡朝永各捐英艮一元。陳庄造柳桷。金順舖、蔡青鳳、蔡西來、蔡紅象、蔡啟疆、蔡曹慶、林雨水各捐艮一元。蔡登棟、蔡庚寅、蔡咸運、蔡紅獅、蔡啟泰各捐艮八角。蔡瑟鳳捐艮六角。蔡蛋、蔡阿斗、甘文李各捐艮五角。蔡管仲捐銅錢四万文，蔡烏番二万文。

光緒三年葭月　日穀旦吉置。總理：新興蔡忍、蔡□、蔡蘢。

按：此碑現存海澄鎮崎溝村福岸社鳳山寺。

## 五九八　鳳霞宫武當山進香碑記

蓋聞我宫寔由武當分鎮，前定每逢午年請香一次，後因道路阻梗，兼以甲子之變，迄今已閲三十餘年矣。現屆肅清之時，洪兆麟出爲倡始，邀仝社長赴神前筶示，擇于本年虔誠進香。遂請紳士五品銜安溪學教諭施開先、拔貢生吴芳、恩貢生高雲章等，設立緣簿捐資。僉稟縣主，發給護照，筶擇鄉導謝明峰、香丁李山仝往，措備盤資。于四月十二日自漳起程，至武當山計水陆程途共四千五百十七里，係湖北襄陽府均州地方。全伏神靈赫濯庇佑，一路平安。回程由漢口坐輪船，從上海至厦門，于十月初四日至郡。所有此次進香，皆頼衆善信捐資集腋，合將開用諸費勒石，以示不忘。以後仍舊章，逢照午年進香，逢子年恭請王府。念我神威靈甲于一郡，每次捐緣，諸善信無不

踴躍輸將。以前所題各欵俱無明條，今欲垂諸久遠，合及各社到廟分香、帖助香資，一并臚列于石，是爲記。

溪墘社聖殿捐銀□□兩。程塗鎮安宮捐銀□□兩。滸茂永真堂捐銀□□兩。東門東林宮捐銀□□兩。石井社龍水宮捐□□兩。大郭坑水尾宮捐□□兩。閔下蒼溪社，浦南和瑞宮，以上帖英肆員。浦南碧溪社，南□□坪社、溪環社，海澄仁和堂、徐山社、店上社，以上帖英弍員。后山社、鞍平社、書都社，計共捐緣資□□。

買紫金錠銀□□兩。謝明峰路買銀□□兩。挑夫去錢捌仟。火輪船税銀□□兩。税馬壹匹銀□□□錢。洗塵用去銀□□兩。僱車樊城銀□□兩。均州、漢口弍人客位銀□□兩。武當山醮資銀□□兩。給窮民銀□□兩。添修駕前、廟内物件共銀□□□。李山觀路費銀□□兩。接送香共錢□□□。送安家福食錢□□□。謝步共錢□□□。火輪船税銀□□兩。較場香資□□□。做夾被銀□□兩。做衣褲銀□□□。什物用銀□□□。路用燭炮共銀□□□。逐疫用錢□□□。税馬一匹銀□□□。打石牌銀□□□。洗塵用去銀□□□。清港地議價銀□□兩。計共用銀□□□。

官園洋田壹坵，種□□斗，帶洪集益户内完全年糧□□。

光緒丁丑年拾弍月拾伍日。董事：鄭如好、曾甘瓜、許兆麟、林得令、曾萬观、陳汝恭、葉德位、蔡啓和仝立。

**按**：此碑現存薌城區文化街鳳霞祖宫，原碑數字多爲蘇州碼，難以識讀。

## 五九九　重建漳州府節孝祠碑記

昔太史公傳伯夷，幸其與顔淵同稱於孔子，閒及務光、許由，而終致慨於閭巷之士。是豈獨爲伯夷傳哉！舉伯夷、顔淵以例務光、許由，例閭巷之士，躬爲伯夷、顔淵、務光、許由之行者也。漳之人物，至唐始盛，列女亦寖登紀載。迨宋爲朱子過化之地，至今門閭之屏蔽、閨襜之裼襲，俗猶道文公不衰。其平日守禮，故遭變多貞女、節烈之婦，舊志載千六百餘人。近余脩志，爲續求之。布政使署檔册猶不備，又攷通志，參以郡紳林廣邁漳海表微録，自乾隆丙申迄同治甲子，得七千五百餘人，合之舊志都九千一百餘人。嗚呼盛已！雖然，此九千一百餘人者，幸存

姓氏於簡牘，外此泯没何限？婦之於夫，猶臣之於君也，不幸而失所天，柏舟之誓亦希蹤采薇矣。或倉卒阽危，禦强暴而殉寇亂，彼其心要歸從一，非爲名然。即身死名泯，吾見其貞志堅操，互貫古今，與此九千一百餘人同軒軒於嚴霜烈日、衝飇震霆、層冰積霰間也。九千一百餘人，多乎哉？猶史公傳伯夷例耳。舊祠燬於粤逆之變，余兹重建，設總主以祀之。其事蹟詳具郡志，庶祠志相輔，垂不朽云。

**按**：此碑未見，碑文見於光緒漳州府志卷四十五。作者沈定均，湖南臨湘人，同治十三年任漳州知府。

## 六〇〇　重修許氏宗祠碑記

蓋聞我許姓自昔派分太岳，於今族聚海村，世代所流傳遠矣。因思木尚有本，水尚有源，矧於人乎？故于同治丁卯歲起築祖祠，以崇報本追遠之意。然粗張雖成，而潤飾尚未。雨等撫念祖德宗功垂諸久遠，不可不共成美事，因各捐資，丹艧黝堊，以壯飛灵之赫濯也夫！名次開列於左。

甘雨捐英銀伍拾元。長官捐英銀叁拾元。水蓮捐英銀弍拾元。紀鉄捐英銀弍拾元。繚寧捐英銀拾六元。

光緒叁年吉置。董事太學生成烈。

**按**：此碑現存浮宫鎮海門島海山村許氏宗祠，碑名爲編者加擬。

## 六〇一　革除新充牙税憲示碑

欽加同知銜、調署漳州府龍溪縣正堂加十級紀録十次八，爲出示嚴禁事：

本年肆月拾肆日，奉本府憲沈劄，蒙布政使司周批，據本府稟『龍溪縣新充牙户藉名分開、重抽勒取，稟懇分别究革緩辦』緣由，蒙批：『查例載，龍溪縣僅止額征牛税、豬牙税又石碼鹽魚牙税、華對埠牙税四項，已據詳請充設；此外並無黄蔴口袋、柴炭、煙葉、竹笋等牙税，乃該縣分詳請設。黄蔴各牙，本與定章不符，業經批駁在案。

茲據該府以「龍溪縣詳充豬、魚、煙葉、柴炭、蔴袋各牙，先在各鄉市鎮開設多處，勒抽致弊，衆情不服；先由該府飭縣示禁，請將煙葉、柴炭、蔴袋各項由商自運交易，無須設牙，豬、魚二牙俟民困稍蘇再爲充補」等由，復查煙葉等牙本已駁飭，不准開設，其豬、魚牙行既多擾累，自應一併禁止，將帖扣發，以安商民。仰即遵照辦理，飭縣立即出示曉諭，一併禁止。』等因。

奉此，查此案前據民人何朝宗等分別稟請新充豬、魚、煙葉、柴炭、蔴袋、竹笋等牙，抽仲納税，經前縣分文轉詳；嗣因查明實情，與民未便，又經稟請將牙帖一概暫緩劄發；並蒙本道府憲以察看漳屬情形，民困未蘇，稟請將各牙行分別免辦、緩辦在案。茲奉前因，合行出示曉諭：『爲此示仰闔邑軍民商販人等知悉：要知前次所請新充豬、魚、煙葉、柴炭、蔴袋、竹笋等各牙行，現奉藩憲批示，一併禁止，將帖扣發，不得再行開張，以免擾累。如敢私自開設，抽取仲用，致累商販，定即拘案，計贜從重究辦。其各商販，亦均照常自運交易。其各凜遵毋違！特示。』

光緒肆年肆月　日給告示曉諭。

**按：**此碑現存薌城區浦頭港定潮樓，碑名爲編者加擬。

## 六〇二　李氏祖山合約碑

仝立合約字：十二、〔十〕三都唐吉保鳳塘社洪進德、霞宮社李西漢观等。

因漢等祖山坟墓併山園均在鳳塘社後，土名赤泥等處。其山園原係族人耕作，事緣李能於嘉慶年間私將山園弍坵典与洪進之父耕作，後李能之子意亦擅將此山園杜賣契尾。至光緒三年，洪進遂將此山園弍坵培築坟墩，開做風水。李家族人偵知而阻，互較不休。然漢等自前明以來，李家祖墓後山園壹所，遵祖遺例，不得私色出賣，堅執計較。幸有戚誼吴塗观，代爲延請各社公親黄清霸、顔深池，仝洪、李兩姓家長公仝議論，設法解和。与其各成其是，曷若兩全俱美？遂將此山園弍坵，横拾叁丈，直拾丈，全年粮銀配李怛盛户内清錢四拾文，送与進观築坟葬親。仝

立合約并牌記爲凭。面議進观該備出銀弍拾元，它重壹拾叁兩弍錢足，付与漢观等各方家長花彩之筆資。因該坟未曾大觀，仍囑公親求買新墩前園地壹坵，横捌丈，直肆丈，与增寬。其出水方員以外，归還李家執掌耕作；公議不得再作坟墓，任從其便。另送銀拾弍大元，爲立牌諸費。明議將來不敢經易高低、偏左偏右，深碍李家祖坟。該業係自前明漢等進士祖父子建置，均在鳳塘社後，不計遠近各等處，宜令兩家子姪知悉。從前典借之業，不得復書契尾，再行交接。漢等族中仍有不肖擅向議賣，洪家斷不敢与他私租授受。如有固意違約，任從呈官办理。此係至公妥議，並無徇私。兩造弍好無尤，甘愿聽處，各無抑勒反悔。空口無憑，仝立合約字壹樣弍紙，互交执炤。其立石牌弍處：一牌該山，曉諭洪姓各人等；一牌李家祖祠前，訓誡不肖族人。兩家務宜恪遵牌記，以免後悔。此据。

光緒肆年柒月　日。仝立合約字人：李西漢、洪進德。公親人：吴塗观、顏深池、黄清霸、洪塗观。家長人：洪屋观、洪粃观、洪汗观，李隴观、李佃观、李抱观。

**按：**此碑現存顔厝鎮下宫村李氏隴西堂，碑名爲編者加擬。

## 六〇三　青美鄭氏清港碑記

大清光緒四年清港，捐銀名次開列于左：

秋山捐英銀四百大員。永昌捐英銀弍百八拾員。泮水捐英銀弍百大員。清溪捐英銀壹百八拾員。清富捐英銀壹百大員。降官捐英銀弍拾四大員。能智捐英銀弍拾大員。甲寅捐英銀壹拾伍員。斜捐英拾員。母官、秋芳、朝扶、水官各捐英銀六員。清水、信官各捐英銀四員。老明捐英銀三大員。清盆、荣官、奇遷、湧美、梗官、聯芳各捐弍員。勅官、翰官、著將、陣官、平秩、雞官、明泉各捐壹員。

武生：安鄉、元理、曷官、宰知、奇英、新科。

董事：允佐、志在、喬木、福壽、百昌、楚官、再興、朱屋、天領、振呼、大道、清奏、應運，仝理吉置。

按：此碑現存浮宫鎮美山村青美社鄭氏世德堂，碑名爲編者加擬。

## 六〇四　管束流丐憲示碑

欽加同知銜、調署漳州府龍溪縣正堂加十級記録十次八，爲出示嚴禁事：

本年捌月貳拾貳日，據頂下、大山、安平等社家長蔣日升、吴清元稟稱：『邇來乞丐惡習，凡遇社中紅白喜事，每有嵎棍交結外方流丐，結党成群，蜂擁到社，藉端强乞。稍不遂欲，則肆横叨擾，勒索酒食錢米，以致舉社難安。有社民李路，爲人誠實，堪以充當該社丐首，管束流丐。取具認保各結，叩乞示禁着充。』等情到縣。

據此，除批示外，合行示禁：『爲此示仰該處居民人等知悉：自示之後，准着蔣路即李路充當頂下、大山、安平等社丐首，管束流丐。倘流丐不遵約束，再滋事端，許該丐首隨時捆送赴縣，以憑懲辦。該丐首亦不得藉端滋事，致干併究。毋違！特示。』

光緒肆年玖月廿九日給告示，實貼曉諭。

按：此碑現存薌城區頂岱山九龍宫，碑名爲編者加擬。

## 六〇五　重修龍溪縣學記

光緒四年，余由廈防同知之任權篆龍溪，既莅事則齋袚蠲潔，祇謁於學。入其門，履其庭，顧瞻堂廡、榱題宲霤、門阸甍甃之飾缺翳陊剥，茀薉而不治，乃心蹙然弗安也。司鐸林君鵬年前揖相告曰：『是學也，粤匪之變蓋蕩焉不復有存，其巋然無恙者獨大成一殿耳。寇之平也，觀察夏公嘗一脩之矣，崇聖之祠、名宧鄉賢之祠，其所作也。若明倫之堂，則以工鉅而弗遑暇焉。學官署廢，僦屋而居，或去廟遠，不能時其糞除，散勇游民蹈隙而蹂踐，故脩而仍隳也。』余聞而慨然，輒思所以復之。異時，進都人士而語之曰：『吾溪爲閩嶠名區，自紫陽過化，斯道南來，

文物聲明爲南州甲。今興賢之地廢而弗脩，邑宰之羞，亦都人士之責也。顧惟兵燹之後，土木頻仍，若復重勞我民，非惟不能，抑不敢無已。其別籌所以善其事者。凡溪屬内有列於朝、有籍於學，各以職位之差次爲輸資之豐嗇，勿征田畆，勿鳩商賈，庶費易集而事速成乎！』僉曰善。

遂飭工庀材，經始於五年季春之閏，未數月而明倫堂暨外門、二門成，又數月而教諭之署與夫視滌之所成，又數月而殿廡之殘缺、三祠之垝圮、圜橋之隤毀莫不致飾而各底於成。巍巍然，焕焕然，凡歷月者八而大工告蕆焉。蓋董事吴舍人聯薫及陳舍人宗器、施孝廉開昌、鄭徵士圭海、吴訓導金榜、黄訓導雲官、吴廣文芳、林中書挺峯、魏都司有璋、黄職員日乾、魏明經森林、吴庠生朝楷，諸君之勞爲足紀也。役既竣，余適被檄調同安，諸君猥以創始之議實倡自余，不可無記，爰爲敘其緣起，以告來者。

**按：**此碑未見，碑文見於光緒五年增補龍溪縣志・藝文。作者八十四，鑲紅旗蒙古生員，同治十二年知詔安，光緒四年知龍溪。

## 六〇六　重建篁津宫碑記

紫泥北岸誥封儒林郎国斈生郭登瑞公喜助佛艮三十大元。錦田姚德昌观捐来艮二十大員。厦門張世掌公捐来艮十二大員。北岸郭兜生捐来艮十二大員。岸頭郭捷興號捐来艮十大員。四甲國斈生黄吉祥观捐来艮八大員。石碼福星□捐来艮八大員。大船捐来艮七大員。石碼黄算頭观捐来英艮六大員。石碼陳象观捐来英艮六大員。新池許泗章捐来英艮五大員。石碼德和號捐来英艮五大員。北岸黄成观捐来艮五大員。石碼林尚观捐来英艮五大員。石碼歐波观捐来英艮四大員。紫泥吴合成捐来英艮四大員。石碼怡德號捐来艮四大員。石碼太斈生林朝風捐来艮三大員。北岸郭菜观捐来英艮二大員。石碼復利號捐来英艮二大員。石碼盈豐號捐来英艮二大員。石碼聯興號捐来英艮二大員。石碼生員林省三捐来英艮二大員。石碼濟盈捐来英艮二大員。石碼方德成捐来英艮二大員。石碼乾美號捐来艮二大員。石碼五福號捐来艮二大員。石碼兼山號捐来艮二大員。石碼泰和號捐来艮二大員。石碼隆慶捐来艮二大員。魚

行仰蘭堂捐来艮二大員。

石碼太斈生盧元荣捐来英艮一大員。北岸周荣观捐来艮一大員。石碼福興捐来英艮一大員。石碼怡盛捐来英艮一大員。石碼荣美捐来英艮一大員。石碼復泰捐来英艮一大員。石碼瑞德堂捐来英艮一大員。北岸郭鄉党捐来英艮一大員。石碼正興捐来英艮一大員。北岸郭毛观捐来英艮一大員。北岸郭思齊捐来英艮一大員。石碼荣成捐来英艮一大員。石碼建興捐来英艮一大員。石碼義德捐来英艮一大員。石碼裕隆捐来英艮一大員。石碼合泰捐来英艮一大員。石碼乾成捐来英艮一大員。石碼日禧尚有合捐来英艮一大員。石碼財春捐来艮一大員。石碼振隆捐来艮一大員。石碼荣源捐来艮一大員。石碼成發捐来艮一大員。石碼綿盛捐来艮一大員。石碼厚德捐来艮一大員。石碼茂隆捐来艮一大員。石碼長成捐来艮一大員。石碼玉昌捐来艮一大員。石碼吉順捐来艮一大員。石碼瑞利捐来艮一大員。石碼廣茂捐来艮一大員。石碼正春捐来艮一大員。石碼合興捐来艮一大員。石碼協美捐来艮一大員。石碼張德隆捐来艮一大員。石碼太斈生陳賜福捐来艮一大員。石碼太斈生陳有容捐来艮一大員。

北溪頭黄汶观捐来英艮四大員。北岸郭愽壘捐来英艮二大員。吴坂吴毛司捐来英艮一大員。北岸郭招寮捐英一大員。

厚境郭□□公捐来艮七十大元。郭□□公捐來佛艮六十大元。郭天□捐来佛艮二十四大元。邱□□捐来佛艮一十八大元。郭會观捐来佛艮一十七大元。張屋司捐来佛艮一十三大元。郭文翰捐来佛艮一十二大元。張義观捐来佛艮一十大元。張廷司捐来佛艮一十大元。郭建璉捐来佛艮一十大元。郭傑光捐来佛艮八大元。郭謹观捐来佛艮八大元。林國司捐来佛艮六大元。曾三英捐来佛艮六大元。郭登成捐来佛艮六大元。郭大蘇艮五元。徐進观艮五元。郭旭舵艮五元。林懷观英四元。曾聖司英四元。郭文應艮四元。曾隆司艮四元。嚴禿观英三元。郭泥魚英三元。郭合芳英三元。曾首观英三元。郭隨观艮三元。林財司艮三元。郭麵观艮三元。郭□司艮三元。蘇文观艮三元。蘇妙观艮三元。郭忠舵英二元。郭忠厚英二元。郭遠舵英二元。鄭興观英二元。方振观英二元。郭開三英二元。王雷观英二元。康家观英二元。郭梓順英二元。郭其泰英二元。郭聖定英二元。鄭恭音英二元。郭振观英二元。郭三梅英二

元。蘇□□英二元。張□观艮兩三。黄蓋观艮二元。黄□观艮二元。黄達观艮二元。黄樣观艮二元。黄鄰观艮二元。吴良水艮二元。郭安然艮二元。郭象观艮二元。郭永交艮二元。黄占观艮二元。嚴讓观艮一兩。嚴心观艮一兩。

郭趖观、□□□、李忠观、郭達观、張恭观、嚴芍观、郭友司、郭振寧、郭箭观、郭賤观、連映观、郭拔茅、曾魁司，以上各来艮一兩。郭角观、張□观、王瑞观、劉嵩观、郭貢观、許香观、林三观，以上各艮九錢。郭義观、鄭經观、郭八畝、郭合盛、許泥观、郭界观、林番观、李奉观、張紅观、陳尚观、張光生、黄嬰观、郭漢观、陳塩观、郭再观、郭斐然、李崇力、郭德观、張國观、張妲观，以上各来艮八錢。□□观、徐□观、郭振观、郭自立、張岱观，以上各艮八錢。

郭其督、郭這观、林寛泗、姚再杪、郭軟圣、郭矓观、郭清江、高永观、郭文謔、郭文煌、郭招烏、郭然观、曾媽皆、洪乾圃、鄭冷观、郭同观、張連观、黄烏观、李耀观、郭冷水、郭松溪、李螺观、家長曾媽諧、郭忠观、郭□□、郭三观、郭謙观、郭世观、姚天助、林求观、方足观、郭振舵、郭監观、郭昌观、郭天琴、郭天來、鄭保祐、郭紅螺、周坤观、□□□、張岱观、郭姣嬰、張發观、張雲观、張泉观、郭粵观、郭漳观、郭朝高、郭頭观、曾和尚，以上各英艮一元。陳□观、□□□、郭南观、郭藍观、郭趖观、郭獅舵、沈南观、郭后观、郭勇观、郭佘观、沈龍池，以上各佛艮一元。

開木□長興號代出佛艮一百四十大元。

光緒五年。四社家長：郭后观、郭傑光、張光生、郭永交、張丙丁、郭聯盛、方足观、郭葱观、郭助观、郭這观；總理：郭奉碧、郭文翰、郭清穆、郭葉观；仝勒石。

**按**：此碑現存紫泥島西良村南岸社篁津宮。

## 六〇七　抄奉福建巡撫部院丁示碑

欽加同知銜、調署漳州府龍溪縣正堂加十級紀録十次八，爲諭准勒石以重民命事：

光緒四年十二月廿十二日，准浦南□□□□，據浦南圩六甲圩長梁萬里等僉稱：『北溪一帶地方，自盡人命，藉此圖賴，動輒砌詞混控，牽涉羅織，意圖獲利，習惡相沿，彼此效尤，实爲地方之害。前經叩蒙撫憲丁示禁森嚴在案，但恐各處鄉社無知小民雖聞弗信，無可證見，勢必至復萌故態，由來依旧。里等忝居圩長，於是鳩集工資，遣召石匠，即將撫憲示禁字樣照抄，勒打一石碑，擇吉樹立在浦南圩觀音亭公所地方曉諭，庶使各處鄉民目睹口傳，遠近周知，人命自重，惡俗自除。第抄示勒石，里等未敢私置，是否有當，理應呈請示遵，方昭公允。非蒙俻文移請賜准示遵建立，何以昭妥協而垂久遠？合亟聯名僉懇，叩乞電察，恩准如懇施行。』等情，轉移到縣。准此，查所稟抄示勒石、永禁藉屍圖詐，实爲地方善舉，應即照准，合行諭飭。

爲此諭仰該六甲圩長知悉，所請將撫憲爲嚴禁自尽圖賴以重民命事：

照得自尽人命，律無抵法，而小民愚蠢，動輒輕生。其亲屬听人挑唆，無不砌詞混控，牽涉多人，意在求財，兼圖洩忿。本部院莅閩以來，查核各属命案，此等凡多，而地方官不詳加勘審，任憑屍亲羅織多人，轉即差拘到案。鄉曲小康之户，一經蔓引枝牽，若不蕩産傾家，則必致瘐斃囹圄而後已。公祖耶？父臺耶？祖父之待子孫，固如是耶？除嚴衆外，合行剴切曉諭：

爲此示諭所属軍民人等知悉：爾等須知，人命至重，既死不可復生；公論難誣，千虛難逃一实。况父子、夫婦、兄弟，皆人道之大經，乃死而因以爲利，是雖覥然人面，实則禽獸不如。本部院現經嚴加通飭，凡自尽命案，均限一月審結。倘有聳令自尽、誣告圖賴等情，即嚴究主使、棍徒，一併從重治罪。則爾縱或自拚一死，總不能貽害他人；其親属雖欲逞刁，一經審出实情，不过自取罪

戾，亦無人肯與賄和。是不但死者枉送性命，不值一錢，即生者因此又犯刑章，更屬無益有損。本欲害人，適以自害，徒爲讎人所快，復何利之可圖、何忿之能洩乎？試爲反覆筹思，與其枉死無償、听他人之入室，曷若餘生自愛、冀飽暖于將來？本部院業經嚴禁書差需索，爾等如有身受重冤，伩可瀝情控訴，並不須花費分毫，又何必自投絶路，至以性命博錙銖哉？嗣後務各自愛其身，毋得逞忿輕生，希圖詐害；該親屬亦不得听唆誣告，枉費譸張。

玆將律例罪名逐條開列：

一，子孫將祖父母屍身圖賴人者，杖一百，徒三年。期亲尊長，杖八十，徒二年；妻將夫屍圖賴人者，罪同；功、緦，遞減一等。告官者以誣告反坐，杖一百，流三千里，加徒役三年。因而詐取財物者，計贓，准竊盗論；搶去財物者，准搶奪論。

一，詞狀止許实告实証，若陸續投詞，牽連婦女及原狀内無名之人，一概不准，仍從重治罪。

一，赴各衙門告言人罪，一經批准，即令原告投審。若無故兩月不到案，即將被告、証佐俱行釋放。所告之事，不得審理，專拿原告，治以誣告之罪。

一，控告人命，如有誣告情弊，照律治罪，不得听其攔息。或有誤听人言，情急妄告，於未經驗屍之先，尽吐实情，自願認罪，遞詞求息者，果無賄和等情，照不应重律，杖八十；如有主唆，仍將教唆之人照律治罪。

以上皆係律例明文，何等嚴切。本部院當經飭屬，將此示泐石城門。爾等安分良民，如有被自尽命案牽連者，准即摹搨石示，赴地方官呈訴，以免拖累。各宜凛遵！

右仰該社長梁萬里、李連治、蔡雲從、宋小和、廖綬、黄寵瓊，准此。光緒伍年花月　日給。

**按**：此碑現存薌城區浦南鎮福寧宫。所抄巡撫丁憲示碑，殘碑現存雲霄縣博物館（將軍山陳政紀念館），録文見第一〇一三篇，

措辭有細微差別，且不像本碑大量使用俗字。

## 六〇八　陳氏四世祖祠謝土題捐碑

四世祖祠謝土捐題名次：

職員國楨捐英拾貳員。開連、泗棣、得發捐英拾員。監生英倫、貢生如琢捐英陸員。監生名睿、雙茂號、得新、用九捐英肆員。監生英儒、金面、□儒、萃茂號捐英叁員。啣遠樓、如川、明官、德昆、俊元、歲貢國熙、庠生鳳昌、庠生鳳書、國猷、鼎昌號、瀠油、前廳角、達才、用賢、監生朝選、監生連昌、庠生啟昌、庠生彬、庠生日增、庠生日賓、祥春號、成利號、淵如、庠生錫齡、庠生繼姚、元坤、湧泉號捐英貳員。

光緒五年己卯□月　日，董事：歲貢國熙、庠生鳳昌。

**按：**此碑現存東園鎮過田村俊美社陳氏大宗祠。

## 六〇九　三元祖廟呂宋題捐碑

捐題呂宋本廟拾月初一日演唱官音：

郭欽观捐英廿四員。郭烏观捐英廿四員。李忠信捐英廿四員。郭諒观捐弍拾弍員。郭丈端捐弍拾弍員。郭交圓捐英拾弍員。郭如碧捐英拾弍員。王眷儀捐英銀拾員。郭玫成捐英銀八員。郭芳盛捐英銀八員。郭榮观捐英銀陆員。郭乃活捐英銀陆員。郭昌观捐英銀陆員。郭石俊捐英銀陆員。郭宇宙捐英銀陆員。郭菜婆捐英銀陆員。郭維羆捐英銀陆員。陳三佛捐英銀陆員。陳德观捐英銀陆員。陳猷观捐英銀陆員。魏傳观捐英銀陆員。郭宗義捐英銀陆員。郭泰观捐英銀四員。郭振聯捐英銀四員。郭朝观捐英銀四員。郭跳观捐英銀四員。郭腰观捐英銀四員。郭扁長捐英銀四員。郭錦記英四員。陳喬水捐英銀四員。馮傳在捐英銀四員。馮根观捐英銀四員。魏泗忍捐英銀四員。林壽观捐

英銀四員。謝君子捐英銀四員。郭穿波捐英銀叁員。郭□观捐英銀叁員。郭愛观捐英銀叁員。李欲观捐英銀弍員。馮栽观捐英銀弍員。曾信观捐英銀弍員。郭抱观捐英銀弍員。郭鹽观捐英銀弍員。郭連族捐英銀弍員。郭牛观捐英銀弍員。郭映水捐英銀弍員。郭厚观捐英銀弍員。郭連旦捐英銀弍員。郭梓同捐英銀弍員。郭廣洲捐英銀弍員。馮前观捐英銀一員。魏宙观捐英銀一員。郭龍海捐英銀一員。郭冷观捐英銀一員。郭允宙捐英銀一員。郭黎观捐英銀一員。

光緒伍年己卯拾弍月立石牌。

**按**：此碑現存角美鎮玉江村三元祖廟後殿義武壇，碑名爲編者加擬。

## 六一〇　禁山碑記

蓋聞塔仔下琉璃山，係祖墓來龍之所，更兼祖廟朝山，凡有開剥，必生禍患。玆族侄初忠向義，將該山應份献于始祖。闔族紳耆，僉議嚴禁：此山不得栽插菓木、打石、壅墳，致傷龍脉。至宝珠石地，亦係祖祠案山，前後左右俱不許培植樹菓、蓋屋，遮蔽案外山峯。庶地靈人傑，連茹彙征矣。

光緒六年元月穀旦，裔孫如玉、宗沂、萬宗、殿禧等立。

**按**：此碑現存浮宮鎮厚寶村厚寶社曾氏孝思堂。

## 六一一　大覺堂獻地碑記

光緒六年五月，於大覺堂保生大帝庵後宅園一丘，獻送邱正朝观掌管，起後蓋作學堂。又，邱正朝观備出英銀壹佰四拾大員，奉謝保生大帝，收去生放利息銀，逐年進香開費應用。

本境弟子林再辦、曾元奎、朱有約、周曰成，仝知見銀。

**按**：此碑現存厦門市海滄區新垵村惠佐社大覺堂，碑名爲編者加擬。

## 六一二　重修天池宫并室仔捐金芳名

方世孫捐英銀弍拾四員。蔡豊哲捐英銀弍拾員。太學生加同知銜黄超群捐英拾弍員。奉政大夫周心斎公捐英銀捌員。莊士賢捐佛銀五員。鍾全成捐英銀五員。蔡拱官捐佛銀五員。職員黄風儀、許玉印、方進江各捐英四員。榮興号捐佛銀四元。曾林士、蘇貽謨、鄭新州、方超群各捐英銀叁員。生員蔣楊紹机、萃隆号、陳清池各捐佛銀叁員。貢生蔡登陽、□□方蘭柏、□□方廷鑒、洪順安、户總科、鄭白官、陳寅官、陳□音各捐英銀貳員。貢生邱瑞芳、邱懷川、刘文和、刘美官、蘇永發、陳啟明、陳山官、陳淑官各捐佛銀弍員。蘇龍官捐銀壹兩。陳逢官、振記号捐銀九錢。

光緒六年六月　日立。董事生員：方式玉、蘇雨水、許長彩仝勒石。

**按：**此碑現存海澄鎮華瑶村天池宫。

## 六一三　朱文公祠界址示禁碑

欽加同知銜、特授漳州府龍溪縣正堂加十級紀録十次李，爲出示嚴禁事：

本年十月十一日，據貢生□繼鏞、訓導黄隆平、附貢生黄元燦，生員王錦香、黄俊初、黄爲霖、蘇東謨等秉稱：『緣漳郡東門外二十七都靈洞岩爲宋朱子講學游觀之所，故址猶存。後都人士即其地起蓋祠宇，崇祀朱子遺像，延僧奉事香火，掌管斯山已久。邇來士氣漸衰，人心不古，輒有近山鄉農愚夫，或鑿巨石，或掘洒塗，或登山而亂伐樹木，或混指爲祖傳私業，紛紛争佔，輒起衅端，粘連碑記界址。稟請飭差立界，出示嚴禁。』等情到縣。

據此，除批示並飭差立界外，合行出示嚴禁：『爲此示仰該處一切居民人等知悉：爾等須知，該山祠址並非爾等祖傳私業。自示之後，不准互相紛争，亦不准在於該山界内鑿石、洒塗及伐砍樹林情事，以杜衅端而免滋事。倘有不逞之徒不遵示禁，仍敢故蹈前轍，經訪問或被告發，定當拘究，嚴懲不貸。各宜凛遵毋違！特示。』

上至霞陸雲丘、下至渡雲橋、左至一線天、右至古東牆爲界。

光緒六年十月　日給。

**按**：此碑未見，碑文見於漳州王作人先生筆録。

## 六一四　重建龍溪縣學左齋暨疏浚泮池記

邑侯壽徵八公視事之明年，謀脩學宫，邑諸君子承其意，翊助而董治之。明魄八周，工以釁告。大成之殿、明倫之堂、圜池之橋、教諭之署、崇聖名宦鄉賢之祠，若門若廡，若齋宿之位，若視滌之所，翬如翼如，巋巋秩秩如。蓋制若是之備，而成若是之速也。獨學署左齋、泮池、溝道，以費絀未及舉，而侯被檄調同安，瀕行諄諄懃懃，以一簣之成爲勗。董事吴舍人聯薫諸君，亦慨任不辭。越歲春杪，二役又告畢焉。左齋舊墟負坎拱離，虎文之山實當其衝，術者以爲言，則易而震向，蓍之吉，度地置構，堂序、門棨、庖湢之屬，各秩其所；復拓署左爲堂一、房三，司訓者息游焉於斯、講貫焉於斯。由是而學之中無不舉之役矣。學有泮，泮有溝，從東迤出，凡九曲，而注於池，以達於河。逢燧之後，瓦礫叢矣，攓甂之、疏濬之，築石崖、蓋石版以護之。總凡池之脩，周圍計六十餘丈；溝之脩，曲折亦六十餘丈，悉仍舊制。清流既盈，藻茆交映，塞極而通，抑亦文名肇興之象也。

予自客春奉聘至漳，忝坐皋比，諸君以予稔其詳，屬予爲之記。予曰：『是役者，非侯倡其謀，則末由以興其事；非諸君子勇於義，亦無由而觀其成。善始善終，交足頌矣。』維時與吴舍人共事者，曰鄭徵士圭海、吴訓導金榜、黄訓導雲官、林中書挺峯、張貢生世盈，吴茂才朝楷，均邑人。

侯名十四，荆州駐防人也。

**按**：此碑未見，碑文見於光緒五年增補《龍溪縣志・藝文》。作者陳棨仁。

## 六一五　重修俊美陳氏大宗祠題捐碑

歲辛未，族蒸、書田議公理，諸父老於春、冬祭祠，覩牆桷損壞、簷宇傾斜，恐其支持難久，爰囑諸董事復爲重新。告竣，合將題捐裔孫芳名勒左。

□□□□捐英銀弍佰員。□□□□捐英銀壹佰十六員。昭建捐英銀壹佰十弍員。太學業勤捐英銀壹佰員，光□捐英銀壹佰員。沉生、□□吰音、金□各捐英銀陸拾員。間勢捐英銀陸拾員。占吉捐英銀伍拾員。叟□、福□各捐英銀肆拾員。文□、振源、太學□□各捐英銀叁拾員。朱□捐英銀弍拾四員。水源、金獅、□□、金禎、□□、□豐各捐英銀拾弍員。□□、□祺各捐英銀拾弍員。璦祥捐英銀拾員。招興、林生、慶科各捐英銀拾員。康甲、福川各捐英銀捌員。活水、三才、招來各捐英銀陸員。佛母捐英銀五員。聯甲、碧蓮、瑞招、祥英、丁利、慶松、振溪、叟應、招意、房各捐英銀肆員。佛結、石各捐英銀四員。甜、玉椅各捐英銀叁員。咸温、温返、修職郎騰飛、啟明、田英、昭景、資忠、昭鉗、益深、香林、淑、亨、走圭各捐英銀弍員。

光緒七年辛巳臘月，董事：夢熊、久升、國熙、澄瀾、崇德、如琢、開基、壽龍，公立。

按：此碑現存東園鎮過田村俊美社陳氏大宗祠，碑名爲編者加擬。

## 六一六　重脩五福禪寺碑記

石碼鎮五福禪寺，爲歲時慶賀聖壽及朔望宣講聖諭之所，自明迄今數百年矣。光緒辛巳夏六月，寺僧轉成商諸里人陳君開珍、謝君長仁曰：『寺自嘉慶丁丑葺脩，垂七十年，其間雨齧風摇，棟梁就圮，而墻壁傾裂。茲世歲年豐稔，羣才蔚起，古稱人傑地靈，非諸君何由再興？』僉曰善。於是邀同董事諸君等，皆欣然爲之募捐〈下缺〉寺凡三楹，前後兩進，又右旁僧舍，補葺罅漏，置瓦木，丹堊更新，重塑佛像金身，輝煌熠耀。即於是秋九月興工，凡

十閱月告成，共費洋鏹約□□餘員。董其事者共十九人，不辭勞苦，而常川督視者謝君長仁，助居半焉。落成之日，侯官江楓爲記其事於右，並勒董事芳名。至捐貲樂善俱有功德者，鐫名於左，以志不朽焉。

欽加同知銜、調署漳州石碼海防分府、兼辦課釐局務加三級劉〈下缺〉。授承德郎、福建漳州府石碼海防分府、兼辦課釐局務加十級紀録十次、關中曹文昭〈下缺〉。特授福建水師提標右協駐鎮石碼副總府賴〈下缺〉。福建水提左協駐鎮石碼嵩防廳葉〈下缺〉。

粈油米户金聯興共捐英艮壹百弍十大員。當鋪敦誼堂兼山號捐佛艮三十六大員、隆慶號捐佛艮三十大員。紙户金義興捐英艮六十大員。布綿紗户金大經捐英艮六十大員。碗户金和合共捐佛艮六十大員。杉松户宝和順捐佛艮四十大員。枋板户金永和、金義興共捐英艮四拾大員。茶料户新金萬興共捐英艮三十大員。乾菓户金永和共捐佛艮三十弍大員。錫箔户金賜福共捐艮三十六兩正。篋器户金和合共捐英艮弍拾大員。錢户金宝合共捐英艮弍拾大員。茶葉户共捐佛艮弍拾大員。蔴蓆户金得□共捐佛艮拾六大員。□鮮户仰洞堂共捐佛艮拾六大員。醬户金永和共捐佛艮拾七大員。糖房金萬和捐艮拾弍大員。石麟號捐英艮拾弍大員。西北溪□户合捐英艮拾弍大員。嫁粧紹□堂合捐艮平十兩正。唐協隆捐佛艮五拾大員。陳瑤瑶捐英艮弍拾大員。李廷禧捐英艮拾弍大員。

泰和號捐佛艮三十大員。謙吉號捐英艮十六大員。閩海關捐佛艮拾大員。龍溪幫捐佛艮拾大員。平甯幫捐艮平四兩。江楓、郭荣華、郭俊華、黄媽殿、李基受、周文才、林光裕，以上各捐英艮拾大員。黄登科、鄭□观、林□、張恒興、李□□、方騰蛟、侯安誠、郭忠信、振祥號、吴聯益，以上各捐英艮六大員。

五團社□泥世澤堂共捐艮柒兩弍錢正。琳濱社、平林社共捐英艮三拾大員。鴻團社共捐佛艮二拾大員。泉江社共捐英艮拾大員。陳江社共捐艮平六兩。登第社共捐佛艮八大員。鰲西社共捐英艮六大員。霞庵社崇本堂捐英艮拾弍大員。東路社共捐佛艮拾四大員。忠境社合捐英艮六大員。官山陳合捐英艮五大員。

林啟文謝碑石弍片。順發號謝大杉壹枚。洋西磘各合捐瓦壹萬三千六百塊。陳店磘各號合捐花瓦壹萬壹千塊。

碧江磘各號合捐花瓦壹萬六百塊。水頭磘各號合捐花瓦六千壹百塊。戴厝碼各磘號合捐花瓦五千塊。福河磘各號合捐花瓦四千二百塊。良紹磘各號合共捐花瓦四千塊。馬崎磘各號合捐花瓦三千弍百塊。街仔尾磘各號合捐瓦三千弍百塊。各磘所捐皆瓦或㧌磚□，合應陳明。

嚴□敬、蔡春官、刘友□、宋石渠、西□，各虔謝画。

平和帮、吴廷俊、謝成、曾會□、金端益、東興號、曾明焜、嚴讓欽、王圓、唐克勤、漳廣興、順成號、方水角、洪悦美、王媽湖、鄭中通、黄成發、方協源、鄭吉記、郭烏張、黄海泉、康映裕、金宝興、烟順成、吴捷元、吴港□、曾啓明、蔡廣興、廣順號、林應禧、陳永開、林□□、蔡□尚、振源號、恒盛號、林烏□、鄭興观、陳錦□、方奠邦、郭錦□、如春號、古春號、鄭□生、方欽明、周長成、金德興、葉正全、林神賜、莊尼姑、林文瑞、張冬黎、吴得利、林建興、黄千璣、朱興瑞、周坦□、謝嚞、合興號、楊博厚、許雷、林□隆、郭□、郭聯興、慶瑞號，以上各捐英艮四大員。

**按**：此碑現存石碼街道五福禪寺。

## 六一七　重修田霞正順祖廟捐啟

田霞社之有正順廟也，由來舊矣。崇祀廣惠聖王，赫聲濯靈，廟貌萬古繼新。于左：

光昌號捐英銀弍拾大元。裕益號、源銘棧、泰昌棧、謙益號、和茂號，以上捐英銀拾陸元。茂德號、以成號、孫大成、謝成泰、德裕號、源豐號、長茂號，以上捐英銀拾弍大元。徐聯源捐銀重弍兩。謝金生美、林勝興、謝廣顯、楊廣誠、聯盛號，以上捐英銀弍大元。協美捐英銀弍大員。余日輝、黄順源棧、和發棧、根德號、廣隆號、東源號、長泰號、泰發號、乾瑞號，以上捐英銀捌大元。隆成號捐銀七大元。陳榮生捐銀弍元。蔡聯美、萬和號、順德號，以上捐銀一大元。東美棧、億中棧、裕源號、源發號、啟明號、俊德號、瑞南號、成興號、慶昌號、謙昌號，

以上捐英銀六大元。太學生謝長榮、謝錤侯、柯源號、林根茂，以上捐英銀四大元。

光緒捌年菊月。董事：余日輝、陳國昌、林龍德。

按：此碑現存薌城區新橋街道前鋒社區頂田霞社正順祖廟。

## 六一八　穀詒堂碑記

蓋聞物本乎天，人本乎祖。凡祖基所關繫，寔靈爽所式憑，亟宜圖鞏固而奠丕基，此木本水源所不能忘也。溯我祖祠前有池塘，涵盖倒影，掩映流光，位合帝座，形肖半圭，亦覺地靈而人傑焉。及代遠年湮，沙流漲滿，變成原阜，迄今百餘載矣，寖廟蠹蝕迭起。职是之故，爰集族衆僉議，中有克念厥祖者，集腋成裘，謀復舊制。此後或有魚利出息，照股均分，以昭獎勵。經始于壬午蒲月，告竣于陽月，計費白鏹伍佰大金。功成，將諸向義沕之瑱珉，以垂永遠。公議：始祖諱日，有得魚利者當納地租壹員，以充祭費。至祠前田產，舊契有配池水灌注，約自今始不得援例藉口，使池乾水竭，窒塞祠前活潑之機。凡我族人，世世凛遵，毋違此議。謹志顛末，用昭告誡。

始祖介山公應得半股，五世省庵公應得壹股，十七世則先公應得壹股，泗葵應得半股，石頭應得半鼓，正忠應得半股，江白應得半股，玉喜應得半股，有豆應得半股。

光緒捌年孟冬重脩，裔孫得喜、璞南、作謀、静村仝立。

按：此碑現存厦門市海滄區鍾山村蔡氏穀詒堂。

## 六一九　重修天賜東宮題緣碑記

原夫代天巡狩，赫濯甲於海湄，即兹鍾林美水美，宫□靈廟更甚。以故分爐我族，迄今數拾載矣。聲靈勿替，明並日月以昭臨；福庇無私，量合乾坤而覆載。第以廟宇風雨剥蝕，勢將頹傾，諸同志者共襄義舉重脩。爰向善信

捐題，隨緣樂助，集腋成裘，輪奂聿新，崇祀神靈。今既完竣，合將芳名勒石，以垂千秋不朽。

王滄周捐英銀弍佰□拾大元。王元勝捐英壹佰陸拾元。王永新捐英陸拾元。王元清捐英肆拾元。王什哖捐英叁拾元。珩頭社王滿池捐英拾弍元。王有海捐英拾弍元。王燕清捐英拾弍元。王欽明捐英拾弍元。潘春開捐英捌元。王試塲捐英捌元。王拱照捐英捌元。謝元益捐英陸元。王日照捐英陸元。王安且捐英陸元。王柔嵩捐英陸元。王萬德捐英陸元。王振福捐英陸元。王長芽捐英陸元。陳文香捐英肆元。王有海捐英肆元。王文前捐英肆元。王百協捐英肆元。王秋蟾捐英肆元。王金柳捐英肆元。王獅观捐英肆元。王安且捐英肆元。王日久捐英肆元。潘振英銀陸元。王萬金捐肆元。王水荣捐肆元。王研观捐肆元。王埕观捐肆元。王永壇捐肆元。王媽學捐叁元。王建观捐叁元。王廣深捐肆元。王猪母捐肆元。王振福捐肆元。王天助捐肆元。王光羡捐叁元。王廣興捐叁元。王學于捐叁元。

珩頭社王閏观、王有瓶、王蟬观、王全观、王文陣、王大森、王此物、王廣照、王哮观、歐簡观、吴猛观、王苗观、王金鍊、王德化、王清麟、王振駝、王仙宇、王惟观、王四碟、王有闖、王媽超、王乃观、王輝煌、王振瑞、王五彩、黄開昌、王漳澤、王抱观、王諒观、王正發、王九使、王啟泰、王願守、許善观、王金針、王朝來、王衍慶、王元成、王添寧、王冷观、王趕观、王媽糞、王琉璃、王媽日、王書观、李倫观、王嘉观、王玉旺、王壹慶、王銀賀、王情观、王緑柳、王輝观、王勝观、王貼观、王足女、王神祐、王但書、王必真、王如切、林鴻鶴、王有闖、王埕观、王吉慶、王芳观、王福興，以上各捐英銀貳員。王拱照仝献庵地壹座，並石埕壹所。

按：此碑現存角美鎮白礁村五府王爺廟。

## 六二〇　重修天賜東宮題緣碑記（二）

王雙圓、王步行、王勇观、王便观、王金合、王五雲、王燒观、王萬观、王在中、王清油、王什观、王自游、王威观、王大鮑、王章成、王賜安、王開張、黄誂观、王任观、王體观、歐大盤、歐萬壹、王賓观、王頗曉、潘夜

雨、郭自观、王媽喜、王媽蔭、王澤泰、王勵观、王鴻观、王甘心、王欲長、王乃观、王文專、王碧連、王嬰观、王扁頭、王豆观、王心正、王籌观、王但看、王皆得、王國禎、王倫观、林擇善、王媽棕、王呵昌、王國泰、王東輝、王鍾英、王尚观、王器观、王九鯉、王良奕、王雙印、王銀附、王源观、王志梯、王裕观、王杜滾、王合順、王大謀、王連招、王駝观、王光譚、王竇沉、王栽培、陳川標、王文演、王長滄、王試塲、王銀賀、王頗曉、王荖观、王淋漓、王楞田、王頂喫、王媽瑤、王錦观、王秋蟾、王芋匏、王菜豆、王枰观、林知仙、歐定观、王要用、王雅懷、王嘉會、王頂營、王五在、王老記、吴紹珠、王文探、王三水、王金交、王貓求、王文好、王妙陳、王碟观、王志養、王武將、王媽乳、王大謀、王文會、王周观、王自在、陳窮观、王貌观、王自保、汪令观、王光眼、王南山、王磋观、王烏番、王再生、王文香、王文躍、王景成、王載生、王墻观、王學進、王志地、王願象、王寬柔、王軟观、王開墾、王娥观、潘昧观、潘篤明、王乾元、王念观、王存观、王翁观、王媽來、王江水、王加令、王及后、王健观、王仙翁、邵魁观、王咸泰、王旺观、王長委、王宇观、王圓观、王光評、王普观、王青雲、王清渠、王群观、王待观、王吹观、王先丕、郭求观、王志明、王日照、王湾观、王清和、王采□、王金桂、王文山、王善观、王妙田、王天下、王總壹、王大争、王楚观、王有成、王玉坤、王清牡，以上各捐英壹元。

王深观、王匣中、王學習、王五彩、王籌观、王拱照、王碧芳、王學千、王尊賢各獻壙地壹所。

光緒玖年歲次癸未孟夏月穀旦立。董事：王厥成。募緣：王主育、王良奕、王志揀、王滾智、王妙陳、王文好、王加令、王志大、王光勃、王國楨、王賴观、王心力。

按：此碑現存角美鎮白礁村五府王爺廟。

## 六二一　雲塔寺碑記

兹據大岩僧澄清往仰光所捐之項，回寺建置水田大小六坵，土名山兜，以爲寺中住持日用。此業係是緣田，日

後不得典賣於人。其寺前開放生池及往南海進香諸費，俱需此項爲支。其將告竣，爰紀其事，並勒捐緣芳名，以垂不朽於永遠云。

協振棧捐銀柒拾盾。邱合振捐銀陸拾盾。振和號捐銀陸拾盾。新裕振捐銀陸拾盾。新集成捐銀陸拾盾。邱益順捐銀陸拾盾。李相好捐銀陸拾盾。長春號捐銀陸拾盾。集勝號捐銀叁拾盾。楊怡春捐銀貳四盾。邱華能捐銀貳四盾。楊和春捐銀貳四盾。楊源春捐銀貳四盾。開源號捐銀貳四盾。新茂春捐銀拾貳盾。恒茂號捐銀拾貳盾。邱益緞捐銀拾貳盾。新合興捐銀拾貳盾。廣茂號捐銀拾貳盾。成發號捐銀拾貳盾。義茂號捐銀拾貳盾。邱□交捐銀拾貳盾。新荣茂捐銀陸盾。新瑞和捐銀陸盾。福茂號捐銀陸盾。□見通捐銀四盾。江滄偉捐銀四盾。裕昌號捐銀貳盾。邱合猛捐銀貳盾。邱合哮捐銀貳盾。邱合立捐銀貳盾。

謹將檳榔嶼芳名緣金〔開列〕：合興號喜捐銀陸元。邱聯登捐銀伍大元。洪坑成興號捐銀伍元。□山林承妙捐銀叁元。林汝彬捐銀貳大元。邱忠波捐銀貳大元。杜吉來捐銀貳大元。洪坑洪五倫捐銀貳元。□吴康仁捐銀貳元。

光緒玖年孟秋。原董事：林德薰、林夢□、邱曾深、謝□元、邱清選、楊廷熙、顔顯忠、周林□；勸捐董事：林汝彬、邱聯登、邱忠波、邱合振、李相好、楊寧慶、邱華繞、吴康仁；勒石。

**按**：此碑現存厦門市海滄區大岩山雲塔寺。

## 六二二　新建長房三小宗懋德堂碑記

蓋聞諸大傳曰：『木本水源，人人之所追念；尊敬祖宗，是天性之本然。』余少遊西洋之三寶壠，與功兄忠信、功弟忠和時常聚首，談及本角自四世分派以來未建宗祠，列世祖考馨香欲薦奠獻無所，常以此爲憾。余有是心久而志未逮也。及前年旋梓，興謀及此，亦以擇地爲難。賴祖宗之靈，幸功弟永夜回家，自己有買尾吉姪一厝地，即今建宗祠之所，本角人衆咸説其地可建宗祠，而永夜弟欣然樂從，將地捐充紹郁祖爲宗祠。余即鼓舞成就，僉具書往壠，

而忠信兄、忠和弟踴躍，付寄來英銀壹仟員交余，余即承理其事。擇于戊寅年初夏六日興工，終年克竣，歸功祖德，計用白金英叁仟餘員。庚辰年秋八月慶落成，冬十二月進主入廟。都之紳士畢至，族之少長咸集。門對文山，文峯拱秀；堂環岱水，泗水潆洄。於是稱觴樂甚，祖宗靈爽實式憑焉。

於今五年矣，未勒石。余伏思興建宗祠，尊崇先祖，是爲人孫子職分宜然，何必立石以彰名色？致越五載未刻。是歲之春，祭祀畢，諸弟姪輩咸請曰：『不立碑記事，倘後日欲修葺，何以獎勵後人？若他日賢能継起，入廟告虔，莫知其所自。』余即爰筆書録醵金之芳名，及余理事添用之資，加進我本支祖及伯叔祖之主，並録於左。欲知余敬伯叔祖與本支祖一体之心，使後世瞻觀者相率和氣，而其敬祖敦宗之念莫不油然而興焉。是爲記。

雨錢長房三十二世孫紫茹拜手謹識。

永夜献小宗地壹所，買價并英銀伍佰伍拾四大員。忠信、忠和捐来英銀壹仟大員。紫茹捐来英銀壹仟大員，又理事添用来英銀壹仟弍佰大員。光傳捐来英銀肆拾大員。有仁捐来英銀壹佰大員。君彩捐来英銀陸拾大員。北鎮捐做祭椅棹并樑垂花土的佛銀壹佰員。継盛喜助小宗下埕一半之地至潭。

紫茹添用之銀，加進本支祖勝吾公、玉潤公、元鏻公，伯祖元錦公，叔祖元銅公；自己進高曾祖以下六祔。其各房所進之主，每祔英銀壹佰員，計置產業存公，以爲祭祀之用。設立賬簿，擬定章程，以交值年執掌，輪流百世。

光緒拾年甲申端月　日。董事：掄元、紫茹、長安、双春、光傒、眼順、九昌、永夜、光傳、鐘音仝立。

**按**：此碑現存角美鎮石厝村上店小區陳氏宗祠。

## 六二三　重修石佛廟亭并嶺路碑

貢生李清俊捐英弍佰元。允盛鋪、恒成當、協和當各捐英陸元。武舉陳鎮藩、庠生陳慶、監生陳家穆、監生李日陞各捐英肆元。楊宗契公、貢生黃敏德、監生陳先進、鼎興鋪、振美鋪、瑞源鋪、源順鋪、鼎昌鋪、振利鋪各捐

英叁元。庠生倪温、監生陳□玉、監生陳家銘、監生陳時□、監生李成章、監生李成德、蔡元鼎公、金瑞豐、榮記鋪、錦芳鋪、種德堂、德興鋪、豐源鋪、義春鋪、萬美鋪、□義鋪、瑞仁堂、榮林堂、振隆鋪、福香鋪、德記鋪、源茂鋪、金隆盛、協勝鋪、得禄鋪、和□鋪各捐英弍員。庠生陳鶴齡、武生黄開春、杏春堂、陳未官、陳莫官、陳百里、楊□山、楊準猷、楊朝慶、楊德隆、楊係官、楊金發鋪、楊昆善、振成鋪、楊忠準、楊壬水、楊自探、叶揚正、楊□仁、陳萃英、楊延澤、蔡和暢、蔡金生、蔡陽皮、合成鋪、新源鋪、藍官各捐英壹元。楊□公石叁粒。

光緒拾年甲申瓜月穀旦。監修總理：鄉飲賓陳感綏；董事：增生陳紹平、貢生陳國□、庠生陳繼寅；仝立。

**按**：此碑現存白水鎮金鰲村石佛廟。

## 六二四　重脩龍山宫碑記

澄邑治之龍山鄉，其地有廟，號曰龍山宫。自前明建有數百年，其神盖祀保生大帝，及原祀諸神亦在其廟，祈禱靈應，瞻拜展誠，神因人而鍾靈，人依神而獲福。乃有不戒于火，画樑雕棟龍蛇消於回禄，宝像幢幡金碧委於泥沙。过客興嗟，里人心傷。第脩築工費浩大，难以爲理。通信示予先行倡捐激劝，復集叔姪來即我謀，急公好義，尚有不敷，補足成數。遣男康泖旋里督理，擇吉興工，悉心經營，尽美而又尽善，俾神有所憑依。棟宇巍焕，快落成乎哉！捐金芳名，共爲勒石，奕世流光。此予區區之心，総求無愧，亦以成善事云爾。是爲序。

総理把東大媽腰李媽賽拜撰并書。

李媽賽捐金弍仟伍佰大員。聯益號捐金壹仟員。

清吉捐金壹百二十元。春深、春滔、后進、龜印等各捐金壹百元。

文約捐金四十四元。應珠捐金四十元。光選、來成等各捐金三十六元。雙聘、鐵赤后文定、鐵赤后文才、万頃、万荣、万吉、媽蛋、秀川、滿治、應税等各捐金二十四元。

長寿、秋飲、有宜、世威、定着、紫荣、種金、清哲、继昌、着僉、朝帆、四館、鼋定、秋冬、有朋、振荣、文仲、偶訓、偶成、偶心、偶頂、偶藝、正勉、万祐、放生、浩立、永武、玉成、良策、清舜、瑞武、光圓、長篇等各捐金十二元。

一，総合收捐英银四千八百一十二員，附文捷捐英伍拾員。

一，総開起盖廟宇，全備計去英银四千九百五十四員。

附禁約條規：

一禁：不許宫内及部口晒曝收披五穀、囤積什草，違者議罰灯彩。如再過犯，重罰英银二十員充公。仍抗不遵，僉呈究治。

一禁：不許打鉄借寓及什色人投宿，或聚集窩賭。社人引誘、廟祝狥情，一切議罰嚴办。

一禁：不許兒童毁画廟壁，并拾炮紙、什草、灯油、灼跋焚燒損害器具，查出議罰伊父母補全。

一禁：不許酬神金錢在宫内焚化，許在宫中金炉或向外金亭。倘有觸傷物器，不論男婦，按輕重議罰。

一約：社人慶吊演戲，應用棚帆諸物或築厝移用，事畢應即搬藏，勿被風雨損壞，違者坐賠。

一約：廟祝管理廟門，早晚啟閉有時，打掃乾净，安頓整齊。如有違約者，通知家長議罰；如廟祝有違，立即並罰。

以上禁約，俱宜遵守。如當社家長查有違犯，立即依條規議罰，不得狥情，違者該家長坐罰不貸。

光緒十年歲次甲申仲夏月吉旦。

督理：把東雷珍蘭李康泲，暨董事：李三畏、果蘋、清茶、春梯、軒生、七六仝立石。

**按**：此碑現存厦門市海滄區温厝村寧店社龍山宫。

## 六二五　陳氏燕翼堂祖山碑記

竊謂和氣事，緣燕翼堂派下世掌祖山一崙，在本都土名觀音叠坐。今因正月間，楊氏之子芳、傑，其芳外出，傑將伊母楊氏壙柩移在克明公埕下。伊子振成、振緒、振牛聞知，到山争執，請各角家長榮等公論，兩勸其事。克明公塋墳在先，楊氏而猶在後，况求完竣之墳，懇即相讓，着成等備送灰土銀坐傑，兩相許諾遷移。思之派下衆多，恐有生端，榮念在本支之好，勸成等再備出銀五十員，取贖公田二坵，受種子斗一，契據一紙，址在本祖厝前，以充燕翼堂祀業，收租谷納糧。其契據同堂化吉，將克明公塋墳前後左右大小園層壙地，割歸成等掌管、收税。前園三坵，至田墘二十一弓；後園二坵，至牌十一弓；左至水溝地六弓，右至小園頭三層九弓，四至明白爲界。榮仝各角家長酌議立石，以徵温厚之和平、垂後世之綿長也。

光緒十年甲申桐月　日，十六世孫必榮謹識。

按：此碑現存角美鎮課堂村陳氏燕翼堂，碑名爲編者加擬。

## 六二六　重興扶摇關帝廟碑記（二）

謹將捐金芳名開列於左：

前龍溪縣正堂周捐銀四兩正。本社楊天財捐銀壹千二百員，重七百二十兩。後宅社楊三江喜捐佛銀壹千大員，重陸百兩。下溪港陳金盾捐銀二百四十大員，重□□兩。霞洲社武生黄開春捐銀五十大員，重三十兩。榜山社黄老實捐佛銀四十大員，重二十四兩。後宅社楊文選捐銀四十大員，重二十四兩。蔡家山太學生楊清權捐銀三十二員，□□兩。張秉昌捐佛銀二十四員，重十四兩五錢四分。漳接官亭馮協順捐銀二十四員十四兩四錢。埔仔社忠義殿捐佛銀二十大員，重十二兩正。本社下甲楊天財捐八角石柱二對。

宋秀芳、楊金箱、梁肇逢、陳聯英、梁守文、鄭珍鴻、蔡清連，以上各捐英十二員。歐陽波、沈木獅、監員林長沛、生員楊文瀾、宋麗水、楊嵩官、林池舵、郭雪官、楊瓶官、永定曾萬選、蕭佃官、八怡堂、瑞興號、楊瓊琚，以上各捐英十員。張福昌、楊金榜、楊承德、楊港官、楊益官、張懷水，以上各捐英八員。振隆號、楊□官、楊榮官、何瓢官、楊樣官、楊文滔、惠安張讀司、林文彬、李介忒、金和源，以上各捐銀六員。何光前、武生何捷春、新東成、歐登科、歐橋官，以上各捐銀五員。楊怡南、郭壬官、郭唱官、郭引官、郭刊官、楊德官、楊長春、許仙桃、邱双鳳、葉清潔、李介俊，以上各英四員。楊子視、黄大榕、陳金標、福記號、恒興號、楊殿林，以上各捐英四員。黄鴻雁、黄松齡、林尾官、武生趙鴻飛、黄冷官、翁春舵、吴坤元、梁萬七、林埔家長、林光祥、金德發、生員林挺峰、郭金生、隆興號、五常號、楊蓮蒲、泉洲郊吴常益，以上各捐銀四員。泉州黄瑞興號、張鳳官，以上各捐銀三員。

大清光緒十年歲次甲申冬月　日。

董事：里人廪生楊臨川、訓導楊興南、外委楊錫賢、武生楊□星、生員楊文瀾、家長楊大成、理帳楊炎官仝勒石。

按：此碑現存龍文區郭坑鎮扶摇村關帝廟。

## 六二七　重修永興堂石碑

竊謂興造廟宇、創修寺院，君子所尚；自始而終、由舊更新，世守之方。是故社壇之興由來已久，神明靈顯傳佈遠方，豈容任爲黍墟而不顧乎？錐等目擊心傷，欲自籌力，恐力不逮，詢於社衆曰：『我壇壞蕪，將如之何？』衆應曰：『我壇既壞，望爾等出頭修理，衆願償其足。』於是竭力經營，盡心招募，或出其銀，或充其工，未經數月而壇告竣，余等心亦稍慰矣。謹將題銀名次、充公數目、開費數目臚列於後：

田仔角題出銀壹佰捌拾員。石埕角題出銀壹佰捌拾員。陳店社題出銀伍拾貳員。大廳角題出銀弍拾弍員零四角。

三方角題出銀拾玖員零捌角。雲后角題出銀拾柒員零陸角。林趙官題出銀拾弍員。石倉社充小工共壹仟弍佰。

林勝官總包工料，開去銀叁佰陸拾員。修理後進禪室三間，開去銀枰柒拾伍兩。油漆司總包工料，開去銀拾兩零肆錢。買石碑記一支，開去銀枰肆兩肆錢。

公親林荣坤、林允官爲董事人，代捐題銀項：林大□題出銀肆拾□員。林七琴題出銀肆拾員。林永發題出銀叁拾員。林頓官題出銀弍拾捌員。林金水、林振盛共題出銀弍拾弍員。

凡有伸銀者，開出公事明白。

光緒十一年桂月，董事人林古錐、林梧標仝立石。

**按**：此碑現存龍文區步文街道石倉村永興堂。

## 六二八　重修陳氏宗祠追遠堂題捐碑記

我七世祖小宗，自道光辛巳重修，迄今六十餘載，邇來隕於風雨。本年大利，乃就各角捐題，興工修葺，凡兩月而竣。因將所有公、私名字，勒之貞砥，以昭獎勸。

憲安公捐英拾捌員。士玉公捐英拾陆員。大封君英惠公捐英拾肆員。天祥公捐英拾肆員。監生登俊公捐英拾肆員。琨翁公、軌齋公、才達公、天福公、永昊公各捐英拾弍員。文火公、貢生如卓公各捐英拾員。振祖公捐英玖員。朴文公、監生登鳳公、登庸公各捐英捌員。勤弘公、天祺公、永昜公、鄉賓得尊公、日萃公、發魁公、監生鳴鑾公、性情公、恭敬公、克明公各捐英陆員。監生清洛公捐英伍員。亞元憲猷公、峩冠公、振宗公、淳仁公、雅朴公、文觀公、文禮公、厚鰲公各捐英肆員。天禧公、敦篤公、如川公、附貢玉衡公、仕志公各捐英叁員。副舉人明輅公、賜進士士璇公、裕齊公、民則公、鄉賓典侯公、監生世法公、世榮公、自立公、日艾公、廪生日光公、登珠公、世珍公、庠生壽南公、庠生珪公、志達公、鄉賓志科公、監生清潤公、萬豪公、庠生紹虞公、庠生光榮公、進士士英

公、監生士芳公、庠生得科公、庠生士蔚公、鄉賓士芬公、監生士菁公、鄉賓士荇公、國信公、庠生國勳公、監生國志公、庠生鳳昌公、庠生湝公、庠生焜公、庠生朝琦公、登魁公、鄉賓日精公各捐英弍員。

舉人昇南捐英弍拾大員。庠生日華捐英拾弍大員，良裕捐英拾弍大員。歲貢國熙捐英拾大員，監生英倫捐英拾大員。開運捐英捌大員。庠生啟昌捐英柒大員。鄉賓英仁捐英陆大員，錦鳳捐英陆大員，監生汝康捐英陆大員，江水捐英陆大員，監生瑞雲捐英陆大員，監生登雲捐英陆大員，監生慶瑞捐英陆大員。包漏、監生清泉、有燦、大目、如雅、作霖、如金、長經、庠生錫齡、武闈各捐英肆大員。鄉賓國綏、聯遠、陳昌、榮昌各捐英三大員。安观、深池、玉蓮、鄉賓玉琦、鄉賓士鰲、監生英儒、監生德昭、庠生鳳書、德脩、德發、清景、梨观、乾观、庠生榮禄、監生士莊、監生士成、庠生日省、庠生日增、監生國棟、庠生彬、監生運昌、監生兆華、廪生廷颺、監生家穆、庠生春禧、庠生際榮、學老、赤官、雙露、鶴观、旺盛、振好、庠生鏦、庠生煌、啟邦、監生夢松、評官各捐英弍元。

光緒乙酉菊月　日。董事裔孫：歲貢國熙、監生英儒、庠生日省，太孞生汝康、運昌、登雲。

**按**：此碑現存東園鎮鳳山村爐内社陳氏追遠堂，碑名爲編者加擬。

## 六二九　鄭氏墳山示禁碑

欽命二品銜、福建分巡汀漳龍等處海防驛傳兵備道隨帶加四級紀録十五次聯，爲勒石諭禁事：

据龍溪縣職員鄭圭海、民人蔡有容等互控坟山一案，當經批提人、卷到道，查核縣卷，提集人証，訊得該山土名爛金埔，於乾隆年間由蔡姓賣於鄭姓坟地一穴，復於乾隆四十六年蔡姓將全山統賣鄭姓爲業，均立有契字爲据。嗣因年久，鄭家離山較遠，不能時來照看，蔡姓竟於偏僻處所偷葬坟墓，日久胆玩愈熾，敢於鄭坟之前培做虚墩；乃爲鄭姓查出較阻，而蔡姓竟視爲己産，乃以鄭姓投契未久，揑爲僞造、添砌、掘墓等詞呈控。查勘並無毁壞形迹，惟察閲鄭姓呈繳契字，紙雖破爛，字迹尚可查□，確非僞造；訊其臨訟投税，乃因前令李持柏嚴查漏税，檢出該山

契紙，是以始行投納，似尚可信。

至山内尚有吴姓坟墓一穴，查勘墓碑，塟自乾隆五十九年，在鄭姓契買全山之後。傳訊吴駒，供甚含糊，吊驗契据，有乾隆年字様，獨於年分扯去，其跡是新，其中顯有弊端，難保非盗賣盗買。姑念其坟塟已多年，未便再令起遷。並該山邊沿所有坟墓，据蔡有容供稱，寔係蔡姓貧苦各家之坟，懇請仍給蔡姓貧苦各家造塟。即經當堂明晰開導，而職員鄭圭海亦以住家遥遠，不能常川管守，甘願酌給蔡姓造塟，以免蔡姓挾嫌逼毁墳塚。

自應准如所請，從權酌斷：將該山東南一角，東自園岸邊起，往西量至一百四十弓爲止，南自路閘園起，至北以雍正五年蔡坟爲止，計七十一弓，給與蔡姓造塟坟墓。其餘全山統歸鄭姓照契管業。分立界址，以免争執。所有山内蔡、吴兩姓舊坟，只准祭掃，不准修增高大。蔡有容所培虚墩，即行平毁，嗣後亦不得再有盗賣、盗塟以及混佔情事。兩造悦服具結，鄭、吴所繳新舊契字並墨搨契碑、蔡姓串票，一并當堂發還，收執完案。除堂諭外，合再出示，勒石諭禁：『爲此示仰鄭、蔡、吴三姓人等知悉：爾等應即遵照堂斷，毋得故意抗違，致干例究。凛之切切！特示。』

光緒拾壹年玖月　日給告示，勒石爛金埔曉諭。

**按：**此碑現存漳州市博物館，碑名爲編者加擬。

## 六三〇　三元祖廟題捐碑

重脩三元廟路、佛祖庵橋、魁星樓碑，董事郭八萬立。

户陪陳必榮捐英三拾員。郭幸欽捐英式拾員。郭烏金捐英式拾員。郭乃活捐英四大員。郭秉直公捐英式員。郭德昌公捐英式員。郭錦观捐英式大員。戴夢熊捐英式大員。郭定仁捐英式大員。謝助生捐英式大員。郭添壽捐英一大員。郭醮观捐英一大員。

光緒拾式年丙戌正月吉置。

按：此碑現存角美鎮玉江村三元祖廟後殿義武壇，碑名爲編者加擬。

## 六三一　重修卿山紫雲岩碑記

□□□□□我高姓□□□□而後□也，□□□□□名□碧□山中之麓，崇祀三寶尊佛，歷來久矣。其上有豐山疊然而□□，下□□□□然而深藏，中有文峰□其□，□有□□□門户，獅、象衛水口，此乃澄轄一□岩也。逸士騷人，往遊其間，讚稱其美。明代吕濱溪來此，□紫雲蓋頂，故此以名之。其石碧□□□□有毀壞，該我高姓修理，未有向别□添。前修未曾立石，今再重興，謂無以憑，故勒石以記之。

　高脩仁捐佛銀四拾叁員。庠生高錫圭捐佛銀叁拾大員。高脩禮捐佛銀弍拾四員。高泠盛捐佛銀拾六大員。高景星捐佛拾弍員五角。高大有公派捐佛拾弍員。高滄洲捐佛銀壹拾大員。高應運公派捐佛銀捌員。高財來捐佛銀七員捌角。高兆麟捐佛銀六員五角。高永涛捐佛銀六大員。高門菊姐捐佛四員捌角。高慶星捐佛銀四員壹角。□□□高長□、高□□、高廷楷、高橋观各捐佛銀四大員。高廷訓捐佛叁員陸角。高蟶观捐佛銀叁大員。高陳芋乳捐佛弍員九角。高三贊捐佛弍員五角。高玉桂捐佛弍員五角。高耀星捐佛弍員五角。高源春捐佛弍員四角。高生金捐佛弍員四角。高德修、高紅柿、高紹興、高尚观、高占鰲各捐佛銀弍員四角。高思活、高麥嬰、高亀观、高揀观、高紹開、高憲观各捐佛銀弍大員。高水埔捐佛銀弍員。高振泮捐佛銀弍員。高佳樹捐佛銀弍員。高天經捐佛壹員七角。高天厚捐佛壹員七角。高世達、高寬忍、高深淵、高悻观、高坤观各捐佛銀壹員五角。高霞观捐佛壹員弍角。高籃观捐佛壹員弍角。高淋水、高□观、高汝礪、高潘泳、高生德、高勘□各捐佛銀壹員弍角。高維崧、高銀观、高益大、高紅固、高友嬰各捐佛銀壹大員。高初泉、高初更、高芋观、高嚇貴、高淑柔、高清慨、高漏番、高演观、高九趡各捐佛銀壹大員。計捐佛銀弍佰捌拾柒員。

　一，買杉料秤艮柒拾捌兩捌錢正。一，買灰秤艮拾兩零四錢；一，泥水大工秤艮叁拾弍兩弍錢。一，小工秤艮

弍拾四兩正。一，上樑办蓆五牲秤艮壹兩捌錢。一，油漆工秤艮六兩正。一，買器具什費秤艮拾兩四錢叁分。一，扛碑及入壁破謝土壹兩四錢。一，買磚瓦秤艮壹拾九兩四錢。一，木匠工秤艮弍拾壹兩。一，打石碑記秤艮弍兩正。計開秤艮弍佰壹拾壹兩四錢叁分。

光緒十二年葭月吉旦。

総理：恩騎尉高大振、高脩仁、高清萬、高□□、高紅柿、高灑水、高潘泳、高仁和等仝立石。

**按**：此碑現存石碼街道高坑村紫雲岩寺。

## 六三二 重修安懷宫碑記

我安懷宫自乾隆甲午年重修，距今百有餘載。邇來屢著靈應，不爲輪奐更新，曷以昭神光之顯赫？因共襄厥事，凡八閱月而告竣。庶幾神人均安，垂廕無窮。謹將喜捐芳名臚刻于左：

錦村社太學生陳家穆捐英拾陸員。崑美舖捐英拾弍員。太學生陳先進捐英拾員。太學生陳家銘捐英拾員。恒成舖、協和舖、振利舖各捐英陸員。職庠生陳振模公、茂德舖、陳詩可各捐英四員。

歲貢生陳國熙、曹乂有、陳松涛、陳茂樹、得禄舖、協勝舖、和遠舖、萬美舖、錦芳舖、永茂舖、永盛舖、德興舖、尚有舖、日得舖、日春舖、晋春舖、晋成舖、福春舖、福有舖、福盛舖、春成舖、合成舖、陽春舖、得春舖、合春舖、發育舖各捐英三員。崇春舖、得成舖、得有舖、永有舖、捷成舖、金春舖各捐英叁員。

侍衛陳澄瀾、貢生黄世楷、太學生陳藍玉、太學生陳振楣、鄉賓陳玉琦、永昌舖、茂成舖、新水美、新長春、協源舖、振成舖、德興舖、種德舖、荣林堂、金瑞豐、豐源舖、怡和舖、九盛舖、楊春元、源茂舖、協隆舖、新茂德、陳松林、陳聯源、陳金生、陳招盛、鼎昌舖、金隆盛、振美舖、源順舖、鼎□舖、瑞源舖各捐英弍員。來隆舖、陳得福各捐英弍員。阮天德捐錢弍仟。

庠生陳鳳昌公、庠生陳鳳書、庠生陳耀焜、庠生陳紹平、廪生陳連颺、太學生陳雨康、陳璇璣、陳沉观、鄉賓陳江波、陳紅桃、榮記舖、晋美舖、振隆舖、豐興舖、建隆舖、春圃舖、瑞德舖、長成舖、新德興、協盛舖、長興舖、合發舖、成珍舖、榮茂舖、新湧泉、湧泉舖、晋昌舖、篤誠舖、聯興舖、春嚴舖、協豐舖、得源舖、金復興、成發舖、鄭春桃、金源昌、瑞仁堂、陳訓观、陳聲观、陳嘉謨、陳有萬、陳江水、集補舖、陳岐山、蔡淋观、順發舖、尚珍舖、福香舖、成利舖、合茂舖、陳居安、協盛舖、順興舖、蔡初泰、集生香、榮德舖、品蘭舖、曾平分、源泰舖、洪晚淑、新盛興、陳連成、成德舖、榮歲舖、祥發舖、太學生潘綗縉各捐英壹員。

中街共捐英柒兩伍錢，后街共捐英伍兩伍錢，糖街共捐英柒兩壹錢，王府角共捐英捌兩零伍分。

董事：歲貢生陳國熙、邑庠生陳維寅、太學生陳雨康、太學生陳先進；協理：怡和舖；立。

光緒拾弍年菊月穀旦立。

**按：**此碑現存白水鎮白水村安懷宫。

## 六三三　約束流丐憲示碑

署理漳州府龍溪縣右堂張，爲出示曉諭事：

本年九月二十四日，据詩浦保家長楊木交禀稱：『伊保内自王公廟□□至□頭街止，前係李溪泉充當丐首，約束内外流丐。緣因社内前遇紅白喜事，泉甚爲公正，約束所有内外流丐，雖有到鄉求乞，莫敢索擾。□料泉狡計百出，邇來社内若有紅白喜事，所有内外流丐結隊到社索擾。詎泉不但不肯約束，反敢唆謀重索，慘言難盡。交忝係社内家長，不忍坐視索擾，出爲集議，舉充管束。查保内有顔袋一名，爲人誠實，兼之公事熟識，堪以保充，俾專責成，而免擾害。但未保充，未敢向前約束，理合取具認充各結，禀請示充。』等情前來。

据此，除提驗准充外，合行出示曉諭：『爲此示仰該保人等知悉：自示之後，凡遇保民紅白等事，飭令丐首顔袋

遵照約束，不許内外流丐強横索擾，該丐首亦不得縱容滋事。倘敢故違，一經查出或被告發，定即立提併究，决不寬貸。其各凛遵毋違！特示。』

光緒十二年玖月廿六日給，實貼曉諭。

**按**：此碑現存薌城區新橋街道詩浦社區正順廟，碑名爲編者加擬。

## 六三四　重修永興堂碑記

竊謂爲人首重神明，宜乎有廟宇。神灵庇佑於人，庙興爲社之風。唯念自我石倉開基，始建永興堂崇祀保生大帝以來，歷代已久，靈感異常。董事人等見庙宇毁壞，甚有爲難，有此心而力未逮。仝社公議，具緣信寄往西洋。直葛埠有本宗瑞豐者同果遜者，素念祷祈靈應，故此協力出首爲頭，向本社諸人招募，衆各素具誠心，舉皆樂從。其捐緣資計壹仟員，盡充爲葢築之費。衆嘉其誠心喜捨，於族中老幼效力，踴躍任作，未有一季之間，庙宇告竣。當事人立石爲碑，以誌萬古不朽。

西洋直葛名次緣項臚列于左：

林瑞豐捐英銀伍佰伍拾捌大員。林瑞泰捐英銀伍拾大員。林淼泉捐英銀伍拾大員。林金豐捐英銀肆拾捌大員。林天月捐英銀肆拾大員。林紅記捐英銀肆拾大員。林果遜捐英銀叁拾弍大員。林紅桃捐英銀叁拾弍大員。林榮艷捐英銀弍拾肆大員。林永迪捐英銀弍拾大員。林永懷捐英銀弍拾大員。林養玉捐英銀弍拾大員。林石皮捐英銀弍拾大員。林茂芳捐英銀壹拾陸大員。林渣某捐英銀壹拾大員。林永義捐英銀肆大員。林天祐捐英銀肆大員。林清源捐英銀肆大員。

光緒拾弍年季秋月穀旦。董事：林章華、林鶴鳴、林招聘、林萬观、林佛脬、林歪观仝立石。

**按**：此碑現存龍文區步文街道石倉村永興堂。

## 六三五　重修大隱宫碑記（二）

本宫自乾隆壬寅重脩，距今百有五歲，風飄雨注，未免剥蝕難支。去年夏僉議再立捐簿，合丙子所捐緣金若干兩，從而補葺之。興工、竣事，前後僅六閲月，而廟貌已巍焕一新。念兹成功，不勒石垂示，何以勸來者？謹將捐資姓名開列於左：

許泗漳捐佛銀肆佰大員。王文慶捐英銀陸拾大員。林文篤捐英銀肆拾大員。王文德捐英銀肆拾大員。王金埭捐英銀肆拾大員。王邦彩捐英銀叁拾大員。陳敦逢捐英銀式拾陸員。王漢炳捐英銀式拾肆員。王長生捐英銀貳拾大員。王李秀捐英銀壹拾捌員。王漢涓捐銀壹拾陸員。王廣學捐英銀壹拾陸員。王天串捐英銀壹拾陸員。昭德堂、王連振、王合瑞號、王元清、王淡傑、王忠義、王永新、王養宜、王其有、王家彬、王允程、王厲觀、王紹脉、王時通、王泰蒼，上拾伍名各捐銀拾式員。王夢熊、王有恆、王西亀、王乃聖、王芳葵、王圓觀、王英觀、王錫政派下，上捌名各捐英銀壹拾員。許媽蔭、吴振南、留耕齋、王長力、王永春，上五名各捐英銀捌員。庄上社總捐英銀柒員。

陳其獅、王錦上、王長遜、王初彦、王經周、王江文、王豐年、王丹麒、王成富、王成伴、王景博、王聯鎮、王著观、王矢乞、王金山、王尚芳、王清溪、王乙春、王振順、王文旦、王長清、王定求、王清標、王和順、王和月、王應偕、王和廣、王烏九，以上式拾捌名各捐英銀陸員。石永安、王乃神、王應拔、源安號、王璋記、王漢宇、王頂爵、王清闖、王景念、王媽羡、王朝龍、王溪井、王文玉、王青菜、王壽彭、王石三、王朝吉、王有直、王新芬、王五鎮、王增壽、王正開、王建榜、王邦澤、王番薯、王惠通、王守智、王獅生、王朝古、王枝樣、振發號、王埭观、王啟观、王水观、王皆得、王占鰲、王文沛、王文溪、王德朗、王媽惜、王正吉、王守捷、王敦球、王賀令、王焰山、王嘉養、王嘉友、王壽富、王自當、王媽緩、王夫禄、王如意，上伍拾式名各捐肆員。林文綱、李洪观、王培观、王新讚、王宗惟，上五名各捐英銀叁員。

毛格寅、毛伯達、毛招錢、李巧説、李文華、林永輔、王嘉泰、王漢三、王德潛、王騰標、王景晏、王景通、王自然、王漢鐘、王守交、王開長、陳碧忠、王留生、王紹明、王四謙、王而來、王朝遠、王明白、王吉安、王料理、王有通、王守田、王兩寬、王歪毗、王仲貞、王明輝、王石丸、王正義、王我仁、王載燔、王紅霞、王未足、王鍾六、王寶霖、王元標、瑞盛號、王瑞禄、王丕坐、王和北、王瑞慶、王献文、王添聚、王誰怨、王九題、王長器、王壽端、王寬吉、王亦生、王曰修、王尚義、王景銓、王長美、王太興、王丕助、王江漢、王伍員、王文顯、王存塲、王和時、王延福、王文弄、王在明、王順澤、王深山、王文舉、王桂華、王桂雍、王日旭、王清猴、王興观、王來观、王耳观、王秧观、王党观、王陣观、王蘭蕡、王和強，以上捌拾弍名各捐英銀弍員。

毛龍門、毛洪柑、毛緑水、毛四時、毛大槑、毛荷嗎、毛荷挨、毛魚观、徐安國、王香蘭、王玉喜、王漢存、王龍泰、王媽裁、王應菜、王杏菜、王標生、王彩珍、王長陞、王文誇、王福淡、王受福、王彩芳、王永順、王番吟、王壽山、王樓顯、王昌生、王榜生、王清從、王清傳、王守云、王壬水、王山岩、王雨生、王待生、王泚生、王德在、王章观、王武观、王聘观、王闇观，以上肆拾弍名各捐英銀壹員。

總合共弍佰伍拾壹名，計捐銀壹仟陸佰伍拾大員。

光緒十三年丁亥端月穀旦。董事：太學生王紫陽、王紹脈、王長生，廪生王乘觀，庠生王嘉樹、王香蘭、王鍾祥、王鍾澤、王鍾華、王玉謨，王文箠、王所欲、王天祝、王佛保、王大蒲、王雙雁、王漢相、王恒裕、王媽禁、王遜生、王德勇、王乃神、王玉椿、王桃观、王□□、王□生、王長□，合立。

**按：**此碑現存角美鎮田裡村大隱宮。

## 六三六　陳氏祖山示禁碑

欽加同知銜、署漳州府海澄縣正堂隨帶加二級紀録十次鄧，爲出示曉諭事：

本年六月初八日，據廩生陳毓英、增生陳紹平等僉稱：『切生等閤族承始祖均惠公遺下公山壹崙，址在圳美保，土名鳳翔山。西至寨下，東至官路左，北至坑右，南至坑，四至明白爲界。其中安葬列祖坟塋，至九世公議截止，閤族不許添葬，經前明萬曆三十一年姚前縣任内呈請示禁勒石在案。嗣經兵燹，復遭遷移，流離奔竄，其石碑不知被何人毁滅，而父詔其子、兄詔其弟，世守遺規，罔敢違異。邇來人心不古，日久玩生，屢被附近族強貪圖吉地，覬覦盜葬。偵知出狀，始自停止。伏思本族自九世禁山，延今十有餘世，所有安葬俱係各房各角祖坟。况又繩繩繼繼，生齒日繁，莠良不一。遠離祖山者散處四方，提防莫及；近附祖山者詭計百出，奸狡非常。非蒙恩准出示，復行嚴禁，誠恐蠻强靡所顧忌，勢必仍盜葬紛紛，阻執不暇。一旦釀成巨禍，實伊胡底？不得不瞻明四至界址，備懇叩乞電察。法制就湮，人罔知儆，恩准如懇施行。』等情。

查此案先據廩生陳毓英等僉懇示禁，當經批將四至山界開明呈核。兹據前情，除批示外，合行出示曉諭：『爲此示仰該處附近居民人等知悉：自示之后，尔等務須各業各受，毋得覬覦侵佔，俱各遵照毋違！特示。』

光緒拾叁年陸月廿四日，給告示貼。

按：此碑現存東園鎮過田村俊美社陳氏大宗祠，碑名爲編者加擬。

## 六三七　重修新垵威惠廟碑記（二）

蓋聞神靈赫濯，歷萬古而常昭；廟貌巍峩，經重脩而焕美。林東社威惠廟，祀開漳聖王暨馬、李二將軍，址建官頭，山拱水環，信鍾靈之有自也。溯有宋以迄前明，歷年多而精靈益顯。洎乎本朝，拓規模之廣大，宇峻堂高；壯耳目之觀瞻，楹丹桷刻；人工增其藻繪，列神奠而憑依者矣。道光初載，畧潤彰施，及至今兹，仍凋丹雘。閤社老少，咸忭重新。於是捐資集腋，擇吉鳩工，亟經營於不日，綿俎豆於千秋。斯廟之左，復拓新築兩房一廳，佛祖祀焉；内外小庭，花木欣然，可爲禱祀、來遊者之所。則舊换新呈，共慶美備，得蒙惠澤於無疆、永被慈光之普照

者，又未嘗不藉夫紳耆之協脩也。所有捐銀數目，題名勒石，以光樂善云爾。爰以爲識。

貢生林國春捐銀貳佰員，信士林春永捐銀貳佰員，林寧綽捐銀貳佰員。林精忠捐銀佰貳員，林舉綽捐銀佰貳員，林振簡捐銀佰貳員，林雖誇捐銀佰貳員，林清禄捐銀佰貳員。林百忍捐銀陸拾員，林錦傳捐銀陸拾員，林克全捐銀陸拾員。林銀錠捐銀伍拾員。林清溪捐銀肆拾員，林叟榜捐銀肆拾員。林振運捐銀叁拾員，林傳摭捐銀叁拾員。林光存捐銀貳肆員，林光緞捐銀貳肆員，林淑振捐銀貳肆員，林志鵬捐銀貳肆員。林忠頂捐銀貳拾員，林丕綽捐銀貳拾員，林宗波捐銀貳拾員，林錫諧捐銀貳拾員。林誠相捐銀拾捌員。林媽寮捐銀拾陸員，林次榮捐銀拾陸員，林款彰捐銀拾陸員，林雖騰捐銀拾陸員，林雖扁捐銀拾陸員。林永到、林家榮、林友朋、林文對、林天昶、林順忠、林銀灶、林清霞、林拱傳、林承勤、林光定、林串才、林鳥記、林文商、林雖宗、林開岸、林往來、林振箋、林潛綽、林清彰、林雖拳，以上各捐十二元。林順鏢、林清取、林廷硯、林錦帶、林錦全、林錦順、林媽雕、林千吉、林其輪、林光接、林友松、林源鐵、林特崇、林丙寅、林順利、林紙摛、林允歲、林文程、林清田、林雅言、林天送、林景標、林清岔、林錦才、林錦存、林宗庇、林其昌、林傳庾、林出楓，以上各捐六大元。林啟祥、林九經、林光法、林兆宗、林承鶴、林成玉、林其泉、林天送，以上各捐四大元。林凝珍、林文進、林江海、林江田、林媽蓋、林自修、林木監、林春明、林榮仕、林振發，職員林國疇、林金鎗、林如德、林錫圭、林雖焕、林文仲、林銀瓶、林啟智、林遂花、林恆況，以上各捐二大元。

董事：同知封誥林克讓、林廷匣、生員林國良、林從研、林瓊綽。

光緒十有三年歲次丁亥桂月穀旦，平和學優廪生曾祐敬撰并書。

**按**：此碑現存厦門市海滄區新垵村東社威惠廟。

## 六三八　重修新垵威惠廟碑記（三）

蓋聞神依人而行，人藉神以安。況我開漳聖王之流澤孔長，而可或忘其惠乎？茲當重修廟宇，鳩置園一坵，價銀壹佰肆拾元，在廟之左，以表微忱。若後日欲增築小室，亦從公之便云尔。是爲之記。

鍾博厚捐銀貳拾肆元。曾成和捐銀貳拾大元。曾買恩捐銀拾弍大元。林楊代捐銀拾弍大元。鍾有茲捐銀捌大元。葉云二捐銀捌大元。曾丁酉捐銀捌大元。曾瀆瑞捐銀陸大元。鄭有餘捐銀陸大元。林禾生捐銀陸大元。鍾元憶捐銀肆大元。鍾仁里捐銀肆大元。鍾光鉗捐銀肆大元。葉光從捐銀肆大元。葉大闊捐銀肆大元。曾仁察捐銀弍大元。曾仁萬捐銀弍大元。林楊保捐銀弍大元。葉光法捐銀弍大元。葉佛乞捐銀弍大元。

以上捐銀置園之額。

光緒十有三年歲次丁亥陽月吉旦，平和曾祐撰并書。

按：此碑現存厦門市海滄區新垵村東社威惠廟。

## 六三九　肅清南山寺憲示碑

欽命記名提督、福建漳州等處地方總鎮，碩勇巴圖魯侯、二品銜、福建分巡汀漳龍等處地方海防驛傳兵備道隨帶加四級記録十五次聯，爲出示諭禁事：

案據紳董魏有璋、吴聯、董施槃、吴廷傑、鄭圭海、王鏡河、董貞幹、林在田、劉思坦等僉稟稱：『竊緣南山寺、陳太傅祠俱爲郡邑重地，年久破壞。百有餘載，屢被外方流棍及遊民、乞丐據爲巢穴，窩聚匪竊，污褻寺宇，不可勝道。迨上年春間，四方募捐，重爲興築，蒙前後縣主飭差驅逐匪類，搬清□□，並出示嚴禁在案。又與陳太傅祠族親人等延師□□，兩無傷碍。故經营一新，現次第完固。因思寺宇重興，原宜肅静，而來往遊民良莠不一，非蒙

仁憲會同列憲出示嚴禁，永遠勒石，恐時序轉移，熙熙攘攘，突如其來，難保無棍徒復爲窠穴，生端滋事。理合粘具條規，僉稟如請施行。』等情。

據此，查南山寺募捐完固，恐有流棍、乞丐及遊觀人等往來滋事生端，係爲清凈寺宇起見。查核粘抄條規，均屬可行。惟兵勇駐扎及官廳任人敘會，亦慮致涉紛擾，應即并禁，以肅清規。除稟批示並札營、縣嚴禁外，合行出示諭禁：『爲此示仰闔邑軍民人等知悉：倘敢不遵條規，滋生事端，許該住持稟請地方官分別究辦。其各凜遵毋違！特示。』

計開列條規於左：

一，脩建寺宇，原爲尊重三寶，供奉佛像，自應清凈莊嚴。所有大雄寶殿及前後左右禪房，早晚諷誦經文，禮佛拜懺，不准閑雜人擅自進出，任意喧嘩。如有鄉愚赤身露體睡臥、吃煙、酗酒、賭博等事，立即稟官究責。

一，凡清心進香均准入殿行禮，其餘祇准於朔望日殿門大開時任其瞻仰，亦須安分自重。如有不聽約束，該住持立即稟官提究。

一，該寺原係新、舊五房，前固荒廢難堪，此次由十方募緣脩建，得以次第告成。嗣後宜於十方擇有恪守清規者，公舉爲該寺住持，以肅法戒。所有新、舊五房，不得互相□争、奪寺佔踞，違者稟官懲究。

一，寺中所置田園、厝地及各色果樹、花木等物，係各施主情愿施捨，勒石傳守，日後憑契掌管。若有混争，稟官聽行究辦。

一，禁兵勇駐扎寺内，以免殘毀、污穢，藉資誠敬。

一，禁外方、本地流棍、乞丐等類盤踞歇宿，違者稟官嚴懲。

一，禁寺前放生池内魚鱉鱗介等類不准漁網、垂釣以及用葯毒害，違者稟官嚴懲。

一，禁寺内果子、花木成熟不准採摘、偷竊，犯者稟官嚴辦。

一，禁牛馬猪羊放入寺内踐踏、污穢，違者稟官嚴禁。

一，禁晾晒荔枝、龍眼及稻麥雜物，犯者稟官究治。

一，禁借佔寺内椅棹雜物，違者稟官查究。

一，廟旁建蓋官廳，原爲上憲按臨、地方文武官員敘會之所，不准商民人等在此酗酒、賭博及借作寄寓。如有此情，由該寺住持好言攔阻，倘敢不遜，即行稟官驅逐。

以上各條，有犯者准該住持稟官究辦。倘該住持瞻顧情面，或畏累舍容，一經發覺，定惟該住持是問。

光緒拾叁年拾月初五日給告示，寔貼南山清泰寺曉諭。

按：此碑現存薌城區南山寺，碑名爲編者加擬。

## 六四〇　重修樹德橋溪邑徵仕鄭圭海功德碑

光緒丁亥年蠟月穀旦。捐資董事：邑大挑教諭洪許□、選用訓導曹林士仝泐。

按：此碑現存海澄鎮崎溝村樹德社樹兜橋。月份文字右半大部分被建築材料遮擋。

## 六四一　重造溪頭坊橋記

捐金芳名臚列于左：

三都李康澤捐英銀弍拾肆元。洪熟理捐英銀弍拾元。高文瑞捐英銀弍拾元。鄭連比捐庫平銀拾弍兩。鄭秋山捐庫平銀拾弍兩。甘派安官捐庫平銀拾弍兩。鄭永昌捐庫平銀拾壹兩七錢。□行義和號捐英銀拾陸元。浦口江渤然捐英銀拾伍元。太學生曾音卿捐銀拾叁元。外樓劉珠源、太學生李日升、石鎮劉石麟、拔元□文峰各捐英銀拾弍元。

貢生曾真鷺、貢生曾兆棟、林時仲、劉毓蘭唐、霞苑果忠公，以上各捐英銀拾元。

協口陳國熙捐〈下缺〉。龍溪許斐文捐庫平銀伍〈下缺〉。

光緒拾叁年□月　日〈下缺〉。

**按：**此碑現存海澄鎮華瑶村溪頭坊橋。

## 六四二　重修鎮南宫碑記（二）

光緒拾叁年，廖坡内地捐□：

和美號捐英銀壹佰元。泰峯公司英銀陸拾元。榮瑞和英銀叁拾陸元。振興捐英銀弍拾肆元。黄守正英銀弍拾肆元。霞成捐英銀弍拾肆元。源榮公司英銀弍拾元。源逢公司英銀拾弍元。和遠號捐英銀拾弍元。黄和尚捐英銀拾弍元。振發號捐英銀壹拾元。黄必正捐英銀陸大元。石明儀捐英銀肆大元。黄交嬰捐英銀叁大元。黄碧官、黄桶官、黄藍官、黄果珍、李麥官、黄瓊官，以上各捐英銀弍元。謝和春、林□臨、黄蚵官、黄安然、黄生官、黄芳官、黄岱官、黄麦官、黄金□、黄光□、黄長□、黄讚□、黄高忠、黄日观、李文□、歐陽井，以上各捐英銀壹元。

董事：黄鴻平、天保、黄秉璋、黄□□、黄尚观、黄孟夏、黄進倚、黄登寬、黄佐生、黄□定、黄佛□、黄佛□。

**按：**此碑現存角美鎮南門村玄天上帝廟。

## 六四三　重修慈雲寺功德碑記

寺修於咸豐辛、壬之間，洪及六明經同蔣笑山孝廉、邱贊虞茂才諸先輩踊躍捐募，擎而舉之也，惜不獲及乎落其成。余比年暫□西廡，與二三同志敦學相勵，愧一簣之未成，爰爲倡捐完葺。適邑侯梁公錦瀾、营主張公得勝亦樂捐俸，爲士民先，於是諸善信鳩集蟬聯，欣欣共襄義舉焉。工竣，應將鳩貲姓名泐石，因弁数語，以敘先輩善作

之功云爾。至前董緣秩失存，不能并紀，然陰功既建，神灵應永監焉。兹姑就所經題募者臚列於左，計開：

六品軍功蘇奠邦捐銀弍十員。貢生劉嘉禾捐銀十二員。監生鄭永昌、洪熟理，信士鄭蓮比，各捐銀十員。童生蘇金□捐銀八員。武生蘇捷登，監生陳藍田、陳家端，鄉賓曾日曉，信士柯□國、蘇捷春，各捐銀六員。武舉陳昇南，廪生蘇□銓，庠生陳向雲、李紹琳，武童蘇家修，户總林德馨，□道書蘇本□，信士黄述信、蘇秉林，協和餉當、恒成餉當，各捐銀四員。監生曾保國、信士鄭崑山、錦芳號各捐銀三員。

庠生劉宗楷、陳啟昌、鄭宗文、林國□，武生黄金盤、黄維嵩，監生陳曹貴、陳汝康、洪朝儀，鄉賓林敬儀、陳觀治、蘇家寅，童生蔡緼光、郭興國、蘇甘瑞，武童劉捷音，信士高尚荊、黄清炎、蔡大□、王錫甲、陳金声、陳梓亭、鄭棟樑、蘇邦□、蘇連生、蘇助雲、蔡任、陳思聽、鄭□治、蘇鳴蒲、蘇俊傑、純□公，振隆號、振美號、協德號、協隆號、和□號、允盛號、榮記號，信士鄭蔡州，各捐銀二員。

庠生鄭開光、甘振邦、蘇世英，武生高焕春、蘇榮華，監生王光彩、鄭廷□、江亮功、黄振声、陳親□、蘇廷源、蘇□□，童生甘時亨、陳明、洪陳銘，鄉賓劉長春、蘇百忍，信士黄景□、江珠、蘇□紅、蘇九如、蔡孝忠、蘇□，金如意、協勝號、源順號、春□號，各捐銀壹員。

大清光緒十三年□月　日。董理、協理並首捐貲：訓導曹林士、府廪生蘇□泉、庠生王蘇□立。

**按**：此碑現存海澄鎮外樓村慈雲寺後殿南院寺。

## 六四四　重修官園大廟功德碑

光緒己丑年重修碑記：

太學生林玉堂佃種捌斗陸升，捐銀弍拾伍大員捌角。茂川觀佃種柒斗陸升，捐銀弍拾弍大員捌角。林國記佃種弍斗捌升，捐銀伍大員肆角。姚潭觀佃種叁斗，捐銀玖大員。楊牛觀佃種肆斗肆升，捐銀拾叁大員弍角。李番觀佃

種壹石弍斗四升，捐銀叁拾柒員弍角。胡親观佃種玖斗叁升，捐銀弍拾柒大員玖角。方溪水佃種陸斗弍升，捐銀拾捌大員陸角。李萬簿佃種壹斗弍升，捐銀叁大員陸角。龍茂观佃種弍斗陸升，捐銀柒大員捌角。陳德興佃種弍斗叁升，捐銀陸大員玖角。蕃宜甫佃種叁斗叁升，捐銀玖大員玖角。周尚观佃種弍斗伍升，捐銀柒大員伍角。洪萬友佃種壹斗伍升，捐銀肆大員伍角。

按：此碑現存薌城區巷口街道官園社區丹霞路威惠廟，碑名爲編者加擬。

## 六四五　雁塔林氏重修祖祠碑記

竊以德澤綿長，必賴祖宗之培植；流傳久遠，尤資孫子之維持。我白石頭祖自雁塔開基，雲礽蕃衍，墓兆尊榮，允宜崇重。不謂附近隅強迫侵肘腋，族眾屢議清釐，力有未逮，遂爾稽延。迨光緒八年，幸三房裔孫光合由外洋内渡，目擊心傷，慨然力任，前後鳴官移究，計縻英銀叁千六百元有奇。所有叢葬一律肅清，修葺坍塌，砌築台基，煥然改觀，迥殊疇昔，功至偉也。族中耆長僉議酬勞，俾光合進主大宗，春秋配享，亦古者『有功則祀』之意也。爰述其略，鎸碑垂後，以爲尊祖敬宗者勸。

光緒拾伍年菊月，雁塔派下諸家長仝泐石。

按：此碑現存角美鎮東山村林氏祖祠，碑名爲編者加擬。

## 六四六　重興延壽堂倡捐序文

我延壽堂之庵，上接廟兜，下連霞美，二鄉共崇祀尊神則保生大帝。不知重建於何時，查厥舊誌，道光年間曾經修葺。越今週甲，棟樑蛀壞，墻壁傾頹，神無所依。適奉政大夫吳卿翼謹偶至於斯，詢之鄉老，歷言其故。首倡樂輸，踴躍勸捐，鳩聚殷户，集腋成裘，擇吉興工，立即落成，而翬飛鳥革，彩錯金鏤。此庵復得美麗壯觀、迓神

痲而保民生者，皆好善君子之力也。爰爲序而勸諸人。

吴翼謹捐艮一百二十元。盧墨翰捐艮六十元。盧金烏捐艮五十元。李安瀾捐艮四十元。林芓書捐艮十六元。謝縛觀捐艮十六元。盧成器捐艮十二元。盧金椗捐艮十元。林長榮捐艮十元。盧應捐艮八大元。盧院觀、盧喜觀、盧清順、謝栢生，以上各捐六元。盧樹杆、謝第、盧天陶、周根、盧扶持、盧艷，以上各捐艮四大元。謝上愿捐艮三元。盧其明捐艮三元。盧沁、蘇串、盧陵、盧意、盧奚、吴魁、盧嬰、謝心德、謝忠厚、謝能宰、蘇自得、蘇明，以上各捐艮二大元。盧位、盧經、盧姜、盧掌、盧化、謝奚、盧成和、林千金、謝清訓、謝有朋、謝番追、謝水泉、謝明智、謝九石、謝九嬰、謝九對、謝愠、謝攀、謝書、謝喜、謝鱗，以上各捐艮一元。合共捐題艮四百三十九元連弍元。

董事：盧川澤、謝九嬰、盧樹杆、盧清源。

旹光緒十五年歲次己丑臘月　日。二鄉耆：盧川楫、謝有朋、盧徹、蘇隨、陳輕、盧屐仝立石。

**按**：此碑現存厦門市海滄區吴冠村延壽堂。

## 六四七　重修古林碑記

古林在澄之西偏，距石溪里許，背高山面大江，形勢頗類白雲。康熙庚戌冬，僧近齋迺闢而居之，樹嘉禾，種名花。騷人學士經其地者，低徊不能去。後數十年，棟宇蠹折，殿刹荒蕪。鄭君百泉喜其幽僻，因修而擴之，規模大備。自是晨鐘送響，朝梵流音，往來遊人衝雲而往，戴月而歸。今百餘年矣，朽蠹堪憐。加以近村樵牧，三徑就荒，松菊無存。從前之名勝，復變爲頹唐之墟。夫山水之美，昔人經營而得之；後人頹惰而棄之，不亦深爲可惜乎！丁亥春，近村鱗山謀重修，而井里寥落，爰邀鎮之人士醵金修葺，就近地募化而新之。經始於麥秋之晨，觀成於小陽之候，凡六閲月而告竣。而菩薩之像，復見色相莊嚴；竹石之美，不異當年名勝。計費三百餘緡而蕆事。是役也，諸君之力，亦諸善信之力也。謹將題捐姓氏悉勒貞珉以記焉。

邑庠生柯瑞敬撰并書。

李德興號捐銀壹拾弍員。訓導曹林士、碼鹽內六帮各捐龍銀伍大員。祥興號、文川號、合記號、高萬邦、高脩仁各捐銀肆大員。泰和號、兼山號、謙吉號、隆慶號、源盛號各捐銀叁大員。稅厘局殷、貢生郭慶章、庠生藍應年、高滄州、康文禮、德昌號、正全號、源豐號、金瑞益、陳曾源、高源美、林英甫、瑞德堂、同美號、金裕成、金合發、洪永昌、高裕寶、曾前官、萃隆號、順發號、萬山號各捐銀弍大員。

貢生康翔、貢生林重華、廪生洪希默、監生潘時億、庠生林一枝、庠生林士斐、庠生林士奇、庠生林開勳、廣泰山、廣恒山、新厚德、金振來、金捷泰、成德居、百星居、漳廣興、新恒興、方德成、吳丹桂、邱開興、鄭捷興、高協盛、陳長發、康吠水、康彭山、康長琛、康藹、康南、康遠、康番、陳向義、鄭天送、李誠徵、宋沛倉、林文瑞、林步招、林礪卿、陳文仲、陳儀春、李躘、周梓、鄭求、吳志鵬、吳紹興、王番薯、鄭沛泉、饒錫齡、榮美號、瑞利號、天德號、特隆號、藏隆號、寶香號、財春號、義有號、義美號、崇成號、晋成號、瑞美號、順美號、芳圃號、成美號、盈豐號、怡茂號、德盛號、義和號、協安號、德和號、廣源號、和興號、源美號、寶德號、振源號、成發號、正春號、隆興號、源成號、永源號、德安號、福蘭齋、蔣泉春、郭俊芽、郭烏張、蔡應科、高大胆、高青萬、高慶星、林大標、林心婦、李貴、尤協春、同生源、新合成、李長源、乾美號、協美號、福興號、聯興號、振興號、恒德號、恒美號、生德號、正瑞號、德隆號、成茂號、玉成號、施茂盛、周宗司、林尚司各捐銀壹大員。蔡甘芬助擇吉課。

僧轉恒成捐銀肆拾員。聚奎岩捐銀伍大員。僧文溪、僧廣盛各捐銀肆大員。僧蜜布捐銀弍大員。

董事：石鎮貢生康翔、貢生陳衡南、庠生柯瑞。理事：王獻瑞。本社家長：李光魁、李英和。協董：庠生宋嘉霖、職員黃廷璋、王普瑞、饒錫齡、林啟文、謝漢官。住持僧轉恒成。

光緒十五年歲次己丑臘月穀旦勒石。

按：此碑現存石碼街道高坑村古林寺。

## 六四八　重建新興圍碑記

從來創業者難，守業者亦不易。其興也必有開於始，其廢也貴有復於後。此新興圍俗稱後壁洲，舊址先人之遺業也。前被水崩陷，懸糧爲族人憂。賴祖上神靈，沙泥復漲，堪以填築。因鄰里覬覦生心，争持日久未决。康熙甲申之秋，幸逢叔祖軍門肯菴公鎮閩，奉旨回鄉謁祖，追念先業荒廢，矢志恢復。邀族中有才識者二三人，出控申理。蒙郡守趙公、邑侯蔣公察悉情由，將洲斷歸吾族執掌。隨興工墾築，仍成舊業，以充祀産。而祭烝永賴，公事有濟，流惠後人，此皆提督公維持之力所致矣。

嗣後屢遭風水，波撼岸斷，僅存故址，尤難修造。及沙泊稍積，栽種蓆草，獲利無幾，祭費之外，尚無餘資。篤今水勢平流，泥沙積成高埠。闔族紳耆僉議興復，擇數人理事，斟酌籌畫，悉盡心力，以成此舉。爰招本族並異姓，備出資本，圍築田岸，建造陡門。經于己丑季冬諏日啓基，越歲孟春告竣成田。通圍隄岸弍佰弍拾丈，通洋田種壹拾弍石。區畫田畆坵段，載明田圍字内，原洲主與出工本者對半均分，各完粮課。其陡門魚水，亦各得一半掌管。兹大公應得田額陸石種，紳耆公議分配本庵神誕、祠費祭祀及鄉會諸費，使三截堂公者同收租税，逐年分給應用公事，俟年終結算謄明簿記，以呈公覽。若有餘項，存公别置，不得私自妄費。開列田段、條款、配搭公事，勒諸碑右，立石祠堂，以垂久遠。是爲序。

計開田額、條款：

一，第玖坵田玖斗種，配充祠堂春秋祭費。每隻席的龍銀壹員，每對主豬羊胙六兩；執事、通唱、主祭，每人胙肉十二兩；文武前程並掌公者，每人猪胙一斤二兩、羊胙半斤；若族中有中舉者，聽其主祭，宜頒猪首拾斤、羊首壹個。

一，第一坵田壹石弍斗種，一批：提督公配充功力烝田捌斗種，逐年收税積留，配充小宗起蓋。若後日完成，將烝田配充逐年祭祀之費，批照。又肆斗，配充祖堂結花燈、鰲山費用；若不敷，就新婚人支銀補足，不得推諉。

一，第三坵田壹石弍斗種，抽出壹石配充文武鄉試考費，每人貼銀柒兩弍錢，會試貼銀拾肆兩肆錢。若不敷，大公補足；有餘，歸公收存。另弍斗，配充韜基、勉墅公忌祭費用。

一，各條數配充田額、開費公事，可向掌公領給租銀，不得私向佃户支取税粟。其粮課各就該額若干自行完納，不得拖延。

一，此新圍洋田陸石帶陡門魚水壹半，公議佃過異姓耕作，本族不得串通。若串通同佃，立即將佃頭銀注消，起佃别耕。其田佃年限豐滿，或再許舊佃，或别列新佃，仍佃左右社異姓耕作，本族亦不得瓜分混耕，以生事端。

一，掌理大公，諸紳耆僉舉，各截二人，公平執掌。租項出入，登記在簿，俟年終結算，會同公閲，各截收報簿記一本。如有私心妄開，立即改换，秉公掌理，不得争執。

一，平林公派下，前有獻出祀田，歸公掌管。因社事變廢已久，今新興圍成田，公議：平林公祭祀之日，該貼猪胙四斤。又前姚宏粮課懸宕，族人受累，本誠仝贊唐向石鎮宗親捐出銀項，總完舊粮清楚。以下粮條，歸大宗值年完納，庶免積欠公課。逐年該編本誠、贊唐功力胙各弍斤。

一，新興圍告厥成功，實由祖先之餘澤未艾也。然董理其事，竭力經營，籌畫備至，以成故業，而分配各款，措置得宜，公事藉以有資者，亦當酬其勞焉。公議：春秋二祭，逐年該給見山公、錦官功力胙各三斤，□姑官、翔友、庚西功力胙各弍斤，贊華壹斤，不得異言。

光緒拾陸年桐月　日，錦田社紳耆仝議。

**按**：此碑現存紫泥島錦田村姚氏追遠堂。

## 六四九　禁革私抽船規憲示碑

頭品頂戴、兵部尚書兼都察院右都御史、總督福建浙江等處地方軍務兼理糧餉鹽課兼管船政、福建巡撫事卞，爲給示勒石永遠禁革事：

案據汀漳龍道劉倬雲稟，據署南靖縣知縣金玉堂面稟：『該縣各鄉村所出穀米、柴薪、黄梨、竹笋各土物，由船運赴海澄縣轄之白水營墟，被横口鄉王姓棍徒沿途設卡截抽規費。所設私卡，如漳浦縣轄頂溪坂社翁姓，南山兜社、鋥墟社、西邊社横山四房，南門社二房，城内社、田中央社、横口墟、山邊社各王姓，官潯社、西邊社兩何姓，共十一處；海澄縣轄沈坑社王姓、漸山社李姓、白水營陳姓，共三處；每處每船抽錢二三百至七八百文不等。近因横口王姓藉與南靖許姓有隙，除抽舊規外，每船加抽洋銀七圓，各社效尤，民困益深。』等語。

查得此項抽捐，因咸豐年間土匪蠢動，各社於船貨經過時抽取錢文，爲各募壯丁巡緝之用。厥後地方安靖，抽未停止，如無現銀，即措擄勒贖，屢滋事端，大爲商民之害。稟准派撥勇營廿四名，飭安候補知縣成心中，僉□查禁拏辦。兹據報獲□□□問字等多名，追繳原貼，另行訊擬詳辦，並請給示勒石，將私抽船規永遠禁革。前來查各鄉社自爲保衛，并一切祈報、修築等事，均應各歸各鄉，自行籌辦，不得於經過船貨私抽陋規。該處横口鄉至白水營，水程不過五十里，而各社沿河設卡、私抽船費至十餘處之多，現復肆意加抽，種種擾害，寔屬大干法紀。除飭將爲首勒抽各犯分别訊究拏辦，其附和爲從者姑寬既往、免予深究外，合行給示，勒石嚴禁：『爲此示仰各社居民人等知悉：所有私抽船規，一律永遠禁革。嗣後均須各務正業，無論何處船貨經過，不得再立各項名目，私行設卡抽收規費。倘再有前項情事，許被害人指名控告，嚴拏重辦。本部堂言出法隨，决不寬貸。各宜凜遵毋違！特示。』

光緒十七年三月　日告示，勒石立於馬口橋邊。

**按**：此碑現存程溪鎮人家村馬坪許氏家廟，曾斷爲五塊，碑名爲編者加擬。

## 六五〇　修港濱大宗祠碑記

『赫赫厥聲，濯濯厥靈』，詩言之矣。蓋聲靈赫濯，有如在上、如在其左右者。是以僾見愾聞，而敬祖敦宗之念所宜亟也。吾始祖業基公，卜居峩濱，鼎建祠宇，創制美備，舊貫可仍，無俟後之改作者。然歲月迭更、風雨漂揺，而上棟下宇，不無蠹腐之虞。歲維辛卯，十五世孫明經用翔提倡重修，總其大成，而鳩工庀材、黝堊丹漆，費用苦於綦繁。爰集闔宗，幾費經營。幸我族人祖宗念切，各抒誠敬，隨量共成。於是聚腋成裘，更一寒暑，而居然新廟奕奕矣。雖族人不敢數典忘祖，抑亦吾祖先之聲靈赫濯有以致之也。爰勒貞珉，以垂永久。

十六世孫郡庠生垚嵐氏撰。

計開捐金名次於左：

□迪捐銀四十大元。

十一世：承修捐銀弍佰大元，如忠捐銀壹佰大元。

十三世：梅伯捐銀四大元，登俊捐銀四十弍大元。

十四世：龍潭捐銀十弍大元，奪魁捐銀十一大元，藍銅守府志忠捐銀十大元，永梓捐銀十大元，粒駒捐銀十大元，玉印捐銀八大元，文郁捐銀七大元，四教捐銀六大元，伯琴捐銀六大元，德成捐銀伍大元，五湖捐銀四大元，文林捐銀四大元，俊奇捐銀四大元，俊榮捐銀四大元，梓文捐銀四大元，四傑捐銀三大元，捷泰捐銀弍大元，戰國捐銀弍大元。

十五世：協詰捐銀廿四大元，束修捐銀弍十大元，監生王勳捐銀十弍大元，振琴捐銀十弍大元，惠迪捐銀十弍大元，清爻捐銀十弍大元，時萌捐銀八大元，壬景捐銀八大元，聯爵捐銀六大元，用興捐銀六大元，捷標捐銀伍大元，庠生鳳劌捐銀伍大元，聯芳捐銀四大元，振定捐銀四大元，久順捐銀四大元，用昌捐銀三大元，松樹捐銀弍大

元，凉海捐銀弍大元。

十六世：貢生蒿齡捐銀壹佰大元，貢生賓賢捐銀廿四大元，監生亦深捐銀十六大元，文熚捐銀十四大元，鴻逵捐銀十大元，庠生齡仙捐銀九大元，安然捐銀八大元，春道捐銀六大元，文燉捐銀六大元，邦彦捐銀六大元，章觀捐銀六大元，宇洪捐銀六大元，文焓捐銀四大元，監生□宗捐銀四大元，文燮捐銀四大元，五倫捐銀三大元，建淀捐銀弍大元。

十七世：貢生金英捐銀壹佰大元，廷山捐銀六十大元，監生子禎捐銀六十大元，子尹捐銀十四大元，重章捐銀十一大元，合利捐銀六大元，廷論捐銀六大元，咸咏捐銀三大元，標榜捐銀三大元，溹淵捐銀弍大元，紀記捐銀一大元。

下州王厝社共捐各伍拾石。

光緒拾柒年歲次辛卯十二月　日，闔宗仝立。

**按**：此碑現存東園鎮港邊村港濱許氏家廟。

## 六五一　藍村謙光鄭氏廟記

昔唐太宗嘗問侍臣：『創業與守成，孰難？』房、魏二公所對不同。太宗曰：『元齡與吾同起創業，故知創業之艱；魏徵與吾共事守成，故知守成之難。』此賢君臣先時問答之詞，引爲鑒戒，而吾則何敢望？惟俾我後知所警焉。平居讀聖賢書，考古今，閱事變，竊嘆夫家與國一體也。創業固難，守成亦良非易。余既身歷其艱矣，願子孫共勉其不易焉。

溯自幼穉之年，亦嘗肄習舉子業，以望顯祖榮宗。無如親老家貧，衣食不繼，未免紛心。迨年甫十四，而北堂之萱草凋零。越二年丙辰，歲大凶，甚至饔飧不舉，庚癸頻呼。東家鄰富裕也，告貸不周，饑寒迫身，莫可言狀。於斯時也，誰復能專心致志乎？然而從耕無力，學賈無資，則亦進退維谷也已。幸而惟姊是依，從師負笈，名雖兩

年，寔則六月，所以餬其口，因再就其學也。駒光易度，馬齒徒增，曾幾何時，行年已十九矣。人非如魯昭公，至是誰不知恥？寄食作客，學何能成？若命運不可知，數卷書饑不可餐，寒不可衣，終年咄咄，何補身家？男兒志在四方，何能鬱鬱久居此乎？况吾父年登古稀，戊、己兩載病在床褥，窮無斗筲，醫欠藥石，大虧子道，誠覺滋愧，欲言淚彈，計無所施。故於咸豐庚申臘月，即偕友人出走南洋。

時值荷蘭海禁未開，舟泊壟澳三天，尤任鼓浪奔波。乃得暗引登岸，因之親誼在此，依人投宿，所謂合眼放步、聽造物之低昂耳。不週年，即贅於南山李氏之家，爲其幫理賬務，分沾餘潤，寄歸奉父，以養暮年。從前之備極苦況，至是稍得如人。不意刑尅當身，父兄相繼殂謝，人事之不齊有如斯也。同治戊辰春仲，急爲奔喪歸梓，爲先父營窀穸之安；復謀郭氏一室，以主持家政。己巳孟冬而後復出，斯時計年已三十矣。古者三十曰壯，至四十、五十而無聞焉，斯亦不足畏也已。誠以畢生精力盡萃於斯，希聖希賢，致富致貴，無不由此而基也。夫世之豪傑，雖無憑藉亦興，丈夫貴克自立，何事依人門户？

用是自己經營，立號『光盛』，持籌握算，朝乾夕惕，雖本資之微末，幸財源之日進。由是自近及遠，從小成大，賓主盡東南之美，俱寶通山水之區。在旁觀者，每譏余之手長袖短、志大力稀，而不知余固胸有成竹，行無過舉，盡人事以聽天，竭吾心以應數，利鈍非所計也，外議有不恤也。託賴祖宗德澤、身家運會，不敢謂才智過人，所發皆中，所謀皆遂；惟是所業不忘勤，所爲不妄奢，尤數十年殫心竭力，冒千萬般櫛風沐雨，幾乎履險如夷，臨危復安。即於光緒丙子纔建店屋棧所，前後八進，相連三衢，住址亞朗街及淡嗎巕是也。論者每以棧房近水，住眷雲連，深得地利。蓋至是而華夷兩家之安飽有賴矣，至是而艱苦半生之功力不虛矣。顧外地生理雖頗如意，而家鄉功業未創，此心依然未安。

光緒甲申春暮，爰賦言旋。此行也，非敢云『富貴而歸故鄉』，非敢云『營兔裘以終老』，第欲建居立祠，以承先志，以開後來，爲狡兔三窟之計耳。延訪名師多人，咸稱岳地最佳，社中無能出其右者。乃即興築『敦仁』，以祀

先父母神位。復念家居窄狹，不足開展，爰再建廟一座，大厦兩造，三護隨焉。出社外落田間，别其名曰『藍村』，號其廟曰『謙光』。曲水前環，鳳山後擁，回籠顧祖，寔與敦仁二廟相關照焉。敦仁坐卯向酉兼甲庚，水放辛轉庚出坤；謙光坐坤向艮兼申寅，而水未放、工未完。獨怪本族諸親遠遊外邦者，皆藉我爲東道，供其困乏，扶其疾苦；或贈贐旋歸，或資助營謀，或因材任用，致富潤屋，不少其人。且族中義舉，常切勇爲。社前港水壅塞不流，出項疏通本陟門，至新連橋設渡，俾族人往來利便，獻田五斗。大宗祭費不敷，獻田一石；又十石，大宗抽三石以備清港，餘七石歸謙光春祀秋嘗之用，互相維制，不得偏廢。塘頭祖，另奉八斗；金鈎倡捐，獨力支半；白天祖，亦爲續田三斗，契買一斗；四代祖，獻田六斗。凡遇忌辰，鄉人得以飲和食德者，伊誰之力歟？乃爲置買敦仁、謙光二地，間有故拒不售者，亦有許而復反者，亦有欲售而貪得無厭者，人心澆薄，難以言罄。致謙光右邊後進尚留一缺，未竟全功，不勝浩嘆。

於是復離桑邦，遠托異國，重修壽域在壟山之上。其名曰『茄章望滑』，坐午向子兼丁癸，内局右水倒左，外局大水左水倒右，兜池水放乾轉艮出乾。始終經營八載，首尾功力三興，欣獲佳城，不惜巨費，計萬餘金。毋亦謂人生勞碌盡貽子孫，只此身後之安獨得於己。原作一堆兩穴，己丑春壟原配四品恭人李氏謝世，即依附焉。事固有不幸中之幸者，以恭人卒之年僅四十有七，雖不克臻白髮偕老，然得此佳地，爲余親手經營，庶乎魂魄妥安。恭人賦性温柔，待人以禮，御下以寛，爲余舉七子二女，雖生富家不改儉樸，不無有功者也。第念外邦光景變遷靡定，爰將東街厝一連三座，入字吧王恩准，長作祭蒸，永遠收税入息，不得變賣。庶幾代遠年湮之後，香祀於以不墜焉。然而六年之中，身雖在外，心未嘗不注於家鄉也。

光緒庚寅大利，首夏告歸，敦仁諏吉入主。謙光一缺，百計圖維，用盡心機。光緒十七，方即買就該田六斗三升，換田六斗五升，另貼龍銀不滿五千，及成之後交銀先半，延至年餘而始做契找清。爲其慾壑無窮，機關疊出，利弊頻生，險成致禍，幸而隱忍卒免。在築完成，水之放也，由癸出癸。總之，謙光左邊下關較虛，特造梯青一樓，

鎖塞調護，自覺穩固，且可以爲講觀培養人材也。非爲好名誇耀，優遊爾休，偷閒學少也。凡前此未竟之功，至是咸告厥成矣。共費十萬有餘，論項不淺，費心更多。得地若斯之難，能不保哉？

歲在辛卯，遨遊本都，登鶺石岩，見夫巨石數仭，其中石室瓏玲，供菩薩像，額有『小蓬萊』。古蹟歷久，榛莽荒穢，山徑茅塞，因爲之建石亭，造石梯，鋪石路，重修岩寺，引人入勝，將以答神庥也。降而鄉鄰之接壤、往來之通途，或傾塌而頹壞，或跋涉之艱難，觸目傷心，亟思補助。於是自本社小路修至古苑、繼入於市石龜，至陡門前和美宮，至壇水岸萬字橋，至古棣頭岫尾石龜，至附貢後埔仔、浮宮灰窑仔尾，至娘仔媽沙堤，至漈都溪仔墘、溪東社口，至亭仔頸下、墩仔頭社，又一牌姜澳渡頭、浮宮媽廟邊路頭。不過修殘補缺，俾行人免崎嶇之苦、滑澤之嗟，非敢矜尚求榮，惟冀問心無愧耳。

究之追前溯後，吾華得以有今日者，皆賴郭氏一人善能維持，治家以儉，教子以嚴，内外諸務施措咸宜，可謂内則無虧，母儀素著，殆古所稱賢内助不是過也。昔年山東大饑捐賑，曾受朝廷恩准貢生；甲申法夷擾邊，捐助軍輪，加鹽運司知事。茲復加捐中憲大夫、賞戴花翎，聊以光耀祖考，非敢云由富致貴也。所期後嗣繁興，各事耕讀，聯登甲第，此心不無睪然高望。人生七十，即稱上壽。吾年半百，備歷勤勞，經營有此，雖非三苟，亦畧如人；猶日孜孜更求進境，庶乎上可以對先人，下可以垂後裔。若繼吾後者能念創業之維艱，共勉守成之不易，斯可以垂裕於無窮者矣。子若孫，其世守之，毋忽斯言！

光緒十八年壬辰清和月，宗熙字熾，而名永昌，拙録自敘。

按：此碑現存浮宮鎮美山村藍村社鄭氏謙光祖廟。

## 六五二　重脩瑞青宮碑記

滄江之東頭山麓，舊有瑞青宮，曾經涵天洞仙師乩示，曰『廻猫潛伏』，審厥象果肖，洵名勝也。俗又皆傳稱

『馬庵』，蓋前明肇建自馬氏，此必非後之人無因而附會其説矣。粤稽初基僅一宇，缺焉未備。迄國朝嘉慶年間，里人周鎮等倡義募葺，更建前宇，左築兩室，司香火者居，亦盛舉也。顧基址少陋，歷年既多，若宋榴、若侏儒、若榱梠、若屋櫋，悉被蟲蟻蠹餂，日就傾頹。適宗兄以鳳翁志切更新，其長嗣紹亯航海貿遷，體父志而自捐厚金，并向其同儕捐金置貨，獲利數倍以歸。遂邀其同志者植其事，貲猶不敷，乃益解私囊，復向該處諸善信者續捐敷用。徹而重建，廓其規模，以故廟貌嵬峩，神靈赫濯，遠近男女捧瓣香而至者日衆。微鳳翁率作之力，不及此。亦越于今，大帝之福于人也益靈，求醫求葯尤見神驗，救灾救厄大發慈悲，誠足動人寅念焉不能忘，故祈賽而登斯宫者更盛于前。豈料廢興靡常，歷今四十年，不獨丹青漫漶，而梁柱棟榱又犯螘煞，圮毁殆盡。里中諸向義者，亦極踴躍捐脩，惟除螘無術，乃羣禱仙師，乩示辟煞法度。鳩工庀材，次第更脩，輪奂聿新，堂哉皇哉，美矣。始于光緒庚辰冬，成于壬午春，縻白金一千餘兩。行見神既妥其靈，則人自膺祜，豈徒斯宫之名勝經鼎新之足壯觀瞻哉？是爲序。

四品銜工部主事、甲戌科進士林文炳謹記，里人林慶捷書。

捐銀題名：

温文三壹佰員。許泗章捌拾員。顔珍洧陸拾員。董惠田伍拾員，萬成號伍拾員，辜登峯伍拾員。陳再安肆拾員。貢生林一枝叁拾員，林餘慶堂叁拾員。監生林逢癸弍拾肆員，錦安號弍拾肆員，錦德號弍拾肆員。和合號、謝正元、顔裕德、顔珍論、黄文强、李清明、周天讃、陳福頔、陳金殿、洪怡情、金大有各捐弍拾員。劉裕源、李勃喜各捐拾陸員。顔清遠、林永勇、瑞泰號、瑞春號、瑞源號、成利號、和協興、錦興號、陳百斗、陳五棖、陳本陣、林清株、林英懷、周端正、楊克復、候補分巡道謝保泰、周天載各捐拾弍員。芳順泰、坤成號、楊奇潭、林仲儀、林敬順、陳志拋、陳武周、陳再興、林應端、林澤善、林倚、合茂號、新舊泉發、黄春晴各捐拾員。

林清坑、瑞成號、合吉號、順吉號、成利號、金永興各捐捌員。李春、馬漢同、豐隆號、義利號、源合號、瑞興號、隆盛號、周合、林特宙、林特補、蔡光聰、蔡崇標、林祖義、源發號、源通號、顔應麟、顔大生、張嫣聽、

蓮豐芳各捐陸員。邱正朝、林百言、林敬崇各捐伍員。汪光明、王棠棣、林和栽、林永旺、吴列賨、謝天細、泉泰號、源興號、源豐號、陞源號、張聯廷、吉祥號、順得號、辜美發、和盛號、振榮號、協發號、李開能、林英固、黄碯、利川號各捐肆員。益祥號、顔烏達、周清江、源美號、合發號、協美號、益成號、順成號、泉春號、吉興號、崑祥號、杏林堂、怡和號、順美號、楊芳岸、振興號、和興號、源發號、勝興號、三合盛、李光掌、得恩居各捐叁員。自發號、晋記號、合隆號各捐肆員。和發號、陞記號、福盛號各捐叁員。林芹江捐陸員。

光緒拾捌年陸月穀旦　日，滄江董事諸衿耆仝立。

**按**：此碑現存厦門市海滄區海滄村大路頭瑞青宫。

## 六五三　重脩瑞青宫碑記（二）

捐題芳名：

何光彩、顔石頭、顔光愛、蘇長观、周清贊、周可观、周堪观、李青春、楊江院、洪喬木、雍樹德堂、林草观、陳謙遜、張聘观、林啟泰、王金荳、順茂號、鄭總爺、周水观、曾安观、李清遜、林朝猛、林在观、黄好智、李文長、黄心力、黄德和、榮興號、廣興號、銀叶興、叶芳號、叶成號、泉和號、李瀚观、金啟源、林魁观、扶生堂、蘇盃观、林蔓草、崑和號、振順號、叶德號、叶成號、張長久、辜啟泰、振興棧、瑞發號、怡濟堂、福源號、妙林堂、許怡園、林茂竹、林良兔、林猪屎、蓮發號、馬玉壺、林振典、林茂嬰、陳意观、陳大菊、陳仕元各捐英銀弍大員。春記號、林振洗、錦成號、合元堂各捐英銀弍大員。林九題捐弍員。

光緒拾捌年陸月穀旦　日，滄江董事諸衿耆仝立。里人林向辰書。

**按**：此碑現存厦門市海滄區海滄村大路頭瑞青宫。

## 六五四　重修赤嶺廟碑記

漳郡城東十里曰赤嶺，有關帝廟等祠，不知創自何時。考諸郡誌，始拓於順治十四年丁酉，再修於康熙四十四年乙酉，最後則修於嘉慶丁酉也。其神靈之赫濯、興廢之緣由，舊碑言之詳矣，不復贅。嘉慶以來，距今有近百年，其中有無修葺，無碑可考，不得而詳推。咸豐癸丑、同治甲子，兩殿於寇□焚毁□□諸僧托鉢他方，無可棲宿。廟當省城孔道，諸當道迎送往來之所，頹垣敗壁，四壁荒凉，盡然傷之，屢議興復。爾來劉公□正堂分巡是邦，下車伊始，即以□□爲己任，〈下缺〉大□□□□昭人耳目矣。□□以□□□□斯舉倡□□□□□百姓勸，不數月而□□□此以見□□中神□之默□，抑亦劉公□□□有以入人之□也。□□劉公〈下缺〉異日百廢待舉，凡利害之有關於民生者，靡不以實心行實政，我漳民父老方將攜杖以從〈下缺〉於光緒辛卯二月，訖於壬辰八月，規模悉如舊制。土木之料，計用白金弍千肆百弍拾兩有奇。董其事者，魏君有□暨黄君□手、王君鏡河等，而魏君尤爲得力。竣之日，適調齊守制在籍，魏君囑余爲記，特勒諸石，以告來者。是爲誌。

光緒十有八年歲次壬辰八月□後里人施調齊敬撰，黄雲官敬書。

**按**：此碑現存龍文區步文街道步文村下店尾社赤嶺關帝廟。

## 六五五　重修崇興院題捐碑

我族原建崇興之院，以綏神位，永底蒸民之生。前人亦屢重修矣，迄今惟有歷年瓦榻傾頹，甚非所以安神靈也。光等仰承先志，倡始重修，喜諸樂善者咸踴躍不吝。是以集腋成裘，而棟宇一新。謹將捐金芳名勒石，以垂永遠。

登仕郎曾兆禄捐龍銀拾弍員。曾立春捐龍銀伍大員。太學生曾運昌、太學生曾肇雲、曾玉麟、曾有伏、曾長生，以上各捐龍銀肆大元。貢生曾兆棟、登仕郎曾毛鳳、曾如用、曾法育、曾芳榮、曾瑞明，以上各捐龍銀叁大元。

太學生曾允清、曾光玉、曾文瑞、曾捷龍、曾懷順、曾輯五、曾浴沂，登仕郎曾登捷、曾開楹、曾瑞□、曾紹威、曾侍讀、曾水苔、曾華沛、曾田螺、曾崇庯、曾如圭、曾織文、曾玉帛、曾墩官、曾登角、曾榮官、曾昌興、曾廷官、曾待炎、曾德禄、曾天誦、曾梓財、曾天雨，以上各捐龍銀弍大元。

登仕郎曾建福、生員曾光國、太學生曾龍光、太學生曾洪範、太學生曾寬、登仕郎曾勝長、曾總巳、曾錦文、曾加生、曾有南、曾双瑞、曾侖通、曾平分、曾成章、曾有勇、曾花鮡、曾有妹、曾懷泗、曾烏靖、曾隆盛、曾敢汶、曾有萬、曾西居、曾水官、曾清鑒、曾懷鴻、曾有拙、曾雙位、曾天烈、曾晁文、曾方連、曾作信、曾秋云、曾昌在、曾萬一、曾戊戌、曾高板、曾海波、曾海邊、曾丙生、曾槌官、曾細心、曾朝桂、曾朝蟳、曾自炭、曾石菰、曾水連、曾長伏、曾俊魚、曾光燦、曾晋仁、曾贊傳、曾井泉、生成堂、林烏番、曾百体、曾添步、曾百諸、曾江雪、曾江旋、曾江孝、曾江牝、曾德華、曾天助、曾連茂、曾草虫、曾連池、曾新終、曾峩峰、曾堯官、曾烏戾、曾振意、曾文山、曾和禄、曾允諒、曾振官、曾飯治、曾步梯、曾玉山、曾錦葵、曾領歪、曾宜暖、曾忠員、曾六柳、曾咸路、曾宜軒、曾紹順、曾梓教、曾登富、曾艷見、曾德番、曾超群、曾生先、曾登烈、曾珠遠、曾等朝、曾野官、曾春土、曾佛音、曾妙塔、曾來龍、曾珠沙、曾厚蹊、曾能岩、曾登補、曾熟土、曾長泉、曾晋祥、曾春喜、曾晋陞、曾自籮、曾文稚、曾秋結、曾秋軒、曾宇富、曾天慶、曾晋林、曾清溪、曾食婆、王晋碩、曾碼官、曾隆盛、曾康益、曾順溪、曾順藝、曾生毛、曾水冰、曾繼善、曾天芳、曾天月、曾長康、曾有信、曾鳳儀、曾華岳、曾玉稚、曾有世、曾莿辣、曾義來、曾佛送、曾清潭、曾瑞南、曾蛹生、曾長安、曾祥瑞、曾自福、曾椋猗、曾紅島、曾朗水、曾達官、曾光界、曾招成、曾錦周、曾定國、曾漏乞、曾金魚、曾粟官、曾力官、曾全成，以上各捐龍銀壹大元。

曾廣香捨獻東所厝地方四尺六寸正。

董事：登仕郎曾武西、曾建福、曾江雪、曾紹威、曾登潤、曾毛鳳、曾瑞明，太學生曾明遠。

大清光緒拾捌年歲次壬辰陽月穀旦。

按：此碑現存東園鎮厚境村崇興院，碑名爲編者加擬。

## 六五六　重修定山宮題捐碑

定山宮重修廟宇，敬沐神恩。在唐捐題諸人名次列明于左：

謝會試捐龍拾貳員。謝六探捐龍拾貳員。馮啟仁捐龍拾員。謝仰穆捐龍捌員。謝子固、詹得意、謝文辣、謝新嬰、謝金釧、歐再观，以上各捐龍四員。謝慶邦、謝春官、謝天观、謝擅观、謝豐盛、謝印观、謝豆观，以上捐龍叁員。謝居安、謝大魚、謝金榜、庠生郭景仲、□振乾、馮紅观、謝如極、馮光論、馮清忍、謝祈陣、豐濟堂、謝清玉、陳登隆、謝金舌、謝子強、謝諒观、謝清漂、謝習观、謝光田、謝亭观、謝拺观、謝魯观、馬有義、謝烏观、謝溢观、謝橋观、謝祥观、謝笛观、謝暖观、謝壳观、謝椅观、謝會观，以上各捐龍貳員。謝祈聰、謝位观、謝玉盛、謝澤观、謝反□、謝聚观、謝習观、謝龍江、謝垠地、謝啟旋、謝圂观、謝胡观、謝石頭、馮祈讀、馮箕观、馮安秀、葉伯观、馮啟書、馮清結、馮烏葉、馮奕童、歐技观、鄭烏龍、郭文簡、謝益观、葉甚观、謝□□、謝鋪观、謝康寧、謝番薯、謝□观、謝玉梨、謝霖观、謝水濱、謝明壺、謝光斷、謝清濱、謝明實、謝□观、謝布袋、謝□观、李國義、謝采珍、謝亭观、謝其志、謝院观、謝□观、謝查記、謝素观、謝學观、謝份观、謝中吾、謝會观、謝量观、謝□观、謝紅記、謝□观、謝□观、謝珍观、謝陳观、謝□观、謝金□、謝興生、謝□观、謝霖观、謝□观、謝運观、謝篇观、謝宅观、謝番薯、謝聚观、馬質观、馬水益、謝趨观、謝日观、謝映观、謝行观、謝信观、謝謹观、謝鐵观、謝新錫、謝池观、謝□观、謝到观、陳乘观、陳猪奇、陳水□、陳竹观、謝□□、馬利观、謝加□、詹果成、詹得□、詹得芳、詹見观、詹□观、詹陞观、歐丙观、葉金財、謝泉观、謝吝观，以上各捐龍壹員。

光緒拾捌年臘月　日。

董事：馮啟仁、謝居安、謝豆官、謝會試、謝巷官、謝六探、謝日官、謝笛官、謝奉生、詹果成仝勒。

按：此碑現存角美鎮坂美村定山宮，碑名爲編者加擬。

## 六五七　重修定山宮題捐碑（二）

定山宮重修廟宇，敬沐神恩。在馬□□捐題諸人名次列明于左：

謝清漂捐龍壹佰貳拾員。謝金榜捐龍壹佰貳拾員。謝品記捐龍陸拾員。謝院記捐龍陸拾員。謝金椅捐龍陸拾員。馮光論捐龍肆拾員。謝振習捐龍肆拾員。謝媽樣捐龍叁拾陸員。謝諒記捐龍叁拾陸員。葉榜記捐龍叁拾肆員。歐披官捐龍叁拾員。謝來生捐龍貳拾陸員。謝果珍、馬騰記、謝如極、謝北記、馮新官、謝其思、謝如松、謝晋元、馬新官、郭東音、謝鴻官、謝清玉，以上各捐龍貳拾肆員。謝戇官捐龍貳拾員。謝如春、歐丙官，以上各捐龍拾肆員。謝慶華、施胎記、謝鄉官、謝哲記、謝主細、謝春倫、馮九百、謝寒卜、謝恭官、謝烏鉦、馮烏葉、林應熊、謝柱官、謝白訟、歐戔官、謝經章、謝順義、李龐東、謝宣官、謝烏番、謝旺官、謝牆記、謝水龍、謝墜記、謝手抱、謝捧生、謝水獺、謝前記、謝有田、謝清渠、謝信記、歐陽禮、吴錦記、謝坭厲、謝能記、謝啟國，以上各捐龍拾貳員。謝畝官捐龍捌員。謝□捐龍拾員。徐吾沛、謝鳳毛、謝振埔、馮九如、謝遠慶、謝招源、謝慶賀、謝添禄、馮啟書、謝諧記、謝天球、詹静波、謝水官、謝色官、李國隨、謝欽記、謝舍歸、謝蓮記、謝井心、謝駘記、謝如總、謝海官、謝孝官、馬阮記，以上各捐龍陸員。郭如向、謝四□、馮九鄉、鄭烏龍、謝簡官、歐石埠、謝芳官、謝薑官、謝布袋、馬□記、謝石眉、楊瓊記、姚厚官，以上各捐龍四員。陳應蒼捐龍叁員。謝振奇、□芳易號、徐清俊、徐榮報、郭文屋、謝春蔴、林有同、謝應□、謝高澤、徐安國、謝教官、歐百姓、謝源通、歐百熊、謝大正、謝六卿、馮九仲、陳泗簡、謝錐官、郭九母、郭朱叟、郭實種、謝□热、謝添福、郭洛□、□挂記、謝添泰、謝天來、謝振耀、謝勿記、謝佛信、謝文記、謝誠乞、謝福記、謝天蔽、謝愛記、石諒官、謝美榚、徐萬里、謝諧記、

徐陸全，以上各捐龍貳員。瑞泰號、楊壽記、歐陽海、謝漢記，以上各捐龍壹員。

光緒拾捌年臘月　日。董事：謝清漂、謝金榜仝勒石。

**按：**此碑現存角美鎮坂美村定山宫，碑名爲編者加擬。

## 六五八　謝倉蔡氏祠堂禁約碑

前厝社後河墘一帶壙地，係大宗祠明堂所關，宜寬廣清肅，只可栽種蔬菜，不應圍牆築屋，逼狹戕害。爾來孫子衆多，賢愚不一，間一二無知屢欲添築瓦屋，冀售□□。雖幾經勸止，僅得目前，不若立石，可垂久遠。自示以後，各房務宜凛遵。倘敢故違，定稟官究治不貸！

光緒拾玖年肆月穀旦，闔族紳耆公立。

**按：**此碑現存海澄鎮前厝村謝倉蔡氏崇報堂，碑名爲編者加擬。

## 六五九　重興鰲南宫碑記

水師左府陳雪峰捐英銀貳大元。鰲西社、蔡世澤共捐英銀拾肆大元。高萬邦捐英銀拾貳大元。東路社共捐庫駝平陸兩貳錢九分正。太學生林啟文、姚振定、許思賓、陳錦傑，以上各英銀肆大元。利合號、高蛤觀、黄三照、高祈財、王陞观、高媽登、林協豐、郭招德、陳日輝、吴捷亨、蔡建隆、鄭伯時，以上各英銀貳大元。

董事：陳求观、林戽观、郭招德、蔡海观、高祈財、吴捷亨、高媽登。

光緒拾玖年菊月　日。

**按：**此碑現存榜山鎮平寧村西頭社蔡氏世澤堂。

# 六六〇　重脩中元宫碑記

社有中元宫，中祀佛祖，左祀水仙王，右祀大道公。赫赫神靈，有感即應，則所以叨沐庇佑者，德至矣哉！乃自創建以來，規模狹隘，歷久剥落，上雨旁風，甚非所以庇靈威而祈福祥也。屢謀興脩，輒至中止，緣無身任力肩者。獨李媽吕目覩憮然，引爲己任，而宗族人士至經營在外國者，無不踴躍捐輸焉。爰於癸巳之春，購地庀材，鳩工集匠，增築禪室，廣闢徑庭，建惜字亭，築后山嵌，其宫向仍舊，而廟貌增新。越秋告竣，卜冬落成。豈非神之靈而吕之力哉！由是神安所而降福，荷庥豈有涯歟？顧是役也，計費千五百餘員。斯人樂輸之功不可諠也，用勒諸石，垂之永久。謹將捐數定爲名次，列左流芳。

李媽吕捐緣壹千元。李永响捐緣陸拾元，李德漳捐緣陸拾元，李德隆捐緣陸拾元，李翼甫捐緣陸拾元。李壽山捐緣肆拾元，李寿昌捐緣肆拾元。李景興捐緣叁拾元。李文献捐緣弍拾元。李媽素捐緣壹拾弍元，李春風捐緣壹拾弍元，李建利捐緣壹拾弍元，李山祐捐緣壹拾弍元，李九泉捐緣壹拾弍元，李兩再捐緣壹拾弍元，李盧捐緣壹拾弍元，李崇園捐緣壹拾弍元，李崇回捐緣壹拾弍元，李崇田捐緣壹拾弍元，李崇囷捐緣壹拾弍元。李明華捐緣壹拾元，李永流捐緣壹拾元。

大清光緒拾玖年歲次癸巳孟冬吉日，長江社李媽吕公立。

**按**：此碑現存厦門市海滄區東嶼村中元宫。

# 六六一　重修鳳安宫題捐碑

□□祖廟重修，捐金□□開列于左：

□□陳連心捐英銀伍拾員。陳利塞捐英銀弍拾員。陳松和捐英銀拾陸員。蔡清泉捐英銀拾弍員。陳舞龍捐英銀

拾大員。陳柴頭捐英銀拾大員。貢生陳麟勝捐英銀肆員。貢生陳向雲捐英銀肆員。陳見龍捐英銀叁員。陳誥官、陳火官、陳長官、陳百里各捐英銀弍員。陳九坐、陳存泠、陳裕昌、陳屋官、陳闊嘴各捐英銀壹員。

光緒拾玖年。董事：陳百里、生員陳慶鳳、生員陳人俊立。

**按：**此碑現存白水鎮崎峆村鶴頭社鳳安宮，碑名爲編者加擬。

## 六六二　修理東山宫徵信碑

光緒甲申年陸月，修理東山宫開費條目：

開買紅料計共銀貳佰捌拾肆元叁角。開買杉料計共銀肆佰柒拾叁元伍角。開買石料計共銀玖佰捌拾貳元貳角。開做木工資計共銀貳佰肆拾肆元貳角。開做泥工資計共銀貳佰零伍元。開買大壳灰計共銀壹佰貳拾叁元伍角。開打鉄器計共銀貳拾大元。開油漆并粧瓧計共銀貳佰零陸元貳角。開□費計共銀叁拾陸元伍角。開買什倅計共銀貳佰陸拾叁元陸角。總合共銀貳仟捌佰叁拾玖元。

光緒癸巳年，修理上林宫開費條目：

開買石料共伍百壹拾柒元。開買紅料共壹百壹拾陸元三角。開買杉料共壹百零四元二角。開做泥工資共壹百貳拾陸元。開做木工資共捌拾壹元五角。開油漆共捌拾柒元。開買大壳灰共叁拾四元。開買什倅共壹百零玖元柒角。開做璉籓并修理計壹佰貳拾元。

總合共銀壹仟貳佰玖拾伍元零柒角。

謝如水、王清和、林有厚、蔡朝標、刘登山、刘偕儀、林硯观、李賎观、林喬□、王明允、鄭進生各捐銀貳員。

**按：**此碑現存角美鎮林美村上林宫，碑名爲編者加擬。

## 六六三　重修上林宫題捐碑

光緒癸巳年重修碑記：

郭烏番叁拾陸元。徐光份叁拾弍元。徐吾沛叁拾大元。徐榮報弍拾四元。徐百年弍拾大元。徐富覌弍拾大元。徐章覌弍拾大元。徐讚贝壹拾弍元。董光獅壹拾弍元。郭芊諒壹拾弍元。林媽圖壹拾弍元。郭琪璇壹拾大元。徐清俊壹拾弍元。徐嬰覌壹拾弍元。

郭如向、王良成、曾媽湘、謝允柱、謝井心、王雄覌、林水雲、陳文□、徐□□弍佰零伍元。徐文筆、王良仕、高八覌、林媽圈、謝含鑰、楊耀東、郭河岸、徐平覌、徐青劍弍佰零陸元。

徐玉坤、黄加錐、温國俊、徐笛覌、徐標覌、徐汪覌、徐尊□、徐朝春、湯福相、林德心、陳霜覌、郭琚謨、徐事覌、林振迺、林行沛、徐党覌、徐生覌、陳文仕各捐銀陸元。

歐百成、歐百琴、王讚鉄、邱開通、徐馬蚶、復隆号、陳苞祥、黄國苗、邱其奢、薛清榮、李德昌、林有容、謝漢周、郭文畧、協利号、楊其佁、新和順号、馮九如、葉茂蓮、郭慶畏、徐萬里、謝榮祥、徐生覌、徐讚覌各捐銀四元。陳温録、王富覌、陳平栽、郭石盛、林笛覌、陳清綿、陳清蓮、陳浦淵、郭三遷、魏振□、陳規矩、林福瑞、林文□、黄屋覌、郭园覌、林□覌、王順梧、刘乞覌、□慶覌、林振滄、林衍海、王德生、徐祝覌、吴振田各捐銀弍元。徐斗覌、王漢存、林元才、郭長老、徐如竹、徐吝覌、陳秋慶、徐粒覌、張九彬、徐玉湖、郭添泰、謝振通、林紅蟳、黄光澤、林文間、梁尚覌、徐銀玉、郭選魁、林光梜、郭問疆、謝如総、郭清溪、陳德□、□吉邊、石萬讚、郭奔覌、謝瑞覌、徐旭覌、謝六卿、高錦水、謝慶賀、陳寶三、郭如竹、馮新德、陳光樹、康廣讚、蔡葵良、曾湧水、金福贝号、林□塘、謝友覌、郭紅祐、謝□便、沈园桃、王朱富、謝思咸、郭琚印、徐安國、徐吾□、徐兩家、李國隨、葉沂通、謝招元、林傳章、王明輝、吴萬鏌、林貴松、郭□榮、林逢白、郭其裕、黄怡主、湯媽

耀、□維□、楊擢覌、謝恭覌、康爲覌、許雪□、黄文字、謝連慶、□□覌、黄□屋、□□□、徐振習、□大□、□□□、楊媽福、徐財覌、徐石頭、張沙連、蔡永寧、林永瑜、林文獅、郭主教、魏泗昌、丁東昌、王臨覌、陳才分、邱向覌、郭岐彩、□古覌、楊桓重、陳向禮、傅厘□、徐富覌、謝溪覌、鄭榮華、葉仁貴、□玉細、陳福覌、郭□節各捐銀弍元。

郭泥魚、魏和順、郭河其、林媽便、許見鎮、楊居覌、蔡松河、徐蕊覌、林水珍、陳朝順、郭習禮、王清篆、黄神覌、謝簡覌、謝添財、郭明賤、王兩全、王首智、盧厲覌、林□覌、□教覌、林邦□、施修掩、□□覌、□夏覌、郭菜反、郭金覌、徐□相、潘振盛、謝源通、徐茂覌、侯國曉、郭首覌、林紅柑、郭麒良、徐知田、陳謹言、康香覌、馮烏葉、馮啓書、林振漢、□後覌、徐振坤、林所捷、徐成覌、□添□、施三浥、林屋覌、鄭純□、楊壽昌、林來覌、林石覌、郭永章、郭銀□、侯祇覌、林進水、謝永傳、劉柱元、郭澤西、謝振耀、郭湯啓、郭讃長、郭清賤、郭拾覌、郭海覌、□求安、尤明覌、柯推覌、徐進覌、林永黎、徐萬山、徐宗賢、蔡□弼、余天成、林淪龍、王言□、□□本、王紅□、黄仁道、王文旦、□水覌、徐江覌、高天命、陳如恒、徐清吉、□乾允、王□覌、林石覌、陳金水、陳芳盛、連□□、王瑞覌、魏朝覌、魏□覌、徐錢覌、吴獨覌、吴振覌、陳文遠、蔡清水、郭□□各捐銀壹元。李滋肯、周查□、侯德原、林本覌、□□舆、□□覌、蔡生立、林□□、林□覌、□□覌各壹元。

黄乃宗、曾金□、楊清香各半元。

□三□、徐尚覌、黄文楚、□清水、林媽□、林□覌、徐吝覌、林清日、魏海覌、郭□覌各四元。徐味覌伍拾元。徐回覌伍元。王文亭三元。

**按：**此碑現存角美鎮林美村上林宮，碑名爲編者加擬。

## 六六四　潭頭陳氏增置書田碑記

嘗謂科甲□人才，人在培養。書田之資，由此始也。吾祖肇基峩潭，雖有書田，久無實額。文幸進泮，思培後進，邀諸家長，首倡大典。十世祖舊書田十二担，前經有廢，僅存八担，文亦受之。但以激勵後進爲謀，仝公議將九世、十一世祖蒸田抽出大六担田一坵、莿□田一坵爲書田。而九世祖、十一世祖忌辰謁拜及口份、紅龟，酌議每斤拾文；如未進泮，將田照舊輪流，紅龟亦照舊每斤式十文。若文自己，當候補廪中舉，方得收新書田。如有再進泮者，文亦可與均分。此係至公無私，合應立石，以勵後進。此佈。

光緒弍拾年元月　日。

家長：監生陳先進、發科、吟官、瓜㵕、光蕩、灶官、自忍，庠生陳秉均、祖亥，廪生陳志良，仝立石。

計開新舊書田於左：

一，十世祖舊書田，典額八担。陳輝柳典三担半，在樜荋后；陳啟瑞典田一担、陳石隆典田一担、陳熼典田半担、陳嘉恭典田弍担。俱典公田，份無定處。

一，九世祖新書田六担，址在東仔頭大六担。

一，十一世祖新書田四担，址在莿仔脚。

**按：**此碑現存東園鎮鳳山村潭頭社陳氏宗祠，碑名爲編者加擬。

## 六六五　仁和樓土地廟祀業碑記

茲我仁和樓〈下缺〉蔡家路頭份三份，址在石碼外〈下缺〉美巷，兩處路頭份計弍十份，内〈下缺〉平重六十六兩，其税錢配逐年〈下缺〉爲恭祀福德正神壽誕費用，因〈下缺〉收税契記。不意十月間店内〈下缺〉無存，公

全面議勒石，永遠祀業〈下缺〉。

光緒廿拾年八月，家長黄在〈下缺〉、仁和樓各鋪户〈下缺〉。

**按**：此碑現存石碼街道民主路仁和樓土地廟，碑名爲編者加擬。

## 六六六　革除轎費丐禮憲示碑

欽加同知銜、賞戴花翎、本任興化府仙遊縣、代理海澄縣正堂加十級紀録十次王，爲出示嚴禁事：

本年十月二十五日，據漸美社家長蔡瑞茂、鍾福、許鎮、洪立等聯名稱：『該社轎頭顔蚊，遇民間婚娶，花轎、吹手一切等費，勒索銀元多少不等。間有貧民莫應，輒被率仝乞丐攔途阻撓；或偵女定聘，先勒男家轎價；或抱養苗媳成親，亦須折給轎費、丐礼。種種索擾，寔難髪指。查顔五合結定時，自行開粘章程，嫁娶轎費、夫價核計不上四五元。福等不敢刻薄，公議：如有富者親迎花轎並小工、後櫼、小轎、吹手等費，愿給英銀拾弍元；貧者親迎花轎並小工、後櫼、小轎、吹手等費，愿給英銀捌元；若無親迎，單僱花轎一把，並小轎、小工等費，共給英銀四元。較之自定章程，已多過半矣。呈請出示定價，計粘单内開：民間嫁娶轎夫，若十里内，每名給工錢一百八十文；若二十里内，每名給工錢二百四十文；若三十里内，每名給工錢三百文。花轎每次租價壹元。』等情到縣。

據此，查議充丐首原爲約束乞丐起見；至於花轎頭一項，尤爲民間便於僱夫而設。豈容額外需索，貽累居民？除批示外，合行示禁：『爲此示仰該社居民及轎夫人等知悉：嗣後如有民間婚嫁等事雇倩夫轎，務須循照顔五合稟定舊章，由民間甘願分别道路遠近酌量給資，不准再行增價勒索，以及率仝流丐阻撓滋擾。倘敢故違，一經訪聞，或被稟控，定即將丐首、轎頭人等嚴拘到案，從重革辦，决不寬貸。各宜凛遵毋違！特示。』

光緒弍拾年拾壹月初二日，給貼曉諭。

**按**：此碑現存厦門市海滄區漸美村朝真宫，碑名爲編者加擬。

## 六六七　岱仙岩陳氏祀業碑記

門口田一坵，種一斗三升。岩后田二坵，種伍升。殺狗貓田一所。園頭一坵，種一斗。屈后園一坵，種一斗。牛角灣田一坵，種三升。庵前田一坵，種五升。溪田一坵，種五升。

此田園、田中央社係三房陳松公、陳洪氏祀業，不准買賣。若買賣者，絶子害孫。

光緒廿一年十月　日，謹立石牌記。

**按**：此碑現存九湖鎮圓山岱仙岩寺，碑名爲編者加擬。

## 六六八　重修振東宫碑記

振東宫者，洪塘鄉人共崇祀開漳聖王之廟也。神靈英濯，世代馳名，即都人士咸蒙聖庇，豈特一鄉善信男女之仰承默佑也哉！茲者世遠年湮，廟貌傾塌，僉謀更新，且欲於廟后買壙地以增一室，所費甚鉅，不得不集腋成裘。爰擇謹信之人陳敦讓往番邦捐欵，以成美事，一時傾囊樂助者踴躍争先。因諸事告竣，勒石以誌種福姓名，俾流芳百世，行看善信兒孫共登仁壽之域、永履瑯環之境，亦足見聖王之顯赫精明也。是爲敘。

一，立禁約：廟后壙地，前人妄開厠池，致傷于廟宇。今者諸君感蒙神恩，往番金帖諸厠池主，將厠池填爲平地。自茲以往，不許后代之人任意再開；違者，社長及社眾人等齊出阻止，决不寬容。

茲本廟祀業，開載碑上：廟后泥楼地一所，廟左堋護厝弍排相向，又瘞后田一丘，帯沙墩一个，存記。

捐金姓氏芳名開列于左：

本社鄭周監捐龍艮肆佰八十大元。本社鄭瑞川捐龍艮壹佰二十大元。本社陳敦讓捐龍艮四十大元。本社李天祥捐龍艮三十大元。本社鄭周京捐龍艮二十大元。本社鄭此官捐龍艮二十大元。本社鄭祉能捐龍艮二十大元。青美鄭

克讓捐龍艮二十大元。本社李什幅捐龍艮十二元。石碼王崇興捐龍艮十二元。海門許紀鉄捐龍艮十二大員。惠邑曾馬來捐龍艮十二大元。本社李炭坛捐龍艮十二大元。青浦高三省捐龍艮一十大元。青美鄭珠音捐龍艮一十大元。海門温星如捐龍艮八大元。本社陳荣專捐龍艮八大元。青浦高雨順捐龍艮六大元。刘厝郭吾秦捐龍艮六大元。本社郭蔡田岸、蔡李兩分、鄭松堆、蔡万鎰各捐龍艮六大元。本社陳和西、陳磎彩各捐龍艮四元。本社陳振新、陳金練各捐龍艮三元。本社蔡万慨、鄭角官、鄭標名各捐龍艮二大元。本社陳敦讓捐金盾水零、献龍艮七大元。

共三十条，捐龍銀玖佰壹拾叁大員。

光緒廿三年四月　日。董事：貢生鄭盤生、監生鄭振坤、陳荷連、陳瑞瓊仝立。

按：此碑現存浮宫鎮田頭村聖媽宫，碑名爲編者加擬。

## 六六九　重修王氏祖廟碑記

孝經曰：『爲之宗廟，以鬼享之。春秋祭祀，以時思之。』誠謂宗廟者，祖若宗瑰神所宅，而子子孫孫得以歲伸履霜露、深怵惕之懷者也。故自天子以逮士庶，立廟雖有殊制，而君子將爲宫室，莫不先亟亟然循分營建，思以烝嘗禴祀，少冀無忝所生也。我上苑村自宋直閣學士諱熙載公以鄱陽王諱延政公嫡派肇始斯族，而廟之營建亦遂。閲陸百餘年於兹矣，雖其間風霜剥蝕，不無氣運盛衰，然未有頹敗如今日者。察等每以脩復之舉時商族人，不圖廟之後進正構忽於歲甲午三月崩下，惶視列祖神主雖均幸無恙，而餘皆粉碎，且其前進亦勢已垂傾。夫物久必敝，理固當然，顧因墜壞而興脩之，令夫氣象重新，是果誰責？况我刺史公世澤孔長，衍其派者在漳實多巨族，即遠亦有散布泉、同間者。語云『衆擎易舉』，明乎爲之無難也。有起以倡其先，行見腋集裘成，旦暮間事耳。於是復與族人謀，族以衆僉曰同應，廼擇吉鳩工。自己未歲孟秋迄丁酉歲季冬，凡叁拾閲月，告厥成功，計縻龍千貳百大圓有奇。蓋由本村素存公款，並於守祖、出祖暨諸宗人皆隨其願力而裒之，乃獲成此巨役也。以董斯役者凡捐收款項，理應聲

明勒石，因得並敘其崖畧焉。抑猶未已者，子姓駿奔之地，非肅沛何以妥先靈？昔之易形頹敗，大半緣族人動以雜物堆積廟中，致塵穢上蒸，久釀虫侵之患。茲特公議，嚴申禁約，願我族人繼自今咸相勸誡，庶幾昭誠潔以奉先，而廟貌之輪焉奂焉，雖使愿終古而當新，可也。爰并附禁條於後：

一，捐收款項：收本社銀壹百玖拾伍員。收靖恆坑等龍陸拾員。收西邊社龍叁拾叁員。收恒坑社龍銀叁拾員。收厦門人賢捐銀捌員。收本家富有、富穀龍貳肆員。收翁建社龍銀貳肆員。收頂蔡坑、下蔡坑本家龍拾捌員、拾貳員。收上苑街小宗銀拾貳員。收油車蒲尾社龍拾貳員。收顏厝前本宗龍拾貳員。收西上苑社龍拾貳員。收官田社龍銀拾貳員。收山頭頂社龍拾員。收桂林本宗龍銀柒員。收下半林本宗龍陸員。收時仔社龍銀陸員。收本社察、淡龍銀肆員、肆員。收本祖家汝水、明元龍肆員、肆員。收本家良成、棣山舊王龍肆員、貳員。收六石社龍銀貳員。以上收銀柒百零玖員，合提出公積銀陸百叁拾員，共銀壹千叁百叁拾玖員。

一，公議條禁計開：公議嗣後有假用祖廟者，除本村公事或族人紅白等事，或經各房長公許外，不許私以雜事、雜物及六畜喧鎮廟中。違者查出罰龍銀壹拾貳員，庫平重捌兩柒錢正，交董公之人收掌，以充公用。其原物仍令即時搬出，毋得逗留，致生他議。

光緒貳拾叁年歲次丁酉臘月吉旦。三十一世孫履亨撰、履中書。

董理：二十九世孫察，三十世孫交、霜、列，三十一世孫汶水等，仝立石。

按：此碑現存龍文區藍田街道湘橋村上苑社王氏祖廟。

## 六七〇　重修崇真堂碑記（二）

名次、条目開列於左：

一，買杉料計龍銀叁佰陸拾伍員弍角。一，買紅料計龍銀壹佰零玖員柒角。一，買沙、硒灰、石碑計龍銀伍拾

伍員零肆角。一，買顔料、碗料、布料計龍銀陸拾陸員肆角。一，買油漆、墻工計龍銀柒拾零捌角。一，修理神明入大費計龍銀肆拾員叁角叁分。一，泥木小工、挑紅料儀工計龍銀叁佰叁拾伍員陸角。共開去龍銀壹仟零壹拾叁員肆角叁分。

一，洞口社計捐龍銀貳佰伍拾叁員肆角。一，藍田社計捐龍銀柒佰零捌員零叁分。一，大器堂黄門林氏喜捐龍銀肆拾大員。一，黄盾官喜捐龍銀壹拾貳大員。共收來龍銀壹仟零壹拾叁員肆角叁分。

光緒貳拾肆年正月。

董事：署理福州府學訓導黄爲霖，黄作楫、黄秉圈、黄仁懿，生員林榮春、林得三、黄□觀，仝立。

按：此碑現存龍文區藍田街道藍田村崇真堂。

## 六七一　重修龍潛宗祠及龍山宫碑記

重脩龍潛宗祠及龍山宫碑記題後：

宗人觀察李君子咸，交余宜厚，曾偕余至其鄉謁祖宇，作平原之遊。遊觀兩廡，見豐碑屹立，摩挲讀之，叙祖宇重脩之故，皆君父子之力，而又不敢有其功。出數武，爲龍山宫，崇祀保生大帝。丹楹刻桷，金碧暉煌，與祖祠并峙。鄉人曰：『此爲先世祈福處也，後傾圮頹廢。君旋梓時，翦其荆棘，厚其垣墻，新其門楣，塗其丹雘。每有事，鄉之人羣而求福請命，用以式神靈，免災沴水旱之憂者，賴君傾囊倡脩。』故余慨然曰：『是二者，皆有益於鄉，不可無以記之也。』

國家祀典，准士庶得立宗祠，以展霜露之孝思；又凡有功德於民者，則祀之，且聽民私立宫宇。法良意美，遠跨前朝。論語云：『祭如在，祭神如神在。』昔者聖人動爲世範。今君二者，非以邀福求名也。讀聖賢書，作分内事，於以上承朝廷訓俗垂範之意、中繼祖考敦本睦宗之仁、下開孫子燕翼貽謀之法。誠異夫世之擁厚資者，聲色之費動

馨千金，樓閣之崇儕於權要，而祖祠多任其風之雨之荆之榛之。莠生伯有之門，瓜種東陵之圃，可立而待也。至於侈談無鬼者，則又舉聰明正直之神概列爲淫昏之鬼，多從廢斥，矯枉過失，此豈朝廷與先聖意乎？君性敦厚，與余有苔岑之契，又事事效法前徽，躭神太素，視世俗之號爲識時務者，其賢不肖，何如也？若夫堂構相承，克體君志，則又君與余所責望於後之人者。

賜進士出身、誥授奉直大夫、刑部直隸司主事、前翰林院庶吉士加三級李清琦撰并書。

光緒二十四年歲次戊戌孟春之月立，厦有文𡉚勒石。

**按**：此碑現存厦門市海滄區温厝村寧店社龍山宫，碑名爲編者加擬。

## 六七二　重興美江許氏祖廟碑記

重興美江祖廟，捐金名次開列于後，按房份及世數爲先後。

長房美江派：

十七世孫：士麟捐銀捌員。潮官陸員。宗宏、藝官各肆員。

十八世孫：宗學、士盛各捐肆拾員。淵涸廿肆員。翁記拾弍員。對官肆員。悦官、武官各肆員。錫晋弍員。

十九世孫：宰邑捐銀陸員。大目肆員。□官弍員。

二十世孫：松官捐銀弍拾員。拱川叁員。屋官弍員。

次房春復公派：十八世孫泮林捐銀弍員。

次房港濱春茂公派：

第五世孫善慶捐銀拾弍員。第六世孫乾遜捐銀拾弍員。十二世孫太封、汝琨各捐拾弍員。十三世孫孟迪捐銀拾陸員。十四世孫馨五捐銀拾陸員。

十六世孫：如忠捐銀壹佰元。獻其拾弍員。光華壹拾元。
十七世孫：訓導文德捐柒拾員。海瑞廿肆員。監生文瑛拾弍員。貢生文熙捌大員。唱始翻刻舊譜板。四傑、四教各陸員。時安、連政各陸員。文旭、龍潭各肆員。梓文弍員。
十八世孫：貢生用翔捐伍拾員。監生開第弍肆員。源生、溪宣各拾弍員。芝蘭捌員。捷標、開俊各陸員。監生王勳陸員。用昌、允順各陸員。用德、開振各伍員。庠生鳳翽肆員。清殺肆員。用經叁員。媽默、井泉各弍員。
次房港濱春茂公派：
十九世孫：鳳誥捐銀陸拾員。彭年伍拾員。貢生賓賢廿肆元。勝川拾弍員。鴻逵陸員。文燉、賓堯各肆員。本官叁員。紅奇、期頤各弍員。籃仙弍員。
二十世孫：貢生章成捐叁佰員。貢生章伍捌拾元。咸萬伍拾員。監生于禎拾弍員。昭陣、和尚各拾員。既生捌員。聯永、大山各陸員。金柳伍員。達官肆員。
廿一世孫連榜捐銀弍拾員。廿二世孫汶旦捐銀叁大員。
次房文山派：
第九世孫純直捐銀拾捌員。第十世孫昆山捐叁拾伍員。十二世孫文奕捐銀陸大員。十三世孫學禹捐銀捌大員。
十五世孫：覲光捐銀捌大員。乘琚、飭先各陸員。
十六世孫：有容捐銀捌大員。秉正拾弍員。秉淵肆大員。
十七世孫：道範捐銀伍拾員。振源拾捌員。崑崙拾弍員。秋水陸員。開浦肆員。
十八世孫：良杏捐銀叁拾員。樹蘭廿肆員。以忠拾陸員。仁恤拾弍員。擴官捌員。金魚陸員。
十九世孫蛹官捐銀陸大員。
文山派五社許厝捐陸大員。

光緒廿四年戊戌。

經董：十七世孫貢生文熙、十八世孫庠生渭春；協董：十九世孫白水賓拙；監董：十七世孫拔貢文峯；仝謹誌。

按：此碑現存海澄鎮豆巷村溪尾社許氏宗祠，碑名爲編者加擬。

## 六七三　重修保鴻宫題捐碑

光緒廿四年腊月，保鴻宫重修。

甘新科六房公田奉送庙地三十尺。甘新科、甘明寧各捐英拾元。蔡長安、甘勘观各捐英四元。甘笠观、蔡長潤各捐英三元。陳孝礼、甘天財、陳水路各捐英弍元。甘準观、蔡啞東、甘烏賊、何啟昌各捐英壹元半。甘吾琴、甘寬观、甘黎观、甘永观各捐英壹元。甘考观、甘道观、甘芋观、甘厚水、甘樹根、甘旺欉、甘泥生、蔡甘漏馬、甘錬观、陳朝位、蔡炮观、蔡番薯、蔡求观、蔡潤嘴、蔡石藤各捐英壹元。

董事：甘新科、甘芋观仝立。

按：此碑現存東園鎮楓林村洪埭社保鴻宫，碑名爲編者加擬。

## 六七四　重修玄靈宫捐緣碑

玄靈宫重修捐緣芳名仝列石：

刘美嬸捐來銀叁佰大元。江嬰官捐來銀壹佰大元，仰光共捐來銀壹佰大元。種久議捐來銀四拾捌元。甘坦木工公捐銀貳拾四元。蘇永福捐來銀貳拾大元。甘漳茂捐來銀壹拾四元，甘奉漳捐來銀壹拾四元，甘應馨捐來銀壹拾四元，江厚福捐來銀壹拾四元，王獻瑞捐來銀壹拾四元。黄利文捐來銀壹拾貳元，林敦仁捐來銀壹拾貳元，江蟳官捐來銀壹拾貳元，江海官捐來銀壹拾貳元，蘇芳蘭捐來銀壹拾貳元，黄陳水捐來銀壹拾貳元，黄光力捐來銀壹拾貳元，

甘玉欽捐來銀壹拾貳元。江春養捐來龍銀捌大元。江石珍、江乃官、甘脆官、甘德世、甘明官、甘玉達、甘清□、甘諒釋、江蘇來、江瑞煌、江□官、江朝經、李鴻謨、廣源號各捐龍銀陸元。甘武麟、甘賜福、甘湧泉、甘清愷、甘清記、甘蕃芝、甘陳敬、甘子歲、楊德月、甘四郁、陳弼司、甘永連、江澤官、江坤鴻、潘煥章、黄鳳官、林北溪、陳榮漳各捐龍銀四元。甘四時、甘子發、甘占嘴、王清浚各捐龍銀三元。甘金龍、甘宗官、甘漳浦、江繼豆、陳敬意、林泉官、甘子適、甘祥官、江水官、江葦官、江金波、蔡甲乙各捐龍銀二元。甘清吉、甘三官、甘聖官、曹瑞書、詹家官、江霜官、江母官、黄申官、江董官、甘神潭、甘食婆、甘三角、蘇隆盛、江佛斗、程振□、甘龍官、甘水戲、甘賢官、甘備官、甘桑外、黄□□、江思官、劉盛官、甘□□、江聯鴻、江再旭、甘良官、甘櫼官、蔡夏官、江金水、江蔥娘、莊茭笏、江大官、蔡□□、江月娘、江心婦、甘圭官、甘孝而、蘇□娘、江恩官各捐龍銀二大元。

光緒二十五年桂月，董事：甘軟官、江養官、甘□需、□□□、江□□、林□□。

**按**：此碑現存海澄鎮珠浦村珠浦社玄靈宫，碑名爲編者加擬。

## 六七五　重脩文祠碑記

文祠在鎮之西偏，其地舊爲宋儒蔡汝作所建。明太傅鄭深道重脩之，後徙於南陂文山，院之址遂墟焉。我朝道光初，舉人鍾南請於薩、塔兩别駕，因舊址鳩工庀材而興之，移錦江所祀文魁神像於其中，爲諸生大比賓興之所，典至鉅、事至隆也。今垂七十餘年矣，風霜剥蝕，院宇傾頽，諸生以時習禮其中，不無棟折榱崩之患。

方謀脩葺，適余以閩縣篆署兹土。甫下車，詣錦江書院，謁先賢朱夫子，兼禮於文魁星君。紳董康翔、陳衡南等俱以興脩之事向余請，余嘉其義而允之，更延諸紳董其事。諸紳喜，不辭勞瘁，兢兢普勸題捐，幸闔屬多慷慨好義，輸金以副。爰諏吉興工，經始於季春之辰，落成於仲秋之候，凡六閲月蕆厥事，計費白金千有奇，而傾圮者復

見巍然焕然焉。

夫院興於宋，廢於元，迄明而復興，至國朝久廢矣。鍾君能舉四百餘年□棄地重興之於前，今復使輪奐聿新，俾都人士長請業於茲，吾見砥行厲□，蒸成令器，爲鄉里之表坊，爲朝廷之柱礎。諸紳董之功非鮮淺，諸捐輸之功更非鮮淺也。爰臚其姓氏，悉勒貞珉以記。

賜進士出身、翰林院庶吉士、特授福建福州府閩縣知縣、調署漳州石碼海防分府加二級記録十次陳□□□。

董事：恩貢生康翔、歲貢生陳衡南、庠生戴黄圖、附貢藍應年、增生林宫□、增生黄□人、增生陳成金、生員劉□升、生員周鳳范、生員陳春元。

書碑：增生陳成金。諏吉：監生□□分。

一，石鎮捐貲姓氏：監生□□□捐□銀□□□。貢生黄□□、生員□□□各捐洋銀□拾員。貢生□□□□□捐洋銀□□□員。生員□□志、生員□□□、貢生□□□、貢生□□□、貢生□□□、貢生□□□、生員□□□、生員□□□、貢生□□□、貢生□□□、生員□□□、貢生□□□、□□□□□、□□□□□、□□□□□、□□□□□、貢生〈下缺〉。

□□□捐金姓氏：□□社曾朝義捐洋銀肆拾□員。□山社監生周英奇捐洋銀肆拾肆員。□□社生員蔡□□捐洋銀叁拾弍員。□□社□貢康世忠捐洋銀叁拾員。□□社□貢吴家□捐洋銀貳拾肆員。□□社生員林□□捐洋銀壹拾員。□□社□□□、黄碧川、黄□□、生員黄□□、監生黄〈下缺〉。

〈上缺〉仝立石。

**按：**此碑現存榜山鎮文祠。該祠曾於道光四年重修，『七十餘年』後即光緒二十五年前後。

## 六七六　正順廟題捐緣田碑記

□□生洪□顔文炳、黄□、李爲陽、黄□等喜捨緣洲田□□□奉祀王公香火。

光緒廿六年三月　日立。

**按**：此碑現存薌城區新橋街道詩浦社區正順廟，碑名爲編者加擬。

## 六七七　重修追遠堂序

攷自宋時戍兵啟宇，承君命而鎮守是邦，閥閱傳家，建月樓而首擇厥廟，追遠之興由來久矣。迄至光緒庚子歲，守祠不謹失火，前堂幸猶□，列祖在天靈有默爲之呵護者，龕堂得以保全無恙也。是歲適予遊於碼江别館，有不速之客來曰：『爾祖均保公，乃珊圖之始祖，即澄邑始祖之曾孫也。我特來以商義舉。』予不敢辭，遂聽命而捐金肆佰大元，以爲失火修復諸費。隨即擇吉興工，鳩貲葺復，不數月而功成告竣，計用費六佰四拾兩。斯時也，新廟奕奕，而各方家長念有修復之義，有功于祖，遂于是歲迎主進龕配享。均保公暨妣陳氏二神位永祀千秋，馨香勿替，并賞胙陸斤，爲有功者勸。爰執筆以誌其不忘云耳。是爲序。

董事：南靖廿三代孫、花翎五品銜、署晋江學正堂逹三謹誌。

本祠總理：廿一代孫、鄉耆登年。

光緒廿六年庚子秋月穀旦。家長：長房其相、次房東清、叁房繼書、肆房東淼、伍房振隆仝立。

**按**：此碑現存海澄鎮内樓村劉氏大宗祠。

## 六七八　重修慈壽宫題捐碑

光緒庚子孟秋捐，廖内坡、沓眼坡董事：黄守約、黄宗器、黄芸香、石明發。

甲必丹黄豐儀捐英壹佰大元。黄和美捐英六拾大元。黄瑞武捐英四拾大元。黄媽力捐英三拾弍大元。黄長泰捐英三拾大元。黄必顯捐英弍拾四元。黄長順捐英弍拾大元。黄媽陸捐英弍拾大元。黄荳粒捐英拾六大元。黄穆欽捐英拾弍大元。黄有簾捐英拾弍大元。黄蒜寡捐英拾弍大元。黄守約捐英拾弍大元。黄必塗捐英拾弍大元。石明發捐英拾弍大元。黄姐官捐英銀拾大元。黄交山捐英銀拾大元。蔣俊賢拾大元。石明儀拾大元。黄墨蔆拾大元。林玉樹拾大元。黄紅官拾大元。黄福洲拾大元。黄宣派捌大元。黄曠野捌大元。黄金田六大元。黄江陵六大元。黄蒜心六大元。黄斗吉六大元。黄媽焕六大元。黄郡仔六大元。黄瓊基六大元。黄讚發六大元。黄瑞芝六大元。黄蚵官六大元。黄斗宗四元。黄發官四元。黄佛三四元。黄上用四元。黄紅柿四元。黄加官四元。黄年蒲四元。黄大傳四元。黄大水四元。黄瑞來四元。黄振南三元。黄梗官弍元。黄水官弍元。黄連生弍元。黄文鳳弍元。黄志皆弍元。黄龍官弍元。黄福本弍元。黄宣瑶弍元。黄忠賢弍元。黄碧流弍元。黄瓊官弍元。黄大緄弍元。黄賜相弍元。黄天瑞弍元。黄油矸弍元。黄十一弍元。黄錦全弍元。黄有環弍元。黄大訨弍元。黄東壁弍元。黄尼姑弍元。陳阿交弍元。黄鄭成弍元。黄清廟弍元。黄萓禎弍元。黄文盛弍元。黄芋菓弍元。黄必順、黄讚傳、黄春風、黄塲官、黄有仁、黄□德、黄□彬、黄祈年、黄永音、黄才官、黄蛋官，以上各捐英壹大元。

南門社後路角、埭頭角董事諸紳耆仝立。

**按**：此碑現存角美鎮南門村慈壽宫，碑名爲編者加擬。

## 六七九　重修林氏祖祠禁約碑

重修祖廟，捐銀名次開列于左：

次房林錦茂捐來龍銀壹佰大員、林廿坑捐來龍銀壹佰大員。

宗廟者，本源之地也。本本源源，子子孫孫，蕃衍家族，至於盛長。頌云『於穆清廟』，又曰『閟宮有侐』，則是祖先寄跡之所、孫子奠祭之區，其嚴子安可或褻哉？近有不肖子孫恃財強悍，冒自作爲，祠内及砛上或疊稻，或春秋，或亂横器械，或教習椎棒，或前後左右堆薪草、築塒塖，各作家灶、冒傍石板，或屋上争曝粿粽及柴棚、青糊，或深井鋪石槕、潑濁水，或巷路鎮塞磨仔、舂臼暨雜物，或後廳多養六畜，以致污穢祖先、毁壞祠宇，甚爲難堪。迨自今以後，務宜打掃潔净，不許復循故轍。如有不遵約禁、仍蹈前愆者，鳴鼓攻罪，併罰戲壹臺，决不姑恕。抑或恃惡違罰，擊鼓鳴衆，毁其居室，出字示禁，終身不准入祖廟、與祭祀。凡我五房家長，務先訓誨，毋得寬縱，各宜凛遵。庶乎家聲可振，光先裕後，猶有先人之遺風乎！

光緒廿六年庚子桂月　日，董事人鑽燧、耀焜仝立。

按：此碑現存白水鎮山邊村林氏穆清廟，碑名爲編者加擬。

## 六八〇　重修謝悃廟題捐碑

大清光緒歲次辛丑二十柒年重修碑記，開列于左：

魏文遠捐英銀叁佰大元。曾維官捐英銀弍佰大元。曾祖從捐英銀壹佰弍拾。尤吉魁捐英銀壹佰大元，尤清港捐英銀壹佰大元，楊在田捐英銀壹佰大元。曾昆官捐英銀陸拾大元，曾鳥官捐英銀陸拾大元。黄連盆捐英銀伍拾大元。黄金鈞捐英銀肆拾大元，康僊恩捐英銀肆拾大元，黄開永捐英銀肆拾大元，曾德紅捐英銀肆拾大元。許心廣捐英銀

叁拾大元。黄賜時捐英銀弍拾肆元，楊如説捐英銀弍拾肆元，胡炳南捐英銀弍拾肆元，黄賜錫捐英銀弍拾肆元，李讃福捐英銀弍拾肆元，徐就官捐英銀弍拾肆元，柯協裕捐英銀弍拾肆元。康讃成捐英銀弍拾大元，尤吝靖捐英銀弍拾大元。李清珍捐英銀壹拾捌元。陳聲杉捐英銀壹拾弍元，黄顯英捐英銀壹拾弍元。黄振助捐銀壹拾弍元，黄文佛捐銀壹拾弍元，曾源泉捐銀壹拾弍元，王漢全捐銀壹拾弍元，黄源勳捐銀壹拾弍元，黄應芳捐銀壹拾弍元，楊玉錤捐銀壹拾弍元，郭朱叟捐銀壹拾弍元，林忠楚捐銀壹拾弍元。黄天分捐銀壹拾大元。楊有成、楊江文、林偶斗，以上各捐銀六大元。葉長寿、林幸端、李文廷、莊永連、魏傳香，以上各捐銀六大元。黄尚宇、葉金錢、黄長循、康讃視、黄双雁、余夢曾、黄忠樧、李如傑、莊溪首、郭妙珍、刘賢望、郭芋諒、楊知母、林偶圖、林邦標、林荣賽、張文典，以上各捐銀四大元。黄建眼、林紫雪、黄高墩，以上各捐銀三大元。黄長成、葉雲錦、陳鎮官、黄天球、黄天枝、陳飛遠、王源泰、黄文進、葉査某、槽長慶、陽尔纙、張武墨、張振芬、林德標、郭澤官、陽其草、黄昆楊、黄江東、王金標，以上各捐銀弍大元。張啟泰捐銀弍大元。

曾美社董事收理、立石。

按：此碑現存角美鎮社頭村謝悃廟，碑額「謝悃菴佛祖」，碑名爲編者加擬。

## 六八一　安山村廟産碑記

同治甲戌年修理大庵伸銀，置上方仔園田叁坵，柒斗種，明丈柒百弍拾伍步；粮配永真堂户，全年完官銀肆錢正，付佃班耕作，逐冬結定租粟趐石弍斗足，交住持庵人收租納粮，爲緣田。又，光緒戊寅年做王醮伸銀，置新園田壹坵，壹斗伍升種，明量壹百伍拾弍步；粮配康興盛户，全年完官銀陆分正，付佃降耕作，逐冬結定租粟壹石足，交住持大庵之人收租納粮，宜該朝夕往過永源宫掃、点火、燒香費用之資。炤。

同治甲戌年修理永真堂伸銀，置韓厝園田壹坵，叁斗伍升種，内抽出四份之一，該買四份之三，明量叁百步；

粮配康克昌户，全年完官銀式錢壹分式厘正，付佃伏耕作，逐冬結定租粟式石壹斗足。又，光緒乙酉年做王醮伸銀，置懷近圍田壹坵，式斗種；粮配永源宫户，全年完官銀壹錢式分肆厘正，付佃棕耕作，逐冬結定租壹石式斗足。又，庚子年做清醮伸銀，買林迪探花圍大蝦埔邊田壹坵，伍斗種，明量伍百叁拾步；粮配林取户，全年完官銀伍錢正，付佃酧耕作，逐冬結定租粟式石伍斗足。此探花田，林泗、林蛭爲中人。其田計叁坵，共壹石種之租谷，早允二冬交着年總領家先出頭收租納粮；兑粟收銀若干，存交落下年新頭家；三月初三日演戲開用，並三月十五日演戲童開費，應用登記在賬，存交下年新頭家。以上其田俱各倚佃，明買潔白清佃之田，並無佃頭、糞底、岸仔銀膠葛。公議：各租粟仟陆它，每石粟玖拾陆斤重足，或右者宜經風過斗。若是欠租，立即起佃别耕，不得轉脱他人耕作。故違者，衆公罰之，恕不容寬。

另永蓬宫：

一，永蓬宫收康戻巨港捐來龍銀伍拾元，又收畋还來龍捌拾叁元，計共壹百叁拾叁元來。置買郭運昌韓厝帷田式坵，四斗種，肆百步，粮配魏華盛户，全年完官銀叁錢肆分陆厘正。原田交於原佃永耕。

一，年早允二冬，每冬該納租谷式石肆斗足，交住持永蓬宫之人收領爲費，收租納粮，永遠祀業，不得私廢。若欠租起佃，公仝立石。

光緒式拾捌年壬寅歲捌月，闔社理事人立石。

**按**：此碑現存紫泥島安山村永真堂，碑名爲編者加擬。

## 六八二　靈嶼宫恒泥弟子題捐碑

恒泥弟子帮修靈嶼宫，芳名開列：

劉球禧捐銀拾四員。黄三敏喜捐銀八員。劉莊周喜捐銀六員。劉辛金喜捐銀六員。黄天厚喜捐銀六員。高棒騫

喜捐銀四員。高晋鴻喜捐銀四員。高辛巳喜捐銀四員。高三角喜捐銀四員。高永朝喜捐銀四員。甘莊言喜捐銀四員。黄其維喜捐銀四員。莊錦它喜捐銀四員。黄大蟳喜捐銀四員。黄保發喜捐銀四員。黄江潭喜捐銀四員。黄厚雹喜捐銀叁員。黄漳化喜捐銀叁員。黄振星喜捐銀叁員。庠生黄熙東捐銀弍員。莊水蘇喜捐銀弍員。洪鴨母喜捐銀弍員。莊霜降喜捐銀弍員。黄榮結、高榮結喜捐銀弍員。張漏嬰喜捐銀弍員。傅進來喜捐銀弍員。陳光澤喜捐銀弍員。陳國典喜捐銀弍員。郭芋籃喜捐銀弍員。郭梹官喜捐銀弍員。莊忠泉喜捐銀弍員。黄定官喜捐銀弍員。黄蚶官喜捐銀弍員。黄小藟喜捐銀弍員。莊文盛喜捐銀弍員。劉撤彊喜捐銀弍員。劉永官喜捐銀弍員。劉裕祥喜捐銀弍員。黄來富喜捐銀弍員。高雲騰喜捐銀弍員。黄榮琳喜捐銀弍員。劉窮官喜捐銀弍員。劉心超喜捐銀弍員。莊錦昌喜捐銀弍員。黄珠沙、黄雪官、傅進安、黄和隆、黄潤官、黄人官、黄永文、李送官、劉蜘蛛、黄盤官、劉喬官、黄鴻官、劉裕官、黄善奂、高良冷、黄筆官、劉時懋、謝水亀、莊和水、劉寧波、黄來金、劉包生、黄隆官、莊文怡、黄長盛、黄蚵官、劉裕炳、黄標官、劉宝官、謝生財、黄玉麟、黄石螺、黄心超、莊定官，以上各捐銀壹大員。

光緒二十八年十月。協題：黄熙東、莊俗生、黄珠沙、劉心超仝立。

按：此碑現存浮宫鎮海門島南山社靈嶼宫，碑名爲編者加擬。

## 六八三　漳州崇福寺佛乘禪師塔銘

光緒二十五年八月丁丑，南山崇福寺住持僧佛乘示寂。其徒喜滔等以十二月乙酉築塔於清泰寺後，因以狀來乞銘。按狀：師蘇姓，福建永定縣人。幼被掠賣，入梨園，爲襍劇。年二十八，忽有悟，詣同安南普陀寺披剃，拜僧有情爲師，得戒台州府明因寺。遊漳，見城南崇福寺規模宏敞，久蕪穢爲蒿萊，立願興修爲卓錫地。適前任汀漳龍道聯公喜奉佛，爲結廬。並遣弟子喜昌出洋募化，醵金數千，鳩工大興作，閱歲餘始竣。紺宫琳宇，龍盤鳳翥，仰負峻嶺，俯瞰洪流，寶相滿月，梵音湧潮，鐘鼓鏗鍠，花木馥郁，掩映山光水色間，爲祇園一勝地境。歲時伏臘，

士女瞻拜無慮千百，誠師妙□□果也。師爲人誠實□謹，信道不貳，隨物肆應，僧□僉服，積布施錢有餘□□□京師領經藏未□，遂以七月□□□□□□□□□而遊，僧臘三十八。前數日，自知以寅□化去，至期不爽。佛法倒火既舉，腰以下皆作黄金色，僉以爲得登彼岸。

余涖漳至三載，□師爲人重，以其徒之託，其可不□焉！銘曰：『□爲觀世，傀儡登場。榮枯哀樂，代謝何常？師本伶人，忽成法器。西方種子，乾坤清氣。大塊□□，孰假孰真？王侯牧監，遇眼煙雲。看破去來，真實了了。南山之麓，漳江之濱，衣鉢傳復，視□貞珉。』

〔光緒〕卅載□依神符大道、誥授通議大夫、三品滿陞用道、知福建漳州府事、前内閣侍讀、渤海劉桂□□屬弟□青唐明濡書。

**按：**此碑未見，銘文見於漳州王作人先生筆録。

## 六八四　修理金興宮題捐碑

大清光緒三十年元月吉置，列位弟子仝立石。

侯堂社陳萬和喜捐龍銀陸拾大員。山美社陳志泡喜捐龍銀肆拾大員。藍翎同知銜林和坂捐銀肆拾大員。石美南門黄顯承堂捐銀肆拾大員。石美埭頭黄和春捐龍銀肆拾大員。州同林炳文敬捐龍銀叁拾陸大員。州同林頤村敬捐龍銀式拾肆大員。州同林三观敬捐龍銀壹拾式大員。州同林鞏观敬捐龍銀壹拾式大員。田楼社楊梓□捐龍銀壹拾式大員。泥溪頭社陳玉硈捐銀捌大員。外社敬捐合共龍銀叁佰零肆大員。

陳厚观捐銀肆拾肆大員。陳有信捐英銀叁拾大員。陳墨观捐英銀叁拾大員。張永观捐銀式拾陸大員。陳号令捐銀壹拾肆大員。陳紅观捐銀壹拾肆大員。陳赫观捐銀壹拾肆大員。張様观捐銀壹拾肆大員。陳扶观捐銀壹拾叁大員。林稗观捐銀壹拾式大員。林齊观捐銀壹拾壹大員。□□观捐英銀壹拾大員。□□观捐銀玖大員。□大魚捐銀玖大員。

林陳月捐銀玖大員。陳岸斗捐銀捌大員。陳回观捐銀捌大員。陳自内捐銀捌大員。陳会观捐銀柒大員。陳烏观捐銀陸大員。陳咱观捐銀陸大員。陳篾观捐銀陸大員。陳風司捐銀陸大員。陳賊观捐銀陸大員。陳結水捐銀陸大員。林先观捐銀陸大員。張漏观捐銀陸大員。陳作观捐銀伍大員。陳耳鈞捐銀伍大員。陳位观捐銀伍大員。陳合春捐銀捌大員。陳知□、順和春、林陳至、林寅观各捐銀肆大員。陳大頭、林全观、陳條观、陳鞍观、陳勘观、林裕观、陳查某、陳鴨母、徐達观、徐宝成各捐銀叁大員。陳習观、陳田观、張□观、陳榜观、陳天宗、林普观、陳俠观、陳豆糍、陳忠观各捐銀弍大員。〈下缺〉

**按**：此碑現存紫泥島金定村金興宫，碑名爲編者加擬。

## 六八五　修理金興宫頂寮角題捐碑

大清光緒叁拾年元月吉置，列位弟子仝立石。

宋石九捐銀壹佰零弍大員。林猪屎捐銀肆拾弍大員。林壁观捐銀弍拾陸大員。林荣順捐銀弍拾陸大員。林蠘观捐銀弍拾肆大員。林蚶观捐銀弍拾大員。林山观捐銀壹拾柒大員。林現观捐銀壹拾陸大員。林興观捐銀壹拾陸大員。林天造捐銀壹拾叁大員。林艶观捐銀壹拾弍大員。林金塔捐銀壹拾弍大員。林查某捐銀壹拾弍大員。曾玉珍捐銀壹拾弍大員。林掌观捐銀壹拾弍大員。林金獅捐銀拾大員。林総观捐銀拾大員。林箍观捐銀拾大員。林呷來捐銀拾大員。林箕观捐銀拾大員。林柍观捐銀拾大員。林合德捐銀拾大員。林請和捐銀拾大員。宋福观捐銀拾大員。宋忠直捐銀拾大員。林平观捐銀拾大員。林郁观捐銀拾大員。林全观捐銀捌大員。林和在捐銀捌大員。林七观捐銀捌大員。林籠观捐銀捌大員。林三水捐銀捌大員。林却世捐銀捌大員。林高地捐銀柒大員。林掠观捐銀柒大員。林槌观捐銀柒大員。林鑽观捐銀柒大員。林樣观、林泥風、林□貴、林角观、林連吾、林經观、林孰禮、林烏畨、周林琴、林慶□各捐銀陸大員。林子观、林盛观、林武但、林旦观、林尾观、林全盛各捐銀伍大員。林焕观、林大条、合發號、

林全令、林孝覌、源順美各捐銀肆大員。林阮覌、林野覌、林乾覌、林清竹、林飽覌、林大寿、林上命、林禾覌、林永元、林知高、林清□、林旺覌各捐銀肆大員。林埕覌、林友覌、林葵覌、林潭覌、林乞覌、林映覌各捐銀叁大員。林邑覌、林慷慨、林聯覌、林良覌、林□□、林扁覌、林班□、林臭頭、林程覌、林吻覌、林寿山、林飲覌、林嬰覌、林和吉、林康糍、林泗覌、林吾園、林用覌、林食婆、林□□、林□□、林□□、林厚覌、林廪覌、林吾田、林石泉各捐銀弍大員。

頂寮角合該龍銀柒佰捌拾肆大員。

家長：林飽覌。董事：林金獅、林現覌、林掠覌。

**按：**此碑現存紫泥島金定村金興宫，碑名爲編者加擬。

## 六八六　修理金興宫什姓角題捐碑

大清光緒叁拾年元月吉置，列位弟子仝立石。

陳浩覌捐銀叁拾大員。陳宅覌捐銀弍拾肆大員。陳福如捐銀弍拾大員。陳窮覌捐銀拾陸大員。康丑覌捐銀拾陸大員。陳代覌捐銀拾陸大員。陳畨薯捐銀拾陸大員。黄江覌捐銀拾陸大員。康連生捐銀拾肆大員。陳良覌捐銀拾叁大員。康長覌捐銀拾弍大員。康粽覌捐銀拾壹大員。陳岳覌捐銀壹拾大員。周刊覌捐銀壹拾大員。陳色覌捐銀壹拾大員。陳必文、陳竅翠、陳荣華、許紅毛、陳鳥屎、陳箋覌、陳韮菜各捐銀捌大員。錢水亀、康畨薯、陳窓林、康桂覌、姚八景、陳南覌、許坐覌、陳棕覌各捐銀柒大員。陳波覌、黄交覌、許鬃觀、周奉覌、陳豆糍、陳乞覌、陳央覌各捐銀陆大員。陳耳覌、陳布覌、陳守旺、陳福珍、陳天末各捐銀伍大員。陳依覌、陳都覌、陳子教、陳杖覌、陳紅柚、陳泥龍、陳鋐覌各捐銀肆大員。陳情覌、陳坎覌、陳格覌、陳港牛、陳大頭、陳風雨、康牛角各捐銀叁大員。陳秧覌、陳厚骨、陳甚覌、陳紅尞、許球覌、陳芋蛋、陳海参、陳捷覌、陳金沙、康直覌、陳野昌、林撻覌、

陳論观、陳臭頭各捐銀弍大員。

什姓角該英銀肆佰玖拾大員。

家長：陳俠观。董事：陳岳观、陳宅观、康丑观。

按：此碑現存紫泥島金定村金興宫，碑名爲編者加擬。

## 六八七　重修霞室廟題捐碑

我廟建立有年，邇來被風雨損壞，楹桷傾頽。諸君目擊心傷，鳩集公議，急向外洋題捐。凡諸善士，皆踴躍争先。所捐芳名，遂勒石以垂萬世不朽云。

陳成委捐銀弍佰大元。陳會官捐銀壹佰弍拾元。陳允上捐銀伍拾大元。陳川根捐銀肆拾捌元。陳輝成捐銀肆拾元。陳瑞泥捐銀叁拾伍元。陳双圭捐銀叁拾壹元。陳樣官捐銀叁拾元。陳光乞捐銀弍拾弍元。陳猴官捐銀弍拾元。陳水源捐銀弍拾元。陳知母捐銀拾捌元。陳江奥捐銀拾弍元。陳伍習、陳早達、陳迎禧、陳添井、陳火鑽、陳梧桐、陳進財、陳桂辰各捐銀拾大元。陳回仙捐銀柒元。陳梧草、陳瑞元各捐銀陸大元。陳秤官捐銀伍大元。陳有根、陳拾跳、陳崇成、陳福基、陳振福各捐銀肆大元。陳撬嘴、陳中央各捐銀叁元。陳允瓚、陳允南、陳新嬰、陳盖官、陳秋烈、陳清美、陳同、陳濺生、陳連城、陳紅官、陳鼻官各捐銀弍大元。

光緒叁拾年弍月。董事：陳錦堂、庠生成禄、庠生慶瀾、登科、棕□、双春。

按：此碑現存東園鎮鳳山村山頭社霞室廟，碑名爲編者加擬。

## 六八八　重修翼晋宫石碑

謝崇本堂派下人等樂助緣銀名次：

南金捐艮貳百零肆元。益三捐艮壹百伍拾捌元。光祥捐艮壹百伍拾元。古官捐艮陸拾柒元。嬰官捐艮陸拾元。獻瑚捐艮伍拾柒元。允福捐艮伍拾伍元捌角。滿官捐艮伍拾伍元捌角。菜頭捐艮伍拾伍元。豐和捐艮伍拾元。渭潢捐艮肆拾柒元壹角。如頭捐艮叁拾陸元陸角。獻文捐艮叁拾叁元。長順捐艮貳拾捌元陸角。清水捐艮貳拾柒元柒角伍分。獻俊捐艮貳拾伍元叁角。如川捐艮貳拾肆元。順德捐艮貳拾元貳角。國庸捐艮貳拾元。霜水捐艮貳拾元。奇興捐艮拾玖元柒角。松官捐艮拾陸元伍角貳分。樹霜捐艮拾伍元柒角伍分。炉官捐艮拾肆元玖角。熟惟捐艮拾叁元。連發捐艮拾貳元伍角。允治捐艮拾貳元。合美捐艮拾貳元。芋官捐艮拾員肆角。小梨捐艮拾員肆角。獻鋭捐艮拾元叁角。崇德捐艮拾元。國財捐艮捌元。登墀捐艮陸元。滔官捐艮陸元。定鼻捐艮陸元。母蝌捐艮陸元。先足捐艮伍元柒角。九瓔捐艮伍元陸角。港寿捐艮伍元貳角。亨官捐艮伍元。玉誥捐艮伍元。瓜�捐艮肆元捌角。純彬捐艮肆元柒角。獻駒捐艮叁元陸角。惟官捐艮叁元陸角。南山捐艮叁元。志邦捐艮叁元。泥官捐艮叁元。惠官捐艮貳元肆角。嬰官捐艮貳元。質官捐艮貳元。慶官捐艮壹元貳角。衍官捐艮壹元貳角。脱壳捐艮壹元貳角。春官捐艮壹元。全官捐艮壹元。溪官捐艮壹元。貨官捐艮壹元。龍兒捐艮壹元。龍井捐艮壹元。

演慶成伸来艮伍拾柒元肆角伍分。賣旧紫皮来艮拾肆元肆角。弍房次派公田拾玖元貳角。奇品艮拾貳元。

共捐艮壹千伍百伍拾伍元捌角捌分。

置杉料一单共艮叁佰叁拾叁元捌角。置烘料一单共艮貳佰伍拾元零貳分。置灰料一单共艮捌拾柒元貳角。開木匠司工共艮壹佰玖拾元陸角伍分。開塗匠大工共艮壹佰肆拾伍元。開塗水小工共艮伍拾捌元貳角伍分。開油漆司工共艮貳佰零柒元伍角。開裝神像工共艮拾元。開義成色料共艮叁拾柒元。開石匠石器共艮叁拾肆元伍角。開硒沙塗三色艮貳拾叁元壹角貳分。置梁傘一支共艮拾叁元。開草并紙根什用貳佰零柒元柒角叁分。開往汶捐緣共艮陸元。開出石艮拾柒元。

光緒癸卯年八月興工，至甲辰拾月造竣告白。董事：益三、渭潢、古官、長順、合美立。

按：此碑現存榜山鎮平寧村翼晉宮，原碑數字爲蘇州碼。

## 六八九 登仙殿碑記

大清光緒甲辰年。

貽慶堂陳超記捐銀弍佰大元。錦宅黃鶴成捐銀壹佰弍十大元。新嶺后康寶德捐銀捌十元。錦宅黃賜時捐銀六十元。錦里林光酵捐銀四十三元。錦里林媽要捐銀四十元，角山陳聯昌捐銀四十元。後路陳綿綿堂捐銀弍十四元，田裡霞橋角捐銀弍十四元，石美黃賜寅捐銀弍十四元。南川角陳謙記捐銀弍十元，岱東石隆成捐銀弍十元。福里林合德捐銀拾六元，岑兜尤茂蓮捐銀拾六元，新大厝陳振記捐銀拾六元，小吕宋康□興捐銀拾六元。

黃寿福捐艮十六元。林孕官捐艮十五元。曾美社曾双堆捐艮十二元，曾美社曾双烏捐艮十二元，曾美社曾双紅捐艮十二元。新嶺后康讚炎捐艮十二元，新嶺后康讚視捐艮十二元，新嶺后康讚富捐艮十二元，新嶺后康讚安捐艮十二元，新嶺后康讚通捐艮十二元，□□陳存善堂捐艮十二元，棲柵潘鑑程捐艮十二元，南山陳文仲捐艮十二元，錦宅黃顯英捐艮十二元，石美黃賜錫捐艮十二元，角山林清溪捐艮十二元，新大厝陳春水捐艮十二元，陳清發捐艮十二元。林篤班捐艮十元，林文德捐艮十元，徐黃安捐艮十元，孫陵波捐艮十元，林和發捐艮十元，陳揖忠捐艮十元。

黃金記、王振禄、林宗自、黃耀星、潘自明各艮捌元。合勝号艮六元。林蘇海、王福成、李成隆、康福成、黃則晨、李如傑、潘振山、康福隆、楊在田、許石角、王德隆、林交□、張生官、陳德發、陳文炳、吴光乞、吴光鬱、徐章妙、尤長發、源安行、鑾芳舖、張文義、陳期旋、陳其貨各艮六元。周許細艮伍元。王振興、雷芳荣、陳探官、陳炭官、陳爽官、陳源美、陳契官、陳其標、陳文真、陳範官各四元。王永官、黃清枝、洪報官、林清建、瑞美舖、余義興、蓮和興、張文要、陳光正、林永祥、黃占美、施連旺、王海官、陳源興、余高寔、康福安、康福昌、李龐東、黃臣才、黃守廣、潘陞翼、魏傳香、黃應芳、黃建眼、莊溪古、鑾美祐、鑾美記各艮四元。余山林、余江海、

林開弼、吴豆簽、許紹先、邱玉振、蘇福志、宋維精、柯三允、王能德、王珠清、陳文鍼、正勝号、陳文票、林高眼、尤詰帶、王文彪各四元。戴采成、蘇芳渧、羅定州、王啟傳各艮三元。王新官三元。

曾天賜、鄭貧官、陳金猴、蓮和發、陳儒珍、烏淇嶙、金長安、金名鹿、葉蓮記、顔宇宙各二元。郭明昇、戴隆成、張苞官、林文敨、鄭西官、鄭思貴、馬生教、葉尚興、林忠記、陳金鳳、林喜音、王國志、王大堇、林文芳、李孝礼、楊芳潘、周清□、黄則緩、黄則貌、林毛官、黄揵紹、蔡曰杭、莊能官、王瓆瑶、魏再興、鄭萬臨、王仁旭、合和舖、趙治蛏、許景算、潘寫梧、陳慶安、周九龍、戴看官、林恊官、陳文良、葉文教、方德成、黄盈源、萬寶源、陳對耀、陳周官、合成号、黄福官、黄悦正、廖雙官、陳杏官、林濳官、陳源興、湧源号、金順德、陳烏淹、陳筆官、蓮成号、黄查某、國課舘、王潤生、尤六律、王如成、王南萍、利元亨、洪成興、施伯謨、全美号、吴朝水、曾祖從、王瑞裕、黄鼎嵩、蔡清露、陳新池、王國嫂、燦成号、振祟美、黄在育、鼎燧号、林文錦、李元官、陳成記各二元。

柯閆一元。林文焕、許連枝、孫張舍、錦昌舖、福順興、陳得福、金和成、張振興、陳佰明、裕發号、合發号、陳怨官、林長興、金玉蘭、陳福記、李永興、王益友、黄光箸、莊義芳、吴德興、洪文帝、王文添、林士别、吴弟角、蓮發舖、國興舖、瑞桃舖、陞記号、錦順舖、陳天成、新德順、吴阿賓、陳榮德、陳和心、陳深水、戴三聘、陳烏番、陳針官、陳吟招、陳双塔、陳海官、王長報、王天威、林有福、楊文錦、洪水灌、李振玉、林登祥、林德興、蘇宜嶙、黄有官、林通官、芳昌舖、金讚發、成興号、振豐号、陳有德、歐九鯉、新福安、尤謙書、林登桃、林及枝、李仁福、黄玉嶙、黄禮審、陳大堇、王智勵、郭自心、陳清珠、陳黽初、顔李雨、方圈官、戴澄源、陳金玉、陳光親、陳慎官、黄貢南、新泉成、連成号、順源号、義德号、丹青号、王明合、施炳蟳、張德茂、林藻衡、林俊達、林華記、林紅柑、王大漯、歐東海、王錦鱸、許萬□、金茶峰、成春堂、歐招才、慶春堂、葉德恭、林忠榮、林尚義、林應祥、王習維、陳溪官、吴啟富、施安守、徐池官、林和明、林双記、林祥瑞、王阿□各艮一元。

重脩角尾山諸董事。

按：此碑現存角美鎮社頭村登仙殿。

## 六九〇　重修蘭徑廟石碑記

茲將喜捐緣金芳名開列于左：

信士高□□捐銀伍拾壹元。高有略、許渭美、高良培各捐銀拾八元。高西周捐銀拾四元八角。高貫耳捐銀拾四元伍角。江騰蛟、許華宜、許爐宜各捐銀拾弍元。陳樹□捐銀拾元弍角。邱□齡捐銀玖元□角。高陳鈺捐銀柒元伍角。許槐燦捐銀陸元八角。陳□胁捐銀陸元柒角。許□净捐銀陸元伍角。陳有連、陳知江、□蛋官各捐銀陸元四角。程洪樜、陳陽山各捐銀陸元。許皮食、高□元各捐銀伍元。高文質捐銀四元伍角。高瀾海捐銀四元四角。高榮洄捐銀四元叁角。庠生洪陳善捐銀四元。庠生陳東□捐銀叁元四角。高炳輝、李雨水、高洪善、高誥官各捐銀叁元□角。洪狗母、高寿官各捐銀叁元。許桂□捐銀弍元四角。江騰周捐銀弍元叁角。張□根捐銀弍元弍角。許武派、高玉田、高榮成各捐銀弍元。高典观、洪黎鍾各捐銀□元叁角。

光緒乙巳年陽月吉旦。總理：高存略、許渭美；董事：江騰蛟、高西周、邱江齡、許炉官、高貫耳、洪程闊。

按：此碑現存海澄鎮河福村南徑社蘭徑廟。

## 六九一　内樓劉氏大宗祠配享碑記

祖廟前進上年重修，銀項不足，向外借用，乏銀清還，各房家長在本祠内公議：要入主者，每對主獻銀弍佰員。茲有次房裔孫東巽獻來龍銀弍佰大員，將其十五世祖考愷直公及祖妣勤慈吴氏主壹對入祠配享；東巽又另加獻龍銀弍佰大員，合還外人，令免納谷利，復設豬羊。各房家長念及東巽向義，仝堂公議：逐年春、冬兩祭逐次祭祀，公

議代代永給東巽派下豬頭壹個，重十二斤，以彰向義，立石爲記。

光緒三十一年十二月　日。家長：長房登崑、次房東清、三房祈文、四房來大、五房振隆；董事如曉；仝立。

**按**：此碑現存海澄鎮内樓村劉氏大宗祠，碑名爲編者加擬。

## 六九二　鳳鳴陳氏重修本族大宗祠碑記

蓋聞創業垂統，先世之肇造維艱；尊祖敬宗，孫子之圖報尤重。本宗祠崇祀忠毅文惠祖，而以列祖配之，典至重也。年湮日久，棟宇摧殘，凡属孫子，不無隱憾焉。鳴玉等念春露秋霜，心懷悽愴，思水源木本，情篤宗親，倡募重修。幸也各房孫子樂成義舉，集腋成裘，嗣而葺之，輪奂如新，憑仗如在。永世克孝，非敢言也；實列祖德垂後裔，惟願先靈永妥，伏祈永篤我後焉已矣。工力告竣，勒石以垂永久。是爲序。

各房科銀：

東野祖派下科艮壹佰弍拾三元。侃齋祖派下科艮柒拾弍元。恪庵祖派下科艮壹佰叁拾元。崑山祖派下科艮壹佰捌拾元。太諒祖派下科艮陸拾元。壹舉祖派下科艮肆拾元。景福祖派下科艮貳拾元。双鳳熙初祖派下科艮六元。南山房松溪科艮四元。

捐金名次：

瑞泥捐龍艮壹佰元。太學生習書捐龍艮壹佰元。石球捐龍艮陸拾元。士琡捐龍艮陸拾元。好雨捐龍艮伍拾元。塗澼捐龍艮伍拾元。太學生國興捐龍艮伍拾元。得利捐龍艮四拾元。双鳳安逸、灶山、萬福、大性、天河、養老各捐龍艮弍拾四元。玉秋捐龍艮弍拾弍元。其葉、杏章各捐龍艮拾八元。西香捐龍艮拾六元。光籠捐艮拾伍元。渙章、文元、長安、西葉、鳥麗、清雲、天理、慶福、穴掌各捐龍艮拾弍元。克開捐龍艮拾元。其章、蒼汴、東照各捐龍艮八元。欽若、双鳳廷玉、江中、大位、頭緒、隆喬各捐龍艮六元。石匏、文檜、擇眾、已未、和先、双宝、石域、

水仙、文塗、聰明各捐龍艮四元。内井石婆、麗魚各捐龍艮三元。宝森、應鐘、萬鍾、双鳳啞口、成琴、嘉禾、思服、艮桓、生意、河流、明布、清炮、瑞雨、石頭、高棕、和貴、泥頭、瑞成、連嘉、克明、有全各捐龍艮式元。福興捐龍艮壹元。

嚴禁條規：

一，祖祠内不許設賭、堆積草把、覆種、水車、黎耙、什物、做灶炊爨、宰殺牛犬豕、婦女織布、梳布各等事。

一，祖祠庭及岑堦，逢冬不許叠積稻墩、打稻曝粟、颺粟舂粃、日夜縛牛各等事。

一，祖祠後不許舂土牆、築厠池，及東西左右壁邊不許縛牛傍草、堆積石粒、壅積糞土各等事。

一，以上各欵條規，永遠嚴禁。如有不肖子孫持強違規，各家長公議重責。如怙惡不悛，立即呈官究办，决不從寛！此約。

總董：附貢生鳴玉。董協：鄉賓應初、鄉賓芳尋、成領、其掌、咸章、太學生北龍、太學生國興。

光緒叁拾壹年乙巳歲季冬穀旦立。

按：此碑現存東園鎮鳳鳴村嶺後社陳氏崇本堂。

## 六九三　靈嶼宮天上聖母碑記（二）

靈嶼宮之興建，由來舊矣。擇地卜築，古人運費精神原自不少，然其恭祀天上聖母，亦謂赫聲濯靈，時布仁恩於鄉里，消災改危，亦能庇佑於人民。是以經之營之，勤懇而不倦也。自道光年間雖嘗修理，延今亦復六七十載，其中非無風飄雨滴，致令瓦觧甓分，非無鼠咬虫傷，仍復桷折榱崩，敗壞愈久，維持愈難。社中男婦老幼□疇事於神，則將何所賴乎？兹我總理，目擊心傷，不忍坐視，又恐獨力難支，是以仰祈本社之□□及至四方善信，倘或喜捨捐緣，自有神明默佑而獲福無疆矣。及他日告成，其芳名亦當勒諸貞珉，以垂於不朽云爾。

許甘雨捐銀叁佰陸拾員。許紀□捐銀壹佰柒拾員。許毛毛捐銀壹佰員。許乃及捐銀肆拾員。温榮耀捐銀肆拾員。許紀碧捐銀叁拾員。許承祚捐銀弍拾弍員。謝虎獅、許登荐、郁源號、高三省、高雨順、許連在，以上各捐銀壹拾元。張文生捐銀捌元。許納悔捐銀捌元。温鎘鉢捐銀柒元。許吾生、黄清江各捐銀柒元。許傌昭、許如磋各捐銀陸元。黄燦輝捐銀伍元。黄應麟、許文旦各捐銀四元。張員面捐銀三元。吴九芝捐銀二元。石鎮源盛號捐銀捌元。許□□捐銀弍員。温古裕捐銀壹員。温九比捐銀壹員。

大清光緒叁拾壹年歲次乙巳。

董事：武生許耀樞，許紀章、許毛毛；總理：温樹根、温強、楊振、許春福；敬題。

**按**：此碑現存浮宫鎮海門島南山社靈嶼宫。

## 六九四　重脩嶼頭美有應公祠捐金芳名

鍾文理龍壹拾陸元。蘇福壽、潘澄森、鍾福興、王根胡、江順、林振藻、蔡其寅各捐龍弍元。王錫申、甘玉錫、蔡邑、蘇道線、甘□□、蔡克進、王漢瑞、蘇观瀾、蘇雲漢、蘇榮澤、蘇福謙、黄鴻榮、王蘇榮、陳信義、劉高林、江厚福、林濁、劉高違、王榮振、蘇義利、林廣、甘桂柳、林鍾球、陳球、葉源春、鍾金成、陳安逸、王大頵、蘇金生、曾文鑾各捐龍壹員。蘇□易、蘇鳳鳴、鍾邦基、蘇焕□、蔣義春、蔡榮泉、蘇弼虞、陳鰲各捐龍五角。茂春堂、蘇宗邦、江海各捐龍四角。

光緒丙午年蒲月，古郙社董事公立。

**按**：此碑現存海澄鎮嶼上村古坑社有應公祠。

## 六九五　紅滚廟題捐置産碑記

泮浬汶吴振太喜捐洋十六元。澄土城内蔡登進喜捐洋六元。東泗社黄大火喜捐洋十元。碼木澤街黄合順號捐洋四元。本社黄英才喜捐洋四元。本社黄隆官喜捐洋十元。石碼方得露等喜捐洋六元。本社劉勘生喜捐洋四元。外市街黄讚基喜捐洋六元。承前緣欵存伸洋四十六元伍角。

公置黄家水田一坵，受種子一斗二升，帶上層私潭一口，價銀洋一百大元，庫駝重七十二兩五錢正。址在澄邑祖山保山后社，土名塘内洋，東至宋家田，西至吴家田，南至本家田，北至圳岸，配潭水灌溉流通。粮配澄邑黄惠記，現推入保生大帝户内，官銀壹錢零玖厘，充爲紅滚廟保生大帝香火或進香資費，永作緣田。議即起佃，付交承當廟祝、僧尼收税，佃、粮上下相承，不得私自典借財物，即社人亦不得藉端覇佔。契書當炉化火，福有攸归，合立石存炤。

計開石碑工料並推入糧單共洋十二元五角。以前緣欵完明，再炤。

光緒三十二年八月　日，董事：黄五斗、黄志成、黄焕章仝立石。

按：此碑現存海澄鎮山後村紅滚廟，碑名爲編者加擬。

## 六九六　重興百回宫題捐碑

重興百回宫，姓氏各捐金收築宫殿，致安神位，祐我連鄉吉慶。

武生黄金盤、曾秋月、郭長深各捐銀拾式元。

林果珍、謝江永、謝添福、黄植杉各捐銀陸元。黄三耳、蔡唐儀、黄炎崑、鍾全成各捐銀四元。

黄植棠、黄順親、黄詩頌、黄倀昌、蔡鴻观、林長观、林其賓、林回观、謝順來、曾流观、曾金堆、曾江雞、曾萬观、曾振文、陳紅鼻、曾同观各捐銀弍元。

黄首卿、黄□观、黄金槌、黄小閏、黄棍观、黄舜观、林和一、林諒观、劉漏昌、廖聖观、曾定观、曾咸观、曾烏蕘、曾圭观、曾領观、黄自辨、黄丕休、黄永近各捐銀壹元。黄瓊观銀一元。

林曰官捐銀弍元。謝永官再捐銀拾弍元。黄植杉再捐銀捌元。

光緒叁拾弍年孟冬穀旦，董事：曾秋月、黄卉邦、曾江雞、黄永近仝立。

**按：**此碑現存海澄鎮珠浦村前曾社百回宫，碑名爲編者加擬。

## 六九七　重修西港橋路碑記

出城東五里，有橋曰『西港』，創於姚公啟聖，歷康熙年間而兩修也。迨甲辰之秋，七月既望，洚水旬餘，橋址衝壞，而其路大不便於行人。每值淫雨濘泥，□皆欲斷，輙喚奈何。時維小春哉生明後，我同人始興是役，閱五旬而告蕆。從茲人迹鷄聲，不□長途之苦矣。書所謂『王道平平』者，非耶？爰爲之記。

南安縣學教諭黄灝撰。

捐款芳名：

大願堂銀弍拾陸員。曾振聲銀弍拾陸員。何怡成銀弍拾肆員。蔡合興銀弍拾肆員。蔡至誠銀壹拾弍員。糖行德安號銀拾弍員。職員蔡林才銀壹拾員。職員李長安壹拾員。張順成銀壹拾員。同美號銀壹拾員。楊江輝銀拾員。蔡吉成銀拾員。蕭錫□銀四員。烈昌號銀四員。陳林氏銀四員。職員蔡志恭銀四員。教諭黄灝銀弍員。李合隆銀弍員。廖本植銀弍員。興瑞號銀弍員。蔡錦心銀弍員。

倡修董事：翰林院待詔張壽星銀伍拾七員四角。五品銜縣丞陳克昌銀伍拾七員四角。直隸州分州唐天華銀伍拾七員四角。直隸州分州唐壽祺銀伍拾七員四角。太學生陳春魁銀伍拾七員四角。即補巡政廳蔡世禄、蔡世經銀伍拾七員四角。例授八品銜林曜焜銀四大員。

統共捐來銀伍佰伍拾八員四角正。

經費條目：

買石料銀七十九元三角八分。買灰料銀一百三十八元三角。買砂料銀一十三元五角。買甓料銀三十二元五角。買杉杙銀二十一元四角。買糖水銀二十九元二角。開柴橋銀四元。開黃蔴銀壹元。開泥匠工一百三十元九角。開石匠工一十五元七角。開什料銀九元八角。開謝土銀一十三元一角五分。兼修下店尾路，開泥匠火工九元七角，買灰甓什料四十三元五角七分。

計共費去銀伍佰伍拾八員四角正。

光緒叁拾弍年歲次丙午仲冬月　日，總理事務蔡世經立。

**按**：此碑現存龍文區石刻博物館，斷爲兩截。

## 六九八　永真堂公田碑記

光緒乙巳年，做王醮尚伸銀，建置□□家新十三份圍田，大小弍坵，五斗八□□，價銀叁百大員正，粮配潘信記户内□□元，納官銀弍錢弍分零八毫正，付原□□耕作，逐年早允二冬租粟七分，結定□□肆石零六升，結定價龍銀早允二冬每冬壹拾元零壹角半足，不得減分文。若是欠租，銀無交足，立即起佃別耕，不得異言。又，值年頭家收租納粮。炤。

光緒丙午年　月　日，理事人立石。

**按**：此碑現存紫泥島安山村永真堂，碑名爲編者加擬。

## 六九九　重修林坑社開漳聖王廟題捐碑

重修林坑社開漳聖王廟，爰將捐金名次開刻于左：

信士甘振川捐銀貳拾員。甘生毛捐銀拾貳員。甘梓崴捐銀拾大員。甘毛□捐銀拾大員。程湯飲捐銀拾大員。甘祈淵捐銀拾大員。程建興捐銀拾大員。甘敬忠捐銀捌大員。甘有土捐銀陸大員。甘朝陽捐銀陸大員。甘渾冷捐銀肆大員。甘佛助捐銀肆大員。甘萬興捐銀肆大員。甘長命捐銀叁大員。甘梓柳捐銀叁大員。甘廣官捐銀叁大員。甘董官、甘麗水、甘蹝官、程菜頭、程山坑、甘老宿、甘海賊、甘和尚各捐銀貳大員。甘企頭捐銀一元五角。甘豆料、甘黎周、甘祥信、王清濮、甘泮水、程連發、甘和燕、甘老鮑、甘大目、甘祥泉、甘林大頭、甘錘官、甘添丁、甘壺奇、王清池、甘樞官、甘湖楚、王細頭、程兩三、甘大山、潘桶官、甘英補、甘羅官、甘王水泉、甘咸官、甘兩富、甘聯昌、甘添水、程朝陽、甘進獅各捐銀壹大員。

光緒叁拾叁年梅月　日，董事：甘有土、甘梓崴、程潭領、甘梓柳。

按：此碑現存海澄鎮珠浦村林坑社八鳳堂，碑名爲編者加擬。

## 七〇〇　重脩仙堂本社蘇姓題捐碑

原夫神農大帝德普功洪，嘗藥利病，教稼利農，禦災捍患，惠我一方。鄉人立廟，匾曰『仙堂』，年久剥蝕，棟宇就荒。丁未脩葺，踴躍興工，鼎新革故，輪奐相同。緣亭增築，氣象輝煌，神靈以妥，廟貌以崇。有祷輒應，無微不通，長此終古，時和年豐。

謹將本社蘇諸弟子喜捐名次列左：

緣首作山捐銀肆拾員。太學益盛捐銀叁拾員。賓樹拾弍員。商芋匏捐油漆銀弍拾員。

漏挨、太學維嶽、庠生文川各捐拾員。庠生纘唐、復、元今各捌員。水弁、允奇各陸員。恩貢受禄、益存、繩流、石根各肆員。原徐、定成、示足、水鑽各叁員。

康腔、嘉元、榮芳、□匏、類、得衆、闊嘴、峩水、淮潮、鉄、庠生源溥、海山、在金、庠生漢、檨、安吉、天灯、來湊、進丁、水漚、原坤、深、尚、慎言、行利、大腸、扁覗、長美、錦才各弍員。自省壹員五角。

雲印、大滔、班海、分清、水連、成臣、位石、蛋錦、意崇、苗明、榜萬、福車、□茂、葉良、烏砧、淮赤、鉄犁、志道、克配、□水、西在、璣車、水負、次蚊、如談、坤禹、和尚益清、四惠、浴知、毌大、籍家、婆亭、榮、福賊、輔春、白富各壹員。

光緒叁拾叁年葭月穀旦。董事：蘇受禄、纘唐、文川、維嶽、作山，總推：□、淮，仝立石。

**按：**此碑現存港尾鎮格林村福林宮，碑名爲編者加擬。

## 七〇一　李氏祠堂獻田碑記

祖德宗功，春秋匪懈，孫子宜然，奚事鏤石以揚功烈？然而剥蝕風霜，獻典靡存，考古者不無遺憾。爰溯我始祖静潛公，由漳而徙豐江，祠宇堂皇，大宗維屏。距六世佳齊公徙居霞美，開創小宗一進，茅茨土堦，規模淺狹。十七世孫貢生清俊，魁梧奇偉，少而讀書，長而泛湖，發跡巴陵，置資百萬，雖古鴟夷子皮不是過也。匯資弍仟三佰大員，命胞侄葉儒、武生、兆麟、兆鳳同董其事，於癸未年開拓前進、置蒸田。一時堂構輪奂，祀事孔明，厥功懋焉。而且孝孫有慶，二、三房則傚，亦献蒸田，互相濟美，誠盛辛也。工竣落成，配主酬榮，刻石紀勳，將以示勸，且志不忘，因鐫其事於左。

二、三房配主壹、弍对：魁俊、勤甫、守真。

三房清俊配主伍对：天粤、時芳、清郁、日陞、清俊。

三房献蒸田捌担半：社口高田仔一棚，担半；河仔尾一坵，七担。清俊建蒸田弍拾陸担半：格仔墓前一坵，弍担半；畓仔山脚二坵，四担；下溝坑一坵，四担；龍舌洋一坵，四担；臂仔尾一坵，四担。

以上田租，世爲祭祀開用，每祭永配胙肉弍斤授俊后裔，以酬其榮。

又献公王田碑記：

我族自開祖以來，恭奉廣惠王，每逢壽誕，即華費敬謝。延我清俊，特買蔡朝陽田四坵，拾陸担半，在溪仔尾，粮配李清俊柒拾叁分、蔡朝陽弍拾分，永爲惠王壽誕開用。

以上兩條田租，世歸俊裔掌理，逐年鳩宗令算，或伸或欠，從公出脱，不得變動田業。

光緒戊申年四月。太學生豐年、國珍，武生成金，仝董立石。

**按**：此碑現存白水鎮樓埭村霞美社李氏崇德堂，碑名爲編者加擬。

## 七〇二 興建文山書院碑記

雲山太師，明嘉靖間英臣〈下缺〉今年湮代□□以英靈之氣□□兩間，每每顯□雲山，歷徵靈異，以故聞粵〈下缺〉啟文公詢雲霄□□駐節石鎮，幸引旌甫及，疫癘潛消。都人士沐其恩者，咸〈下缺〉己亥連年患疫，復蒙大顯威靈，諸紳等被德潤深，蓄誠日久，乃倡鳩南國，不〈下缺〉輪奂聿新，題其額曰『文山書院』。從兹神光長照，保佑人民，其德咸孚〈下缺〉水之奇。屹屹靈碑，未勒峴山之孚，其何以顯太師之靈，誌諸人捐輸之〈下缺〉石鎮文衡殿關帝廟關聖帝君乩〈下缺〉。

**按**：此碑現存石碼街道五福禪寺，殘缺不全。

## 七〇三　重修普邊宫題捐碑

滸茂欽加二品道銜林昌捐艮一百二十四元。石鎮福壽街太學生汪李㒷捐艮一百十二元。普邊社諸弟子共捐艮一百五十一元五角。莊厝社諸弟子共捐艮一百五十三元。

豐茂輪船捐來艮六十大元。豐遠輪船捐來艮三十六元。象峰社林云燒捐艮三十元。潮州信生治灌捐艮二十元。象峰社林艷观捐艮十六元。下滸社方面观捐艮十六元。茶料街合發号捐艮十六元。普邊社林如竹捐艮十三元。住持僧宝正師捐艮二十元。普邊社林砧翠捐艮十二元。普邊社林彬長捐艮十二元。溪頭角許目观捐艮十二元。洪厝社洪裕物捐艮十二元。碼貢生曾國清捐艮十二元。南坂社鄭長观捐艮十二元。下仔尾林㒷發捐艮十二元。象峰社林清醮捐艮十四元，林甘蔗捐艮十二元，林敵舞捐艮十二元。象峰社林和漢捐洋艮十元，林砧观捐艮十元，林阿交捐艮九元。后街仔新合成号捐艮八元。詔安營中軍□林英翅捐艮八元。后街仔美打棧捐艮八元。后街仔新美打捐艮八元。米鋪金和順捐八元。例貢生曾紹棠捐艮六元。上南坂鄭滄廪捐艮六元。埔尾亭盧彩鳳捐艮六元。龍樹王楊明配捐艮六元。新行街金在成捐艮六元。西頭仔福全美捐艮六元。打索街吴淮观捐艮六元。姚厝街高清田捐艮六元。內厝社方荣观捐艮六元。莊厝社莊重观捐艮六元。莊厝社莊□观捐艮六元。丹州社楊寿仁捐艮六元。象峰社林和尚捐艮六元。象峰社林管捐洋艮六元。許林頭許昭观捐〈下缺〉。磚仔埕張協德〈下缺〉。坂頭社周紺观〈下缺〉。南山社周德發〈下缺〉。后街仔新恒足〈下缺〉。店仔尾鄭宝㒷〈下缺〉。東山社楊林〈下缺〉。普邊社林緒〈下缺〉。科試□□观〈下缺〉。下庙鄭尤恭〈下缺〉。下庙鄭綿盛〈下缺〉。

**按：**此碑現存榜山鎮普邊村慈濟宫，碑名爲編者加擬。

## 七〇四　重修普邊宫小吕宋題捐碑

重修普邊宫，小吕宋緣銀：

魚補寮公司捐大艮三百八十元。上社陳阿斗捐大艮一百元。晋江楊□□捐大艮五十元。南安蔡資深捐大艮二十元。李協山捐大艮十二元。恒昌号捐大艮十二元。晋江吴克誠捐大艮十二元。龍溪黄賜畝捐大艮十二元。晋江施光□捐大艮十二元，炳記號捐大艮十二元。南安林文賔捐大艮十二元。海澄董蔡敏捐大艮十二元。海澄陳瑞道捐大艮十二元。貫口謝清籐捐大艮十二元。田頭孫高陞捐大艮十二元。晋江陳三多捐大艮十元。晋江洪明岦捐大艮十元。南安楊尊親捐大艮十元。南安陳禄仕捐大艮十元。庵兜吴應猷捐大艮十元。南安陳光純捐大艮十元。青礁王家彬捐大艮十元。晋江鄭玉盆捐大艮十元。隆泉号捐大艮八元。南安福聯美捐大艮六元。龍溪郭海官捐大艮六元。義源号捐大艮六元。和聯發捐大艮六元。龍溪王漢金捐大艮六元。福長成捐大艮六元。曾恒穗捐大艮六元。同發棧捐大艮六元。晋江吴遠勝捐大艮六元。禾山林雲□捐大艮六元。龍溪康重賞捐大艮四元。文茂号捐大艮四元。龍溪林甜观捐大艮四元。南安林□再捐大艮四元。禾山林永茂捐大艮四元。安溪黄金鈞捐大艮四元。黄開水捐大艮二元。陳長勝捐大艮二元。允其昌捐大艮二元。金碧順捐大艮二元。莊天來捐大艮二元。蔡德喜、振隆号、陳清筆、萬錦号、荣義号、錦和号、萬勝号、□成号、利安号、林永□、順德棧、瑞成号、合德号、成發号、福隆号、□隆興、和興号、尤炳煙，以上各捐大艮二元。成發号、施派观，以上捐一元。嶺口社諸弟子捐艮□□。

總理：莊澤賔、方漳瀨、陳瑞道、楊尊观、謝清籐、董蔡敏，師範□生洪春〈下缺〉。

**按：**此碑現存榜山鎮普邊村慈濟宫，碑名爲編者加擬。

## 七〇五　金鰲重脩祠堂記

鰲與曇同宗，地近而親。子姓貴顯者，彼此祖祠必相展謁，著爲例焉。歲己酉，宗姪晴秋等以其始祖之祠損於風雨，議所以脩之，謀諸不佞。竊維祠堂者，孫子本根也；本根不庇，枝葉其曷所附？遂勉贊厥議。未數日，鳩金千餘，而鰲裔之遠在南洋、爪窪各埠者，聞風興感，樂輸復千餘金。召匠庀材，始是年十二月，迄次年十月工成，蓋亦敏矣。然就不佞言之，迨所謂和而事易成者乎？堂前後二進，縻白金共二千餘員。子派以助金多，祖、父例得附享於祠，增主肆對。董其事者，晴秋、博厚、馨官、其成等。是役也，培根固本，敦親厚俗，一舉而數善備焉。今夫人莫不有愛敬宗祖之心，而其先祠宇往往一圮而不再新，何歟？豈盡由無力歟？抑亦尊者、長者自私自利，無公誠以資倡率歟？又其或挾強凌弱、同室稱戈，宗族爲墟猶不之恤，何愛于祖廟歟？今金鰲諸人輸金如是，其踴躍脩祠又如是其迅速，不佞於此隱然見我鰲父兄子弟之和且厚，以故能仁及厥祖也。又見晴秋等之在於父兄子弟之間必無自私自利、挾強淩弱，而後能一倡而群應若斯也。是真能培吾宗善氣者也。用特誌之，以爲諸楊勸。

浦佛曇舉人士鵬拜撰。

貢生在田捐艮壹佰四十三元。柑樟捐艮壹佰零八元。坤讚、興官各捐艮壹佰元。長偕捐艮八十八元。啟官、嶺東金鵲各捐艮伍十員。文福、百歲翁宗契各捐艮肆拾元。和金、玉治、朝水、金生、虎獅、錦川各捐艮叁十元。雙福捐艮弍十五元。萬里捐艮弍十四元。岐山、香水、光訓、蘇官各捐艮弍十元。含烟、大好各捐艮十六元。如玉捐艮十三元。丙午、大溪、宗興、在沉、福和各捐艮十弍元。冷官、金全、德章、桑栢、水仙、潭貴、明發各捐艮十元。立秋、柳水、錦品、惟仁、鳥鼠、漏文、林官各捐艮八元。料居、江士、玉宝各捐艮七元。烟官、林木、蚵官、鳳陽、大振、永成、西同各捐艮六元。養成、水寿、佛官各捐艮五元。大目、鳥仙、水沱、啟迪、明謙、臨尚、王全、德仁、梓路、膠令、丁未、慶源、松溪、南離、桂官、木山、淮泗、丙寅、清溱、其成、鄉賓登殿各捐艮四元。

添進、梓樹、漢沂、知官、土鰲、榮華、成珠、印官各捐艮三元。銀錚、熟官、文德、玉華、金連、清賢、惟陣、漏九、木針、清皮、旺官、怨官、河水、石佛、本官、鏗鏘、立官、清河、淵澄、賤官、好石、養官、樹木、福記、正光、瑞眼、廷祥、鄉賓而榮各捐艮弍元。

佛曇：明簡捐艮壹佰元。良輝捐艮弍拾元。清江、鴻雁、占鼻各捐艮十元。其草捐艮五元。允頭捐艮四元。純美、榮稗、厚皮、榮晋各捐艮弍元。篤仁捐艮一元。

萬字捐艮陸佰元，附主弍對享於祠。光謂捐艮叁佰陸拾元，附主壹對享於祠。水沱捐艮叁佰伍拾元，附主壹對享於祠。

宣統元年菊月，董事：庠生晴秋、磬官、博厚、其成仝立。

**按**：此碑現存白水鎮金鰲村楊氏大宗祠。

## 七〇六　重修周氏大宗祠題捐碑

裔孫潤亨捐銀一百一十四大元。宣統元年十月　日立。

**按**：此碑現存厦門市海滄區後井村衙裡社周氏家廟，碑名爲編者加擬。

## 七〇七　重修霞邊陡門碑記

至聖貳仟肆佰陸拾年庚戌花月，重修陡門及清港，李九嬰官捐題来英銀壹仟大員正。

八角頭家長董事。

**按**：此碑現存角美鎮石厝村下邊社威惠廟，碑名爲編者加擬。

## 七〇八　鳳山嶽題捐碑

田邊社諸弟子捐艮壹百大元。霞苑社黄盤祖捐艮弍拾四元。溪北社黄福官捐艮弍拾四元。卿山社高阿丕捐艮弍拾四元。猪行金允再捐艮十六大元。洋内社郭清江再捐艮十二大元。高厝社黄如珠捐艮十二大元。唐内社弟子合捐艮十元。嶼上社陳仕禎捐艮八元。八斗社黄彦官捐艮六元。海澄幇徐模捐艮六大元。刘坑社黄藍官捐艮七大元。磚仔埕許文駒捐艮六大元。打石街郭箭捐艮六大元。猪行新發号再捐艮六元。合浦社蘇滿瑞、卿山社高廣泰、外市街鄭春蝪、羅坑社蘇世雄、徑口社吴清瑞、炮仔街新德元、炮仔街金長裕、炮仔街福人号、炮仔街建成号、棉仔街黄德興、翠林社鄭田、溪北社黄心、翠林社鄭豆芽、翠林社鄭坦官、西面社李音官、田厝社黄近官、高厝社黄知官、炮仔街聯興号、炮仔街儀隆号、糖街金合安号、糖街黄順興号，以上各捐艮四大元。橋内光昌号、同安縣黄旺、溪北社黄卜世、羅坑蘇鄭蕃薯、后街仔有德号、后街仔金厝泰、后街仔合記号、包仔街錦芳号、包仔街泉珍号、包仔街庄甘霖、榜山社周源官、橋内金成德、橋頂洪順興、祖田厝陳向義、附貢生黄炳奎、竹厝碼黄廷基、新橋社刘高喜、龍海橋曾知奇、六味街廣兰美、訓義埕吴泉玉、石路仔周協成、南臺庙洪助官、八斗社黄梨官，以上各捐艮四大元。打索街許□、打索街自發□、澄海滄謝忠和、書前楊寿德堂、漆街莊基塗官、打索街洪源順、龍樹王陳聯順、大港墘新同發、大港墘東福成、棉仔街許瑞興、羅坑社蘇松德、歐陽□观，以上捐艮四元。

宣統弍年六月。

**按**：此碑現存嶽嶺鳳山嶽廟，碑名爲編者加擬。

## 七〇九　重修北斗輔順將軍廟牌記

宣統貳年歲次庚戌瓜月穀旦，重修北斗輔順將軍廟牌記鐫。

北斗有廟由來久矣，廟之更新亦不一矣。父老所言，於乾隆壬寅一新也，於咸豐乙卯又一新也。自乙卯以至今日，有五十餘載，楹桷壞矣，磚瓦毀矣。耆老僉議修理，長幼乃齊聲一諾，於是募衆緣，倩土水，即擇吉興工。覌子弟之負擔則争先恐後，工師之經作則鬪巧圖妍，所謂衆志成城者此也，不數月而成功屹峻。左右廊角則飛革可瞻，上下棟簾亦輪奂可美。古今之人物畢俱，木石之山藻咸彰。猗於休哉！富麗倍美于當年，耀彩可覌乎今日。斯廟貌既成，允錫連鄉吉慶；聲靈赫濯，决庇合境平安。風調雨順、俾熾俾昌者，亦我廟神靈之有應耳。夫如是則輔順之馨香愈祝而愈遠，而吾儕之受福必彌享而彌長。思更新我庙費功不偉，將軍之惠澤于閤社與諸信緣者豈鮮淺哉！幸甚幸甚！兹將捐題諸信緣芳名鐫碑列左：

黄咸能捐龍壹佰大元。黄初瑞捐龍弍拾大元。黄憑信捐龍弍拾大元。黄西乾捐龍拾弍大元。黄雨絲捐龍銀捌大元。黄乾泰捐龍銀捌大元。黄坐覌捐龍銀陸大元。黄奪覌捐龍銀陸大元。黄南田捐龍銀陸大元。黄文東捐龍銀陸大元。黄澤水捐龍銀陸大元。黄昌緒捐龍銀陸大元。黄良山捐龍銀陸大元。黄屈覌捐龍銀陸大元。黄占龍捐龍銀陸大元。黄濱溪捐龍銀陸大元。黄清水捐龍銀陸大元。黄大樹捐龍銀陸大元。黄醇厚捐龍銀陸大元。黄蕊覌捐龍銀陸大元。黄協興捐龍銀陸大元。黄摭尾捐龍銀陸大元。黄瓦覌捐龍銀肆大元。黄□覌捐龍銀肆大元。黄狗慎捐龍銀肆大元。黄淀覌捐龍銀肆大元。黄戣覌捐龍銀肆大元。黄樹奇捐龍銀肆大元。黄保覌捐龍銀肆大元。黄坤玉捐龍銀肆大元。黄乾成捐龍銀肆大元。黄箸池捐龍銀肆大元。黄頂頓捐龍銀肆大元。黄樹司捐龍銀肆大元。黄大樹捐龍銀肆大元。黄蛏覌捐龍銀弍大元。黄隨覌捐銀叁大員。黄和懋捐銀叁大員。黄圭聰捐銀叁大員。黄朋水捐銀叁大員。黄尿□捐銀叁大員。黄種覌捐銀叁大員。黄頻山捐銀叁大員。武生黄淇水捐銀二大員。武生黄祥如捐銀二大員。武生黄基覌捐銀二大員。

黄子儀、黄灶覌、黄隆覌、黄閏覌、黄鳳覌、黄佐水、黄談覌、黄水晶、黄湧泉、黄湧池、黄象覌、黄龍童、黄紅狗、黄玉漏、黄畨覌、黄乾德、黄塗覌、黄並覌、黄姻婚、黄填覌、黄豹覌、黄眉覌、黄獅覌、黄快覌、黄五

升、黄光昌、黄知母、黄桶生、黄全知、黄喬观、黄萍观、黄源成、黄魏观、黄文主、黄□□、黄拔生、黄長观、黄淝观、黄莅观、黄天观、黄榮观、黄木紀、黄尼姑、黄紀料，以上四拾四名每名各捐龍銀弍大元。黄和生、黄安观、黄□观、黄人和、黄習观、黄九兒、黄晋保、黄面观、黄塌观、黄阿斗、黄長壽、黄益观、黄□观、黄水成、黄閤观、黄超水、黄坤观、黄廷观、黄編观、黄仰观、黄界觀、黄宇姑、黄文質、黄和達、黄逢源、黄金观、黄班水、黄烏观、黄長生、黄南漳、黄朱观、黄長春、黄溪观、黄水仙、黄砲埜、黄川嫂，以上叁拾玖名每名各捐龍銀壹大元。

總董：黄雨絲、黄湧田、黄榮观、黄七賢。副董：黄和茂、黄咸寧。

協董：黄坐观、黄文質、黄濱溪、黄屈观、黄淇水、黄□地。

**按：**此碑現存薌城區石亭鎮北斗村輔順將軍廟，碑名爲編者加擬。

## 七一〇 岱洲慈濟宫題捐碑（二）

曾光彩捐一佰五十元。魏龍捐一佰二十元。陳□連捐一佰二十元。王漢全捐英銀六十元。王能德捐英銀六十元。林光騫捐英銀四十元。林忠楚捐英銀四十元。□□鈞捐英銀四十元。□補寮公司捐四十元。尤世魁捐銀三十六元。炳記行捐英銀三十元。黄開水捐銀二十四元。石聰力捐銀二十四元。康媽思捐銀二十四元。黄賜錫捐二十四元。潘鑑程捐銀二十四元。楊汝田捐銀二十四元。曾振善捐銀二十四元。

林尚倫、黄永傳、王媽惜，以上各捐銀二十元。隆□號、豐美號、陳永瑞、黄文佛、李全永、林正元、林媽□、張文波、張文権、林亦宣、莊大來、莊捷報、陳青艷、林盛德、陳□观、潘璧蜂、林温緝、陳振約、薛清用、莊慶波、黄冬成、王守捷、王初本、林佛乞、李昭試、李鵬亮、林滿堂、黄連益、陳厚澤、李媽用、黄古錐、捷隆行、林報君、林紫□、鄭漏嬰、莊勇观、李忠信、林聯榜、石聰白、丁瓜戉、合發號、謝加令，以上各捐十二元。林尚高、陳文岩，以上各捐十元。施子綿、黄顯英、王奕吟，以上捐八元。施文明、郭珠臾、林清植、林金榜、黄安真、

陳石允、邱潮汀、蔡光鹽、尤世信、林奇傳、郭隆海、蔡正□、黃應黎、謝□□、福興號、黃美□、蔡存心、廣祥號、王家彬、義和號、郭寶成、陳福□、蔡□生、王尚□、黃賜時、郭東□、曾双維、楊一□、順興號、康媽□、康玉惠、林江□、林寬凉、林泗□、許立權、王□□、林振謨、楊□□、郭竿□、刘峯□、洪宗源、陳□□、陳□盆、陳開□、陳長勝、郭国□、陳描西、林□□、黃振瑶，以上各捐六元。蔡賜观捐五元。

王文路、黃江□、陳菊糞、王我□、黃長茂、吴慶□、黃四海、徐振果、黃梓寧、蔡極楚、莊天祝、黃大爐、黃媽兜、黃錦賜、李啟選、李□观、黃蜜突、吴少培、林嘉容、陳威嵩、王登賢、蔡仔汀、林登捷、林坤勇、林荣當、林江□、黃應芳、康贊視、魏傳香、林茂跳、黃思□、王文傑、黃登旭、白玉花、李金水、黃朝□、康仁義、林旺錢、□□观、蕭清釜、林古□、林忠漢、陳隆观、王五鎮、蕭龍門、方陰陽、黃在忠、陳厅楹、陳則敷、林作深、楊双信、林維成、陳文發、余見增、葉傳族、吴笠观，以上四元。

蔡水浦、蔡長芳、莊□理、黃恭維、蔡光明、黃福星、徵福堂、林曾观、謝鉄球、李如傑、吴景星、王祥慶、林光興、戴西前、陳明安、林澤權、湯其□、黃高墩、林宗楷、張□观、王□□、王□观、許奮錫，以上三元。

黃媽□、蔡□□、郭□□、張柿生、黃江□、陳傳爺、王景福、郭允謨、蔡定郡、李允芋、李□東、蔡□□、徐方山、陳媽量、黃媽都、黃高利、黃見石、黃茂□、康朝□、康□观、刘媽观、陳□观、黃□行、黃得□、黃光進、蔡□□、鍾矉囬、林德岩、謝添观、石永成、林文龍、林架捷、黃□□、曾祥观、林□观、李曾郎、林大埕、蔡志深、石秋己、王騁□、林大感、黃蓮□、王龍□、□□□、張□□、葉□观、陳□杞、林安幫，以上各捐二元。

宣統二年腊月立。

**按**：此碑現存角美鎮石厝村宫邊社岱洲慈濟宫，碑名爲編者加擬。

## 七一一　霞室廟建業功德碑

茲將所捐諸芳名列□于左。

一，公置東原社田直透弍坵，受種子三斗，土名住在埔仔，上粮配高日旭官銀叁錢叁分叁厘。

又公置東原社田一坵，受種子壹斗，址在廟前洋，粮配甘東原官銀弍錢一分。

梧草、川根各捐銀四十弍大元。双珪捐銀四十大元。知母、瑞塗、添池、振福、福基各捐銀弍十四元。輝成捐銀弍十元。食婆、秋列各捐銀十六元。通禧、玉燦、玉錢各捐銀十弍元。

清河捐銀六元。文棃、貴神各捐銀五元。賢才、高澤、虎蚶、春德、姚應、中秋各捐銀四元。洞濱、奎東各捐銀弍元。

宣統三年二月，董事：開業、應原、臣川、宗吉、保森、希濂、廷璋立。

**按**：此碑現存東園鎮鳳山村山頭社霞室廟。

## 七一二　勘斷鄒塘水利碑記

龍溪縣曹公堂諭：

訊得長福、鄒塘兩社公□□□□□□□鄒塘社高，係上流；□長福社地勢平低，係下流□□□□□□□□請示浚塘，而鄒塘社家長葉用等意將挑出於泥□□□□□葉用等，致長福社家長朱文等以強截水流，列械迫鬥，請履勘諭止；且欲於大路旁岸另開一溝，糾葛滋事。訊結，葉用等則稱修止分界，原爲防争起見，供詞各執。總之此案之由，實因塘口□□混占爲田，約有三畝，源來不易；下流浚深，上流之水銜蓄必難，至葉用等不得不於池中横柵二□□□下流之水因有横岸，而流通路梗，涸竭堪虞，朱文又安得不□□□争？此非開浚塘口以清其源，無以昭

平允而息争端。斷令葉用等掘去横枋土梗，將土填於池中墓墩；朱文等不得另開新溝，東北二小□用柴枋截住；其三畝仍舊開挑爲池，合力疏浚公塘，期於均平均深，同沾利澤，勿稍□□。另立石碑爲限，永杜争端。兩造遵依，具結完案。此諭。

宣統三年二月　日，鄰塘社家長王亮、葉用、黄芳、鄭啟成等，訟後公立。

**按**：此碑現存九湖鎮鄰塘村鄰塘庵，碑名爲編者加擬。

## 七一三　重修古縣大廟碑記

謝太傅廟之建，里中凢幾脩葺矣。自咸豐年間脩葺以來，迄今四十年，其榱椽蛀壞，墻壁圮毀。里中人復謀葺治，立緣簿以募外洋。族叔鄭三陽咸歡欣踴躍，樂輸白金壹仟六百五十圓；鄭清發喜謝白金弍百圓，鄭漳龍喜謝白金五十圓；遂諏吉興工。其楹桷瓦木雖仍其舊制，而内外墻壁更煥其新模，圖雲鳥、琢仙靈，螭盤虬繞，燦然改觀。而不贍焉，族之長老就里中好義者再捐金四百餘圓以成之。是役也，經始於庚戌仲秋，越歲辛亥四月而蕆厥事，共縻白金二千四百餘元有奇。其捐金姓氏，别書於版。董其事者，里中人也。爰宜勒諸石，以敘脩作之由云。

董事：邑庠生鄭輝記、邑武生鄭聯鑣、鄭金長、鄭突長、鄭色長、鄭舜長。宣統三年辛亥梅月。

**按**：此碑現存顔厝鎮庵前村古縣社謝太傅廟（又名積蒼廟）。

## 七一四　重修龍應寺功德碑記

宣統三年桂月，重修龍應寺功德碑記：

炉内社大理寺評事陳鼎新、陳育新、陳峻岸各捐銀弍仟四佰大元。厦亭仔下欽加二品銜花翎候補道陳國村捐銀六十大元。山頭社貢生陳應原捐銀肆佰大元。炉内社貢生陳士坊、寮裡社陳丹桂各捐銀叁佰大元。炉内社陳毛用捐

銀弍佰弍拾大元。山頭社貢生陳廷璋捐銀弍佰大元。炉内社陳成根、陳廣厚各捐銀壹佰弍拾大元。寮裡社陳種培、陳蒼俊各捐銀壹佰大元。田墘社陳須爵捐銀壹佰大元。炉内社陳文有、陳春輝，寮裡社貢生陳震南，各捐銀六十四大元。炉内社陳衍興、陳成水、陳文知，山頭社陳吾草，各捐銀六十大元。炉内陳文野、寮裡陳文火、田墘陳文怨各捐銀伍十大元。圳尾社陳文瑞捐銀伍十大元。炉内社陳大意、陳河水各捐銀四十大元。嶺鳳社陳無毛、炉内社陳双片各捐銀三十二大元。炉内社陳双山、陳金照、陳元旦，寮裡社陳妙全、陳仲至、陳桃鹽、陳河北，山頭社陳玉串，各捐銀二十四大元。炉内社陳春真、山頭社陳万寶各捐銀二十大元。

山頭社陳振福、陳秋列、陳食婆、陳作揖，埔兜社陳茂土、圳尾社陳清德，炉内社陳五籮、陳池林、陳茂水、陳井泉、陳敨昌、陳亞搭、陳和武、陳鷾老、陳大頭、陳潮官，各捐銀一十二大元。炉内社陳萬盛、陳樹根、陳好雨、陳振記、陳文烏、陳丙炉、陳丙春、陳竹炉，潭頭社陳勇魁、白水營陳坑水、寮裡社陳康緒，潘厝社陳白水、陳其實、陳光恒，各捐銀十二大元。炉内社陳和尚捐銀八大元。潘厝社陳光蒲，炉内社陳文墩、陳讚化、陳文桔、陳春降，寮裡社陳清泉、陳弄獅，各捐銀六大元。□居浦轄佛曇蘇厝社陳諸弟子捐銀十二大元。炉内社陳海賊、陳金發、陳讚源、陳樹欃，檜田社陳財禄、潭頭社陳炎火，各捐銀四大元。炉内社陳萬朝、陳金水、陳龍溪，港頭社陳瑞源，各捐銀三大元。炉内社陳古別、陳□官、陳万鎰、陳乞食、陳讚瑞、陳讚順、陳瑞春观，潭頭社陳文响、圳尾社陳苞观，各捐銀二大元。海滄顔永盛捐銀十二大元。楼仔前庠生辰炳文捐銀四大元。

前吧仔州府所捐之項，肇玉開費外，接陳文員來銀弍佰大元。

董事：欽加四品銜都司藍翎陳昇昌、陳時昌，太學生陳金榜，附貢生陳慶瀾、陳煌。

**按**：此碑現存東園鎮過田村俊美社龍應寺。

## 七一五　重修浯嶼佛祖廟石碑記

番邦竝本社捐緣開列于左：

陳石棋捐銀壹百弍拾大元。余水竹、余惠耦捐緣陸拾大元。郭真捐弍拾大元。林火石捐銀弍拾大元。李添壽捐壹拾元。

林姓抽每仟：報它柒拾元。和順肆拾陆元。計它肆拾陸元。鎚它肆拾叁元。祈安肆拾叁元。虎魚肆拾叁元。陳蠣蚶它叁拾柒元。祈來叁拾叁元。乞頭叁拾弍元。

陳姓抽每仟：烏述柒拾壹元。喜它叁拾元。漏毛叁拾元。食酒弍拾玖元。奥例拾陆元。番茹拾肆元。和老柒元。

蔡姓抽本仟：番狗陸拾叁元。怨它肆拾壹元。貢年肆拾壹元。平定弍拾陸元。梭它、石梨合叁拾玖元。生济弍拾壹元。清領弍拾壹元。金來拾玖元。尼姑伍拾元。東定肆拾元。奉成叁拾陸元。

什姓抽本仟：英畨娘肆拾肆元。郭嬰它弍拾伍元。方吊丁弍拾伍元。余錢它拾弍元。余通廣拾壹元。

蔡毛毛捐銀拾弍元。江良觀捐銀拾弍元。林雹官捐銀肆元。林大卑捐銀肆元。余愛觀捐銀肆元。蔡金榮捐銀捌元。陳臭頭捐肆元。

宣統三年菊月　日。董事：蔡生济、陳心婦、林教它、蔡金來、張齊觀、蔡三目、林計它、陳烏述、林報它、方丁它、余查某。住持僧慶濂。

按：此碑現存港尾鎮浯嶼島天后宫，碑額『衆社修理』。

## 七一六　重修石厝威惠廟題捐碑

宣統辛亥年重修，列左：

李九嬰捐来銀伍佰員。李演珠捐来銀壹佰員，李徐宗捐来銀壹佰員。李川澤捐銀玖拾伍員。李步交捐来銀伍拾

員。李九陳捐銀肆拾陸員。李開草捐来銀肆拾員。李鎮泉捐銀弍拾伍員，李濫水捐銀弍拾伍員。李君捌捐銀弍拾肆員。李烏興捐来銀弍拾員，劉德观捐来銀弍拾員，柯西川捐来銀弍拾員。李君臣捐銀壹拾陸員，李洳堪捐銀壹拾陸員，李步錝捐銀壹拾陸員。李九貿捐銀壹拾肆員。李永傑捐銀壹拾弍員，李當時捐銀壹拾弍員，吴珠質捐銀壹拾弍員。

李九林、劉德富、陳馬興、李怡和、李鎮茂、李允楝、李逢春，以上七名每名捐来銀壹拾員。李春桃、李鎮碧，以上每名捐来銀捌員。許知足、林開淺、黄源来、李步員、李玉福、李德芋、李九賽、泉美号、李登訓、李持盖、陳仲允、王忠观、李漏選、歐永成、李豹观，以上壹拾伍名每名捐銀陸員。李進观、李馬观、李天助、李田观、李石灰、李鎮祝、李明观、李紅甘、陳永周、李在观、李徐观、李眼观、李馬親、李濺观、李南清、李焉观、李發观、李樂观、李九万、李源生、李桃观、李大頭、李朝观、李招观、歐若实、李和尚、李九禄、李加忠、戴仁观、李其諒、李貴观、李正通、李豬母、王武菘、李烏狗、李乞观、郭槵观、李尤仁、李懿安、李馬福、李狗观、張永國、李斗观、陳可得、李敬祝、李圭康、石天盛、歐九點、柯清皮、阮朝返、李天祝、李敬泉、李焕观、李皆得、李金貞、泉山号，以上伍拾六名每名捐銀肆員。李文观、周慶观、李川沛、万利号，以上四名每名銀三員。歐東海、李長湖、歐右步、李謚观、李悞禄、李連观、李加力、李諶观、泉發号、李有福、李江海、李自國、李長士、李榮观、許金鍊、黄赫观、李瑞观、李安观、鄭意呆、林乃鴻、李長生、向正观、李皆再、李留民、李定观、李老籣、林慶观、李棣观、李普天、張和尚、施老扁、李弟观，以上三拾弍名每名捐銀弍員。石塗元、李天教〔捐銀弍員〕。

董事：李豹观、李九仁、李金貞、李敬泉、李皆得、李棣观。

按：此碑現存角美鎮石厝村下邊社威惠廟，碑名爲編者加擬。

## 七一七　鳳山嶽題捐碑（二）

石碼貢生楊應辰喜捐艮伍拾大元。福壽衡金合㒷喜捐艮六大元。福岸社郭天鳳，安山社康塗虱，劉坑社劉姜維，

高港社黄虋观，蓮花社黄天德，溪北黄金順利，下内社蘇萬山，炮仔街高鼎山，高厝社黄厚皮，玉田社鄭厚片，西頭仔和記号，頂新行源振成，珠浦社王敬瑞，碼頭仔鍾鐵隆，澄新橋頭劉高，澄車交林壽謙，容川碼黄彬儒，澄城内曾清華，澄林坑甘知哥，林尾社鄭清科，榜山社周白圭，榜山社周□官，官任圩裕益号，玉簪街錢春發，征頭歐陽吾蜥，魚船阮春色观，澄外樓劉學機，以上各捐艮三大元。

竹厝碼：方合利号烏砶五百个，方協兴号烏鉑五百个，黄廣兴号烏鉑五百个，黄廣順号烏鉑五百个，黄振益号烏砧五百个，黄福正美烏鉑五百个。

碧江社：黄協兴号烏鉑四百个，黄恒福山烏鉑四百个，黄恒瑞号烏珀四百个黄恒源号烏珀四百个，黄合成号烏鉑四百个，黄合兴号烏鉑四百个。碧江社黄成兴号烏拍四百个、黄順兴号烏鉑四百个。

宣廷社：鄭金成号烏鉑四百个，鄭振美号烏鉑四百个，鄭廣兴号烏鉑四百个。

茲將岳帝爺公緣田條段開列于左：

一，田一丘，受種子壹斗五升，在徑口社前洋，公定討谷；

一，田一丘，受種子五升，址在徑口社前洋，每斗五斤足；

一，田三丘，□□共種子弍斗，在徑口社前洋，每冬租谷六石四斗正。

宣統三年辛亥三月　日。董事：滸茂社林和板、太學生汪李兴、下新行藍汝漢、高厝社黄如珠、保春堂胡亮顯、下新行黄掌、滸茂社林胡必、田邊社陳尞、田邊社陳六、西面社李德音、征頭歐陽顕、征頭社吴雪、後塘社黄破布、科山社柯允昌、半港社陳高球、後塘社商弼、科山社柯尼姑。

**按**：此碑現存嶽嶺鳳山嶽廟。

# 七一八 鳳山嶽題捐碑（三）

石鎮欽加同知銜藍汝漢捐艮壹百大員。内市街高瑞盛号捐艮弍拾元。杉排尾自廣源号捐艮弍拾元。都濱社葉吉观捐艮弍拾元。内市街開兴号捐艮拾八大元。豬行郭記成發号捐艮拾六元。溪北社黄允成捐艮拾四元。澄轅門内周恩坊捐艮拾四元。戲捐局喜捐艮拾弍大元。豬捐局喜捐艮拾弍大元。碗捐局喜捐艮拾弍大元。海滄金大有捐艮拾弍元。海滄李玉燕捐艮拾弍元。園頭社黄長麟捐艮拾弍元。南山社周廣观捐艮拾弍元。溪墘社康聯兴捐艮拾弍元。合浦社蘇滿瑞捐艮拾弍元。罗坑社蘇道綿捐艮拾弍元。八斗社黄尚記捐艮拾弍元。徑口社吴清瑞捐艮拾弍元。竹厝碼自源兴号捐艮拾弍元。罗坑社蘇黄啞狗捐艮拾弍元。平林社鄭和源福捐艮拾弍元。古浪嶼黄信記号捐艮拾弍元。澄港口討海諸弟子捐艮拾弍元。炮仔街蔡錦昌号捐艮拾弍元。柯坑社黄子文捐艮拾弍元。茶料街德昌号捐艮拾弍元。大碼頭廣發号捐艮拾弍元。下外市謙益号捐艮拾弍元。下外市李誠徵捐艮拾弍元。炮仔街林聯成捐艮拾弍元。打石街饒清朝捐艮拾弍元。漆街王萬兴号捐艮拾弍元。馬公爺全成号捐艮拾弍元。祖田厝曾朝義捐艮拾弍元。小六間鄭大魁捐艮拾弍元。洋内社郭清江捐艮拾弍元。廣東邱治灌捐艮拾弍大元。杉行黄源盛号捐艮拾弍元。米街仔金泉盛捐艮拾弍元。頂新行金在成号捐艮拾元。後街仔胡和隆号捐艮拾元。大碼頭榮利号捐艮拾元。杉排尾長利号捐艮拾元。當店太和号捐龍艮拾大元。當店隆慶号捐龍艮拾大元。當店太亨号捐龍艮拾大元。當店廣華山号捐艮拾大元。包仔街慶美号捐艮拾大元。澄溶川碼葉捷記捐艮拾元。新田厝許平侯、玉簪街錢春發、魚船生發□、澄城内黄錦標、征頭歐陽惠生、登第社諸弟子，以上各捐艮五元。下新行林晋昌、下新行許長源、下新行福慶号、下新行康慶成、下新行福成号，以上各捐艮四元。

**按：**此碑現存嶽嶺鳳山嶽廟，碑名爲編者加擬。

## 七一九　鳳山嶽題捐碑（四）

南山社周德發捐艮拾元。下地社蘇前观捐艮拾元。玉田社蘇金生捐艮拾元。遠香社黄呼观捐艮拾元。刘坑社黄古观捐艮拾元。後街仔裕成号捐艮八元。西頭仔福全美捐艮八元。訓經街如蘭号捐艮八元。新洲尾湧泉美捐艮八元。新洲福昌公司捐艮八元。魚仔丕有義堂捐艮八元。海滄街協成号捐艮八元。登第社黄冷观捐艮八元。都濱社周挖獅捐艮八元。榜山社周錦成捐艮八元。科山社柯查畝捐艮八元。卿山社高廣泰捐艮八元。安山社康重雁捐艮八元。東林宫林占鑽捐艮八元。玉田社蘇世雄捐艮八元。后塘社陳高年捐艮八元。科山社柯泥姑捐艮七元。刘坑社黄藍观捐艮七元。糖街建成文、糖街廣正源、糖街瑞泰号、糖街瑞昌号、滸茂社林倫、滸茂高九維、福岸郭先楊、福岸郭先明，又吴老嬰，以上各捐艮六元。大宫前亦鳞号、下地社蘇長普、高港社黄九嬰、高城社黄涛松、八斗社黄仕廷、東林宫諸會友、安山社康守糞、榜山社周抹壁、榜山社周大緒、田邊陳錫禧、徑口黄交力、福岸郭武观、福岸郭天成、后街仔美打棧、后街仔新合成、后街仔義美号、后街仔新恒足、后街仔金成源、后街仔生生居、大碼頭水龍軒、頂外市唐維德、下外市陳復興、下外市鄭鴻禧、頂新行福裕隆、頂新行徐旺盛、位占頭金瑞益，以上各捐艮六元。玉田社鄭挾翠、官任下礁何斐、容川碼許瑞興、雙鳳社陳安鎰、新洲葉協順号、福寿街金合發、東尾街慶春号，以上各捐艮六元。位占頭新德元、位占頭金長裕、位占頭建成号、位占頭聯興号、位占頭義隆号、炮仔街金福人、澄渡江社許海瑞、霞田社何福隆号、征頭社歐陽大頭、澄新亭社陳金歪、澄新亭社陳金扁、澄蔡前社林永順、六味街廣蘭美号、棉仔街許瑞興号、龍樹王陳聯順号、書前街洪源順号、書前街楊寿德堂、大港墘新同發号、大港墘東福成号，以上各捐艮四元。

**按：**此碑現存嶽嶺鳳山嶽廟，碑名爲編者加擬。

## 七二〇　鳳山嶽題捐碑（五）

科山社王振茂、科山柯黄絲呆、科山社柯拱杖、科山社林啟懷、西面社李梓南、徑口社吴亀里、田仔社黄升堂、遠香里黄水观、溪北社黄逢盖、溪北社黄咸观、新洲陳萬益号、征頭歐陽大頭、錦田社姚德㒷、錦田社姚梨观、紫泥社吴观瀾、安山社康重賞、安山社康母观、東林宫林彬長、滸茂社林闊嘴、陳平陳門蘇娘、頂玉田鄭越觀、頂玉田陳大光、下地社蘇斗观、玉田社蘇振儀，以上各捐艮四元。

戴厝碼瓦局施飲謝响艮拾伍元。書前街胡保春堂捐艮拾弍大元。下許瓦総局謝漢潮謝响艮拾元。瓦磘吉㒷号黄雨生捐艮八元四。瓦磘廣荣昌号捐烏佰艮七大元。

霞田社何福隆、下吴社吴弟子、新亭街陳金歪、新亭街陳金扁、港仔尾陳隆源、沈厝社陳協德、沈厝社陳德利、渡江社許海瑞、圳尾社陳廣厚、澄西門葉源春、澄西門陳錦芳、東門後厝蔡古、厚境社曾咸讓、蔡前社林永順、榜山社周漏貴、榜山社周協官、榜山社周烏戾、榜山社周阿陂、卿山社高小明、刘坑社黄垂官、草尾社王獻官、溪墘社康馬官、頂玉田鄭挾翠、虎渡社蘇登甲、玉田街楊阿哥、仙庵街林啟文，以上各捐艮四元。

頂新行黄合順、下外市連五美、下外市復㒷号、下外市方德昌、頂外市姚妙生、頂外市金成号、大碼頭廣隆山、大碼頭王錦上、都濱社周挖海、東山社楊明配、□山社周錦水、榜山社周追官、太乙堂盧超鳳、茶料街德茂号、普賢社林開禧、杉排尾黄怡茂、下新行蔡合㒷、下新行新茂德、頂新行福同㒷、頂新行金七盛、頂新行葉裕号、頂新行葉毓号、頂新行郭源記、頂新行利源号，以上各捐艮四元。

**按：**此碑現存嶽嶺鳳山嶽廟，碑名爲編者加擬。

## 七二一　重修碧濚祖宫功德碑記

圩市有土地祠，猶府縣有城隍廟，所以司此土而庇此民也。我圩之建此祠，歷有二百餘年，由來久矣。茲因風雨損壞，楹桷傾頹，見者莫不傷心。爰集仝人，出爲募捐，重新廟貌，此亦神靈之赫濯，而都人士推誠樂助，錫福自應無疆云。謹將芳名臚刻于左：

捷生舖捐艮弍十元。恒成當捐艮陸元。新振春捐艮壹十元。新協春捐艮伍元。監生陳學海、海澄金和順、過田陳大顥、蔡合成、仁安堂、晋美舖、晋興舖、慶記舖、錦芳舖、棹源舖各捐艮四元。州同陳法紀、貢生陳廷璋、后坑甘井官、陳紹□、陳自居、陳始顯、建益舖、泰興舖、源隆舖、春岩舖、合興舖、怡吉舖、春發舖各捐艮三元。貢生陳大觀公、監生陳開禧、石店泉興舖、□記舖、建成舖、成美舖、自德舖、□興舖、聚苑舖、匡源舖、泉發舖、協隆舖、福昌舖、杏記舖、晋利舖、和成舖、永合舖、合源舖、悦成舖、恒泰舖、祥瑞舖、永成舖〈下缺〉。

**按：**此碑現存白水鎮白水村壁濚宫（祀蔡媽夫人）。

## 七二二　霞井甘氏重修禪室功德碑

貢生毓善捐銀壹佰元。長、次、三房各捐銀陸拾元。隆泱、先忍各捐銀拾弍元。內坑祖、石蛋、清蘇各捐拾元。監生羽儀、澄瀛、光輝、水性、盈科、錦才、烏先、月倜、文鉛、增生時亨、九樓、籐司、光枝、廷是、拔海、文山、啟邦、田墽、聯生、振南、振昌、清兩、狗知、皆再各捐銀陸元。監生蔡咸、祥水、金標、錫番、春標、克壤、進生、德蟳、古槌、鳳儀、岱生、錫圭、和尚、進丁、月榮、昭成、和瑞、加恩、正夏、監生毓華、加勝、吉井、斯文、長江、紅柹、日溝、進連各捐肆元。水連、杏先、慶隆、長濤、裕祈、泥虱、炳文、登瑞、昭福、漸德、代武、紫槶、榮和、福盛、鑿官、沚生、生汝、朝陽、

清獅、建興、陳佛、畢業仁壽、壁山、新科、召、清柴、監生和聲、進和、順池、桶玉、德亨、先禁、李溪、庠生甘來、笛官、自祥、鹽官、□□、欲其、其生各捐叁元。清德、連和、考□、永合、正標、蔣玉慶、蛹生、源隆、福鑒、黎、維羆、麒麟、林文里、金堂各捐弍元。福桂、雪、騰熊、來春、曾仁、詹月、丙寅、蔡其連、坑元、樂是、好禮、盛長興、武生枝香、閏芳、占蒜、長、保盛、厚水、拔獻、天厚、聯德、淡火、畢業林如山、壁□、天保、捷成、芳良、玉官、寒水、烏令、廣、烏知、其坤、雨琳、秉凍、什成、庠生振邦、旋、戾魚、其用、甲乙、陳榮、雙田、杏材、鳳、深池、雙德、善養、在田、監生履、亨、安、長經、棕雖、友、長江、闊嘴、智富、了佛、正片、九連、存敬、增生步雲各捐一元。啟宗捐弍元。

合共捐來小銀陸佰壹拾元。合共開出料工并什物計共小銀叁佰零陸元伍角。對除外尚伸小銀叁佰壹拾元，建置田逐年交值年收稅，以爲輔信將軍壽旦請戲一臺開用。公議：不許廟内及偕割機積稻等事，違者重罰。

中華壬子年冬月，公立功德碑。

按：此碑未見，碑文見於東園鎮東園村下井社鷺邊甘氏族譜，碑名爲編者加擬。

## 七二三　紅滚廟題捐置産碑記（二）

下保黄蔡銘捐洋廿四元。本社黄高舉捐洋十元。厦門吴清在捐洋十元。戴厝馬黄騰观捐洋四元。本社宋讓观捐洋四元。劉地將缘利四元。劉鵬存缘利四元。

公置刘家秧埕，大小相連廿三坵，價銀庫秤四十六元，址在灣田祖山保山後社，土名黄坑内管潭脚，東至宋家田，西至山脚，南至宋家田，北至黄家田。配坑水灌溉，粮帶澄邑黄添與，現推入保生大帝户内，官銀九分正，充爲紅滚廟列位神明壽旦并□香，永遠缘田。議即起佃，付交承當庙祝、僧尼收税，佃、粮上下相承，不得私自典借財物，即社人亦不得覇佔。契書當炉化火，福有攸归。□議□田内山脚原有吉地，後□添□尚在社交外人，欲求取

風水，外仍归庙業，須□田業幾何配廟立碑，永遠緣田。即仝社長帝前筊示應允，不得私圖擅專，此炤。

計開石碑工料并推□單費共十四元，完炤。

中華民國弍年旧曆蒲月　日，董事：宋□观、黄五斗、劉□观仝立石。

**按：**此碑現存海澄鎮山後村紅滚廟，碑名爲編者加擬。

## 七二四　劉氏家廟題捐碑

劉鎮川捐龍銀三佰大元。劉鎮仕捐龍銀三佰大元。劉漢官捐龍銀一佰大元。劉朝生捐龍銀五十大元。劉菜藍、劉其南、劉允能，以上各捐銀二十大元。劉鎮川又共尾出銀一佰八十二元。劉讚官、劉清榮、劉德彰，以上各捐銀四元。劉鴻麟、劉办官、劉助官、劉清火、劉番官，以上各捐銀二元。

民國二年十月，董事：允居、菜藍仝立。

**按：**此碑現存白水鎮方田村下方蘇社劉氏家廟，碑名爲編者加擬。

## 七二五　方田慈濟宫功德碑

劉鎮川捐龍艮壹佰弍十大元。陳清有捐龍艮壹佰大元。蔡熟金捐龍艮五十大元。蔡金炉、蔡水雲各捐龍艮三十大元。劉允能、蔡有祥各捐龍艮弍十四大元。陳以竹、郭大驥各捐龍艮十二大元。陳以連、陳宰官、陳同禄、陳尖福、蔡梓朴、陳華观、陳古璉、陳延春、蔡西魚、蔡鮘□、蔡金火、蔡朝選、蔡金水、蔡江海、蔡德火，以上各捐龍艮十大元。陳永狗、陳明鳳、陈班貓、陳水元、陳大有、蔡石長、陳田畯、劉其南、振春号，以上各捐艮六大元。陳水派捐艮伍大元。陈崇山、陈闇官、陈松栢、陈學而、陈井沙、陈連長、陈根户、陈金水、陈紅九、陈謨官、郭榮杉、郭水坑、劉允成、蔡心婦、蔡江龍，以上各捐艮四元。陈炉魚捐艮三元。陈菜頭、陈南金、陈加齊、陈顗損、

陈來成、陈廣周、陈先篠、陈江官、劉菜藍、劉江英、劉清榮、劉助官、劉其琴、郭其郎、郭其美、郭群官、蔡壬大、蔡莊田、鄭坤居各捐艮弍元。

**按**：此碑現存白水鎮方田村慈濟宮，碑名爲編者加擬。

## 七二六　重修田霞正順祖廟捐啟（二）

田霞社之有正順祖廟也，由來久矣。崇祀廣惠聖王，赫聲濯靈，萬古維新。于左：

謝成泰號、天一貽記、同美號、黄宗泰、謙益號、許宏記長成、篤誠賜記，以上捐銀十二元。篤誠麟記、茂德美記、啟章號，以上捐銀一十元。興發號、進記號、同昌號、太昌號、林福興，以上捐銀捌元。篤誠仲記、黄萬選號、瑛記號、成美號、德昌號，以上捐銀陸元。建志號、長源號、焜記號、洽美號、協成隆、長茂號、豐源號、天一垂記、新茂號、振茂號、興隆號、唐八元堂，以上捐銀四元。成記號捐銀叁元。源昌號、合茂號、採芸居、存恆信記、達茂號、振成號，以上捐銀弍元。

民國叁年陽月杏苑，董事：謝喬瞻、謝鴻童、陳位東、黄宗泰。

**按**：此碑現存薌城區新橋街道前鋒社區頂田霞社正順祖廟。

## 七二七　古林寺觀音佛祖碑

古林寺山松利艮壹佰廿四元。古街洪寿成号喜捐艮四拾元。福寿街監生汪學興艮叁拾元。包仔街新錦隆捐艮叁拾元。玉簪街錢春發捐艮叁拾元，又買古林地壹穴址在契内，又再喜出艮叁拾元。漆街王萬興号捐艮弍拾元。玉田街鄭周丕捐艮弍拾元。高坑社高慶豐捐艮拾弍元。頂新行蔡豐源捐艮拾弍元。林坑社李野奇捐艮拾弍元。玉簪街李德春捐艮拾弍元。祖宮下街林興發捐艮拾元。下新金吉慶喜捐艮捌元。高坑社高阿丕喜捐艮捌元。社田厝曾朝儀喜

捐艮捌元。林坑社李教观喜捐艮捌元。林坑社李古葦捐艮捌元。書前洪德興号喜捐艮六元。包仔街洪叶春号捐艮六元。下仔尾新發号喜捐艮六元。下尾街祥興号喜捐艮六元。福寿街王福成号捐艮六元。謝春興号捐艮六元。炮仔街高鼎山号捐艮六元。炮仔街蔡錦昌号捐艮六元。炮仔街李德興号捐艮六元。

馬公爺吴全成、河仔□福慶春、打石街全合發、頂新行徐旺盛、書前楊寿德堂、下仔尾鄭叶成、下新行新茂川、打石街郭箭观、□素街金成德、打石街黄錦隆、下新行金晋昌、書前胡保春堂、糞掃埕郭生合、下炉社高脩礼、龍樹王楊明配、下新行康慶成，以上各捐艮四元。杉�尾董荣發、林坑社李□、林坑社李連蒲、林坑社李□、林坑社李侯、林坑社李包，以上各捐艮四元。福寿街金隆美、竹厝馬自荣昌、林坑社李□，以上各捐艮三元。林坑李以松捐艮六元。

一，開杉料艮弍佰六十一元。一，開紅料艮六十五元四角。一，開灰艮十六元五角。一，開木匠艮八十六元五角。一，開水泥大工艮四十一元。一，開小工艮一佰十五元。一，開莊佛祖艮四十三元。一，開油漆工艮十弍元。一，開什貨共艮三十元。一，開牌記字艮弍十四元。

高財伸艮妝佛祖。

民國乙卯年八月　日，董事：汪李興、王萬興、紀錦隆、鄭周木立。

**按**：此碑現存石碼街道高坑村古林寺。

## 七二八　大宗祠堂内示禁盜鋸墓樹碑記

署海澄縣知事歐陽，爲出示嚴禁事：

案據溪轄内社鄉民洪秀良狀控柯坑社柯允昌盜鋸墓樹、毁崩祖墳一案，業經閩侯地方廳民庭判決：原判關於柯允昌賠償樹價一百八十元之部分撤銷，柯允昌應賠償洪秀良樹價一百二十元，又訴訟費九元一角、履勘費佛銀五十

八元均由柯允昌負擔。當將判决書送達在案。茲據洪秀良以案已確定，請爲按律執行，並聲明漳俗蠻悍成性、見利即趨，伊鄉距山遥遠，顧見不周，以後難保左右鄰鄉不無再蹈昌之故轍入山砍伐，並請示禁事情前來。除批示並飭差追繳外，合行示禁：『爲此示仰該處居民人等知悉：爾等務須約束子侄，嗣後勿得在於洪姓之巷内山東帶潭至田、西至路、南至分水路、北至潭之四至界内砍伐蔭樹及盗葬各情事。倘敢故違，一經告發，定即拘案，從嚴究辦。其各凛遵毋違！特示。』

中華民國五年五月廿一日，給告示實貼曉諭。

按：此碑未見，碑文見於石碼街道内社村鴻團志（洪氏族譜）。

## 七二九　重修敬修敬慎堂碑序

祖有功而宗有德，祀事當無懈於春秋；木有本而水有源，祠庙更難堪其禾黍。我九世祖蒼梧公之敬修堂、十三世祖大成公之敬慎堂，代遠年湮，丹雘傾毁，本社自慚形穢，力未能修葺。幸我祖裔孫壬澤僑商直葛，慨然應募，自身擔捐銀壹千陸百捌拾大員，而福祥充壬澤糖行當事，亦樂爲襄贊，以共光榮，捐銀弍拾大員。自本年二月鳩工，經六閲月遂告厥成。堂宇焕然，闔社受益。公議爲壬澤令尊慈恭直公、柔嘉陳氏、良順陳氏入主，從祀，并勒碑祠壁，以爲記念。願我伯叔弟侄，此後柴車、什物毋再堆積祠内，違則議罰。是爲序。

中華民國五年八月　日。樓居社董事仝立。

按：此碑現存白水鎮山邊村林氏敬慎堂。

## 七三〇　重建戲臺碑記

竊謂寺院創修，固爲盛典；臺亭重建，亦屬奇觀。我邑城隍廟前之有戲臺，由來舊矣。無何蓋造已久，於數年

前突逢崩壞。幸而故址猶存，在在可考。茲者鳩集仝人，募金再造，氣象一新。夫固非踵事而增華，顧不過庶幾俾有基之勿壞云爾。謹將樂捐緣金名次臚列于左：

倉頭社蔡新義捐龍銀叁佰弍拾大元。東門街魏添壽捐龍銀柒拾壹大元。后厝社蔡河灌捐龍銀弍拾肆大元。埭仔社蔡豪傑捐龍銀弍拾弍大元。北門蘇源通捐龍銀弍拾大元。下倉社蔡能近捐龍銀弍拾大元。錦埭社蔡儸祈捐龍銀弍拾大元。倉頭社新榮成號捐龍銀弍拾大元。□坑社蘇黄啞九捐龍銀弍拾大元。下寮社蔡協萍捐龍銀壹拾弍元。苞埭社蔡渭經捐龍銀壹拾弍元。前田社蔡金清捐龍銀壹拾弍元。河□社蔡坑泉捐龍銀壹拾弍元。后厝社蔡長春捐龍銀壹拾弍元。前厝社蔡允官捐龍銀壹拾弍元。洲尾社蔡派官捐龍銀壹拾弍元。南徑社張抱根捐龍銀壹拾壹元。錦埭社蔡丙火捐龍銀壹拾大元。東門街江登山捐龍銀壹拾大元。吴埭社蔡和運捐龍銀捌大元、蔡查畝捐龍銀捌大元。錦埭社蔡聯壞捐龍銀捌大元、蔡楓欉捐龍銀捌大元、蔡紫薇捐龍銀捌大元、蔡昭田捐龍銀捌大元。前厝社蔡如開捐龍銀捌大元。后厝社蔡存硯捐龍銀捌大元。

噴叻總理：蔡新義、魏添壽；董事：蔡織雲、蔡芳蘭、蔡于載、蔡源泉、蔡西源、蔡清選；仝立。

民國五年十月。

**按**：此碑現存海澄鎮海澄城隍廟。

## 七三一　海澄縣飭禁轎長惡俗碑

海澄縣知事歐陽，爲出示嚴禁事：

案據后頭社家長陈党状稱：『日前族親娶妻，竟有□旧轎長恃伊巨族，叠次前來争鬧，幾釀事端。現又有陈栋水擇旧曆二月六日行娶，請求先行諭止，並出示諭禁。』等情前來。

查轎長一項，本屬此間惡習，乃敢聚衆争鬧，尤爲可惡。當經飭警打壓去后，旋据該差禀覆，並据陈党状催復，

經批示在案。兹据陈則□以『構謀播害』等情辯訴，並椐陈党状催各前來，除批示並飭差傳訊外，合行示禁：『爲此示仰閤邑諸色人等一体遵照：嗣后凡有嫁娶婚轎，准其自行雇倩簥夫，不得阻擾争執。倘敢藉端生事，一經告發，定行拘究。其各懔遵毋違！特示。』

民國六年三月告示。后頭、下庄、炉坑、嶺頭、市尾立。

按：此碑現存白水鎮崎峅村下莊社玉麟祖宫，碑名爲編者加擬。

## 七三二 重修佛祖廟碑記

謹將四方募金名次開列于左：

方宗謙捐小艮三十元。許何芬、陳海水、蘇啞九、林和茂、黄如謙各捐小艮式十四元。方恒隆捐小艮二十元。金和順捐小艮十六元。蘇滿瑞、蘇雲騰、春生堂、林培碧、徐文旦、楊墩官、方深目、方角生、方金鐘、鄭順田、方棹掃、方水高、金和發各捐小艮十二元。蘇松官、金吉慶、高金隆、新茂川各捐小艮十元。興發号、蘇連樣、楊福成、林順天、方应水各捐小艮八元。李清秀捐小艮七元。李協官、林家六、方雨林、方海石、方送官、方耀鴻、方敬宿、方金柳、方頭官、方嬞媒、方沙官、恒昌号、黄松德、連五美、方永文、新合成、新協興、蘇習官、楊雨順、劉澄瀛各捐小艮六元。

方天來、何啟山、甘桃官、方乃官、蘇開陽、蘇清前、蘇松山、蘇汾鼎、蘇連寿、蘇吉官、蘇梓文、何荖官、高然官、林观周、楊水□、楊珠饌、陳泗溪、陳吉昌、許海瑞、余高堅、方海外、蘇猪阿、方庵湖、方得進、方水香、方陸官、黄其生、方却吉、王福成、在發号、怡成号、金永興、和順棧、祥興号、新連桂、乾元利、黄□□、黄鴻年、桂福寿。

方會官、方其位、黄石矜、鄭慶珍、方連瑞、方笅笏、方有哲、方合眾、吴大目、蘇白圭、吴允周、蘇鈑官、

金成美、何其喬、林乙官、楊振福。

民国戊午年四月　日穀旦。董事方水清、方水高，家長清泉，仝立。

**按**：此碑現存東泗鄉碧浦村觀音佛祖廟。

## 七三三　重修碧瀠宮題捐碑

民国七年戊午重修。

□長福捐艮十元。泉發号捐艮八元。晋興号捐艮六元。陈渭潭捐艮六元。陈榮富、嵩源號、蔡田觀各捐艮四元。陳水晶、春發号、合成興各捐艮三元。李福綿、錦合和、亨春号、榮豐号、隆有号、阮合興、金萬興、鼎昌記、成美号、泰隆号、泰興号、家成号、陳茂土、正元成、義隆号，以上各捐艮弍元。德茂号、福生香、合成号、源利号、集發齋、□柒麻六、美成号、仁德堂、錦昌号、協盛号、長隆号、□□□、益春堂、源興號、瑞生堂、仁寿堂、王□生發、□□□、正和號、仁安堂、種德堂、永成發、合隆号、□□□、泰記号、合發号、祥美号、隆成号、裕益号、□木椿、建源号、成德号、成興号、和源号、崑美号、□□□、陈矮喃、陈天未、振春号、高桔炳、李建飛、□□□、亦蘭亭、林涌泉，以上各捐艮一元。

董事：郭先傳、陳開禧仝立。

**按**：此碑現存白水鎮白水村璧瀠宮（祀蔡媽夫人），碑名爲編者加擬。

## 七三四　重修仁和宮題捐碑

民國七年冬月，仁和宮重修，各人艮三元：

黃瑞仔，三文陈定仔、陈以汶，陈火炭、陈仲申、晋利号、蔡讓仔、陈□茂、蔡□仔、陈紅覌、蔡挨人、陈財

利、陈青山、陈仲礼、陈□仔、陈和尚、陈正元、紀復观、陈海田、陈糍仔、陈古錐、陈連仔、陈斗仔、陈吉祥、陈有成、吴仕傑、陈方群、陈拱鋭、泉興号、陈荣元、陈傅仔、陈塗心、陈江海、陈世仔、蔡□硯、蔡夏仔、蔡□南、蔡金在、蔡寿□、陈圣謀、陈戽斗、陈茂土、陈石虎、柯仁義、許文宿、詹豆糍、陈茂辰、陈蟳仔、陈樣仔〈下缺〉。

按：此碑現存白水鎮許厝村仁和宫，碑名爲編者加擬。

## 七三五　民国八年冬月重修祖廟序

溯自東溪衍派，分闢東原，継承斯宇，由來旧矣。虽俎豆馨香，奈異姓混集，故不能展大廟堂。沿至去歲，地震庙崩，適異姓遷居，吾宗一氣，原欲擴大規模，怎奈時際多艰，不得不仍旧範修葺。兹邀各房人等酌議，修築諸費概從公業田種、人丁捐欵；尚有不敷，再就族中好義諸君捐足。庙貌重新，惟恨規模小就，望后世孫子应聘名輿，復爲張大祠宇，以續先志云。謹勒石，芳名列左，以表不朽之功德。

高吾力喜捐小艮三十元。余高堅喜捐小艮弍十元。高能近喜捐小艮弍十元。

高振源喜捐小艮七元。高澤隆喜捐小艮四元。

董事：高居諒、滿座、元勞、明居、見邦、蘇溥、憲章、宗溪、互□。

按：此碑現存東園鎮東寶村高氏家廟。

## 七三六　重修玉麟宫功德碑

民國辛酉年元月，重修玉麟宫功德碑。捐銀名次開列于左：

陳清江二佰五十元。陳崇山四十一元。陳先成四十元。陳永昌三十六元。陳永坤三十六元。陳水耀、陳浚渫各三十元。陳成癸二十五元。陳順章二十二元。陳壬癸二十一元。陳復坤二十元。陳大燎二十元。陳寧景二十元。陳

錦彩二十元。陳金壺二十元。陳清誥二十元。

陳同舜、陳梓儀、陳産官、陳德隆、陳火官、陳分官、陳辛酉、陳班竽、陳海官、陳金魚、陳驄体、陳晶官、陳清火、陳有柿、陳玉慶、陳福官、陳柄炉、陳福星、陳正茄、陳簡官各一十元。陳金仙八元。陳烏戾七元。陳棕水六元。陳炉官、陳知母、陳硼官、陳金成、陳梨官各五元。陳咏官、陳忝番、陳破官、陳国官、陳亀仙各四元。陳丁巳、陳江官、陳印官、陳福海各二元。陳瑞傑、陳錦坑、陳漏人、陳江中、陳懷安、陳南金、陳水成、陳泉周、陳心婦、陳欽福、陳子□、陳臨敦、陳烏丁、陳金土、陳萬樹、陳如松、陳石佛、陳昭領、陳啞才、陳其席、陳亀内各一元。

陳水汗、陳知奇在番邦捐款，加伸銀水大洋一十五元。

在番董事：陳文宰、陳崇山、陳復坤；在唐董事：陳泳官、陳国官、陳恭甫、陳水連、陳玉慶、陳粿官；仝立石。

按：此碑現存白水鎮崎岎村下荘社玉麟祖宫。

## 七三七　采蘩醫局産業告示碑記

龍溪縣公署布告，爲布告勒石事：

案据儒商林秉祥、林秉懋呈稱：『窃祥、懋兄弟，閩南之佃民也。自幼隨父經營，遠涉南洋星嘉坡群島，車塵馬跡，所至各逐微利蠅頭，計三十餘載，懋遷所在，頗稱于槖于囊。正以秋風葉落，愛日無多，不期迎養未歸，歸真仙去，風木之感，耿耿在懷。因念先人志願，素以興學施醫、捨棺施葯、卹鄰息訟爲前提。祥、懋不才，思承先志，爰俻基本金三萬一千元，謀諸父老，以頻年時疫煩多，生命攸關，首先施醫，遂在本鄉設立醫局一所。以先人之名曰采蘩，即命名「采蘩醫局」。聘請醫士二人，輪流施診，並設董事、會計、庶務等職，共同維持。試辦半年，道路稱便。唯祥、懋此舉，專爲慈善事業，亦爲繼先人未竟之功；而身涉重洋，遠難兼顧，自應呈請立案，併於所置之

業產給示勒石，俾得垂諸久遠，而免被人侵佔、盜賣之弊。除將學務事件另案呈報外，合將章程一通抄呈察鑒核示。』等情。

查該僑商昆仲懋遷遠歸，繼承先志，以基本金三萬一千元設局施醫，並兼辦捨葯、助棺、卹鄰、修路等事。本樂善好施之念，完先人未竟之功，允稱薛鳳荀龍，光增閭里，深堪嘉慰。所擬章程，亦屬妥善。除呈報上級官廳立案，一面致贈『一鄉善士』匾額一方，以樹風聲外，合將該僑商所置業產，開列土名地點，給示勒石，永垂久遠：『爲此布告諸色人等知悉：尔等須知後開業產爲采蘩醫局基本金，業經呈報上級官廳立案，無論何人均不得私相受授及典押、抵借等事。如有前弊，一經察出，或被告發，定即嚴拿究追，按法懲辦。特此勒石布告，咸使週知，此布。』

計開：

一，漳州舊府口新南街坐東向西第□號店一座。一，新南街坐東向西第九號店一座。一，新南街坐東向西第十三號店一座。

一，新南街坐西向東第二號。一，新南街坐西向東第四號。一，新南街坐西向東第六號。一，新南街坐西向東第八號。一，新南街坐西向東第十號。一，新南街坐西向東第十二號。一，新南街坐西向東第十四號。一，新南街坐西向東第十六號。一，新南街坐西向東第十八號。一，新南街坐西向東第二十號。

一，漳州公園邊西園門牌第□號樓屋全座。

一，漳州南隅南市場全座，內計八十間。

一，滸茂洲鵝蛋新園，全園計三十五畝六分五厘種。

中華民國十年八月五日給，知事孫翊。

**按：**此碑現存雲霄縣博物館（將軍山陳政紀念館），碑名爲編者加擬。碑文另見於民國石碼鎮志·賦役，錯漏較多。

## 七三八　大埔圩修理路頭功德碑記

永興、長興仝捐艮十六元。柏山捐艮十二元。林尚鵬捐艮九元。活枝、太原、茂檀、紀開興仝捐艮八元。福興捐艮七元。林德昌、林源成仝捐艮六元。□□捐艮五元。穌合元、穌□成、穌□錐、穌永福、林□□、林宝太、林長美、高生金仝捐艮四元。鄭錦呈、王新茂、王慶奐、王振成、王先進仝捐艮四元。□獅□、林振懷、林世恩仝捐艮三元。林福元、林太興、林根益仝捐艮二元。

董事：林之用、生仙、南昌、賓于。民國辛酉年九月立。

按：此碑現存白水鎮大霞村大埔社大埔圩北門。

## 七三九　重修渡頭及横坛碑記

林君壬澤自少往葛，計此次返梓，離鄉已四十八載。性好善，凡關于公益事項莫不極力贊成。同人等因本圩渡頭狹小，不便行人，兩横坛又復久年崩壞，無從籌築。壬澤君遂慨然應募，自身擔捐五百元。同人因鳩工建築，今已完竣。僉議將此渡頭税欵逐年充爲儒山學校經費，不得擅爲移動，以資弥補，爰刻石以誌。

董事：林观國、林大敀、林錦郎、林仁、林之用、林時亨、林其前、林南昌。

民國十年十月　日仝立。

按：此碑現存白水鎮大霞村大埔社大埔圩北門。

## 七四〇　重申保護水利告示碑

〈上缺〉爲出示保護事：

本年十一月二十六日，据同安農會正、副會長陳延香、楊孟讓呈稱：『頃据積善里白崑陽保六甲鴻漸美社本會會員許長荣、許都篤、許什成、許金盆，家長許諒開、許湾，前清武生許秋廷，僑商許有志、許振傑、許朝詮、許朝取、許清滚、許守從等，具理由書稱：「爲河流無恙，碑文駁蝕，僉懇轉呈，援前給示勒石，重申保護事：窃長荣等始祖均正公開基轄之鴻漸美社，即鴻漸尾社，自宋迄今千有餘載，宗族繁盛，丁口稠密，所置田園甚多。因灌溉乏水，乃就社之附近地方鑿地成渠，以資灌溉，名曰鴻漸美港，一名鴻漸美河。東至佛頭港湾，與充龍社之河爲界；東南與充龍社之余厝河爲界；南至長寮河及陡門港湾入海，與密仔埭港爲界；西至臭頭，即透寮埔尾港湾及藍水溝港湾，與寮東河爲界；西北至新陡門港湾入海，又至有應公庵後港湾，概與吴厝大河爲界；北自三义永港湾至礱鉤湾河，與新樓社後之河爲界；東北至本社後港湾爲界。四至明白，前泉州府許碑示可憑。故歷年至今，河權歸鴻漸美社管轄，而流域所過，凡有他姓之田園，鴻漸美社應守讓與之義務。上下相承，並無異議，已成一種天然契記，原無須多費手續。衹緣年代久遠，石質鬆浮，前府示禁字迹大半模糊，不可復辨。僉念祖武所在，何可不繩？民權保障，端資法律。用敢聯請轉呈縣署立案，援前給示勒石，重申保護，以垂久遠。粘圖説一摺，僉懇會長察核轉呈，實爲德便。」等由到會。查鴻漸美港既爲該鄉祖先開基，且又有泉州府許碑示可憑，本會會員等因恐久年碑示字跡模糊，特請轉呈給示保護，以維水利之權，而杜後來争執，固屬正當辦法。事関保護水利，相應据情呈請縣長察核，准予如請施行。』等情，粘圖説一摺到縣。

据此，查掌管該處河流，率由舊章可循，自應共同保護，以維水利。合行示仰諸色人等知悉：『務各一体遵照，不得破壞舊規，意外争執。如敢故違，定予拘究！特示。』

民國拾壹年拾弍月　日給。

**按**：此碑現存角美鎮鴻漸村鄭和廟，碑名爲編者加擬。

## 七四一　重修陳氏燕翼堂收支碑

嘗聞之，重祖尊宗，爲人之首要，如木之有本、水之有源，豈可忽乎哉？迨今年久，棟宇損壞，何以安先靈也？文翁念及創始爲難，爰請族長開会，僉議重修。蒙族眾謬舉董事，又得族長共相竭力維持籌捐，次則計田核丁，時則鳩工重修。眾擎易舉，燕翼恢復，祀典豐隆，斯可安先靈，又可延年于世代焉。

茲列重修收支表：

文翁捐緣金大二百元。振寬捐緣金大四十元。收田丁共大艮四百二拾八元二角五分。收入主二十八付，共大一千二百元。收貼主費，大艮五十元四角。收貼修理房間，大三十三元八角八分。收燕昌討前典田，一百四十元。共收大艮二千零九十元五角三分。

開杉料，大二百七十六元三角七分。開紅料，大一百十七元六角七分。開小工，大二百四十六元六角七分。開油漆，大八十八元二角一分。開木土司，大二百九十九元三角四分。開灰矽沙，大七十九元六角八分。開付費入主，大四百三十八元二角九分。共去大艮一千五百四十六元一角九分五厘。

对除外，尚伸大艮五百四十四元三角三分五厘。

現置内坑蔀邊田六斗七升，大艮四百十元。再扣外，尚伸大艮一百三十四元三角三分五厘。

董事裔孫文翁，協理子龍、帕觀、連標、永泰、有教、水磺立。

民国十三年八月　日旦。

**按：**此碑現存角美鎮課堂村陳氏燕翼堂，碑名爲編者加擬，原碑數字爲蘇州碼。

# 七四二　重修漳州學宫記

南海康有爲撰并書。

人類不能無教也。天生烝民，有物有則。孔子之教，物爲之則而已。故視思明，聽思聰，色思温，貌思恭，言思忠；若不明、聰、温、恭、忠，可乎？父止慈，子止孝，君止仁，臣止忠，友止信；若不慈、孝、仁、忠、信，可乎？故孔子之道，本諸身，徵諸庶民；己欲立達而立達人，己所不欲勿施諸人；二人相与之謂仁，强恕以求仁；推心足保四海，不推心不足保妻子。此孔子之道所以不可須臾離也。今世或有非儒疑孔者，是道可離也，其能之耶？若於禮示三統，然有小康、大同之異；於春秋有據亂、升平、太平三世之等，三世中各有三世，則爲九世，推至八十一世，而時出之，以至於無窮。大小精粗本末、六通四闢，其運無乎不在，莊子所以尊爲神明聖王，故能博大悠久、曲成不遺也。吾國衮冕、搢紳、逢掖，莘皆奉孔子爲國教；郡國州縣立廟置學，皆嚴孔子之祀，讀孔子之經。

漳州，朱子遺教地也。立學於宋慶曆四年，迭修於宋嘉定癸未、元延祐三年、明成化十八年、近乾隆八年，式廓宏備，上比太學，廟堂嚴清，俎豆苾馨，黌舍千楹，胄子横經。人知仁讓與禮義，家知違邪而歸正。儒先輩出，理學炳盛，漳州盖海濱鄒魯矣。自辛亥來，弁髦聖教，廢學棄經。孔子之廟亦用駐兵，繋馬門焉于欞星，倚槍殿焉大成。庭廡荒榛，墻瓦頹傾，講學之堂鞠爲茂草，聖賢失位，青衿絶影。用至道揆墜地，廉恥掃盡。以此立國導民，將爲禽犢。秏矣，哀哉！夫各國雖兵戰，莫不自尊其教主。歐土十字軍十一興，大戰三百年，皆爲教也。况孔子之道，人所不能離者。今乃棄之，絶人道也。嗚呼！

福建陸軍第一師師長、厦門鎮守使張毅，武棱既震，文治誕旉，傷大教之凌夷，憫聖廟之隳頓，與士紳孫宗蔡、余高堅、戴國楨等募捐重修之。經始于甲子九月，斷手于十二月之臘。廟工告成，祀位肅復。仰視松桷，俛循階戺，躋堂儐豆，〔翼〕翼有嚴。興學雖有待乎，庶幾説禮樂之儒，將尊聖慕賢，足起後士矣。

孔子生二千四百七十五年甲子十二月十五日。

**按**：此碑現存薌城區修文西路漳州文廟。

## 七四三　重修陳氏燕昌堂收支碑

嘗聞之，族之有祖祠者，如木之有本、水之有源也。是故重祖尊宗，禮經詳載。溯自前清，尚馨創始爲艱；迨今年久，棟宇損壞，目不堪覩。文翁爰請族長開會，僉議重修之舉，規模依舊，主位增加。翁蒙族衆謬舉董事，幸得族長竭力維持，筹備捐款，次則計田核丁，衆擎易舉。時則鳩工重修，燕昌恢復，祀典豐隆，庶祖宗受享于春秋，望族人延年于世代焉。

茲列重修收支表：

文翁緣金大四百元。秉璋緣金大二百四十元。振寬緣金大一百二十元。祥甫書田緣四十二元。六郎緣金大三十二元。收典田一石九斗，大一千二百四十元。收添典田三石四斗三升，五百八十九元五角。收賣公地，大三百元。收田丁共大四百六十元四角。收入主十二付，大六百四十元。收書田尾大三十元。共收大四千零二十七元七角八分。

開杉料，大艮六百七十六元。開紅料，大艮四百十三元四角二。開土木石，大八百十七元一角。開灰矽沙，大三百零七元八角。開上樑、入主，八百十元四角七。開油漆，大艮一百七十元三角。開小工，大艮四百八十七元六角。開修理聖祠，二十一元五角九。共開大三千七百零三元二角二分。

对除外，伸大艮三百二十四元三角五分。置尚庵後山園一坵，大八十元。置討回新溪田六斗，大一百四十元。又助後埔公田車路六斗，一百零五元。

董事：裔孫文翁。協理：子龍、連標、帕觀、有教、六郎、永泰、乾觀、水礩。

民國十四年四月　日立。

按：此碑原在角美鎮課堂村陳氏燕昌堂，現存陳氏燕翼堂，碑名爲編者加擬，原碑數字爲蘇州碼。

## 七四四　獻助業産保存帝廟碑

攷之鎮志，上碼關帝廟建於前明嘉靖間，歷康、乾、道、咸四朝均有修理，足見神靈赫奕，自古已著，非只今兹之争薦馨香也。民國丙寅春，碼鎮改良路政，帝廟適當其衝，在所必毁。都人士苦焉，思有以保存者。乃謀該境第一屆董事會等，齊謁林君秉懋，求其所置大碼頭街坐西向東毗連兩店，獻助帝君，以抵毁廟之舉。秉懋，僑商，善信人也，慷慨好施，遂與諸董事等訂約：若果保全帝廟，永無拆毁，願犧牲兩店，而無後悔。董事等退而呈請第一屆市政會市政局高先生，懇乞保存帝廟，經蒙許准存案。第恐事久廢弛，爰勒貞珉，永垂不朽。

民國十五年丙寅三月　日，石碼上碼武廟境諸董事勒石。

按：此碑現存石碼街道上碼武廟。

## 七四五　科山祖廟題捐碑

王松峯一百七十元。柯塗火一百二十元。林啟懷八十元。潘珠申四十四元。柯秧狗四十二元。柯軒观四十元。劉珠观三十元。柯坃泉二十四元。柯佑來二十元。柯加得二十元。劉開彰十六元。柯㞒斗十六元。劉番观十二元。陳王謨十二元。王登愷十二元。柯宜昌十二元。王紅嬰十二元。柯送观十二元。劉紅毛十二元。王柯潤十二元。陳能角十二元。林啟首十元。潘番观十元。潘屁观十元。潘鶴观十元。潘榜观十元。林振位十元。柯乃观十元。

樑簽共捐四十二元。田丁共捐二千二百七十元。

董事：王淡和、柯佑來、柯紅嬰、劉秧观、林啟懷、柯坃泉、潘番观、劉柯歪、潘烏乞。

民國十五年葭月　日。

**按：**此碑現存榜山鎮柯坑村科山祖廟，碑名爲編者加擬，原碑數字爲蘇州碼。

## 七四六　重修蔡氏崇本堂碑記

木有本，水有源，人情难免。溯我先祖始建祖祠，歷今数百年，風雨漂摇，楹楝損壞，不得不鳩集修盖。於是邀仝族議舉簽題捐欵，莫不踴躍從事。茲將所捐名次開列于左：

一，收田仔甲愿献洲仔田典掛佃頭，爲祭蒸輪流。一，收新厝甲喜捐大洋弍佰元。以上許入主弍付。

一，收蔡坑泉喜捐大洋伍佰元，加添弍佰元。一，收祠後甲喜捐大洋壹佰元。一，收蔡弄盤喜捐大洋伍拾元，加添伍拾元。以上許入主壹对，永配祭祀，以垂不朽。

茲將祖考、妣名次臚列一覽：

田仔甲十五世祖考松録蔡公、妣畏娘陳氏，又十六世祖考金秀蔡公、妣恭儉蘇氏。

新厝甲十三世祖考鐘岐蔡公、妣閨儀詹氏，又十五世祖考松蒲蔡公、妣俾熾林氏。

蔡坑泉十五世祖考榮傑蔡公、妣清行甘氏。

祠後甲十二世祖考質叟蔡公、妣勤淑鄭氏。

蔡弄盤十八世祖考敦儉蔡公、妣順懿袁氏。

十六世祖考煌梓蔡公、妣順德甘氏。

收支賬條零列：

一，收祠前甲蔡順吉喜捐大洋伍拾元。一，收田種、丁大洋叁佰肆拾元。一，收杜賣過溪王厝埜舊蒸田八斗種，扣除討典並佃頭外，尚伸大洋肆佰柒拾元。計合收大洋壹仟柒佰壹拾元。

一，開泥水木匠工資共大洋〈空缺〉。一，開紅杉料共價大洋〈空缺〉。一，開油漆總計大洋〈空缺〉。計合開出

大洋壹仟捌佰壹拾元。

以上收支对除外，尚不敷壹佰餘元，後議停公抵還如数。

一，議禁祖祠内外不許叠稻担草把、堆積穢惡，違者重罰。

民國丁卯年四月　日，總理人蔡水蓮、振發、連註仝勒石。

**按：** 此碑現存海澄鎮崎溝村河邊社蔡氏崇本堂，碑名爲編者加擬。

## 七四七　重修金鰲楊氏祖廟序

蓋聞遺殖之恩饒溥於吾族，而報本之典何待於勝朝。我坦菴祖自六世肇基是祠，計百餘載。雖春徂冬□，惟略酬先恩，而祠宇懸久，難保無侵蝕傾頹之患。眷念我先辛苦經營，成斯廟貌，至今□□楹桷腐壞難堪，不亟修葺，將爲墟矣。爲人孫曾寧忍任其□□□折，貽列祖朝天暴露之憂乎？濤等有鑒及此，始是年正月間，爰集各房，提倡重修，併公决有喜募輸出弍佰金之多者，准其進主壹對，附享於祠。一時蒙眾贊成，未数月，内外募金数千元，即時召匠庀材，擇日興工。未及一年，前後兩進廟貌重新燦然可觀，亦敏矣。謹將進主及樂捐芳名勒石，以誌不忘云爾。

雙福捐金肆佰大員，進主弍對享於祠。朝水捐金肆佰大員，進主弍對享於祠。虎獅捐金肆佰大員，進主弍對享於祠。馨官捐金弍佰大員，進主壹對享於祠。宗興捐金弍佰大員，進主壹對享於祠。江騰捐金弍佰大員，進主壹對享於祠。培城捐金弍佰大員，進主壹對享於祠。再生捐金弍佰大員，進主壹對享於祠。其成捐金弍佰大員，進主壹對享於祠。一笑捐金弍佰大員，進主壹對享於祠。如濤捐金弍佰大員，進主壹對享於祠。

如濤提倡重修，極盡務勞，深蒙眾許，准其加入壹對并享於祠，借資奬勵。

岐山應募金捌拾大員，金生應募金伍拾大員，雙福應募金伍拾大員，香水應募金弍拾大員。

中華民國十六年臘月。董事：如濤、朝水、江騰、其成、清行仝立石。

按：此碑現存白水鎮金鰲村楊氏大宗祠。

## 七四八　保護沈世紀墓告示碑

龍溪縣政府佈告第五十七號：

案准國民革命軍第四獨立師軍需沈上清、營長沈向奎函稱：『敝二世祖宋都指揮使墓，址在漳城北門外鳳高山，自清乾隆間先輩□備公咨縣清理侵佔，碑禁百有餘載，歷掌無異。延至清季多難，子孫路遠，前後左右被隅城蠻民歐陽清桂、林天賜、莊光宣等侵佔，毀傷實甚。今年春，軍需等隨軍入漳，謁祖心痛，嘗先後函請貴縣政府及法院，均蒙派員履勘，嚴示遷移，各在案。爰擇吉夏曆六月重修，八月告竣，所有侵佔各户亦遵將坟堆自行遷移。軍需等爲保持久遠計，由具有工程學者將坟山及園地測量圖繪，遍植界址。除函請龍溪地方法院立案示禁保護外，相應附圖函請貴府查照，准予立案，會同出示碑禁，以安祖坟而杜侵佔，幽明均感。此致。計送測量繪坟山圖一份。』等由。

准此，當經函復，俟法院轉函到縣，再行出示在案。茲准龍溪地方法院以『敝處係司法机関，未便涉及』等由函達前來，関于保存古墓，自應由縣佈告週知。合行示仰閤邑民衆一体知悉：『爾等對于沈姓祖坟界内，不得任意侵佔損壞，致干送交法庭究辦。切切！特告。』

中華民國十七年十一月二日，縣長蘇濟時。

按：此碑現存薌城區天寶鎮峰山沈世紀墓，碑名爲編者加擬。

## 七四九　重修鳳高山二世祖都指揮公墳塋誌

吾祖諱世雄，官都指揮使，有宋之世卒於漳，與陳夫人合葬于城北鳳高山，穴號『眠牛』，垂今三十餘傳矣。清乾隆間，墳右被柯、張兩姓盜剥爲園，侵佔培堆。維時經守備公從事清理，咨請王縣令給予示禁，立碑坟前右側，

尤皇皇在焉。今年春上，清等由滬隨軍入漳，偕本姓軍、政、學各界辦香頂禮，見吾祖封塋歲久失修，上下左右被外姓侵葬毁傷，心焉痛之。即分别函請龍溪縣政府、法院先後派員履勘，嚴示遷移。凡佔葬者，咸遵示諭，相率起遷。繼詢諸星學家，言以六月望日重修吉。經之營之，費錢一萬有餘，費工二千數百，費時將三閲月。貫則仍舊，而工倍于前，蓋僅得溪、詔、泰三邑子姓共擔厥職也。今謹自故山界址，由具有工程學者測量圖繪，請于官立案，重飭碑禁，樹之墓右，俾後之孫子知所保守，歲時祭掃毋缺，亦足以慰先靈於地下也。是爲誌。

發起人：裔孫希逖、謙益、開璇、上清、向奎、順寶、毓麟、紹徽、素輝、家瑞、洪琮、耀初。

主事：鳴春、上清。合作者：詔安東沈、東山、岐山、桔林四大房，龍溪邦溪、天寶、埔尾山、蔡坂、沈溪頭、路邊、城廂、石碼、羅錦，長泰上苑。

中華民國十七年夏曆九月，各社裔孫同勒石。

**按：**此碑現存薌城區天寶鎮峰山沈世紀墓。

## 七五〇　重修鳳霞祖宮碑記

漳東鳳霞祖宮，自武當分鎮於斯，崇祀玄天上帝，由來久矣。乾隆甲寅，宫圮于水。迨嘉慶辛酉重修，迄同治辛未，相距七十載間，凡四葺。非邦人士沐其庥，曷克臻此？今又閲六十寒暑矣，梁桷之腐黑撓折，赤白之漫漶剥落，不加治焉，無以妥靈。爰集善信，謀新廟顔。經始於乙丑桂秋，告成於己巳首夏。陸續鳩資四千七百有奇，仗衆力也。宫之右，又拓其禪室，背之樓、面之亭靡不因故爲新，無侈前人，無廢後觀。工既竣，欲將諸施助者立碣刊名，適有雙節廟碑久没於荒蔓，起其碑陰而泐之，亦足以並垂不朽云。

謹將捐緣各芳名列左：

李尼記二百四十員。施蔭棠率男大鏢一百二十員。林在衡一百二十員。藍汝漢一百二十員。林試鋒一百員。篤

誠民記一百員。高東岡一百員。陳春溪率男海八十員。溪墘北極殿七十員。孫宗蔡六十員。吴朝曦六十員。李明月六十員。楊信來六十員。利民鹽公司六十員。萬誠麟記五十員。李政春五十員。楊在田五十員。陳長福五十員。金和順四十六員。楊德和四十員。黄兆桐四十員。卜世祥四十員。五和鹽公司四十員。鄭子綿四十員。碼五谷途三十六員。篤誠賜記三十員。李啟壽三十員。馬謙順三十員。新市米途三十員。南發公司三十員。蔡崇本廿四員。陳劉氏廿四員。洪漢章廿四員。林桶廿四員。曾文柔廿四員。金合順廿四員。郭坑震龍宫廿四員。陳建茂廿四員。傅鳴虞二十員。葉保三二十員。許位北二十員。鄭滄九二十員。楊勵齋二十員。于紹遠二十員。張賓隍二十員。曾紅奎二十員。馬幹驊二十員。李進才二十員。源泰號二十員。碼頭公司二十員。屠宰捐局二十員。澄後興宫二十員。鄭錫疇十六員。王謙益十六員。唐蕙記十六員。葉番十六員。碼米捐局十六員。葉元興十四員。林長泰十四員。成記公司十三員。施少北十二員。陳志涵十二員。鄭啟華十二員。鄭張星十二員。黄耀魁十二員。楊明智十二員。曾協成十二員。楊開吉十二員。柯慰蒼十二員。莊世遠十二員。陳震村十二員。張甫笙十二員。姚鏡湖十二員。陳兆鰲十二員。李文甫十二員。唐雙齋十二員。張福昌十二員。李林氏十二員。李卜氏十二員。陳鴻吉十二員。龔堯十二員。陳以輝十二員。鄭順興十二員。鄭長興十二員。協興隆十二員。益成號十二員。碼税厘局十二員。岳口米途十二員。澄元和堂十二員。山城新發富十二員。許古松十二員。劉智平十二員。嚴添貴十二員。康長壽十二員。康火亀十二員。

嚴連堂、蔡以能、洪曉春、蔡雨村、楊榮生、李光昭、蔡載平、施欽堯、楊溢時、王子程、合益號、鼎新號、謙亨庄、新鳳堂、蔡冠英、魏順慶、吴陽和、勝隆號、蔡黎、鄭糞掃、吴鳳鳴、馬東海，以上廿二名各捐十元。

吕玉書、楊邦翰、□殿卿、張正中、包金章、馬漳發、永茂號、永隆號、陳甜粿、王啟昌、錦安堂、舊長泰、天興宫、李乾三、劉四海、嶼震龍宫，以上十六名各捐八元。蔡鶴卿、陳潤和、辛從政、蕭楊海、包興隆、翁炳祺、翁秉源、林紀河、林漥水、蘇合發、李大順、陳振昌、曾古老、吕祐、張看門、張江淮、康金茂、黄漳成、天昌號、

和善堂、鄭長、林清海、郭朝陽、林方貫、金東記、徐榮仲、陳九和、金盛香、劉成興、蘇捷發、林仰盧、蔡振成、鼎記、許福、陳頭、康協茂、康添、黄海鵝、福慶長記、永興堂，以上四十名各捐六元。

楊悦源捐助宫右平地一所，直二丈八尺，横一丈二尺。石間諸弟子助工。蔡吉經、吴捷墀、張清溪、張瑞生、林四海、胡連、黄深池、吴正修、方九啢、黄吴順、林火龍、益興號，以上十二名各捐五元。

蔡料才、吴定國、復生堂、洪雲堂、黄錫鴻、林祝三、許松濤、劉順成、曾忠、許連、王長富、黄東山、鄭賜記、洪步青、孫許章、林其章、李正水、王祥環、楊源淵、鍾金榜、王謙先、梁長泰、楊吉珍、林成記、劉介壽、張林氏、楊雨儀、許紅、馬維謙、許漢清、許印財、馮肇鯨、蔡鄭崑、黄勳名、陳恩元、曾文士、蕭水桃、陳貴芳、吴壬辰、林昭瑞、李東海、黄清培、何鮎鮘、吴德源、王吉元、蘇冀、林古、李昌、康和西、康和尚、康亞笠、林漳興、新金寶、金永豐、萬隆號、德興號、自成號、文升號、裕盛號、王茂號、吉成居、蘇雨水、周浩然、吴阿發、郭啟源、陳福興、吴東記、郭汲水、侯蔡瞰、楊坤、張興、陳港、康霜、康和成、康大灯、康紅蟳、唐合記、蔡合發、金吉成、萬順號、至誠堂、春發號、福順號、坤成號、茂昌號、順發號、曾源興、許添生、隆裕號、忠憲廟、鳳山堂、陳粉、卓榮茂、李水漲、陳翁、咸興號、玄田宫、福壽宫、黄潢甫、溪坑蟳船，以上一百名各捐四元。

王惠山、謝長庚、陳其吉、新協興、李毛、陳木、黄木桂、賢慶平、詹益茂、李福聲、和聲號、陳天厚、永發堂、郭石麟、天南莊、李登雲、魏玉茂、黄旽、黄梓細、陳吴水、金步安、源成號、張景福、虞莊道、蔡泉州、陳仁興，以上廿六名各捐三元。

另有捐二元共二百四十二名，捐一元共一百五十六名，其姓名俱顯樑簽。

續收楊廣成、王慶忠、蔡厚根三名各捐四員。

以上總收緣金共來大洋四千七百七十三員。收木櫃散捐共來銀錢合大洋二十七員八角□占。收香燭資本年正月起六月止共來大洋六十七員一角□占。收回彩桃銀來大洋二十一員。收鳳霞街公屋除贖外，拍賣剩來大洋一百五十

四員。通共收款合來大洋五千零四十二員九角□占。

開出項下：開杉木料共去大洋八百五十一元五角□占。開磚瓦料共去大洋三百五十九元五角□占。開灰砂沙共去大洋五百一十五元三角□占。開木匠工資共去大洋四百五十二元四角五占。開泥匠工資共去大洋一千六百五十六元三角□占。開塑神像共去大洋四十六元三角一占。開買宫右嚴姓地價大洋二十五元。開絨枝琉璃各料共大洋九十一元一角□占。開油漆工料共大洋二百七十六元。開顔料共大洋七十四元四角。開建馬路工去大洋一十六元。開石碑移置并刊刻共去大洋一百八十三元六角。開重建寶庫爐工料大洋四十元。開雜費一切共去大洋三百八十三元六角□占。開曾炳杰侵去大洋七十二元。通共出款去大洋五千零四十二元九角□占。

另外收玉井龍水宫捐八大元。

總董：林在衡、施蔭棠；董事：藍庭金、孫宗蔡、楊德和、林試鋒、黄兆桐、吴朝曦、鄭錫疇、蔡鶴卿、施少北、施大鑣、李政春、曾耀邦等；同立石。

中華民國十八年歲次己巳八月穀旦。

按：此碑現存薌城區文化街鳳霞祖宫。

## 七五一　重修鎮南宫碑記（三）

中華民國拾捌年己巳八月十五日立。

黄皆文捐大洋壹佰弍拾元。黄瓊瑶捐大洋壹佰元。黄鑚燧捐大洋壹佰元。黄自然捐大洋壹佰元。黄惟全捐大洋陸十元。黄清賞捐大洋肆十元。周催遷捐大洋弍拾肆元。黄長江捐大洋弍拾元。黄清坡捐大洋弍拾元。吴正根捐大洋弍拾元。郭永鎮捐大洋拾弍元。郭慶奂捐大洋拾弍元。楊應時捐大洋拾弍元。黄天后捐大洋拾弍元。黄芋茹捐大洋拾弍元。協發公司捐大洋拾元。黄郭禎祥捐大洋拾元。黄永傳捐大洋壹拾元。黄大炉捐大洋壹拾元。黄占溪捐大

洋壹拾元。黄佛草捐大洋壹拾元。黄老帆捐大洋壹拾元。黄高田捐大洋壹拾元。黄番嬰捐大洋壹拾元。黄瑞發捐大洋壹拾元。黄耳鈎捐大洋壹拾元。黄萬記捐大洋壹拾元。

黄大傳、黄玉慶、黄作尼、黄周存、黄調直、黄三□、黄有楝、李益山、莊江□，以上八名各捐大洋陸元。林連永、郭全成、魏夏年、魏隆安、林焕厚、蔡英雍、林和官、黄文尚、黄烏番、郭玉興、郭大頭、郭景預、黄亞養、黄錦福、郭桐桂、謝青龍、黄長成、黄文□，以上十七名各捐大洋伍元。徐拓乾、黄長春、黄壽記、黄細謨、黄媽魁、黄俗官、柯振家、黄槐帶、黄富貴、黄維官、黄福賜、黄賜霞、黄濟川、黄長選、黄其冰、黄有才、黄戇九、黄熟官，以上十七名各捐大洋肆元。黄有鯤、黄亞九、黄梏官、黄九賜、黄有允、黄章官、黄福官，以上七名各捐大洋叁元。黄宗观捐大洋叁元。謝茶礸、郭其元、楊文章、陳同福、吴大宗、楊蘙官、王長港、吴吉官、黄連浦、鄭啟泰、陳海安、黄秃官、黄君子、黄丕贊、□奇□、黄焜官、陳吉蕊、許自來、黄衛生、王貓鼠、黄友官、黄大魚、陳福成、黄祈彩、歐類官、黄丕謨、□□□、源合號、源隆號、成美號、梅竹居、黄院官、黄九生、黄現官、黄伯宜、黄榮昌、黄海官、黄有智、黄周□、黄紅蟳、黄金源、黄分明、黄天容、黄流糍、黄允官、黄作荳、黄古錐、黄高興、黄佛烝、黄大鑑、黄朝官、黄石獅、黄蚣□、黄增興、黄清登、林興官、黄知準，以上五十三名各捐大洋弍元。本港大綱船計捐大洋壹拾陸元。七宝成、黄□官〈下缺〉。

南洋、本社董事會公啟。

**按：**此碑現存角美鎮南門村玄天上帝廟。

## 七五二　重修裕文堂碑記

我祖性道公，海泳之二房始祖也。建祀裕文堂宗祠，始構於光緒五年，迨民國戊辰之秋，炯夫、思庚出洋募捐，幸得梹城水明提倡，勗力、開〈下缺〉仁、天來、思仁、永芳、台道、文曲暨諸親等莫不極力贊成，慷慨樂捐。繼

返〈下缺〉贊同，衆志集成，計捐洋銀玖仟壹佰拾捌員。本堂董事毓階、正办、恒美等〈下缺〉中秋節行慶成及進主典禮，誠盛亊也。今本宗祠得能基礎鞏固、重整一新〈下缺〉成績，以勵後人，爰是樂爲之記，並補記埈敏、新再、清純、台水、台蝦、三典、文料〈下缺〉。

茲將捐款芳名列左：

揚陣、水明、清德、衡汲、思堅、継筞，以上六名〈下缺〉。國珍捐四佰元。思仁、思義、登梯、潤德，以上四名各捐壹佰元。大鐘、福禄、天來、福炳、体仁、文岳，以上各捐四十元。允端三十元。朝忠、仁富、言我、仁英、仁和、永芳，以上各捐二十元。清森十八元。思請、思盞、金水，以上各十五元。潤□十二元。好奢、可畏、継善、有臨、開廣、思老、継泰、継才、継礼、継木、継莫、継□、文理、振典、長泰、義利、福賜、福〈下缺〉潤盛、潤財、潤順、潤班、潤忠、潤來、文敬、木火、英夘、德興、有德、衡遠、良郡、德□、思才、成道、天福、台道〈下缺〉振生、振對、振耀、振煌、振卻、振國、思輝、思鉗、思川、思龍、有問、□容，以上五十二名各捐十元。捐五元五名，銀二十五元。捐二元十二名，銀二十四元。捐一元十名，銀十元。合捐洋銀玖仟壹佰壹十八元。

謹將捐款蔭主芳名列左：

揚陣、水明、清德、衡汲、思堅、継筞，以上六名各蔭進中龕主一付。國珍蔭邊龕主一付。

又將邊龕進主芳名列左：

継筞四付，文岳四付，正办二付，大鐘一付，海真一付，衡汲一付，思仁一付，有臨一付，思庚一付，思堅一付，炯夫一付，元松一付，以上計進十九付，每付收厦龍壹百三十元，合龍二千四百七十元。

中華民國十八年歲次己巳桂月，裕文堂公立。

**按**：此碑現存厦門市海滄區新垵村邱氏裕文堂。

## 七五三　石碼平林謝氏大宗募捐置業配祭序

嘗思望諦告處，古先王崇重報功之典致齊，我宗人須知祀事之誠。故祖德宗功不忘所自，而立廟配祭務要先圖，此癸亥修築平林我謝氏大宗之所由來也。蓋大宗之肇建於平林也，歷年久遠，破壞堪慮。同人等目擊心傷，乃提倡捐金祔主而重修之，是歲暮春興工，季冬告竣。以百十年傾頹之棟宇，不數月間煥然而成巍峨之壯觀，亦云幸矣。是役也，工費浩繁，捐金靡巨，出入相抵，尚少數七百元有奇。以致廟貌能新，蒸田莫置，一簣功虧，寸心歉疚，可勝嘆哉！第念大宗改爲我姓所公有，而捐置祀業亦爲我輩所宜然；際此福祀蒸嘗改欣有所，而牲牢酒禮尚乏常資。爲是敬告宗人，共圖善後，還須追念始祖，踴躍輸將，解開義囊，變成善舉，庶幾祭蒸有賴，毋墜前功，俎豆常新，共應介福。是爲序。

董事：鴻年、鴻發、天忠、雷追、活水、鴻章、績卿、友直、渭璜、如帶，仝敬啟。

宋斐宗撰。民國十八己巳元月吉日。

按：此碑現存榜山鎮平寧村謝氏宗祠，係近年翻刻。

## 七五四　重修瀛洲宮題捐碑

茲將瀛洲宮重修樂助芳名〔開列〕于左：

陳秉章捐大洋一百元。蔣瓦司捐大洋五十元。王福泰捐大洋四十二元。康珍觀捐大洋四十元。康嬰遇捐大洋四十元。王金標捐大洋四十元。蘇長海捐大洋四十元。林和尚捐大洋三十元。王長攀捐大洋二十四元。林荣观捐大洋二十四元。潘濆石捐大洋二十四元。張合春捐大洋二十四元。葉德荣捐大洋二十四元。王賀招捐大洋二十元。柯烏充捐大洋十六元。王連根捐大洋十二元。王添寿捐大洋十二元。文洲下社捐十二元。

林水淵、王寧通、林莫邦、林頭观、陳旺观、徐正生、林士其、林開秉、柯烏畓、林習卿、林握观、謝烏灶、柯長生、林媽圖、林無名氏各捐大洋十元。陳恆观来捐大洋十元。謝烏灶又捐十四元。

共捐一千零七十五元，共開一千零九十元二角，对除外不敷十五元零二分。

董事：歐陽惠、林妙用、王高突、王愷士仝啓。民國十八年　日立。

按：此碑現存角美鎮東美村南園社瀛洲宫，碑名爲編者加擬，原碑數字爲蘇州碼。

## 七五五　重修俊美陳氏大宗祠堂題捐碑

民國十八年重脩圳美祖祠堂，特録崎岎社喜捐芳名於左：

陳焕其喜捐來大銀六佰元。陳雲龍喜捐來大銀五佰元。陳清籐喜捐來大銀一佰元。陳利生喜捐來大銀一十元。

計四名，共大銀一仟弍佰一十元。

按：此碑現存東園鎮過田村俊美社陳氏大宗祠，碑名爲編者加擬。

## 七五六　四合宫柱聯題刻

『四郊無恙利交通以改良道路；合境咸寧存紀念乃重建宫庭。』民國十九年，董事會同立。

按：此題刻現存石碼街道解放西路四合宫石柱。

## 七五七　重修頂田聖社媽祖廟碑記

重修頂田聖社媽祖廟。杏苑途：陳位東。顏料、嫁粧途：林春光等。

本社董事：楊碧山、許綢鄉、陳吉□。民國弍拾年陽月　日立。

按：此碑現存薌城區新橋街道前鋒社區頂田霞社禹王廟，碑名爲編者加擬。

## 七五八　嚴禁刺泥傷路告示碑

龍溪縣政府佈告第十六號，爲佈告事：

案據東鄉長福社家長黄金銓、黄心婦、黄種、黄眼、黄□言、黄良化、黄阿水，下店尾社家長黄春木、黄阿忠，坂上社家長黄天恩、黄漳欽、黄水受，等，呈請出示『嚴禁佃人在港橋一帶刺泥賣與磘商作瓦，以固溪岸路基，而杜後患』一案，曾經本府批交建設局查勘覆核去後。兹據該局長呈復，遂即派員往勘，查得『該社田地附近港橋里路，如果任各佃人刺泥，實屬貽害無窮，應該核准示禁』等情到府，自應照辦，以免後患。除□令外，合行佈告該社民衆一體遵照，互相禁止，毋得貪圖目前厚利，致貽將來禍患。倘敢故違，一經查出或告發，定即從嚴究辦不貸！切切此布。

中華民國二十一年捌月廿六日，代縣長蔡竹禪。

按：此碑原在龍文區步文街道長福村黄氏宗祠，現存龍文區石刻博物館，碑名爲編者加擬。

## 七五九　紅滚廟産業契約碑記

公立石碑字人：董事劉、宋、黄，廟祝黄唱，等。

因黄楚三營造坟墓，需用廟産秧埕，大小相連叁坵，坐落地址及旧買價格大洋四十六元，石碑可証。今由楚三另行契買黄家苗田弍坵，計壹斗捌升種。一，田壹坵，捌升種，址在山后社，土名塘内洋，現黄家坟前第二坵，東至刘家田，西至黄家田，南至吴黄二家田，北至宋家田；一，田壹坵，壹斗種，址在塘内洋，土名聖公山脚，算落第三坵，東至黄家田，西至宋家田，南至溝岸，北至吴家田，四至明白爲界。粮帯澄邑劉五桂名下，現推入保生大

帝户内，官銀壹錢弍分柒厘正，契買大洋壹佰零捌元，抵作廟産。其原有秧埕叁坵範圍内地址，悉数交與楚三掌管，收税納粮，永爲祖業。經公同在神前筊示，允許所有抵换田業隨時交由廟祝，逐年收税納粮。至三月十五日神旦，謹俻大洋伍元，交三壇会办五牲礼，廟内犒將。全体贊成，神人共樂，合立碑据，垂諸永久。

中華民國二十四年八月　日。仝立碑字人：董事宋、劉、黄，廟祝黄唱，仝立。

**按：** 此碑現存海澄鎮山後村紅滚廟，碑名爲編者加擬。

## 七六〇　鄭氏家廟示禁碑

其慶祖建基室，高一丈八尺三寸。日后修築，不得添高地基，添高可以前舊石碑約章呈。祖厝内不許容家器什物。

民國廿四年修，董事：如浪、厚港、水矼、枋田、溪海、建源仝立。

**按：** 此碑現存東園鎮東寶村寶裡社鄭氏家廟，碑名爲編者加擬。

## 七六一　重建新橋頭大廟題捐碑

吴崧生捐大一百元。知非社捐大六十元。金永發捐大二百二十元。惠農行捐大一百六十元。長美号捐大一百五十元。于于岐捐大一百五十元。張碧江捐大一百五十元。中興号捐大一百二十元。振興公司捐大一百二十元。捷泰行捐大一百二十元。合隆南記捐大一百元。恒裕行捐大一百元。連記莊捐大一百元。德星居捐大一百元。文香号捐大一百元。立興号捐大一百元。裕和号捐大一百元。洪通成捐大八十元。南發号捐大八十元。鄭順興捐大六十元。綿興号捐大六十元。許烏禿捐大六十元。福發号捐大五十元。恒美号捐大五十元。吴合發捐大五十元。金漳合捐大五十元。南河市場大五十元。荣發祥捐大五十元。捷春号捐大四十元。蔡荣成捐大四十元。劉福興捐大四十元。勝隆号捐大四十元。朱厚根捐大四十元。恒德号捐大四十元。金德芳捐大四十元。光美号捐大四十元。新三合捐大四

十元。鄭秉禹捐大四十元。黄春成捐大三十四元。振元号捐大三十元。瑞珍号捐大三十元。三㒷堂捐大三十元。懷濟堂捐大三十元。德成号捐大三十六元。新全㒷捐大三十元。覃順源捐大三十元。源泰号捐大三十元。楊開春捐大三十元。鄭振㒷捐大二十四元。品芳号捐大二十四元。聯瑞号捐大二十四元。新春發捐大二十四元。林福發捐大二十四元。陳国泰捐大二十四元。歐陽龍捐大二十四元。沈清輝捐大二十四元。必大号捐大二十四元。自成号捐大二十四元。正記号捐大二十四元。成茂号捐大二十四元。南成号捐大弍十元。李協成捐大弍十元。廣盛号捐大弍十元。林向荣捐大弍十元。鄭長㒷捐大弍十元。楊長和捐大弍十元。振山号捐大弍十元。存㒷号捐大弍十元。勝㒷号捐大弍十元。捷丰号捐大弍十元。魏立㕘捐大弍十元。林士輝捐大弍十元。鄭向葵捐大弍十元。陳文龍捐大二十四元。吴慶盛捐大二十四元。吕春元捐大三十元。鄭清波捐大三十元。陳協春捐大十六元。鄭晋成捐大十六元。合茂号捐大十六元。協源号捐大十六元。林蓮苑捐大十六元。鄭合隆捐大十六元。成美号捐大十六元。沈和發捐大十六元。何怡成捐大十六元。濟安堂捐大十六元。合茂汗記捐大十六元。裕德号捐大十六元。蔡捷茂捐大十二元。黄合順捐大十二元。保安堂捐大十二元。合源号捐大十二元。漳元号捐大十二元。王源成捐大十二元。鄭総㒷捐大十二元。鄭長㒷捐大十二元。楊勝㒷捐大十二元。陳延元捐大十二元。金源㒷捐大十二元。黄南美捐大十二元。葉建發捐大十二元。張報觀捐大十三元。蔡宏德捐大十三元。高合德捐大十二元。周桂山捐大十二元。鄭大奇捐大十二元。張琴記捐大十二元。張聯成捐大十二元。蔡魁□捐大十二元。許志傑捐大十二元。沈勝隆捐大十二元。歐石龍捐大十二元。林龜仔捐大十二元。和隆号捐大十二元。鄭適南捐大十二元。振美号捐大十二元。張生仔捐大十二元。合記号捐大十二元。洪若濤捐大十二元。盛昌号捐大十二元。洽珍号捐大十二元。大有号捐大十二元。馮紅柿捐大十二元。全成号捐大十二元。泰㒷号捐大十二元。德㒷号捐大十二元。合㒷号捐大十二元。吴正修捐大十二元。林騰蛟捐大十二元。

**按：**此碑現存薌城區新橋街道紅星社區厦門路威惠廟，碑名爲編者加擬，原碑數字有蘇州碼。

## 七六二　重建新橋頭大廟題捐碑（二）

陳清廉捐大十四元。吴子輝捐大十二元。吴鼇舍捐大十二元。豐穀号捐大十二元。高福祺捐大十二元。柯明捐大十二元。新協春捐大十二元。林馬丁捐大十二元。合發号捐大十二元。万山号捐大十二元。林荣椿捐大十二元。李水根捐大十二元。怡發号捐大十二元。蔡崑崗捐大十二元。吴耀奎捐大十一元。宝發号捐大十元。均記号捐大十元。李吴益捐大十元。源豐号捐大十元。蔡鏡波捐大十元。義發号捐大十元。只記号捐大十元。元記号捐大十元。德記号捐大十元。金瑞泰捐大十元。新潭發捐大十元。天盛号捐大十元。李樣先捐大十元。魏錕英捐大十元。南香号捐大十元。隆美号捐大十元。金双只捐大十元。陈源只捐大十元。郭合發捐大十元。泰英号捐大十元。楊春發捐大十元。春盛号捐大十元。贊只号捐大十元。捷益号捐大十元。新順發捐大十元。裕餘号捐大十元。江順号捐大十元。吴正利捐大十元。黄古捐大十元。蔡井捐大十元。周宋潮捐大八元。金發号捐大八元。泰昌号捐大八元。刘振茂捐大八元。吴振只捐大八元。陞閩只捐大八元。金怡發捐大八元。鄭瑞芳捐大八元。正發号捐大八元。王盛美捐大八元。黄正只捐大八元。金慶号捐大八元。金順發捐大八元。魏豐盛捐大八元。黄明發捐大七元。柴目捐大八元。蔡白先捐大八元。隆發号捐大八元。福成号捐大八元。雷記号捐大八元。嚴梓細捐大八元。林合盛捐大八元。李合盛捐大八元。李通只捐大八元。蘇振隆捐大六元。吴幻岩捐大六元。鄭清誥捐大六元。林清源捐大六元。□庭翰捐大六元。楊□仔捐大六元。万源号捐大六元。莊渊祺捐大六元。裕成号捐大六元。光和号捐大六元。瑞春堂捐大六元。林目□捐大六元。鄭文川捐大六元。吴龍仔捐大六元。莊源仔捐大六元。林石龍捐大六元。新德豐捐大六元。游金色捐大六元。李祥金捐大六元。陈源茂捐大五元。順昌号捐大五元。南□堂捐大五元。

**按：**此碑現存薌城區新橋街道紅星社區厦門路威惠廟，碑名爲編者加擬，原碑數字有蘇州碼。

## 七六三　重建新橋頭大廟題捐碑（三）

蘇奕連捐大六元。張容江捐大六元。方耀南捐大六元。包大目捐大六元。乾峰号捐大六元。大發号捐大六元。許宗泰捐大六元。同成号捐大六元。振盛号捐大六元。澹純良捐大六元。蔡海水捐大六元。活人号捐大六元。鄭熙明捐大六元。謝□香捐大六元。刘安居捐大四元。陈周梓捐大六元。陈水生捐大六元。義興號捐大六元。榮德号捐大五元。恒春号捐大五元。蔡捨捐大五元。鄭刘蕃捐大五元。張日成捐大五元。鄭三耳捐大四元。源漳興捐大四元。方益芳捐大四元。莊刘發捐大四元。隆成号捐大四元。和發松四元。新四合四元。吴立茂四元。楊陈植四元。朝鶴堂四元。顔良大四元。趙慶瑞四元。吴桂耀四元。陈信美四元。李□大四元。黄發大四元。林闊大四元。嚴清吉四元。楊九大四元。黄達三四元。江柿大四元。永利号四元。刘李川四元。阮大目四元。壬金興四元。洪追大四元。永興号四元。陸龍号四元。隆成号四元。長順号四元。鍾克明四元。荣源号四元。錦興号四元。仁美号四元。泰山号四元。鄭耀大四元。林阿獅四元。蘇文盛四元。李買大四元。張發大四元。盧明大四元。天成号四元。益隆号四元。林添后四元。林□球四元。張扁大四元。張德大四元。黄大發四元。刘荣宏四元。黄□祥四元。□清龍四元。陈竹茂四元。陈乞食四元。楊田大四元。鄭四知四元。包啟章四元。鄭李馨四元。□□□四元。陈礞四元。徐華頭四元。林冠玉四元。吴承淮四元。鄭四亭四元。顔□春四元。李拱照四元。黄□女四元。金振枝四元。鄭紀恩四元。陈愛通四元。魏芳□四元。□□□四元。

一元至三元，計二百四十六家，捐來大三百九十五元五角。

以上共計收入大銀六千三百□□元五角。開出録在庙中木牌。

民國廿五年春，合社紳董同立。

**按：**此碑現存薌城區新橋街道紅星社區厦門路威惠廟，碑名爲編者加擬，原碑數字有蘇州碼。

## 七六四　木棉亭記

木棉庵，不詳其始。庵前勒碑題曰『鄭虎臣誅賈似道於此』，大書深刻，屢毁屢建，而此石屹屹至今存。嗚呼！此普天公憤之所昭，而薄海人心之所共快者也。春秋之義，亂臣賊子，人人得而誅之。似道當宋理宗朝，居師相之尊，仕平章之重，顓權罔上，賣國召兵，十五年中三僇大臣，而數啟外釁，論者比之操、莽、林甫之徒。循州末路，畢命刀繩，宛轉乞哀於監押之前，虎臣曰：『吾爲天下殺賈似道！』大哉言乎！民國二十有四年，琪視師漳州，弢鈐餘閒，與都人士林者仁、蔡竹禪、黄岐山諸君，出城南二十里，問所謂木棉庵者。道旁抔土，骨化灰飛，片石書誅，萬口争唾。是則生前畀夫之歌謔、獄吏之窘辱、怨家仇人之諷嘲，猶不若千秋萬世深惡痛斥之甚也，是亦可爲僉壬之炯戒矣。漳州爲朱子過化之鄉，水淑山靈，不容穢蹟，無人葺治，亦固其宜。然鄙塢然燈，岳墳鑄鐵，亦足以誅奸諛於既往，示炯戒於方來。爰謀諸紳耆，共集泉幣，築亭護之，而都人士復詠歌以紀其事，儼若斧鉞焉。嗚呼！在漳言漳，若陳將軍、黄都護之藏，陳北溪、王東湖之墓，千載而下，過者猶肅然起敬。是亭也，與保存古蹟爲反例，而於扶持直道有微權；護其石而暴其名，即所以彰其罪而癉其惡，用激我國民懲奸愛國之心，此則區區築亭之旨也。

諸暨陳琪撰。漢壽朱熙書。中華民國二十五年歲在丙子季夏月穀旦。

按：此碑現存九湖鎮木棉村木棉庵前。

## 七六五　重修永真堂石碑

康清淙、康水恩仰光坡募捐：

康清隆、康清漂喜捐國幣弍佰元。康重極喜捐國幣壹佰元。康罵盈娘捐國幣壹佰元。康建智喜捐仰盾伍拾盾。康守法喜捐仰盾伍拾盾。康重乾喜捐仰盾叁拾盾。康福慶喜捐仰盾叁拾盾。康文山喜捐仰盾弍拾盾。康守養喜捐仰

盾弍拾盾。康甘能喜捐仰盾壹拾盾。康評之妻喜捐仰盾伍盾。以上十一條，國幣六百六十五元八角九分八厘。

巨港坡捐緣於左：

康桂鳳捐大洋十五元。康重潤、康水添各捐大洋十二元。康君炭、康常印、康倉利、康毬毛、康水蓮、康龍嬰各捐大洋十元。康文芳、康烏番、康開山各捐大銀六元。康慨華、康安紀、康紀官、康寡官、康開平、康亀官、康大桃、康厚根、康秃官、馮荖官、黄清墻，以上十一名各捐大洋伍元。康水藤、康九生、康樹官各捐大銀四元。計捐大洋壹佰捌拾肆元正。

募捐人：康重潤、康開山、康九生、康水蓮。民國丙子年拾月　日立。

**按：**此碑現存紫泥島安山村永真堂，原碑數字有蘇州碼。

## 七六六　重修厚寶祖廟碑記

宗廟，所以妥先靈、序昭穆、資觀感，而人文之興替，亦於是覘焉。其關係重要，毋俟繁言。我始祖廟自乾隆庚子歲修葺後，年代既遠，廟貌已非舊觀。衆等瞻仰之餘，每興感慨，遂於丙子年倡議重修。幸南洋諸僑親暨在唐衆孫子均展孝思，踴躍輸將，不數月得以告成。爰將董事及捐金諸名字勒於珉石，以垂永遠。願後之孫子繼繩勿替焉。

十七代孫友梅拜撰併書。

慶贊捐銀弍百伍拾元。添泉銀弍佰元。滿東銀壹佰元。永土銀壹佰元。榮坤銀壹佰元。昆海銀叁拾元。升隆銀叁拾元。朗三銀叁拾元。金牛銀弍拾元。文仲銀弍拾元。紅嬰銀弍拾元。斐然銀弍拾元。昆東銀叁拾元。

董事：水信、植垚、如竹、友梅、訓成、慶興、天慶、昆東、清河、水連、瓜楼、景章、植欣、宗愷、輝煌。

中華民國廿五年季冬立。

**按：**此碑現存浮宫鎮厚寶村厚寶社曾氏孝思堂，碑名爲編者加擬。

## 七六七　霞坡社重修橋路碑記

合社家長、眾人丁議：務合共□□□。

洪双如助艮壹佰元。陳水观助艮拾壹元。陳仲观助艮拾元。陳□德助艮拾元。洪庫观助艮拾元。陳曾观助艮陸元。陳江观助艮四元。陳敬观助艮四元。陳秋观助艮三元。陳先進助艮弍元。陳□美助艮弍元。陳允水助艮弍元。陳力观助艮弍元。陳緣慶助艮弍元。陳烏观助艮弍元。陳大頭助艮弍元。陳皮观助艮弍元。陳文观助艮弍元。陳清溪助艮弍元。陳鳿空助艮弍元。洪檻观助艮弍元。吴申观助艮弍元。吴請观助艮一元。吴發观助艮一元。吴進生助艮□□。洪□观助艮□□。陳必观助艮□□。陳□□助艮□□。陳綿秀助艮□□。吴謂观助艮□□。吴別观助艮□□。吴□观助艮□□。陳朝观助艮□□。陳文獻助艮□□。陳溪水助艮□□。陳□□助艮□□。

中華民國廿伍年十二月立石碑記。

**按：**此碑現存薌城區芝山鎮下碑村下碑庵。

## 七六八　重修漳州文廟記

朱子曰：『道之在於天下者未嘗亡，惟其託於人者或絶或續，故其行於世者有明有晦。』而石齋黄子則謂：『天下經濟之數，皆本於文章。蓋絶者續之機，晦者明之兆也。其微則懿畜於身心性命之際，其顯則綸貫於政教法制之大，其精義則存於易象、春秋、詩、書、禮、樂之中，其節文度數則備於車服禮器、俯仰揖讓之間。塞天地、亘古今、通中外，所謂絶之久而續之易，晦之甚而明之亟者。』觀於漳州學宫之興廢，尤與世風之升降、運會之否泰相乘除焉。蓋漳在無諸國爲南荒，唐垂拱時玉鈐建麾，聲教始通於上國，至宋慶曆四年而州始有學。自初唐以迄南宋五百有餘歲，始沐浴於朱子之教澤，北溪、東湖復親炙其門而傳習之，彬彬乎有海濱鄒魯之稱。更五百年至明清之際，

而石齋黄子學貫天人、行本忠孝，卓然爲百世之師。梁村蔡氏承理學之家傳，宗安溪之師説，復以經術學行聞風興起於晦明絶續之交，則適當清初重修學宫、昌明文教之時也。嗚呼！此豈偶然也哉？漳州郡邑皆有學，其圮、脩具詳於志乘，至清初而大備。軍興以來，殿廡毁於兵氛，圜橋鞠爲茂草，綿蕞殆絶，而斯道亦幾於晦矣。

民國二十有三年，鼎文奉命綏靖閩疆，駐漳治，問所謂郡縣之學者，寝廢祀，祗肅宫墻，怵然有恪恭震動之思焉。爰集韋紳，將有事於漳學。蠲資揆日，庀材鳩工，經營而葺治之。自殿堂以及先祠、兩廡，悉復其舊，蓋匪直壯廟貌之觀而已。昔朱子上封事，必以正心誠意爲安内攘外之本。石齋黄子謂治不出於語、孟，『其君子彎弓而曲踊，其小人荷鋤而勃稽，雖有京坻，誰舉而食之』，今敝俗不幸類是，而益加甚矣。然漳郡山川雄駿，淑靈之氣苞鬱者垂數百年，譽髦來彦必有聞風而興起者。尚念黄炎華冑秉彝之德，聖師在天陟降之靈，大儒鄉賢過化存神之遺澤，士大夫以正誼明道、移風易俗爲己任，經濟文章同條共貫。庶幾竊盗不作，謀閉不興，漸進於禮運大同之治，則絶者易續，而晦者易明，海濱其復爲鄒魯乎？此則鼎文重修文廟之職志也。

中華民國二十五年，諸暨蔣鼎文敬撰並書。

**按：**此碑現存薌城區修文西路漳州文廟。

## 七六九　重修永福亭記

吾鄉永福亭，内奉觀音佛祖。年久不修，觀瞻遂失。誠恐古跡之將廢，爰出資修葺焉。既成，書此誌之，藉作紀念。

本鄉仰光僑商康清標，中華民國廿六年四月立。

**按：**此碑現存紫泥島安山村中岸尾社永福亭。

## 七七〇　重興同和宫碑記

兹同和宫庙崩壞，集衆議捐修理，將名勒石，以志不忘云尔。

毅軒公二十元。蔡荣彬四十二元，又三十元。蔡嵩松四十元。蔡永祥二十元。蔡細蘭二十元。蔡登雲二十元。蔡幼蘭二十元。蔡厚皮八十元。蔡登水八十元。蔡咬令四十元，蔡天來一十元。許烏豆一十元。蔡順勇、蔡碗官、蔡茂發、蔡水元、蔡九嬰、蔡荷蓮、蔡紅毛、蔡海霜、蔡文山、蔡天成、蔡瑞塗各捐四十元。蔡老生、蔡烏篤、蔡燕山、蔡春池各捐三十元。

民國廿六年八月。董事：蔡幼蘭、蔡厚皮、蔡登水仝立。

**按：**此碑現存海澄鎮埭新村東和社同和宫，原碑數字爲蘇州碼。

## 七七一　瑞竹岩記

瑞竹岩名，非古也。昔唐楚熙禪師結茅萬松山巔，曰『德雲庵』。宋大覺璉禪師興建梵宇，仍其舊稱。逮及明季，皇子莅山，見枯竹籜萌，謂爲瑞相，因題庵岩曰『瑞竹』，而德雲庵名自是不顯於世。其時，宰官陳天定暨住持絶塵禪師發願重建佛殿，移其基址，趣落下方；盤石屏衝，林木蓊鬱，視昔爲勝矣。又復相傳有林閣老者，未第時讀書山中，及躋貴顯，乃建『介石雲巢』於佛殿右。今唯存其殘址，俗謂爲『八角樓』也。清宣宗時，智宣禪師駐錫瑞竹。禪師爲邑望族，梵行高潔，工詩善書，亦能紹隆光顯前業，爲世所稱。厥后道風日微，寖以衰廢。

洎今歲首，檀越迎請智峰法師入山，興復舊跡。法師學行敻邁，乘願再來，夙夜精勤，誓隆先德，復禮大悲懺儀爲日課。嘗語余曰：『爲寺主者，應自行持，勤修三學，執範大衆。豈惟躬佩勞務已耶？』余深服其所見高卓，可謂今之法門龍象矣。余於曩日弘法漳東，鷺嶼變起，道路閡絶，因居瑞竹，獲覩勝跡。夙緣有在，蓋非偶然。

歲次戊寅五月，弘一。

按：此碑現存榜山鎮梧浦村東瑞竹岩寺，係近年據舊記新刻碑。

## 七七二　重修廣王廟碑記

阮天文捐大銀肆拾元。蔡秋應捐大銀弍拾元。阮清洲捐大銀拾陸元。阮鳩耳捐大銀拾弍元。蔡文和、阮□朕、阮松發各捐大銀壹拾元。阮漏悔捐大銀八元。阮潮观、蔡秋分、蔡榮春、蔡來水、蔡基丑、蔡振□各捐大艮六元。曹大猷捐大艮八元。阮有沓、阮鴻基、阮清池、阮茂全、阮松蓍、阮松茹、蔡毓煌、蔡水連、蔡串耳、蔡元圭各捐大艮五元。阮石基、蔡承涛、蔡趖官、蔡留民、蔡矮古、蔡金彩、蔡榮仕、蔡員面、吴崑崙、洪泉观、曹庚細、曹金籐各捐大艮五元。吴蔡□和捐艮五元。

經理：福岸社蔡秋分、蔡金彩、蔡文和，墩上社阮天文、阮清洲、阮石基，樹德社曹大猷、阮茂全。

董事：蔡毓煌、阮鳩耳。中華民國弍拾捌年拾月　日。

按：此碑現存海澄鎮崎溝村福岸社廣王宮。

## 七七三　重建東興宮碑記

茲將諸善士樂捐芳名敬列于石：

林賓撑捐壹仟大員。林天生二百四十元。林漏表一百三十三元。林偕俩一百元。林開观六十元。林吉慶五十元。林金逮五十元。林有苞五十元。林泰生三十五元。葉良侑三十三元。連大例三十元。林從观二十六元。林大鼻二十四元。許芋頭二十四元。林士观二十四元。錢樹观二十元。林如切二十元。林班观二十元。林金標十七元。林金禄十七元。吴清吉十七元。陳送观十元。林清言二百元。林黾观一百元。林清潭一百元。林復意一百元。林振郎一百

元。林旺根一百元。林紅观一百元。林茂已十七元。林福成十七元。朱平錠十六元。林和水十六元。張班观十六元。孫長安十六元。林天雨、林天水十六元。黄烏定十六元。林筆观十三元。張蚵清十二元。曾軟观十二元。林和盛十二元。林辦观十二元。戴同雜十二元。郭水應十二元。張乃聖十二元。林添疇十二元。林菖蒲十二元。林源明十二元。林石柱十二元。林榮通十二元。林水連一百元。林水龍五十元。林水淡五十元。林鉄丁娘五十元。陳大鼻五十元。陳如富五十元。林永水五十元。林文前一百元。張松观十元。周漏田十元。林嘉濱十元。林海戇十元。林海南十元。葉党观八元。郭良水八元。郭宗寶八元。蔡歆观八元。林初琛八元。郭歹嬰八元。林紅德八元。林嘉目八元。林明德八元。郭吉慶八元。林文楝八元。林箍落八元。林清江八元。林頡兄八元。康赤兄八元。林榮美十二元。林紅毛五十元。林串耳五十元。林烏硈五十元。陳石猶五十元。林芋乳五十元。林奉山五十元。林漏嬰五十元。林水仙捐八元。林清沛八元。林水秀八元。林天賜六元。陳聯乇六元。陳朝宗六元。黄井观六元。陳太枝六元。曾和記六元。陳大滔捐六元。郭賤观六元。林清池五元。陳亞送五元。林邦求五元。戴鰲观三元。林和松謝石矽壹条。陳自德五元。陳清龍五元。陳盛观五元。林川蚶二十四元。陳如月五十元。盧萬定五十元。林瑞旗二十五元。曾紂根二十五元。林里頡十二元。

共一百一十条，四千四百一十元。

中華民國式拾捌年己卯春吉置。

董事：林五賽、林源水、林本同、林六賽、林天助、林和順、林振葉、振記號、源豐號仝立。經理財務：林源宝。

按：此碑現存紫泥島溪洲村東興宫，原碑數字爲蘇州碼。

## 七七四　重修積倉廟碑記

謝太傅廟之建，里中凢幾脩葺矣。自清末宣統叁年脩葺以來，迄今叁拾餘載，前座屋上花鳥人物負載過重，以

致雨痕滲漉，日光穿漏，榱椽蛀壞，螭虬皆損，階砛被樹根迫開。族中諸父老集會磋商，然後立緣簿以募焉。族親鄭未年喜謝伍佰圓、鄭三陽喜謝叁佰圓、鄭塗木喜謝貳佰圓、金順隆號喜謝貳佰圓、正四合號喜謝壹百圓、鄭文石喜謝壹佰圓、鄭海白喜謝壹佰圓、鄭葦觀喜謝壹佰圓、鄭水觀喜謝壹佰圓、鄭覺新喜謝壹佰圓等，咸歡踴躍樂輸壹仟捌佰圓。遂諏吉啟基，鳩工庀材，廢舊添新，螭盤虬繞，花鳥人物煥然更新。開費浩大，向社中好義者再募貳佰捌拾貳圓。經始於庚辰無射月，越至葭月杪而蕆厥事矣。共縻國幣貳仟零捌拾貳圓有奇，其捐金姓名乃別書於版。董其事者，里中人也，宜勒碑以敘脩作之由云。

董事：鄭聯鑣、鄭烏番、鄭開弼、鄭水生、鄭伯達、鄭卜長、鄭清福、鄭烏記、鄭濺長、鄭宗長、鄭泗沂、鄭海長、鄭廷恩、鄭厚根、鄭九鐵、鄭捲耳、鄭登潮、鄭永長、鄭哖姑、鄭嘉培。

民國貳拾玖年庚辰仲冬月。

按：此碑現存顏厝鎮庵前村古縣社謝太傅廟（又名積蒼廟）。

## 七七五　重建玄靈宮捐緣芳名碑

玄靈宮重新修建捐緣芳名立石誌信：

江再盛捐陸佰元。林真意捐叁佰元。江天才捐弍佰元。江應萊捐壹佰元。甘海霜捐六十二元。林金聲捐六十元。江萬隆捐伍十元，林文藻捐伍十元，林永昭捐伍十元。林辛鄧捐四十元，林錦蘭捐四十元。甘振郁捐三十六元。甘紬簡捐二十八元。陳水來捐二十六元。甘子丹捐二十四元，甘奇種捐二十四元，陳榮茂捐二十四元，甘玉糟捐二十四元，甘海波捐二十四元，甘玉模捐二十四元，林金源捐二十四元。林年有捐二十元，江全興捐二十元。甘河蓮捐十六元。甘重食捐十四元。江連通捐十三元，林烏番捐十三元。甘銀才、林真井、林天厚、劉傳堯、林水尖、李清秀、陳桂香、蘇芳泰、潘進發、林炳、源振隆、廣蘭美、黃隆發、黃振榮、林河蓮、林河清、林海清、甘江達、蔡

添進、鍾清、陳甘海、洪德傳、林深寓、蘇文漲、黄水樹、林城官、蘇九楮，以上各捐十二元。甘其爲、林太監、林清德、林水龜、林順源、王及來、楊逢六、甘長本、李德漢、甘河維，以上各捐十元。

以上合計捐來國幣貳仟叁佰十八元。

董事：甘子丹、甘江達、楊逢六；協理：甘玉模、甘長木、鍾清、甘海波、林銓生、甘南標、林真井、甘稱鎚、林細愷、林河蓮、甘其爲、甘振偉、林泰山、林和順；仝立。

中華民國三十年陽月吉旦。

**按**：此碑現存海澄鎮珠浦村珠浦社玄靈宫，碑名爲編者加擬。

## 七七六　重修世德堂碑記

水有源、木有本，欲報之追之，必有以存之。世德堂之創建，本此意也。自昔至今，修葺者屢矣，近又坍塌不堪。凡爲孫子，自難恝置而不圖維。幸喜本族南僑念切宗支，慨任修建。於是頽垣斷瓦，奂然一新。落成之日，謹撰數語，勒諸貞珉，以垂永久。是爲記。

附捐金芳名：

僑居三宝壟久盛號鄭廷蘭，喜捐國幣壹萬弍仟元。

僑居吧城德美號鄭基北，喜捐國幣壹仟元。

僑居巨港勝斛埠鄭金榮，喜捐國幣伍佰元。

民國卅年陽月　日。發起人：鄭在達、高拔；董事：鄭文政、元彬、初澄、紹生、澄香；立石。

**按**：此碑現存浮宫鎮美山村青美社鄭氏世德堂。

## 七七七　翼晋宫第三次重脩碑記

謝崇本堂一派人等樂緣名次：

樹德貳百元。世德貳百元。嘉樹貳百元。湧潮壹百伍拾元。苟完壹百元。元助壹百元。其萬伍拾元。元香伍拾元。渭潢肆拾元。清燕肆拾元。樹葉肆拾元。盛仁叁拾元。元載叁拾元。荣記貳拾元。其寿貳拾元。握观貳拾元。朝枝貳拾元。井湖貳拾元。屁观貳拾元。意七貳拾元。順美拾陸元。港寿拾貳元。石蛋拾貳元。和寿拾貳元。求寿拾貳元。天厚拾元。港溪拾元。全成拾元。光輝拾元。流厘拾元。宏經拾元。烏番拾元。成水拾元。聰明拾元。煎般拾元。丑观陸元。烏記陸元。南山、樹观、碧观、阿生、玉枝、琳观、沙波、太观、番观、炉麻、忍观、全禄、水生、聯潭、犬吠、和德、天成、阿犀、啟東，以上十九名各五元。

開烘料貳百柒拾玖元。開杉料壹百玖拾元。灰硒沙壹百陸拾肆元。油漆工壹百壹拾貳元。粧神像壹百叁拾捌元。塗木工叁百肆拾元。□□□伍拾陸元。鉄丁、什物謝土壹百陸拾肆元。打石碑壹百柒拾陸元。仲□收理祖墓、收旧料樹柴慶成叁拾捌元。收合共壹千陸百柒拾玖元。出共壹千陸百壹拾玖元。

民國三十年歲次辛巳葭月落成。董事：渭潢、清燕、天厚、樹葉、和寿仝立。

**按**：此碑現存榜山鎮平寧村翼晋宫，原碑數字爲蘇州碼。

## 七七八　重修永興宫題捐碑

重修永興宫，捐金芳名列于左：

蔡梏勵四佰元。蔡員观三佰五十元。蔡興萬、蔡港观各二佰四十元。蔡李遂二佰元。蔡棉晶、刘筊笏、李馬盾各一佰八十元。程登山、楊源美、蔡虎獅、蔡大讀、蔡徐本、黄潭观、蔡許泗、蔡長源、蔡闊嘴各一佰二十元。蔡

火猪、蔡嚴模、蔡中年、李吓观、刘忝趆、刘維新各一佰元。蔡其福、蔡蔣斌、蔡通文、蔡文龍、張嫱某、刘笅参、蔡李心婦、蔡張木、嚴必良各七十二元。曾赤狗、蔡隆份、蔡只母、蔡細猪、蔡刘細、蔡結观、蔡黄反、蔡龍進、張務观、蔡榮昌、蔡弄獅、蔡輝观各六十元。蔡文發、蔡石硬、蔡丁高、蔡烏竭、蔡水晶、李荷蓮各五十元。蔡番狗、蔡大忝、蔡畬观、張鈫观、蔡李港岸、蔡清根、蔡炉春、李妙珍各四十元。李海蓮、蔡嚴心婦、刘以户、蔡登云、刘笅乞、蘇蝦娘各三十元。蔡文火一佰元。

董事：蔡梏勵、蔡其話、蔡員观、蔡興萬、蔡隆份、蔡闊嘴、蔡中年、蔡許泗、李吓观、刘笅笏。

民国卅一年八月立。

**按**：此碑現存海澄鎮下寮村下寮社永興宫，碑名爲編者加擬。

## 七七九　重修西曾祖廟碑記

窃我祖廟追遠堂年久失修，傾塌日甚，殊失观瞻。顧我祖魁梧公衍派繁殖，人文秀挺，爲吾澄望族；而观瞻所繫、孝忱所归之祠宇，竟任荒蕪坍塌，甯非子姓之羞？我等有見及此，爰將邀請族衆，開会磋商，募資修建。能告成，皆賴我族衆溯本追源、踴躍輸將之故也。謹將捐献金額暨蒸田坵数、坐址刊載於後：

均仁公派下，共捐献幣壹万三仟□百□十元，又献蒸田壹石八斗伍升種：一，后河下洋田六坵，共壹石七升種；一，尤墩壁頭洋田壹坵，壹斗六升種；一，洪厝溪洋田二坵，共六斗二升種。

另應鐘、蕃薯進主，献田壹斗伍升種：一，后河洋田壹斗種、寮后洋伍升種。

另將供奉祖廟内元宵灯火祭先茶水及酒、祖廟田列左：一，祖坟邊田伍升種，祖庙前伍升種。

均德公派下共捐献幣伍万六仟九百九十元。

董事：福溪、万山、隆霜、水田、省吾、豐盛、合成、文三、茂發、如眸、台清、台炉、捷亨、動静、南寧、

思山、思康、岕水、清江、烏佛、長泰、茂泠、戾水、初學、霖緑、文山、双耳。

民国三壹年九月穀旦立。

**按：**此碑現存海澄鎮倉頭村西曾社曾氏追遠堂。

## 七八〇　重修謝倉蔡氏崇報堂碑記

我謝倉自衍世祖諱汝達祖之孫彦崇公造建崇报堂，至廢清咸豐己未春正月因祝融爲災，虽經修理，一仍其舊。及今日凡百餘年，風雨侵蝕，楹桷楝欒多被損壞。每值春秋祭祀，未尝不引以爲憾，雖欲從事修建，非有鉅金，莫能勝果。爰是裔孫等邀仝各房家長，組織修葺崇報堂，暨筹崇仁學校基金，以進主献金爲原則。幸得族人踴躍倡和，遂於三十年六月鳩工修葺，費時四閲月，乃观厥成。除將收支情形另造徵信録公佈外，謹將進主献金名次、增置祭蒸産業、崇仁校産一一勒石，以示不朽云爾。

兹將崇报堂蒸田列下：横溪洋田一斗七升種，前厝洋田二斗種，馬河洋二坵計七斗種，溝仔尾洋田二斗種，壟後洋田二斗種，泥寨洋田二斗種，東謝陡門洋田三斗種，后岸社頭洋田一斗五升。共二石一斗二升，國幣二百四十一元五角。

崇仁學校基産：庵前洋田二坵六斗種，横溪洋田四斗種，大埭洋田二斗，半岸洋田二斗，崎溝面前洋田一斗七升，舖後洋田二斗五升種，官路洋田四斗種。共二石二斗二升，國幣一百三十五元。

修理祖祠工料，去國幣二万一千六百五十二元八角；落成進主什費，國幣七百六十七元零七分；立石牌工資，國幣二千元；造徵信録筆資、什費，二千元。合共去三万零九百七十三元五角七分。

中龕列祖名次：十六世考智南二千四百元，考琴聲二千四百元，考鴻業二千四百元，考定遠二千元。十七世考載厚二千四百元，考振盛二千元，考恭賢二千四百元，考景仁二千四百元，考順德二千元。

西龕列祖：五世考肅齋一千二百元。七世考茂林一千二百元。九世考文元仝。十一世考端毅仝，考錫鏘仝。十二世考方正仝。十三世考駕庵仝。十五世考本多仝。十六世考濱王仝，考大川仝，考文定仝，考國老仝，考德基仝，考吉甫仝，考奠安仝。十七世考國禎仝，考傳賢仝，考順德仝，考清和仝，考執苗仝，考宏宇仝，考晋仝。十八世考田盛仝，考紀德仝，考貞善仝，考朝清仝。十八世考朝宗仝，考啟昌仝，考木松仝，考華英仝。十九世考寬信仝，考茂春仝，考行機仝。二十世考紹箕仝。

收募捐二十一名，計来二千九百九十元。收拍兑物傢私三百四十八元七角五分。收崇仁學校來國幣六千四百三十四元八角二分。總合共收來七万零九百七十三元五角七分。

民國卅三年四月　日，委員幼蘭、有佳、弼周、措勵、斌侯、有智、敬忠、少仔、厚皮、三耳、奠川、源泉、日貞、益友、良豆、換鼎、有餘等仝立石。

**按：**此碑現存海澄鎮前厝村謝倉蔡氏崇報堂，原碑數字爲蘇州碼。

## 七八一　重修中武廟題捐碑

兹重修中武廟，募捐芳名于左：

蔡海官、蔡合盛喜捐幣各六千元。洪裕波喜捐幣六千元。陳硯喜捐幣四千八百元。郭崑喜捐幣三千六百元。郭黄、郭昔喜捐幣各三千元。郭壬癸喜捐幣二千七百元。郭天財、郭允寧喜捐各二千五百元。郭究椅、陳表喜捐幣各二千元。郭拪、郭錦祥、郭豆腐喜捐幣一千八百元。陳兩吉、郭兩固喜捐幣各一千五百元。郭清名、郭清詩喜捐幣各一千四百元。郭莪、郭寧順、陳萬福喜捐幣各一千二百元。郭邦英、郭文瑞喜捐幣各一千元。蔡郭文龍喜捐幣六百元。郭哥喜捐幣五百元。

民國卅四年腊月　日，董事：陳順命、郭通井、蔡梏勵仝立。

按：此碑現存海澄鎮下寮村上寮社忠武宫，碑名爲編者加擬。

## 七八二　重修姜公祠碑記

民國三十六年春月　日。

鄭金水十二万。洪國良十万。黄温帆十万。盧國華十万。黄正合七万。羅荣昌七万。陳鎰□、李長明、捷咸棧、游金城、本碼頭工友□、鄭邦龍、温加良、苏如丹、陳承智、莊添才、翁井海、黄乎仁、林廉海、韓克，以上各四萬元。新□發、陳培□，以上各五万元。翁顯□、小義本、王□□、韓□本、李通□、合□成、徐茂生〈下缺〉。本碼頭工友□□□工。當事〈下缺〉。

按：此碑現存薌城區下沙路姜公祠，碑名爲編者加擬。

## 七八三　重修玄靈宫募穀芳名碑

玄靈宫重修理募谷芳名于左：

林真意五十担。甘海波二十担，甘荷蓮二十担。陳甘海十五担。甘振偉十担，甘喬木十担，王秧根十担。林錦蘭十二石，甘串耳十二石。林金星十石，林荷蓮十石，林壬癸十石，甘何維十石，林文左十石，陳桂友十石，楊文生十石，江河观十石，甘仁才十石。

董事：甘荷蓮、甘振偉、甘友章、甘稱鎚、甘海波、甘友文、江全興、甘種清、楊鴻陸。

民國卅六年腊月　日立。

按：此碑現存海澄鎮珠浦村珠浦社玄靈宫，碑名爲編者加擬，原碑數字爲蘇州碼。

## 七八四　重修鳳山嶽緣碑

重修鳳山嶽緣碑。芳名列下：

金門山外陳春風喜捐十二千万元。湉茂城内林石祥喜捐十千万元。海澄罗坑蘇金松兄弟喜捐十千万元。海澄車溝甘塗君喜捐八千万元。雲霄縣陳福山君、海澄河邊蔡阿禮、新橋溪尾王文治、海澄許坑王石君，上各捐五千萬元。海澄南被鄭九三、油墩張添福、厦門挑水巷黄紀猶、海澄罗坑苏坤根、征頭黄文禄，上各捐四千万元。

星州順成、協德宝号，澳頭苏其欽君、石碼大埕鄭犇淼、莆田曾金成君，上各捐三千万元。田厝黄振茂弍千万元。海澄庵邊林樹枝、油墩張永成、苞埭蔡芳焕、東河蔡紅柑、後厝蔡埭□、河邊蔡南□、温坑潘鳳瑞、罗坑苏豪傑，上各捐三千万元。海澄東山尾苏仁和，石碼後河仔邱進三，上各捐二千万元。

石碼竹厝碼黄春綢，海澄溝頭陳阿牛、港口朱清桂、頂玉田鄭茂松、埭内朱大目、埭内陳鴨母、埭内陳永根，上各捐三千万元。海澄罗坑苏論君、高港黄闊嘴、田邊陳牛君，上各捐二千万元。

代收支款：漳安樂器店。南洋星加坡捐緣董事長：黄文禄。

董事：蘇論君、林耀金、苏豪傑、黄玉麟、陳春風、黄河東、高和尚、林應富、潘松茂、黄錦波、陳天良、林□石、黄芳義、黄楙楠、黄聯明、歐陽客、吴來居、刘苏活、方亞頭，仝立。

民國卅七年戊子農曆七月　日立碑。

按：此碑現存嶽嶺鳳山嶽廟。

## 七八五　重建重修鳳山嶽題捐碑

民國卅七、八年　月　日重建、修立碑。

劉讚基喜舍國幣弍億万元。橫口黃振團捐國幣壹億弍仟万元。外市高維耕捐國幣壹億万元。滸茂林德昌捐國幣肆千万元，添穀壹百斤。雲前黃番捐國幣肆千万元，添穀壹百斤。羅坑蘇牛根捐國幣壹仟万元，添谷伍十斤。中鎮金振美捐國幣陸仟万元。大碼頭大東捐國幣伍仟万元。羅坑蘇先進、蘇高性、蘇文理、蘇𥐻□，西面李賀昌、廣林蘇太山，天河街王有川、方三味，英河街姚硿平、漆行周澤江、中鎮陳安發、西面李清秀、滸茂林□蓮、溪墘盧海龍、高港黃清池，以上各捐國幣肆仟万元。

竹厝碼發春捐砶壹仟個。頂碼泉記捐灰壹仟斤。石碼糧食公會捐穀肆百斤。油途公會、布途公會、首飾公會、榜山莊、滸茂陳糕粿、林英茂、東社保□□、太江蘇虱母，清泉楊任長、楊振福，以上各捐穀弍百斤。滸茂林清言捐穀三百斤。石碼黃玉麟捐穀一百九十斤。頂下碼魚攤捐穀一百七十斤。新行錦德堂、平寧謝周氏、溪北黃乾隆、滸茂林永福、碧浦方厚基、雲前黃水萬，征頭歐陽成、歐漳篙，以上各捐穀九十斤。

以下新加波：橫口大社王牛屎、羅錦社高天明各捐金圓壹百元。厦門挑水巷黃紀猶、�吻漆街盧塗炭、普山社林頭，以上各捐金圓六千元。滸茂城内林石祥漆、林滄溪，以上各捐金九十元。林元利捐金圓四十元。林石達、天河街何喬波、劉仔洲、王天送、福河社鄭田岸，以上各捐金圓三十元。厦門後路頭林仕華、海澄□□□莊福成、平寧社謝榮宗、謝渭漢、謝天然，以上各捐金圓二十元。以上新加坡。

石碼黃石古、許炉魚、蔡聯源、林應富、征頭歐陽□、碧浦方棹掃，以上各捐穀壹百斤。

書巷楊葉國英喜謝□□石碑代書。

五社董事：陳郭良、黃文禄、劉讚基、石碼黃玉麟、陳銅鞍、林磐石、李牛屎、黃錦波、蘇𥐻、黃柯東、黃福全、黃懋祐、黃□□、潘松茂、林石祥、吴來基、柯玉昆、黃芳義、方亞頭、歐陽客、柯塗哥、潘阿川、黃聯明、陳如冷、蘇劉活、陳吉祥、蘇劉甜、林阿添。

**按**：此碑現存嶽嶺鳳山嶽廟，碑名爲編者加擬。

## 七八六　修建上碼武廟碑記

錦江之濱有廟，巍然面江，曰上碼武廟。建自明嘉靖間，遜清康乾之時兩度增華，斯後雖代有興修，工事不詳。迄民國十六年，閤邑善信重爲修建，鋼骨水泥、方址圓頂，體制與工料俱臻現代化。方祈從兹土木永息，萬載馨香，孰料盧溝事發，日寇肆暴，嶄新廟貌燬於空炸。八年以還，烽火滿天，在國家至上、民族至上、全民信守之原則下，人力、物力悉赴國難，修廟之事雖銘之於心，未能施之於形，本會同人時引爲憾。丁亥之秋，以寇氛蕩平，地方元氣漸甦，修廟時機已屆成熟，爰集議鳩工購料。於民國三十六年九月興工，凡八越月而蕆事，費帑四億餘法幣，白米九百五十餘斗。材料、基礎一仍舊貫，屋盖則改作燕尾式。雖不敢自稱爲華麗堂皇，但莊嚴肅穆，有勝往昔。今後晨鐘暮鼓，精靈倚托，男婦老幼俱償夙愿矣。落成之期，記此垂念。

中華民國卅八年　月　日誌，石碼上碼武廟董事會立石。

按：此碑現存石碼街道上碼武廟。

## 七八七　修建上碼武廟題捐碑

一，修建期間，得諸善信踴躍捐輸，但以時間先後，交款不齊，法幣貶值與時俱增，同一數額而價值之差竟在百倍以上。故僅能標明數目及時間，不能折計其等值。至詳細條目，載之賑簿，謹此附誌。

上碼武廟修建募緣芳名列左：

大東醬廠捌佰萬元。建大、恒有、高天明，以上各陸佰萬元。榮豐、鄭田岸、益隆廠，以上各伍佰萬元。大慶、茂昌、德麟、德興、源建和、泰隆、華新、洪廣發、發記、謝苟完、高采芹，以上各肆佰萬元。鴻祥叁佰伍拾萬元。志通叁佰拾弍萬元。建華、高青田、壽仁堂、泰來、洪義成、新泰、金正發、振豐、振興、唐慶隆、洪國焕、源泰、

饒高燦、方曉湘、謝家樹，以上各叁佰萬元。進成弍佰柒拾捌萬元。康知江弍佰伍拾萬元。聯益、德成，以上各弍佰肆拾萬元。金和成、清記、合源、聯興、農林、振川、正祥興、洪矮、集美、長春、周秋林、達源、林德昌、林自然、崑盛、徐湘、蘇弟子、林書豐、林水淦、曾福榮、連建功、林允利、林振輝、興昌、洪泉珎、翁長發，以上各弍佰萬元。劉溥泉、楊海、南發、和泰，以上各壹佰伍拾萬元。歐陽闕壹佰肆拾萬元。長源、陳臭頭、源昌、泰昌、福成、鄭洪玉蘭、唐駿業、漳成、林海芳、林石祥，以上各壹佰弍拾萬元。振成、陳嬰、盧聰明、正春、晋豐、大□、源福、莊鹽、和春、金茂龍、聯盛、合記、張舍虎、順興、得昌、正龍記、金簽發、合發、永泰、鄭水福港、和興、建昌、蘇洪氏、方宗、捷咸、陳岐山、楊振福、新瑞昌、李泰和、勝春塢、陳再育、聯咸塢、康郭開、蔡玉衡、新順發塢、合盛塢、李厘、郭顯鈞、陳錫麟、尤聯芳、洪漏昌、盛隍、黄萬成、錢明亮、陳清湘、許百昌、劉秦源、康海龍、蔡志信、陳保女士、陳延盛、林天賜、林義時、陳火賜、蔡沈、興美，以上各壹佰萬元。樑簽三百九十名，共募陸仟柒佰伍拾貳萬伍仟元。無名氏三十二條，共募弍佰玖拾玖萬叁仟伍佰元。

中華民國卅八年　月　日。

**按：**此碑現存石碼街道上碼武廟，碑名爲編者加擬。

## 七八八　重興文昌樓題捐碑

重興文昌樓捐金姓氏：

滸茂林樊祥捐大銀二百兩。下新行藍汝漢捐小一百六十元。滸茂林查畝捐小銀一百元。仝上林文獅捐小一百元。豐美船主林子達捐大一百元。豐□船主李紅羅捐大一百元。滸茂林文聖捐大銀九十元。□渡烏麒麟黄兩木捐大四十元。同上黄張文捐大二十元。碼屬木商公司捐小四十一元。包仔街泰來號捐小二十四元。豬行永發號捐小二十四元。石碼金大徑捐小二十四元。下仔尾林和順捐小二十四元，又瓦二千二。南山社諸弟子捐小十三元。下新行慶成號捐

小十四元。□途金益昌捐小十六元。

下新行曹允澤捐小十六元。戴厝碼新泰隆捐小十四元。榜山社周樹根捐小十四元。外市街義源號捐小十二元。羅錦社高八官捐小十二元。新田厝許平侯捐小十二元。後街仔義美號捐小十二元。下新行源瑞泰捐小十二元。頂南坂鄭份官捐小十二元。下南坂金振益捐小十二元。滸茂林文奢捐小十二元。後街仔謙成號捐小十二元。外市街鄭咸亨捐小十二元。滸茂林秉樊捐小十二元。石碼金永興公會捐小十二元。下外市連五美捐小八元。大碼頭新和香捐小八元。科山社柯塗火捐小八元。

金義興公會捐小二十元。金鼎興花金公會捐小二十元。福岸社郭孟武捐小十元。米鋪義恒隆捐小八元。訓經美年號捐小八元。下新行魚丕捐小八元。後街仔新聯成捐小八元。仝上美打棧捐小八元。錦田社姚德興堂捐小八元。城内曾泰山捐小八元。紫泥吴有信捐大二元。仝上吴戀標捐小十二元。錦江李糖模捐大十三元。油會金慶和捐小十二元。榜山社周老田捐大十元。溪北黄天賜捐小十二元。仝上黄天小捐小四元。大碼頭祥記捐小四元。苑鄉社黄咸寧、八斗社黄梨官、坂尾社黄振盛、劉坑社劉如竹、滸茂林錦東、仝上林金榜、仝上林長生、仝上林玉掌、仝上林杉長、仝上林露水、仝上林大鼻、仝上東林宫、金定林闊長、雲梯林阮長、科山林啟懷、打石街林□官、林邊社林舜官，以上各捐四元。

按：此碑現存嶽嶺鳳山嶽廟，碑名爲編者加擬。

## 七八九　重興文昌樓題捐碑（二）

甘棠前蔡泉興、下新行林金昌、行後街發祥號、米鋪石和順、新洲尾湧泉美、後街仔福昌號、園頭社黄長其、坂裡社盧路觀、鼇西社蔡忠觀、塘内社諸弟子、面□街楊霜先、漆街王裕春、厦門黄建章、杉排尾祥興號，以上各捐六元。

龍海橋黃振益瓦八萬。仝上方恒春瓦四萬六。仝上□口春、高財春瓦四萬。黃□榮昌瓦八萬。黃廣順號瓦四萬。張新順發瓦四萬。渡頭社邱裕興瓦四萬。仝上邱廣隆瓦四萬。黃項成桷□煙板□窯西社鄭錦興瓦六萬。鄭聯福瓦九萬。鄭玉記瓦九萬。鄭榮春、葉安合六萬。鄭葉興號七萬。鄭新葉興七萬。鄭源發號九萬。

甘棠前周□觀二十元。下新行慶成號十七元。石碼金益昌號二十元。石碼劉□何捌元。後新順成四元。石碼金洋四元。□林城内陳林面四元。南山諸弟子拾捌元。石碼金和順□二十六元。田□社楊真頌四元。後街謙成號四元。過北城内陳來福四元。碧江社東合發、漳州□□□小九元。祖田曾文山四元。

東源興、新合成、吉興號、古協山、成興號，以上各捐瓦四萬又□□。鄭長成、源發合瓦四萬。鄭葉利號瓦四萬。福河社瓦窯□、新長美、順發號、全順安、光順號、助興號，以上各捐瓦二萬。□瓦窯、合順號、舊捷興、捷興號、信隆號、捷□號，以上各捐瓦八萬。

按：此碑現存嶽嶺鳳山嶽廟，碑名爲編者加擬。

## 七九〇　重興文昌樓題捐碑（三）

福壽街王福成、仝上金隆美、宜琶街謝春興、祥福街施賡官、頂新行成美號、大碼頭莊興美、十六間錢春發、頂新行康五福、下新行合和號、仝上南記號、頂新行廣蘭美、餉館邊施同美、後街仔五美號、仝上福聯合、仝上新順成、征頭歐陽合春、橋内源昌號、茶料街桃合發、玉簪街聯興號、碧江社黃讚生，以上各捐四元。

下新行新漳隆、仝上金吉慶、仝上新茂成、仝上金記號、仝上新茂興、頂新行義泰來、同安黃良祖、頂新行鄭文成、古街黃隆發、杉排尾郭隆興、祥福街施發官、新街亭鄭維哥、祖田福陳成金、後街仔金廣原、仝上成記棧、廟後街鄭合發、浦南渡謝戊己、頂新行惠通莊、羅坑社蘇啞九、坂頭社周□壁，以上各捐四元。

榜山社周文章、田邊社陳得財、漆街莊基塗、下外市鄭春鴻、田邊社陳如松、榜山社周火德、園仔頭謝春源、

林下社鄭烏硈、仝上鄭坦官、朱厝社朱進官、紫泥社吴徐幹、石鼓黄信記、包仔街協春號、坂頭周升官、東路陳家齋、山后社黄楚三、道士陳□官、坂裡社盧蔣官、平林社李宗漢、頂親手地黄新順，以上各捐四元。

榜山社周公春、鼇西社蔡雅懷、嚴溪頭新美打、宛南亭漳聯美、洋内社郭清江、林美社諸弟子、板美社黄水生、邊北果堂陳扶面、仝上陳永福、西面李榮傑、東尾街吴源順、福河社鄭大慶、田仔墘曾順發、□登溪尾王求官、半港陳高求、打索街黄錦隆、東尾街新協和、錦江社諸弟子、坂頭社周文耀、十六間鄭榮玉，以上各捐四元。

龍興街鄭子謙、後街仔合成號、仝上源茂號、大港墘翁雙發、錦田社姚衍聯、仝上姚先官、仝上姚沾官、仝上姚漏官、仝上姚□官、仝上姚清水、楊厝社楊真領、金定社陳宅長、滸茂高兆麟、上社康義文、仝上康科竹、仝上康守坪、杉排尾黄□盛、仝上新發號、紫泥社吴德官、坂尾社吴知官，以上各捐四元。

**按**：此碑現存嶽嶺鳳山嶽廟，碑名爲編者加擬。

## 七九一　重修南園宫題捐碑

南園宫重修，諸善士樂捐芳名列左：

巨陳秉章捐大艮弍佰元。巨林玉弈捐大艮一佰弍十元。垠林馬國捐彬艮七十元。垠施義倉捐彬艮六十元。垠林開秉捐彬艮六十元。

巨林錦津、巨林海山、巨林清波、巨林長萃、垠馬永昌，以上五名各捐大艮六十元。垠王拱照、垠林伯贊、垠林嘉國，以上三名各捐彬艮五十元。垠王建源、垠林揖唐，以上二名各捐彬艮四十元。巨林和尚捐大艮四十元。垠曾瑞拱、垠施教□，以上二名各捐彬艮三十元。垠周返捐彬艮二十五元。垠陳振騫捐彬艮二十四元。

垠林起文、垠林兩蕃、垠林渾南、垠林連壺、垠林海欽、垠林長江、垠林永年、垠陳金袞、垠楊丕煌、垠陳天榮、垠林古讃、垠許巳、垠丁文素、垠董郡暘、垠洪萬濟、垠高順，以上十六名各捐彬艮二十元。巨楊林象、巨陳

元益、巨林其田，以上三名各捐大艮二十元。坻楊麒麟捐彬艮十六元。坻陳鎮八捐彬艮十五元。坻孫國樑、坻施□□、坻孫清白、坻王□□、坻馬石車，以上五名各捐彬艮十二元。坻魏□□、坻□□□、坻蔡培楷、□□□、坻謝漏良、□□□□、坻林滄州、□□□□，以上八名各捐彬艮十元。

巨陳元慶、巨林水□、巨林得勝、巨林□□、巨林明恭、巨張合□、巨林長國、巨林烏□、巨林長國、巨林□□、巨林天德、巨林□□、巨林玉福、巨林合□、巨林恒壽、巨林豆□、巨林楊謍、巨林□、巨林翁、巨林□、巨林厚、巨林□、巨林嘐、巨林紅、巨林□、巨林□、巨林炳、巨□□，以上廿八名各捐大艮□□。

總理：林寶廷、寶蟳、寶妙、汝陰、文進。協理：啓仁、康賽、海山、老□、伯贊、文□、長萃、準□、久月、楨照。

**按**：此碑現存角美鎮東美村南園社南園宫，碑名爲編者加擬。

## 七九二　重修南園宫題捐碑（二）

峇抵勝、尿坡对馮九吉手来艮二万七千盾。

林久月捐大艮四十元。林彰□捐大艮三十元。謝烏灶捐大艮三十元。林真是捐大艮二十元。

林有朋、林阿砲、鄭啟猷、林奠邦、林鴻象、林□菜、鄭井發，以上七名各捐十元。陳碧瑶、林舜仁，以上二名各捐八元。林磈观、陳清潭、黄加柳、吕良玉、陳蓮蒲、陳兩户、楊塗虱，以上七名各捐六元。林永芳、林宜雍、林菜豆、林大頭、林朝观、林友礼、林錦擴、康平君、林大正、林振和、林欺观、林長月，以上十二名各捐五元。郭水路、林錦玉、郭福山、陳謀观、林九發、林蟳長、林青松、林水□、林妙長、林月□、慶昌號，以上十一名各〈下缺〉。石琴社二十五元。巨港捐来大艮〈下缺〉。本社捐来大艮三百五十一元。吕宋捐来大艮〈下缺〉。計共来大艮二千五百零六元。開出大艮〈下缺〉。

〈上缺〉書記：林焕文。〈下缺〉

按：此碑現存角美鎮東美村南園社南園宫，碑名爲編者加擬，原碑數字爲蘇州碼。

## 七九三　方氏餘慶堂牌位碑

潭墘祖：潭墘第一个，料理第二个，潭墘第三个，潭墘第四个。

董坑：大祖棹長房第一个，聞興東壺棹次房第二个，濱海西壺棹三房第三个，石碼東一个，步下、漳州西二个。

四房祖：振生第一个，雄权、淮泗合第二个，仕居、梓寧合第三个，深老第四个。

按：此碑現存榜山鎮園仔頭村霞滸社方氏餘慶堂，碑名爲編者加擬。

## 七九四　許氏家廟捐置嘗田碑記

宫傳公太太姬氏，閫範端莊，閨儀肅睦。其敬恭祖宗之誠，非人所及，故能充積百金，創置嘗田。謹勒貞珉，以彰盛舉。

按：此碑現存東園鎮港邊村港濱許氏家廟，碑名爲編者加擬。

# 卷二　漳浦縣

## 七九五　竈山唐墓買地券

索訶世界南贍部洲大唐国福建道管内漳浦縣嘉嶺鄉□惠里□□保没故□□陳氏林，宅兆□□□月□□，背陰向陽，當歸呵里。有眙錢万一千貫文，就地主張堅固、李亭度□收買，給八艮山剄地一片，東至王公、西至王母、南贍部洲、北欝越單爲界，亡人收領，永爲冢宅。

何人書？星與月。何人見？竹與木。星月歸于天，竹木歸于土，急急如律令！

**按：** 此券刻於磚石，一九九三年發掘於深土鎮竈山水庫唐墓，殘缺不全，現存漳浦縣博物館。券中『呵里』『李亭度』當係『蒿里』『李定度』之异寫。

## 七九六　小磎嶺造路題刻

夫小磎嶺者，古之人以境号也。然且于路疏确險巇，人馬往行，側身跂足，豈莫礙滯矣！遂柯鳳与妻鄭十七娘以貲賃匠，鑿去其石，砌平其路。于斯寸善，可以利人用，伸布□之心，庶作當來景福，故云記耳。

宋嘉祐四年己亥十月一日姪成書。

**按：** 此題刻現存湖西鄉嶺脚村古道邊崖石。

## 七九七　印石記

余聞：獨陽不生，獨陰不成，陰陽合然後成歲功；太剛則瓶，太柔則坏，剛柔和然後成陶器。此古今之通論也，山之與水亦然。漳浦之爲邑，瀕海枕山，居民富庶，雖號僻遠，誠爲樂土。自聖朝承平幾二百年，登桂籍者歲常一二，處顯位者未見其人。豈非山雖環繞而水未回揖者與？

不肖承乏之次夏，士人相與議開河以潮于學，浚池以深其源，流于溪，歸于海。神與人意默會，山與水勢符合。欣然協力，毅然集事，不逾季而工就，無過費而利百。闤成而路聚爲一市，有亭可觀，有橋可步，舟車之往來，商賈之出入，井煙繁阜，有無貿遷，萬口同音，功施罔極，此特其小者爾。他日公卿間出，朱紫紛如，勤勞王家，經綸治道，上爲朝廷之光，下慰生靈之望者，良必由此。因游印山，觀諸公題河，猥以小子對太師墨蹟，但膺愧赧，聊志于石。

時大觀二年秋，承□印記漳浦縣管勾勘□公□傅希龍。

按：此記刻於綏安鎮印石山天然巨石，録文見於萬曆元年漳州府志卷二十、康熙漳浦縣志卷十七。前志「猥」均作「過」，兹從光緒漳州府志卷四十三。作者傅希龍，仙游人，時爲漳浦知縣。

## 七九八　海雲岩題刻

紹興十九年春屆丙辰，遊此訪謙、章二道人，至岩山下祈□□秋凉再浴祝四老。聊記歲朔，僧希可書。

按：此題刻現存舊鎮鎮山兜村海雲岩寺後山洞。

## 七九九　昭應菩薩記

菩薩生於温陵永春縣小岵村，姓陳諱普足，幼年出家，禮大蜚山明上人爲師，廣福心印，隱于麻章，架庵爲民請雨，□期而□□□□□□□□□請祧應時露□□□張岩山架□，名曰『清水岩』，延菩薩居之。鄉人□□清水岩者，積□□□造橋砌路，利□□□神□□□□□□□□僧品，雍熙元年五月十三日修□□□□昂王十□已，鄉民砌石塔，葬于岩後日□山，像□北□，祈求應若如響。紹興二十六年三月，安溪縣父老姚添榮狀奏□朝廷，牒受漳州龍溪主簿方品□□，當月二十四日辰時，敕昭應天師，敕封見在清溪岩。黄、周二大夫□□山家□□□作□□□。

隆興元年境寧，遠迎香火，應祈而驗，□每多找□白□□□動遐邇，□□架岩，□□□初□□于工畢，岩北□□。

時淳熙二年乙未孟春望日記。住岩比丘□□□□□陳容、蔡睿、□□、周□、林義、林照、林□、林茂、林瑀，福州石匠林滿、劉潢，都勸緣會首林□立，崇福院僧□行撰書。

按：此碑現存赤湖鎮後湖村赤水岩寺。

## 八〇〇　海雲岩石槽題刻

辛丑三月，弟子傅頊、潘暉、莊璠、莊璠共捨石槽二口。

按：此題刻現存舊鎮鎮山兜村海雲岩寺。

## 八〇一　東溪高先生祠記

孟子曰：『聖人，百世之師也，伯夷、柳下惠是也。故聞伯夷之風者，頑夫廉，懦夫有立志；聞柳下惠之風者，鄙夫寬，薄夫敦。奮乎百世之上，百世之下聞者，莫不興起也。』夫孟子之於二子，其論之詳矣。雖或以爲聖之清，或以爲聖之和，然又嘗病其隘與不恭，且以其道不同於孔子，而不願學也。及其一旦慨然發爲此論，乃以百世之師歸之，而孔子反不與焉，何哉？孔子道大德中而無迹，故學之者没身鑽仰而不足；二子志潔行高而迹著，故慕之者一旦感慨而有餘也。然則二子之功，誠不爲小；而孟子之意，其亦可知也已。

臨漳有東溪先生高公者，名登，字彦先。靖康間遊太學，與陳公少陽伏闕拜疏，以誅六賊、畱种李爲請。用事者欲兵之，不爲動也。紹興初，召至政事堂，又與宰相秦檜論不合，去爲静江府古縣令，有異政。帥守希檜意，捃其過以屬吏。會帥亦以讒死獄中，乃得釋。被檄試進士潮州，使諸生論『直言不聞之可畏』、策『閩浙水沴之所繇』，而遂投檄以歸。檜聞大怒，奪官，徙容州。公學博行高，議論慷慨，口講指畫，終日亹亹，無非忠臣孝子之言、舍

生取義之意。聞者凛然，魄動神竦。其在古縣，學者已争歸之。至是，其徒又益盛。屬疾，自作埋銘，召所與遊及諸生訣别，正坐拱手，奮髯張目而逝。嗚呼！是亦可謂一世之人豪矣。雖其所學所行未盡合於孔子，然其志行之卓然，亦足以爲賢者之清，而使百世之下聞其風者有廉頑立懦之操。則其有功於世教，豈可與夫隱忍回護以濟其私而自托於孔子之中行者同日而語哉！

公没之後二十餘年，延平田君澹爲郡博士，乃始求其遺文，刻之方版，又肖公像而奉祠之，以風勵其學者。間因郡人王君遇來求文以爲記，屬予病未及爲，而田君去。今太守永嘉林侯元仲至，則又與王君更以書來督趣不置。予惟高公孤高之節既如彼，而諸賢崇立之志又如此，則予文之陋，誠不宜久以疾病爲解，强起書之，辭不逮意。林侯試爲刻之，陷置祠壁。漳之學子與凡四方之士，往來而有事於此者讀之，果能有所感慨而興起乎哉！

淳熙丁未秋九月甲寅，新安朱熹記。

**按**：此碑未見，碑文見於萬曆元年漳州府志卷二十、康熙漳浦縣志卷十七，落款據晦庵集卷七十九補。

## 八〇二　庵後溪造橋路題刻

崇信院行者妙思，積求單財，結砌橋、路二段，奉報四恩三有同□□。

歲紹熙辛亥年，勸緣頭陀如圭題，聖道力紸識。

**按**：此題刻現存佛曇鎮新庵村庵後溪邊巨石。

## 八〇三　三十五橋記

皇宋慶元四年夏六月丁卯，漳州由南譙門達于漳浦，造橋三十有五所，越明年春正月甲寅，咸告厥功。嘻！此百世之偉績也。漳浦距城百二十里而遠，崖谷傾亞，高下之勢，谺然洼然，斜川斷港，湍注奔溢。春霖秋潦，交流

之勢益悍，往來憧憧，晲視咨嗟，疇克拯之？太府寺丞傅公來莅州事，内外修明，百廢具舉。期年政洽，田里歡康，益思所以利人于遠，乃命龍溪宰李君鼎經度橋事。或曰：『後衆費廣，未易猝辦，請叢貫鉅木以濟。』公曰：『非所以爲後圖，必伐石爲之乃可。』擇僧徒之可任者分督焉，不用官府文書科役百姓。工疇其直，民勸而趨；不競不嘩，譚笑而集。出州行五十五里即漳浦界，爲橋四：曰亭兜，曰桃李徑，曰謝倉，曰岑兜；惟馬口舊有大橋，缺圮而重修之。自兩邑界至於三古坑，爲橋九：曰赤嶺上、下二橋，曰冷水坑，曰洋礲，曰李林；惟三古坑，其橋四，此地灌莽聚石，澗水旁出，故橋特多。自三古坑至于邑，爲橋十有三：曰烏石徑，曰草屨嶺，曰吴徑，曰芟蓼潭（其壯大尤爲諸橋之冠），曰新坑，曰橡林，曰黄林，曰虎深坑，曰陳壟，曰横漳（其橋二），曰龍山莊，曰葵坑；其間又有小橋九，不著名，悉皆堅好。其長九百五十尺有奇，廣狹不齊，隨地之宜。

橋既立矣，復砌石治道，夷其險阻，凡一千二百餘丈，靡金錢五百萬。公節用愛人，不事遊觀，每與官僚語及財賦，惻然曰：『生民膏血也。』獨至於捐利與民，及爲民興利，了無靳色，曰：『州郡他無妄費，則惠可及百姓矣。』行道之人，去危履坦，踴躍歌舞，願紀其實，以諗來者。甘棠道周，有石巍然，幾世幾年，可磨可鐫，若有待焉。郡人黄櫄，拂石大書。祝公之操，如此石堅。石不可朽，公名永傳。宏此休功，以濟巨川。父老來觀，相與告戒曰：無愧召公，勿伐勿拜。

**按**：此記刻於赤土鄉甘棠村路邊巨石，録文見於光緒漳州府志卷四十三。

## 八〇四　漳浦縣聖祖殿記

漳浦五千户，梁山蔽其西，南屬之海，特高秀，多異峰，相傳時見巨人跡。山中美果自熟，不知名數，就啖者欲持去，輒迷失道。近人而奇詭不常如此，非止以禽獸草木爲廣大也。郭西古陂，涵受衆水，數里，有真君修道院。初，國家感冥會，按道書，命天下皆立聖祖像，長吏拜伏如原廟禮，而殿在焉。盖必山水合吉而後神靈依之，所以

助民福祥、祈國永延也。顧民惰吏慢，公私室廬無能與山笿，陂廢不治，枯落見底，而殿亦徙置，鄰於嶽祠。然則山水背人，而神靈失其所棲宿矣，故至今其俗尚陋狹，反爲下邑。非天不畀人也，人自棄爾。

趙君師縉之來，偶以事行西門，訪道院，周視良久，忽若心動。道士言狀，因慨然曰：『政莫先是耶！』即以其力復殿舊址，浚陂茀堤，閉縱以時，使水常滿澤，而謂邑人曰：『據陰陽法，坤申上位也；水之長生，俊秀所出也。邑其興於善乎！』陂陰爲堂，中湖爲亭，高有桃柳，下有菱芡，紅敷緑繞，俯仰映帶；然後山水之與人，若拱若揖，若響若翕，寢食坐起，無不與接。神之居嚴以清，民之游和以安，令於其間，上敬下順，無不自得也。

夫好不度義而恣情之所發，故有聲色田獵之娱、珠玉裘馬之玩，甘於獨往而人莫能同，聖人未嘗不深致其戒也。至於所好者山水，則以爲豫於德而賢之，豈非動静協應物之宜、壽樂由反躬之効歟？然其汎之瀰茫，遁之幽遐，家薜蘿，友鷗鷺，亦甘於獨往而人莫能同，固不取也。君治縣寛簡，即山水之近，與民共樂，以寧其神，是可書矣。

嘉定八年五月。

按：此碑未見，碑文見於水心集卷十。作者葉適，號水心居士，浙江永嘉人，淳熙五年進士，官至工部、吏部侍郎。

## 八〇五　東館廟記

祭祀有五：法施於民，一也；以死勤事，二也；以勞定國，三也；能捍大患，四也；能禦大災，五也。五者有一於此，則載之祀典；匪此，則爲淫祀。吾里浮山之陰，有神棲於田舍中，其神最靈，聰明神聖，正直無私。乃問諸耆老曰：『此何代人也？』王乃彭城人也，姓玉，諱參，自於大唐之際、龍紀之初，肇興此土，保衛此土。故此土之人，瞻之如日月，望之如父母。乃僉謀立廟，崇奉香火，朔望拜謁。士農工商競趨乞靈，冠婚架造咸致禱焉，吉凶不爽，耕稼陶漁皆獲利益。雨暘時若，歲歲五穀豐登，六畜蕃衍，疾疫不作，盜賊不侵。非王禦災捍患，何以臻此？自是神靈血食愈興，香火愈熾矣。

至於正月上元，社衆殺牲行酒，慶王華旦，拜跪舞蹈，稱觴禮畢，散胙於庭。於是都會陳君觀國厲聲而呼曰：『廟庭狹隘，不稱王居，不容衆拜。我欲作而新之，爾衆其能從予否乎？』衆皆雷聲應曰：『敢不敬命？』於是族金於衆，鳩工惟良，琢石爲柱，折木爲梁，鳩工聚衆，植柱架梁，中立正殿，前拜跪庭，后寢室，廟左佛廬，長廊廣廡，弘遠規模，不逾月而四五落皆成。盤盤焉，囷囷焉，而社稷安矣。

嗟夫！陽九兵馬雖數南征，在在淫祠率皆悉毀，惟王之廟巋然儼然。非神靈氣燄，何以保成？後因風蠹雨饕，梁棟傾頹。有清源總管陳君昶，繼董廟事，灰塗屋瓦，命工雕造王后寶相，塑飾神像，彩畫兵將，出入聳人觀瞻，起人敬畏。如昶者，是亦有功於廟庭也。傳曰：『盛德必百世祀。』切惟王有庇民之大德，有護國之豐功，十社之民賴王以安。故子生孫、孫生子，崇奉香火，遵飭祀典，將與天地相爲終始，奚止百世祀而已哉！

有陳君，見舊牌爲蟻所蠹，首尾無全，而請續記於蔡公清叟。而蔡慮其耄矣，固辭，且曰：『衆卜於王，許汝續記。』清叟年高才退，不能模寫，姑且直筆續其始末，以貽將來者云爾。

太學生高登譔。

時大德十年歲次丙午四月。

**按**：此碑未見，碑文見於高東溪集卷下。高登生存於兩宋之際，此爲元代翻刻碑。此廟今在杜潯鎮路打村東坂廟社，祀『玉聖尊王』。康熙漳浦縣志卷十九『浮山神廟』條，認爲耆老所謂『玉參』或爲唐末漳浦禦寇有功的檢校司空『王彦昌』之訛。

## 八〇六　赤水岩喜捨石獅碑

赤水保萬石坊弟子万崇甫，喜捨石獅一隻，入于本岩供養，祈求合家老幼福壽康寧。

旹至正九年太歲己丑十一月題。

**按**：此碑現存赤湖鎮後湖村赤水岩寺，碑名爲編者加擬。

## 八〇七　上蔡廟石柱題刻

當坊信女周念二娘奉捨。當坊信女□念二娘奉捨。當坊信女周念二娘、林念八娘奉捨。當坊林小六娘奉捨。當坊信女陳小五娘奉捨。當坊信女劉念八娘奉捨。當坊信女林念八娘奉捨。當坊信女陳念六娘奉捨。當坊信女林小一娘奉捨。當坊信女許念一娘奉捨。當坊信女林念六娘奉捨。當坊信女林念四娘奉捨。

**按：**此題刻現存舊鎮鎮上蔡村上蔡廟石柱，漫漶不清。

## 八〇八　正陽宫柱聯題刻

『北闕歸真百煉金丹成九日，東陽普庇千年祀典在三春。』大明洪武二年重脩。

**按：**此題刻現存杜潯鎮近城村正陽宫石柱。

## 八〇九　漳浦文廟碑記

洪武二年正月庚申，漳浦縣新作孔子廟成，縣大夫張侯以書來請，曰願有記也。始侯將爲廟，以其事言郡府，禕適忝佐郡，許爲之記。及是廟成，而禕迫於召命，將還京師，因辭其請。侯復使來言曰：『廟成而記之，執事嘗墜言矣，願無卒辭。』辭既不獲，乃爲書其成績以爲記：

按郡志，漳爲州始於唐垂拱二年，實治漳浦縣。後以其地有瘴癘，州移治龍溪，而漳浦爲縣如故。其縣之有學，則自宋慶曆四年始。蓋自漢以來，孔子有廟不出闕里；唐制，天下州縣始皆立廟祀孔子。然漳浦之有學雖始於宋，而學之有廟，固始於唐矣。國家既定，天下廟、學兼備，悉遵近代之制。洪武改元，漳既入職方，朝廷揀賢才以牧遠人，而吾張侯被選宰漳浦。既至，用故事謁孔子廟。見其棟撓柱折，頽敝已甚，慨然嘆曰：『事有急於此者乎？』

即圖簡材募工而重作之。以十一月庀事，僅兩月而廟已成。列楹二十有八，以間計者三；其崇三十有二尺，廣五十有五尺，而深如廣之數。輪奐具美，規制聿加。既又治其門廡，修其墻垣，於是始稱其爲聖人之居。而講經之堂、肄業之所與庖湢之屬，皆易其舊，使其新，而學制咸備矣。

廼二月丁卯，侯率僚屬及爲士者，行釋菜之禮。又俾民之子弟游于學，而延名儒爲之師。凡可以崇教道而敦俗化者，侯無不究心也。蓋漳浦爲縣，界乎閩、廣之交，其境阻山而負海，奸宄所出没。其俗悍，其民氓，以動嶺海之間，厥爲巖邑。故必得長民者舉聖人之道以導之，使其復仁義禮智之性，而明乎君臣、父子、夫婦、長幼、朋友之倫，然後俗易以化，而政易成也。侯通今博古，夙以文學名，其爲漳浦，勤於政理，而尤汲汲焉學校是興，可謂知爲政之本矣。所可書者，詎止工役之勤而已哉！是役也，廟之費爲最重，故褘舉其重者特書之，使刻之石，用以志漳浦之學，其興自張侯始。

侯名理，字玉文，鄱陽人，由徽之黟縣令以承事郎再調來漳浦。佐其事者，丞金華陳堯民、典史錢塘方好文也。

按：此碑未見，碑文見於萬曆元年漳州府志卷二十、康熙漳浦縣志卷十七。作者王褘，洪武元年任漳州府通判，二年應召入京領修元史。

## 八一〇　東羅岩題刻

南無阿彌陀佛。普聖四恩三有同在，達無上菩提。

大明正統丙辰年　月　日，住僧大宓立。

按：此題刻現存綏安鎮羅山村東羅岩白雲寺邊巨石。

## 八一一　重建東溪先生祠堂碑記

賜進士及第、嘉議大夫、禮部左侍郎、經筵講官、前太常寺卿兼翰林院學士、同修國史、東海徐溥撰文。

賜進士出身、承德郎、兵科都給事中、邑人吴原書丹。

賜進士出身、承德郎、兵部屯田主事、邑人陳奂篆額。

宋迪功郎東溪先生高公，諱登，字彦先，閩之漳浦人也。没葬縣東既二十年，郡博士田澹仰公直節，始祠之學宫之傍，徽國朱文公實爲之記。歷歲既久，祠益傾頽，以至於今，廢將無存，過者往往猶能道其事而深惜之。太學生吴震，公鄉人，以謂『今上嘗詔天下，褒崇忠義，考公爲人，宜加褒崇』，特疏其事，請於朝。事下禮部，議如震言，每歲之春，有司致祭，復修其墳塋，設一人守之，著爲令。於是知漳州府姜諒、同知蔣濬，率知漳浦縣汪瑾、縣丞鍾鼎，命義官陳琰、耆老歐愚輩，訓材督役，重建是祠。經始於成化〔十〕六年，又逾年而祠成。其規制、禮典，視前蓋有加而無不及。而託其縣人今兵科給事中吴君原請予記之，將刻石以置之祠下。

予惟公初祠之建，已獲大賢君子之文；公之直節，足以表於當時、信於後世矣。顧予何人，敢執筆以繼其後？雖然，公之事，人固能道之，而未必知其詳；况忠言危行，雖復書之，人無厭者。且朝廷褒崇之意、郡縣承奉之勞、鄉邦建白之義，又皆不可不書也。

按宋史：公宣和間游太學，適金人犯京師，公與陳東等上書乞斬六賊；廷臣復建和議，奪种師道、李綱兵柄；與陳東再抱書詣闕，軍民不期而集者數萬，王時雍縱兵欲盡殲之，公與十人屹立不爲動。欽宗即位，擢吴敏、張邦昌爲相，敏又雪前相李邦彦無辜，乞加恩禮起復之。公言：『從敏請，是大失天下之望，人心自此離矣。』於是凡五上書，皆不報。初，金兵至，六館諸生將遁去，公曰：『君在，可乎？』已而退師，敏遂諷使人斥公。紹興二年廷對，有司惡其言直，授富川主簿，多善政。秩滿，歸至廣，爲帥連南夫奏辟賑饑。終任，召赴都堂審察，遂上疏萬言及時議六篇。秦檜惡其譏己，格其言，授静江府古縣令，善政益多。帥胡舜陟諂檜，以古縣爲檜所生地，欲祠其父，公沮之，舜陟怒，陷以死罪，會舜陟死而事白。廣漕辟攝歸善令，因差考試，公摘經史中要語命題，策『閩浙水災所致之由』。郡守李仲文馳以達檜，檜震怒，坐以前事，取旨編管容州。公授徒以給，家事一不問，惟聞朝廷所行

事，小失則顰蹙不樂，大失則慟哭隨之。臨卒，所言皆天下大計。後丞相梁克家暨守臣爭疏其事以聞，得追復其官。公性至孝，其學以慎獨爲本，所著有家論、忠辨等篇。蓋史傳所載其略如此。

竊惟公生當宋叔世，言論事行卓然不群，真所謂一代人豪也。蓋其盡忠則陳東之黨與，其嫉惡則秦檜之仇讎。東之死，宜公之斥，其勢相因者也；檜之顯，宜公之晦，其道相反者也。今去當時已久，言及東與公之事，猶能使人稱贊不已；至檜，則未有不唾罵者。人心之公，于是可見。予忝佐宗伯，于凡褒崇之典，當得預末議，故於祠成，勉書此俾刻之，以著國朝之令典，以爲臣子忠義之勸云。

成化十九年歲次癸卯夏四月望。

按：此碑現存綏安鎮綏南村高東溪祠，碑文另見於萬曆元年漳州府志卷二十、康熙漳浦縣志卷十七、高東溪集卷末。作者徐溥，江蘇宜興人，官至内閣首輔。據該府志卷十九，高東溪祠重建於成化十七年，故本文『經始於成化六年』當脱一『十』字。

## 八一二　重刻東館廟記

□□□□綏安出□江山有耆老林公普□□□□□□□重修東館廟記。予思有廟必有記，詰之始創何人、續于何人。□□古原有記也，因創廟始成有宋，衆請□□□□高登製之，述其建廟事實。後歲久碑蠹，大元間陳世賢讀于東山，蔡公清□□其製碑始末，□先生記曰：

祭法有五：法施於民，一也；以死勤事，二也；以勞定國，三也；能捍大患，四也；能禦大災，五也。五者有一于此，則載之祀典。吾里浮山之陰，有神棲於田中，其神最靈，聰明神聖，正直無私。時問之耆老曰：『此何代人也？』王乃彭城人也，姓玉，諱參，自大唐龍紀之初肇興此土，保佑此土。故此土之民瞻之如日月，愛之如父母，乃僉謀立廟，面林卉舍地，王自茲格于有廟，崇奉香火，朔望拜謁。士農工商競趨乞靈，冠婚架造咸致禱焉，吉凶不爽，耕稼陶漁咸獲利益。雨暘時若，

歲歲五穀豐登，六畜蕃衍，疾疫不作，盜賊不侵。非王禦災捍患，何以臻此？自是神靈血食愈興，香火愈熾矣。

至於正月上元，社衆殺牲行酒，慶王華旦，拜跪舞蹈，稱殤禮畢，散胙于庭。於是都會陳君觀國厲聲而呼曰：『廟庭狹隘，不稱王居，不容衆拜。我欲作而新之，汝衆其能從予否？』衆皆雷聲應曰：『敢不敬命！』於是族金於衆，鳩工惟良，琢石爲柱，折木爲梁，鳩工聚衆，植柱架梁，中立正殿，前拜跪庭，後寢室，廟左佛廬，長廊廣廡，弘遠規模，不逾月而四五落皆成。盤盤焉，囷囷焉，而社稷安矣。

嗟夫！陽九兵馬雖數南征，在在淫祠率皆悉毀，惟王之廟巋然儼然。非神靈氣燄，何以保成？後因風蠹雨饕，樑棟傾頽。有清源總管陳君昶，繼董廟事，灰塗屋瓦，命工雕造王后寶相，塑飾神像，彩畫兵將，出入聳人觀瞻，起人敬畏。如昶者，是亦有功於廟庭也。傳曰：『盛德必百世祀。』切惟王有庇民之大德，有護國之靈功，十社之人賴王以安，故子生孫、孫生子，世代承繼，崇奉香火，遵飭祀典，將與天地相爲始終，奚止百世祀而已哉！

其記之文，止于斯矣。今耆老林普光等見木碑□字□無傳于後，出示舊記，鑿石以代，欲將繼陳昶有功于廟者誌于末。問曰何人，答曰：『董事□□□等相繼作新是廟，視昔□□□加。』因其請而述其言，以示千萬載不磨，俟于後來者云爾。

時大明成化二十年甲申柒月吉日，漳浦庠生演泩劉璟修記。

中殿董事：蔡傳成、林□□、蔡□住；拜跪庭董事：□□生、歐寧祖、吳秉樞；寢殿董事：林娘□、歐護□、吳普□、歐寬□；佛廬董事：吳秉德、歐顯成、林普□、陳興；助緣：信官吳錫、信士黃茂、歐教□；總廟幹：歐興；助緣：信士林□、信士朱尾進、高繼護；主緣耆老：林普光、蔡統、吳□生、歐寬、林普恭、林新、吳盛、林

普容、陳寧寶、林史良、吴傳；仝立。

東山後學蔡福仝立并書。

按：此碑現存杜潯鎮林倉村東館廟，已裂爲四塊，碑名爲編者加擬。

## 八一三 重興大興教禪寺僧順庵事跡碑記

賜進士第、嘉議〈下缺〉西布政使司參〈下缺〉。賜進士第、〈下缺〉直隸〈下缺〉賜進士第、〈下缺〉進階〈下缺〉文其跡鐫于珉者，垂不朽之功，以昭後人焉〈下缺〉歷宋入元，廢興不一〈下缺〉徒以文鳴耳。彼氏雖爲方外之教，其能〈下缺〉成化己亥，重建兩廊及鐘樓者，增〈下缺〉之僧，能殉清規如古之僧者，亦惟吾浦大興〈下缺〉郡谷于寺。三月十九日夜火作〈下缺〉典拜名僧法傳者爲師。正統庚申歲，批剃〈下缺〉聖都道場，所之將典矣。成化乙未，重修山□并〈下缺〉且延漳郡五禪僧日夜諷誦〈下缺〉鐘樓撓折漫漶，出窖藏餘貲重構之，而豁〈下缺〉不飾，分命衆徒曰净□輩重其歲産，曰絡〈下缺〉夫食焉怠其事，而得天殃之丞〈下缺〉歸者，又日過清溪，彷〈下缺〉以順〈下缺〉。

按：此碑現存綏安鎮大亭路興教寺，殘缺不全。

## 八一四 東安戴氏祠堂碑記

東安格齋戴公宗武者，予之故人也。其爲人也，奉先思孝，建立祠堂，其功既成，乃屬予作文以記之。予恐考摭弗周，事實不稱，因而辭焉。宗武自述而言曰：『吾族河南光州固始人也，自唐垂拱二年以千户侯從陳將軍來征斯土，因不旋師，遂家于漳，居徙莫考。迨及宋末，一世祖居十七都戴厝林，傳之三世，因暴于官，廢産殆盡，移之金井。越四世，吾祖筠軒早世。永樂乙酉，吾父梗齋以迫倭寇，乃迁今之東安，置田、造屋、立祠堂，生子三人，

曰宗武、宗翰、宗遠，予繼大宗。正統戊辰，遭于寇亂，祠堂燒毁。乃率弟姪謀欲重建，以繼先人之志，以述先人之事，弟姪默而不言。宗武思宗子族統攸係，自捐白金百餘兩，復建之於正寢之東。前後二座，深七丈五尺，廣三丈二尺，東西兩堦，外繚以垣，爲門闔以扃鑰之，而時其啟閉，謹依文公之制而不敢違。追尊梗齋爲創始不祧之祖，申立蒸嘗租三十六石，以供忌、墓、四時之祭。別將弟姪立與宗武海埭内勳勞錢五千，五世之後存下祠堂，槩祀不祧之祖，且爲修葺之需，而後世不得變易。其歲序朔望，子孫務欲咸在，而致孝敬之誠。惟慮鋭始怠終，特立石於祠堂之東，以垂不朽，先生幸勿辭焉。』予因而記之。

竊以古人祠堂之設，上以萃祖考之精神，下以伸人子報本之心也。然今之名門右族，多忽乎此。惟梗齋知大義、崇古禮，克念爾祖肇創宏規，拮据卒瘏以成厥功。既而一灰寇亂，而尊祖敬宗之禮弗行，格齋又能毅然以繼述爲己任，夙夜匪懈，追配前人。其立法精密，視前有加。豈非梗齋有功於前、格齋有功於後與？二公之賢，誠莫加焉。於戲大哉！祠堂之建也，祖考精神有所依，報本之禮有所行，爲宗子者庶乎其無愧矣。雖然，傳曰：『成立之難如升天，覆墜之易如燎毛。』爲戴氏子孫，當勉其所以難而戒其所以易也。因銘于后。

銘曰：『戴氏之宗，來自固始，著迹東安。崇古之制，爰立祠堂，載奉祖禰。人有親疏，本同一氣。重厥天倫，勿生乖異。薦享有田，奠献有位。篤此孝誠，存亡一致。毋毁斯堂，毋廢斯禮。勒石志之，垂于萬世。』

龍岩冠帶八十翁蔡慶撰。莆陽後學張玹篆。鑒湖姻生陳暢書。

大明弘治三年庚戌孟秋朔，冠帶八十翁宗武立。

〈碑陰：〉大明成化十五年己亥春，予建祠堂，工成之日，弟宗遠、姪元成各助酒飯銀柒兩正。謹記。

**按：**此碑現存佛曇鎮東坂村廟後社戴氏筠軒堂。

## 八一五　重建無象院碑記

宋高宗紹興間，漳州守傅侯伯壽以漳南土曠人稀，瘴雨嵐煙旦夕交作，百里之間茆葦相望，居民斷絶，行者病之，於是立庵于縣南八都盤陀嶺下，以聚居民，以憇行客。仍化附近盤陀等處十方贍給守庵者，以資香燈祭祀、接待使客之用。本庵地界，象獸不時出没，居民、行客往往被患。時有潮州守黄侯定經過，大書『無象庵』三字揭于楣間，由是象獸屏跡。識者謂韓公驅鱷以文，黄公驅象以字，皆至誠所感，非偶然也。至理宗淳祐癸卯年，改作無象院，主持比丘僧祖印重建以爲祝聖祈福道場，殿宇莊嚴，丹青輝映，亦此地之名刹也。歷元季兵興，此地上接漳泉，下通潮、廣，干戈四起，院僧、居民悉皆逃竄。逮國朝洪武九年丙辰，設鄉社壇于盤陀嶺下，以祀五土五穀之神，始招僧、民復業。永樂間，僧亡院廢，本庵始祖并無升合田粮，本院殿堂坍塌，荆棘荒穢。迨至八十餘年，行旅、居民無所憇泊。

廼於成化壬申年，耆宿王廷義、吴臣遠、蔡廷坤等謀諸同志，合請開元寺僧道昱上人重興本院，并無文錢粒粟可以興工。道昱剪除荆棘瓦礫，開闢舊基，仍得廷義等疏□高門誼士，募財集工，伐木陶瓦。凡所需物料，道昱身親莅之，日夜焦勞，毁形裂体，其志愈堅，而心益勤，必至功成而後已。殿宇既完，塑造金尊等像，鐘鼓、几案、器皿悉具，晨香夕灯，持身練行，戒律精嚴，可謂釋教中之翹楚者。徒弟方永壽，勞力開耕近院田地□园一十畝，種稻蓄蔬，以給衆食。予與王公首倡建功，今王公郎遠，厥嗣克武，多道昱之功，同廷坤輩立石以紀其事，囑予記之。予不工於文，第義不容辭，廼考誌書建庵立院、興廢之由，并沙門道昱戒律有守、重興功績，據事直書以遺之，俾後人有所稽考云。

弘治九年歲在丙辰一陽月南至，漳浦陳時可譔文，王道遠書丹。

鄉耆：王克平、鄭茲興、高尚茂、陳汝宜、鄭□□、蔡廷沖、蔡邦道、馮順□、李曰瑞、朱□□、林肅時、洪

尊□、褚文瑞、陳敬弘、馮□□、王弘□、林德仁、李仁親、林元晦、林德旋、王德旺、康茂□、馮弘文、謝□伯、吴□茂、黄□□、林□、程□□、褚以思、蔡汝璟、褚以敬、吴廣亮、施□異、王弘祥、蔡木□、郭弘汝、林克□、李文有、鄭永積、楊德智、涂南和、鄭克木、李□□、□本濟、鄭□德、李□□、黄□□、馮□□、石□□、蔡□□、陳□元、李克德、陳德□、戴□□、鄭兹天、鄭□□、馮□□、楊□□、柯渝生、謝□輔、□□□、王元良、周宗道、李弘□、温□□、魏俊德、林□□。

**按**：此碑現存盤陀鎮和美村和坑院社。

## 八一六　東羅岩餞别和詩碑

步步藤蘿面面山，白雲堆裏啟松関。經飜貝葉禅心静，簾捲湘筠歲月閒。古洞玲瓏烟樹合，香堦屈曲雨苔斑。登臨今日須教醉，明日分離轉掌間。（餘杭鈍庵吴晋民）

獨愛招提境上山，肩輿乘興扣禅関。東羅日映滄溟闊，宝篆烟浮白晝閒。鳥唱深林和曲調，苔侵古砌雜花斑。問渠衣鉢源頭處，盡道蓬萊仿佛間。（鑑湖陳奐）

踏破蒼苔到此山，白雲滿地鎖松関。舉頭日月星辰近，回首乾坤境界開。酒注玉杯鸚鵡緑，香焚宝鼎鷓鴣斑。知君欲問三生訣，正在西來咫尺間。（竈山林表）

曾陪勝賞到羅山，云是招提第一関。風葉飛驚玄鶴舞，老僧長伴白雲閒。巖松影護禅壇静，雨蘚紋封石砌斑。回想彼時相會處，如今又作别離間。（揭陽林埛）

東羅岩穴四圍山，日落雲歸又閉関。方丈乾坤閒外樂，蓬萊風月樂中閒。千年禅榻嵐光潤，萬歲經龕石笋斑。若既登臨歸去後，也應踈散在人間。（吴川譚論）

同賞東羅第一山，山無俗客鳥間関。休誇佛法千年計，贏得浮生半日閒。

夕照淡籠梅影瘦，新霜微染菊花斑。福田欲種兒孫福，萬事惟存方寸間。（博羅杜奎）

萬松蒼翠鎖羅山，別是人寰一箇閑。野草深迷幽洞古，寒烟長護石壇閒。
竹搖樵逕簫韶奏，苔漬丹崖錦繡斑。此日感懷良有以，更署題咏勒碑間。（文竹吴驥）

北郊東迤一名山，占盡風光雲護関。翠壁丹崖吟勝概，奇花芳中意幽閒。
洞泉玉鳴挹□邊，石室苔深匝地斑。登翫方知天造設，蓬萊彷彿在人間。（浦北周仁）

雲不佞，自惟與中木仝腐朽。賴明時不棄，幸中成化丙午魁，登弘治癸丑毛澄榜進士。越明年，授漳浦尹。時老父不忍遠離，携雲至兹土。又明年，父歸，邑主人餞別於此岩之上，詩歌由而作也。時邑事旁午，及考績之京，未暇鐫刻，衹由雲識於岩。上人正岡得於石屋中，展卷莊誦，不勝感慨。用是謹勒石上，以垂不朽。父名陶，字晉民，官河間縣簿，歷麻城縣丞，先後三十餘載，在在俱有聲譽云。

弘治辛酉正月望日，賜進士第、文林郎、知漳浦縣事、餘杭居易孝男吴雲識。

**按：**此碑現存綏安鎮羅山村東羅岩白雲寺外墻，碑名爲編者加擬。作者吴雲，字居易，弘治六年進士，七年授漳浦知縣。

## 八一七　龍興塔記

重興開山妙濟大師正岡默公和尚之塔。

生於正統甲子年六月二十五日辰時，卒于弘治癸亥年□月二十八日寅時。

妙濟和尚法諱净默，號正岡，妙濟其別號也。系出龍邑首都李氏，自幼皈金浦大興教寺，年十八甫顯度。四十任本寺事，即改建方丈，重造法堂，首創彌陀佳境，添收遺産，妝佛像，度衆徒，修兩廡，構松關，永遠基圖，耀人耳目。其龍興等支派之院，年久頽圮，從新肇建。歷苦成功，自知止足，年登耳順，乃焚香告衆，槩然謝事，而退居東席。固忝系徒末，喜懼交并，謹請命預建壽藏于龍興之左，向背與院同，仍立衆僧壽塔于前，勒志于内，琢

石門以時啟閉。又慮歲久荒榛，固乃抽衣鉢之貲，用買糧租百餘石，入于龍興，以供祭掃蒸嘗，庶愈久而不能忘也。吾師之道德、功業，應有存公論者，爲之勒銘。茲述其槩于右，俾來者有所考云。

大明弘治十四年歲次辛酉五月五日，小徒圓固謹立。

**按：**此碑現存杜潯鎮過洋村龍興寺。

## 八一八　重建龍興禪寺碑記

賜進士□□□□中順大夫、知雷州府事、前户部郎中、邑人趙渾撰文。

賜進士□□□□□訓大夫、吏部員外郎張綽篆額。

賜進士□□□朝議大夫、工部郎中、同郡人曾遠書丹。

龍興乃金浦興教大梵宇之支寺也，建久而廢幾變。南山僧法傳大德僧順庵□都綱雲山續修，未全美。抵成化間，護僧會司事僧正岡改建方丈，重造法堂，首創彌陀佳境，修兩廡，構松關，添收遺産，妝佛像，度衆徒。又以龍興爲本寺之支寺，未有本立而支不繁盛也，乃構木石，鳩工肇基而重新之。時本司事劇，其餘一槩禪塌荘嚴者，悉付其徒天實、荆玉以佐□之。洎告成，凡百績悉與本寺相頡頏矣。本支共茂，而主持之分内事畢，正岡□□□概以四時代序，功成者退，而焚香告衆曰：『吾由年十八顒度，四十任寺事，抵今六十，本支諸寺緣所當修者，悉舉而修之，而在目前如是，爾衆僧所共視也。』遂謝事，居東席。於是天實輩感其功勞之大，欲垂于不朽，乃預建壽藏于龍興山之左，同寺向背，仍前立衆僧壽塔，内刻志，琢石門以時啟閉。天實又捐衣鉢之貲，置糧租百有餘石，以供祭掃蒸嘗費，庶本師功績與寺相爲無窮也。邑之士彦義官丘士瞻、耆宿陳汝奇聞而賢之，倡立石，以予嘗憩游興教，與正岡素善，修待法界，致書幣囑予記其事狀。噫！正岡于禪支四静，爲衆侶所棲，坐禪補衲，其事固無容贅，其功業可爲世法，正詩云『見世慮皆盡，來生事更修』者也。僧法名净默，號正岡，妙濟其别號也。系出龍邑首都李氏，

俗之望族歟？

時大明弘治十六年歲次癸亥陽春穀旦立。

福清縣匠人姚孟敬，耆老歐質厚、周德履、吴高丹、蔡廷器、林豈器、林日殊、許尊銀、洪肅懷、莊弘加、林敏孜、林朝喜、林成宰、洪宇無、吴敏弘、陳玉鳴、黄净□、吴孔琛、楊伯和、何弘文、莊蘊玉、林民則、蔡惟泰、林□□、林尹德、鄭體工、陳遜乾、陳德美、洪朝璵、黄廷貴、姚汝澄、蔡伯存、陳道聰、楊周京、高邦孚、高時長、黄資德、劉孟美、鄭德裕、熊執衡、柯道遜、歐□□、陳孟輔、鄭廷元、翁萬隆、楊宏瑾、陳順敬、張克仁、歐朝陽、張奇琛、許承恩、黄炫煒、徐崇約、吴華慶、周則成，古雷俊葛巡檢趙春、王明，省祭官林□□、歐仁、林富、曾宏，崇真觀提點張首亮、楊守重、林景遠、謝廷禹、吴英槃、吴孔玉，庠生蔡福、林肖，義官張本遜、周大業，南靖縣糧老丘雍岳、張文焕、許孝集、洪體坤、劉常懷，鄉親阮希新、沈禮哲、郭天慶、徐元峻，諸山首僧勝峰、肅堂、碧漳、定瑞、榮□、□照、定杰、清源、宗安、大嵩、普静、明極、惠堂、文庵、心印、大同、□□、賓海、崑静、净岩、澈源、心惠，興教寺僧極峰、正堅、净源、净海、太純、圓暉、深敬、介石、倉江、如珪、永聯，同立石。

**按：**此碑現存杜潯鎮過洋村龍興寺。

## 八一九　重建青陽威惠廟記

乙榜進士、司廣東廣州府東莞縣教諭、邑人高聳撰文。

弘治己酉科鄉貢、進士、里人陳琛書丹。

青陽之有威惠王廟，詢諸故老，咸謂二百餘年于茲矣。嘗覽舊誌，王姓陳氏，諱元光，系出河南光州固始，從父政領兵戍閩，父殁而代握其兵，任玉鈐衛翊府左郎將。儀鳳中，廣寇陳謙結蠻攻潮，帥守不能制，王率精兵直逾

溪洞擊之，大敗其黨，功聞于朝，命王鎮禦之。垂拱二年，請置一郡於泉、潮間，以控嶺表諸蠻，許之。尋以功遷中郎將右鷹揚衛將軍。乃躬率部曲，芟薙荆棘，掃蕩群兇，而啟我漳邦、佑我漳民者，皆王之功也。後以餘寇囂張，王率輕騎攻之，援兵後至，戰歿于陣。漳民哭之哀，相與立廟，尸而祀焉。特嘉其忠，贈韜衛將軍。裔是而後，王之英靈益振，凡繼世之君必加褒崇。政和二年，敕賜威惠廟，而所在立祠，雖窮鄉僻土莫不敬祀。下□紹興、寶慶年間，尊禮尤隆，封其小君种氏爲恭懿肅雍夫人，自曾祖至曾孫七世皆受封號。我國朝考正祀典，敕封爲州主唐將軍，春秋祭祀并於山川、社稷，其行禮亦如之，蓋其功等也。

稽諸古聖王之制祭祀也，法施於民則祀之，以死勤事則祀之，以勞定國則祀之，能禦大災、能捍大患則祀之，凡有功烈於民者皆美其報。今威惠之神，職□□□□生爲民需，功勞□於當時，□澤漫至後世，其于死勤事、勞定國、禦災捍患、爲民者悉矣，廟食茲土不亦宜乎？然威惠之神靈赫□□感通，而青陽六社之民事之尤謹。春焉必祈，秋焉必報，水旱必禱，災疾必禱，出入于外者必禱，祈福乞靈者往來無虚日，神皆應之如響。非若佛氏徒揚慈悲之名，以惑世誣民而無其實者也。

茲廟之建，□□前□有紀其歲月□次者，固不知其幾変更矣。歷年既久，廟貌荒□。成化六年，鄉之耆民洪文生、何郁等謀及六社，而普告之曰：『吾人祭享□□□安居樂業，俱皆神之賜也，可不知其所自耶？今神宇廢敝若此，吾意欲革故鼎新以答神貺，可乎？』衆皆欣然翕從，遂各捐己貲，鳩工庀材，因其舊址而鼎新焉。前門有樓，中堂有殿，殿後有寢，東西翼以兩廡，□之以□□，繪之以丹雘，甍棟隆麗，崇邃深嚴，視昔而功倍焉。經營□月，六社子民□□勸工，始于八月，逾正月而落成。□因循日久，未有記之者。

里之□士陳良璧輩念前人之功不可泯也，乃因子之德□、□廣者登門以請。予不嫻於文，辭不獲已，乃□之曰：『人爲萬物之靈，而神又靈於人者也。人之□□則緣乎神，而祠之修建則存乎人。今諸君□□□□舉□，此其□□。凡汝後人，□□□祠□□□廟者，當思□人□善□後人□□□靈有祠之於悠久，則神託於人而益顯，人□於

神而□□。□□胥興，永享無疆之□□□懿□□退而□□□以□□觀者，紀所自□。』

□□□□郎任廣東□□縣知縣□□璉、□□□□士任浙江□□縣知縣□□峻、□訓導□□質、洪欽疆、陳弘質〈下缺〉洪璋，各捨工食。

董事：洪□□、黄□□、□□□。督緣陳良璧，募眾六社都會□社事洪□齡、僧遠造立石。

按：此碑現存杜潯鎮近城村青陽院邊威惠廟遺址。

## 八二〇　許大母淑姿孺人陳氏守節持家記

正德丙寅陽月之吉，丹嶼添古公執贄垂顧，寒暄畢，作而言曰：『許氏始自光州固始，來屯浦之丹嶼後篇社，因家焉。始祖進輕養拙林泉，鄉人以長者稱；生祖公滿奴，娶逢山陳氏女；生父曰賜寶；叔諱尾，遺腹子也。夫何天意中衰許祚，祖、伯、叔三人連死非命，産業遂爲鄉人以軍情誣，不轉圜悉奄陳、方、林之有矣。自是許氏棄士離鄉，而宗祖亦幾乎絶矣。斯時斯際，殆狂瀾之崩潰、大厦之將傾，而能支一木、砥柱以續許氏煙火於奄奄不絶之餘者，乃祖母陳氏其人也。陳氏年三十有六孀居守節，孑然獨立，形影相吊，彼乃從容就義，和丸課子，勤儉治家，凜凜乎如歲寒之柏、疾風之草，雖共姜令女不是過也。攜養幼孤，迨至成立，兒孫滿眼。陳氏生於元季丁未，卒於正統己巳，享年八十有三，以天年終。父賜寶等葬陳氏于游普山，厥後父、叔繼没。哀毁之餘，添古遵領遺命，告諸有司，一歸舊物，家業日隆。孫子業儒從公，文物焕然，較之昔日又有光焉。』

噫！是豈不本於陳氏之培植，如木之固其根、水之潔其源哉！添古深追陳氏之功，固告其子璉、武、團及侄玄、翼曰：『我許氏孫子，今日得以粒食者，皆祖母陳氏之賜也。我可不有以報之乎？』因抽祭田爲忌掃之需，立廟貌爲祀續之所。然以銘之諸心易忽而難久，孰若刻之于石愈遠而不磨，前以追先人于九泉之下，後以示孫子百世之餘，使知祖母一婦人耳，尚禀丈夫之志，立此莫難之功，矧我後人，可不兢兢業業、夙興夜寐，無念爾祖聿修厥德之耳？

寓金浦遊學莆邑庠生書篆。

鄉親林尹喬、鄭宏仁、蔡惟大、陳孟貞、陳良胤、陳孟奇、鄭景玉、陳立德、陳温助、蔡漢耀、陳孟輔、胡智榮、蔡纘德、黄日采、侯仲賢、黄文學、林恒溢、林昆輝、鄭宏緒、陳温立、黄元玉、陳昆尋、陳志霄、吴惟宏、林昆聳、丘孟德、蔡漢杰、蔡漢光、鄭景昕、李立業、陳穹華、陳温範、陳温敬、劉子同、陳英峰、黄啓進、吴惟德、李朝政、胡嵩、洪于元、鄭元碩、陳混睦仝贈。

大明正德元年歲次丙寅十一月　日，宗孫許添古立，鴻江林宜成刻銘。

**按：**此碑現存沙西鎮枋林村下阿邊社許氏燕詒堂。

## 八二一　青龍岩置田碑記

〈上缺〉撰。

龍嶺□□□□邑地□距浦三十里許，其□最□勝山之峭麗〈下缺〉則地之靈欲爲□之岩可毁也？嗣是僧勝〈下缺〉修廢梵刹，巍然爲一方之望。漳郡僧顯雲□行紫□□青龍岩四□焉，信者日衆〈下缺〉若履斯地，登斯門，不念前人創建之艱，不□施主一念之善，安居暇食，縱欲隨〈下缺〉拓以增前人之光，庶乎足以塞出□□者矣，此區區叮嚀之意也。若夫□□之名，田□之數，悉刊于石，以垂不朽云。

大明正德十四年歲會己卯年夏□吉□□□□程□書。

助緣：漳浦縣興教寺李唐□、張澄□、□□□、□□□、□□□、李唐羅、張強□、余□平、李景隆、□□□、□□□、林□□、林景龍、林□□、林景鴻、□深溟、林末義、林教梅、林文□、林□□、林建□，崇真觀道士張守□，信士吴儀節、李□□、蔡文□、莊□□、□□□、□毅□、陳莫布、黄弘德、蔡□哲、黄弘□、黄英奇、鄭□明、陳□□、鄭仲書、黄□□、黄宗紹、洪日照、蔣□□、黄英□、陳成大、翁萬隆、黄鄉□、吴道□、吴道竣、

林□宗、陳□□、□□□、□□□、□□□、□□□、□□□、□□□、□□□、□□□、□□□、□□□、□□□、□□□、□□□，塔前林堯成，立石。

按：此碑現存石榴鎮龍嶺村青龍岩寺。

## 八二二　重建明倫堂記

漳浦，海邑也。其學創於某年，久莫克修，日就圮敝。金溪黃君直爲漳節推，大興學校，間攝事漳浦，顧視愓然。則咨諸訓導蘇藿、彭濳，撤淫祠，具材而新之，凡新明倫堂及道義門若干楹。既成，聚諸生日講學其中，士皆愓然奮興。於是林生賁等具書幣，屬陳生亟來請記，且曰：『是惟黃君嘉惠諸生之盛心，固願有以教之也。』某辭不獲，則以所聞於師友者與諸生商之：

夫今之學者，聚之以齋宮，優之以廩食，董之以師儒，教之可謂至矣，而其學之亦可謂勤矣。然而褒衣巍冠，朝夕進退於是，亦嘗隱之於心、揆之於志，以爲所學與所教者，其與古人之學、之教何如也？夫規陳編，飾綺説，以就有司之程，而終身之志獲焉；進于是者，挾大章，建偉節，崇峻防，則亦弗暇論其心意之實，而已足多矣。不知古人之所以教者，果如是已乎？而其所以學者，亦果如是已乎？而士争趨之，窮年殫力，以求其至。間有語之以聖賢之道，則頳顔縮額，以爲希奇曠絶，非世所宜有。

嗚呼！天下之治亂視人才，天下之人才視學校。學校之所以爲學者如此，則亦安望天下之治而王道之行？夫學也學也，學其如聖人者，去其不如聖人者之謂也；學其如聖人者，去其不如聖人者，務存吾心之天理而去人欲之謂也。夫天之降衷甚厚也，人之良知甚明也；存天理而去人欲，弗借資於人也，弗援力於衆也，人皆有之，皆能之。而卒不能者，始由於自蔽，終坐於自畫而已。是故莫大乎講學，而尤莫先于立志。志也者，天地之所以不息也，人心之所以不死也。程子曰：『有求爲聖人之志，而後可以共學。』夫志于聖人而學焉，則其所以致力而求其方者，自不

容已矣。不然，僞焉爾，尚何以多言爲哉！

夫上或興之而弗能承，病乎下；下或趨之而弗能振，病乎上。今侯有嘉惠之心，而多士有奮興之志，是千載一時也。其無有以明古人之學，而植王教之端哉？古者聲教行乎中都，而達諸四裔；今中都之文燁焉，而樸茂淳素之真乃存於山隅海澨之民。是固進道之資，而爲學之器也。諸士產於斯者，其尚知所以自愛哉！

是舉也，以文公嘗臨於是，復度地構祠，樓、齋、射圃粲然畢舉。君固以學而知政者，故知所重云。是爲記。

**按**：此碑未見，碑文見於萬曆元年漳州府志卷二十、康熙漳浦縣志卷十七。作者馬明衡，莆田人，正德九年進士，嘉靖三年甫爲御史即與同鄉朱淛抗疏獲罪，削職爲民。嘗受業於王守仁，爲閩中陽明學代表人物。『金溪黄君直』，嘉靖三年至七年任府推官；『訓導蘇藿、彭潛』各於嘉靖二、四年任。

## 八二三　東安戴氏祭田碑記

自仁人一體之學亡，而報本和親之俗不隆于世，至有骨肉兄弟之親征利攘敚，以不能保有其家，無復本原之遑恤？予每論世而傷之。金浦戴元標氏，願富而崇義，遺語其子珊，必立祭田、義田，以成未就之志。無何珊亦卒，元標適室施能成君子之美，割汀洲之田貳拾畝以供祀事，割前坑之田拾畝以給疏河，語宗人曰：『吾子珊固賤息，無兒；嗣招庸，弗甚篤；側室鄭生子嗣暖，齒尚未齔。吾欲賴先人之靈，鑒招以存暖，其尚靳族黨之仁，爲吾重暖而恭招也。』族子君擢屬群戚，介國子王公望氏請予爲記。

予惟良門舊姓所以久安者，以人人禮義耳。禮義生于仁，仁固人之所以生者也。元標氏洎其室，俱能存仁厚之意，以隆祀和親。苟嗣招能衍其意以愛暖，是曰能友；嗣暖能衍其意以和招，是曰能悌；戴氏諸宗能衍其意以輯洽其兄弟，是曰能和。仁厚，生生之幾，其克永世勿壞矣。仁者方以萬物爲一體，矧于兄弟？奚必形骸同離于裏而後爲親？而宗族本支之誼，顧以孤幼而忍戕之耶？茲舉實仁孝之道存焉。有人心者，本仁之意可以油然生矣。書以記諸。

大明嘉靖三十五年丙辰春王三月既望，宗子君擢立。

賜進士出身、大中大夫、河南布政司參政、前吏部郎中、晉江遵巖王慎中撰。

**按：**此碑現存佛曇鎮東坂村廟後社戴氏筠軒堂。

## 八二四 敘大閩戎南江楊君鼎建關侯廟碑

維關侯漢代人龍，其忠精義烈，千載共仰。鰲祀無特廟□□歷來喜緣於習，而侯弗啟，蓋有待也。乃浙義烏南江楊公□報由總兵張總將來戍，性直惠，令嚴明，勇略□馳，尤高于義，有壽亭侯之風。昔莆陽平倭，後埭保境，績奏薦書；茲又累殲獗虜，肅清鰲甸。士民感恩，紀石以壽厥功。斯功也，人席其賜，神會其靈。是春，關侯入夢，諄諄囑公廟祀。公覽萬衆謁行□□慨然相地得吉，遂捐金聚材而營治之。校佐、兵士踴躍奏功，施于周行，罔不修繕。越廟成，□□則爲帥張公建焉。於乎！歸美于上，可以觀忠；示來于下，可以觀政；爲鰲造福，施恩不報之地，可以觀公之用心；精神意氣並與壽亭侯曠世流通，可以觀公之後業矣。異日而大任，爲國長城，則藉赤兔、仗青龍，壽亭侯不有助哉！於乎！微侯之靈，不足動公之夢；微公之德，不足賴侯之靈：事不偶然也。侯待公靈，公賴侯報，吾人將公何哉？鰲山峙兮峨峨，鰲江流兮滔滔；仰侯之靈，誦公之德兮，江山不磨。

賜進士出身、北京刑部主事何，齊、柳、蔡、張、林。

知祁陽縣鄭爾相，舉人鄭嘉秀、蔡時鼎，貢元徐□□，散將劉約、馮和清、李和、許裕，掌印千户馮圖，千户徐林，百户陳校、丘昌宗、查劍、張持利、郭百玉、吳癸世，管操舟千户李忠清，致仕百户陳鉸，鎮撫楊□，庠生鄭遠、徐詞人、丘宗裕、陳秉界、□游蕭、王魁述、潘熊禄、林美，鄉耆鄭國和、林鄉、鄭莊、龔弼、林鄉澤、張廷前、徐恒容、蔡新于、何大川、劉宗信、林知清，鄉衆張皇極、魏文峰、陳静、林利果、章福、徐世木、張師裕、石保徐、林冰葉、蔡泫〈下缺〉。

龍飛隆慶伍年歲次辛未仲夏癸未日重修立。

**按：**此碑現存六鰲古城北門外關帝廟。

## 八二五　海月岩題刻

時大明萬曆四年丙子春正月吉日，興教寺比丘僧性德重建。

**按：**此題刻現存沙西鎮土樓村海月岩寺大門上方。

## 八二六　祖德祠堂記

祖德祠者，崖州守蔡君楠肇建，以祀其祖清瀨公篆與公子西麓公迪、存荆公逵、石泉公遄、石軒公迴、思齋公選也。君之言曰：『吾族蔡坑徙金鰲，吾始祖蔡元鼎以學行聞於宋。歷傳而判度支芹，逸士藻，編修期，刺史固，光禄大夫震，侍讀莊，僉判易，孝子溥，總管光世、振先，邑丞嘉，漕舉慶，校尉旻，諫議大夫仁杰，訓導廷瑞，魁瑞，侍郎希稷，鄉舉以夫，邑令通，教諭預，進士益老、逢甲，徵君仕實，署學旻。或處而守，或出而仕。守有益於鄉，仕有俾於國。至清瀨公，而家學淵源益弘於肆公。公天資篤厚，自爲學宫弟子時，受業布衣陳先生之門，其學趨於躬行。自起居食息之微，以至於君臣父子夫婦兄弟朋友之大，動必循於禮，事必協諸義。嘗著家法十條，爲族人楷模。子弟等敦尚孝友，一德一心，百口共爨，人無私蓄，家門之内，怡怡如也。正德、嘉靖，有司署其曰「義門」，又勒其名於旌善亭，大加禮焉。蓋吾蔡詩書禮義之緒，至清瀨公而大振，將百世無窮之澤，亦於公而再延者也。故仿古者祖德世祠之制，建祠以祀公，而以公之子配之，子蓋與小宗之義有不同焉。』

嗟乎！『莫爲之前，雖美弗彰；莫爲之後，雖盛弗傳。』君以清瀨公爲之前，而其緒大振；清瀨公以君爲之後，而其德不朽。盛矣哉！古今稱孝者，曰順孝，曰幹蠱。是祠之建，實因清瀨公舊址，君又推公之意，築室一所，以

居公五子之孫若干人者，勢聯而情篤，孝友之風無忝於前，謂君能順孝而幹蠱者，非耶？予受姓同於君，與君之居近也，慕君世德，深有感焉，故爲之記。君之父選，即清瀨公第五子思齋公是也。

大明萬曆己卯仲秋日。

賜進士出身、通議大夫、奉敕提督軍務巡撫貴州兼〔督〕川湖、都察院右副都御史、前翰林庶吉士、宗人文撰。

**按**：此碑未見，碑文見於金浦蔡氏族譜。作者蔡文，龍溪人。

## 八二七　朱姚二侯憲断石碑存証

梁山木水，軍民樵溉。前柯大宝占山抽分，蒙姚爺擬罪断給。今大宝、林京截築私磨，告，蒙朱爺断拆私磨，以快衆忿。若非再三審勘，幾爲强族得志矣！太等叨蒙二侯天地之功，又慮弊生之患，相率叩給示碑，傳誦於前，垂鑒于后。

大明萬曆八年柒月　日。蒙准竪碑人：陳太、莫讓、詹應、馬睿、陳華。

**按**：此記刻於大南坂鎮下樓村墓後社旁石壁。

## 八二八　聖王廟木牌題記

元丁未大德十一年□建寶像。

庚寅成化六年十月初六重平寶像。都會：劉孟苟、劉纘。社丁：劉孟尹、劉孔白、劉志坤、劉純、劉俊聰、劉俊欽、劉俊明、劉俊恭、劉枚□、劉得宗、劉俊賓、劉孟占、劉澴、郭萬□□。

乙酉萬曆拾叁年正月十三日，□當年社首玩神失火，燒壞宝像。社丁劉□□、仕樹、振國、□□、□□重修。

**按**：此牌現存霞美鎮劉坂村開漳聖王廟神像後。

## 八二九　黛峰林氏世祖祭田碑記

吾浦林姓以科名顯者，稱二望族，皆自丹雲鉅崧鍾英孕秀。其一爲黛峰大宗伯家，而黛峰林氏則從其祖雪梅公始遷于黛山之麓而名者也。四傳而侃庵公，起家進士，歷典名郡，其孫郡伯成齋公、曾孫憲伯碧潭公相繼成進士，人文□□甲于漳郡。余與成齋公生同年，髫時各以意氣相期許，迨入宦、罷歸亦相取次，故諸薦紳□余愛公，雅號同志。

辛未之冬，公嘗過我曰：『夫祭先何？重本也。風木之感，人子同情。吾族子廷植屢以修譜爲請，責誠在我。』於是收羅舊譜，探本窮源，惻然有感。謂雪梅公爲林氏始遷之祖，乃汝錫公實生雪梅，先年隨長子松遷祀于泉州洋埭，代更久遠，灌獻無憑，殊非始祖之意。乃萃族人，揆情酌禮，特祀公以長至之日。仍依洋埭舊題，曰『始祖大學士汝賜神主』。一切馨香等費，成齋公特捐己貲，創田租六十碩餘，費金一百二十四兩，皆公以義起見。

迄今且二十年，林氏子孫之心安，則雪梅公之心亦安，仁人孝子之用心顧不遠歟？夫士君子極乎高談，皆能爲源本之思，比臨財賄德、對馨香等弗是，有蟬翼視之者，以方成齋公此舉何如哉！余逮見其先鄉賢小溪公輕財重爲行誼，嘗捐租百餘碩，立學宫以贍貧生；今其□復捐租于家廟以先族人，雖其積德累行，淵源則然哉！自末俗視之，則麟角鳳毛矣。語曰『積善慶餘』，此天之可必者也。成齋公存日所歉者，玉樹□□□耳。

于今長君歸酌，擇時而奮，余見之知其非凡翼矣；次君兕且，成齋續學，有文名，額角隆重。是大宗伯家勛伐，成齋公後身盖饒爲之。余今殊衰病謝客，顧獨以子姓禮酌接其二郎，諗知其家吉慶事。自以念成齋公如存，喜可知也夫！非獨余言也。『善慶』名堂，成齋公固先持左券矣。辛未過我之言，今猶在耳，是夫有關於世族歟？公歿且十載，其族姓思公之德，共立石于家廟而追誦之。盖欲其世族子孫代有興者，賡公志於無窮也。

徵余語者，爲槐庭君，盖公所云族子之别號也。慕義不苟取與，綽有季父風云。

萬曆己丑春三月望日。賜進士出身、亞中大夫、山東布政使司右參政、眷生王春澤頓首拜撰。

兄弟：確典、確升、確輝（主簿）、確初（壽官）、確翼、確完、確萱、確爵、確玉、確旦、確志（生員）；姪：□椿、建植（生員）、一鳳、一硅、疊□、□□、□□、癸、煒、一源、一清、時春（生員）、□□、玄宣（生員）、維熊（舉人）、有煥（監事）、愛、□、一龍、一檀、□□（生員）、□紹（副使）、□春、□章（生員）、□粟、□春、士炯；姪孫：應光（生員）、應觀、應選、應球、應賓（生員）、鳳暢（生員）、應旭、翹、應□、□勉、應積、雲躋（生員）、隆（監生）、□、澄（主事）、炳、元□（監事）、元泰（生員）、源盛、□秀（生員）、浮□（生員）、□□、元□、徑楓；仝立石。

按：此碑現存佛曇鎮港頭村林氏宗祠，字迹風化後經人塗描，多有誤改誤導。

## 八三〇 重興龍興禪寺碑記

賜同進士出身、通議大夫、户部左侍郎、前大理寺卿、侍經筵、太常光禄太僕三寺卿、吏部文選考功二司郎中、邑人盧維禎撰。

自古創立梵宇者，難必其後之克振宗風；□登緇門者，難必其身之光復舊物。矧值頹敝之極，一旦欲闡揚而光大之，此非千百之什一者哉！吾邑興教寺，創自唐垂拱間，住持法傳順庵，代有功德。至正岡禪師簡任僧會司事，始修佛殿，妝佛像，首創補陀佳境，重建法堂方丈，構松關山門，清本寺遺産，十有八年，屹然爲功德之祖。梁山之麓，有地龍興，師建塔于此，樓閣壯麗，佛像莊嚴，法供齋糧一切具足，蓋興教一支派也。歲久院圮，焚修糧亦旋墮落。

今七世，有玄上人，乃衣鉢宗孫。年十六削髮，受戒于璞玉、閒寂二師，日從祖叔沖師，朝夕講誦諸經偈，日以通曉。既長，堅守戒律，辱受折挫，隱然有恢復之志。萬曆庚辰，府、縣以名申藩司，起送選部，領僧會劄。掌司事五年，别創天龍岩、樂和亭，乃退處龍興居焉。時值歲荒，上人尤難稱貸，内自佛殿、兩廡、羅漢禪堂、觀音

堂、從雲閣，外自鳳山樓周遭垣墻塘砌，不求緣助，煥然更新。行路咨嗟，謂此功德視正岡禪師時，難蓋萬萬矣。先時寺租總領全掌後，只得四十四分之一，而前人又蕩棄殆盡；先時正賦無别項科徵，後徭編添派，而租又以六分充官餉；先時僧官得與士大夫賓禮，後縉紳彪炳，動輙易以獲咎，而上人獨能以名行崛起。于今視正岡禪師，難固不啻萬萬也。

主持性薰白其始末于邑侯楊君，侯大擊節，扁其文室曰『覺諦禪宗』，蓋示特奬云。沙彌弟子謂茲不可不立石，相率請余言記之。余聞佛家有六波羅蜜：首曰檀，即布施也；次曰尸，即持戒；曰羼提，即忍辱；曰毗梨耶，即精進；曰禪，即定；曰般若，即智慧也。上人非有前四波羅蜜者，何以能復舊物、振宗風，功德與正岡相頡頏？雖然，六名即一也，上人幾于四矣，豈以後二波羅蜜而獨無意乎？維摩經云：『欲得净土，當净其心。隨其心净，即佛土净。』此是無等等咒也。上人先已識此，每每向余念此，余故復以是説進之上人：『但于内觀，龍興雖經劫數，終有成處；不于内觀，眼前興起終如百千劫同。』語畢，口念阿彌，手合掌作禮而去。

工起甲午二月，訖乙未十月。董工徒定振，孫照蘊、照蒼也。上人法名寂玄，十方呼爲湛虚云。

大明萬曆二十四年歲次丙申陽春穀旦立。

庠生林文振、陳賡靈、林顒養，興教寺主持僧性薰，寺僧祖燦、如普、性茂、性德、如碩、寂碩、性涵、性恭，同贈。

**按：**此碑現存杜潯鎮過洋村龍興寺。作者盧維禎，漳浦人，隆慶二年進士，歷官吏部四司，時稱『盧吏部』。以户部侍郎致仕，卒贈户部尚書。

## 八三一　漳浦縣重建儒學大門記

賜進士及第、資政大夫、南京禮部尚書、前禮部左右侍郎兼翰林院侍讀學士、經筵講官、會典副總裁、兩京國子監祭酒、邑人林士章撰文。

賜進士第出身、中憲大夫、江西按察司副使兼布政司右參議、分守湖南道、邑人陳一洙篆額。

賜進士第出身、奉政大夫、南京户部廣東清吏司員外郎、邑人劉庭芥書丹。

邑有學宮，舊矣。由頖橋而南，正門中峙，揖梁山，吞鹿水，厥觀甚奇。第舊制池僅容舠，而門僅容軌，值前署令陶君□□□□辟其池而廣之，於門尚未及也。於是，皖城楊侯來守此邦，澹泊禔躬，晝一章紀，療痌剔廢，則月生秋旬播惠□□其□□□至於薪槱章縫、獎掖衿佩，尤津津不倦。乃于簿書之暇，進博士、諸生謀曰：『夫池者，聚也。聚以淪德，貴泓深□□□貴高廣。池既辟矣，門可獨仍陋乎？漢庭予公政能持平，遂欲高大門閭，以俟來裔。彼私第猶爾，矧茲聖賢之奥□□□域乎？』於是捐饘拓址，諏日興工，易陷以貞，增庳以崇，東西高下計倍昔若干尺。落成之日，景色清明，氣象弘□□□展舒，委蛇履視，不覺肅然改觀矣。夫春秋〈下缺〉無裨於樹範，君子不舉焉。是舉也，官不煩帑，民不煩役，節約也；大而匪侈，麗而匪奢，中則也；光明洞達□□□□也；考德問政，協於輿情：諸美備矣，烏可以弗記？我思古人建學興教、去思不泯者，夫非此邦之宰君乎？侯刻□□□□□礪名節、史籍不朽者，夫非同出入是門者乎？諸生勉諸。因博士三先生之請也，而爲之記歲月。楊侯諱材，號□□□□□。

萬曆二十六年歲次戊戌中春吉日立。

漳浦縣儒學訓導清漢林英廉，教諭汝川胡橋，訓導龍潯郭以璣。

生員：劉庭萱、徐克孝、劉□鴻、陳繼祖、林賢惕、周言、陳一沐、張子春、陳文俊、陳凡梟、湯思敬、林采、楊守倬、葉茂軻、蔡思兒、徐兆吉、劉慎、王祠訴、朱篤敬、戴鵬於、薛煒、顏容喧、陳普潛、林孚辰、陳一塙、陳士來、劉履淳、林元泰、劉從揚、林汝禮、徐斗、林兆詞、吳□順、朱篤□、林兆駿、黄翔明、黄曰良、劉履贏、陳紹樞、林煌、胡鋌、陳閏、盧應地、□□□、□□□、□□□、□□□。

**按：**此碑原在漳浦文廟，現存漳浦一中春暉亭。

## 八三二　高林王家山界碑

漳浦縣七都王松祖，景泰三年買蔡阿、陳紫本山地一所，坐塔田、倒店埔等處，東至放坑、西至壕振埔埒、南到官路、北至岩茎岩田邊，載□歷掌。緣蘭弘秀來葬山内穴，致山盗賣林宅管占。萬曆二十七年，經分巡二道金告，批漳州府韓，發漳浦縣王勘審處息，解府覆招，申詳分守道俞，批允林宅得價，王松得界，從此可以無争矣。續蒙本府准松告照，立石杜患，日後不許豪强侵占界地及附近居民盗踐等。敢有故違，許呈究，定以三尺繩之。先蒙給示張掛外，爲此立碑，以垂不朽。

萬曆三十年十二月　日，王家立。王廷相、廷富、承祧、時選、承化、世龍。

按：此碑現存舊鎮鎮甘林村，碑名爲編者加擬。

## 八三三　海月岩題刻（二）

創基已古宋重興，更闢蘭場謚景銘。築室開池甃囿徑，産田坐在大山岩。

大明萬曆壬寅春，住山性德作。岦徒海嵩、海淳，孫寂。

按：此題刻現存沙西鎮土樓村海月岩寺。

## 八三四　王侯晝定法濟應城寺租餉德政碑記

賜進士第、奉議大夫、□□□□□南京户部考功□□司□□邑人蔡□纂書。

賜進士第、□□郎、工部□□□清吏司主事□里黄季成書丹。

〈上缺〉其黨之焚修也，其亡以當之，則餉額之擾畊□則下惟爲□□受知于邑侯許公〈下缺〉葛生騰蛟、黄生季

醇、儒□昌文、李綽等手□侯所筆牘，介不佞而請也。法濟寺租餉以□於鄉□□等也，侯立斥之，片言若〈下缺〉不敏則事動眉睫矣。乃嘆曰：有是哉，僧毒太苦，而侯之惠宏博也。時事轉徙，其成規萬世無害乎〈下缺〉聞曰：害不十不更法，利不百不易令。專之以利害而隄□太甚者，賢大夫之所能爲〈下缺〉自寺僧逸告稱以應城□□而額得□其籍至千九百九十四畝，租稱是。於□□僧生□□曰租之半，然已竭澤漁矣。其二八昉於何時？□寺□而界之，給僧凡二，征餉凡八；劃額而餉之，一石征可二錢，計四錢有二分；而餉之外，以當公賦、徭役□如也。□□巡撫涂公始，不數年而縮以四六，已爲庚之溢餉、申之加增，名□有間矣。總之不離二八者〈下缺〉則溢餉而一之、加增而四之也。□不過□僅存之，是稍□之以復於額，故夫二八之上不可以□矣。溢不溢其外，增不增其上，□二寺〈下缺〉虎不苛於泰山，蛇不毒於永州，而陽城寧處勞以當拙也。吾□侯之不以彼易此，而因以計今昔人情之無相□也。諸文學僉曰然，是爲侯不朽事，遂書而付諸鐫氏。

侯諱猷，字爾嘉，別號□□，登戊戌進士，越慈谿人。

賜進士第、朝議大夫、雲南布政使司左參議、前奉勑提督學校、按察司僉事、户部山東清吏司郎中、邑人劉庭蕙頓首拜撰文。

時萬曆甲辰年三月〈下缺〉。參政郭延良，同知張時迪，進士邱懋偉，邑人□□□、劉轉□、黄□□、□□□、□□□、曾懋灼、許士永、盧〈下缺〉黄學耀、劉茂淳、黄璟振、□□井、侯公貞、黄□廷、蔡□□、□自□、藍惟静、陳朝綱、方彦登，社主□□朝、李□□、□士集、黄□□、□廷□、李唐曾、熊惟淳、翁清□，耆民□進彰、黄生孝、方一歸、方蕭卿、□□□、李茂陽、陳士□、陳定國、□□□、李大金、李□茂、楊興□，仝立。

**按：**此碑現存杜潯鎮沙西村，已裂爲六塊。

# 八三五　奠龍脈碑記

漳浦龍脈發自平和縣之礬山，逶迤數十里而至銅壺山，起摩頂山，是爲邑之宗山。將至銅壺處，列三台而過峽，奇甚。有蜂腰鶴膝之狀，闊僅百尺，長如闊之數而加三。峽之左，其下有田，田畔有溪澗。耕者移溪澗于峽麓，歲久址齧，土崩不可支，闊之圮者三分有二，長如其數，蓋十餘年于茲矣。邇者邑大夫偶有不虞之變，而鄉紳家耗灾特甚，科第稍嗇。曩日堪輿家以祟在峽崩脈損，告于前令皖城楊公。楊公會鄉先生詣視之，果若所言，惻然倡築補之議，捐金率先，士類響應，乃如闊、長之數，砌築石基。方就緒，楊公以遷官去。

嗣令慈溪王公至，士民申其説。王公復會鄉先生往視，命移溪澗于田中，毋如前之傷麓，指授方略備至。既捐俸，又命僧募緣，必欲竟其功。功既半，王公又躬視之，緩步周覽，隨事授算。令多種樹于新築處，以備盤節障土之助，加意計畫，復佐以罰鍰。于是，工告成而巋然如舊，望之如流雲布霞，山若增而高、添而岌者。此其財成輔相造化之功，爲千百世之計，直與山川同悠久。自今始，宦于斯、産于斯者，毓和鍾秀，凝祥迓休，世世樂利之，世世尸祝之。語云：『有非常之人，而後有非常之功。』詎不然哉！

是役也，凡費金六百有奇，皆邑侯捐俸，始終其事，署邑郡判四會梁公協相之。助工者鄉紳、孝廉、國邑學生、巨客，各捐金有差。邑侯又命城旦、舂人輸工，未嘗以廛公帑。始事于萬曆戊戌歲之冬，越甲辰夏訖工。鄉士紳以不佞齒居先，宜執筆頌侯，且紀事以詔後人。不佞謹紀頌如左，系以詩曰：

於維浦邑，肇創自唐。地脈悠遠，凝峙匪常。屹然宗山，三台葆峽。韞精發祥，海邑之甲。豈弟君子，龔黄踵稱。生甫及申，文獻朋興。嗟彼峽崩，地道孔虧。大夫弗甯，士數以奇。穆穆楊侯，颸颸由己。爰咨爰諏，補造經始。王侯嗣令，肆殫厥心。憲憲令德，子來弗禁。六載懋績，千年奇勳。贊助化工，旋轉大坤。頌聲洋洋，紀傳章章。式勒貞瑉，昭示無疆。

按：此碑現存綏安鎮羅山村水磨嶺水庫大壩下河邊，水漲則没，碑文另見於康熙漳浦縣志卷十七。作者朱天球，漳浦人，嘉靖二十九年進士，官至南京工部尚書。

## 八三六　重修東溪先生祠堂記

曩余釋褐來令漳浦，實爲東溪高先生鄉云。先生有祠在城南西偏，余以功令春秋奉先生祀事，每拜瞻祠下，想見其人，低徊久之，私心嚮往不能已，已六年於此矣。於是，乃新其祠，而謬爲之記。

余惟先生義至高，晦庵諸先正論之乃詩及本傳，獨稱其平生學問以『慎獨不欺』爲主。本『行不愧影、寢不愧衾，欺人則可、欺天則否』，其素所自銘自許者。故以一書生而再伏闕、五上書，以一簿而疏萬言、上六議；疾主聽之不聰也，讒諂之蔽明也，俯伏流涕，甘心誅戮。蓋當群奸誤國，呼吸存亡，舉朝噤莫一言，先生痛之而不垂涕，道是欺也。嫠且恤宗周之隕，先生奚忍焉？當是時，則抵觸忌諱，禍且不測，猶凛凛乎百折不少挫。逮繫赴闕，惟曰：『吾知有君父耳！』及其編管瘴鄉，聞朝事闕失，輒顰蹙慟哭。要以忠實心爲質，死生以之，令不欺吾心焉耳！余嘗考先生軼事，至於蒼黄就捕，不敢稽君命，不入告家人；士民醵錢爲道里費，恐其不受，至匿姓名去，乃竟亦不之受。此雖先生細事，其較然不欺，亦可概見彼其忠誠所爲發憤，非苟而已焉。

嗟夫！先生之精誠，能感躍舟之魚、銜鹿之虎，而不能開昏主之惑；能使捕士感泣、遐方雲從，而不能弭秦檜、胡舜陟輩之嫉。每誦先生贈少陽詞與自嘆、病中諸篇，傷其飄零萬里，九死炎荒，朱顔盡而赤心存，未嘗不廢卷於邑。獨幸國是、天意久而自定，褒録于身後，廟祀于熙朝，大節巋然，與梁峰、鹿水等埒崇深；令過其祠下者，懦夫泚顙，烈士動容，是遵何德哉！昔人謂劉忠定一祠爲元城之重，當不愧首陽；先生之祠亦足以重浦，信晦庵所謂『清風師百世』者歟？先生有東溪集行于世，其裔孫太史氏益昌忠孝之家聲，而重鋟之梓人，士類能誦述。余願爲執鞭所忻慕焉！故特表其所爲學之本者，而記之如此。

按：此碑未見，碑文見於康熙漳浦縣志卷十七。作者王猷，浙江慈溪人，萬曆二十七至三十三年任漳浦知縣。

## 八三七　漳浦縣儒學重修新明倫堂記

維我聖祖統天立極，制詔天下，郡國州縣在所置學。漳浦學與縣并設，方位在縣南官塘。嘉靖初，金溪黃公以司理署縣，毁東嶽神祠，拓而新之。垂八十餘年，瓦木傾頹，丹堊皆脱，甚非所以聯師儒、肅觀聽而弘奬道德也。慈溪王侯視縣五年，既政通人和矣，乃新文廟，新明倫堂。而長樂陳君來署學事，觀厥成焉，以學之廢興大有關於治教，偕同官詣余而屬之記。

余惟夏校、殷序、周庠，學固異矣，教亦詳焉，而獨重明倫者何？學者，教之所自出；倫者，學之所最吃緊也。修身、齊家、治國、平天下，其道皆本出於此。是以古人爲之建官置師以率之，爲之陳常求懿以勸之，又爲之不孝不友不睦婣任恤之刑以提撕之，而後人有實行□皆可封，則以上之教之者豫耳。輓近于倫何如也？昧焉者不知倫爲何物，無論已；即舉親義、序别□，朝而講解，夕而問難，乃其中刺謬不然者，豈少哉！其甚者，又孑孑然鈎奇釣異以自矜，而於聖人異常之訓、儒先注疏之旨，視若□□，而倫始爲天下晦。夫學，正所以明之也。明非明諸外也，明諸心也。爲臣而心實忠，爲子而心實孝，爲昆弟、朋友、夫婦而心實序、實信、實别。此以行之之道，明之也，是謂其明。不然，雖冒竊盡倫之名，而影衾多慚，簞豆必見，終于不明而已。今天下邑重絃歌，學惇儒雅，聖化斌斌翔合矣。王侯身範物先，朔望莅講席，誨導不倦。陳君家學淵源，其型範規條井如也。此非士之一時乎？詩、書、藝、文，學也；籩豆、節孝、飲射，學也：倫之緒餘也。誠即上之所教者明諸心、不徒明諸外，高廣者約于秩敘之中、口耳者勉爲惇庸之實，將見倫明則行興、行興則學成，舉而措之家國、天下，何難焉！雖古敦睦時雍，猶旦暮過之，明倫之關于治教也如此。

嗟嗟！豪杰無待，猶興譽髦，必歸無斁，公作人者當其前矣。爾多士幸毋負侯之所以修、余之所以記，而徒傚

先資以自快爲也。自堂而齋舍、而道義門、而周坦，費凡若干緡，夫役凡若干力，工夏起而秋竣，皆侯處給，陳君及縉紳、弟子員各捐助焉。侯與陳君字、諱、起家，具重修文廟記中。

詞曰：『司徒命契，敷教在倫。三王迭建，倫明民親。學緣歲久，自秦□屯。文從天啓，易腐爲新。廢興者衆，振作者人。寧比雲漢，師亦□□。明明王侯，首崇學校。作我泮宫，順德長道。藹藹陳君，載色伊教。子弟從之，爾德是傚。爲臣思忠，爲子思孝。實秉倫彝，匪矜㒒貌。處曰真修，出曰茂烈。治固匡時，危尤仗節。世賴以維，人稱爲杰。利禄一饕，身名俱缺。源流雖同，儒效頓别。爰戢良箴，敢詒來哲。』

賜進士出身、通議大夫、户部左侍郎、邑人盧維禎撰。

漳浦縣知縣慈溪王猷、南海黄應舉，主簿蕭榛。

儒學署教諭事舉人長樂陳所立，訓導高安黄秉良、侯官王應春。

萬曆三十四年八月吉日立石。

按：此碑原在漳浦文廟，現存漳浦一中春暉亭。

## 八三八　大興建海月岩碑記

贈興教寺仰樓上人興建海月岩記：

賜進士第、中憲大夫、欽差整飭松藩兵備撫治羌夷、四川按察司副使、前兩京刑户郎中、邑人陳錦撰文。

按，海月岩山發脈于梁，龍蟠虎踞，在十都南溟之濱。不知岩創何代。有石刻，宋咸淳時重興，遞興遞廢。相傳爲佛地，然漫涣荒蕪，旁右丈室，風雨不蔽，遺址寥寥獨存，恠石生苔、古松斜處耳。海月之象，未見瑋嚴也。嘉靖間遣使官賣，邑宦王氏輸金二十六両有奇，則此山已入有力者手矣。興教寺僧性德上人，潛心内典，傳衣于静軒師，念此山釋門故物，慕乎其勝，而慨乎其圮也。萬曆癸酉冬，抽資贖之，帶田一段、山一所，上至大山岩田上

大山尖，下接海，南至諸家山，北連疊石山后坑。后被鄉豪告奪。又天啓四年，再請山米弍斗，載在黄冊；邑令房侯断令上人再輸官二十両，給帖税契收科，准其承管，以杜覬覦。於是上人得主此山，而剏建從兹起矣。

丙子春，移蹊徑，平坑坎，闢殿門正向，拓而大之，周廻俱砌以石。廊廡、殿閣，頀者頀，黝者黝，焕然改觀；佛像繪塑，倍覺莊嚴。諸景錯陳，謚銘表彰，田園增墾，至是而岩始稱奇葛山之麓。遊者方發軔也，見果木蒨蘇，樵歌問答，鳥語間聞，便條然有物外想。稍上數武，如憑虚御風，飄飄然倦焉。紆迴一折，小橋駕在複道，有石谽谺，題其門曰『不二』。及至殿前，又見大海汪洋，波光萬頃。晦冥陰雨，遥望漁火，若隱若見；天和景明，時則舟楫來往，雲霞变幻，不勝名狀也。少頃，東方月上，銀蟾輝映，最先得之，故以『海月』名岩云。殿門匾曰『鷲嶺雲門』，邑乘誌之。左立護界祠，右立開山祠，后爲上人生父朴直曾公真隱，隱前爲静軒師禪臥。辛丑春，移丈室，建于禪臥之前，室前墾蔬園半畝。癸丑春，仍營壽穴于室臂之右，坐癸向丁，盖預爲身后計也。許丈，考岩田之上巨石一孔，俗呼曰『大山岩』，原無梵刹，特爲耕牧所棲；乙巳春，乃構爲大士室，刻當山神像，池塘俱備。室后而生母之墳在，松楸鬱鬱。隨杖錫到處，皆佳景也。

自癸酉至丙午，工始告成，費數百緡，悉取給于齋糧之餘，并無檀越之助。吁！難矣。上人敝衲鶉衣，辛苦万態，一石一土尚獨力拮据，積日累月，暫成勝築。吁！又難矣。昔黄梅、曹溪二祖，一剏灯火，流傳至今。海月徹惠上人，頓使山靈增色，真能創者也。創者勞，享者逸。三十年焦勞創建，以遺后人，后人念之哉！

上人曾姓，世居十都留塘，法名性德，仰樓其別號也。徒二，曰海嵩、海淳，嵩徒寂祉、淳徒寂祕，皆知皈佛，秉守師戒，固知此岩有托以永久也。寺中諸東席性敏等，曁素人許正慧等，謂余丁未之秋仗上人仝衆素爲本邑作收瘞之勝事，有一日之契，邀一遊其地，求一言記之，勒石以垂不朽。予唯唯，遂敘其巔末，以告來者。

時大明萬曆歲在戊申仲秋吉旦立。

太學生陳潤，府庠生潘應時、商談、商洽、曾震韶、曾雲生。

本寺住持僧海脈，東席僧如普、性敏、寂觀、性涵，耆僧如經、如派、如碩、道盛、海宇、照朗、如恩、性穎、海音、海籌、海濬、海瀾、海潛、海東、海潤、普睿、寂寧、寂隆、寂惺、寂弘。

印城院僧如松、性忠，龍興院僧照蘊，福壽院僧海崑、寂韜，善友許正慧、許正覺、吴魁長、傅國受、陳智光、世禎、智雲、鄭明春、歐國禎、林智崑、嚴大孝、何智明、鄭□□、胡廷芳，鄉親曾道長、陳彦載、許桂芳、曾梧□、□□□、□□□，仝立石贈。

田種七斗，大小六坵，坐址白衣洋，土名和尚井。

**按**：此碑現存沙西鎮土樓村海月岩寺。

## 八三九 邑侯黄公立游孝子祭田碑記

鴻江之濱，有隱君子焉。家世業儒，恒學操行以孝友聞。蓋自□□省藩臬大夫而下□播諭而褒嘉揚□之，前覌風孫公□、邑侯慎公□□其事于坊堂學官，念其殁三十餘年矣，鄉無老穉、賢不肖，皆籍籍稱游孝子云。揆厥所由，十七歲，祖母王氏□□以氣歸君□□分□□□□志不愧父風，如厄行感于盜賊，焚頂格于神明，刻本祠事，趨請叩墓庭者，無朝夕風雨怠，語以示伯林公□世亭中乎？今□邑侯田□黄表其閭曰『奕世敦孝』，仍敘其事，爲『旌善亭』；既又俞士民之請，各捐金有差，爲立祭田于開□莊，凡二十餘畝，以供孝子之祭；並爲之記，而以□□□□之巡司官。蓋侯加惠于孝子之門，舉一諷百，以率先齊民，以風表之爲人子者。屬弟子員顔成捧□之□于余〈下缺〉侯有同民風□。蓋嘗月吉演□聖諭六章，以易俗導教，令人人酣暢其意趣，豈于孝子之門重加惠云？或者謂，孝子苦節之貞，非中庸之道〈下缺〉吾鄉不渉好修士，而游門獨以世孝稱，則信乎好德之公也〈下缺〉若畝數、租業、禦潮築堤與輸納自征成規，則侯□言□□牘□故不書，論道其風世之大者。

侯名應舉，萬曆甲辰進士。

時萬曆己酉年　月吉旦。
賜進士出身、資政大夫、南京工部尚書、前南京都察院右都御史、奉敕提督廣東廣西學政、邑人朱天球撰文。
賜同進士出身、通議大夫、户部左侍郎、前大理寺卿、侍經筵、太常光禄太僕三寺卿、吏部文選考功二司郎中、邑人盧維禎篆額。
欽差整飭賓江兵備、廣西按察司副使陳公相書丹。
監生：楊一揆、戴植忠、林浮〈下缺〉。縉紳：副使趙範，進士陳鏞，知縣康日章，副使楊守仁、楊春熙，知縣林羅熊，副使林汝詔，會魁林茂桂，訓導戴□□。生員：楊守俊、林孚卿、楊學曾、康□東、楊志□。鄉賓：陳□□、黄雲鵬、陳希□、康采蘋、顏德□、陳□□、陳團□、朱篤敬、楊道曜、楊學陸、康承芳、陳□□、陳心庸。貢士：戴築□、楊守伯。舉人：楊烈、戴輝讓。
本縣褒旌冠帶□人楊正、楊加艮捐銀砌立〈下缺〉。
□□之田，不准僉報佃甲，每租石務照原始估定貳錢。時徵文契、租冊、批□□照，不許侵佔擾害。禦潮築隄，不許□飲之□。仍立碑示勸垂久。

按：此碑現存佛曇鎮園東村鴻儒小學門口。

## 八四〇　碩高築堡記

吾浦名岳，一丹竈，一大帽，而對起祖于龜山。大帽脉從龜山東北分結，傍結小帽，延衮越百餘里，才生其間若周陳兩理學、王方伯、高江二太史、陳涂銓部；至如佛曇、鑑湖、港頭、鴻關，陳、楊、林、顧彬彬諸科甲俱鍾厥地靈；余祖居積美地廼其分支焉。丹竈脉從龜山西南分結，次結小竈，延衮六百餘里，才生其間若林會魁、詹蔡二柱史；至如錦湖、東姚、六鰲，蔡、鄭、陳彬彬諸科甲俱鍾兹地靈；余新居碩高山亦其分支焉。溯二山之水，則

大竈、大帽諸水東流注海，難悉數矣；小帽由張坑油柑嶺、磁崎嶺西北駢流入官塘溪，小竈由大庵、龍鐔東南駢流入官塘溪，俱在碩高山交會。而水口兩峰：南曰崇信山，龍發小竈，迤邐奔抵溪南；北曰東林山，龍發小帽，迤邐奔抵溪北。二龍隔十舍而遥，而奔趨相會；左右旗鼓對峙，中夾一溪，僅十數丈，巍然捍門巨障，尤稱奇哉！

余祖宋閩冲郡王，諱若和，從少帝航海，晦居積美。濱海苦盜患。余筮仕，賦性疏拙，素有驅山林癖。比家歸，遭劇寇凌侮，决意卜廬入山。屢經此地，熟睎之，藏谷盤密，不囂沖途，不逼海寇，不雜城市紛華，可逸老課子；田土腴沃，樹木蕃茂，即難歲薪米恒裕，可聚族蓄眾；又鼎山幹龍，逆結入首，開障啓鉗，砂明水遠，近案五層，遠山羅拱，天馬居前，石人、石龜等奇峰居左，捍門居右，可以衛真龍、迓吉祥，爲昌後永世計。心竊喜之，乃芟闢草萊，建樓築堡居焉。樓建于萬曆庚子之冬，堡建于甲辰之夏，暨諸宅舍，次第經營就緒，拮据垂二十年。

余竊閲往牒，眉山西蜀最僻，比三蘇出，人咸知有眉山；淳安隱萬山中，有商文毅公出，人遂知有淳安。人傑地靈，相因而重，良不偶已！今余草創，誠無識者。惟子若孫居斯地，培祖德，紹書香，以振揚而光大之，雖未敢僭擬之眉山、淳安，安知異時不與佛曇、鑑湖等名境相鼎峙匹休乎？毅然應地靈以光映丹鼎，竊有望于後之繩武者。因志而書之，以勸將來云。

時萬曆癸丑歲孟春吉旦。賜進士出身、中憲大夫、浙江按察司副使、前户部貴州司郎中、領無爲州磁州兩州牧、碩高居士、鴻臺趙範謹誌。男公瑞勒石。

**按**：此碑現存湖西鄉碩高山趙家堡，僅存下半，碑文另見於《閩冲郡王趙家堡族譜》，但與殘碑出入較大，兹對照殘碑酌改。

## 八四一　海月岩題刻（三）

風調雨順，國泰民安。性德祈求。戊午冬立。

**按**：此題刻現存沙西鎮土樓村海月岩寺。

## 八四二　重修忠勇廟及乾橋便民橋記

邑治所自鶴嶺蜿蜒而下，爲雄鎮亭，亭下有便民橋；而南過五鳳橋不一里，爲乾橋。之兩橋地形皆下，而乾橋爲長且甚，稍淋雨則水底滿不可行，又不可通以舟楫，民往來咸艱之。由乾橋之□廿里，爲忠勇祠。先是嘉靖末，倭夷自寧、興下，大將軍戚繼光長驅至此截之。乃追戰伐功，檄祀死王事者若干人，儼然吊古戰場意也。

歷年滋多，祠宇漸圮。壬午春，邑大夫舟宇王公以名進士來莅漳浦，不期年政通人和，百廢俱舉；乃□□田黄君由太學出爲令，濤實善承之。於是以癸未歲十一月爲修理，□捐俸，鳩工募□。□視兩橋形勢，下處增砌以石各二三尺許。自是水不止行，積雨無患。已而君以事至祠下，喟然曰：『有其舉之，莫或廢之。』復請于王公，下重修議，募民視治橋□，補之葺之，□之繪之，自是廟貌焕然一新。

事竣，諸□者以公德不可忘，相率丐予言，以垂不朽。予謂子産古遺愛也，乘輿濟人，僅僅以惠名；夏令曰『十月成梁』，則其所濟實多。蘇子謂士莫先勇敢，勇敢莫先于倡。雖是祠宇之修葺故事，已勘慰忠魂于前，固所以倡勇敢于後云爾。君子謂此事得乎政之體矣。黄君□政，如增署教場以時演習、修築甬道以便城守等事，不可殫述，述其軼事如此，俟觀風者采焉。

時萬曆歲在庚申季冬之吉。

賜進士出身、中憲大夫、江西按察司副使、奉敕整理饒南兵備、邑人林梓頓首拜書。

庠生陳□、蔡時揚、楊烈、程浮佐，耆民趙孚卿、程孚異、程汝槐等，同立。

**按**：此碑原在盤陀鎮忠勇祠，現存福建省博物館。

## 八四三　興祖碑記

始祖松榦公，從居田源移住劉厝坑，聚居生齒，盖五世矣。浦宦江潮，利祖居脉秀，圖墀無由，餌族逆寫獻，執空券而圖席捲。闔族力與之爭，雖被挫辱，而勢難劫奪。遂具詞道告，批漳浦縣，時適正官抱病掩門，以當土勢焰，囑捕官陶典史以拒捕戮傷申道，批府差龍溪縣、南靖縣巡捕，帶兵快嚴拘解究。當高山落石之際，男婦挈逃，而危莫能支。

時侄孫文俊新列青衿，憤惡宦强横，不忍見族人之顛危也，遂挺與抗辯，而願學等佐之。守道吴見文俊等之侃侃正論，遽行免拘。是此時之脱虎口而闔門得以就袵席者，皆文俊之功也。

當文俊居家時，江宦不敢動；比文俊以遺才入省，乘其不在，托顯宦爲之居間，罔官朦朧，將屋、山統断與江潮，立令拆厝遷棺，與之葬墳。許之狐丘，已悉爲江賊有矣。

幸祖宗有靈，天道助順，文俊即以是科擢高魁。報捷至，江之膽已寒，而文俊抵家，益持前志而力與之角。江以是悒欝身死，而其子始悔罪退還。是此時之反敗爲功，而菟裘得以無恙者，又皆文俊之力也。

禍亂既平，衆人正欲立廟以紀功延祀，而中有阻撓者遂欲背衆人以營私圖。幸文俊之兄文信執義力争，奸萌始戢，而家廟得建。

吁嗟哉！我劉厝坑之得以有居有廟，有今日之子姓繩繩，誰人之賜？子子孫孫毋替引之，是在我後人之溯本窮源何如耳！

天啓五年乙丑孟夏穀旦立。

**按**：此碑原在石榴鎮田寮村劉厝坑社許氏祠堂前，現存雲霄縣博物館（將軍山陳政紀念館）。許文俊，萬曆七年舉人，曾任浙江象山知縣。

## 八四四　鼎新本宗祖廟誌

吾家世系，昉自關西，歷漢唐宋，代有清白名。始祖節使公播閩，卜居佛曇之芙蓉楚茨耳。迨高、曾祖恒善、易宜、暖庵世載德，嘉、萬間守仁、一葵喬梓鵲起，登名進士，累官總憲、方伯，楊氏之門日以高大。沿龍飛元年，祠宇陽九，匕鬯震動，裔孫一菁曁應起、一萊、學曾、學孔等中夜彷徨，圖所以光之，集子姓鳩工完葺，于乙亥仲秋告成，用以報宗功而衍世澤，意深遠哉！因記其事，勒于廟左。

崇禎歲乙亥菊月穀旦。

裔孫：太學生一菁，鄉賓一萊、一藍、學曾、魁炳、炯養，提舉學孔、學孟、學稷，庠生峻、學詩、學陸、一悌、應寅、應起、拱守、瑞麟、享儀、鏘鸞、汝弼、汝升、宗英、延吉、學閎、學廉、學皋、元周，同立石。

**按：**此碑現存佛曇鎮下坑村楊氏宗祠。

## 八四五　新建茗溪嶺蘭若碑記

皇帝御宇五載，東南鯨鯢之妖氛再世，而未□□赫然沿邊□并熊羆之師，以□□之往，勢之所重，則宿重兵。東南形勢，浦爲重；浦之形勢，東偏爲重。不佞承乏右□□□□之四境，出郊東望，則嶺峰□巍入雲際，曰茗溪嶺；鳥道紆回，上下十里□□□□□□□荒，雞犬無聲。至趙家之舊壁，則苦□□結□其人形耳，余嶺□□□□□嗟乎！任□□□之摧殘一至此□乎□□□叛賊于斯，是劇賊□□□□□□□没于斯，是士民之所懷也。既長□□□□余勒綏此土也，惟□□□之□□□必通，百□百里，朝發而夕至，夕發而朝至，彼茗溪一線蒙□□□□虎嘯，寧令□行亟行以無怨乎？張□□諾，爰選能買□，陟高崗，剪灌莽，發□□□于溪山之麓，建爲蘭若精舍□□□以草廬，募民耕種，奪□狐之網□□□址□既用民之所利處□□□□□□□□惕而往者半，且歡歌

而□□□□□□□余亦喜之，故誌。

□□□□□右路總兵官、都督府同知、寧夏馬化麒記。欽差隨征福建右路左營參將、遼東張學堯勒。

康熙五年壹月　日，督□把總海南陳應龍。

**按**：此碑現存赤土鄉溪東村。

## 八四六　建置金浦湖西詒安堡家廟義學祭田學田義田碑記

粤稽王制，孝友、任卹、睦婣，以敦倫合族，聿修祖德，垂裕後昆，式訓式型，久而弗替。果何道而世爲法守也？惟創制者務實而去名，紹述者公而不私其利，視吾一身即高、曾暨諸父、昆弟之身，高、曾暨諸父、昆弟之心即吾之一心，寒思與温而飢思與甘，今思與居而古思與稽。天下雖大，民物雖衆，人各有身，即身各有族，知諸父、昆弟之疾痛疴癢皆吾之屈信，而智愚、賢不肖皆吾之榮辱愧慊也。推而廣之，一道德、同風俗亦不外此。矧一門之内，高、曾列祖在天之靈不欣然而慰，本支百世不俾爾昌熾者，吾不信矣。

吾家自保姓受氏，世有令德，爲閩望族。雖世代變遷，迭有興墜，性震親承家訓，攷之譜牒，數百年來尚能述而誌之也：我始祖鴻熙公，宋末自莆來浦，卜居佛曇橋之西墘，生二子：長均安，次均壽。均安公所傳三支，均壽公傳二支。越數世，子姓漸繁，因立祠崇祀始祖，此建祠之始也。逮明世宗嘉靖己未，族黨避亂，散處雜姓，無寧居，我持璧公始鳩族衆，築梅月堡，保聚族里，以衛祠祀。里人德之，丐鄉先輩楊公諱守仁記頌其事，制錦以賀。至我世祖章皇帝順治戊子，以鄰變被燬，復遷族湖西。順治乙未，十一世孫全斌以射策高第，得授職參將，復倡率合族再葺祠宇。未幾復燬，賴吾宗十三代孫名易者，登己亥進士，其封君致健公偕功服弟暘，由歸化任所來湖謁祖，重爲鳩葺。然堂隍未具，僅蔽風雨。每歲時伏臘，性震同諸父、昆弟酹酒拜祝，仰瞻几筵，周視楹桷，半就凋毀，而宗族之秀者無以教、貧者無以養、散者無以聚，而居者無以固也。爲之躊躇四顧，心與力違，徒有感歎。此祠祀

倏興倏燬之概也。

今上康熙戊午，性震遭際聖恩，憐封疆効力，叨授霸昌僉憲，特賜召對，寵以殊錫，晉階粵西司臬。丙寅歲，以輯瑞京師，恭覲天顔，咨詢利弊，小臣敬抒一得，荷聖恩嘉納，還粵供職。思君父深恩罔極莫報，向之憂念宗祀躊躕未遂者，今且沐浩蕩之皇仁，榮光闔族也。因捐俸禄，竭薄蓄，謀所以妥先靈而資教養者。惟姪賜勤敏敦愨，强力有心計，可任厥事，因趣來粵，命董斯役；惟虔州文辿公之裔孫曾君贊賡，字載颺，得堪輿秘諦，聲重公卿間，屬之相度形勝、規置方位；惟族長宗顯、性程等僉請各憲給示，鳩工築我堡垣。始丁卯三月十日，越戊辰十月七日告竣。計闊凡四百丈，高二丈有奇，守望之屬皆具。爲費不貲，未敢以銖黍累我通族，存初志也。

當堡未建時，吾宗家此者僅數十椽，餘皆荒煙蔓草。今惟敦睦之義，堡雖吾所獨成，地仍不敢獨有。凡有地之家，聽家督公議地價，與之平買。買得之後，首以鼎建祖廟、義學。慮其上下左右鮮輔，復建小宗祠及房舍、書軒數所以衛之，并建廣平王廟，以爲閭里祈年祝福。外此，量付本人自蓋居室，餘與六房鬮分，公衆蓋造，不以尺寸自私，志公懷也。

恐子孫數傳漸成疏遠，或以買地取回、賣地取贖爲辭，今將所買分與公衆蓋造之地充爲祭地，每年每家計間出地租銀二分，輪房辦祭，週而復始，杜争端也。

復買祭田載種二十石，以供粢盛；學田載種二十石，以備束膳膏火；義田載種四十石，以備宗族中之孤苦窮獨不能婚葬者，酌其果否以助，彼素封者無與焉。公舉房長、德望之人遞主其事，而時其出納，以防侵蝕，爲可久也。

至始祖廟基，念係廷秀之業，今廷秀乏嗣，其五代祖孔重暴柩未窆，爲買地以葬。更爲廷秀立兆禎之子肇基以繼其祀，付銀二十兩爲乳保之資。復買租田二石，付肇基掌管，爲奉祠之用，以永其業，使後世子孫知廟地所由來，示不忘本也。

此性震志力謭薄，不能紹述先業，粗爲諸父、昆弟計者，其大概蓋如此。雖然，尤有懼夫：以一人之身分而爲

千百人，以一時之制傳而爲千百年，今欲使此千百人者於千百年之遠，而欲共體此一人一時之心事，雖上智所不能保，而吾欲必之吾宗，可乎？然而孝友、任卹、睦姻之意至今存者，何也？豈非名者易渝而實者不變、公者可久而私者速壞歟？故名非干譽之謂也，凡烝嘗先考俎豆不潔、牲牷疾蠡、貌爲拜跪而齋戒勿誠者，皆名也；私非自利之謂也，凡分贍族黨緩急弗當、疏遠弗周、盈縮不均、愛憎以意，皆私也。即恭敬必戒、粢盛豐備，而心竊自矜曰『惟我則爾，若將不能』，雖實也而亦私；即裒多益寡、均給平施，而類有德色，雖公也而亦名。有一如此，神且怠於歆享，而人窺於微闇，欲其久而弗替、式守而不爭，難矣。是故不盡者訓誡，無窮者制度，莫測者人心，而性震欲與諸父、昆弟以一時一人之心事垂之於無窮，共纘此承先啓後之業，光大我宗，以仰報聖天子知遇之洪恩，垂榮百世，舍公忠誠實之念、守而弗替，更何藉哉！詩曰：『無念爾祖，聿修厥德。』又曰：『孝子不匱，永錫爾類。』其是之謂乎？性震願與賜暨諸父、昆弟以是守之而已。

康熙二十有七年歲次戊辰嘉平月上浣之吉。

通奉大夫、湖廣湖南等處承宣布政使司布政使、前廣西等處提刑按察使司按察使、密雲蒙恩召對稱旨欽賜蟒袍大緞、整飭直隸霸昌道管理屯田驛傳糧餉事務兼管居庸等處、山西按察司僉事、軍功加至正一品仍帶功加二十二級、第十一代孫性震熏沐謹撰。

暨：男尚寬、尚裕、尚温、尚柔、尚發，姪尚德、尚琦、尚毅、尚斐、尚親、尚忠，孫，仝立石。

賜進士出身、翰林院庶吉士、受業門人查昇書丹。

賜進士第、刑部山東司主事、受業門人汪虬篆額。

**按**：此碑現存湖西鄉城内村詒安堡黄氏大宗祠，碑額『貽厥孫謀』。

## 八四七　大方伯黃公建置金浦湖西詒安堡家廟義學祭田學田義田碑記

士大夫學古入官，行其所志以治天下、殫心家國者十常八九，而念宗族者百不一二。非天性之盡薄也，彼蓋溺於世見，覺一身親屬之外皆途之人，恒落落不相涉。以故世家大族，其於內外姻戚類皆饜粱肉、曳紈綺、乘堅驅良；而疏枝遠葉或半菽不飽、藍縷蹩躠，扣朱門而不敢入，可慨也已！古者君子行禮於祖廟以序宗族，故曰『因睦以合族』，又曰『宗子維城，大宗維翰』，此葛藟之詠所以庇本支於百世也。

余嘗欲仿古制，使家有乘、主有廟，歲時伏臘，烹羊炰羔，旅酬燕毛，相與懽聚於一堂，而且得教子弟之不才者使之才，養諸父、昆弟之無告者使之得所；欲請於朝，著爲令典，而未果。然恒冀宇內士大夫有能行者，庶幾由家而鄉、而國，以推之天下，相觀式化，所以裨益治道者不小。乃吾楚南方伯靜翁黃老祖臺，固已先我而行之，亦何幸也！

公以封疆効力，特晉僉憲，觀察霸昌，當三輔之重地，撫輯軍民，賢聲藉藉，治行爲天下第一，功加至正一品。天子特賜召見，奏對稱旨，慰勞備至，寵賜蟒袍宮緞以彰褒異。旋超擢粵西司臬，輯瑞來朝，陳奏粵西瘴癘、請行調補以振官方等事一疏，天顏嘉悅，永著爲令。此方仕宦賴以全活者不可勝數，廷論以此多之。吾讀公視刑略一書，未嘗不欣服而太息也。至開藩湖南，興文教，恤民隱，澄吏治，寬徭賦，種種善政，士民愛戴，著於薇堂歌頌。

吾意公宣力於國者如此，其於家必有所不暇給；孰知公之國爾忘家者，不獨上爲國家安民生，而且下爲宗族計教養。於戲！可謂能爲其難矣。公之言曰：『凡人之情，不能無親疏之別。如一父之子，視兄之子已不如己子，况推而爲從兄弟，又推而爲再從兄弟，其不如者又當奚似？君子知其然，必先立廟以奉不祧之祖，使人知吾所自出。即己子與兄子，在己視之勢不能無異，而吾父視之則一。是人當以父爲心，不當以己爲心也。推而上之爲王考、曾王考，又推而上之爲顯考、祖考，其心何獨不然？

『吾始祖鴻熙公，於宋末自莆來浦，值世變遞有代謝，遷徙不一。每見祠宇荒圮、宗黨陵替，單寒椎魯葬娶莫

舉、膏火無資，愴惻在胸，有志莫展。竊念廟貌欲其恒興而無廢，莫如築垣堡；祀事欲其久遠而無失，莫如置祭田奉祠；子若孫欲其皆賢而無愚，莫如設義學；欲其皆富而無貧，莫如置義田、學田：然非可徒手而成也。爰自丙寅覲聆天語，奬賚有加，仰承皇上以孝教天下至意。事竣旋粤，即促姪賜抵署，盡捐清俸，佐以舊槖，延江右堪輿曾君贊賡字載颺者，爲之相土宜、定規式。會族長鳩工擇吉，建廟築堡，起丁卯三月，越明年戊辰十月告竣，以成夙志。溯此堡未築之初，吾宗居此者不過數十家，餘皆荒埔。吾惟以尊祖睦族爲念，凡有地之家聽家長之議價公買，首建祖廟、義學、小宗、房舍、書軒，外此量付本人自蓋居室，餘與族房鬮分，不私尺寸。復捐買祭田、學田、義田，共載種至八十石，備俎豆、婚葬、膏火之需，舉德望房長遞主出納。然不悉記之，懼久而忘所自、畸而多所覬，非吾所以敦倫復古、序禮睦族之本意也。』

公而爲吾言者如此。於戲，可不謂爲其難哉！昔范文正公置義田、陳德高立義莊、劉德華傳義學，古未有兼之者。且考諸公或藉兄弟之樂助，或因先世之餘資，或至總西帥、參大政，始成其志。今公筮仕霸昌，隨轉西臯，未及二年擢吾楚南藩憲，而清操苦節，持身如寒士；乃能兼數子之長，行古人之道，經營拮据，立廟築堡、建學置田，使子孫百世興而不廢、賢而不愚、富而不貧，謂非以父、祖之心爲心，而能若是乎？此則第五倫之所無，而楊延慶、崔倕、張公藝之所不能過者也。以視文正諸君子，何多讓焉！按禮，祖有功、宗有德者，群奉爲不祧之祖。程頤曰：『宗者，以祭祀爲主，欲人宗於此而祭祀也。』今公以亢宗令子，爲元公碩輔，出其才德，佐聖天子平定海宇，而復能念其宗族如此，有如千秋後配若祖宗共不祧之享，以風今世士大夫，使各隆其淵源報本之念，當亦令典之所必載者。

抑吾聞之：『善必有助，福不獨享。』公雖篤念宗祊，而賢勞王事，身難分理，使無族子若賜者廉公練達、强力任事，以成公之志，又誰與觀厥成者？然則賜之功亦僅在公下也。公亦曰：『自吾得賜，而吾宗安於磐石而重於九鼎。』則公之知人善任，使尤服有則，哲之明矣。曾君言：『堡象三台，如樓船出峽。』固知公積德累仁，由其身以及其子孫奕葉，咸躋三台公輔，而爲巨川之舟楫。天人相與之際，有以也夫！有以也夫！

公諱性震，字元起，號静庵，見任吾楚南大方伯。吾子材任自蜀典試還，道經洞庭，聞士大夫頌公之德業，益能悉述其事，而敬爲之記，使鐫諸石，以永其德云。是爲記。

旹康熙二十八年歲次己巳清和月穀旦。

賜進士第、通議大夫、日講官起居注、詹事府少詹事兼翰林院侍講學士加一級、乾清宫賜宴賦詩賜書筆、瀛臺賜宴賜菱藕蓮實彩緞文綾及芳鮮，前翰林院侍讀學士、翰林院侍講學士、欽命提督順天等處學政、翰林院侍讀加九級、内秘書院侍讀予告終養，起復補翰林院侍講編修、戊戌同考試官，纂修通鑑、孝經，誥勅撰文、兩賜莽服、弘文院庶吉士加三級、治年家弟黄岡王澤弘頓首謹撰。

賜進士第、江西道御史、受業門人錢三賜書丹。

賜進士第、承德縣知縣、受業門人鹿廷瑄篆額。

**按**：此碑現存湖西鄉城内村詒安堡黄氏大宗祠，碑額『光前裕後』。

## 八四八　詒安堡小宗祠碑記

吾維本源之義，恭建祖廟，嚴祀事，合族姓。既築堡以衛之，立學置田以教養之。凡所以繼志述事，與諸父、昆弟計久遠者，葢詳哉其言之矣。今惟小宗之制，復建祠宇，祀吾曾王考、王考、先考，以合吾五服之子弟，似可以無言。然考諸禮制，服有差等，即情有隆替，而孝悌之道，必由親始。語曰：『父兄之教不先，子弟之率不謹。』則由吾子姪以推暨於同服，其勸勉宜益詳，而不可無一言也，審矣。

人之於天，資禀各殊，趨向亦異。限於天而復於人，則業不可以不辨，道不可以不明，德不可以不立。秀者欲其讀書，樸者欲其力田，富者欲其能施，貧者欲其有守，貴者欲其無驕，賤者欲其自立；學不至者退而耕，耕不至者進而學：匪是勿志也。至於仕則忠於君，入則孝於親，出則悌於長；内則睦族，外則取友；居則和於閭里，行則

信於邦國；執事必敬，言行必謹，用度必節，交游必慎；患難相卹，有無相通，苦樂相倚，善惡相規；卑以自牧，滿而能損；恩亟於報，怨期於忘；執謙服勤，毋矜長，毋護短：匪是勿安，失是必勉也。而閨門雍睦，必敬必順，以齊其家室。允若茲者，天人交孚，俯仰不愧。先賢復起，不易吾言矣。惟父兄子弟誠事斯語！

每歲時享祀，春秋吉日，共登斯堂，拜酹既畢，歡然談讌；饗胙餕之餘馨，敘天倫之樂事，晰詩文之疑義，暢田園之幽情；長者坐，少者立，幼者嬉；既醉而出，各受其福。吾雖勞於王事，不獲親與此樂，而樂父兄子弟之能體吾意，以爲豫順，其樂豈有量哉！且人情親於日近，而疏於日遠。每見骨肉猜嫌、宗親間隙，多生於契闊。今同居一堡，幸有斯堂，朝夕相見，脱遇疑阻，片言可釋，此亦協和庭闈、永保聚順之道也。况討論道德，敬業樂群，日進於聖賢之境，彼我悉化者耶？昔蘇氏敘家誡，謂父之於子，以深愛而行精慮。今吾於父兄子弟，勉事勸誡，慮雖不精，而愛則甚深，固非若世俗之獨私其子孫者。

第念自吾身至期功、緦麻之親，同此祀者，蓋不下千百指。因更爲吾五服内之父兄子弟孝思計，置曾王考祭田種拾石、王考祭田種貳拾石、先考祭田種肆拾石，各照支派，按房次第輪主其事。將每年所入，備四時祭祀并納本田賦徭外，所有餘剩給與輪主之人，以資膏火，俾得少沾餘潤，此亦吾祖在天之靈所欣慰者。嗟夫！自此以往，指日以繁，服日以降，情日以替，然由吾子孫雲仍，以至於所不知者何人，而吾宗祠在此，吾祭田在此，吾家誡在此，即吾與父兄子弟亦無不在此，是服有盡而情無盡，情無盡而今日之言亦與之爲無盡。由此觀之，雖百世可知也。噫，可不念哉！

康熙二十有九年歲次庚午花月穀旦。通奉大夫、湖廣湖南等處承宣布政使司布政使、前廣西等處提刑按察使司按察使、密雲蒙恩召對稱旨欽賜蟒袍大緞、整飭直隸霸昌道管理屯田驛傳糧餉事務兼管居庸等處、山西按察司僉事、功加至正一品仍帶功加二十二級、曾孫性震熏沐謹撰。

暨：男尚寬、尚裕、尚温、尚柔、尚發，胞姪尚德、尚琦、尚毅、尚斐、尚親、尚忠，孫，仝立石。

賜進士出身、翰林院庶吉士、受業門人查昇書丹。

賜進士第、廣西道監察御史、受業門人楊敬儒篆額。

按：此碑現存湖西鄉城内村詒安堡黄氏小宗祠，碑額『以介景福』。

## 八四九　龍江廟憲禁碑

漳州府漳浦縣爲違禁私佔圖利害民事：

康熙貳拾玖年七月貳拾貳日，蒙本府信票，蒙布政使司憲牌，奉總督閩浙部院興批司呈詳：『詔邑海埕官濠，聽民採捕魚蝦，易米資生。此自然公共之利，豈容劣紳巨族占爲己業，勒民納税，貽害編民？相應允從府縣所請，公之黎庶，禁其霸佔，勒石遵守，以垂永遠可也。』等緣由，奉批：『豪強霸佔海埕，不容黎庶採捕，深爲民害。如詳，通飭沿海州縣，一體勒石永禁。取具各遵依及碑模送查，仍候撫院批示。繳。』奉此，本日又奉總督閩浙部院署理福建巡撫事務興批，同前由，奉批：『海埕公利，豈容私爲己業？如詳，飭行沿海各屬，通行勒石永禁，以除積弊，仍候督部院批行。繳。』奉此，批司行府，仰縣官遵照：『依兩院批行事理，速將沿海塗濠聽民採捕，不許豪強霸佔，仍通飭各地方一體遵照。該縣刻即勒石永禁，備具遵依、碑模，送府轉報。』等因。蒙此，本縣遵即備具遵依及碑模申報外，合就發模勒石永禁。如違，許□□民稟究。須至碑者。

康熙貳拾玖年捌月　日，給發洋山保北江甲豎立。

按：此碑現存霞美鎮北江村龍江廟，碑名爲編者加擬。

## 八五〇　大宗家廟公地界碑

大宗家廟公地界起：左至東城門内，全分厝地共伍拾肆座，半分厝地貳座係蒙湖藩老爺憑家長明價契買，充入始祖公清明祭墳地界。每座全年定地租銀陸分，輪房辦祭，子孫世守勿替。

康熙叁拾貳年正月　日，闔族公立界石。

按：此碑現存湖西鄉城内村詒安堡黄氏大宗祠。

## 八五一　大宗家廟公地界碑（二）

大宗家廟公地界起：右至西城門内，全分厝地共肆拾壹座零間，拾間係蒙湖藩老爺憑家長明價契買，充入始祖公清明祭墳地界。每座全年定地租銀陸分，輪房辦祭，子孫世守勿替。

康熙叁拾貳年正月　日，闔族公立界石。

按：此碑現存湖西鄉城内村詒安堡黄氏大宗祠。

## 八五二　重修藍氏祖廟碑記

由來世德緜邈，上溯宗族之創垂，下觀孫子之光大，夫亦待人遲久，乃紀其功德，則亦相爲近遠也。吾宗□族□□□，自始祖慶福公由霞美利遷于茲。初而披荆抽棘，胥原築室；迨後本支蕃衍，至嘉靖末年始考卜龜正，建奉先之祠。嗣以士庶經營，已其曼碩之規矣。越數傳，而侍御紫濤公以甲第累官，大行執法；自我考元衡公以下，遞次歌鹿鳴者若而人；今之貢澤宫、入成均、列膠庠，又濟濟以繼起。固山川之苞采，實宗祐之貽庥也。惟是祠建迄今百有餘歲，棟宇垣甍非復□□之舊，灌獻、趨蹌，具瞻恧焉。子姓因循，未能賡卜鼎新，自非亢宗之裔。拜爵天朝，得藉寵錫，未易輪奂改觀也。

家總戎義山公，以蕩平海邦首勳，特膺簡命，建牙上谷。尋以四明濱海，必得良翰，爰改北門之鎖鑰，轉爲南邦之保障，召對褒嘉，延賜帑金三百兩，敦趣遄行，治行入越。開府甫定，築城定海之後。公勤勞蔵事，乃馳函家山□族中之聰敏者，將奉帑金，屬其鳩工庀材，擇吉經始，務極壯麗。緡費不貲，又捐歷年清俸佐之，特命仲弟崑

山躬董工作。祠之左右，舊有私居十三楹，復隆直以購，拓爲兩廡；基仍其舊，制則從新。自春徂冬，迺觀厥成。今廟貌巍峨，几筵璀璨，不惟欣奉祖之有託，亦且□明禋而知榮矣。落成燕喜，咸嘆此日之俯拜君恩，仰光祖德，皆總戎公孝思之大也。允宜紀事揚休，勒石祠側，以昭示來兹，俾後此之文武家，科第蟬聯，視前徽而濟美焉。凡督造運輸有事于祠中者，皆與有力，例得竝書。

鎮守宣府、掛鎮朔將軍印、改任浙江定海等處地方總兵官、左都督世孫理捐俸重修。

誥封一品太夫人蘇氏視臨巡造；協守浙江杭州等處地方左都督管副將事世孫瓊，兵部候補左都督世孫珠、璜，督造。

己酉科舉人、任建陽縣儒學教諭、世孫陳略撰記。

選貢生、前兵部職方清吏司主事、世孫雋冑書丹，庠生世孫瓔篆額。

左都督世孫璣、璋、禧、賨，貢生世孫國憲、國英、國賢，國學生世孫綿陞、綿欽，文魁、□□，庠生世孫儆焞、受芝、忠、國林、綿琛、綿陛，大玉、綿逵、偉業、端、三祝，催造守備世孫新玫、把總得勝、世毓。

康熙三十四年乙亥季冬吉旦。

首事：暢申、霖結、炟起、萇鎔、欽項、赤通、明通、朝益、極、復中，族衆佛親、映拱、四房人等，同立石。

**按**：此碑現存赤嶺鄉石椅村藍氏宗祠。

## 八五三　修學宫置義田碑記

自古學校之設，所以養士，率士於仁義禮樂；閱數載賓興，則舉其德行、道藝之美，而以次升之。蓋國家取士之法，即於是乎在，而又制爲釋菜、釋奠之禮，以不忘所自。考其時奠先師、先聖於學而無廟，然則學之有廟非古與？夫奠先師、先聖於學而無廟，古之爲學也；立學而廟祀孔子，亦即今之爲學也。學之與廟，其果非有二與？

浦之建學立廟，始於明洪武初年。自兵燹頻仍，廟壞不治，荒翳榛莽之區，問所爲堂者無有矣，安在其爲亭與

坊以及其餘邪？且浦之爲邑，去省而南千里，爲途甚遥。遇三年省試，士之赴棘闈者必重趼而至，其間道里跋涉、行李匱乏之苦，殊難名狀。

方伯黄静庵先生嘗宦游四方，時或請假歸里，靡不留心於此。見學校不修，士之出於其中者力不能應舉，惄焉深念。因捐資修文廟、建明倫堂，而凡學中所有，如文昌宫、敬一亭及洗心亭、傅公河、梁山鍾秀坊，罔不一一修舉，稱完善矣。而又斥其餘財，置税若干石，立爲義田，以給士之應試者，而爲助之資，垂永久焉。蓋學宫之修，先生首倡之、紳士共成之者也；義田之置，先生獨任之者也。

且夫士大夫平居，或留意於聲色玩好，不者又鄙嗇不足與語；遇邑中興利舉廢之事，漠然似秦、越人之視肥瘠，其人亦何可勝道！先生獨有見於建立學校之大、國家取士之規與夫士子跋涉功名之艱，而慨然爲此，夫豈苟焉而已也？余是以歎先生之賢，足以振頽風而勵末俗也。因喜而爲之文，以刻石焉。

**按：**此碑未見，碑文見於康熙漳浦縣志卷十八。作者陳汝咸，浙江鄞縣人，康熙三十五年任漳浦知縣，四十七年調南靖知縣，浦民爲建生祠「月湖書院」。

## 八五四　明誠書院記

明誠書院者，石齋黄先生講學處也。昔子思子以『自明誠』爲教，屬學知利行以下一流人。蓋性本天命，無妄流行，誠則真實無妄，復於性之本體。然非有明善之功，斷無由盡性以達天，是乃聖門之學也。明時正、嘉而後，士大夫講學每好語自然，若曰『汝耳自聰、汝目自明，無事窮理致知以求反躬實踐』，是趨簡曠、樂閒便，不免流爲異學，亦大異於『明誠』之旨矣。先生天資高，平時深辨宋儒氣質之性之非，直提性善，有似孟子七篇。乃其講學之堂，獨以『明誠』名，何與？蓋性之善，雖非氣質所得而雜，而學問思辨以窮理致知，是聖學之不可闕者。不如是，則所謂真實無妄，皆入于窈冥昏默，不但學知利行以下者無措以入道，將并生知安行者而誣之矣。先生故以是

名堂，其爲世道慮不甚深且遠乎？

堂在邑東郊二里，崇禎十七年構，前後各三楹。今於前奉瞿曇，有僧居焉；後祀先生神主，蓋非復當時舊制矣。竊念浦中理學，自周、陳而後，得先生而其風爲之大暢，今海内無不仰先生爲泰山喬岳。獨此堂居先生桑梓地，昔年與郡邑有司、鄉大夫士會業歌詩，拜獻迄今，如可復焉。未幾而講堂空寂，行客過之，不知者等諸野寺荒臺；即知者亦僅從竺乾氏一尋先生祠宇，具瞻拜謁，感嘆唏嘘。其不至湮没而不彰者幾何哉！余因盡撤佛像，另募附近之民居之，俾得晨夕灑掃。行將置義田，延師其中，以訓士之遠近就學者。庶幾共仰先生遺風，以期不負此堂之命名，則先生之意，雖千載不没可也。

按：此碑未見，碑文見於康熙漳浦縣志卷十八。作者陳汝咸。

## 八五五　月湖書院碑記

國家定鼎六十餘年，浦令更者以十數，未有立生祠者，有之自四明陳公始。或問公何以得此于民也，余曰：公之美，梁鹿德頌言之詳矣。雖然，姑試言其概：

公爲介眉先生令子，先生學行爲當代所宗。公本家學，由翰林出宰吾浦。浦故繁劇難治。公正己率物，廉以居身，儉以養德。至之日，一以興利除弊爲己任，浦人抵掌相慶曰：『五十餘年無此矣。』舊賦役偏累小民，奸猾相緣爲利。公究徵收法，均保甲，以二百家爲保，家第其口之多寡而籍之以供役；五年一編丁，即按而增損之。令民各爲提供，計其實産，自封投櫃，雖至親無所波及。其始也，皆以不便病公，公毅然行之不少阻；至於今，公私利賴，課不懸於籍，吏不呼於門，是則公之良法美意，大有造于吾浦者也。

浦自高東溪倡學於前，陳剩夫、黄石齋繼起於後，彬雅爲閩中首屈。公益加鼓勵，以文行交修勖多士。月之初三、十八，講五經、性理、綱目諸書；初一、十五，課時文二，古文、詩賦各一。崇聖學，辟邪教，籍其教堂，改

爲肄業及育嬰所。有邪教盛行、漸流至浦者，公一以縣令争之，竟不得入。十餘年間，經明行修之士比肩林立，作興之功又曷可忘哉？

上歲二月，總制浙閩梁公、大中丞張公以南靖地雜山澗谿谷，萑苻不時竊發，廉公才守，上於朝，調公南靖。浦人相率赴憲請留，既不可，則歸取田器塞縣署門，桔槔、耰鋤山積。公出，則必呼於道曰：『公毋去，公毋去！』公感百姓之厚也，揭示通衢曰：『吾在浦十三年，無善政以及民，今又煩苦我父老子弟，心甚弗忍。雖然，此上命也，吾不行，將獲譴。且代吾者，猶吾也；吾雖在靖，心猶在浦也。』衆益集環，晝夜守之。會有金藩伯公子令粤東者以事過浦，往拜公，至門，問故，衆跪伏曰：『吾儕以留賢父母不得，故如此。』公子遲之，欲撤田器，不可，則從角門入。次日，公子出北關，數百人焚香遮送於道曰：『公子行，幸爲百姓遍告當事，還我使君。』公子應聲去。至六月十二日，聞公之果行也，窮鄉僻壤扶老幼至者及萬人。公方出，衆塞街巷，環跪泣曰：『公毋去，活我百姓！』擁肩輿，不得行，還舁入署。公下輿，步入李太學家，紿衆曰：『吾爲諸君居此。若等赴憲請，得命留矣。』衆大喜。比昏，稍解，以數十人臥守李門；度公之出必由東門也，則更以百人守東門。夜過半，公假城守二騎，扮巡邏者，間道由北門去。臥守李門者醒，疾走東門問守者，守者曰無之；馳至北門，公已出久矣。更相率追送十里許，與公泣别而歸。時六月十三日也。

嗚呼！士君子束髮受書，以古廉能自期，一行作吏，或迫于上司之供億，或苦於酬應之煩多，夙昔清操，歸於何有？雖有小善，能足贖耶？公涖浦以來，凡百艱辛皆備嘗之，勁節凌霜，久而不變。十三年素絲不染，白璧無瑕，其政事又彰彰如是，可謂真讀書人，不負家學者矣。公爲政嚴明，奸胥豪猾動繩以法，無所假借；持之急，至有造語以謗公，今果安在哉！余是以嘆公道之在人心也，而廉吏之未嘗不可爲也。公既去之後，浦人思日見不可得，斂金構祠，名曰『月湖書院』。月湖者，所以表公清且明，又公鄉有月湖故也。

衆共徵余言以爲記，余弇鄙不文，謹據實書之如此。

公諱汝咸，字莘學，號心齋，浙之鄞縣人，辛未進士。

按：此碑未見，碑文見於光緒補刊漳浦縣志卷二十二。作者蔡世遠。

## 八五六　海月岩題刻（四）

重修海月僧子聰，葬在岩前，庚甲向。右祖墳，左父墳。

康熙己丑，聰勒記。

按：此題刻見於沙西鎮土樓村海月岩寺墻壁。

## 八五七　古雷鹽課示禁碑

藩憲示禁：漳浦縣正堂汪，爲額外洒累已蒙銷案、分疆定賦尤望示曉事：

據古雷場鹽甲林育長呈稱：『杜潯鹽甲林天俊涎長墾復埕一百三十五格，詭呈通詳，題作新增，又抑匀舊額。長瀝訴藩憲，批飭銷案，伏乞恩示勒石定界。』等情。據此，案照先爲飭查墾復鹽田、鹽坵事，蒙布政使司憲牌：『爲查鹽埕坵課，分場定額輸納，從無私匀攤賠之例。古雷新墾之埕，已奉部文陞科，何得又爲更張？再查杜潯埕荒，杜晒不即墾復，反將古雷報墾，扯入匀納，殊属不合。仰即飭着杜潯晒丁開墾、輸將。』等因到縣。隨將古雷新墾之埕，遵照部文，只征陞科，免匀舊額，仍示飭杜、古兩處，各照疆界，各墾各業，各完各粮，毋使紛更，詳覆在案。今據前情，合就示曉：『爲此勒示杜、古兩場各晒丁知悉：即便遵照憲行永禁，毋許越混，務各極力開墾，各墾各業，歸場輸納，各完各課，毋許桃僵李代。敢有故違，混扯攤課，許被害之人呈報以凴，提究不貸。特示。』

康熙伍拾年拾月　日，給發勒石。

三十五年，林、黄、陳、周、潘、王公買王遠異本場鹽埕地，因原契難以仝收，今交林安官收存，再勒。

按：此碑現存古雷鎮岱仔村廟前社古雷廟，碑名爲編者加擬。

## 八五八　重新垢洗書院記

離吾家五里許，垢洗寺在焉。先君嘗爲先大母經營壽藏，往来其間，樂其山明水秀，徘徊不忍去。舊址荒圮，僅存石洞，未克葬者舉委于是。先君捐貲與地，勸之葬埋，因購得之。剔穢搜奇，怪石錯出，思鹿洞之義，于洞前隙地構濂洛関閩六夫子書院，以講學會文焉。仍其舊址，建爲佛寺，延僧司香火，以吴山之田施之。繼爲先慈卜佳城，去兹地不數百武，培植松楸，青葱彌望。迨先君棄捐，住持非人，強魔輕覷，俱于清净地作獅子蟲。甚者，樵牧所至，及乎墳蔭。小子愓然傷之。

讀禮中，以地近先墳，棲息其處，比于墓廬之義。稍加葺治，前闢廣庭，繚以周垣；移書院于山麓，以就寬平，以先君地主之誼配祀，成先志也。庭有巨石，若伏象而舒其鼻者；倚鼻築磴道，構三楹，爲讀書之室。上下迴環爲磴者以百數，而石之蹲者、偃者、人立者、獅踞者，俱列于門之左右。稍上有先君刻石，倚石爲亭；鑿小池于下，以種荷花。梅竹蘭蕙雜蒔其間，屏幛列擁于後，峰巒拱揖其前。憑檻遠覽，水光山色，清浮几席。游人至者，許爲吾鄉佳勝。

但以嬴山詘水，若有微憾。夫余之新厥是，非娛情于山水也，亦以傳先德之不忘而已。然登余之堂者，浯江一水，環如衣帶，俯視不啻階戺之下；浯橋宛若長虹，亘乎其左；有時登亭而望，滄溟浩蕩，煙氣空濛，與天相際，風檣出没隱見：斯亦極山水之大觀矣，又何以涓滴爲哉！後之人引而勿替，則境以老而澹，樹以老而奇，讀書談道其中，坐聽松濤，閒步庭月，處爲求志之學，出爲經世之人，安見山靈之無助耶？詩曰：『無念爾祖，聿修厥德。』後人念之與！

乙未仲秋，矩園林光鼎書石。（印）（印）

按：此記刻於舊鎮鎮山仔村垢洗岩巨石。

## 八五九　重建梅月楊氏祖廟序

入廟思敬，禮志之矣；春秋修其祖廟，古重之矣。是故人本乎祖，泝所自始也；祖必立廟，神有所棲，後人得以致其實在之誠也。

我家自亮節公南遷，隠竇珠石山，逮世隆公始卜居佛潭橋，浸浸熾盛。嗣是萃錦公、蓉江公、紹江公相繼成進士，官業赫如。迄乎道生公，凡二十八人，高牙大纛，先後輝映。其餘明經、衿監，濟濟輩出，我家遂號稱望族。佛潭舊址狹小。渡橋而南，梅月城内，適有地基廓如也。義橙公、義胤公、維挺公鳩衆捐金購地，建立大宗，規模尚未盡善。會海壇総戎元輔侄謀重建，族人踴躍，而中寢。予高祖國朝公分居泉郡，予祖義因公回籍，〔父〕又移居泉郡。歲甲午科，予荷祖德，叨登鄉賢書第一，馳歸故里，仰瞻榱桷，廟貌肅然。

乙未五月陰雨，陡見傾圮，族人咸曰：『異哉！列祖促後人重建耶？』僉議九月朔立柱砌基，越丙申正月二日奉主進廟。顧營初就，而缺略尚多。自興工迄竣事，計侈費不下千餘金，工力浩大。雖我子孫繁衍幾盈四千餘人，按丁捐助，無難衆志成城；然而遠近不齊，慮恐延閣歲月，非所嚮義而急公也。

於是便議勒石。倡義者首前，募義幇助者次之，努力共助又次之。助金之多寡，列序次之先後。人人勉爲孝子，家家願爲順孫。業已勒之貞珉，行將垂之奕禩。數百年後，睹斯石而嘖嘖曰：『某也倡義，某也募義，某也努力，家家願爲孝子賢孫。』則數十金之捐，直與祖廟長留千秋，詎不偉哉？由此觀之，勒石題名，重建不能無助。族中長者咸曰善，命選序其首末，置之廟左，示於後之善継善述者。吁，是可勉也矣夫！

康熙丙申正月中浣，十四代孫、甲午科解元、吏部候選縣正堂廷選盥手拜撰。

按：此碑未見，碑文見於佛曇楊氏歷史淵源考。

## 八六〇 海月岩緣田碑記

康熙伍拾捌年，沙岡信士鄉賓彬仰林公喜捨緣田條段：

一，坐址港裡保坡兜，田大小三坵，受種四斗。

一，坐址沙岡大埭内北港，田大小三坵，受種六斗。

按：此碑現存沙西鎮土樓村海月岩寺，碑名爲編者加擬。

## 八六一 欽奉旨諭頒行碑

福建□司陳本年八年初一日奉巡撫都察院黃憲牌，雍正元年七年貳拾捌日准禮部□司□清吏司□呈禮科抄出本部等衙留□□□符粘單一紙，内閣雍正元年三月十五日奉聖諭，諭内閣禮部：『至聖先師孔子，道冠古今，德參天地，樹百□之模範，立萬世之宗師，其爲功于天下至矣。而水源木本，□厚流先，有開必光，克昌厥後，則聖人之祖宜膺崇□之褒封，所以□□前徽，不忘所自也。粵稽舊制，□之父叔梁公以上，則向來未加封號，亦未奉祀祠□□仰皇考崇儒重道之盛心，修崇德報功之典禮，意欲追封五代，并享□□用仲景之□□慰□之慕，内閣禮部可會同確奏，欽此。』

該臣等謹識：『至聖先師孔子，秉安生之至德，集金玉之大成，道俗一身，□□萬葉。歷代雖有尊崇之禮，而自啟聖公以上，封號永加，祀典永備，我皇上作君作師、傳心傳道，□思不置，弘施錫□之思慕德□□推廣報功之典。以孔子爲百世之師，晉先世以尊崇之號。特頒諭旨，追封五代，并享烝嘗，此誠曠古未有之異數也。臣等謹稽典禮，詳考世系：孔子之五世祖木金父，自守□魯始姓孔氏；高祖祈父公、曾祖防叔公、祖伯夏公、父叔梁公，凡五代，除叔梁公應照禮封□外，木金父公至伯夏公四代皆應追封公爵。臣等議擬木金父公追封爲肇聖公、祈父公追封爲裕

聖公、防叔公追封爲詒聖公，伯夏公追封爲昌聖公，即于啓聖公祠内安設神牌，按昭穆位次。每年春秋致□□酒禮，籩豆簠簋，□位神前，各照啓聖公例陳設。其啓聖祠内係專祀叔梁公，故以啓聖爲名；今聖朝□教合祀五代，更名爲崇聖祠。俟命下之日，將追封□□通行國子監、順天府、直省、府州縣鄉學，及衍聖公一體尊行。至欽奉上諭一道，應頒發國子監及闕里，勒石廟庭，以光盛典。其追封誥命，交與内閣撰擬，國子監之啓聖祠改□匾額，添設神牌、祭位等項交與工部，俟造完之日，交欽天監擇吉入廟。其餘各□□合該地方官各行可也。」等因。

于雍正元年三月二十七日題，四月十八日大學士等啟奏□本，奉上諭：「五倫爲百行之本。天地君親，人所宜重。而天地君親之義，又賴師教以彰明。自古師道，無過于孔子爲首出之至聖也。我皇考崇儒重道，超軼千古，凡尊崇孔子典禮無不備至。至朕蒙皇考教育，自幼讀書，心切景仰，意□加尊崇□□可增之□，故敕部追封孔子以上五代。今部議封公上考，前代帝王□有推崇之典。唐明皇封孔子爲文宣王，宋仁宗加封至聖文宣□□□□□□封孔子爲大成至聖文宣王，加封齊國公爲啓聖王。至明嘉靖時，猶以王係臣爵，改稱爲至聖先師孔子，改啓聖王爲啓聖公。王、公雖俱屬尊稱，朕意以爲王爵較尊，孔子五世應否封之？」

□□□大臣□奏：「□□議得，明倫闡教，治世之大經；崇德報功，有文之盛典。歷稽史冊紀載之文，皆有推崇孔子之禮。至聖祖仁皇帝，重道崇儒，典章明備。我皇上同心仁孝，好古敏求，□道法之淵源，以光大爲□□□倫常爲百行之本□□聖立萬世之□□特諭追封五代，典禮已極優隆。猶以公爵之尊未若王爵，復降諭旨，廣賜咨詢。臣等欽承之下，深服聖□。比□眾議，僉□自叔梁公以上，至木金父公凡五代，并追封爲王爵。謹□追封木金父公爲崇聖王，祈父公爲裕聖王，防叔公爲詒聖王，伯夏公爲昌聖王，叔梁公爲啓聖王。入廟之日，國子監及闕里各員讀文告，祭文翰林撰擬，祭品按例備辦。餘俱照原議，仍將追封王爵上諭一并發勒石可也。」等因。咨院行司轉府如是，欽遵勒石頒行，須至碑者。

雍正二年叁月　日立。

按：此碑原在漳浦文廟，現存漳浦一中春暉亭。

## 八六二　鹿坑岩院湯道士記

浦南三十里許有山，鬱紆環曲，岩崖深秀，名曰鹿坑。坑之中有樓、有石屋，從石梯層上有岩，環岩上下有雜樹果木，道人心鏡所構也。心鏡，吾邑雲霄人，姓湯氏。賦質淳樸，敦于友誼。未入山時，與友陳森同居相善也。森早夭，子女煢煢無依，心鏡爲區置衣食而教誨之，撫之如己子。厥後，森長女富娘撫弱弟，矢志不嫁，潔清自守，邑侯陳公以『貞孝』旌其門。陳氏固有賢女哉，抑或心鏡有以成之也？心鏡將資用器具盡付陳氏子，獨身歸山，與徒法山日以修行爲務，創置山田，種三石有奇，自耕而食，自採而飲，非其道分毫不取。邑之君子多與游處，以爲心鏡雖游心方外，弗與四民齒，然其篤友朋之誼，甘淡薄之情，確然定守，蓋亦有足多者；豈與世之素行多累、衷曲難問、釣名弋利者比哉！

今年春，余偶至杜潯，欲一再遊其地，或曰：『心鏡死矣。』余曰：『噫！心鏡果死也耶？』既而其徒法山介黃君乞余記之。余曰：『心鏡之心，得以垂不朽也！嗣心鏡業者，居其居，心其心，行其行，勿狡而飾，勿荒而嬉，心鏡死且不朽矣！豈特山靈永護、勝跡長存而不毀墜也哉？』是爲記。

進士出身、文林郎、知縣蔡可遠撰。

雍正四年〈下缺〉。

按：此碑現存杜潯鎮過洋村鹿坑岩寺，碑文另見於光緒補刊漳浦縣志卷二十二。

## 八六三　埔尾媽祖廟租佃石刻

仝立認佃耳孫正福、廷潯，今來佃得始祖永豐埭一圍，前去出銀修補埭岸、新築內岸、開剥水渠，其錢糧、什

費一應係佃自理。原議每斗種每冬納定租粟一斗穀，訂十八管爲準，挑到祖祠内，經風潔凈，不敢少欠升合，斷不許典賣、兑佃異姓人。倘有恃强不應暨逮岸崩壞無力填築者，衆等將此份之田招佃耕作，不敢阻執。至日後荒埔再墾成田，租穀照熟耕種數征納；或有一處減收，并未及上一斗種，俱不敢少租。兹恐人心不古，爰是立石，以志不忘云耳。

雍正十二年十一月　日，仝立認佃人耳孫勒石。

**按**：此石刻現存舊鎮鎮埔尾村媽祖廟，題名爲編者加擬。

## 八六四　端肅公配享碑記

我家自三世祖從蓬山分派，住居丹嶼，相傳至今。本支五房，因昔年海氛遷移，族人星散棊處，未有祠堂以爲愛慤著存之所。厥後四海升平，居處稠密，而猶未遂置者，蓋難其地而重其事耳。昨禄族伯叔、昆弟輩共商卜吉斯地，齊求謀議就此構造，協答以先人營買之處，欲起蓋爲考妣神位。時鶚侄爲族中僉作家長，先與父兄輩謀有成議，遂傳其意云：『族人俱知叔父有是報本追遠之念，不若將此地與我族築小宗，請叔祖配享三世祖禴祠烝嘗，萬世不祧，則報本之中又報本，追遠之中又追遠，其孝念垂訓不愈流芳久長乎？』于是遂從父兄之命，乃與輔叔、扶弟、位弟、鑾侄共襄厥事，庶我族得以永蒙三世祖之聲靈，克咸顯承謨烈，以榮耀祖功宗德，則我後之子子孫孫，更得均沾福澤無疆矣。兹屆慶成，虔立碑記，以銘配享之所自云爾。

乾隆元年桂月穀旦，三房八世孫協敬立。

此地照時價值銀壹佰陸拾兩，只收銀肆拾兩，并記。

**按**：此碑現存沙西鎮嶼頭村陳氏宗祠。

## 八六五　蔡世遠墓諭祭碑

皇帝諭祭原任經筵講官、禮部左侍郎、贈禮部尚書、謚文勤蔡世遠之靈曰：念名臣之篤棐，褒卹方深；沛厚澤以酬庸，明禋宜展。爰頒奠醊，式薦馨香。爾蔡世遠，漳浦名儒，詞林雅望。早年講學，方孝廉而品已著於鰲峰；十載閑居，自林泉而譽早騰於鳳闕。入談經於講幄，洊典禮於容臺。嚴一介之操，每安淡泊；矢二希之志，不愧儒先。體道爲文，克闡聖賢之藴；抒誠宣力，彌昭夙夜之勤。憶從嬰疾以來，軫懷彌切；洎乎溘逝之際，贈賻維敦。尚情景之依然，倏歲時其已久。追維舊學，用答前勞。既錫爵以易名，特賜塋而諭祭。於戲！典型不作，睠風度於當年；綸綍方新，享苾芬於此日。欽兹寵渥，尚克歆承！

乾隆二年二月　日，皇帝之寶。

**按**：此碑現存佛曇鎮洞野村蔡世遠墓，碑名爲編者加擬。

## 八六六　悟道岩記

悟道岩者，宋咸淳進士蔡諱逢甲感國祚終，隱避所也。後置田招僧居守，府、縣志之。歷元、明至今，代有廢興，然皆治舊時、未開創□，皆構舊址、未易新基。雍正元年，有僧號黎峰，我師祖父住焉。苦心竭力，強積資緣，熟地、荒埔界内多墾田，樓前、殿門前皆更以爲斯世福壇，功莫大焉。化身以石□而辟荒，開□其後也。但功大者身化而名不泯，因峰道行與岩至、田條勒記于茲，以垂永久云。

計開岩至：東至大忌石，西至水分流，南至雞瓜侖，北至大□壠；田條：岩後□茶園并佛仔殿等條，岩前至寨仔内等條，□石湖并雞瓜侖等條。

清乾隆四年仲冬吉旦。官任趙孟昭董事，金□蔡國柱撰文，東坑紀合等延刻，上□蔡致雯書丹，仝立。

按：此記刻於赤嶺鄉玳瑁山悟道岩寺前巨石。

## 八六七　清泉岩傳燈遺産記

夫清泉之爲佛門香火地也，由來舊矣。前乎惟誠師翁者，代有傳人，詳在别録。自師翁振興遺教，爲黄檗傳燈以來，歷今又三世矣。夫三世之中，滄桑海田，昔是今非者不知凡幾。獨念師翁畢生道行，闡揚正宗，浦人士共見共聞之，外其慎審付託，尤越尋常萬萬者。非親承其澤，無由知師翁付禪之至意；非躬任其責，亦奚知先師受託之苦心？剏業守成，後先輝映。履斯地者忍忘締造之艱，承其後者罔念貽謀之遠，是尚可以爲人子孫乎？師翁置田三石二斗五升種，爲本岩香火資。當示寂之頃，召大衆曰：『清泉乃山僧經營拮据，爲黄檗継脉地也。今將岩事并田園果木、一切物具，付与徒孫永惠住持掌管。凡我子孫，須體山僧遺意，毋得混争。此後聽永惠擇賢子孫，世世相傳可也。』先師受託以來，日夜兢兢，罔敢失墜，亦于示寂時將師翁遺産付謙承掌，擇人傳授。

嗟嗟！師翁之囑先師也，知明處當，可謂克紹遺徽矣；先師之付謙也，恩重義長，保無自底不類、有負薪傳乎？爰自受託㠯來，耕煙墾雨，惴惴焉惟不克任是惧。雖敝壚拆鐺，塵蕪香積，不敢輕擲升斗，以貽先人羞。非謙之善守使然，亦諸佛、列師冥冥中有以默相之也。今而後，眠雲嘯月爲吾事，打鼓敲鐘付别人。謹延青岩、印湖、滋園諸老先生到岩照閲，將原田種叁石貳斗伍升暨岩中一切器物，盡付継席來舟主掌、擇人付託。継継承承，振宗風而綿法派，無負山僧之托，則無負師翁、先師兩世相傳之苦心矣。

室内底塔前洋田種壹石叁斗，許厝坡壠仔口田種壹斗伍升，坑仔口田種壹斗，松柏脚田種玖斗，烏坑壠田種肆斗，崩山下田種肆斗。

乾隆九年正月穀旦，蔡溎書，僧衍謙立石。（印）（印）

按：此碑現存大南坂鎮下樓村清泉岩寺。

## 八六八　吴氏宗祠配享碑記

祠宇之設，上以奉列祖之靈，下以盡孫子之心。自衣冠、功德而外，孰得進而右、享于旁哉！我族五房仕光，英年有志，自後江而遠寓諸羅，歷數十年，而丘首之仁未嘗一日置諸其懷也。爰于乾隆庚午年，置小嶼苗田以廣祀事，設几案神龕用光俎豆。雖其家道殷饒，可以不吝所有，亦由立心遠大，故能創此特舉也。禮曰：『親親故尊主，尊主故敬宗。』其仕光之謂與？是宜顯考妣而入廟，合春秋以配享，俾後之孝思不匱者，睹茲碑而勿替引之。是爲記。

乾隆庚午年菊月穀旦，闔族立。

按：此碑現存赤湖鎮後江村吴氏宗祠，碑名爲編者加擬。

## 八六九　邑侯徐老爺禁示碑記

漳浦縣正堂加四級、軍功記録二次、記大功四次徐，爲恩給條示勒石以垂不刊令甲事：

據春元葉鴻業呈：『業等蒙有遺愛之禁，繼□□改造之懼。浦邑自昔陳君設立十家一甲，雅化昭垂縣志不忘。嗣後歷任久廢不舉，□自仁愛榮任，德政覃敷。上年胞兄生員葉九苞，會同南坑、后蔡、東峰、魁斗、下丹五社零姓僉呈清□，蒙給門牌，十家一甲，復振雅化，匪息盜消，强畏□潛。附近鄰里仰慕歸化，又有西林壠、港西、丹塢、石牛尾、南坂、埔水頭、嶺頭、橋仔頭、石牛寨、水門、井上等社呈，蒙給示附禁。迄今兩載，相安樂業，訟獄不聞，知雅化之有自，誠鐘鏞之可銘。業親沐休光，現將□□□□衆等懇業再請恩，給禁匪、禁賭、禁豪强之□、禁□棍之擾害四項條示，以便立後社場，俾十五社甲衆春祈秋報之時，得以歌誦聲肅，確守不替。庶令甲不□□□□□□□□□而金石永垂，且同甘霖而賡續□。伏望□□□□恩給禁條示文以便立石，謳思沾恩。』等情到縣。

據此，合就出示立石□□：『爲此示仰下洋萬安保人等知悉：嗣後該保内務照春元葉鴻業等稟請申給條示，嚴禁

賭博、竊匪以及強族欺凌小姓、□親不□地方，許即指名解究，以憑痛懲。爲此示仰各社甲長、該鄉保、族房長知悉：嗣後務使秉公清查保内□小□□賭風消□□民安物阜，俗美風清，共樂升平。該保内如有遊手好閒□不畏死之徒，開場誘賭、窩匪肆竊以及□□□□□□□□不遵示禁者，許該保甲指名具禀赴縣，以憑嚴拿究處。該鄉保等如敢縱容保庇，察出一併究處。各宜凛遵！特示。』

甲長：吴科、陳杰、陳蒲、王進、王麟、黄弘、黄桑、林鳳、林連、謝躍、莊乾、陳岩、陳未、陳旭、陳勇、林□、□□、陳□□、洪天；甲民：〈下缺〉。

乾隆十八年十月　日立。

凡我同會之人，約于一、四、七日期，齊赴圩中貿易，有事公〈下缺〉。

**按**：此碑現存赤土鄉牛寨村廢寺廟遺址。

## 八七〇　重興梁山大廟碑記

梁山爲吾浦東南保障，峰巒美麗，蔚然深秀。山之南，漳水出焉，由雲霄流入于海。其濱海西處者村莊甚多，而安溪、油車、園下、崎北、岐後五社，正在南麓之際。昔有大廟二座，祀唐開漳聖王，傾頽日久，基址猶存。丁卯秋，棘闈事畢，余父藻先公命春曰：『大廟爲桑梓之區，爾其偕五社之人謀所以重興之。』春承庭訓，唯命是從。爰爲鳩工庀材，逾年告竣。數年來，神靈默佑，時和年豐。

未幾，東墻爲風雨浮摇。余思世遠年湮之後，今日得見古廟，差慰父志，兹又前功盡棄，其何以自立？余就五社題捐，隨其所便，集腋成裘，未滿百金；又衆口一詞，僉以古制二座，左右廊廡，亟請恢復。余唯唯聽命，自出囊金二百兩而附益焉。墻壁石砌，石柱仍舊，屹然巨觀。猶憶雍正十年，浦邑文廟大修，余偕庠友諸君躬董其役，督匠召工，任勞勸捐。今年八十餘矣，猶建大廟，日凡三至，不恤艱勩，後先相望十有年，鬚髮盡白。荷蒙制臺列

憲給匾褒奬，與有榮寵，正不知老之將至云爾。是爲之記。

時乾隆十八年菊月穀旦立。

漳浦儒學增廣生林盛春，仝首事吴宰、林潮、謝顯、周轉等，開山住僧慧忍，勒石。

**按**：此碑現存沙西鎮北旗村迎江寺。

## 八七一 重修漳浦懷德書院碑記

漳浦北關内有懷德書院者，自順治之十有三年，祀故昭武將軍提督楊公也。當是時，鄭逆狓猖，海氛方熾。公來鎮兹土，修城郭，禦寇敵，綏衆靖民，厥功甚鉅。士民感公之德，遂構祠而肖公像以祀之，始名楊公祠。後公提師入漳，行部過浦，士民喜公之再臨也，又重新之、更今名，百年於兹矣。歷時既久，漸就傾頹。今年春，邑侯徐君尚忠謀葺治之，民樂趨事，不逾時而廟貌焕然。適余請急歸省，而丐余誌之。余惟公之勳績在國史，德澤洽民心，固無俟于余文，而余文亦豈足以重公者？雖然，吾浦人甘棠之遺愛也，其何敢辭？

公諱捷，字元凱，先世隸籍維揚，遠祖於勝國時仕遼，因家焉，遂世爲義州人。其祖、父、伯、叔皆以門閥技勇起家，一時家聲藉甚。公年十六即能挽强命中，結納英豪，不事家人産。維時内外交訌，制院洪文襄公循地望擢爲偏裨。我世祖皇帝入關，剪逆定鼎，以材勇異等，除授山西撫標中軍游擊；繼任宣大副將，援剿兩廣；遂擢九江總戎，恢復江西郡縣；會師廣東，恢復潮城；隨征福建、江南，提督山東。凡歷數省，皆有剿禦寇賊、底定邊疆之功。是公之勞績半天下，非特一邑一鄉之爲烈也。

而我浦人顧獨有私於公者，則何以故？蓋公兩次入漳：在前甲午之冬，以左都督充福建右路總兵官，仗鉞以前，戰無不克，遂底漳浦。海逆雖皆奔竄，而郡邑各城率多拆毁，無險可恃，狂狡不難乘機豕突。公至，即相舊址，計工程課，徵楨幹，具板築；匝月之間，垣墉雉堞言仡仡，爲他邑先。浦人賴之，若防之制水，恃以無恐，是公之

大有造於浦也。

粤康熙戊午，海逆復煽，據厦爲巢，繼掠漳泉屬邑，所至不守。斯時也，浦民望公若望歲焉，日夜以祈。公復奉命督師入閩，時制院姚公在漳，羽書接踵請援。公相緩急機宜，以爲非先安泉而即援漳，將有腹背受敵之虞；故既復惠安、解泉圍，而後疾驅至漳，與姚公商破敵策。是冬，即會兵克復江東橋、萬松關。己未春，賊踞險立巢以防，我公絶其掠食要道。賊窮，益猖獗，公帥師逆擊之，遂潰。又遣將焚毁其舟，生擒僞將，賊勢益蹙。庚申二月，賊分據扼要，立十九寨以拒我師，復聯絡重地，以壯聲援。公用計出奇，破其所恃，合首尾牽制，難以四應，乃會師攻復海澄，賊遂大窘。隨乘勝飛咨督撫、鎮將，訂期三路進攻厦門，擊破賊艦，敵淹死無算。數十年逋寇逆窟，一朝頓清，是公之大有造於漳，即更有造於浦者也。此浦人之所以没世不忘。

閩逆既平，天子以公年老有疾，仍調還提督江南，以便調攝。公在江南前後十五年，尤多異績，不具詳。公少際亂離，書知姓名，未能竟讀，而用兵暗合孫吴。生平馭兵威而有惠，于民瘼尤加體恤，所以士樂用命，而所至謳思。

自公去後，國家承平無事，文教誕敷，公子孫繼繼承承，歇歷中外，而皆以文事世其家。今年夏，公曾孫景素適來觀察是邦，因巡屬邑至浦，瞻拜祠下，徘徊久之，喜浦人之不忘舊勛，而能念公之德於不衰也。浦民亦焚香載道，樂公之有後，將世修其德，而重有造於吾浦也。是又觀察君與我民維繫無窮之心也夫！因并記之。

**按**：此碑未見，碑文見於光緒補刊《漳浦縣志》卷二十二。作者蔡新。

## 八七二　重興新修威奕廟記

神有功德于世者，郡縣列祀而里社謳思，則仍廟之以崇報。凢数百年間，歷興歷葺，引續弗諠，昭神惠也。湖城有威奕廟，祀惠普聖王。故老相傳，海運糧艘遭風濤險患，神爲保靖安瀾，徵靈示異，種種在人。雖世代迭更，神棲依舊，民藉以無災。是廟也，初建于元大德癸卯，修于明成化辛丑年。國朝康熙甲寅，湖之人群議倡興，累世

崇祀，蘋藻馨香。王靈在郡，匪獨廟食于湖，然湖民虔祀，則王視民若保赤子，民敬王莫不尊親。而我陳氏族居，咸屬王苗裔。歲乙亥春，陳夢熊、陳仲珪、陳維山、陳瑞麟等董事募貲聿新，前後二座，棟宇巍峨，雕繪藻彩，增華㚃日矣。由是王溥降祥之光，民沐神庥之慶，今而後美無疆。茲因族人熊、珪、山、麟等來請予記，予思王之宏功偉烈敷布，漳南曾食德焉，爰追溯源本而述之；且以壯經事者之謀遠慮深，克垂永久，喜而樂爲之書。

賜進士第出身、兵部職方清吏司主政、里人陳天寵頓首拜撰。

東隅鄉飲大賓陳夢熊董事募緣，并輸銀肆拾肆大員。西隅陳仲珪董事募緣，并輸銀叁拾陸大員。南隅授皇恩寵賜陳維山董事募緣，并輸銀貳拾貳大員。北隅陳瑞麟董事募緣，并輸銀捌大員。

大清乾隆貳拾壹年陽月穀旦立。

按：此碑現存赤湖鎮後江村威奕廟。

## 八七三　清泉岩山界碑記

清泉岩山界：上至崗仔岩山，下至田，東至四嶺山，西至岩坑。其山中、山下，施主有佃栽茶、杉者，公議一九分；佃栽柏木及菽樹者，公議三七分。永以爲例。

己卯重陽立石。

按：此碑現存大南坂鎮下樓村清泉岩寺，刻於乾隆九年清泉岩傳燈遺産記側面，碑名爲編者加擬。

## 八七四　六鰲沙埔示禁碑

漳浦縣正堂加五級記録三次記功十一次何，爲示禁事：

乾隆二十四年五月初一日，據黄開恩以開墾事詞稱：『□等本□六鰲海濱，土名埭仔尾，上有荒埔一片，係王土

官地，前□□沙灘以栽種雜糧，以致荒蕪。適有積滯泥塗，可以力墾成園，以資糧食。此二月初三日，以恩准開墾事呈稟，批□地畝若干□□□□□仝保鄰具結□□□。遵批細量此□，東至沙嶺，西至海邊，南至蔡家園上石釘，北至三王公下石釘，四至明白爲界，内約有十餘畝零。但未稟准，不□批墾，理合聲明，取仝保鄰具結。叩乞仁政重農，恩批准墾，照例納糧。』等情到縣。

據此，批着保□聲明有無影藉情弊，實□丈報去後。續于本年十二月初四日收龍鰲保民鄭南、□鼠、李通、楊咸、宋率、徐榮、潘定、□佳、□芳、□勛、鄭抱、林廷舉連名具呈，爲架詞殘害、叩救湯火事呈稱：『切南等住居龍鰲保，四面統海，界□□□海□命，崇祀關帝□□□□□糧配關世緣名下，課□先賢。道憲俞巡海至鰲，目擊民艱，□□三□貫建置海泊沙堈，□民□□活命，勒石炳據。遞年□沙歷□，田疇宅舍一無傾壞。無□于乾隆十三年鳩緣，填□草木，以蔽風沙，居民始得安居。□□□□□□浦民地惡陳秉隆、盧創晃、陳光開、蔡成業等，于本年六月内呈請□埭仔尾沙埔一所，不□居民來墾□佃丁將坑載木一□□□到地開掘爲園，風沙復□，田宅勢復坵墟，神祀勢必磨絶。□□具呈□□急救湯火□□□。』等情。

據此，查沙埔既係緣業〈下缺〉合就示禁：『爲此示仰闔邑紳士軍民人等知悉：嗣後不許在于龍鰲保内土名埭仔尾沙埔一處開掘草木、私行開墾，致風沙土壓該處田宅，滋□□端；而在地居民亦不得影藉要行報墾，永遠禁止。如有故違，許該□保人呈狀稟縣，以憑究處。務各凛遵毋違！特示。』

乾隆二十五年三月　日，闔族士民勒石。

按：此碑現存六鰲古城北門外關帝廟，碑名爲編者加擬。

## 八七五　沙底廟水利契約碑記

〈一〉

立契人林肖璧、林有親、王連溪，于嘉靖四十五年用銀二百餘両，砌築石陂三首，坐址庄前、畱塘，灌漑僧民田種五百餘石，直至虞壠内外□止。鳩率衆佃，結立合同，逓年供納水租一百四十石小。向後連溪切見本陂年久，理無常新，托中將石陂三首水租一百四十石小，帶外□荒埔一所、下至香爐埭湾，又帶内港湾一條、上至高山石橋、下止連帶堤岸一百餘丈，另小厝二間、細園二坵、厠二口，賣出時價絲銀二百両正掌管外；近因本陂屡被山海二水衝損，工力浩煩，第恐重砌不就，歸怨一人，托中招得李昆仁等到宅講議，两愿照上手價銀二百両俻足承買。其契内登帶等處一賣終休，寸石寸土悉付不畱；許仁等乘時俻工本，將原陂址重新砌築，旱潦有俻，則粮餉有頼。其外埔一所，逓年取泥濾修堤岸障禦秋潮，不許別埭取用，亦不許大小船隻湾泊衝損堤岸。内港湾一條，遇天不測，便洩水災，不許諸人乘強壅□□塞爲田，禍延一方。立照。

萬曆玖年玖月十六日給。林肖璧。

李昆仁入銀一百二十両正，又入銀八十両正，附照。

〈二〉

仝立合同人庄前社、浚頭社、塘南社、龜山社、沙裡社、高林社、新城社、畱塘社社衆李光榕、連啓祥、李尚言、曾珠、戴長春、洪必俻、蘇愿、盧誠坦等所耕田地，俱資梁山溪水灌漑。昔年業經憑官勘定，就山下設立蔞杙官陂，陂邊浚沓廣二尺伍寸八分，陂嘴畱缺廣一丈四尺，深俱照陂中鼎盖石爲準。盖石以下之水，許蓄陂内，以資上用；盖石以上之水，任其流下，以資下用。榕等八社，灌漑俱各有資。但水路順流而下，任聽歸海，則亢旱莫俻；且當秋潮之會，鹹水時侵，尤宜障禦。幸有連老王相公情愿獨出工本，砌築石陂，蓄淡防潮。榕等僧民田種各受其澤，旱潦有俻，愿每斗種出粟四管，逐年共計粟一百四十石小，以爲酬劳之資。傳子及孫，不得有違。誠恐日久法廢，背約不納，合情鳩率結立合同一紙，送與陂主收執爲炤。

隆慶元年叁月　日，仝立合同人：李光榕、李尚言、洪必俻、連啓祥、盧誠坦、戴長春、蘇愿、曾珠。

〈二〉

仝立字人浚頭社連千石、鄭登高，庄前社李御賔、李百珩、李春讀、李啓鼎，塘南社李芳賛、李其結，高山社黄元益、黄子澤，沙裡社戴論光、蘇次、洪台，畱塘社盧豪光、盧義光、盧德泗、連可暢，新城社蘇厝、蘇芳琪、劉委郎等，爲演戲盟神、立字付照以杜後争事：

石等衆社所耕田地，悉資梁山溪水灌漑，溪中設立陡門、石陂以閘溪水，每斗田每冬撿粟四管，以酧陂主水旱防閑之勞。自順治十八年廢墜，至今日久，閘板無存。今幸展界，所有田地皆資陂水，茲陂主李城光情愿出本修治閘板、堤岸，衆等自應照舊輸納水租。至于上流山下設有萋杙官陂，圳硒廣二尺五寸八分，圳水從大斗山脚流出，灌漑赤嶺、崎圳之田，及圳底埋硒田墩三日夜之例。官陂口闊一丈四尺，通水順流至考溪，分作双溪，三七分流：三分去灌漑爐埭、後埭，埭仔社之田爲界；其七分之水，仍從大溪順流至三間陡門，以灌漑高山、塘南、浚頭、庄前、高林、沙裡、畱塘、新城等社田地。業經憑官勘定，相安無事。但後日不肖之徒，不照禁約，恃強短欠水租，以及阻截水道，是未可定。合就鳩集社衆，跪神立字，嗣後如有違背禁約，社衆出頭共攻，鳴官究治，不得推委，旱潦有備，國課有賴。立字付陂主，永執存炤。

康熙九年八月　日，仝立字人：連千石、黄元益、李其結、李芳賛、劉委郎、洪台、戴論光、盧義光、蘇芳琪、李御賔、盧豪光、李百珩、李春讀、蘇次、連可暢、盧德泗、鄭登高、李啓鼎、黄子澤，書約字人李百珩。

按：此碑現存沙西鎮高林村沙裡社沙底廟(又名隆壽室)，刻於乾隆二十八年邑侯何公断定官陂水例便民碑記背面，碑名爲編者加擬。

## 八七六　邑侯何公断定官陂水例便民碑記

漳浦縣正堂、卓異侯陞加五級記録五次記功十五次何，爲既蒙勘断押拆、乞全恩示禁以勒貞珉、以息訟端事：

乾隆貳拾捌年肆月初拾日，據監生蔡長瀜、陳時敏，鄉紳李大登，業户李若千、盧秉忠、李兑，農民盧先、李

國、李元、盧逸，坛総李顯，居民柯順、洪瑞、李肯、張喜等具呈前事，詞稱：『瀜等南山、隆濟兩保課田，皆賴梁山發源灌溉。先人就山下虞壠社口設立蔞杙官陂，陂東圳硱廣二尺六寸，以灌赤嶺洋、崎圳之田；陂嘴中央留缺闊一丈四尺，以灌南山、隆濟等田。深俱澋陂中鼎篏石爲準：篏石下之水許蓄陂内，以資山田；篏石上之水任其流下，以濟下用。前朝印契、合約炳據。

『乾隆陸年，附近五宗黄姓強甲一方，突將灰墓下媽廟地上溪流逆作沙坛漁利。經李士、蔡縉等控，蒙薛、朱二主出示，押拆嚴禁，并准勒石，緣年杪未勒貞珉。乾隆柒年春，黄姓忿控，復移上流官陂，毁滅蔞杙，叠砌灰石，横截流水，將以餓斃一方民命。致李士、蔡縉等以抗金批、變古制再控前主朱，蒙批親勘，惡懼罪，星夜拆去灰石，仍用茅杙填築。遂以仍舊修葺訴勘電逆，當場鎖押黄義，就官陂中央押拆，陂嘴闊一丈六尺、深八尺，以通下流。讞示又據，相安已久。豈虞強逆更甚——

『上年捌月内，黄獅、黄覺、黄森、黄由、黄勸結夥陸拾餘棍，復將官陂逆用塗石高砌絶流，所有水利盡從陂東圳硱灌伊田地，之外賣與田墩、後過坛、厦盧洋強家，收利致富。瀜等鳩呈署主邵，批勘未勘；天臺榮任，瀜等呈，批便途勘理。覺等惧罪，拾壹月拾叁以巧變塞案，事瞞，批仰捕衙覆卷并發。瀜等以得如詭語事匍呈，蒙批仰捕衙并勘覆朱前任勘案并發各等因。捕主虞叁月拾叁日親詣高山保虞壠社，勘明官陂，備得前情，稟詳：「查閲原案，官陂係木杙、蔞草填築，供圖確鑿。乾隆陸年黄姓所作灰墓下沙坛，已蒙前憲朱押拆，毋庸議外；今勘官陂所砌鵝蛋石塊，復用草坯填補，對面均是新盖情形。兼陂口一直並無留出，前断陂嘴滴瀝不疏，李、蔡雜姓之田絶水灌溉，將爲石田。断令應請飭押黄姓，將横砌官陂石塊拆去，仍用木杙、蔞草、沙填陂嘴，深闊遵照前憲朱断案，立明界限，以通下流，勻灌李、蔡雜姓之田。」等因。

『奉批：「既據勘明陂中開流歷有成規，黄獅等違議砌截，殊属不合。如稟押令拆去，立界通流。念係取蔭起見，免其懲處，仍取遵依送查，此繳卷、圖存、合約發領。」隨蒙將摺覆發回捕廳押拆。隨經捕主虞出单，嚴押黄獅等將

橫砌官陂石塊拆去，仍用木杙、茅草、沙填；飭取黃獅等嗣後不敢擅用塗石高砌截流，永遵萋杙、陂嘴深闊，遵照前憲朱断案定例，遵依在案。蒙此，是憲恩已極優渥，而溂等南山、隆濟兩保民人皆受更生之慶矣。但黃姓係五宗合一，溂等則雜姓難支；彼又負嵎肆惡，溂等則遠處不敵。若不陳明請禁，難免貽害將來。謹情相率匍呈，叩乞恩准給示，俾勒貞珉，以息訟端，以淳風化。則功與梁峰鼎峙，澤偕溪水交流，一筆施恩，千秋載德。』等情到縣。

據此，案查先據具告，業經批仰捕衙查勘，詳覆黃獅等抗違前断、橫砌官陂截流確情前來，當批：『既據勘明陂嘴開流歷有成規，黃獅等違議砌截，殊屬不合。如稟押令拆去，立界通流。念係取蔭起見，免其懲處，仍取遵依送查，此繳卷、圖存、合約發領在案。』茲據監生蔡長溂等具呈前來，合行出示嚴禁：『爲此示仰附陂黃姓人等知悉：嗣後永遵断案，拆去石塊，官陂處所仍用木杙、萋草、沙填，陂嘴深闊悉照朱前任断案定例，留缺疏通下流，匀灌李、蔡雜姓之田。不許久後生端，擅用塗石高砌截流，病田叛断，以及賣水漁利等項。如再違抗，除嚴押拆卸外，定行究處。特示！遵。』

乾隆貳拾捌年肆月　日給。

**按：**此碑現存沙西鎮高林村沙裡社沙底廟（又名隆壽室）。

## 八七七　官潯洋水利示禁碑

漳浦縣正堂何，爲恩准示禁以裕□□□保民生事：

據上、下何家族具呈前事，詞稱：『官潯洋有苗田三千餘石種，專賴大埭及洪塘埭等處設有陡匣，積水灌溉，所關甚大。近有射利之徒，藉岸開拓，築埭爲田，彼此效尤。溝渠淺狹，蓄水無多，時稍旱立見涸竭，爲害匪輕，誠不得不嚴加禁止。但恐時久弊生，非蒙明示勒石，難垂久遠。合亟相率匍呈，叩乞恩准示禁，以便立石，以杜後患，闔族沾恩。』等情到縣。據此，合行示禁：『爲此示仰該地里民人等知悉：嗣後毋許在大埭、洪塘埭諸蓄水等處藉岸開

拓、築埭爲田，致害課田。倘敢抗違，該家族即指名具稟赴縣，以憑拏究，毋得隱縱及藉端滋事，致干未便。各宜凛遵毋違！特示。」

大清乾隆三十年二月初一日給，案在兵房。

**按**：此碑現存官潯鎮錦江村靈慈宫，碑名爲編者加擬。

## 八七八　劉氏祠堂公約碑記

乾隆叁拾年貳月　日，通族公約，立石爲記。

一，充蒸公田，每對神主冬税三石，挑到祖廟中，交當事者收貯公用，不許拖欠。違者累及其祖，不得出主與祭。耕公田園欠税者，随即起佃，并革其身。

一，祖廟乃棲神之所，不許聚賭。違者我祖宗孫子衆共攻之。

一，族姓子弟安分守法，不可負氣與鄉鄰生事。倘有此失，本身自理，不得累及通族。

一，甘棠山樹木乃通族造福之區，不肖子孫竊取者，罰戲不儆。敢有抗拒，定行稟究，費用一出公需。

一，扈頭設市，通族公約，凡本族本市所自出之物，俱在本市買賣。嗣後違者，本房家長自行革清，以示罰儆；仍前袒開，罰不與祭。其子孫抗拒者，通族脅其稟官，費亦出公需。

長、次房家長：日、賓龍、臻官、魏官、問官、篤官、賀官、□官、根官、佑官、倘官、從官、□官、不官、衆官、繞官、享官、□官、顯、廷瑞、迎官、開官、緝官、劇官、烈官、祖官、然官、穆官、啓官、龍光、登龍、華國、達天、老官、榜官、拔官、伯官、色官、邦官、會官。

**按**：此碑現存霞美鎮劉坂村劉氏大宗祠，碑名爲編者加擬。

## 八七九　青龍岩緣田碑記

青龍古刹盂田，由來舊矣。人不古處，有主僧興廢焉。至僧峻瑩，貸債而贖之，一□苦支八年，始與德瑩勸舍十方，償兑其賬。噫噫！彼祖樹蔬苗，不能□□□住守山門，如單道聞之地藏之飯土，乃欲以萬人福田置累錢囊，舉此現前公案。自今伊始，後有興廢，授受務必衆許于韋馱尊者，□□于居士宰官。故詳其田畝之址數，以垂永久，不敢泯滅。又篆其喜舍之姓氏，以表那樾樂善好施。後有四乘聞士、十地高人繼而興焉，唯□茲意，世引而勿替云爾。

龍湫居士吴斌燕璜爾撰。

計開：岩前印月池田畝一斗，山門外田畝叁段共受種一石二斗。長素行叟連無信助銀拾六兩。助緣鼎募學人林魁光捨銀叁兩。學人林雪光、吴□各三兩。學人查彦一兩。庠生蔡□陸二兩。信士林小山、林同□、林日啓、林君閣各二兩。庠生莊爾□、林□□，信士林□□、林克□、林啓甫、□亮天、查石，庠生吴起鳳、陳□□、□□，庠生吴宗點、林君亮，信士許穎川，信士□□，庠生鄭國□、吴□□、□□□、方逢□、林□□、查克□，信士□□□、許□□、□□汀、許□□、林□□、林□□、吴□□，信士林□□、吴□□、潘□□、李六吉、許德征、謝積桃、林方□、吴□□、林□□，庠生吴□□、黄□、林□□，庠生黄逢時、黄鍾北，信士吴□、林英□、曾踞、方同人、□□□、胡□□、吴同□、林曰擇、林早述、林□□、林符玉、黄旭丹、吴光正、黄□多、黄道、林埭音、□澍、林□□、許玉卿、林張官、林章□、林□分、林承恩〈下缺〉。

乾隆丙戌秋立。

時順治己亥元旦，本岩買過緣田一段，田種二斗，大小三坵，坐址龍嶺洋庵後河溝，帶糧一畝。

乾隆叁拾年，印峰和尚買田種一斗，坐在龍嶺洋大壩上，大小五丘，税谷三石，帶糧四分。又卅四年，悦岩代師公印峰和尚再買過田五升，在龍嶺下厝前，大一丘，税谷兩石半斗，帶糧二分六釐。二項入青龍岩印峰和尚祀田。

十八社立。

**按**：此碑現存石榴鎮龍嶺村青龍岩寺。

## 八八〇　象牙庵祀産碑記

六社前年延請性達和尚主持庵事，德尊寧静，粒積餘資。及其終也，又無徒弟，六社設主立祀本庵。將其所餘除送終外剩銀叁拾伍兩，公議明置苗田壹斗種，配入本庵，以付主持庵事者收税，以供性達忌辰等祀，永世無失。至於田之過佃、税之開銷，當聞六社公議，不得私相自擅。兹恐世遠年湮，後來舛錯，六社謹勒石以誌。

此田坐址庵前，大小三丘，帶田畝六分。議定寔税粟叁石六斗，分爲早晚完納，田畝就佃完納，扣除税粟。并誌。

乾隆三十年五月　日，象牙庵六社公立。

**按**：此碑現存石榴鎮象牙村象牙庵，碑名爲編者加擬。

## 八八一　勘斷海泊苗界憲示碑

□□□正堂卓異即改分府加五級記録五次、記大功十三次□□□，爲勘斷苗界、給示照管、以杜混争事：

照得監生楊齊珩與莊□□等互控透流沙等處海泊一案，業經本縣飭爲捕衙帶仝到地查勘，□圖摺覆到縣，并催差拘集犯、証到案，查訊斷□□□處，東北蝦港土地公前海泊歸還莊姓照契管業，其西南□□□之下各泊歸與楊姓管業。□□兩造□各俯服，經查案詳報□□□誠恐爾等混界妄争，致兹事端，合亟出示曉諭：『爲此示仰莊楊二姓人等知悉，嗣後透流沙等處海泊，爾等採洗淘苗□□□□照勘斷：東北蝦港土地公前海泊歸與莊姓照契掌管，□□□□蝦港之下各泊仍歸楊姓照契掌管，□□均毋混争，滋□□□族房長亦□□留心勸諭，各照斷界掌管，共相式好。如敢□□，一經訪聞，或被告發，定即差拿詳究，斷不姑寬，凛之慎之！特示。』

〔乾隆〕叁拾壹年捌月　日給，發前陳墟曉諭，著該鄉保看守。

**按：** 此碑現存佛曇鎮岸頭村楊氏大宗祠，碑名爲編者加擬。

## 八八二　重修後江吴氏祠堂碑記

凡物本乎天，人本乎祖，亘古莫易也。我後江吴姓自均代公開基衍派，五房并處，瓜瓞綿綿矣。于疆于理，生而耕鋤不越井鄉某水某山，死而營葬無藉他族。夫我祖締造維艱，廣置海嶼、山陵爲養生送死地，俾五房共守勿替，恩孔渥焉。今者目睹祠宇之圮壞，詎忍不深水木之思、動霜露之感、急起而更新之哉！戊子秋，闔族父兄弟侄咸聚于堂，謀爲修飾。適五房孫曰時舉、時興者，仕光出也，寓居東寧，鄉試旋梓，相與定議，而繕修之功起焉。悉心經劃，數月告成。築蓋土，蔽風寒也；增粉墻，固□□也；辟耳門，開聰聽也。所願廟貌常新，儼瞻依于百世；宗靈有赫，享俎豆于千秋。用綴數言，以垂不朽。

乾隆三十三年鶉月穀旦，闔族立。

**按：** 此碑現存赤湖鎮後江村吴氏宗祠，碑名爲編者加擬。

## 八八三　重修福興聖王廟碑記

民間立廟祀神，一以崇德報功爲重。矧開漳聖王功德之隆，閩郡崇報，而我鄉倍沾恩庇，馨香廟薦，又誰敢後？謹紀當年勳蹟大略，以銘不朽：

王陳氏，諱元光，光州固始人。父玉鈐衛左郎將，諱政，高宗總章二年進朝議大夫，統嶺南行軍總管，平泉、潮間獠寇，儀鳳二年卒。王隨父入閩，父卒，代領其衆，剿擒廣寇陳謙，嶺表以平。奏置漳州于泉、潮之間，詔即以王爲刺史。王剪除荆棘，極力經紀，號稱治平。睿宗景雲二年，南蠻叛，王以討賊捐軀。奏聞，詔贈豹韜衛鎮軍

大將軍，封臨漳侯，謚忠毅，賜葬。開元四年，追封潁川侯，賜祠于浦邑西郊。貞元二年，加贈靈著順應昭烈廣濟王，配种氏追封王夫人。子珦嗣立，討平蠻寇，手斬父仇，掃除餘黨。卒，子酆與謨繼嗣，皆克修職業，郡民愛戴。元和十四年，謨卒，又敕建王祠于府治北郊。此郡、邑建祠，皆以報功德也。

王當建郡之初，東巡至此，見濱海一帶山原五六十里，民田稀少，便于牧放，遂屯兵焉。後既太平，兵不外屯，民於牧放之地治圃種植。□王恩庇千百年，既免官租，間有生事者涎謀科税，立嬰奇□，後遂無敢議徵課者，則王靈之惠我民也渥矣。當時感王恩者立廟此地，敬行祀典；歷宋、元、明，廟雖久毁，故址猶存。迨本朝雍正八年，我鄉念王大恩，鳩衆重建廟堂，號曰『福興』，刻像敬祀。兹因前工未竣，再鳩願力，捐金修葺，廟貌以新，王靈其慰乎？

捐金姓名，或刻石，或書版，非市名也；用以表王靈庇民免租，功德在人，人心崇報，當垂不朽云。

乾隆壬辰秋，闔都士民百拜恭紀。

首事庠生戴琳瀾、首事許崇光、首事林都泰、首事陳超觀、首事洪慈觀等。

國學林雙桂銀六大員。信士王德派等拾大員。東安戴姓捨銀八大員。信士藍漢弘銀五大員。信士藍加恩銀四大員。田裡王姓共銀四大員。信士藍弘美銀四大員。國學楊柳菀銀四大員。信士林都秦助銀貳大員。

庠生藍應榜、國學林時彩、鄉賓戴日楨、鄉賓黃國瑛、貢生朱永錫、國學鄭清時、信士徐秉忠、江梅魁、黃標觀、黃達夫、劉豁光、信士洪忍光、藍未璉、洋坪社、樓下蔡、洪厝林、南門謝、崎沙社、江壽等、江漢等、陳廣儀、曾柄曾，以上各壹大員。庠生楊聖慕、庠生朱師古、庠生朱授範、國學黃元略、鄉賓陳文炤、信士黃立德、黃立業、吴建泰、黃彩光、黃致待、王賦生、信士黃本光、黃元吉、黃佑光、林武光、莊扶光、劉法光、楊德光、洪維光、洪誥光、林卿光、林祈光、林講舵、陳宗光、林浮淵、林浮臺、林重笑、林景光、林信他、林填光、蕭元光、蔡元吉、洪挺光、陳陸公、許金水、劉仁光、陳益光、葉炎光、黃訓光、許淵光、邱親光、張萬光、戴伯弘、劉帙光、陳謀光、江滿光、蔡文祥、江禄光、楊聖概、楊聖惲、吴世強、林戴氏、徐賢光、陳鴻賜，以上各壹員。

**按：**此碑現存馬坪鎮文安村。

## 八八四　蔡氏祠堂柱聯題刻

『顧盼據馬鞍會見才高倚馬，揮毫握蓮筆行將寵被撤蓮。』

祠爲居第舊址，左蓮峰、右馬鞍，我祖老年休居前楹，此其所作門聯句也。據形勝以立言，所以屬望子孫者甚至。小子新謹識不忘，今五十餘年矣。構舊宅爲新祠，既落成，敬梓而懸之廳柱，亦使後嗣子孫無忘手澤，永懷聿修云爾。

時乾隆四十一年丙申長至後穀旦，長房次孫新敬録并題。

**按：**此爲木刻柱聯，原在大南坂鎮下樓村蔡新故居，現存漳浦縣博物館。右上角橢圓形陽文印『延禧堂』，左下方陰文方印『蔡新字次明號葛仙别號緝齋』、陽文方印『大司馬之章』。

## 八八五　西來庵緣田石碑

西來庵者，祀天竺佛也。我祖開居長谿，用以妥神靈焉。去祠堂半里許，舊置有旁舍數椽，僧人居之。時先君蘧侯公總戎金門，事事成先人志。宦游家居，偶至斯庵，詢之僧人，慮香火無資，久恐湮没，出宦囊，置田六斗種在本庵前以供。嗣後族兄黨生仰慕其德，亦舍田一斗種，延僧法提以爲住持。比其徒焰千，奉佛爲謹，香煙不斷。迄今游斯庵者，莫不曰：『此總戎蘧侯公之力也。』惜當時未有紀石之者，國麟、國輝乃爲特勒貞珉，可無年久變易之慮。而蘧侯公聿追先志，好善樂施，亦可以永垂不朽焉。所置田處，開載于左。

自庵前潭下，大小七丘，受種六斗，帶私潭灌溉，至路爲界。又坐址西埔山仔舊廟前洋中一丘，受種一斗。

乾隆四十三年歲次戊戌仲冬吉旦，男國麟等謹誌。

按：此碑現存赤嶺鄉石椅村西來庵。

## 八八六　象牙庵題刻

萬曆七年，吴喬參喜捨；乾隆戊戌年，新城吴偉生修。

萬曆七年，吴德禎喜捨；乾隆戊戌年，墟中吴厚光修。

萬曆八年，許乾聚喜捨；乾隆戊戌年，新城吴彩郎修。

萬曆八年，許岩喜捨；乾隆戊戌年，新城吴偉生修。

按：此組題刻現存石榴鎮象牙村象牙庵石柱。

## 八八七　重興隆壽室緣碑

董士：柯德信、李志淵、李廷佐、李先躋；庄前社、高林社、留塘社、沙裡社、西碼社、新城社。

信士李若峰喜銀肆拾大元。信士李日莊喜銀叁拾大元。信士李王仙喜銀弍拾大元。信士李用禋喜銀拾柒大元。信士李若源喜銀壹拾大元。信士李文祥喜銀玖大元。生員李堂喜銀肆元半。信士李日章喜銀肆大元。信士盧歷觀喜銀肆元半。信士盧麟觀喜銀叁元半。信士李共觀喜銀弍元半。信士陳即觀喜銀弍元半。信士李廷輔銀弍元弍錢。信生李雲晉喜銀弍大元。信生李友桂喜銀弍大元。信士連濟觀喜銀弍大元。信士李君棠銀壹兩弍錢。信士盧霜觀喜銀壹元半。信女李門陳氏銀壹大元。信士李用猷喜銀壹兩。信士盧全觀喜錢壹千叁。信士李用材喜銀壹大元。信士蘇德興喜銀壹大元。信士李紫抱喜銀壹大元。信士李長芬喜銀壹大元。

信士李志潔、李志但、李志棉、李餘慶、李根琴、李立觀、李阿觀、李均觀、李燕觀、李神助、李長貞、李招祥、李向高、李召郎、李天啓、李若麟、李棪光、李向溪、李兜觀、李煥觀、李文新，合喜銀拾大元。

董事：李廷佐、柯德信、李志淵、李先躋。

乾隆肆拾玖年梅月　日，僧□□立。

按：此碑現存沙西鎮高林村沙裡社沙底廟（又名隆壽室）。

## 八八八　東林廟乩示碑

山西夫子乾隆壬寅顯乩指示祇遵，尊王旨意云：『昔古人有云「地靈人傑，人傑地靈」，誠哉是言也。歷觀廟宇諸神靈顯者，莫不因其龍秀穴美，故神居其所。是以威靈赫赫，保庇子民，俾魑魅魍魎莫能逢之；既莫能逢之，致使群黎咸寧，斯功垂奕世，直享祀于無窮者也。余莅此土，由浦西而來，四百有餘年矣。所謂保民如保赤子者，非余而誰？今汝元民，忘我大德，僅修一宇，落成未卜。反念恩深滄海，余尚□忍，歷屆新禧巡狩，境內民居處處增輝。民尚如此，余獨不能潤屋而潤身乎？時□愠怒，特遣輔信將軍普舍捐銀，延令未就，肅請山西夫子共襄此事。多蒙夫子聿來胥宇，丕稱龍運有傷。余春三月二日鳩集子民，填平水井，毁壞短墻，無由固違，余閲之時覺暢快。倘日後有不惜死之子民，重開故井，接壞垣，闔族子民無庸出執，聽其自斃。』聖諭畢。

乾隆歲次乙巳季夏吉旦立石。

按：此碑現存盤陀鎮東林村開漳聖王廟，碑名爲編者加擬。

## 八八九　泗州岩功德碑記

藍時述、何國□□□□□□紹坦□、藍滔、王長濘、何應明、李欽、何國瑶、陳質、翁紹錦、陳崇、王國興、何朝酉、黄□□、何朝梧、藍天英、林志忠、□□□、信生趙宜捷、藍中澳、藍紹璜、□□□□□□赫、何熊元、何局國、何江衆、何元熾、庠生許大椿、藍時森、趙其章、□□□山、石碼社共銀十員。吴起塘社、白鷺洲社各四

員。黃門何氏捐銀兩員。信士陳芳、陳瑍、陳琳各貳員。信生林捷三捐銀貳拾貳員。信士葉賢捐銀伍員。

乾隆五十年乙巳蒲月。

**按：**此碑現存官潯鎮庵内村泗州岩寺，碑名爲編者加擬。

## 八九〇　重興仙都宫功德碑記

我族僻處山間，自始祖開基，奉祀保生大帝，庇我族人，匪朝與夕矣。茲因舊廟傾頹，募緣重興，幸已告成，合將緣名開列于左：

募緣鄉賓林廷獻捨銀叁員，林歡捨銀貳員。壇主林要捨銀捌員。捐地林潭捨銀柒員。捨樑林燦等。董事：林永彩捨銀叁員，林永猛捨銀叁員，林玉振捨銀貳兩，林世溪捨銀貳員，林宕總捨銀壹兩，林世銓捨銀壹兩，林夏雨捨銀壹兩，林六秀捨銀壹兩，林福興捨銀壹兩，林水仙捨銀壹兩，林永培捨銀壹員，林永象捨銀壹員，林輝遂捨銀壹員，林輝即捨銀壹員，林輝飽捨銀壹員。緣首林烈捨銀壹員。

信士藍恩觀捨銀捌員。庠生藍應榜捨銀貳員。樂生陳煜彰捨銀壹員。信士林永仰捨銀四員，林馬炎捨銀叁員，林永□捨銀叁員，林天賜捨銀叁員，戴春觀捨銀貳員，藍龍觀捨銀貳員，藍祥蜋捨銀貳員，陳佑觀捨銀貳員，陳盾觀捨銀貳員，林世立捨銀貳員，林世孝捨銀貳員，林世邊捨銀貳員，林永純捨銀貳員，林永談捨銀貳員，林永訓捨銀貳員，林永邱捨銀貳員，林永錐捨銀貳員，林永得捨銀貳員，林永奕捨銀貳員，林君全捨銀貳員，林永燎捨銀貳員，林天畢捨銀貳員，林秋水捨銀貳員，林依甲捨銀貳員，林輝輔捨銀貳員，林輝閩捨銀貳員。

總理國學生林焕章捨銀捌大員，林元生捨銀貳大員，林國賜捨銀壹員。

乾隆伍拾貳年歲次丁未荔月穀旦立石。

**按：**此碑現存馬坪鎮仙都村蓮池社仙都宫，碑名爲編者加擬。

## 八九一　舊鎮天后宮祀産碑記

鎮人廟祀湄洲天后聖母，由來舊矣。置有蠔菭壹所，東至汛防前頭巾石，西至本港渡船頭，南至港心，北至本處各店脚，界址明白。歲支租稅，以供費用。至乾隆叁拾柒年，社有公案，當事者書券出典給爲私業，于今拾玖載焉。此雖一時權宜行事，揆之于理實有未合。茲幸諸同志各願輸誠，捐資贖回原契，復爲天后聖母緣物。僉曰：『此一蠔菭也，昔爲公置之緣物，今爲勸捐之緣物。其斷不可使後之人假公行私，擅爲廢置，藉口公業，妄肆侵漁也，審矣。』余曰唯唯。因述顛末，并臚列諸同志姓名，俱勒諸石，永置廟右。自今以往，該佃者慎毋得短欠租稅，而社中各家子弟亦毋得任意撈取蠔苗，以干神怒而瀆公議也乎！是爲敘。

張雲、張應珥各捐銀弍員。張廷暄、徐應同、黄材、陳明玉、徐宗、陳媽賜、林壯各捐銀壹員。陳必暄、陳添宗、吴篇、康時美、林德元、黄扶、張畓光、張奕善、洪治生、林振泰、陳鉢、陳水、林汝濟、葉志遠、林載欣、張瑚璉、合順鋪各捐銀壹中員。林濟捐銀貳錢。

大清乾隆伍拾陸年歲次辛亥六月　日，董事弟子：生員張雲、信生陳必暄等敬鐫。

**按**：此碑現存舊鎮鎮城内街天后宮，碑名爲編者加擬。

## 八九二　重興棲雲岩碑記

吾浦四面皆山也。西行二十餘里，見巒疊而路崎者，山城也。迤邐而行十餘里，歷□岡陵，有棲雲岩焉。或曰：『群峰疊峙，白雲捲舒，故曰「棲雲」。』或曰：『雲從龍，君臣泰交之象也。』昔有明林先生忠愛公讀書于此，遂一舉探花，垂紳朝右，棲雲之名或自此昉歟？然余□是岩始於唐開漳後，特其姓氏湮没不傳。明正德十六年，上人開山爰建廟基，募置緣田二石餘種。迨其後，佛殿、禪居寖以頹壞，緣田亦爲土□所盜據。至國朝乾隆二十六年，山

城吴印嵩官往三坪禮佛，與其大和尚應輔遂□相與招募吴基官、蔡官、銓官、浩官、濕官、帆官、天宋官、坑尾健官、外城活官等，再造殿、居，贖回緣田，而斯岩賴以不廢，然其規模未盡擴也。

余自庚戌來，忝居山城西席，方經此地，即與主持和尚釋恩往復低徊不忍去。辛亥地震，漸復破壞，釋恩謂余曰：『僧欲募修舊殿，更創新室，爲群儒談道處，先生以爲何如？』余喜而□慮曰：『子能如是，亦謂聰明識道理者也。從龍之雲殆于此乎棲，而林先生不將有嗣音哉！』因于是年梅月復與嵩官募化，并粒積緣粟，構成六間，與佛殿相通。而斯岩之規模宏大，光明豁達，頓□昔□矣。顧不欲前人所置緣田久而遂廢，故特詳著坐址田種，開列于左，以刻于石。

田畝：一，田種八斗，址塔仔。一，田種一石九斗，址岩前。一，田種一斗，址九丘仔。探花配二山地，前至蝦仔，左至大帽坑，右至二縺。贖田之銀係大和尚應輔私出，交吴印嵩官贖回。

乾隆五十七年歲次壬子菊月，生員蔡清謹識勒石。

按：此碑現存石榴鎮山城村石寨社棲雲岩寺，碑名爲編者加擬。

## 八九三　青龍庵功德碑記

旹乾隆五十七年壬子荔日穀旦立。

青龍庵爲浦邑之名區，實山城之勝地。西來山色千重，翠黛擁祥雲；北向溪光萬頃，琉璃涵皓月。敬塑牟尼寶像，座湧蓮花；禮延寂静高僧，經翻貝葉。但無緣租，旃檀莫給；雖有施捨，盂鉢常空。爰建數頃之田，同種三生之福。半銖半兩，敢云布净土之金；一斗一升，亦聊作空門之饌。從此梵宫爲不夜之天，終霄燈耀；禪室是眾香之國，永晝煙濃。伏願蔭慈雲于世界，耀惠日于康衢；頻轉法輪，常施寶筏。謹勒片石，聿垂千年。

山城吴寬十二元，吴保四元，吴士二元，吴潭一元。吴活十大元，吴苞四元，吴鬧一元，吴化一元，吴瑁一中。

吴佐六大元，吴川三元，吴淮一元，吴逸一中，吴撒一中。吴坦六大元，吴葛二元，吴廟一元，吴配一中，吴正三中。國學吴朝陽五元，吴弄二元，吴瑶一元，吴船一中，吴騷一中。庠生吴雲鵬五元，吴統二元，吴凱一元，吴帛一中。國學吴經魁四元，吴祥二元，吴迎一元，吴爐一中。吴合四大元，吴衣二元，吴霞一元，吴山一中。吴千四大元，吴槿一元，吴孕一中。庠生吴正中四元，吴鑽一元，吴都一元，吴竹一中。庠生吴登元二元，吴占一元，吴坎一元，吴疊一中。國學吴鳴鶴一元，吴返一元，吴久一元，吴秀一中，吴敬一元。

田大小六坵，址洋尾厝前，受種三斗五升，全年税金穀七石二斗，配田畝七分正。

按：此碑現存石榴鎮山城村青龍庵，碑名爲編者加擬。

## 八九四　重修真武廟功德碑記

我浦甘霖真武上帝廟之建也，始于宋太宗太平興國二年，爲李道士緣建。嗣是聲靈赫濯，凡我漳南百里内外，咸資福庇焉。自宋迄國朝，千百年來，代有興修。雍正間，吾祖用庵暨楊農官又鼎新一次，距今近六十餘載，而廟復傾頹矣。輝等素荷神光之庇，且重以先人之舉，爰集董事，募緣重修。經始于己酉年蒲月，越癸丑中春工竣。雖未能不日而成，而集衆力以蔵事，則廟貌更新，亦足見善信樂施之美意也。不揣譾陋，因爲之記云。

信士趙宜廣捐銀貳拾伍元。監生趙敏禮捐銀貳拾叁元。賜進士第、御前侍衛、參將趙廷魁捐券貳拾大元。信士梅敬捐銀貳拾大元。庠生趙錫捐銀拾捌大元。監生趙齊賢捐銀拾陸大元。監生趙貴捐銀拾伍元。庠生趙會章捐銀拾陸大元。信士趙順晶捐銀拾伍元。監生趙家璐捐銀拾肆元。信士趙熹捐銀拾肆元。監生趙英偉捐銀拾叁元。信士趙敬捐銀拾叁元。信士趙瑗瑶捐銀拾叁元。舉人趙光輝捐銀拾貳元。鄉賓趙茂板捐銀拾貳元。信士趙由錐捐銀拾貳元。信士趙由淮捐銀拾貳元。信士趙宜薦捐銀拾貳元。安人米氏捐銀拾貳元。孺人陳氏捐銀拾貳元。船户蔡癸金捐銀貳元。祀教楊媽助捐銀拾貳元。

董事：舉人趙光輝、庠生張雲、庠生趙遜、庠生趙錫、庠生趙會章、庠生趙聚奎、庠生趙上珍、監生趙光耀、監生趙華僑、監生趙貴、鄉賓趙宜建、信士趙由潤、信士趙由機、信士趙由錐、信士趙宜刈、信士趙宜録、信士趙宜宇、信士趙宜廣、信士趙順烘。

以上題捐名次，係十二元上者勒石，餘者俱登粉牌。

又本廟田、緣園，大小十三坵，址煙脂埔，受種八斗，現趙□、趙等承耕，租繳正月十七夜公共演戲一臺。

乾隆五十八年癸丑二月穀旦，董事仝立。

按：此碑現存舊鎮鎮甘林村玄天上帝廟，碑名爲編者加擬。

## 八九五　明誠堂新置祀田記

漳浦黄石齋先生以道德起海濱，忠孝大節光顯天下。其學邃深，窮天人，貫古今。凡生平所過之處，自浯迄于大江南北，學者多即地設壇坫以講學，問業之士有千裏〔裹〕糧而至者。浦邑之明誠堂亦其一也。

堂故祀先生，玉振嘗過而謁焉，見其傾圮不支，悚息愾嘆。歲乙卯，謁選入都，言之今侍御黄訥庵先生，郵書告于同鄉宦〔者〕諸君以鳩費。戊午自晋歸，請于吾師予告大學士葛山蔡公制序，以輸郡邑好義者之金，卜日興修，已蕆事矣。核所縻費，其金尚羡。玉振以言于公，公命以羡金之半置祭田，又其半以梓文集。于是玉振編次先生遺集以授梓人，而囑董役李君噓雲任購田之舉。置東郊田十一畝，俾浦之在邑新充弟子員者司之，于每歲春秋行奠享之禮，而以所配四君子侑焉；北郊田四畝，俾先生之裔主之，爲兹堂日夕膏油、朔望香茗之資，且歲爲四君子上香焉。董役諸君謂公既爲文記興作之程，又述先生之篤于道以貽鄉之學者，夫祀田之置與所司之人，玉振宜識之，以昭慎守也。

嘗以爲大賢生世，如五星麗天、四〔時〕行地，爲世共仰，非必其在桑梓之邦。然而生近其居者，承其衣被最深，〔□〕之聞見最習；〔□〕其里，登其堂，低徊想象，愾息流連，有〔如〕獨至者，亦天性然也。先生于浦講于

此堂，其事去今百有餘年，而田夫野老躑躅東郊猶稱道勿衰，蓋其流風餘韵入人之深，而亦豈非以近其居歟？今幸是役告蕆，有田以修祀事，蓋藉以改景致之私。竊願吾黨之士，于歲時習禮之間，敬恭典守，無墜厥初，庶不負乎今日之舉。若夫顧瞻几筵，默自循省，以切深體究乎先生名堂之旨，則又在于有志自厲者。爰不揆昧而記之，并載所置田條目于後。

嘉慶四年己未□月上澣，賜進士出身、知山西和順縣事加三級、請假在籍後學龍溪鄭玉振記。

**按：**此碑現存綏安鎮石齋村講堂社明誠堂（黄道周紀念館），係近年翻刻。

## 八九六　重修明誠堂碑記

明誠堂在浦邑之東郊，明黄石齋先生講學之所也。考先生年譜，堂建于崇禎十七年，落成之日首申講，約郡邑有司及鄉之大夫士來會者二百有餘人。先生敷長者之席，諸弟子以次講『明誠』之義，問答凡數千言。講罷，揖讓乞言，獻酬歌詩，磬作金鳴，禮樂雍雍，洵海濱盛事也。

明社既屋，先生盡節金陵，門弟子即此堂祀之，而配以從難四君子。其後堂爲浮屠所據，康熙間浦令陳君汝咸□撤去梵像，別募居民守之。乾隆初年，堂就圮，大府嘗檄郡縣一修焉。迄今又六十載，榱桷朽〔蠹〕，僅餘敗瓦頹垣，過之者〔愀〕然。

乾隆六年，及門鄭君玉振以進士謁選京師，言于今侍御黄君照，將鳩費以修之。而鄭君旋奉部檄出宰于晋，役未興。嘉慶三年告歸，來謁，以修舉是堂請余制序，嚮郡邑勸輸金一千兩有奇，而侍御亦以所糾同鄉宦者之金三百兩自京來致。卜日鳩工，屬其役于上舍李生一龍、博士弟子廖生恒及余本端、余孫行達以董之。經始四年秋八月，以月告成。堂寢、門廡悉以舊制，而嚴翼有加焉。又念先生父母葬于北山者，壙域傾頹，并爲葺治孔固，計縻白金七百兩有奇。復以其羡金置祭田、梓遺集、注厝完善，而堂之典禮於是彬彬矣。

嗚呼！此不獨吾鄉之士大夫欣然樂善，亦以見先生之風能使百代以下奮然感興也。余維先生事業文章昭著史册，學者仰之如山斗，有無待余言者。獨其抗疏獲罪、出獄還山，正當明季戎馬倥傯之會，顧獨從容講道，與諸名流後進明禮習樂于荒江寂寞之濱，蓋以道不可離禮樂、不可斯須去身也。故雖此身初離顛沛、國家有傾覆之患，顧縶心而皇皇于修德講學者不敢或懈，先生之日不以道爲諄諄者。余故于是堂之修，特揭斯旨，以告鄉之學者焉。

堂□有先生畫像，又有對聯一、堂額二，皆先生手書。其中庭有先生所砌天方圖石盤，修廣各丈二有奇，今俱存。

嘉慶四年歲次己未□月上澣。

賜進士出身、誥授光禄大夫、尚書房總師傅、經筵講官、太子太師、文華殿大學士兼吏部尚書、國子監事務、予告在籍後學蔡新記。誥授朝議大夫、江南監察御史、後學龍溪黄照書。

按：此碑現存綏安鎮石齋村講堂社明誠堂（黄道周紀念館），係近年翻刻。

## 八九七　重興圓通岩碑

大清嘉慶伍年孟夏吉旦，募緣道載。

逸齋公捐銀貳大元。思化公捐銀貳大元。德軒公捐銀肆大元。克誠公捐銀柒大元。洵濬公捐銀叁拾元。黄馥齊公捐銀肆拾大元。天衷公捐銀拾陸元。善行公捐銀肆大元。寬齋公捐銀貳大元。德琨公捐銀貳大元。東渠公捐銀壹大元。黄運尋捐銀貳拾大元。黄德江捐銀拾叁元。黄世禀捐銀陸大元。黄世滂捐銀捌大元。庠生黄廷選捐銀陸大元。黄夢良捐銀伍大元。信士黄世龐捐銀陸大元。黄賜田捐銀陸大元。黄世結捐銀伍大元。黄世緣捐銀肆大元。黄丕波捐銀肆大元。壽官黄德愈捐銀叁元半。信士黄德派捐銀叁大元。黄則壤捐銀叁大元。方□官捐銀叁大元。大賓黄若膳捐銀叁大元。

信士壽官黄秉垣、黄世交、黄朗發、黄丕左各捐銀貳元半。黄方武、黄方碩、黄塵成、黄福長、黄德罩、黄啟

南、黃方僑、黃麈孕、黃繼宗、黃方靏、黃衣昌、黃丕仲、黃惠迪、黃大仕各捐銀貳大元。壽官黃方參、黃世歷、黃考水、黃方所、黃方卓、黃濟川、黃丕分、黃方壇、黃喬考、黃德霍各捐銀壹元半。壽官黃世芳、黃德所、黃德相、沈老注，信士沈以尚、黃世宅、黃世濫、黃世潯、黃德莅、黃笑興、黃德緣、黃奉玉、黃德瀚、黃辛巳、黃德梗、黃利順、黃德配，南安□元、□沙，黃方亶、黃方笋、黃方淳、黃方楚、黃如川、黃方暢、黃天題、黃方水、黃如陵、黃田祚、黃方經、陳于闊、陳露水、黃丕倫、蔡玉山、方雲務，各壹大元。

總理：黃世龐、滂、禀、潯、陽、田，董事：黃世鶴、端、結、仰、考、繼、宰、濕等，敬立。

**按：**此碑現存長橋鎮潭陽村湖坑社。

## 八九八　重興開漳聖王廟碑記

嘗聞：立廟依神，虔祝香煙，所以上崇赫濯之聲靈，下報功德于無窮也。蓋自烈風雷雨後，廟貌頽敝，瓦溝滲漏，畫棟粉悴。居初、泰三慨然發修建之舉，延請工師，議築前座，以避風塵。由是而族人喜躍，共樂捐金，競相趨事。間有臨行告退、吝緣弗予者，似□怯中道躊躇，徘徊觀望，鋭進之心已稍遜矣。予勉之曰：『得無念爾祖乎？祖作於前，孫述於後，俾得獲紹前徽，厥承祖武。我叔重諾，仔肩自任，予得餘光，亦與有照焉。』嗣是而百堵皆興矣，嗣是而奕奕者可觀矣，其所以妥神靈而崇孝敬者在是矣。蓋自季夏上旬迄於季秋，功力遂告竣焉。念率作興事之維艱，及和成樂赴之偕勉，不辭拮据，更不可忘也。爰著於石，併臚募緣諸人以垂不朽云。

泰三序。

董事居初捨銀廿二兩。搬观二十兩二錢。岳观二十兩。仲觀十二兩。習觀八兩。賤观、舉观六兩。瑚璉、或觀六兩。頋觀五兩。擦觀、和觀、泮觀、添觀、羿觀、大觀、駒觀、沓觀、向觀、瓦观四兩。

嘉慶六年歲次辛酉伏月重修，闔族陳姓立。

按：此碑現存深土鎮塘頭村開漳聖王廟，碑名爲編者加擬。

## 八九九　本社陳族弟子興廟碑記

今將喜緣名次臚列于左：

沉观三兩。篇观、衲观、敬观、昆观各三兩。瓶观二兩。當观二兩。角观二兩。到观二兩五錢。凛观二兩二錢。華袞二兩。珊瑶、萬點、對观、草观、戎观、標观、腆观各二兩。契观二兩。杭观一兩五錢。近观、洞观、趁观、□观各一兩。乖观一兩二錢。笨观一千。約观一千。楓观二兩。淵观二兩。賀观二兩。現观一兩。貌观、鈿观、亙观、壽观、巷观、歲观、賞观、燥观、焕观各一兩。寬观一兩。順观一兩。壇观、偶观、綱观、衛观、灶观、江观、堪观、杏观、斟观、占观各一兩。泗观五錢。□观一兩。□观、□观、山观、愧观、□观、罩观、媽观、□观、□观、弄观各一兩。自观、像观、魯观、懷观、巧观、槑观、粟观、潤观、雍观、健观各一兩。彭观六百。宣观、石观、頌观各六百。琛观五錢。池观、彼观、玉观、低观、烈观、烘观各五錢。度观五錢。均观五錢。紅观五錢。咸陽、成观、天福、天録、天壽、天全各五錢。透观五錢。波观四錢。湧观三錢。犀观二錢。蔭观二錢。帛观三百。

嘉慶辛酉臘月吉，董事：光曄、象新、瑚璉仝立。

按：此碑現存深土鎮塘頭村開漳聖王廟。

## 九〇〇　雨霽廟緣田碑記

三官大帝賜風水一穴，願捐田以供香火。其田坐址在下嶺，土名狗曾坑一小湖，大小丘數不等。又田四丘，坐址在下嶺洋蛤婆石下。二項共受種二斗二升五合。

嘉慶九年三月立碑。

按：此碑現存赤嶺鄉山平村雨霽頂三官大帝廟，碑名爲編者加擬。

## 九〇一　佛曇楊氏重修祖廟碑

蓋聞尊祖敬宗，孫子之懿行；策賢勵士，父兄之盛心。我祖廟自甲寅年傾圮，族人鳩議修理，餘制未竣。茲公議再行修理，工竣即作慶成，委梅等出向族人捐題。梅念水源木本，不敢辭其艱，即與登仕郎廣表、儒士逢春、庠生以升、菁華同力捐題。叔兄弟侄踴躍爭先，上自貳百員，下至兩員，共題銀貳仟伍佰貳拾貳員。修理并慶成及什費外，尚伸銀壹仟柒佰陸拾大員，留貯購田，以鼓舞子孫讀書及鄉會試幫助。願世世孫曹，各加勉勵，以應聖朝之甄拔，以壯吾家之門楣，是所厚幸。

無論文武，進泮者謁祖銀肆員，鄉試銀肆員、登科者族匾銀肆拾員，會試公車肆拾元、登甲者旗匾銀壹百貳拾員，永爲定例。謹將題銀名字勒諸碑砥，其排列不論昭穆高卑，惟以出銀多少爲前後序次，俾樂善好施之人與祖德共匹休焉。庶我族人文蔚起，賢才挺生，或將于此卜云爾。計開名次于左：

裔孫監生世榮出銀貳百員。貢生宗馨出銀壹百陸拾員。處士得壽出銀壹百員。文林郎聖察出銀陸拾員。監生長春出銀陸拾員。監生經郎出銀肆拾員。文宗、正禮、正恭、正條、鄉賓聖咸、登仕郎聖陣、監生長青、監生志道、廣竈、佛求，以上各出銀肆拾員。

監生崇山出銀叁拾陸員。文林郎廣清、監生騰雲、廣浩、廣禮、廣□、廣鋮，以上各出銀叁拾員。正茂、齊淑、修職郎聖沃、次鬱、監生聯登、廣泰、淵杰、淵傑，以上各出銀貳拾員。監生齊智、廣化、淵狀、淵山、妙水，以上各出銀拾陸員。鄉賓聖陣出銀拾肆員。愷、耀涵、廷穆、監生天□、貢生靈和、齊緑、廣葛、廣元、廣宣、幸貴、都海、淵望、淵東，以上各出銀拾貳員。

芳春、鶴石、監生其祥、庠生圖南、光澤縣學舉人圭爵、良杰、鄉賓淵仁、玉堂、齊孕、聖珍、聖智、廣□、

廣到、廣松、廣明、廣美、廣善、明岑、明投、篤逢，以上各出銀拾員。庠生以升、高生、廣範、廣輝、廣績、淵王、淵喈、雨水、明悦、允寵，以上各出銀捌員。德禄、聖甲、聖罷、高宗、元愷、聖玗、廣理、廣孝、廣訓、廣陣、廣虎、廣祥、廣志、淵定、淵江、淵魁、淵壯、淵釗、淵壘、淵和、淵學、淵奚、淵榜、天蔭、大雨、明□，以上各出銀陸員。淵山、淵建各出銀伍員。

庠生衡山、鄉賓廣邦、庠生紹時、聖赤、聖崇、聖潭、聖志、聖允、聖曠、聖亨、聖待、聖弁、廣眾、廣壯、廣敏、廣飲、廣揚、廣智、廣燃、廣倫、開興、廣松、廣嬰、廣旋、廣武、廣陣、長春、廣湛、廣松、廣香、廣藍、廣仲、應元、廣藍、雲青、淵龍、淵貴、淵定、淵長、淵徘、淵燕、淵徐、長亨、壬水、明詳、明佃、朋施，以上各出銀肆員。齊奏、聖高、聖創、聖湖、聖得、聖整、聖岳、廣郎、廣曲、廣質、廣宜、淵趙、淵津、明岳，以上各出銀叁員。修職郎齊禮、登仕郎廣表、庠生明昭、監生明善、維屏、齊伯、齊均、齊石、齊性、聖箽、聖添、聖祥、聖潑、聖陰、聖享、聖仁、振宗、聖藹、聖錫、聖助、聖藍、聖字、聖拱、明泡、廣極、廣沛、斐然、廣藝、廣江、廣字、廣誕、明月、廣純、廣鋭、廣爵、廣杉、廣微、廣余、廣習、淵笨、淵鈍、淵律、淵曾、元禮、淵魏、淵壽、元章、淵合、淵求、淵景、淵湯、東懷、淵達、淵芋、淵昂、淵竈、明臻、明鑽、明鞍、明城、明長、明智、明雀、明棟、明音、明省、明昆、明證、明漣、明臣、東放、三讓，以上各出銀貳員。

廣揖、廣歡各貳員。淵慶銀貳員。時烈出銀拾貳員。

嘉慶丁卯年葭月　日，十七世孫生員占梅、以升、菁華仝謹立。

**按**：此碑現存佛曇鎮岸頭村楊氏大宗祠，碑名爲編者加擬。

## 九〇二　累葉追遠建廟碑

梅月城之祖廟，非一日矣。遐稽我祖世隆公，本河南人，自宋末隨父國舅處置使亮節祖扈帝南遷抵泉，隱金門

寶珠石下。後公徙居佛潭橋北，此佛潭宗族之所由來也。祖廟何在此哉？因橋北被廢，且其地狹。康熙庚午年，家長義橙、義孕、生員維挺等，痛鴻境之已非，知梅城之較勝，真心敬祖，始捐金購地，擇建于茲。先人亦勞甚，但規模未盡善。會海壇總戎、欽命三省總巡權庵公唱謀重建，又中寢焉。乙未傾圮，解元入祠林廷選公乃與長者題祠再造，費千餘金，而立碑作序，以垂無窮。何迄今而碑亡焉？豈後之人曾移之乎？抑空言于譜序，未嘗實置之廟左廊？緬懷往跡，其能無憾焉？

廟制舊止一進，越雍正間乃復重新後進，而太學宗素繼理其前後，以成總巡之志。及齊佞、芝顯，因行禮難容，復理之，而未成勞。直至乾隆庚申年，家長齊學、齊珩、齊義，〔睹〕風雨飄摇而心惻焉。遂跋涉捐金，得百餘緡，而獨爲半載，始覺兩進俱焕焉可觀。爲祖費私置公烝於下尾，曾立石以記之。我潭自開基、移建以至烝業、宦途，下尾頭泊地自土地前起墩墘、經港蝦澳、透流沙洲尖、至後斗魴港等十二處，併當時何業併記之，爲異日書田、學租之謀，無不詳言於中。後有作者，亦何能出其範圍哉！

自是而閱五十三載，即壬子年也，廟又幾頹。生員聖齊，太學其祥、長青，登仕郎廣升、廣仲等，更新重造，已底輪奂。所未可落者，廟後大墻及諸外埕耳。後廟柱蟻蠹，族向義者亦踵而重修而落焉。其餘資勒石積祀，以爲敬尊愛親、賓興賢能計。是因吾家一也歟？夫前之創業維艱，要皆祖功宗德所自成，詎云天之生是使然？後之重興匪易，實則弓箕冶裘所應爾，可曰我必後來居先？古今人非不相友，但必善始善終，乃吉莫大焉。昔烈山紹羲陶化，曾跳髮跋野，未嘗自成而自高；僰道翼虞施功，至剩心瘵形，亦卒不矜而不伐。斯可見議于前賢。夫純臣之道，歸善於親者人子之誠；寧以晚生後嗣，庸可數典而忘殁前人盛事，而不爲之揄揚以示衆哉！故斯碑之立，所以懷念我始祖之開創，沐雨孋風，始獲詒謀之慶。而族中承先啓後，以效萬一之報，固代有其人也夫！

佛潭十六世孫生員開先拜撰。

左邊宜廳地，四房家長于乾隆三十年曾契典齊珩銀貳百兩。

大清嘉慶戊辰年桐月　日，齊珩孫廣邁、淵茶等復立。

按：此碑現存佛曇鎮岸頭村楊氏大宗祠。

## 九〇三　雨霽廟緣田碑記（二）

大路邊社弟子藍大壯、藍既濟，祈求有應，喜捨緣田，受種二斗，坐址田中央，土名下路溪，每冬納税二石，帶田畝六分。

時甲戌歲孟春，藍大壯、藍既濟立。

按：此碑現存赤嶺鄉山平村雨霽頂三官大帝廟，碑名爲編者加擬。

## 九〇四　陳氏公約石刻

眾父兄公約：公木係祖蔭，嚴禁子侄采取。如違議罰，呈官究治。仍敢盜竊，仝咒言絶子害孫，切告！

道光元年正月，謹識。

按：此石刻現存舊鎮鎮獅嶼村後山巨石。

## 九〇五　重修正陽宮題捐碑

道光甲申年蒲月吉旦，捐題重修正陽宮。

太亲洪陳芳捐銀肆拾員。鄉耆洪孟侯捐銀拾大員。太亲洪本琛捐銀捌大員。信士洪傳受捐銀柒大員。信士洪国等捐銀陸大員。恩耆洪陳評喜大樑一支。鄉耆洪甚喜壁頭石一對。鄉耆洪陳啟喜石柱一對。貢生方鳴鳳捐銀肆大員。信士李桃捐銀肆大員。信士洪紀良喜尪幅一對。鄉耆洪宏生喜銀肆大員。

信生湯鳶翔、太李黄維經、太李林長發、船户林茂財、信士林廷芳、刘虎豹、洪玉慎、洪芹、洪総、洪開基、洪奉、洪永、邱其章、林元祥、邱榮茅、宝源舖、振祥舖、劉角它、洪廚、林献琛、洪山林、洪南山、洪盛林各捐銀兩員。信士洪国棟捐銀弍大員。洪鬆捐銀弍大員。

林正名、刘萬金、林魁、洪行它、洪署它、陳幅它各捐銀一員五角。

太李盧炳亮、邱榮茂、林大讚、孫鳳翔、歐陽銘、武生湯飛虎、海関黄趙玉、信士盧鐡、邱妙、陳鳳、蔡行祥、林通、林謙益、林一新、曺開基、郭恩、隆泰舖、洪茂、盧国俊、邱華海、許鐘青、洪国泰、信生洪紹輝、洪国香、信生盧檻、盧明玉、盧有實、義合舖、大崗舖、邱信、戴門陳氏、林門陳氏、福泰舖、盧宜、盧国、洪森、洪鎮、洪杌、洪悲、洪廣、洪連、洪竹、洪土城、洪玉、曺天乞、永盛舖、漳川舖、蔡攘綢、王波、陳玉春、陳月老、張能、李開、陳薛葵、蔡如蘭、林高、林出、洪公養、洪真、洪泡、洪帕、洪敖、洪午、洪磋、洪李孫、洪欗、洪佛交、洪清河、洪仙、洪吉、洪分、洪媽釧、洪天香、洪盛、洪嶺、洪沁、洪乾、洪寵、洪計、洪位、洪蒲、洪薛清、洪誦、洪睿八、洪姜、洪葱、洪芳、洪萬、洪宙、洪光明、洪玉侯、洪盛族、洪成、洪堪、洪維利、洪治、洪熊、洪淮、洪容、洪景、洪景致、洪開窩、洪茂盛、洪獺、洪李明、洪榜、洪雄、洪檬、洪文紹、洪鹿、蔡拨、刘合財、洪發萬、陳得利、林祥强、吴永興、陳暹光、林士、洪鬆、金順利、陳合發、洪薛文、洪薛武、洪艶光、洪光湖、洪烏、林宰、鄭卞、曾基、曾伙、趙豹、魏玉三、鄭太、歐哇、林文李、洪松、洪閂、洪高峰、洪水、洪達、洪全、洪僯、洪整、王祥、洪奢、洪飲各捐銀一大員。

宫内青石，蔡家山出。

董事：太李洪陳芳、洪雲程、蔡攘綢、洪廚、洪紀、黄忱、洪磋、洪苑、歐助、洪推、洪漢仝立。

**按：**此碑現存杜潯鎮近城村正陽宫，碑名爲編者加擬。

## 九〇六　正陽宫柱聯題刻（二）

『上天之載無聲無臭，帝德廣運乃聖乃神。』

『金闕歸真司北極，太和普濟鎮東陽。』信士洪藴芳薰沐敬題。

『厚德廣敷司北極，慈航普濟鎮南天。』楼内弟子洪作恭叩。

『神靈昭坎北，福曜庇潯南。』道光四年敬，弟子鄉耆洪啟拜題。

按：此組題刻現存杜潯鎮近城村正陽宫石柱。

## 九〇七　仙都宫緣田碑記

蓮池社沐恩弟子林茭郎喜捐緣田，大小比連柒丘，受種陸斗伍升，址在埼林社祖祠前，帶大路潭一口，浮沉泉水灌注。議定每冬税粟陸石叁斗，該完二十三都三圖粮銀肆錢貳分叁厘，并米壹升伍合，付仙都宫逐年都會收租納粮，敬奉保生大帝。合登諸碑，以爲好施者勸。

大清道光五年二月　日，家長林寅恭謹爲勒石。

逐年都會，宜頒神惠謝緣，附誌。

按：此碑現存馬坪鎮仙都村蓮池社仙都宫，碑名爲編者加擬。

## 九〇八　長興庵緣田碑記

親立石碑人僧瑞成和尚，有私買田苗四斗四管種，喜舍在長興庵，永爲緣田。全年實税粟十四石八斗，分作早晚二冬，值年主事者付其收税納糧，餘以供佛祖香煙，永世綿長。自己過世以後，不准親徒子徒孫争執此田。第恐

無憑，謹立石碑爲誌。

茲憑張姓華官、林官、創官、霍官、程官、運官、梓官、嚴官、恭官、賞官，宋義，合眾堂公議：此緣田不許僧俗相授受。

一項，田一斗種，在路義坡洋，東北至路，南至研官田，西至陶官田。

一項，田二斗種，在下福湖里，東至岸，西至天官田，西至登訓田，北至墘。

道光五年乙酉孟春仝立石。

**按**：此碑現存石榴鎮長興村長興庵，碑名爲編者加擬。

## 九〇九　陳氏祠堂題捐碑

道光丙戌年，修理祖廟捐題名次：

計挑捐銀廿四元。峻宇捐銀拾四元。汝琫、汝珪、浮慶、廣軒各捐拾二元。汝希、汝賽、有爲、体仁各捐銀六元。計頗捐銀伍元。汝鐘、建寅、計學、宣雯、計貨、華桴、守義各捐銀四元。計梗、宣向、計度、宣炎、敬陶、宣坛、敬□、宣采、敬潑、宣顔、宣遲各捐銀三元。清吉捐銀二元半。汝洒、宣武、汝璇、邦瑞、計因、劉光、光蔭、居明、敬□、敬疊、宣秋、敬淮、宣草、敬湖、六桂、敬坵、朝芳各捐二元。克臣捐銀元半。招光、敬讓、宣梯、馬得各錢千二。朱景、敬汲各錢千二。天成、計恬各錢一千。汝莒、汝琦、汝沉、心思、汝妍、東漢、彩連、高伽、綿遠、計戽、汝聳各銀一元。敬元、圭章、計回、榮生、計反、敬相、計茶、敬駕、南□、敬□、鳳儀、曲池、敬鑚、敬店、祖武、三江、尾透、宣經、咸英、盛國、計徐、光彩、竹知、陶逭、敬養、敬章、計奕、宣胡、坤山、谷年、献章、敬盛、仕俊、廣知、敬勉、騰臣、清流、宣余、天居、藕水、文瀾、宣水、敬笨、宣聞、敬姣、宣贍各捐銀一元。

另捐銀一中元以至捐錢一百文，合共四拾七千八百文。
次房裔孫捐銀共三拾元，又來丁錢拾二千、銀兩伍元。
六房裔孫捐銀共拾元，又來丁銀六元、錢一千四百。
邑内振□捐銀拾二元。大睿頂房、下房、社尾共來丁銀二元、錢七千。
東吳來丁錢六千。徵生捐銀三元。東郭贍捐銀二元。歡、轉各一元。
下亭來丁銀三元。洋、相、對各捐銀二元。
草坑亭來丁錢三十二百，又銀一元。勃、鎮各捐銀二元。
西嶼來丁銀拾八元。西林墘來丁銀拾元。草埔來丁銀六元。埔仔來丁銀二元。
金泥來丁銀八元，又來錢一千。後□來丁銀四元，華捐銀一元。
炉裡來丁銀八元。東山、山髻共來丁銀八元。前坑來丁錢一千。

按：此碑現存佛曇鎮大坑村軋内社陳氏家廟，分爲兩片，嵌於祠堂後座右墻。

## 九一〇　重新祖廟落成題名記

我家祖貫會稽。宋德祐間，始祖世隆公扈端宗南遷至浦，肇基寶珠石。越二世，徙鴻境堡，元明以來祠廟在焉，鼎革之際頻罹兵燹。康熙二十五年，族長俊卿、質西、茂俊、元直等鳩衆購地，鼎建梅月城中。乙未夏五，圮於霪雨，裔孫維�倡議重建，遲之有宗素募葺，前進未完構。雍正十年，齊侒、彣顯又倡議重建。歷乾隆庚申歲大熟，始告成最後餘役，齊珩董之，兩進巍然在望。

辛亥，後進右房室傾，築於改歲，遂廓前進中門，鑿左右壁月窗。甲寅，寢阫傾，隨築於本年。未幾蠹生，因塞月窓，少止。嘉慶十一年，方落其成。泛舉内外土功，募捐白鏹計費七百五十有二塊，存一千七百五十之數，用

備烝業與賓興。甲戌四月下澣首夜，廟後進過樑折，益積蠹不支。迨丙子重新，則卸巽維高坪、舊長垣；而廟中自來下土常濕，乃鋤後檐滴水道低四寸，立效。

道光八年夏季，僉議落成，相與在廟仰瞻，已有蠹現横木間。不揣建言，須速復中門及旁窓舊制，且作堵墻於廟前之潭隈。凡以潭外埭流浩渺，實地理立向所忌，不可無以蔽之；別宜改廟後刊層，設砌爲三，依輿書辰首属浄陽，務從奇數也。一時如約。再造正寢、列屏，爰加黝堊漆飾，踵修諸缺。念繼述有同心，諸捐金首事人當勒石，垂名永久，抑以風厲後賢。是爲記。

道光八年戊子七月下浣，首事十九世孫炳神拜撰。

首事裔孫：長房長青、青巖、邦基，三房宗喬、安瀾。

捐金題名：

裔孫監生世榮捐銀七十員。監生長春捐銀肆拾員。監生長青捐銀肆拾員。

齊民、學會各捐銀貳拾肆員。玉雯、監生志道各捐銀貳拾貳員。鄉賓廣□、庠生占梅各捐銀貳拾員。廣浩、廣倫各捐銀拾陸員。維馨、廣鍼、淵極各捐銀拾肆員。愷仁、正恭、正岳、河公、聖整各捐銀拾貳員。良條拾貳員。誥贈榮禄大夫義章、維桂、廷魁各捐銀拾員。聖桓、鄉賓聖咸、監生崇山、廣遘、淵義各捌員。總戎賡起、聖盾、監生騰雲、三玉、景文、明波、明香各捐銀陸員。淵律、淵山、淵員各捐銀伍員。正禮、震雷、良垂、聖鏈、藕、聖弁、廣寛、廣養、廣燃、淵創、妙水、茂林、明初、明鶴、光這各捐銀肆員。良理、鄉賓聖陣、監生經郎、廣誕、宗林、得利、淵乞、淵貢、允添、允清各捐銀叁員。廣税叁員。内閣中翰一蘭、維玉、喜起、良欣、良珍、直義、純卓、齊郡、聖篤、聖玕、廣余、廣卑、廣美、河漠、神協、廣嬰、廣壐、廣笑、廣籃、廣鑽、廣弁、廣啓、貢生宗馨、淵郭、淵江、泰觀、淵印、官來、淵交、淵傑、淵沉、明悦、明全、明潮、六成、添丁、白佼、允寫、逢生、篤陛、杏蘭、午各捐銀貳員。淵葵、淵樜、淵厚、明賞、允桑各捐銀壹員半。

衡山、純敏、齊音、聖印、板鳳、聖蔭、聖高、聖選、聖齊、聖金、聖地、聖宙、聖雨、聖帷、聖表、廣森、誥贈修職郎樹、廣炁、廣棕、廣曲、廣揚、廣老、廣滿、廣宜、廣依、廣興、廣川、廣米、廣照、廣藹、廣堪、廣格、廣量、廣烈、廣秀、廣惾、廣芽、夾鐘、官淑、光輝、廣城、廣有、廣俊、廣杭、廣疊、廣香、廣成、廣晶、廣元、廣銀、廣極、廣峻、廣開、廣愷、廣桃、廣治、廣是、庠生紹時、生員安瀾、淵兑、淵沁、淵輯、淵長、淵先、光族、淵魏、淵領、淵揖、淵嬰、淵水、淵專、淵波、進喜、淵檻、淵建、淵水、淵市、淵生、淵廷、淵劉、生財、金鋭、春山、淵振、淵晚、淵襟、淵螺、淵虎、知群、淵居、水水、玉琳、明靈、明肖、明鍇、紅桂、咸東、深泉、明譁、忠恕、登山、明倡、明用、明尚、明番、明發、明鞍、明□、明寨、明詠、友治、允國、允天、俊怡、允水、令尹、披雲、篤行、篤依、南山、孝坑、聖烹、生員緑、生員景儀、淵河、淵洪、淵樛各捐銀壹員。

嘉慶丙子年首事裔孫附勒：大房長青、德元、青巖、炳坤，二房廣僚、試英，三房聖侃、廣姚、宗喬、于中、學陶，四房廣仲。

**按**：此碑現存佛曇鎮岸頭村楊氏大宗祠。

## 九一一　白石葉氏重興祀業碑記

我祖開基白石，原有宗廟之饗，因海氛傾圮，祭祀沉淪。子孫散處不一，其地守祖者丁户亦多，所以遺址直懸百餘載未有重興也。茲青林裔孫鵬南等不揣綿力，協仝邑内偕金等募建興築，再依舊址，今已粗就落成，頗得完全。雖無丹楹刻桷壯鳥革之翬飛，而一椽可蔽風雨，亦是以妥我先靈也。然廟貌喜得維新，而祀事未見孔明，不免遺憾。前寧遂集成衆議，將從前所廢内埔燕園十二石種者，經已取贖，春秋享祀，廟食無窮，不亦善乎？□□前輩父兄控告埔園百餘石種尚未歸一，以俟異日有志子孫力振丕緒，取回舊業，則又俎豆增光矣。爰爲勒石，謹志不忘。

并附載：現討埔園十二石種，作四份佃耕，每份收過佃銀二十五元，照例二八均分，不可增減，亦不許私相授

受。一并敘明，以定其則。（葉鵬南印、蘇九印）

道光己丑年桂月。開列諸社：青林、西林、岩埭、白石、邑内、彭林、倒亭、斧山。

特授信武將軍、騎都尉國昌命題。

**按：**此碑現存佛曇鎮白石村葉氏宗祠，碑名爲編者加擬。

## 九一二　雨霽廟題捐碑記

修補龍身，募眾捐緣。

三官大帝自捐公銀肆拾大元。輔順將軍自捐銀拾元。

協理太學生藍時章、信士藍放、藍焕、藍心得、太學生鄭太答捐銀拾肆元。鄭光澹捐銀拾元。庠生藍清濂公、林文録、古禄社弟子各捐銀拾貳元。洪時化、半林社、紫山社弟子各捐銀捌元。康天堂、西遼社弟子王時補各捐銀陸元。太學生藍覺、枋山社、鳳苑社、鄭景祥、藍鄭氏、藍港西、藍隆美、王索軒各捐銀陸元。藍慈、王新各捐銀叁元。庠生鄭蒸、藍雲衢、貢生蔡振魁、太學生何爲禮、何澄光、宋世埕、藍朝森、藍禎□、藍時輝、鄭啓睿、藍候奇、藍三喜、王鍾運、藍姓、藍祥、藍元裕、藍懋賞、王三泰、王簡、王樵、高若思、藍疊公、中□號、延楷號、芳成號、懋新號、恒順號、黄發號、車成號、鼎豐號、浦園社、祠堂埔、白林社、西壙社弟子各捐銀貳元。

庠生藍青鰲、信士藍簡文、藍際陽、藍廛越、藍應輝、藍紹璜、信士藍登放、藍文生、藍深花、藍敦奥、藍唐、藍明禮、高嵩、王長水、藍伯湖、藍敏、藍江河、藍考、藍容、藍霓、藍巨能、藍時砝、藍包、藍義、王搏、藍茶、藍扶、王觀、王自求、藍映丹、藍傳香、王實、藍焰、楊狀、藍聿、王仙、藍董漢、藍文廣、藍贊、藍天録、王丕量、王長、藍仁純、藍大獻、藍理棟、藍涉結、何三祭、何朝來、藍柳樹、王俊、藍以貫、藍涌、藍涌達、藍王前、藍□仁、藍常水、藍尖輝、藍嘉升、蔡妙、周萍、林溪、吴坤林、高錫五、林德俊、詹克仁、胡學鄰、萬利號、益

成號、疊春號、鄭泉、寺僧瑞雪各捐銀壹元。藍彩鳳、藍鑑、藍夸、何吾徒、韋瑗、藍苞、藍律、李甲乙、潘□、藍□、藍言、藍羨、藍長卿、藍爻、藍寶鼎、藍伯林、藍□□、王未來、王甲、王萬、王宗、藍表、藍苗、藍宇、藍倫、藍紅笑、楊明初、藍竈、藍傷、藍由治、藍四序、藍亦禄、藍大川、藍存養、韓國、韓然、藍召聰、蘭錫湖、藍□□、□□□、藍應國、藍應琳、韓□□、藍□生、藍長瑩、藍宗廉、藍濤芝各捐銀壹中元。

泉州南安藍協司、藍光力捐錢陸百文。林魚坂、□下社弟子各捐銀壹元半。大社藍世郎、藍時茂等各捐錢壹百文。藍溪等捐錢壹千文。橋内社、□内社弟子各捐銀壹元。□魏等各捐壹中元。高常捐綵。

大清道光玖年葭月穀旦立。董事：庠生藍清連、信士藍巨能、藍登義、王家楝、王淵觀、藍登於、韋瑗觀、王國賓、王家法、藍時砝、王家俊、王滴露仝立。

按：此碑現存赤嶺鄉山平村雨霽頂三官大帝廟，碑名爲編者加擬。

## 九一三　碧霞寺緣田碑記

立石人何門趙氏瑱娘，自置苗田壹坵伍擔，在大墩下，喜舍定公佛祖，收税納糧，敬奉香油。

道光壬辰年叁月，趙氏拜題。

按：此碑現存官潯鎮紅霞村碧霞寺，碑名爲編者加擬。

## 九一四　洪氏追遠堂碑記

追遠堂伯起叔祖墓誌銘暨先祖世系碑文：

伯起叔祖墓誌銘並先祖世系，継開於後：

宋徽宗宣和時，叔祖諱興字伯起，敬奉北帝香煙。及卒時，廣陵高必中題其墓誌曰：『書言五福，由古及今鮮有

能全之者，公皆兼而有之，非積善之家不能至此。公狀貌魁梧，性質謹重，生平奉佛事神，篤於好善，居家有法，資産豐饒，爲南陽冠。浮名虚利，了無所競，徜徉杖履，老於谿山之間。娶劉氏。男子儀，娶歐氏，孫男一人，孫女三人。公於宣和庚子年七月十七日生，於嘉泰辛酉年十一月初十日卒於正寢，享壽八十有二歲。居地之北，有上真堂，即今正陽宫。堂西有池，池西有坵，山川形勢陰陽協順，乃卜葬於此。坵隘而卑，鑿田以益之，地廣而坵愈崇，穴壙其中。工匠告成於嘉泰三年癸亥十月二十有四日，己未葬焉。』銘曰：『重厚長者，無如我公。天不憖遺，以壽考終。相其陰陽，卜其宅兆。窀穸告成，靈龜在沼。宜爾子孫，既熾而昌。當有顯者，於兹焚黄。』

今孫士剛，以窮經學古爲事，有志於大功名，異時當有焚黄於前者。按誌所云，公居此地無疑。緣兵燹薦更，世系莫攷。國朝雍正十三年乙卯又四月四日，族人於坵上芟草耕種，始得磚銘，遂建祠於上真堂南，與堂比連，春秋祀焉。祠號『追遠堂』，坐乙向辛兼辰戌。迨道光十二年，重新廟貌。因念伯起叔祖與我伯肇祖同胞昆仲，係蒼純公所生，長伯肇、次伯起、三伯超。伯肇祖生起家公，俱葬海澄河福，祠址在河福，坐丑向未兼艮坤。起家公生三子，長汝賢、次汝清、三汝德。汝賢公世居海澄河福，汝德公世居海澄衙後。汝清公生二子，長君志、次尾發，妣郭氏，合葬河福蘭經墩，南向。君志公生原性公，開基正陽；胞弟尾發公仝子原璋公，遷居漳浦車田，即今下營洪是，移徙台灣居多。我開基原性公，在正陽號誠敬堂，坐癸向丁兼子午；而汝清公、君志公舊未有祠，則春秋未免有懈。兹道光十二年十一月初八日，與伯起叔祖仝入宗祠，是當謹誌，以徵世系，傳及後裔，則春秋無致懈怠，而昭穆亦有可稽，庶乎不忘本也。

道光十二年十一月初八日，宗裔孫時雍、炳文同敬立。

光緒三十四年五月　日，宗裔孫嘉男瑞龍重修敬刊，以俟後輩有念乃祖者，將此牌文勒於石碑，以垂不朽云耳。

後龕主見毁，荒廢四十載。迨公元一九九零年閏五月廿六日，三十三世宗裔孫長志按存藏序譜重刊。是歲仲冬，族人敬立，冀以傳諸後輩，當銘乃祖之德，固本培源，俾光前裕後、继往開來云耳。

杖履八旬者長志敬題，正陽雲青子敬書。

按：此碑現存杜潯鎮近城村正陽宮。

## 九一五　赤湖重修威奕廟碑記

威奕庙之建也，構造自元，修葺自明，由來已旧。越及大清國初振作重興，于今又有年，其左□見傾。廟祝林春魁崇祀王祖，有懷在心，于十一年九月悉告紳耆人等，倡緣題捐重修。凡在孫子、鄉眾，共相歡樂，踴躍争先。爰商擇吉興工，理事陳茂興、陳突然等遂爾督匠勸工，經營匪懈。不惟室壁增新，而且瓦木清潔，五彩彰施，威奕廟焕然爲之重新。并前所未有者，竪立兩柱天灯旗，炬耀四方，駢臻百福。此固足見王祖之大化施行，亦悉見人眾之愛慕虔恭。茲已完竣，大慶告成，須爲立碑。諸凡題捐、任理事者名氏，排列于后。

鄉賓陳夢熊曾孫突然捐銀四十二大員。陳增寓捐銀三十七大員。陳敬溢捐銀二十八大員。太學生陳荣陞捐銀二十二大員。太學生陳勝愷捐銀二十大員。鄉賓李長壽捐銀二十大員。台湾庠生陳安邦捐銀十二大員。陳及第捐銀十二大員。陳長朋捐銀十二大員。陳福星捐銀十一大員。陳登桐捐銀十大員。業儒陳怡福捐銀九大員。陳太山捐銀八大員。鄭德捐銀八大員。陳清衍捐銀七員二錢。舉人陳朝暉捐銀七大員。陳元吉捐銀七大員。太學生陳大魁捐銀六大員。陳威宜捐銀六大員。庠生陳清古捐銀五大員。陳瑞欽捐銀五大員。庠生陳賀恭捐銀五大員。陳玉燦捐銀五大員。誥封陳維山曾孫舉人天祐、紹祖公捐銀四大員。鄉耆陳崇樹捐銀四大員。舉人陳清海捐銀四大員。庠生陳大猷捐銀四大員。庠生陳景龍捐銀四大員。庠生陳安邦捐銀四大員。庠生陳拔其捐銀四大員。陳清七捐銀四大員。蔡文沛捐銀四大員。陳卿捐銀三員二錢。陳集捐銀三員二錢。理事陳茂興捐銀三大員。陳兆春捐銀三大員。陳元德捐銀三員二錢。鄉耆陳登類捐銀二員二錢柒。陳柵捐銀二員二錢柒。陳黎捐銀二員二錢。軍山社仝捐銀二大員。陳元妙孫壯捐銀二大員。陳蒲捐銀二大員。陳祥山捐銀二大員。陳光耀捐銀二大員。陳順捐銀一兩一錢。陳聖旺捐銀一兩。

陳愷捐銀一兩。陳弁捐銀一員三錢。陳光日捐銀一員二錢。陳市捐銀一員二錢。陳熊捐銀一員二錢。陳滾、陳曝、陳宗、陳植祖、陳波、陳酸、陳阮、陳水、陳奏、陳查、陳覺、陳共、陳錫竹、陳六爻、陳天章、陳耀、陳超群、蔡裕郎、蔡瑞林、陳淑、陳將，已上各捐銀一員一錢三分。

陳瓶捐銀七員七錢。庠生陳玉璜捐銀七大員。陳荣、陳富、陳霖、陳翰、陳摘花、陳欽鄰、陳登立、陳竹林、陳仝章、陳光西、陳大倉、陳排良、前張陳大山、陳明智、林德成、詹軀、陳孔壬，已上各捐銀一大員。

墩柄社陳荣捐銀一大員。花生籠號、日春、長茂、三全、成興、合利、和興、永順、得利，已上各捐銀二大員。順成、順利、合成、日盛、振茂、錦瑞、元豐、德昌、協成、澳川、茂盛、源發、光昭、暢利、日成、三合、豐茂、合春，已上各捐銀一大員。

大清道光十三年歲次癸巳季冬月穀旦立。

按：此碑現存赤湖鎮後江村威奕廟，碑名爲編者加擬。

## 九一六　重修興嶼埔廟寺募緣捐銀碑記

董事：許景捐銀三十二元，許朝捐銀三十大元，許銓捐銀二十八元，詹開捐銀十六大元，許其石、許汝、許若能、黄讓銷、葉温玉、葉升、許世通、許廷、盧世火、陳全、蔡坤助、詹新葵各捐銀八大元。

信士許鍾捐銀二十四元。許送行捐銀六大元。庠生許登庸捐銀四元。黄水源捐銀三元二。戴栽生捐銀三大元。黄贊富、許恍各捐二元二。許立題、許國、黄讓别、黄讓枇、葉勇、葉近、林許場、鄭隆章、鄭昭述、許葵各捐銀二大元。許升、許友、林竈各捐銀一元六。許山、陳祥、周傳、詹庚、楊咸、林銅各捐銀一元半。鄭密、許村、許琴、許水河各捐一元四。許塔、許萍、許水葵、甘中興、蔡胡、許武帶各捐一元二。許威、許查、許凌、許千、許談、許漢、許欽、許通、葉樞、葉慶、葉鍊、葉件、葉所、葉魁、葉平、葉卞、葉霖、黄仲、許省、許門、陳崗、

陳坦、鄭禹、陳煙、許萬水、捐生鄭開師、鼎成鋪、長盛鋪各一元。

商船蔡大興捐八元。商船蔡泰安捐六元。商船蔡大成捐四元。信士蔡丹井捐四元。信士蔡鍾卜捐四元。信士蔡鍾述捐四元。信士葉養捐銀四元。信士陳河漳捐銀四元。庠生鄭雲登捐三元。信士鄭自光捐三元。庠生蔡懋昭捐二元。庠生陳汝金捐一元。林豪、蔡山象、蔡山恭、蔡鍾洽、蔡善慶、張潮、陳允文、鄭雨、蔡山玉、陳岩山、戴前光、戴福、戴大山、陳光鏝、陳佐、陳馬它各捐銀二元。葉劇、張綀、陳檻、王露、胡先治各捐銀元半。蔡山萍、蔡鍾列、許雍、林朝、許家、許升、許瀘、許更郎、許嫣醮、蔡鍾迪、蔡文伐、許艷、許迪、許酧、周泉、周火、歐陽祥、歐陽省、周珠、歐陽維、歐陽起、鄭杏、歐陽虎、歐陽葉、陳添、陳霸、許滄浪、林文章、王賜福、蔡崇貴、胡得、許天良、戴燕山、鄭瓶、鄭世澤、戴朝天、鄭長、陳雨澤、鄭若生、鄭撈、陳長江、陳順今、陳由、陳錦水、陳阿斗、陳日、陳新忠、蔡得利、林竈、張壬申、張學周、張訓、監生張益智各一元。

葉萍捐佛銀二元半。陳窗、陳山、林露各一元。許川流、鄭虎各四元。

道光貳拾壹年辛丑蒲月立。

**按：** 此碑現存深土鎮示埔村觀音廟。

## 九一七　興建文昌宮題捐碑記

敬惜字紙，本朝廷之重典，亦閭里之良規。茲我林姓同志，鳩集公建一亭，喜捐田業、銀圓，以充公項，作永遠計。俟有贏餘，卜擇吉地，興建文昌宮，以爲義學，上承天子崇文之雅化，下啓我鄉民尚道之體風。謹將題捐名次登列于左：

恂芝祖書租捐銀貳拾員。生員林世超派捐田壹斗，坐址灰坡仔，稅肆石。鄉賓林茂安派捐田壹斗，坐址柯仔林，稅貳拾捌斗。增生林以匡捐田壹斗，坐址窗瑩中圳，稅貳石貳斗。鄉賓林國香派捐田捌升柒，坐址白沙，稅貳石。

林門孀婦吴氏捐田捌升，坐址坩頂，税貳石。職員林逢泰捐田壹斗，坐址白沙，税貳石。鄉賓林元音捐田壹斗，坐址龍眼湖，税貳石。鄉賓林直德派捐田肆升叁，坐址白沙，税壹石。新□□貳□肆斗，一坐址白沙，一坐址白沙墩頂，共税玖拾陸斗。以上□合配田畝伍錢伍分。

貢生林□蘭捐銀壹員。林素樸派捐銀陸員。林漲捐銀肆員。林任捐銀肆員。林老生捐銀叁員。舉人林寛派、林對揚派、林直誠派、武生林一清派、林太、林天露、林允元、林杞、林□、林浣、林門孀婦王氏、林門孀婦陳氏，以上各捐銀貳員。林聞仁派、林俊明派、林福、林向、林新、林宗澤、林茂、生員林逢晉、生員林逢泰、林珍、林古敏、林漢昭、林樹、武生林飛龍、林拱、林巷、林承敬、林榜、林梗、林培元堂，以上各捐銀壹元。

道光二十二年歲次壬寅葭月穀旦，攀龍大水保社仝立。

**按：**此碑現存石榴鎮新樓村。

## 九一八　仙峰岩産業碑記

仙峰岩，有明古刹也。岩前後左右山林及坑内田園，本前人所建，以供香火，至今數百年矣。歲月既深，風霜已古，遂使僧徒雲散，供奉缺如。癸卯春，生員盧蘭陜、武生陳□□、信士陳檀、林賓、林翰等，柬延象珍上人、徒南山坐鎮山門，供茲古佛。丁未秋，象珍暨徒南山募修禪室，新構西廂，而向之爲廢瓦頽垣者，易而爲習禪勝境矣。落成後，象珍慨然發慈悲願，將所建田業舍入此岩，添油香費。以茲事商于盧蘭陜、陳檀并解元陳則□，爰約：自今以往，凡岩之山、樹、田園與象珍所施田業，止許象珍本派徒弟主持此岩者掌管收成，其餘别派僧徒以及本派□出者如敢混争此業，衆共革之。議成聞諸予，予喜象珍之大有造于斯岩，而諸君之克成其美也，是爲序。

計開象珍和尚舍施田業：

一，田大小七坵，受種子六斗，坐址在柘林門□山社前，土名商厝大丘。

一，田大小四坵，受種子三斗，坐址在下洋，土名瓦隴□。
一，佃田一丘，受種子一斗半，坐址在下洋，土名菁田。
配糧二八都二圖三錢六分，官錢米一升五合五勺正。
道光二十七年臘月穀旦，廪生張鳴樓誌。

**按：**此碑現存赤土鄉浯源村盧厝社仙峰岩寺，碑名爲編者加擬。

## 九一九　保護仙峰岩憲示碑

知福建漳州府正堂加一級記録十次楊，爲奸胥弊造等事：

咸豐八年十月初一日，據該漳浦縣仙峰岩住持僧南山赴府呈稱：『緣山師父僧象珍在日，遭縣胥陳新及□後陳其、陳生等誣珍蹧典措贖，串□弊差，揸伙到岩，異横擾索。經庠生張鳴樓、監生盧蘭陜仝貢生□□□仝珍叩前憲□□□□□鈞批飭縣□究未究，各在案據。奈因前年匪撓郡城，浦邑案卷概被焚燬，新徒施牛忿珍前案控伊有名，乘案□焚，于六年一月冬截搶租穀不還。後欺珍已故，屢串棍匪乘亂結黨，到岩任意强取横索，疊擾難堪。□山岩僻在萬峰上，離鄉居有六七里，□□之人出護不已，于此二月間赴前憲周叩請示禁，荷批飭縣先行出示嚴禁，一面差拘究懲在案。詎牛忿控，復恃在縣權勢，藐違憲批，不遵出示。山無□再叩前憲周，沐批岩切□□□。無如牛與其伙林鎮等用奸弊，□任憲批煌煌，仍邈不遵辦，匪擾愈横。此八月間，岩山柏木疊被殘毁。非蒙憲恩親自示禁，仍發飭縣，終遭錮遏，匪擾莫止。情切□光，並粘批跪叩，乞一片婆心恩准，親自示禁，庶匪徒畏威，匪擾得止，僧居得安，沾恩切叩。』等情。

據此，除呈批發該縣，并拘訊究外，合亟出示：『爲此仰該處附近居民及士庶軍役人等知悉：嗣後毋許結黨在于仙峰岩内任意强取横索滋事。自示之後，如敢故違，定即差拘解府究懲，斷不寬貸。毋違！特示，遵！』

咸豐捌年拾月廿五日給告示，實貼仙峰岩曉諭。

按：此碑現存赤土鄉浯源村盧厝社仙峰岩寺，碑名爲編者加擬。

## 九二〇　雨霽廟緣田碑記（三）

澄邑白水營墟信婦陳門鄭氏，祈求家中及壠波男女□體康寧。答謝緣田弍坵，受種子弍斗，址在西埔樓前洋，配粮銀六分正，交與王江河掌管收税，以給朝夕奉飯。

又田弍坵，受種子壹斗五升，坐在西埔樓前洋，配粮銀四分□厘正，逐冬該税粟弍石四斗八大碗壹十八碗，佛銀壹□□□八十員，以充春祈諸費。

又田弍坵，受種子壹斗七升五合，坐在西埔樓前洋，配粮銀四分壹厘正，逐冬該税粟弍石八斗，以充逐年中之會副諸用。

又田壹坵，受種子五升，坐在新厝洋中裡，配粮銀弍分正，逐冬該税粟八斗，以□□緣設飯。總以懇三官大帝庇佑子孫昌盛、科甲聯登，日後子孫不得取回，批明。

咸豐八年陽月立。

按：此碑現存赤嶺鄉山平村雨霽頂三官大帝廟，碑名爲編者加擬。

## 九二一　赤水岩廟産碑記

立賣契人赤水陳蟬，有承祖父公山一所，坐址在石人山脚十八份，東至園脚，西至崗仔内，南至嶺仔上，北至園脚，各有四至。抽出一份，賣與本岩住僧林敬昌出長承買，實出英銀八員。

又賣過公山一所，坐址在崗仔内山六份，東至石人山，西至觀音山，南至壇仔山，北至松脚山，各有四至。抽

出一份，賣與敬昌出長承買，實出金錢四千。

大員、銀錢親手仝中交完，將二份山付與銀主掌管。二比兩願，日後子孫不敢生端反悔。第恐無憑，今欲有憑，立石爲記。二位爲中人慨、代中人經。

同治十三年二月，住僧林敬昌立。

**按：**此碑現存赤湖鎮後湖村赤水岩寺，碑名爲編者加擬。

## 九二二　海月岩功德配祀碑記

特授鼓山湧泉寺菩薩大戒僧珠衣，自幼俗居高山，父母双亡，瞻依失恃。艰难困苦之際，投海月岩，意欲削髮爲僧，又思父母無人奉祀，是以未敢輕入法門。至咸豐元年，幸蒙我師一片婆心，對衣面陳云：『汝既有真心削髮，僧俗亦不必分，將汝俗父母并俗祖一牌，仝海月岩師祖春秋享祀，豈不美哉！』於是從之焉。至咸豐二年，大風雷雨，舊室爲其所壞。延及同治六年，所以新建澹雲室，募化四方，諸施主捐錢八十千餘，爲費尚不足，乃棄俗業，英銀式佰餘元，共成其事，至是而澹雲室成矣。又光緒四年，再棄俗業，私建祖堂與沙弥閣一座。若此者，非敢自以爲功，殆欲示後代不忘焉爾，是爲序。

大清光緒四年桂月穀旦立。

**按：**此碑現存沙西鎮土樓村海月岩寺，碑額爲『功德配祀』，碑名爲編者加擬。

## 九二三　雨霽廟産業碑記

三官大帝威靈赫濯，四方諸弟子有求必應。前各社□大碗之銀及遞年雨霽頂之銀、□□人答謝各項銀，消費有所剩者，建□田業，合應刻石通知：

一，田二丘，址在大路邊洋□平丘圩，受種子一斗五升半，税粟三石八斗。
一，田二丘，址在山野平王家頭厝前，受種子二斗五升，税粟四石二斗。
一，田二丘，共十三□□□□□□，受種二斗，税粟二石。
一，田一丘，址在□□□□□□□□□□□，税粟一石六斗。
一，田一丘，址在北□，又一址□□□□□□□，受種子一斗，税粟一石六斗。

光緒五年十二月，董事人〈下缺〉。

**按：**此碑現存赤嶺鄉山平村雨霽頂三官大帝廟，碑名爲編者加擬。

## 九二四　重修林氏祠堂碑記

光緒柒年歲次辛巳穀旦，重修祠堂，謹此碑記。

昔祖祠蒸田原有一石弍斗種，因祠堂頹壞日久，蒸田遂致荒邈。迨茲捐緣重修祠堂，爰稽蒸田僅存玖斗四升種，其餘不知何人隱匿。倘日後查出，再立碑記。今將坐址并緣名列于左。

一，田一坵，弍斗種，址在祖墓前。東至園，西至奉公田，南至鍾公田，北至祖田，帶溪水、井水灌注。高郎耕，逐冬納税粟弍石。

一，田一坵，一斗六升種，址在祖墓前溪仔墘。東至路，西至溪，南至祖田，北至石橋，帶溪水、井水、泉水灌注。其正耕，逐冬納税粟一石六斗。

一，田弍坵，八斗種，址在麥厝前。東至祖田，西至石戻園，南至祖田，北至公潭，帶□前潭水灌注。八卦耕，逐冬納税粟八斗。

一，田弍坵相連，址在麥厝前，一斗種。東至申公田，西南至祖田，北至公潭，帶公潭水灌注。菜耕，逐冬納

税粟叁斗。

一，田一坵，一斗伍升種，址在相頭。東至金水田，西至祖田，南至私池，北至溪，帶柳潭水灌注。大耳耕，逐冬納税粟一石。

一，田一坵，弍斗伍升種，址在相頭。東至祖田，西至武玉泉田，南至園，北至溪，帶柳潭水灌注。金水耕，逐冬納税粟一石伍斗。

詳此田税乃輪流祭祀之費，其粟須要經風乾净；或是凶年，亦必取盈，謹此碑記。帶廿三都四圖官粮陸錢壹分正，秋米照配。

五湖出銀壹百弍拾員。太孝生廷爵出銀弍十四員。威列出銀六十員。誥观出銀六十員。生毛出銀六十員。卜貢出銀四十六員。現評出銀四十員。礼記出銀三十六員。郭观出銀三十員。等观出銀弍十八員。金隆出銀三十員。笑观出銀弍十四員。吾礼出銀弍十四員。鍾观出銀弍十員。吾格出銀十六員。友□出銀十六員。午观出銀十四員。火郎出銀十弍員。吾己出銀十員。這观出銀十員。印观出銀十員。水生出銀十員。廷貢出銀七員。

大别、查观、丁卯、漢观、吾桂、澤仁、尚章、献瑞、能傑、景观、南观、皮观、情观、都观、什观、四進各出銀六員。隆观、烏仙共出銀拾弍員。由力、嬰观、其正、建土、闇观、書观、添溪、鉄观、九观、廣观、存观、万里各出銀四員。結观、此观、楚坪、長流、成名、清观、九观、吾梹、吾丕、毛仔、朝元、堯佃、烏番、磚观、招才、慊观、徠观各出銀三員。暹观、行教、得意、高郎、福观、葵观、進观、炉观、子澤、啟耀、長流、貢观、申观、皆春、和生、荣流、松里、梓观、兵观、魁观、格观、擂观、吾萍、允執各出銀弍員。国观、長福、才观、因观、鎮北、禄观、得水、孝如、老观、得昌、吾申、順观、雀观各出銀壹員。

董事：生員俊傑、監生廷爵、丁卯、長生、礼記、生毛、什观、吾申、□观、六桂、仙令、而观。

總理：慶此、鼎观、萬里。

按：此碑現存馬坪鎮仙都村前黄社林氏宗祠，碑名爲編者加擬。

## 九二五　雨霽廟緣田碑記（四）

大路邊社信婦藍門楊氏，祈求有應，喜捨緣田，受種弍斗，坐址在和尚坑，土名洋口，每冬税粟弍石弍斗，帶田畝陸分。

時壬辰歲仲夏，藍門楊氏立。

按：此碑現存赤嶺鄉山平村雨霽頂三官大帝廟，碑名爲編者加擬。

## 九二六　革出族户永示碑

立革字革出：白石社無祖之井象、隆英、蔡際、得敇、松濤、榮華、蟳仔、皆冉、厚奚、有福、打銅、大才等十二户，江口社武將、士隆、狗仔、清榮、清全、文豹、改歹、大力、受息、福治、標仔等十一户，恃耶蘇教勢，我祖祠燈萠祭祀，應出丁錢，抗不肯出；去臘又到分署呈開各户附教名，稟顕來挾製。嗚呼！昔亦吾祖所生，今竟與祖爲敵也。然彼既趨爲禽之路，我即嚴非種之鋤，僉議將茲異類勒於斯碑，永示革出。自今日始，所有革户毋論即絶未絶，無容復混我宗盟。

光緒二十四年戊戌元月，佛曇合族公立。

按：此碑現存佛曇鎮岸頭村楊氏大宗祠，碑名爲編者加擬。

## 九二七　雨霽廟題捐碑記（二）

三官大帝威靈赫奕，〈下缺〉緣銀，重修石室、補龍身〈下缺〉。石碼代洲□藍汝□捐銀〈下缺〉。厦門大字洞□

三媽江捐銀式拾大員。湖美后蔡社眾弟子王家捐銀拾大員。顔厝前社眾弟子顔家喜捐銀拾大員。烏美社郭金生喜捐銀壹拾大員。

光緒二十八年壬寅元月，董事人〈下缺〉。

按：此碑現存赤嶺鄉山平村雨霽頂三官大帝廟，碑名爲編者加擬。

## 九二八　梁山祈雨石刻

大清宣統庚戌五月，知縣事華陽謝剛國祈禱於此，連獲大雨六日，泐石以誌靈感。

按：此石刻現存盤陀鎮梁山水庫大垻前。

## 九二九　重興官澳楊氏祖廟記

於戲！浯江之北，達山之下，有村名官澳者，宋元舅亮節楊先生舊廬在焉，即今祠堂是也。吾祖以扈少帝入閩，崖山兵潰，蹈海不死，流隠是間。楊氏之不絶，蓋有天焉。公子三人，長世昌、次世耀俱守土，三世隆避難居漳浦之佛曇橋，厥後祖派以佛曇爲盛。自明迄今，凡有修廟，皆佛曇之來倡首。

道光辛丑，廟毁於英夷，爲墟者垂六十餘年。試先王父祖惠公謀新之不果，彌留時以玆事囑兒孫。迨光緒壬寅，試父坤公同族弟兆榮到曇勸募，族人久不報復。癸卯，世耀公派誠入蓋住屋，後進侵巷地少許，以前進巷地讓于公，衆不允。誠入乃慨然獨建祖廟。後衆悦，願共蓋前進。奈工程浩費，灾旱連年，事乃中輟。三到南洋求助，莫名一錢。前進未成，後進風雨侵蝕。試責不容貸。

庚戌初冬，歸自都門，束裝赴曇謀續舉，謁士鵬族叔于家。叔蓋江蘇知縣在籍者也，問試何爲，試以祖廟後成、前進特留以待佛曇子姓，叔狂喜曰：『今而後佛曇又得列官澳一房份子也！』遂邀試遍謁族人，率多推諉，甚有蜚語

中傷者。試不欲留，叔以請由隗始導往諸鄉，朝出暮歸，近三旬，得金千有幾。前進賴以成，鵬叔力也。

試在曇曾揭告族人曰：『茲捐均亮節苗裔。非其裔，即願以傾囊進，試不敢過問；即是裔，而於清白有乖，更類空桑之無考，試亦不屑過問。』夫人未有甘自絶于廟者也，貧而賤者無論矣，富而貴、强而有力、不知報本、逞一己之私見、視祖宗若途人，其自絶也何如？本宜揭之曰：『若某房、若某鄉、若某人，書諸廟碣，不得與廟。』然又恐污吾廟也。惟就所捐之人匯列銀數，悉銘貞石，大書某房某公之派，俾知有賢子孫宗支得以不階；外此，則其鄉其房其人亦得以途人視之，非過刻也。勸戒既明，後人得知所奮勉焉。

宣統三年桂秋吉日，己酉科鄉貢進士、藍翎五品銜、簽掣分知縣事、鳩宗建廟、廿一世孫都試撰。

**按：**此碑未見，碑文見於佛曇楊氏歷史淵源考。

## 九三〇　重興官澳楊氏祖廟續記

昔先考石亭公，屢謂不肖鵬曰：『吾曇楊姓系出金門也。道光初，始祖廟圮，先王父國泰公曾偕族人鳩金往修，未數年毁於英亂，至今數十寒暑，春露秋霜，我亮節祖無安匕鬯處。余老矣，力綿不逮，所志汝慎勿忘。』

光緒丁丑，家石泉大師，與雪滄山長于省光禄坊重建道南祠。鵬襄其事，募巨款，得將亮節公從祀報功祠。先考心稍慰，曰：『此雖暫妥先靈，官澳舊廟終當復也。』戊子，先考捐館，鵬亦橐筆四方，未計及此。

癸卯夏，宗兄振圭即都試父偕兆榮侄茂才來曇，主鵬家，以譜牒募捐，諸紳富無踴躍者。鵬恥之，謂振圭前輩曰：『他日苟不棄，願自傾囊進，得少裨于廟，無遺先考□惟命是聽。』振圭兄曰：『老弟具此心，幽明共鑒，當遲以待。』遂相慰勉而歸。

是秋，鵬適抱城壞之痛。逾夏，先慈棄養。三數年中，無日不在泣血飲泪之中，金門宗親亦諒不來責問也。丙午，苻匪煽亂，浦邑傾危，族强憑空乘機搶毁。上元之夜，我世隆三子派遭罹鄰火，幾成丘墟。魚肉之殘，惟斯稱

最。自慚凉德不足感化宗强，然亦由父兄紳富日增膜視、不知本始故也。根源之不識，何論葉枝！嗚呼！不肖自是靡寧處矣。明年丁未，藉襄路事，避居鷺門。戊申，出洋招股。思及官澳祖廟，自分己身不能親見矣。

是年冬，初歸自洋，有宗侄都試，京選用分知縣事、歸而既來曇者也。坐甫定，即曰：『亮節祖廟，留一半以待曇之子孫久矣，將若何？』鵬且感且喜，遂與遍告族人，勉念本始是行也。二十餘日，鳩金千數十員。雖不敷前進之用，而事獲以濟，是又仗我祖之靈，感諸樂輸，不爲背本忘祖之徒所阻，俾鵬得以未死之年苟完先志。

竊喜都試與鵬志相同，祖訓又同，不可無書後數語，以告□來人同知本始焉。

宣統三年八月吉日，丁酉科拔元、甲午科舉人、江蘇補用知縣、鳩宗建廟、二十世孫士鵬撰。

按：此碑未見，碑文見於佛曇楊氏歷史淵源考。

## 九三一　仙峰岩產業碑記（二）

民國三年穀旦，仙峰僧瑞擇商議油香不敷，將枣厝壠透崙山故坟一穴起遷，俾連同葬，請中送至盧厝社盧錦承受，自奉油香田一坵，受種子一斗，土名□溪東，配粮三分，收米照配，永遠爲照。

按：此碑現存赤土鄉浯源村盧厝社仙峰岩寺，附刻於道光二十七年碑記左下方，碑名爲編者加擬。

## 九三二　重修開漳聖王祖宮石碑

董事陳昌齡喜捐緣銀柒佰員。

書有之曰：『記功，宗以功，作元祀。』蓋篤念夫營□諸目者也。吾宗之祖陳忠毅公，功在唐室，澤被閩漳，史冊所載，勛業燦如。都人士誌之不忘，爰建而廟茲土，□可亦以記功，宗子勿替焉。乃年湮代遠，不無風霜之剥蝕、兵燹之摧殘，碎瓦頹垣，而前進□之頹壞者久之。裔孫昌齡等慨然興感，首出提倡，集腋成裘。民國四年乙卯春，

始構堂且□奠焉，庶斯廟之不朽也。落成告竣，勒石紀功，將以褒揚諸君子之盛德，而肇造之勤與勞，亦永矢弗諼矣，於是記之云爾。

今將喜出捐艮芳名列左：

陳循規喜捐出小洋□□元。長成二十四元。陳門二十元。李雙輝喜捐艮二十元。陳玉宇、九成、文幾、鴻培、金平、林石降、長興、楊印藍、自官，以上九人各捐小洋一十元。陳石捐艮五元。陳石梯、右章、水墻、涂虱、三耳、水獅、水西、味官、從官、水敬、康鄉、蔡□國、藍登清官，以上各捐艮四元。蔡厚德、戴松柏、陳以禮、九母、棵官、黃錦祥官，以上各捐艮三元。陳慶壽、順法、丙丁、天賜、逢吉、水艮、水人、添興、明哲、祥根、宇宙、水栓、茂官、在居、膝官、仝拔、水義、其富、樹木、谷官、石有、金以、同梓、蚶官、學而、愛笑、至仁、慶力、存仁、永田、月中、三更、貽謀、篤官、在官、水貫、帶文、黃見里、楊漏嬰、玉成、牛母、靖江、針高、黃麗根、錐謀，以上各捐艮二元。楊宛官喜捐艮二元。楊玉化、玉生各喜捐艮一元二角。

陳于橋喜捐一元五角。陳清皮、丁行、大長、石降、鳳池、其英、管南、甲弟、水天舍、益大、紀祥、紀秋露、慶森、炳南、結名、涂官、昭厚、林保安、楊獅官、成加、烏稗、皮官、正法、戴榮官、林官、居官、擇官、林梟官、俊杰、庚金、楊元官、□目、至梓、膽然、謝康胤、炳官、杞官、有炎、照日官、豁官、篆金、吴米、藍添德、水惟、楊信、梅明、龜母、昌炎、初尚、然平、自黃、泉官、添順、生官、雨金、補鼎、福來、石官、庠官、健官、戴竹群、瑞章、柳行舟、林淑官、明白、陳監官、勝同、木郡、老官、敢官、化官、鹿宫、大長、啓書、進中、永秀、開分、景樹、招茂、油車、怨官、存養、歹官，以上各捐艮一元。

山平社楊旺泉願獻出沙園一丘，以作緣用，理應填爲□廟。白化社高娃喜公出艮二十元。戴德臣、德芳各捐艮一元。

念斯土廟自提倡至告成，經五年于茲矣。計應開之項，共有一千零六十餘元。以上所捐四百六十元，除此外尚不敷六百元，皆是昌齡自出私□□當無辭旁貸，順禄□□。

中華民國四年歲次乙卯花月。總董事：陳昌齡；協理人：陳江培、陳梓□、陳迪光、陳石陣；仝立石。

**按**：此碑現存馬坪鎮文安村。

## 九三三　重修聖母廟序

舊鎮城外，各姓雜居，民風醇厚，相親相愛，有逾骨肉。迨乾隆庚申，翰林檢討張公先躋等奉聖母，以廟爲祖，鳩集父老，分爲四房，序以昭穆，誠曠典也。嗣因風雨屢經，棟宇崩頹，各姓裔孫公議爲董理。陳進榮、陳金稽、張文水、張大川、鍾懷德、吴長吉等憫聖靈之未妥，復募金以重光，落成囑序于余。余曰：『此序誠難著筆也。然記幼時讀論語，子夏云：「敬而無失，恭而有禮，四海皆兄弟。」人能恭敬，四海尚可爲兄弟，况比鄰乎？異姓既可爲兄弟，則異姓亦可同祖廟。雖異典也，亦無□于□者之禮也。但使各姓子孫長存親愛，克篤敬恭，聖母在天之靈，當必用錫爾祉矣。』是爲序。

關長陳大愛捐三十元。振成行捐一百二十元。捷發行捐五十元。實成行捐四十元。蔡五舟捐五十元。陳進榮、金稽各捐六十元。鍾懷德捐四十元。張文水、黄水壇、陳楊涌、陳同貴、張水梨、陳是各捐三十元。陳河水捐二十六元。陳陶示捐二十四元。吴長吉、陳扁、陳銀雷各捐二十元。張長禄、金葛、張生昵、蔡天愛、陳振憲、陳奐明各捐十六元。陳玉清十四元。黄茂盛、蔡壽德、陳藹根、瑞益、林水美、協勝、令皮各捐十二元。張大川、陳連有、金貴、貴鳳、水龜、自然、天福、秋隆、方漢臣、通茂、張玉太、金水、黄計銓、柳雲利、鄭合安、萬水、梅地、陳長、銀壽、南陽、金順、李坤、捷榮、郭滌、陳碩、蔡河水、蔡兩合、林友地、吴潭鍾各捐拾元。

中華民國甲子年仲冬之月　日，山氏序，諸信士人等立石。

**按**：此碑現存舊鎮城内街天后宫。

## 九三四　舊鎮天后宫記

天后宫，舊鎮之寶刹也。夫此宫鎮人尊爲祖廟，煙火流長，昌盛毋替。迨庚午，本市開設馬路，適碍路線，難以保存，里人陳金稽、張大川、陳謹慎、吴水静等發起募緣，移地重新。分八功之水，流爲巨川；合千燈之光，混成一色。從兹世世共仰神聖之靈，亦崇先代之功。壬申秋行宫告成，刊此數言作紀念。

陳金稽緣五十元。陳同居四十元。陳謹慎二十六元。陳大年二十四元。義通莊二十元。林子樅二十元。吴長吉緣二十元。陳泗濱緣十八元。張大川緣十六元。張春生十六元。鍾凱元十六元。陳大斗十四元。黄茂盛緣十二元。張生昵十二元。藕根十二元。陳玉清十二元。振寬十二元。寶成行十元。陳吴明十元。萬水、陳子玉、來仝、育德、陳絨、炳□、和成、黄玉多、張傳、金葛、許仁豐、王天化、林寶源、黄火多、鎮平，以上各緣拾元。

董理：陳泗濱、黄文釗、陳藹根、林進吉。

中華民國二十一年壬申季秋之月吉旦，古鎮城外社諸仝人立石。

按：此碑現存舊鎮鎮城内街天后宫。

## 九三五　廟都宫題捐碑

重修廟都宫喜題（銀元）如下：

陳古庚肆拾元。陳瑞興叁拾元。陳清英、陳慶英弍拾伍元。陳港河、陳港根弍拾肆元。陳其興拾伍元。陳厚道拾弍元。陳溪明、陳溪道拾壹元。陳福居拾元。陳天送拾元。陳坤耀拾元。陳玉宇拾元。林淑拾元。陳康卿捌元。陳戇番陸元。陳條貝陸元。陳蔡桂伍元。陳科元伍元。陳水天伍元。陳錦龍伍元。陳壽伍元。陳磁在伍元。陳順和肆元。陳維城肆元。陳水蔥肆元。陳興肆元。陳裕志肆元。陳廷儀肆元。陳茂盛叁元。吴金水叁元。陳石水叁元。

陳作新叁元。陳古錐叁元。陳魏弍元。陳天德弍元。陳旺水弍元。陳連叢弍元。陳啟東弍元。陳清水弍元。陳金城弍元。陳英標弍元。陳其素弍元。陳柳羅弍元。陳水才弍元。陳竹根弍元。陳酣弍元。陳長江弍元。陳國金弍元。陳份食弍元。陳元龍弍元。陳慈悲弍元。陳錠弍元。陳保先弍元。陳令色弍元。陳石城弍元。陳協源弍元。陳寶印弍元。張九山弍元。陳坤茂弍元。陳秋露弍元。陳水晶弍元。陳乞弍元。陳阿生弍元。陳木杞弍元。陳黄蜂弍元。陳嬰弍元。陳錦德弍元。陳永住弍元。陳連謀弍元。陳水印弍元。陳明號壹元。陳旺火壹元。陳良春壹元。陳其茂壹元。陳奇才壹元。陳金居壹元。藍坐壹元。藍錦壹元。陳國泰壹元。陳春成壹元。陳烏番壹元。陳從根壹元。藍九昌壹元。陳振泉壹元。萬生堂壹元。楊東山壹元。陳大目壹元。陳協盛壹元。陳老壹元。陳士成壹元。陳查國壹元。陳群頭壹元。陳財源壹元。陳份壹元。陳周壹元。陳歹壹元。陳抽壹元。陳賢秋壹元。藍炳爐壹元。陳木生壹元。陳仙壹元。陳猴在壹元。陳閶壹元。陳矮古壹元。黄泉春壹元。陳紅老伍角。

董事陳坤茂、陳贛番、陳厚道立。中華民國弍拾伍年陽月穀旦。

**按**：此碑現存馬坪鎮馬墟村廟都社廟都宫，係二〇〇〇年翻刻，碑名爲編者加擬。

## 九三六　梁山祈雨石刻（二）

中華民國三十二年旱，祈雨靈應，四日大雨。漳浦縣十全善會立。

**按**：此石刻現存盤陀鎮梁山水庫大垻前。

## 九三七　福興聖王廟題捐碑

信士楊突光、謝應堯、陳廣淳、林存誠、陳成林、楊聖興、楊聖都、信士楊應、楊〈下缺〉信士黄紹光、張□光、□□□、謝興生、林□生、王□□、□□光、江□□、邱深光、邱綿光、邱傳光、戴斌老、和邑李福升〈下缺〉

陳憐光、陳□岱、陳□武、林經華〈下缺〉戴松光、戴同里、江并光、楊炳左〈下缺〉鄭老生、戴報光、卓宗使、卓芳茂、謝應仕〈下缺〉劉生光、劉齊光、劉棕光、劉法光〈下缺〉。

**按**：此碑現存馬坪鎮文安村。

## 九三八　邑厲壇祭文碑

普天之下，后土之上，莫不有人，莫不有鬼神。人鬼雖殊，其理則一。尚念冥冥之中，無祀鬼神，孤魂無依，精魄不散，悲於星月之下，呻吟于風雨之時，凡遇人間令節，懸懸望祭。興言及此，憐其慘悽。茲以三月清明日、七月望日、十月朔日，置備牲醴羹飯，專祭合境無祀等衆靈，其不昧依期來享。

**按**：此碑未見，碑文見於光緒補刊漳浦縣志卷十，碑名爲編者加擬。

## 九三九　歸佛田碑

余少閱傳記，見給孤園，慨然興曰：『信哉！給孤獨，長者之樂善好施也。』余蓋有志而未逮焉，姑以俟諸異日。吾鄉有泗州岩，建自先朝，閱今數百載矣。長老爲余言：前此神光奕奕，普濟無疆，遠近樂善者莫不捐貲財、競施捨以答神庥，一時緣田不下百畝，蓋其盛也。迨後主持不得其人，□□盜賣。間有庭傳相承，而□余□者，余即欲仍歸諸泗州，以未得其人，故遲之又久，以至今日。近浮屠遠嗣潛修好道，心源澄澈，余於是復慨然與曰：『區區昔所慕給孤園事，雖不能□風其萬一，然不可以善小而不爲也。今而後，余其得以稍酧吾志矣。』因屬諸鄉鄰長老，即將所置緣田概歸泗州，就佛前焚其券，勒石以誌之〈下缺〉。

**按**：此碑現存官潯鎮庵内村泗州岩寺，殘缺不全。

## 九四〇　重建丹湖寺碑

監生黄癸海捐銀八十二元。貢生黄忠深捐銀七十二元。監生黄長潤捐銀五十六元。監生黄振芳捐銀三十四元。監生黄長源捐銀三十二元。貢生黄良明、鄉賓黄廷宣、信士黄以通、監生黄正茂各捐銀三十元。信女黄育捐銀二十九元。監生黄和、信士黄延豐各捐銀二十六元。登仕郎黄婺捐銀二十一元。信士黄良沛、貢生黄世雄各捐銀二十元。信士黄友和捐銀十六元。鄉賓黄宗璧捐銀十五元。監生黄正平捐銀十三元半。廩生黄玟、信士黄員、李黄氏、李振興各捐銀十二元。信士黄正春捐銀十一元。監生黄南忠捐銀八元。信士黄儉設捐銀七大元半。廩生黄以今捐銀七元。監生黄永吉、信士黄世禄、黄正山、黄石隨、黄登瑞、黄遠、黄納田、黄讓起、黄皆、黄般各捐銀六元。信士黄坡捐銀五元。登仕郎黄良樵、黄良栓、職員黄良寬、庠生黄阿清、登仕郎黄達文、黄蔡杰、黄世端、黄得喜、黄儉祖、黄儉玉、黄儉漢、黄茂、黄表、黄引、黄讓苞、黄偃、蘇國□各捐銀四元。信士黄晏、黄泉、黄若蒼、黄杏、黄元、黄元旦、黄美、黄德輝各捐銀三元。信士黄松捐銀二元半。信士黄迪、黄□、黄佗、黄溝水、黄恭恩、黄歲、黄華、黄寵、黄俍、黄瓶、黄恭隨、黄恭泉、黄歲、黄扶、黄適、黄晶、黄貞吉、黄正聯、黄儉間、黄眼、黄園、黄江、黄強、黄福興〈下缺〉。

**按：**此碑現存湖西鄉下圩村丹湖寺，殘缺不全。

## 九四一　重修始祖高夫子祠記

祖祠於〈下缺〉明成化十四年〈下缺〉乾隆丁丑歲次□□文恭蔡公倡〈下缺〉於派□□爲〈下缺〉乎未及請有司四□厥事僉費庀材〈下缺〉嘉慶辛丑越□壬申〈下缺〉雲霄裔孫監生文杰捐銀〈下缺〉員。長房六世孫蔡都禄成派捐銀八十員。雲霄裔孫國璜捐銀五十□員。次房六世孫問美子義派捐銀三十員。三房河陽柳坑卓乾霞徑念□派捐

銀三十員。雲霄□祠祠祀生應忠捐銀三〈下缺〉三房□世孫南坂正綱派捐銀二十四員。雲〈下缺〉惠來縣□□裔孫等捐銀二十員。雲〈下缺〉雲霄裔孫日照捐銀二十員。馬〈下缺〉長房六世孫青浦禄治派捐銀十三員。長房五世孫后塘一郎派捐銀十二員。建〈下缺〉捐銀十二員。高〈下缺〉。

**按：** 此碑原在綏安鎮綏南村高東溪祠，現存縣第二實驗小學，殘缺不全。

## 九四二　難兵義冢碑

漳州守營兵丁林程、嚴深、盧元長、黄得名、歐諒生、陳思、楊坤生、任成保，左營兵丁王陽、姚明、許必榮、王成、楊光時、李旭、郭芳我、黄元升、陳玉、黄龍、高慶、熊玉凛、許升、沈進朝、陳高升、陳天定、王聰、邱送、楊求生、王廷有、楊鵬、汪文福、馬起鵬、黄晉升、周元輝、黄升、許合、陳志、王得漳、黄光□、林開山、陳汀，右營兵丁汪元黄、鄭成、曾廷瑞、陳猛、魏向，城守營兵丁王盛、吴得、蔡世隆、羅祖、黄朝鳳、李麟，金門左營水手藍天成、楊強、魏成、曾智、陳球，右營水手胡輝、莊朝鳳、魏進、曾盛、王杰、王廣，銅山營水手吴榜，合葬此地。

**按：** 此碑現存綏安鎮寨窑村。

# EPIGRAPHICAL MATERIALS ON THE HISTORY OF RELIGION IN FUJIAN : ZHANGZHOU REGION

## II

*Edited by* *Kenneth Dean*
*Zheng Zhenman*

PUBLISHED BY FUJIAN PEOPLE'S PUBLISHING HOUSE